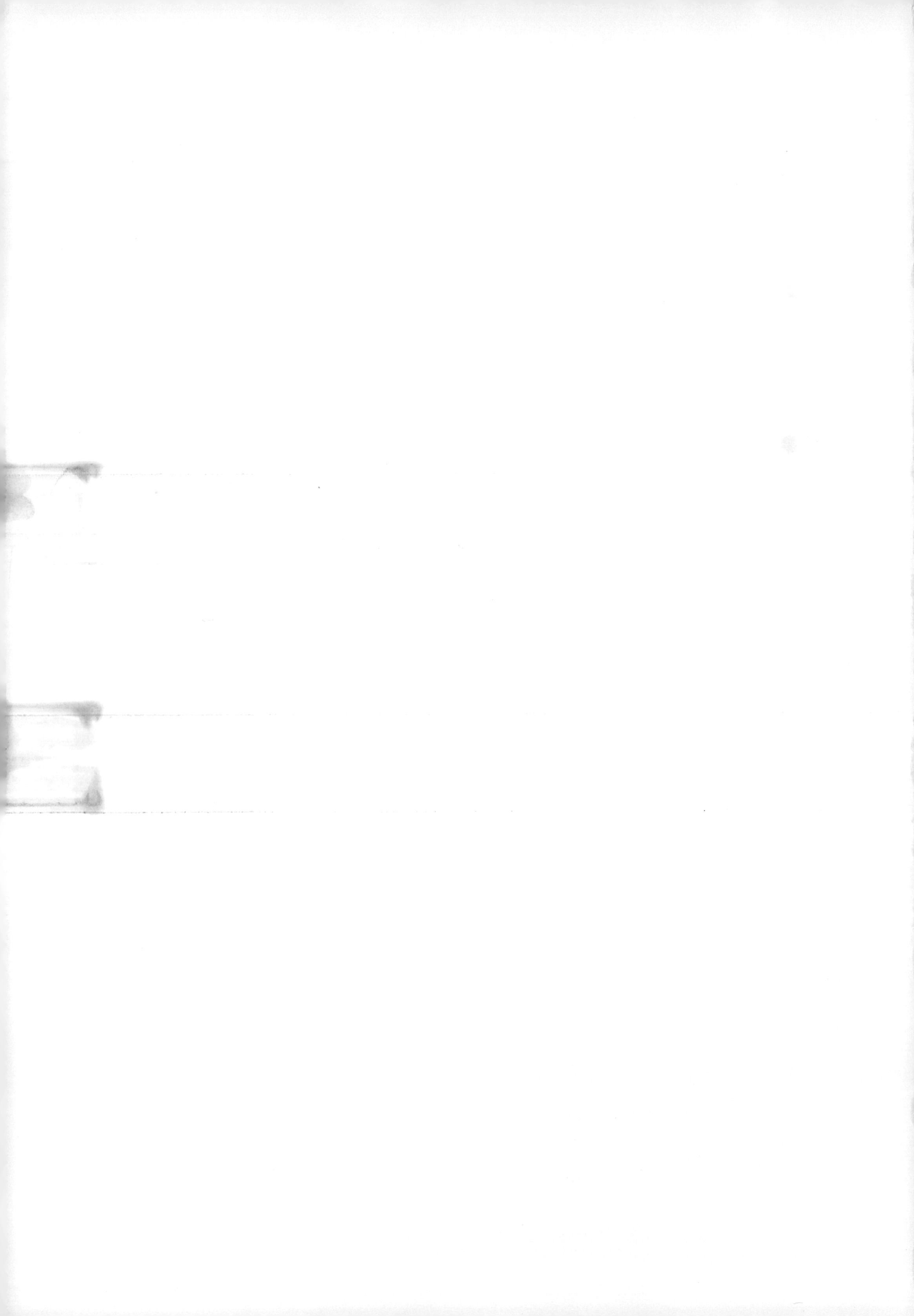

最大跨径斜拉桥 1208m
最大规模多功能荷载非对称布置桥梁
（高速公路+城际铁路+普通公路）
最大尺度碳纤维
复合材料拉索 560m
六个“世界之最”

常泰长江大桥效果图

最高强度桥用
平行钢丝斜拉索 2100MPa
最大跨径公铁
两用钢桁拱桥 388m
最大连续长度钢桁梁 4266m

四个『世界首创』

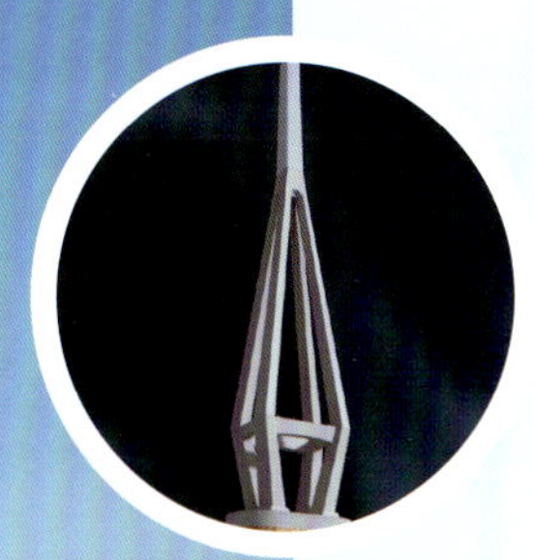

首创“钢-混”混合结构空间钻石型桥塔

可以有效提高结构刚度，减小单个塔柱结构尺寸，有效避免大体积混凝土开裂问题，实现景观与结构的统一。

首创“钢箱-核芯混凝土”组合索塔锚固结构

通过充分利用钢与混凝土两种不同材料的力学性能差异，来实现索塔锚固体系整体和局部受力的协调与统一，从而有效提高使用效率。

首创台阶型减冲刷减自重沉井基础

首次采用“上小下大”的台阶式造型，不仅可以减小沉井重量，还可以有效阻挡下潜水流，减少冲刷，增加结构安全度。

首创温度自适应塔梁纵向约束体系

在主塔下横梁与主跨跨中之间设置水平拉索，改变水平荷载传力途径，减小塔底弯矩，降低基础规模。

CHANGTAI YANGTZE RIVER BRIDGE
PROCEEDINGS

常泰长江大桥
论文集

第二卷

江苏省交通工程建设局 组织编写
宋国森 主 编

人民交通出版社
北京

内 容 提 要

本论文集由江苏省交通工程建设局组织编写。本书为第二卷,共收录论文43篇,主要总结正在建设中的千米级斜拉桥常泰长江大桥在设计、沉井基础施工和科研等方面的学术成果和建设成就。

本书可供广大桥梁建设从业人员参考,也可供高等院校相关师生学习。

图书在版编目(CIP)数据

常泰长江大桥论文集. 第二卷 / 江苏省交通工程建设局组织编写; 宋国森主编. — 北京 : 人民交通出版社股份有限公司, 2025.6. — ISBN 978-7-114-20302-2

Ⅰ. U448.12-53

中国国家版本馆 CIP 数据核字第 2025SN2578 号

Chang-Tai Chang Jiang Daqiao Lunwenji Di-er Juan

书　　名: 常泰长江大桥论文集　第二卷
著 作 者: 江苏省交通工程建设局　宋国森
责任编辑: 姚　旭
责任校对: 龙　雪　武　琳
责任印制: 张　凯
出版发行: 人民交通出版社
地　　址: (100011)北京市朝阳区安定门外外馆斜街3号
网　　址: http://www.ccpcl.com.cn
销售电话: (010)85285857
总 经 销: 人民交通出版社发行部
经　　销: 各地新华书店
印　　刷: 北京印匠彩色印刷有限公司
开　　本: 889×1194　1/16
印　　张: 25.25
字　　数: 753千
版　　次: 2025年6月　第1版
印　　次: 2025年6月　第1次印刷
书　　号: ISBN 978-7-114-20302-2
定　　价: 100.00元
(有印刷、装订质量问题的图书,由本社负责调换)

《常泰长江大桥论文集　第二卷》
编　委　会

主　　编：宋国森

副 主 编：赵　阳　李　镇

编　　委：夏鹏飞　尹震君　李海峰　王　强　陈维雄
庞道宁　沈孔健　苑仁安　梁志雯　种爱秀
赵　政　尹东亚　孙永华　陆荣伟　彭晔丹
陈广飞　高　坤　张永民　张　弛　康学云
吴启和　张　磊　蒋　凡　沈　波

前　言

面对长江下游桥梁建设标准日益提高的需求，常泰长江大桥建设团队集合设计、施工、科研等单位创新性提出了1200米级公铁两用斜拉桥建设方案，提出了温度自适应塔梁纵向约束体系、台阶型减冲刷减自重沉井基础、“钢-混”混合结构空间钻石型桥塔、“钢箱-核芯混凝土”组合索塔锚固结构“四个首创”，研发了成套桥用新材料、新设备、新工艺，形成了一批具有推广价值的建设技术成果。

常泰长江大桥自2019年10月全面开工以来，建设团队于2021年初完成了主航道桥沉井基础施工，实现了沉井基础安全、平稳、精准下沉，施工全过程真正实现了可测、可视、可控，沉井底面中心偏差与网球大小相当，终沉精度远优于设计标准。2023年9—10月，350m高南北主索塔先后顺利封顶，“四个首创”已实现四分之三。当前，主航道桥上部结构钢桁梁及斜拉索、专用航道桥上部结构、公铁合建段引桥及普通公路接线均在紧锣密鼓的建设中。

在沉井基础建设过程中，取得了系列创新成果，形成了深水超大台阶型沉井基础设计施工关键技术与装备及智能监控技术，并获得了中国公路学会科学技术奖特等奖。在主塔建设过程中，在桥塔设计、建造及施工控制等方面开展了系列研究，有力支撑了大桥建设。为及时展示大桥科技创新成果和建设成就，我们将项目建设过程中撰写和发表的论文汇编形成《常泰长江大桥论文集》。第一卷已于2022年6月正式出版，取得了不错的反响。第二卷收录论文43篇，涉及大桥设计、科研和沉井基础、主塔施工等方面的学术成果，绝大部分已获得同行认可，部分成果达到了国际领先水平。本论文集的第三卷、第四卷等随后也将陆续出版。

长风破浪会有时，直挂云帆济沧海。2025年，常泰长江大桥建设将进入决战决胜阶段，建设团队将接续奋斗，勇毅前行，持续突破关键共性技术和前沿引领技术，不断强化大跨径桥梁建设科技创新技术的系统集成，以一流的标准、一流的管理、一流的技术，把大桥建成交通强国建设江苏样板标志性工程、中国超大跨径多功能桥梁里程碑工程、桥梁建设技术国际领先的经典工程，为推动江苏省过江通道建设高质量发展凝聚更多智慧、注入更强动力，为加快建设交通运输现代化示范区、谱写“强富美高”新江苏现代化建设新篇章作出新的更大贡献！

编　者

2023年10月

目　　录

设　计　篇

施　工　篇

科　研　篇

设　计　篇

常泰长江大桥主航道桥桥塔设计

张金涛[1]，傅战工[1]，秦顺全[1]，蒋振雄[2]，张　锐[1]

(1. 中铁大桥勘测设计院集团有限公司,湖北武汉　430050;
2. 江苏省交通工程建设局,江苏南京　210004)

摘　要　常泰长江大桥主航道桥为主跨1176m的钢桁梁斜拉桥,采用钢-混混合空间钻石型桥塔。桥塔设计总高352m,分为上塔柱、中塔柱、下塔柱3个区段。上塔柱采用钢箱-核芯混凝土组合索塔锚固结构,八边形截面。核芯混凝土布置在截面中性轴位置,自上而下厚度均为3.4m,符合拉-压杆受力模式,压杆由核芯混凝土和受压钢筋构成,拉杆由受拉钢筋和核芯混凝土外壁钢板构成。中、上塔柱交界位置设置卯榫形钢-混结合段,荷载通过核芯混凝土和钢塔外壁板传递至混凝土塔柱。中、下塔柱采用钢筋混凝土结构,正八边形截面。中、下塔柱交界位置设置2道横梁和2道纵梁,横梁和纵梁均为预应力混凝土结构,横梁主要承受横向力、支反力以及碳纤维增强复合材料(CFRP)锚固齿块的作用,纵梁承受纵向力作用。对桥塔进行静、动力及稳定性分析,结果表明其设计指标均满足要求,结构安全可靠。

关键词　斜拉桥;空间钻石型桥塔;钢-混组合结构;索塔锚固结构;核芯混凝土;结构设计;受力分析

Pylon Design for Main Navigational Channel Bridge of Changtai Yangtze River Bridge

ZHANG Jin-tao[1], FU Zhan-gong[1], QIN Shun-quan[1], JIANG Zhen-xiong[2], ZHANG Rui[1]

(1. China Railway Major Bridge Reconnaissance & Design Institute Co., Ltd., Wuhan 430050, China;
2. Jiangsu Provincial Transportation Engineering Construction Bureau, Nanjing 210004, China)

Abstract　The main navigational channel bridge of Changtai Yangtze River Bridge is a steel truss girder cable-stayed bridge with a main span of 1176m, which pylon is steel-concrete mixed spacial diamond-shaped. The total design height of the pylon is 352m. The pylon is divided into three parts: the upper-pylon, the middle-pylon and the lower-pylon. The steel box-core concrete composite structure is used in upper pylon, with an octagonal section. The core concrete is arranged at the position of the neutral axis of the section, with a thickness of 3.4m from top to bottom. The structure conforms to the strut and tie model. The mortise and tenon-shaped steel-concrete joint section is set at the junction of the middle and upper pylons, and the load is transferred to the concrete pylons through the core concrete and the steel pylon. The middle and lower pylons

---

基金项目:中国中铁股份有限公司科技研究开发计划项目(2020-重点-10)。

作者简介:张金涛(1986—),男,中铁大桥勘测设计院集团有限公司高级工程师,研究方向:大跨径桥梁设计。

are reinforced concrete structure with regular octagonal section. Two longitudinal beams and two transverse beams are set at the junction of the middle and lower pylon columns. The transverse beams and longitudinal beams are all prestressed concrete structures. The static, dynamic and stability analysis of the bridge pylon was carried out, and the results show that its design indicators meet the requirements and the structure is safe and reliable.

Keywords Cable-stayed bridge; spatial diamond-shaped bridge pylon; steel-concrete composite structure; cable pylon anchoring structure; core concrete; structural design; force analysis

1 工程概况

常泰长江大桥位于泰州大桥与江阴长江公路大桥之间,距离泰州大桥约28.5km,距离江阴长江大桥约30.2km。大桥连接泰州与常州,搭载高速公路、普通公路、城际铁路三种交通方式合并过江。该桥主航道桥为双塔斜拉桥,跨径布置为(142+490+1176+490+142)m,见图1。结构体系采用温度自适应塔梁纵向约束体系;主梁采用两主桁钢桁梁;斜拉索采用平行钢丝斜拉索;桥塔基础采用台阶型沉井基础。

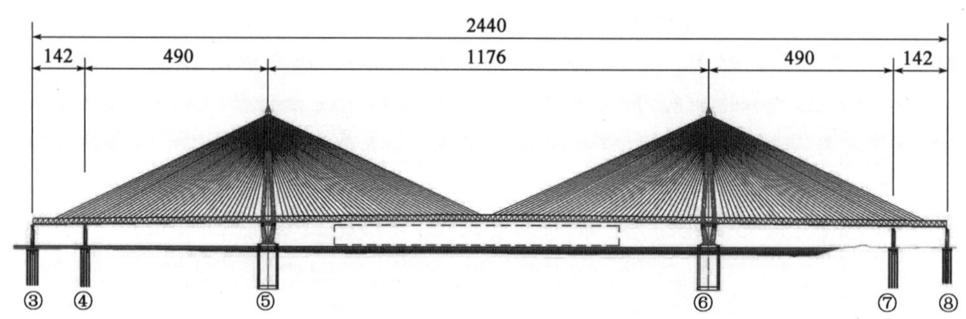

图1 常泰长江大桥主航道桥立面布置(尺寸单位:m)

2 主要建设条件及技术标准

主要建设条件:①桥址最高、最低通航水位分别为+5.8m、-0.74m;②桥址处统计最高、最低气温分别为40.5℃、-12.5℃,年平均气温15.6℃;③桥址设计基准风速 $V_{s10}=32.4\text{m/s}$;④多遇地震、设计地震、罕遇地震的水平地震动峰值加速度分别为0.064g、0.168g、0.224g。

主要技术标准:①上层桥面布置双向六车道高速公路,汽车荷载公路—Ⅰ级,设计速度100km/h;②下层桥面上游布置两线城际铁路,速度目标值200km/h(跨江段预留250km/h通行条件);下层桥面下游布置双向四车道普通公路,设计速度80km/h。

3 桥塔结构设计

3.1 总体布置

对于大跨径斜拉桥,平面桥塔方案塔肢尺寸相对较大,一般塔肢截面单边尺寸会达到15m以上。对于混凝土结构,收缩徐变和干缩容易引起非受力方向的裂纹,影响结构耐久性。由于常泰长江大桥主航道桥的跨径和主梁自重均较大,为寻求合理的桥塔结构形式,项目开展了桥塔结构方案及设计施工方法专题研究,从结构刚度、稳定性、结构动静力性能等方面对多种桥塔结构方案进行综合比选。最终确定该桥采用钢-混混合空间钻石型桥塔,桥塔设计总高352m(不含塔座),高跨比为0.3,分为上塔柱、中塔柱、下塔柱3个区段。上塔柱采用钢箱-核芯混凝土组合索塔锚固结构,中、下塔柱采用钢筋混凝土结构。中、上塔柱交界位置设置钢-混结合段,中、下塔柱交界位置设置2道横梁和2道纵梁。钢-混混合

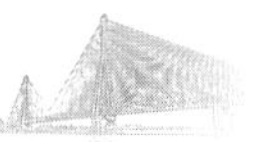

空间钻石型桥塔构造见图2。

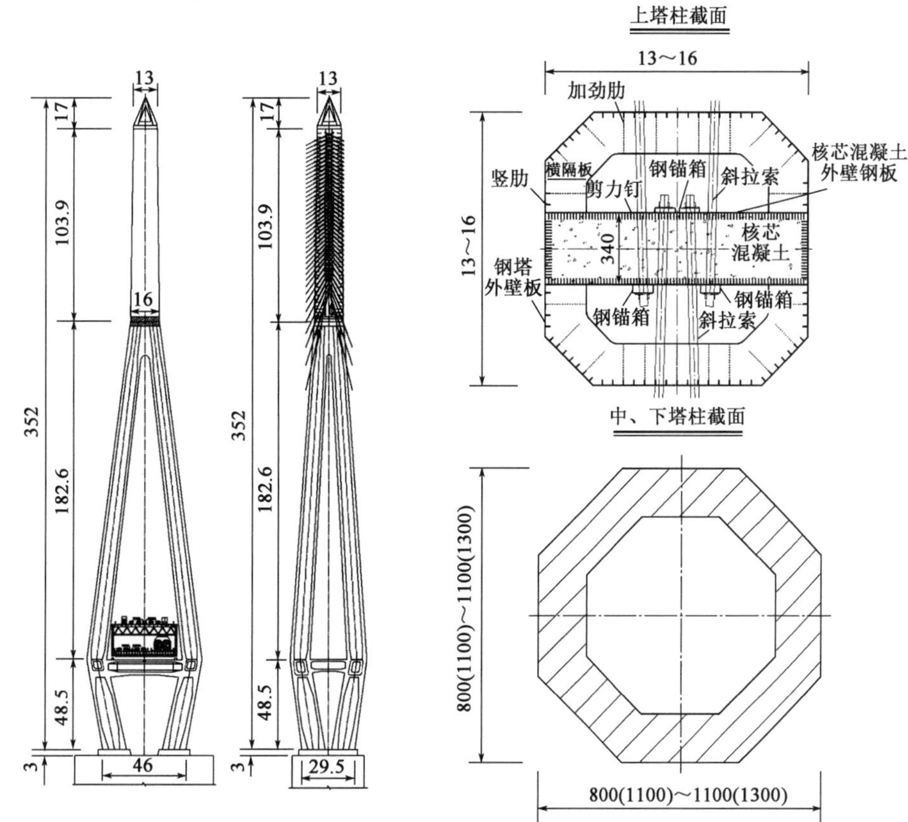

图2　钢-混混合空间钻石型桥塔构造(尺寸单位:m)

3.2　上塔柱

上塔柱总高120.9m(高程+241.1～+362m),其中塔冠高17m,索塔锚固区高103.9m(含中、上塔柱实体段2.5m)。上塔柱截面为八边形,外轮廓尺寸为13m×13m～16m×16m,坡度比1∶69.27。上塔柱布置见图3。

上塔柱钢箱-核芯混凝土组合索塔锚固结构,是一种新的结构形式,主要由钢塔外壁板、竖肋、横隔板、横隔板加劲肋、核芯混凝土外壁钢板和剪力钉、钢锚箱和核芯混凝土等构成。结构设计需要确保索塔锚固区的受力要求,同时兼顾桥塔施工吊装要求,实现结构安全且快速施工的既定目标;同时由于斜拉索锚固于核芯混凝土上,在设计时应尽量避免索导管与横隔板、竖肋的冲突。详细结构构造处理时需同时兼顾锚固构造受力以及斜拉索索力的传递路径,确保斜拉索索力顺利传递至核芯混凝土。

3.2.1　上塔柱钢结构

根据结构受力,上塔柱共分为10个节段(T1～T10节段),其中T10节段为塔冠节段。T1～T6节段钢结构采用Q420qD钢,T7～T9节段钢结构采用Q370qD钢。钢塔外壁板分为6种板厚规格(表1),钢塔外壁板变厚采用内侧对齐、外侧按1∶8放坡过渡。竖肋及横隔板结构尺寸根据规范要求计算确定。横隔板厚度分为16mm和20mm两种规格,横隔板宽度根据计算及局部构造确定为1.2mm、1.5mm、1.6mm、1.7mm、2.0mm、2.1mm、2.3mm共7种规格。

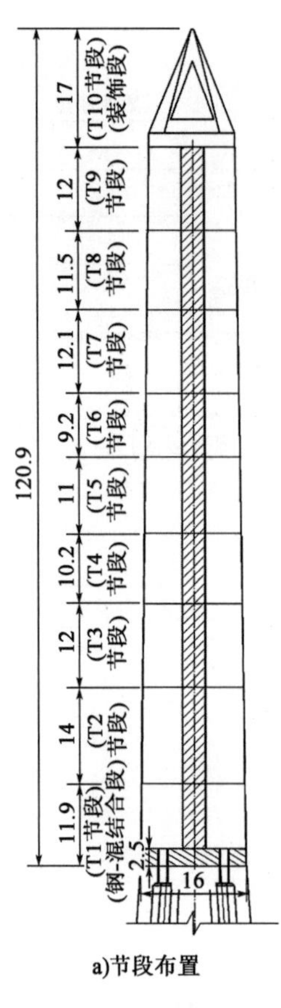
a)节段布置

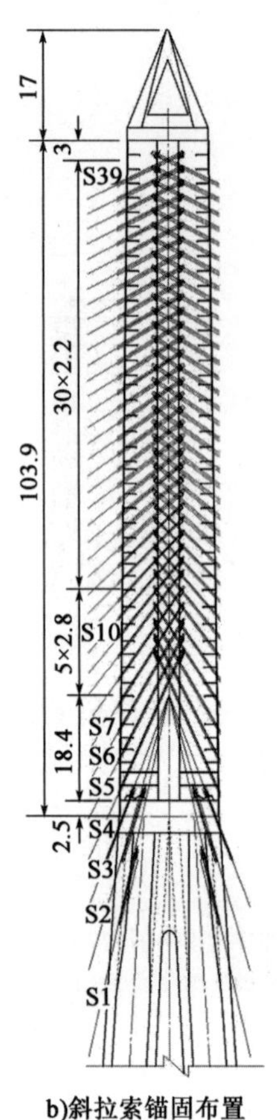
b)斜拉索锚固布置

图3　上塔柱布置(尺寸单位:m)

上塔柱各节段钢结构主要参数　　表1

节段	钢壁外壁板板厚(mm)	竖肋尺寸(mm)		
		宽	厚	间距
T1	60	330	30	1056
T2	52	330	30	1056
T3	40	286	26	528
T4	32	264	24	528
T5	28	264	24	528
T6	28	264	24	528
T7	24	242	22	528
T8	24	242	22	528
T9	24	242	22	528

为实现上塔柱快速安装,上塔柱钢结构部分采用平面分块、竖向分节的方式。平面分为3块,边、中跨钢结构C形块和核芯混凝土区核芯块(图4)。采用塔式起重机进行分块吊装,节段最大吊重290t,分块间采用高强度螺栓定位,定位完成后即可安装下一节段,同时完成本节段的节段焊接,有效加快施工进度。节段吊装顺序为:①吊装核芯块钢结构及核芯区钢筋;②安装边、中跨钢结构C形块;③安装核芯混凝土临时横撑;④浇筑核芯混凝土;⑤吊装下一节段;⑥循环以上步骤,逐节完成上塔柱施工。

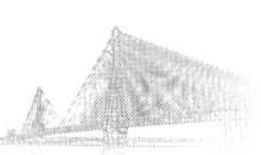

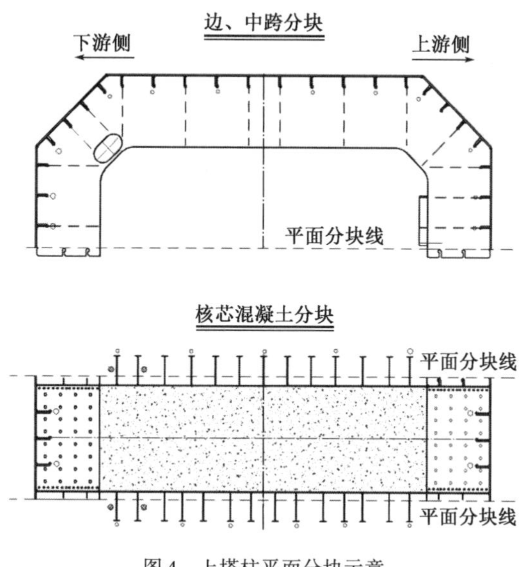

图4 上塔柱平面分块示意

3.2.2 上塔柱核芯混凝土区

上塔柱核芯混凝土区构造见图5。核芯混凝土布置在截面中性轴位置，自上而下厚度均为3.4m，符合拉-压杆受力模式，压杆由核芯混凝土和受压钢筋（钢筋直径25mm，布置2层）构成，拉杆由受拉钢筋（钢筋直径36mm，布置3层）和核芯混凝土外壁钢板构成。拉-压杆区域范围内布置受力钢筋，范围外仅设置构造钢筋及剪力钉。核芯混凝土外壁钢板作为核芯混凝土浇筑模板且参与整体竖向受力，3.4m宽壁板对应的竖向及横向钢筋直径均为25mm。为防止斜截面破坏，在斜截面范围内设置防裂钢筋，钢筋直径20mm。考虑施工人员振捣空间，在2片防裂钢筋网之间设置人员通道，方便作业人员进出，提高混凝土振捣质量。

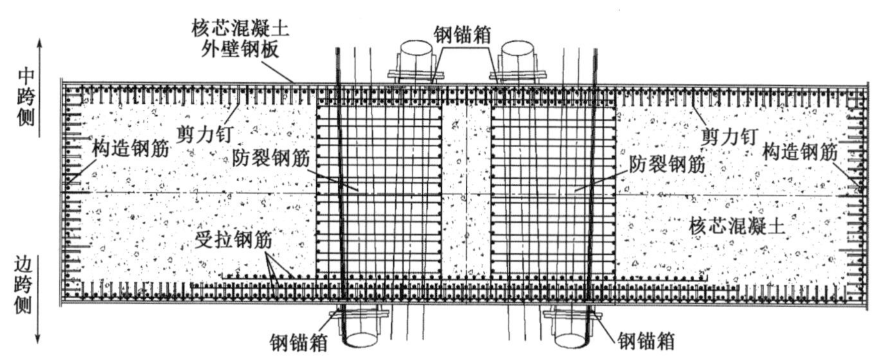

图5 核芯混凝土区构造

该桥设计时，为验证拉-压杆的受力性能，开展了有限元分析及缩尺模型试验。有限元分析结果与试验结果一致表明，结构受力性能符合拉-压杆的受力模式，核芯混凝土设计安全系数在3.8以上，满足受力要求。

3.2.3 索塔锚固结构

桥塔索塔锚固区段共39对斜拉索。S1号斜拉索锚固于中塔柱塔壁。S2号、S3号斜拉索锚固于中、上塔柱交汇横梁上。S4～S39号斜拉索采用核芯混凝土锚固结构，其中S4～S6号斜拉索采用混凝土齿块锚固，核芯混凝土外壁钢板在混凝土齿块位置处开孔，齿块内设置钢筋与核芯混凝土连接为整体，索力通过混凝土齿块传递给核芯混凝土；S7～S39号斜拉索采用钢锚箱锚固（图6），索力通过局部承压加劲板（为满足混凝土局部承压要求，在核芯混凝土内侧设置局部承压加劲板，以扩散局部承压面积，承压加劲板厚32mm）传递给锚下腹板，再通过核芯混凝土外壁钢板传递给核芯混凝土，锚下腹板根据受力大小分为44mm、48mm、52mm、56mm、60mm共5种板厚。

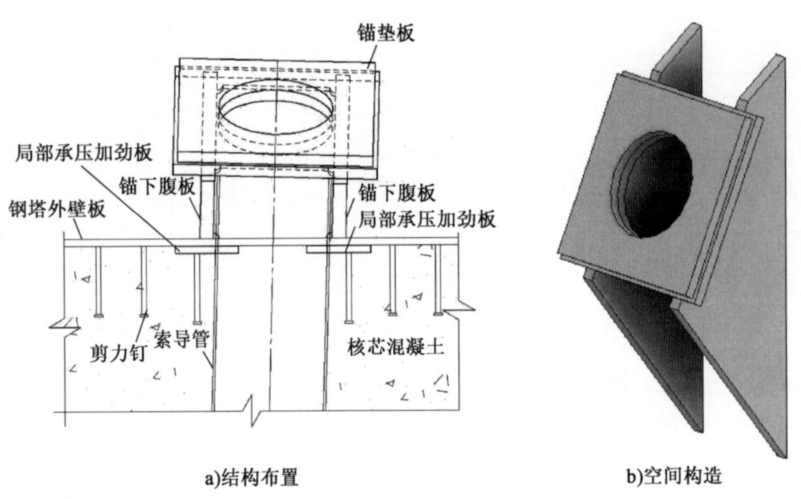

a)结构布置　　b)空间构造

图6　钢锚箱构造

3.3　中、上塔柱钢-混结合段

中、上塔柱交界位置设置钢-混结合段(图7),荷载通过核芯混凝土和钢塔外壁板传递至混凝土塔柱。通过有限元分析,在施工和运营工况下该位置均不出现拉应力,因此设计时未设置竖向预应力,而是将钢结构直接放置在混凝土上,并设置水平承压板。水平承压板下为C60混凝土,竖向力传递需满足C60混凝土局部承压要求。为实现竖向力的有效传递,除利用通长加劲肋(板肋)外,在T1节段增设加劲T肋,加劲板肋及T肋放置在水平承压板上,以增加局部承压面积。钢塔外壁板伸入混凝土塔柱总高为5.5m,通过剪力钉与混凝土进行连接,其中2.5m高钢塔外壁板为封闭结构,3m高为榫卯装饰段。

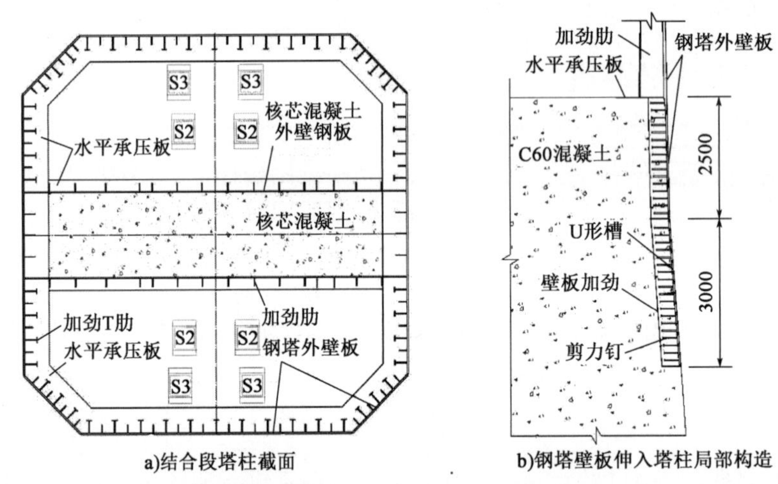

a)结合段塔柱截面　　b)钢塔壁板伸入塔柱局部构造

图7　中、上塔柱钢-混结合段构造(尺寸单位:mm)

钢-混结合段为中塔柱四塔肢交汇位置,结构受力复杂。根据桥塔施工期及运营期结构受力,在裸塔及运营工况作用下,上塔柱均受压,未出现拉应力,因此钢-混结合段设计时未设置竖向预应力或锚固螺杆。为满足水平承压板下混凝土局部承压要求,通过增加钢-混结合段钢塔外壁板加劲T肋的方式来增加局部承压面积;同时为使上塔柱钢-混组合结构作用力顺利传递至中塔柱混凝土结合段部位,采用钢塔外壁板加劲肋和剪力钉组合的方案。钢塔外壁板设置剪力钉,一方面传递竖向力,另一方面可以使钢塔外壁板与混凝土有效地结合,加强结构整体性。

3.4　中、下塔柱

中、下塔柱顺桥向、横桥向均为钻石型结构(图8)。中塔柱顶、中塔柱底和下塔柱底横桥向塔肢中

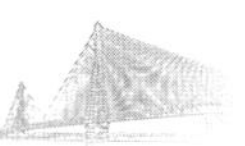

心距分别为 8mm、52.8mm、33m，顺桥向塔肢中心距分别为 8mm、31.4mm、16.5m。中、下塔柱总高分别为 182.6m、48.5m。中塔柱横桥向坡度为 1∶8.15，顺桥向坡度为 1∶15.61；下塔柱横向坡度为 1∶4.9，纵向坡度为 1∶6.51。中、下塔柱设计高程区间为 +10（塔座顶）~ +241.1m，其中 +238.6 ~ +241.1m 为实体结构，+223.018 ~ +238.6m 为单箱四室整体箱形断面，+223.018 ~ +222.141m 为过渡段，+222.141m 以下分为四塔肢结构。中、下塔柱单塔肢为正八边形截面，中塔柱外轮廓尺寸为 8m×8m ~ 11m×11m、壁厚为 1.55 ~ 1.9m，下塔柱外轮廓尺寸为 11m×11m ~ 13m×13m、壁厚为 1.9 ~ 2.3m，在中、下塔柱顶底一定范围内设置壁厚加厚段。

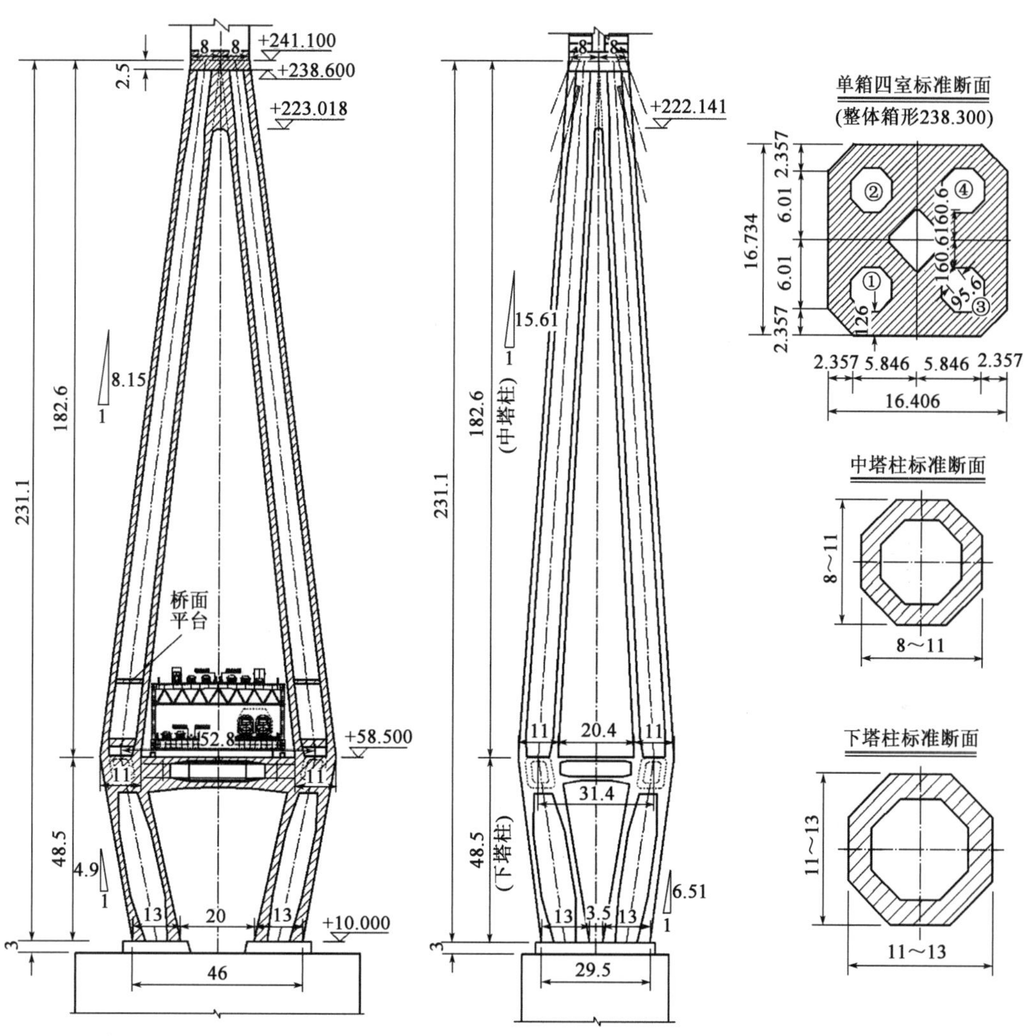

图 8　中、下塔柱布置（尺寸单位：m；高程单位：m）

下塔柱与中塔柱交界处设置 2 道横梁和 2 道纵梁。横梁和纵梁均为预应力混凝土结构，单箱单室截面。考虑桥塔景观，横梁和纵梁梁体均采用外轮廓边线与塔柱边线平行的非规则四边形截面（图 9）。横梁和纵梁均采用变截面设计，横梁跨中梁高 8m、梁顶宽 7m、梁底宽 7.33m，跨中顶板厚 1.0m、底板及腹板厚 1.5m，梁底为半径 126m 的圆弧；纵梁跨中梁高 6m、梁顶宽 6m、梁底宽 6.247m，跨中顶板厚 1.0m、底板厚 1.2m、腹板厚 1.5m，梁底为半径 35.3m 的圆弧。

中、下塔肢交界位置受力复杂，纵、横梁受力复杂，结构设计难度大。横梁主要承受横向力、支反力以及 CFRP 锚固齿块的作用，纵梁承受纵向力作用。运营工况下桥塔为纵向附加力控制设计，即桥塔在活载和纵向附加力作用下，纵梁承受较大竖向剪力和弯矩作用，所以在进行空间桥塔设计时应重点关注纵梁受力，合理确定预应力和普通钢筋的布置，确保纵梁受力安全可靠。纵梁配置 95 束 25-ϕ_s 15.2mm预应力钢绞线，其中有 72 根通长钢束，在箱室内单端张拉；其余 23 根为短钢束，施工期在横梁合龙段单端张拉。由于支座设置在边跨侧，边、中跨侧横梁预应力配置略有差异，分别设置112束和96束25-ϕ_s15.2mm预应力钢绞线，边跨侧横梁顶板设置3排预应力钢绞线，中跨侧横梁顶板设置2排预应力钢绞线。考虑封锚混凝土引起的色差会影响混凝土外观，横梁预应力采用单端张拉，张拉位置设置在箱室内。为减小混凝土收缩效应并改善下塔肢受力，在纵、横梁跨中位置均设置2m后浇段，在后浇段位置可实现主动对拉对顶，对拉对顶完成后在后浇段浇筑微膨胀混凝土，完成纵、横梁施工。

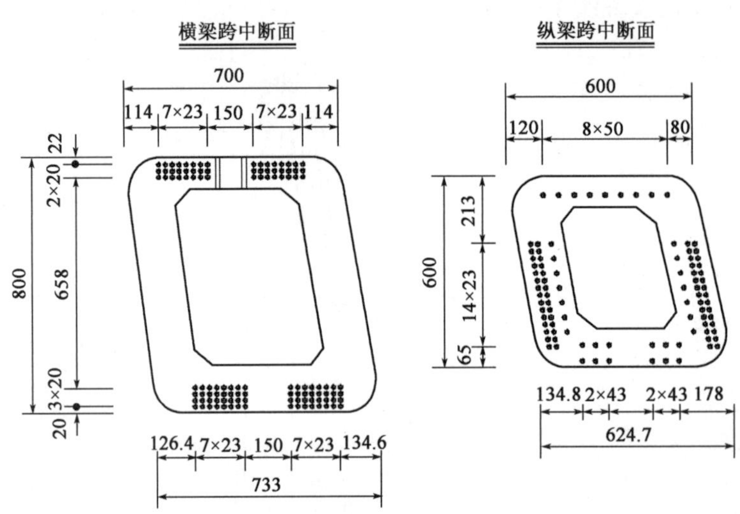

图9　桥塔横梁、纵梁跨中断面及预应力布置(尺寸单位:cm)

中塔柱在上层公路桥面位置设计进人孔，塔柱内布置桥面平台兼作中塔柱升降机停靠平台，作业人员可以直接从桥面转乘升降机到达中塔柱顶。中塔柱底部在主梁下弦杆位置设置抗风支座隔墙，兼作施工主梁期间纵向限位隔墙。

4　桥塔静、动力及稳定性分析

4.1　静力分析

采用非线性空间有限元软件建立全桥模型进行静力分析。一期恒载和二期恒载按结构实际重量加载；风荷载取A类地表，桥址设计基准风速 $V_{s10}=32.4\text{m/s}$，有车运营风速取25m/s；铁路和汽车活载、冲击作用、温度作用以及荷载组合均按规范取值。

静力分析表明：桥塔混凝土结构主力作用下最大压应力为18.9MPa，主+附作用下最大压应力为24MPa；桥塔钢结构主力作用下最大应力为218MPa，主+附作用下最大应力为256.4MPa，均能满足规范要求。

4.2　动力分析

桥址区E1地震作用采用一百年超越概率10%地表地震动峰值加速度0.168g，周期0.55s；E2地震作用采用一百年超越概率4%地表地震动峰值加速度0.224g，周期0.60s。动力分析考虑纵向+竖向地震动输入和横向+竖向地震动输入2种工况，并取恒载和地震最不利组合进行抗震验算。动力分析表明：E1、E2地震作用下桥塔均保持弹性工作状态，满足规范要求。

4.3　稳定性分析

桥塔的稳定性分析分为两个部分：弹性稳定性分析和同时考虑几何、材料非线性稳定性分析。

弹性稳定性分析结果表明：弹性稳定性控制工况为恒载+活载+纵风，弹性稳定最小安全系数为10.5，根据《公路斜拉桥设计细则》(JTG/T D65-01—2007)，斜拉桥弹性屈曲的结构稳定安全系数应不小于4，弹性稳定性计算结果满足规范要求。

考虑几何、材料非线性的稳定性分析时选取5种计算工况：①工况1，n×恒载；②工况2，n×（恒载+塔底最不利活载+纵向有车风）；③工况3，n×（恒载+横向极限风）；④工况4，1.2×恒载+n×（塔底最不利活载+纵向有车风）；⑤工况5，1.2×恒载+n×横向极限风。其中，n代表荷载放大系数，表示荷载放大n倍后结构失稳，故n为非线性失稳的稳定安全系数。5种工况下桥塔非线性失稳的稳定安全系数分别为2.88、2.04、2.4、2.79和7.69。目前国内规范对非线性失稳的稳定安全系数没有明确要求，根据文献资料，主跨1088m的两塔斜拉桥苏通长江公路大桥成桥状态桥塔非线性失稳的稳定安全系数为1.90；南京仙新路过江通道斜拉桥桥塔非线性失稳的稳定安全系数为1.64；野上邦栄等学者经过研究认为斜拉桥桥塔考虑非线性的合理安全系数为1.5。基于多座桥梁统计及学者研究结果及已建桥运营情况综合考虑，该桥桥塔非线性失稳的稳定安全系数最小为2.04，该桥桥塔考虑几何、材料非线性的稳定性可满足工程使用要求。

5 结语

常泰长江大桥主航道桥跨径大、自重大，桥塔受力复杂，设计难度大。桥塔在设计时综合考虑结构受力及景观需求，创新采用钢-混混合空间钻石型桥塔和钢箱-核芯混凝土组合索塔锚固结构。中、下塔柱采用正八边形截面钢筋混凝土结构，上塔柱采用八边形截面钢-混组合结构，中、上塔柱结合段采用卯榫结构，实现作用力的有效传递。各项研究结果表明，桥塔设计指标满足要求，结构安全可靠，该桥桥塔设计可为类似大跨径斜拉桥的设计提供参考。

参考文献

[1] 秦顺全，徐伟，陆勤丰，等. 常泰长江大桥主航道桥总体设计与方案构思[J]. 桥梁建设，2020，50(3)：1-10.

[2] 秦顺全，苑仁安，郑清刚，等. 超大跨度公铁两用斜拉桥结构体系研究[J]. 桥梁建设，2020，50(4)：1-8.

[3] 傅战工，张金涛，张锐. 基于Inventor的常泰长江大桥主塔BIM正向设计[J]. 铁道标准设计，2020，64(S1)：190-194.

[4] 傅战工，郭衡，张锐，等. BIM技术在常泰长江大桥主航道桥设计阶段的应用[J]. 桥梁建设，2020，50(5)：90-95.

[5] 余璐. 常泰长江大桥景观设计[J]. 桥梁建设，2020，50(5)：96-100.

[6] 胡骏，郑清刚，张文明. 常泰长江大桥风与温度荷载组合效应研究[J]. 桥梁建设，2020，50(4)：42-47.

[7] 刘鹏，王军，孙虎平，等. 格构式钢塔斜拉桥设计[J]. 世界桥梁，2020，48(6)：6-10.

[8] 徐文，闫志刚，张士山，等. 沪通长江大桥主航道桥桥塔温度场与膨胀调控抗裂技术[J]. 桥梁建设，2020，50(1)：44-49.

[9] 罗晓瑜，陈艾荣，刘海波. 洞庭湖二桥造型设计[J]. 世界桥梁，2019，47(6)：16-20.

[10] 阮家顺，陈家菊，向晋华，等. 港珠澳大桥138号钢桥塔整体段翻身技术[J]. 世界桥梁，2019，47(2)：6-10.

[11] 徐伟，苑仁安，王强，等. 常泰长江大桥主航道桥结构体系及钢梁设计[J]. 桥梁建设，2021，51(3)：1-8.

[12] 唐贺强，徐恭义，刘汉顺. 五峰山长江大桥主桥总体设计[J]. 桥梁建设，2020，50(6)：1-7.

[13] 常大宝. 独柱型钢塔分离式钢箱梁斜拉桥塔梁施工关键技术[J]. 桥梁建设，2020，50(S2)：121-126.

[14] 刘鹏，王军，孙虎平，等. 格构式钢塔斜拉桥设计[J]. 世界桥梁，2020，48(6)：6-10.

[15] 张巨生,宁伯伟.新建安九铁路长江大桥主航道桥设计[J].桥梁建设,2018,48(2):77-82.

[16] 杜修力,金浏,李冬.混凝土与混凝土结构尺寸效应述评(Ⅱ):构件层次[J].土木工程学报,2017,50(11):24-44.

[17] 杜修力,金浏,李冬.混凝土与混凝土结构尺寸效应述评(Ⅰ):材料层次[J].土木工程学报,2017,50(9):28-45.

常泰长江大桥专用航道桥钢梁安装方案设计

李少骏[1]，徐　伟[1]，李　镇[2]，王　恒[1]

（1. 中铁大桥勘测设计院集团有限公司，湖北武汉　430050；
2. 江苏省交通工程建设局，江苏南京　210004）

摘　要　常泰长江大桥天星洲和录安洲两座专用航道桥为刚性梁钢桁拱桥，跨径布置均为（168 + 388 + 168）m，主梁采用2片主桁双层板桁组合结构，N形桁式，焊接整体节点构造，主拱采用与主梁反向的N形桁。针对该桥施工难点，进行钢梁安装方案设计。主桁杆件采用整体节点散拼，联结系采用单根杆件拼装，每节间的桥面板分为3块安装；边跨钢梁在临时支架上采用单悬臂拼装，中跨钢梁采用扣索塔架悬臂架设、跨中分步合龙钢桁拱和系梁的总体方案施工。中跨钢梁悬臂拼装时，对拱梁同步和先拱后梁2种施工方案进行综合比选可知：2种方案均满足受力要求；先拱后梁方案压重量比拱梁同步方案少60%，但工期长3个月，并增加2台起重机，拱梁同步方案的经济性更优。因此，选择拱梁同步方案。

关键词　公路铁路两用桥；钢桁拱桥；安装方案；悬臂拼装；扣索塔架；先拱后梁；拱梁同步；方案设计

Installment Design of Steel Girder of Special Ship Channel Bridge of Changtai Yangtze River Bridge

LI Shao-jun[1], XU Wei[1], LI Zhen[2], WANG Heng[1]

(1. China Railway Major Bridge Reconnaissance & Design Institute Co., Ltd., Wuhan 430050, China;
2. Jiangsu Provincial Transportation Engineering Construction Bureau, Nanjing 210004, China)

Abstract　The Tianxing Islet and Lu'an Islet special ship channel bridges of Changtai Yangtze River Bridge are rigid-girder steel truss arch bridges. The two ship channel bridges are of identical structures of three spans of 168, 388 and 168, with deck systems consisting of two lateral N-shaped trusses and orthotropic steel deck panels that accommodate two-levels of roadway. The truss members were welded together, forming integral panel points. The N-shaped trusses of the arch and the deck system are visually in reverse. Based on the construction complexities, the erection scheme selection was carried out. The main trusses were assembled from integral panels, the lateral bracings were assembled from individual members, and the deck of each truss panel consisted of three pieces. The steel trusses in the side spans were assembled in a single cantilever manner on the temporary scaffolds, while the steel trusses in the central span were installed by using a cable-stayed

---

基金项目：中国中铁股份有限公司科技研究开发计划项目（2020-重点-10）。

作者简介：李少骏（1990—），男，高级工程师，浙江大学，研究方向：钢结构设计。

cantilever assembly system, and the steel truss arch and the deck were all closed at midspan. To facilitate construction, the two options, either to erect the arch and the deck in parallel or erect the arch ahead of the deck, were compared. According to the comparison, both of the two options could meet the load bearing requirements. Erecting the arch first can save 60% of counterweights, but the construction schedule would be three-month longer, and two extra cranes are needed. The parallel erection of the arch and the deck is economically superior, hence recommended.

Keywords Rail-cum-road bridge; steel truss arch bridge; installation scheme; cantilever assembly; cable-stayed cantilever assembly system; arch erection ahead of deck erection; arch and deck parallel erection; scheme design

1 概述

常泰长江大桥是如常高速公路和泰常城际铁路上的控制性节点工程。大桥距离上游泰州大桥约28.5km,距离下游江阴长江大桥约30.2km。大桥北岸为泰兴市,南岸为常州市。大桥集高速公路、普通公路、城际铁路“三位一体”合并过江,双层桥面布置。上层桥面布置双向六车道高速公路;下层桥面上游侧布置两线城际铁路,下游侧布置双向四车道普通公路。跨天星洲预留航道和录安洲航道2座专用航道桥均采用跨径布置为(168+388+168)m的刚性梁钢桁拱桥,天星洲专用航道桥立面布置见图1。

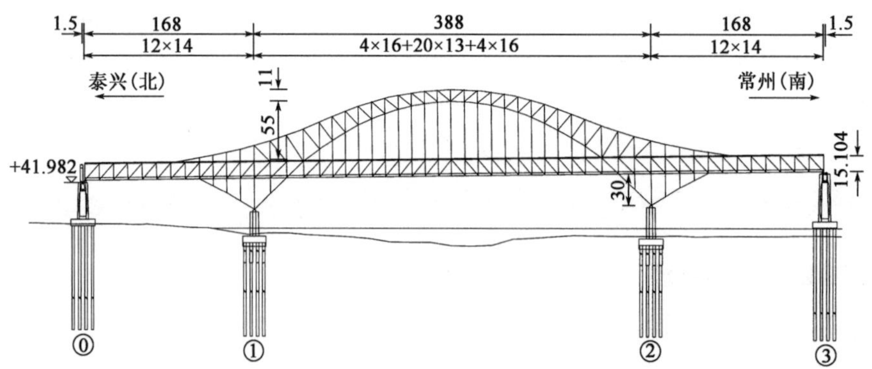

图1 天星洲专用航道桥立面布置(尺寸单位:m)

两座专用航道桥上部结构构造相同。主梁采用两片主桁双层板桁组合结构,N形桁式,焊接整体节点构造。主梁桁宽35m、桁高15.104m,其标准横断面布置见图2。全桥节间采用13m、14m、16m三种长度,以适应拱肋杆件角度变化的构造及景观需要。主拱采用与主梁反向的N形桁,拱肋线形为抛物线,跨中下弦矢高55m,拱肋桁高11m。中墩附近6个节间设置加劲弦,弦高30m。

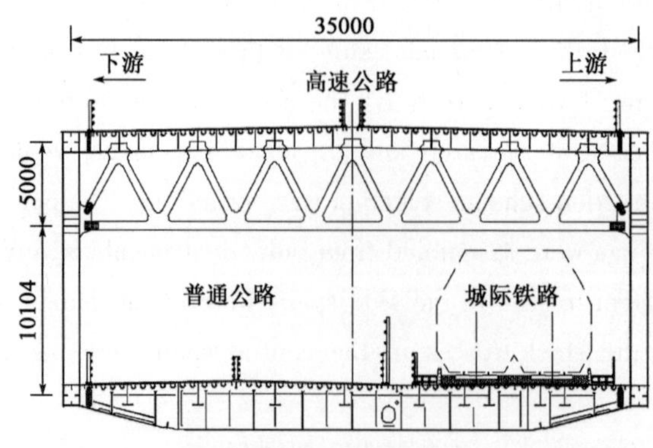

图2 主梁标准横断面布置(尺寸单位:mm)

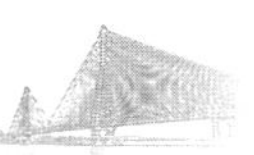

根据主桁各杆件受力情况，主桁采用了 Q370qE、Q420qE、Q500qE 钢。主桁杆件采用焊接整体节点，杆件之间通过高强度螺栓现场拼接。主梁弦杆采用带伸出肢的箱形断面，与整体桥面板现场栓焊连接。上、下层桥面均采用纵横梁体系的正交异性钢桥面板结构。上层桥面节点处设置桁架式组合横梁，横桥向布置 7 道纵梁，2 片组合式横梁之间布置 4 或 5 道横肋。下层桥面节点横梁采用变高度箱形截面，中间部分梁高 2.6m，横桥向布置 9 道纵梁，2 片箱形横梁之间布置 4 道横肋。中跨柔性吊杆采用平行钢丝成品索。吊杆的张拉端设在系梁上，以便张拉操作。按二段牵引张拉确定张拉空间，以减小系梁上锚拉板尺寸。

2　钢桁拱桥施工难点

(1)中跨悬臂大，荷载大，且有通航要求，需辅以大型斜拉扣挂系统进行钢梁架设和合龙。

(2)中跨布置系梁和桁拱，边、中跨重量比例相差较大，为满足倾覆稳定要求，需在边跨施加大吨位压重。

(3)中跨钢梁架设需完成桁拱和系梁两次合龙，施工工艺烦琐。调整合龙口状态时，主墩顶支座反力大，需布置大吨位千斤顶。

(4)结构横向宽度大，桥面板、联结系构件自重大，架梁起重机的吊重要求高、杆件安装难度大。为控制起重机吊重，需对构件进行合理分块。

(5)部分主桁杆件受力为施工控制，应根据实施方案对结构进行检算。

3　钢梁安装方案设计

3.1　总体方案

专用航道桥上部钢梁采用从边墩向中跨单悬臂拼装、跨中合龙的总体方案施工。钢梁安装流程为：在边跨搭设钢梁拼装支架和架梁起重机，利用架梁起重机逐步向中跨拼装钢梁；中跨 6 个节间钢梁拼装后，在中墩处拱肋上弦安装扣索塔架；随中跨悬臂长度增加适时安装并初张扣索，初张后索力不再调整；在边跨端部上、下层桥面逐步堆载压重，以保证继续拼装中跨结构过程中的倾覆稳定；通过边支点顶(落)梁、钢梁整体纵移与对拉对顶等措施，实现合龙口状态精调；先进行拱肋合龙，再进行主梁合龙。

根据总体方案，需对施工阶段进行结构计算分析，保证结构安全并为施工单位提供施工组织设计需要的数据。计算基于无应力状态法，由设计的最终目标状态得到各子目标状态。子目标状态主要包括：边跨钢梁上临时墩，中支点处合龙，分步张拉 3 层扣索，拱肋合龙，主梁合龙。

3.2　杆件分块拼装方案

主桁杆件采用整体节点散拼，最大杆件重 100t。联结系采用单根杆件拼装，最大杆件重 40t。为控制吊重，每节间的桥面板分为 3 块安装(图 3)，桥面板最大重量为 80t。除个别超重主桁杆件采用浮式起重机吊装外，其余主桁杆件、桥面板、联结系均采用架梁起重机安装。架梁起重机可拱上行走，最大吊重 100t，起重机自重不超过 420t。

为减少行车道和铁路限界上方的螺栓数量，上层桥面板块之间采用全焊连接，在连接处设置临时定位孔，利用冲钉定位后焊接。下层桥面板块之间采用栓焊组合连接。桥面板的横向焊缝在拼装后进行焊接；纵缝在横缝焊完后对称焊接，最多滞后 1 个节间。

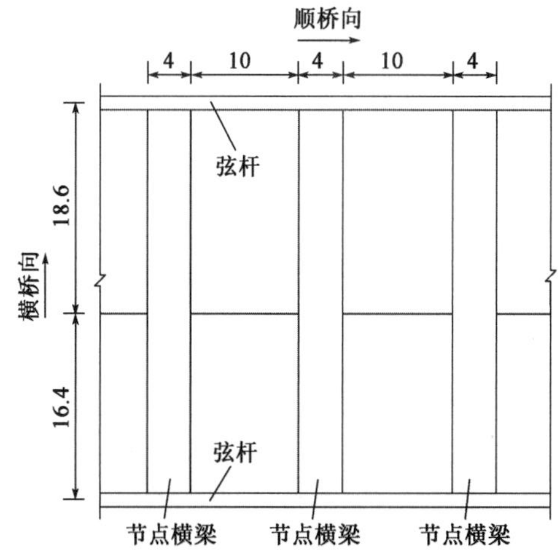

图 3　桥面板分块示意(尺寸单位：m)

3.3　边跨钢梁安装方案

边跨钢梁采用从边墩至主墩方向的单悬臂拼装，利用梁上起重机吊装钢梁杆件，并布置边墩墩旁托架和3座临时墩作为临时支点，边跨临时墩布置见图4。钢梁架设过程中各临时支架墩的反力计算结果表明：Z1～Z4墩最大反力分别为9000kN/桁、13000kN/桁、28000kN/桁、30000kN/桁。施工单位可根据此反力结果进行支架设计。通过检算可知：边跨悬臂架设过程中，结构自身倾覆稳定安全系数满足要求，无须额外设置压重。计算结果表明：随悬臂端长度增加，后端Z1～Z4临时拼装支架逐步脱空，脱空后即解除临时支承的约束。

为减小拱梁交汇处短竖杆在成桥阶段的主桁平面内弯矩，安装时先只连接腹板上的螺栓，待钢梁全部安装完成后，再施拧翼缘板上的螺栓。短竖杆位置见图5。

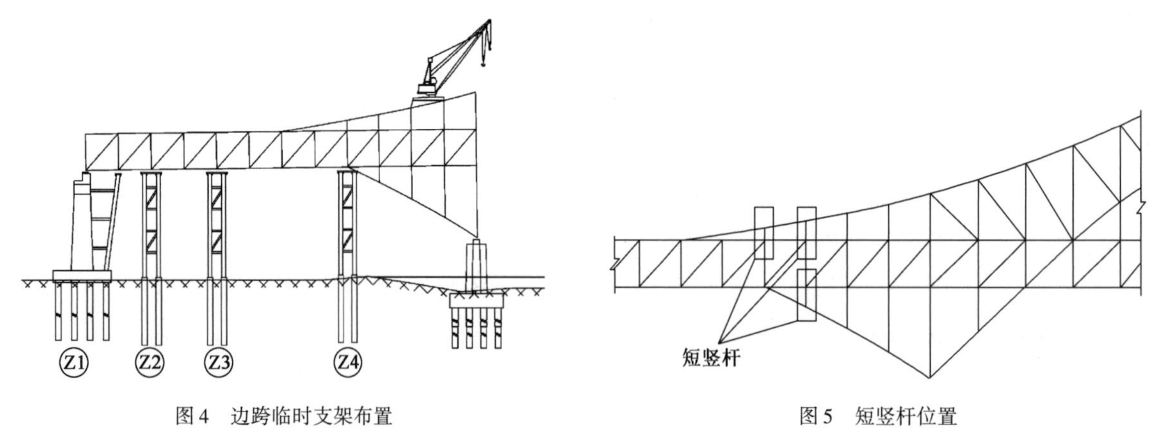

图4　边跨临时支架布置　　　图5　短竖杆位置

3.4　中跨钢梁安装方案

中跨钢梁采用扣索塔架悬臂架设、跨中分步合龙钢桁拱和系梁的总体方案施工。钢梁架至主墩后，进行主跨钢梁单悬臂架设前，完成以下施工：安装主墩支座，并精确定位；边支点进行预降，钢梁整体进行预纵移，以减少合龙时的调整量；活动侧主墩进行纵向临时约束。

当架梁起重机驶出主墩处拱肋上弦节点后，在该处安装扣索塔架。扣塔为钢梁架设的重要大型临时设施，重量需小于1800t，下端与钢梁节点采用销孔连接。在张拉第1层扣索前，需安装风缆，底部临时固结，以保持稳定。每个扣塔共布置3层扣索，扣索采用钢绞线。扣索张拉后不再调索，合龙口的状态通过钢梁整体纵移和边支点顶落调整。

中跨的钢梁悬臂拼装有2种方案：①拱梁同步方案。桁拱和主梁同步悬臂施工，桁拱合龙完后立即合龙主梁。②先拱后梁方案。先悬臂架设桁拱，合龙后，借助另外的桥面起重机拼装主梁直至合龙。当采用先拱后梁方案施工时，有张拉和不张拉临时系杆2种方案。不张拉临时系杆时，钢梁为连续梁受力模式，需依靠扣索索力保证中跨钢梁结构受力满足要求。因此，应以主梁合龙前结构受力为目标状态计算扣索索力，再分析得到张拉索力。张拉临时系杆时，可形成拱式结构体系，扣索和扣塔的规模可降低，但是临时系杆的位置难以确定。临时系杆布置在主梁以下时，会影响通航和施工安全；临时系杆布置在主梁以上时，平衡拱肋水平力的效果差且构造复杂、安装难度大。因此，先拱后梁方案不张拉临时系杆。

3.4.1　拱梁同步方案

拱、梁同步向跨中方向悬臂架设，并适时张拉扣索。拱上起重机向前拼装中跨拱、梁至第7节间（长103m），张拉内索，初张力约10700kN；拼装中跨拱、梁至第10节间（长142m），张拉中索，初张力11500kN；拼装拱、梁至13节间（长181m），张拉外索，初张力12200kN；调整合龙口状态，拼装拱肋合龙杆件，完成拱肋合龙和体系转换；调整主梁合龙口状态，边支点起顶，拼装主梁合龙杆件，完成主梁合龙。为满足合龙口杆件的安装空间，合龙口工字形腹杆与节点的拼接采用对拼式连接。随着中跨悬臂长度

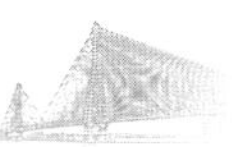

的增加,适时、分阶段在边跨端部5节间(长70m)上、下层桥面压重,保证钢梁的倾覆稳定安全系数大于1.3,总压重量每侧约7000t。拱梁同步方案布置见图6。

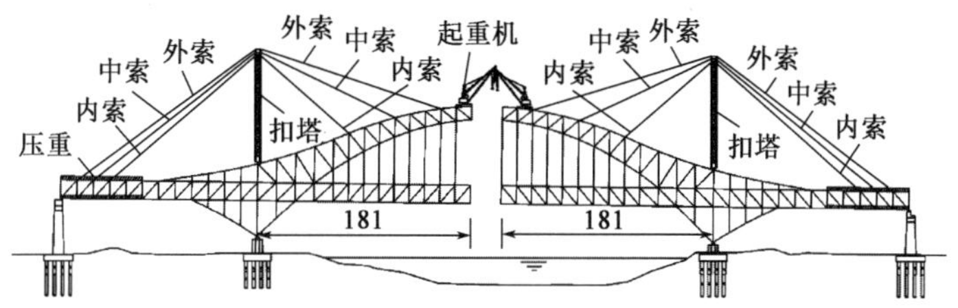

图6 拱梁同步方案布置(尺寸单位:m)

3.4.2 先拱后梁方案

拱、梁先同步向跨中方向悬臂架设,中跨主梁架设3个节间后,只悬臂架设拱肋,并适时张拉扣索。拱上起重机向前拼装中跨拱肋至第7节间,张拉内索,初张力10300kN;拼装中跨拱肋至第10节间,张拉中索,初张力8300kN;拼装中跨拱肋至第13节间,张拉外索,初张力7100kN;起重机拼装拱肋合龙杆件,调整合龙口状态,完成拱肋合龙和体系转换;拆除拱上起重机,安装桥面起重机,吊装主梁杆件至跨中合龙口,通过梁体边支点顶落等措施调整合龙口状态,完成系梁合龙。随着中跨悬臂长度的增加,适时、分阶段在边跨端部2节间(长14m)上、下层桥面压重,保证钢梁的倾覆稳定安全系数大于1.3,总压重量每侧约2800t。拱肋合龙后,可以拆除压重。先拱后梁方案布置见图7。

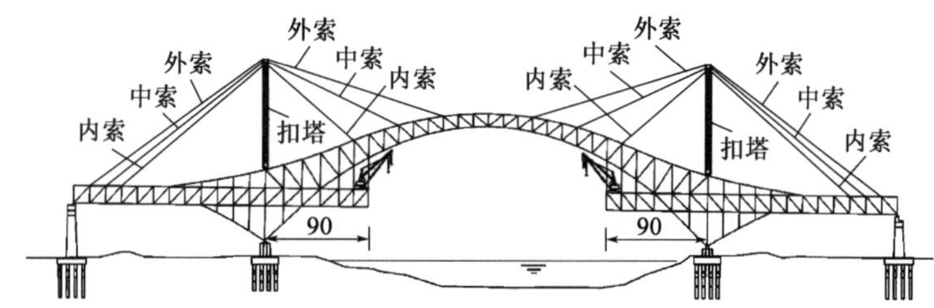

图7 先拱后梁方案布置(尺寸单位:m)

3.4.3 方案比较

对拱梁同步方案和先拱后梁方案的扣索索力、支点顶落高度、压重量、起重机数量、工期进行比较,2种方案比较结果见表1。由表1可知:2种方案的扣索外索索力相同,拱梁同步方案的中索和内索索力更大。这是因为先拱后梁方案不张拉临时系杆,全桥为连续梁受力模式,系梁合龙前的状态,2种方案是相同的;张拉中索前和张拉外索前分别为内索和中索最大索力工况,此时拱梁同步方案悬臂结构重量更大,索力更大。先拱后梁方案压重量比拱梁同步方案少约60%,但工期长3个月,并增加2台起重机。通过以上对比可知,拱梁同步方案的经济性更优。

施工方案比较 表1

方案	扣索最大索力(kN)			边支点顶落高度(m)	压重(kN)	起重机数量(台)	工期(月)	经济性比较
	内索	中索	外索					
拱梁同步	15500	17100	13900	1.0	70000	2	10	1
先拱后梁	12500	13400	13900	0.2	28000	4	13	1.05

注:先拱后梁方案造价为拱梁同步方案的1.05倍。

经过检算可知:主桁杆件在2种方案下均能满足受力要求,可根据施工条件和工期要求选择适合的安装方案。在同等条件下,优先选择拱梁同步方案,经济性更好。因此,最终2座专用航道桥钢梁均采用拱梁同步方案施工。

4 结语

常泰长江大桥天星洲专用航道桥和录安洲专用航道桥采用主跨388m钢桁拱结构,针对钢桁拱结构受力特点和施工难点,开展了钢梁安装方案设计。提出了上部钢梁架设采用从边墩向中跨单悬臂拼装,在跨中进行合龙的总体方案。边跨布置临时支架,中墩处拱肋上弦安装扣索塔架,全桥布置3层扣索。对中跨钢梁悬臂架设方案进行了比较,优先选择经济性更好的拱梁同步架设方案。

参考文献

[1] 胡勇,赵维阳.常泰长江大桥桥跨布置方案研究[J].桥梁建设,2021,51(1):1-7.

[2] 徐伟,王恒,李少骏.常泰长江大桥专用航道桥设计[J].桥梁建设,2020,50(6):85-90.

[3] 秦顺全,徐伟,陆勤丰,等.常泰长江大桥主航道桥总体设计与方案构思[J].桥梁建设,2020,50(3):1-10.

[4] 夏鹏飞,李少骏.常泰过江通道专用航道桥方案比选[J].桥梁建设,2018,48(6):104-109.

[5] 田唯,由瑞凯,周仁忠.大跨钢桁拱桥斜拉扣挂悬臂法施工技术[J].中国港湾建设,2016,36(8):62-68.

[6] 许颖强,陈冬,聂振龙.大跨度钢箱桁架拱桥拱肋架设施工技术[J].世界桥梁,2020,48(2):35-39.

[7] 赵健,安路明,任延龙,等.大跨度三主桁钢桁拱桥墩旁托架设计及施工关键技术[J].世界桥梁,2021,49(4):7-12.

[8] 周仁忠,田唯,荀东亮,等.横琴二桥主桥钢桁拱架设施工关键技术[J].桥梁建设,2016,46(6):100-105.

[9] 赵健,尹光顺,安路明,等.广州明珠湾大桥主桥中跨合龙技术[J].桥梁建设,2021,51(4):127-133.

[10] 朱强,卿仁杰,李先进.广州明珠湾大桥边跨钢梁施工技术[J].世界桥梁,2020,48(5):32-36.

[11] 国家铁路局.铁路桥梁钢结构设计规范:TB 10091—2017[S].北京:中国铁道出版社,2017.

[12] 吴海军,何立,王邵锐,等.基于无应力状态法的大跨钢管混凝土拱桥拱肋线形控制方法[J].桥梁建设,2020,50(6):20-26.

[13] 但启联,秦顺全,魏凯,等.基于无应力状态量的平面梁节段预制构形计算方法[J].土木与环境工程学报(中英文),2019,41(4):86-91.

超大沉井基础施工控制智能感知系统设计研究

蒋　凡，刘　华，岳　青，邓发杰，高　展

（中铁桥隧技术有限公司，江苏南京　210061）

摘　要　本文依托常泰长江大桥主航道桥主塔沉井基础，为实现沉井基础施工全过程“可测、可视、可控”的主动控制目标，针对沉井基础下沉机理、控制方法、各阶段控制重点及分析评估系统进行细致研究。以常泰长江大桥主塔沉井基础主体结构为载体，通过建筑信息模型（BIM）技术将传感器数据、三维地层情况与结构主体进行融合，设计并搭建一套集直观展示、数据关联、分析研判及辅助决策等功能于一体的超大沉井基础施工控制智能感知系统（IPS）。该系统可以为有限元的正向理论计算提供对应工况的全套实测数据，以便进行反演；通过土压力传感器，一方面对沉井结构动态支撑条件进行探明，另一方面可以对施工过程中力的转移进行实时监测，最后还可以对突沉、翻砂涌土进行预警，实现沉井基础施工全过程的主动控制。通过总结该套系统设计研究过程的主要成果，为后续沉井基础施工控制与监测提供重要参考。

关键词　常泰长江大桥；沉井基础；全过程；主动控制；智能感知；BIM 技术

Design and Research of Intelligent Sensing System for Construction Control of Super Large Open Cassion Foundation

JIANG Fan ,LIU Hua ,YUE Qing ,DENG Fa-jie , GAO Zhan

(China Railway Bridge & Tunnel Technologies Co. ,Ltd. ,Nanjing 210061,China)

Abstract　This paper relies on the caisson foundation of the main pier of the Changtai Yangtze River Bridge to achieve the active control goal of "measurable,visible and controllable" for the entire process of the caisson foundation construction. The subsidence mechanism,control method,control key points of each stage and the system of analysis and evaluation are carefully studied. Using BIM technology to combine sensor data, three dimensional stratum conditions with the structure,the main body of the caisson foundation of the main pier of the Changtai Yangtze River Bridge is used as the carrier to design and build a set of intelligent perception system (IPS) with the functions of structure and environmental monitoring,data display,analysis

---

基金项目：中国中铁股份有限公司科技研究开发计划项目（2018-专项-Ⅱ类-01）。

作者简介：蒋凡（1990—），男，工学硕士学位，工程师，研究方向：大跨径桥梁、隧道、沉井等施工、设计。

and judgment, assistant decision-making. The system can provide a full set of actual measurement data corresponding to the working conditions for the forward theoretical calculation of the finite element for inversion. On the one hand, the earth pressure gauge can detect the dynamic support conditions of the caisson structure. On the other hand, it can monitor the force transfer in the construction process in real time. Finally, it can also provide early warning of sudden subsidence, sand turning and soil discharge, and realize the active control of construction of the caisson foundation during the whole process. By summarizing the main results of the system design and research process, it provides an important reference for the follow-up caisson foundation construction control and monitoring.

Keywords Changtai Yangtze River Bridge; caisson foundation; whole process; active control; intelligent perception; BIM technology

1 引言

近年来,随着经济水平的不断提高和交通建设的不断发展,我国桥梁建设逐渐走向宽阔水域,甚至外海。桥梁跨径越来越大,桥位处工程地质条件及水文地质条件越来越复杂。作为承担桥梁上部结构荷载的桥梁基础,从设计到施工均面临巨大挑战。沉井基础因其整体刚度较大、埋置深度深、稳定性好、结构变形小、结构主体可以作为施工平台、工后沉降可控、抗震性能好,成为超大跨径桥梁的理想基础形式,尤其适用于对基础沉降有较高要求的特大型桥梁基础。

许多学者从不同角度对沉井基础施工及相关技术进行了研究。秦顺全等基于地基中土体的三维应力状态和莫尔-库仑强度破坏准则,建立了深大基础三维地基承载力计算表达式;研究了超大沉井的下沉机理,探明随着沉井平面尺度的不断增大,较井壁侧壁摩阻力,端阻力逐渐在总下沉阻力中占主导地位;并以此提出了土体破坏的临界宽度控制法和台阶式取土法,为沉井下沉施工控制提供了理论支持和控制依据。郭明伟等基于离心机模型试验对比现行规范推荐的分层总和法对土体压缩模量分取值进行了分析,将土体沉降分为缓慢增长、急剧变形、趋于平稳 3 个阶段,为实测数据与仿真计算的正-反演分析指出了解决的思路。张治成、马远刚等重点研究了沉井突沉的力学机制和反映情况,发现沉井突沉前后刃脚土压力会显著减小的规律,为本系统预警和辅助决策提供参考。蒋炳楠等通过常规模型试验模拟了沪苏通长江公铁大桥沉井下沉过程,得出下沉过程中刃脚斜面、踏面应力空间分布规律,为传感器预埋位置选择提供依据。

沉井基础作为桥梁基础的下部结构,具有较强的不明确性,体现在地勘结果是基本类似于原状土,而试验室获取的土体强度参数黏聚力 c、内摩擦角 φ 及剪胀角 Ψ,以及变形模量值 E 为固定值且接近于扰动土,而沉井取土施工对原状土的扰动程度和应力状态有时变效应,致使试验室数据与现场数据的差异动态变化。此外,受施工条件、现有装备及经济性的制约,施工期沉井基础实时支撑状态和此状态对应的土层参数的动态获取较困难。传感器弱点是模块在恶劣环境下耐久性差,侧壁土压力传感器在下沉过程中受土体剪力,易损坏。地质条件差异、水流、风浪等因素易导致沉井姿态出现偏位、倾斜、扭转,下沉过程出现突沉、翻砂涌土甚至影响结构安全。各因素之间的系统性和相关性研究较浅,且采集数据体量大,耦合性分析较难。

本文依托常泰长江大桥主塔超大沉井基础施工过程,通过搭建一套既全面又有针对性的智能监测平台来实现对施工全过程的动态监测,此套系统从传感器的选型、安装及保护开始,到数据的采集(人工及自动化)、传输、融合、后处理,为综合分析提供依据,实现分级预警和辅助决策,为类似大型沉井施工全过程实现主动控制提供参考和依据。

2 工程概况

常泰长江大桥连通江苏省常州市和泰州市,位于江阴长江公路大桥与泰州大桥之间,主航道桥采用双塔双索面非对称布置箱桁组合结构斜拉桥形式。桥梁上层为双向六车道高速公路,下层为两线城际

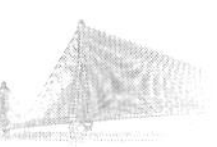

铁路和双向四车道普通公路。主航道桥跨径布置为(142+490+1176+490+142)m,跨径布置见图1,是世界最大跨径斜拉桥,其中5号、6号墩为桥塔墩。

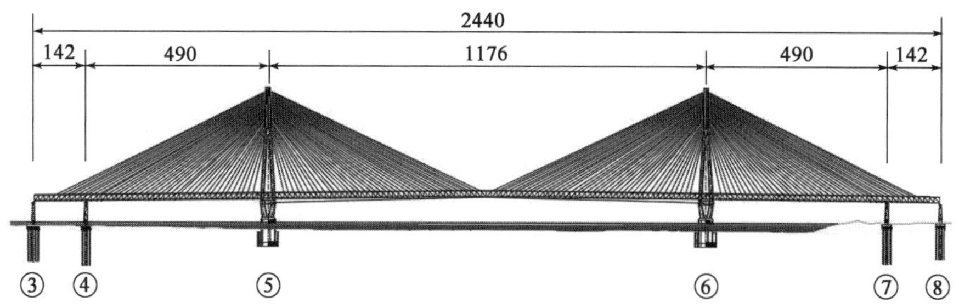

图1 常泰长江大桥主航道桥立面布置(尺寸单位:m)

常泰长江大桥主塔沉井基础为钢结构井壁内填充混凝土的组合结构。为了减小下潜水流对沉井周围土体的掏蚀作用,实现减冲刷、减自重的目的,结构形式为台阶型沉井基础;沉井底面横桥向长95m、纵桥向宽57.8m、圆端半径为28.9m,顶面长77m、宽39.8m、圆端半径19.9m,沉井总高72m,其中下阶43m、上阶29m,两个沉井目标底高程均为-65m;沉井主体采用钢壳混凝土结构,是世界上最大的水中钢沉井。沉井平面上包括36个井孔,其中内圈井孔和外圈井孔各18个;外井壁厚1.8m,内井壁厚2.0m,隔墙(包含外隔墙和内隔墙)厚1.4m。主塔沉井结构如图2所示。

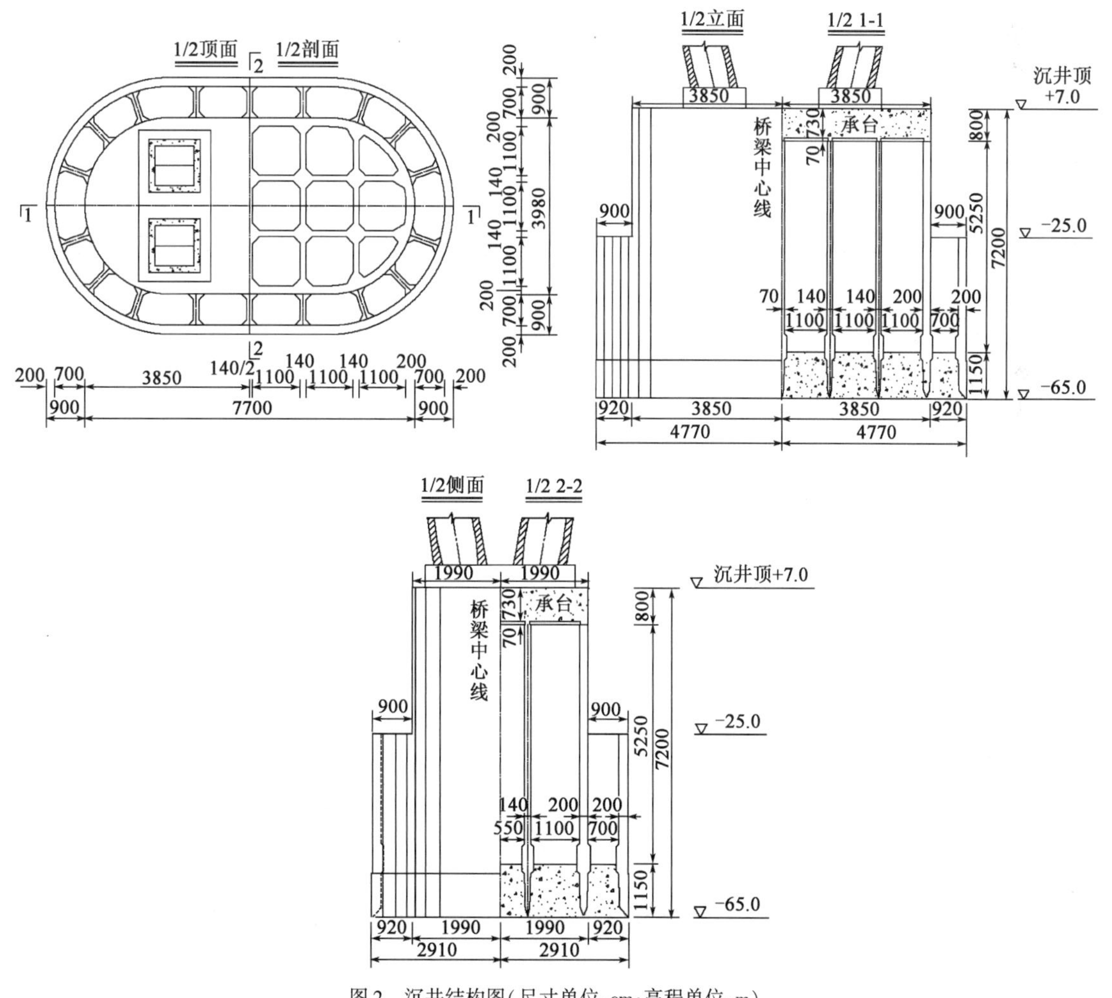

图2 沉井结构图(尺寸单位:cm;高程单位:m)

3 施工控制智能感知系统设计研究

超大沉井基础施工控制的内核是沉井基础下沉机理、沉井基础下沉施工控制方法、自动化监测子系统、分析评估子系统、分级预警及辅助决策子系统、用户界面子系统6个方面。

3.1 沉井基础下沉机理研究

沉井基础结构自重大于沉井基础下沉总阻力时,沉井可以启动下沉,考虑沉井基础自身结构的安全及有效施工空间等因素,其有效重量不能无限加大,所以要想实现沉井基础下沉,其重点为解除下沉阻力。

下沉阻力主要包括水的浮力、沉井底部土体产生的端阻力与沉井侧面井壁所受土体的摩阻力3部分。常泰长江大桥使用功能要求沉井基础必须有足够的承载力,故本沉井平面尺度较以往项目进一步增大。而伴随平面尺度的增大,其平面底面积以二次方的关系在增大,但周长仅以线性关系增大,平面面积决定了端阻力的大小,而结构平面周长关系着侧壁摩阻力的大小。对比分析3个典型沉井数据,如表1所示,得出随着沉井平面尺度的不断增大,端阻力逐渐演变为控制沉井基础下沉的主导因素,明确了需重点对沉井基础端部土压力进行监测。

3个典型沉井下沉参数对比 表1

典型沉井	平面尺寸(m)	外井壁周长/结构平面面积	侧壁摩阻力/沉井有效重量	端阻力/沉井有效重量
丁茵大桥主墩沉井	φ16	0.58	0.86	0.14
泰州大桥桥塔沉井	58.4×44.4	0.24	0.59	0.41
常泰长江大桥桥塔沉井	95×57.8	0.16	0.37	0.63

3.2 沉井基础下沉施工控制方法研究

常泰长江大桥主塔沉井采用水中施工的钢结构外壳内充混凝土的组合结构。其施工全过程依次为厂内制造、出坞浮运、调缆定位、注水着床、取土下沉、现场接高、井壁混凝土浇筑、清基封底,共8个阶段,其中厂内制造阶段为传感器安装及线缆保护阶段;出坞浮运阶段的控制核心为沉井倾斜度及吃水深度;调缆定位阶段需建立锚缆力或拔出量与沉井几何姿态之间的关系;注水着床阶段要控制井壁注水量与沉井几何姿态的关系,其是否着床判别依据采用几何姿态与沉井底部土压力传感器反馈双重指标;取土下沉为施工控制的核心阶段;现场接高和井壁混凝土浇筑阶段根据实测 *P-S* 曲线(荷载-沉降曲线),通过正反演分析修正土体强度参数与变形参数;清基封底阶段的控制重点为井孔内泥面高程的绝对值及平整度。各分阶段的控制分析在下文阐述,此处重点研究取土下沉阶段。

施工控制的主要目的是确保结构及人员安全,在施工全过程中风险及难度最大的阶段为取土下沉阶段。已探明端阻力为控制本项目沉井下沉的控制因素,常规的吸泥设备仅能实现垂直取土,由于结构及施工盲区(不能进行垂直取土的位置)的存在,可以顺利取土的范围被缩小。而传统施工是通过加大井孔内的超取土深度使刃脚底部出现有临空面的“土墙”,在沉井自重或其他外力(如排水下沉带来的水头差)下实现被动破坏。但排水施工有造成翻砂涌土的风险,且起控制作用的端阻力被不可控的被动解除易造成突沉和安全质量分风险。

秦顺全院士团队提出的“临界宽度、临界深度、临界荷载控制法”则消除了传统“大锅底”取土带来的不可控风险。研究发现,当规定井孔内超取土深度为2m时,通过减小刃脚底部土墙的宽度至2.0m可以使底部土体达到极限平衡条件,发生整体剪切破坏,进而实现沉井可控下沉。此时的宽度为临界宽度,深度为临界深度,将此推广至三维空间内可以通过解除部分井孔内的端部土体约束实现应力重分配,使未解除的土体应力状态发生变化,此时对应的荷载为临界荷载。通过有限元分析且区别不同土层,最终确定了隔墙内取土的黏土临界深度为2.0m、砂土临界深度为1.5m、临界宽度为2.0m。采用先内井孔取土,后外井孔贴近内隔墙取土、再外井孔大面积取土的“台阶型”取土工艺,其中始终保持最外圈井壁刃脚不低于2.0m埋深形成“台阶”,保证外井孔泥面始终高于内井孔,在此作用下避免翻砂涌土情况的出现,有利于沉井下沉时的姿态稳定。

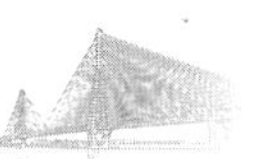

3.3 自动化监测子系统研究

3.3.1 监测类型

结合本项目的总体施工组织及前期对于主动控制的规划，梳理监测类目，确定本项目的监测主要分为环境相关类、沉井基础结构相关类、土体相关类3个大类，其中环境相关类含风速风向、环境温湿度、流速流向、沉井入水深度、水位、水流冲刷情况、隔舱注水量7个子项；沉井基础结构相关类含沉井姿态、锚缆力、结构内力、侧壁土压力、沉井刃脚及隔墙反力5个子项；土体相关类含井孔内水下地形、泥面高程2个子项。

其中水流冲刷情况在汛期利用专用设备进行定期人工监测，同工况下监测流速流向，按得出冲刷情况与流速流向及时间的关系，按关系进行推算且定期实测校核，达到拟合实时监测结果的效果。

井孔内水下地形可以通过井孔内吸泥机“点阵式打印吸泥”的路线进行自动测量，根据在门式起重机上配置的索力传感器来表征吸泥机是否触及泥面，而吸泥机高度与钢丝绳高度是定值，而门式起重机吊钩的高度为实时自动测量值，通过简单累加可计算出吸泥机处泥面高程。而吸泥机本身的吸泥行走路线为程序设定，以“行、列形式”布满整个井孔，此时可以实时获取每一井孔内的泥面高程，而在某些特殊工况，可以通过下放三维声呐进行井孔内水下地形的重点扫描，获取井孔内水下地形及其与三维坐标相关的点云数据，将此数据作为边界条件嵌入监控系统内，可得出该工况下沉井井孔内的泥面起伏情况，且与地勘揭示的地层情况进行BIM拟合。

其余监测项目为传统监测项目，本文不作重点研究。

3.3.2 关键项目重点监测部位的确定

为了在着床时期能够反馈沉井结构与泥面接触先后与区域的功能，要求底部传感器的数量要足够多，且分布均匀。区别于仅在节点位置布置土压力传感器监测传统“大锅底”取土方式效果，本项目基于“临界宽度、临界深度、临界荷载控制法”，结合先内后外的“台阶型”取土工艺会在中隔墙底部产生有临空面的“类条形土墙”，在隔墙刃脚的交点和中间均布置土压力传感器，如图3a)所示。

为了监测侧壁土体对沉井基础“握裹”效应产生的侧壁土压力和明确取土过程中力的转移情况，在侧壁沿高度方向布置6个监测断面，每个断面环向布置12个土压力传感器，如图3b)所示。

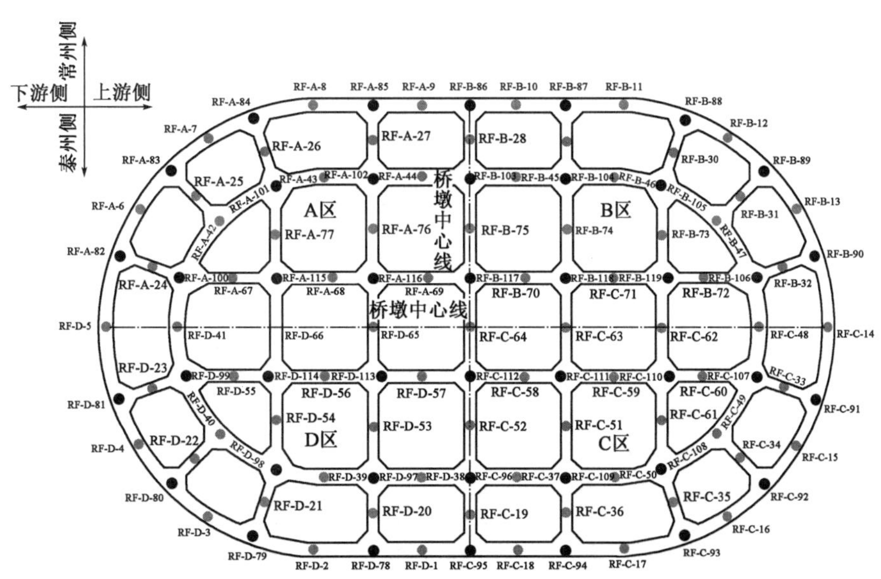

a)沉井刃脚底部土压力测点平面布置图

图 3

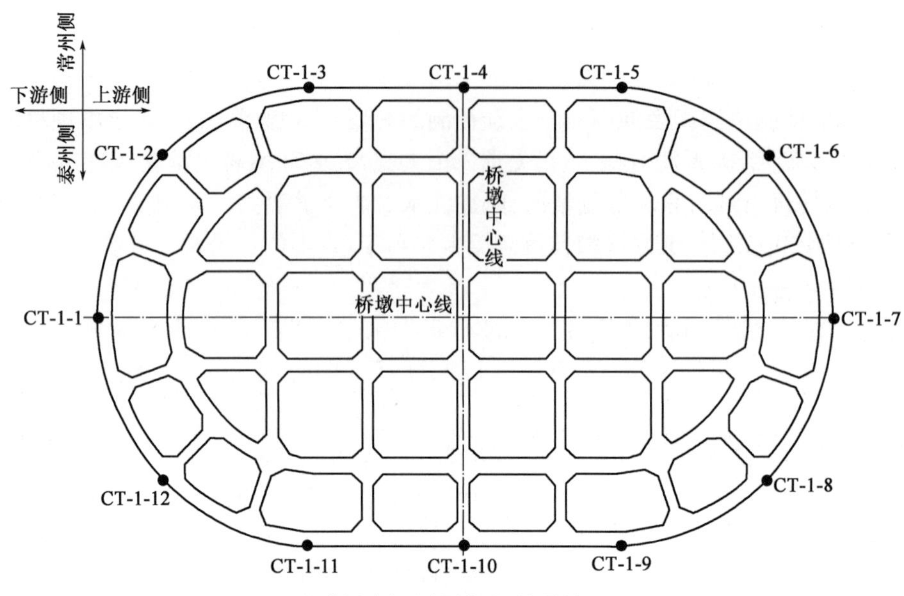

b)沉井侧壁土压力测点平面布置图

图3 沉井侧壁土压力测点平面布置示意图

在现场井壁内分区填充混凝土的某些工况或节段在封底混凝土浇筑之前,沉井底部对应的隔墙底可能处于受拉状态。结合仿真计算结果,在重点区域布置钢结构应力传感器。

综合全球导航卫星系统(GNSS)设备信号易受干扰和现场吊装设备的空间布置情况,在沉井结构轴线上的井壁外侧制作稳定的悬挑支架,作为设备安装平台,减少施工对监测的扰动,并在对应位置安装倾角仪以互相校准,确保刃脚底部姿态推算精度。

水流冲刷情况和井孔内水下地形监测分别采用多波束和三维声呐探测仪,其测试范围与其开角有关。在测试前需规划测试路线和角度,设计三维声呐专用支架供其调整测试范围。其他内力方面的传感器布置是结合施工方案进行有限元仿真计算,在重点位置布设了监测元件,并考虑冗余数量设计,监测内容及相关要求详见表2。

智能感知系统监测内容及重点部位汇总 表2

测试内容	监测设备	测试重点部位	单位	数量	备注
风速风向	风速仪	沉井周圈	套	4	自动化
环境温湿度	温湿度仪	沉井周圈	套	4	自动化
流速流向	海流传感器	沉井周圈	台	4	自动化
沉井入水深度	GNSS + 水位传感器	沉井顶部及入水段	台	6	5 台 GNSS,1 台水位传感器
水位	水位传感器	沉井入水段	台	1	自动化
水流冲刷情况	多波束探测仪	沉井周围	套	1	定期监测,过程拟合
隔舱注水量	水位传感器	沉井隔舱	个	28	共 28 个隔舱
沉井姿态	GNSS + 倾角仪	沉井顶部	台	5	含 1 台基准站
锚缆力	压力传感器	锚缆张拉端	台	8	8 根锚缆
结构内力	应力传感器	应力变化较大点	个	93	不同工况
侧壁土压力	压力盒	沉井外壁沿高度分布	个	72	共 6 个断面
沉井刃脚及隔墙反力	压力盒	沉井刃脚处	个	119	交点及隔墙中部
井孔内水下地形	三维声呐探测仪 + 索力传感器	井孔内	套	1	自动化,重点工况可视化
泥面高程	压力传感器	施工井孔	套	36	搭载在门式起重机上

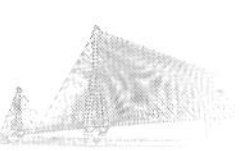

3.3.3 监测频率

(1)水流冲刷情况的监测仅在定位着床前、后以及沉井入土较浅的常规工况下进行监测。在汛期或评价抛石防护效果可以做特殊监测。

(2)井孔内水下地形监测在评价取土效果、遇到硬物支撑、判断刃脚底部脱空等特殊工况时做特定位置针对性监测,在评价清基封底效果时逐孔全检。

(3)其他监测项目可以实现自动实时监测。

3.4 分析评估子系统研究

3.4.1 出坞浮运阶段

出坞浮运阶段,沉井内部没有填充混凝土,在浮运拖带时井壁受面外力作用,结合仿真计算结果确定局部位置控制值,结合应力传感器实测值进行评估;通过水位传感器与 GNSS 实测数据推算沉井入水深度的变化量与绝对值,变化量为评价沉井助浮封仓板工作性能的依据,绝对值小于航线水深最小值避免出现搁浅等意外;整个浮运期间控制沉井的倾斜度不超过 1/150。

3.4.2 调缆定位阶段

利用多波束侧扫声呐对水下地形情况进行全域监测,作为预开挖情况的评价标准和后期着床工况时沉井刃脚与土体最先接触位置与范围的预测依据,监测结果如图 4a)所示;在沉井着床前将刃脚底部土压力计暂时"置零",待其示值出现增大且范围逐渐扩大时表示此区域开始着床,待沉井姿态变化幅度在 5mm 之内时判定沉井着床稳定;选择流速小的平潮时,通过建立锚缆、风、沉井结构、水流力之间的平衡方程,通过调整锚缆角度(对应沉井不同吃水工况)计算出着床前、后的锚缆力及其无应力索长的差值即拔出量,将此拔出量录入连续千斤顶快速定位的同步张拉控制系统,实现平面位置、倾斜度、扭角的调整。流速按 1.2m/s 以节点荷载形式施加于水面以下吃水深度 1/3 高度处;风荷载按 6 级以节点荷载形式作用在水面以上 1/2 高度处,分析其锚缆力,如图 4b)所示。结合其非对称活载布置特点确定其平面位置控制精度为:往下游不大于 26cm,往上游不大于 40cm;倾斜度不大于 1/150;扭转角不大于 1°。

a)水下地形扫测结果(常泰长江大桥6号沉井,2020年1月16日)　　b)沉井定位系统仿真计算

图 4　定位工况监测系统构成

3.4.3 注水着床阶段

根据沉井结构自重、浮力与锚缆力及其角度,建立平衡方程,通过调整结构重力增量使其快速下沉,在设计位置达到新的平衡,对应的重力增量为最小注水量。经理论计算需注水约 36429t,注水高度约 22m。通过各个注水隔舱内的水位传感器监测水位差,控制其对称、均匀注水,水头差控制值为 1m。在注水着床后,需要对土压力传感器的初始值按照水压进行修正,并对异常变化的数据进行剔除。

3.4.4 取土下沉阶段

经三维有限元数值分析和实测数据可知,随着取土从内井孔到刃脚下盲区,并逐渐扩展至外井孔,内井孔刃脚土压力逐渐减小,直至盲区取土导致土压力降低到水压,而外隔墙和外井壁土压力逐渐增大,刃脚土压力由内隔墙和内井壁逐渐转移至外隔墙和外井壁,沉井各区域名称详见图 5。在进行内井孔区域取土时，随着取土范围和深度的增加，沉降实现缓慢下沉，在进行内井壁和外隔墙盲区取土时下沉量较大，且无翻砂涌土现象发生，各阶段下沉量见表3、图6。

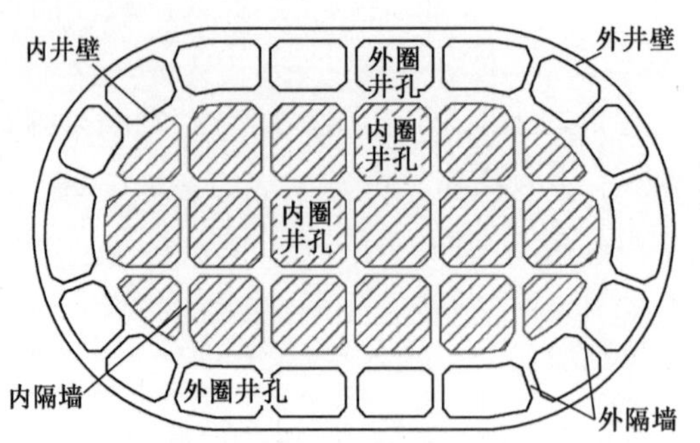

图5 沉井各区域名称示意图

典型施工步骤循环沉降计算值汇总表 表3

步骤	内容	沉降值(cm)	沉降差(cm)
初态	沉井第一次接高完成	11.7	—
步骤1	核心4井孔非盲区取土1m	11.6	0.1
步骤2	内圈14井孔非盲区取土1m	11.1	0.5
步骤3	核心4井孔非盲区取土2m	11.0	0.1
步骤4	内圈14井孔非盲区取土2m	10.6	0.4
步骤5	外圈18井孔非盲区取土1m	10.2	0.4
步骤6	外圈18井孔非盲区取土2m	10.0	0.2
步骤7	核心4井孔盲区取土	10.7	0.7
步骤8	内圈14井孔盲区取土	12.4	1.7
步骤9	内井壁盲区取土	23.0	10.6
步骤10	外隔墙盲区取土	45.8	22.8

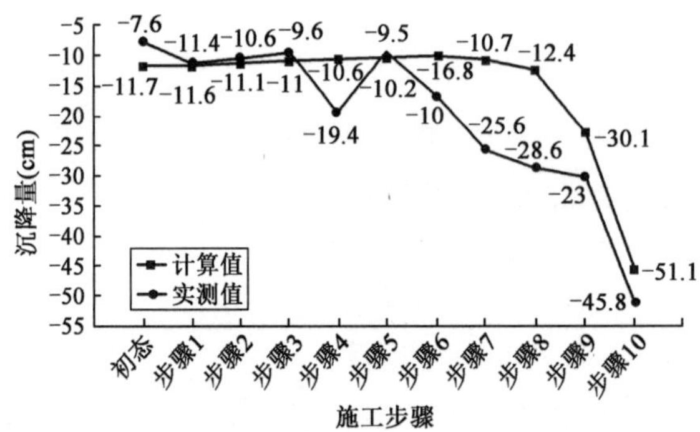

图6 典型施工步骤对应沉降分析

按照上述制定的取土工艺施工，用刃脚底部的土压力传感器读数的变化来表征此处土体的解除与否，以此来指导现场正常施工循环。

在传感器读数持续增大且维持大值不变时，预测底部遇到孤石或其他坚硬物体，进行定点取土施工。

(1)沉井突沉预警指标确定。沉井侧壁-土接触面的剪应力达到剪切强度峰值时，沉井处于极限平衡状态即下沉前的临界状态。随着剪切变形持续发展，在外井壁刃脚附近区域，土体应力松弛区的存在导致下沉总阻力减小，此处刃脚反力会持续降低，刃脚处呈现往内侧挠曲变形，刃脚外侧井壁受拉、内侧井壁受压，沉井顶高程明显下降。将刃脚反力变化幅值为0.2～0.3MPa、顶面高程变化幅度为5～18cm、结构应力变化幅值为2～5MPa作为本沉井突沉控制指标。

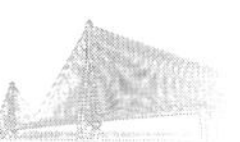

(2)翻砂涌土预警指标确定。相关研究表明,翻砂涌土一般分为两类:一是由于井壁内外水头差导致的土体迁移,此类翻砂范围较小,且本项目井壁内外通过连通管保持水位平衡,此项不作研究。二是由于刃脚底部应力松弛区的存在导致一定范围内井外土体有效应力减小,而随着土体埋深的加剧,土体应力会增大,此时会在某一深度范围内土体达到平衡状态,形成相对稳定的"土拱"。随着井孔内继续取土的扰动,导致"土拱"崩塌,形成较大规模的翻砂涌土,此项为本项目的预警指标研究的关键。

结合本项目和以往项目监测及研究结果,翻砂发生前侧壁土压力呈增大,端部土压力减小,发生时刃脚外侧土体塌落,刃脚周围产生空洞,有效应力迅速减小;翻砂后的刃脚处空洞被周边土体填充,土体稳定后,有效应力又逐渐上升。将本项目侧壁土压力变化幅值为 0.2 ~ 0.3MPa、刃脚反力变化幅值 0.2 ~ 0.3MPa 且持续减小,顶面高程保持 1 ~ 2cm 基本不变的情况作为翻砂预警指标。

3.4.5 井壁混凝土浇筑及接高阶段

本阶段,由于可以精准获得浇筑混凝土的量和接高段沉井自重,同时全过程监测沉井的下沉量及土压力变化值也全过程监测,故可得出此阶段的 *P-S* 曲线,通过反演计算分析修正土体变形模量等参数,有利于更好地掌握沉井整体姿态变化情况等。反演计算过程如图 7 所示。

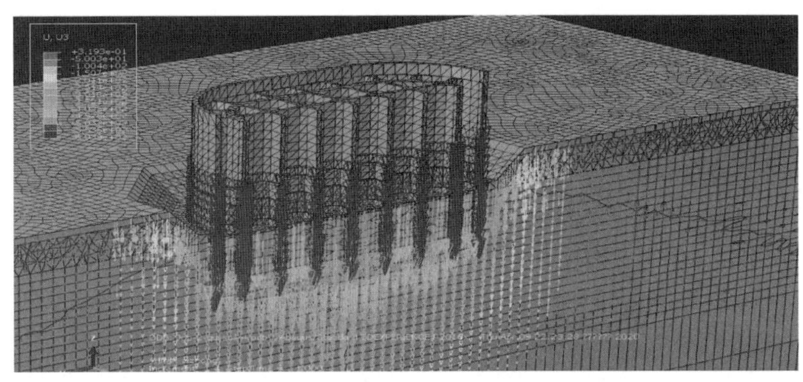

图 7 沉井下沉反演计算分析

由实测数据分析可知:浇筑混凝土过程中,经历了松砂→密实→剪涨→咬合破坏→新的颗粒排列平衡的演变过程,砂土的力学行为主要表现为压密段的强度硬化和应变软化的两个状态。

硬化段变形模量根据应力实测数据采用理论公式确定,硬化段黏聚力为 5.9kPa,摩擦角为 40.1°。反演计算得到的下沉量为 3.4cm,硬化阶段实际下沉量 3.1cm;除外井壁刃脚下土体进入塑性区外,其他区域均为弹性变形。

软化段反演计算结果与实测沉降趋势基本一致,当累计荷载较小时沉井下沉量增加较慢,浇筑 1.78 万t 混凝土沉井沉降仅增加 3.3cm,继续浇筑混凝土则沉井沉降增加速度显著加快,继续浇筑 1.33 万 t 混凝土,沉井沉降增至 14.9cm。优化反演得到的土体参数为:黏聚力 0.9kPa,摩擦角 32.1°,变形模量为 27.7MPa。

3.4.6 清基阶段

通过三维声呐及超声波探测仪对清基的效果进行检测,与规定的清基范围与清基深度进行对比分析,利用水下机器人对井壁的清洁度进行检查,综合评价清基的质量,在监测系统内直观展示。三维声呐探测结果如图 8 所示。

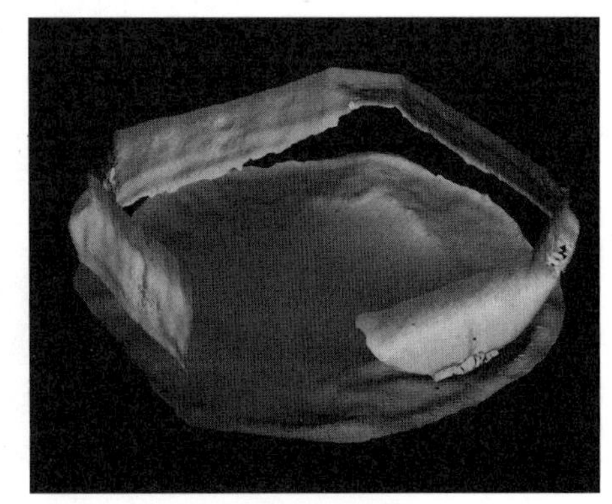

图 8 三维声呐探测结果

3.4.7 封底阶段

利用三维声呐及水下视频重点监测碎石封堵的情况及后续碎石吸除的情况,在封底混凝土浇筑完成后监测井孔内封底混凝土的浇筑厚度与平整度。

对沉井结构底部刃脚处的受力情况进行分析。根据各监测断面处在不同计算工况下结构受力及变形的分布特点确定该断面内传感器的布设。

3.5 分级预警及辅助决策子系统

通过对不同阶段监测项目设置的预警阈值实现综合分析、自动化巡检，对沉井结构与下沉施工的合理性、有效性进行分析研判。与泥面高程自动测量系统、自动“打印式”取土系统、起重设备紧急制动系统进行融合，对沉井结构响应的重要变化及其发展趋势进行预测，提醒相关人员关注实际情况，起到分级预警的作用，分级预警值见表4。对涉及结构或其他安全相关的参数时，实现自动制动和辅助纠偏的功能。因沉井结构倾斜会导致布置在沉井结构上的起重或其他附属设备发生倾斜，故选择按照1/100的倾斜度作为红色极限值，实现自动制动，避免倾斜加剧；系统根据GNSS数据和泥面高程进行综合分析，给出建议纠偏取土的位置和范围，待工程师确认后自动进行纠偏取土。

沉井下沉阶段典型参数分级预警阈值 表4

序号	项目		黄色预警值	橙色报警值	红色极限值
1	几何姿态	各边及中心点挠度	60%~80%理论极值	>80%理论极值	>理论极值
2		中心偏位	20cm	26cm	35cm
3		倾斜度	1/200	1/150	1/100
4		平面扭转角	0.6°	0.8°	1°
5		顶底面偏差	±40cm	±50cm	—
6	结构应力	自身应力	60%~80%理论极值	>80%理论极值	>理论极值

3.6 用户界面子系统

用户界面子系统主要是向建设管理单位、科研单位、设计单位、监测单位等提供监测数据分析结果及展示，满足桥梁管理人员监测管理应用的系统。用户界面子系统包括远程监测与展示界面、分析软件、手机平台、报警平台。

4 系统应用

按照勘察结果建立地层三维模型，以反映沉井下沉范围内不同土层的空间分布与起伏情况。将沉井结构的BIM等比例与地层模型融合，关联各个监测元器件，并链接实时采集的数据，实现沉井模型在地层模型中的动态下沉模拟，各传感器与地层对应关系也随之真实变化。

监控分析通过智能监控监测平台数据和仿真计算结果综合分析研判，结合有限元分析与监测数据的反演分析进行动态迭代分析，修正相关参数，建立适用于本项目的分析模型，指导后续施工，确保了沉井下沉全过程可视、可测、可控。智能监控监测平台如图9所示。

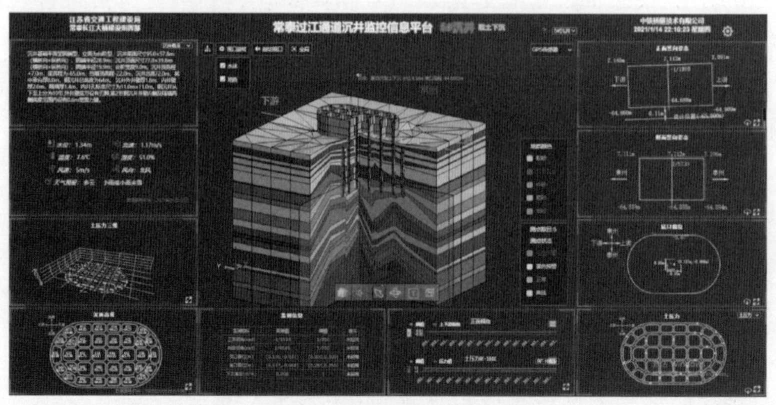

图9 智能监控监测平台

目前常泰长江大桥主塔5号、6号沉井基础已顺利下沉到位。土压力及应力传感器成活率大于87%,其余设备成活率大于98%。通过土压力监测数据证实前述仿真分析结果正确。

沉井各区域土压力增减与沉井施工工序相关,刃脚土压力在不同沉井端部不同区域的转移规律为:随沉井由中心向外圈进行取土,刃脚土压力从靠近中心的内井壁内隔墙区域逐渐转移至外井壁和外隔墙区域,并最终转移至外井壁区域;而在刃脚土压力转移过程中,除外井壁刃脚土压力始终大于其他区域外,其他3个区域刃脚土压力在沉井取土过程中甚至会发生大小顺序变化交替的情况。浇筑井壁混凝土阶段,各区域土压力变化幅度较小,4个区域土压力基本呈现上升趋势。

沉井侧摩阻变化规律与端阻力不同,无论是浇筑混凝土还是取土下沉作业,侧摩阻均有一定的波动幅度。在沉井施工过程中,侧摩阻力总体上呈现增大趋势,在取土下沉阶段,增大幅度有所不同,增幅大小与侧壁土体摩擦因数和侧壁土压力有关。沉井下沉过程中端阻力与侧摩阻协调作用,两者共同构成了沉井的总下沉阻力,5号沉井终沉到位时侧摩阻力达到5.15万t,占总重力的43%;6号沉井终沉到位时侧摩阻力达到6.04万t,占总重力的47.7%。上述数据验证了在本项目的超大型沉井基础的下沉阻力在一定的下沉深度内的控制因素为端阻力,侧阻力的影响呈现增大趋势。

以5号沉井为例,控制精度如下:平面中心偏位(8.2cm,6.1cm);平面扭转角0.062°;横桥向倾斜度 -1/1638,对应高差5.8cm;纵桥向倾斜度 -1/5255,对应高差1.1cm;距离设计位置欠沉偏差10.4cm,各项精度满足设计要求。整个施工期间未出现突沉、翻砂涌土等不利情况。

5 结语

本文分阶段研究了监测重难点及解决措施,重点研究了沉井基础下沉机理和控制方法,基于此优化了分析评估系统,给出了适用于本项目的监测预警指标。通过对两个沉井基础下沉至设计位置的全过程监测,验证了系统的有效性,主要结论如下:

(1)对于超大型沉井基础,端阻力逐渐成为控制性因素,侧阻力的影响随着下沉深度的增大呈增大趋势,在本项目中控制因素为端阻力。

(2)传统"大锅底"超取土的施工工艺易造成翻砂涌土和突沉等不利情况。临界宽度、临界深度、临界荷载控制法经实际验证是正确且有效的,提出的由内向外的"台阶型"取土法是合适且高效的。

(3)通过本系统的应用揭示了沉井施工对土压力的增减和转移规律。

(4)重点研究了自动化监测子系统的监测类型、不同施工阶段的监测重点以及实现方法。提出了传感器的布置需要结合仿真分析的结果,确定其典型工况下的关键断面和关键位置,使监测点布设更有针对性、更具合理性。

(5)侧壁土压力及刃脚底部土压力为监测重点,底部土压力的实测绝对值可用于反演计算,其变化量可作为底部支撑状态的反馈手段,同时揭示了不同施工阶段土压力的转移路径及变化规律。

(6)通过本系统可以分类汇总并存储沉井施工全过程的海量数据,后期可根据要求追溯与分析。首次将地勘数据、沉井结构、传感器位置与数据在同一个BIM模块中进行有机融合,实现与现场始终一致的动态监测系统,是本系统的创新性成果。

(7)本系统与连续千斤顶系统、门式起重机和吸泥机等自动控制系统集成,可以实现分级预警和辅助决策等功能,提高了对施工安全、施工效率的管控力度。

参考文献

[1] 秦顺全,谭国宏,陆勤丰,等.超大沉井基础设计及下沉方法研究[J].桥梁建设,2020,50(5):1-9.

[2] 李军堂,秦顺全,张瑞霞.桥梁深水基础的发展和展望[J].桥梁建设,2020,50(3):17-24.

[3] 蒋凡.复杂地质条件下桥梁基础选型研究[D].南京:南京大学,2017.

[4] 段良策,殷奇.沉井设计与施工[M].上海:同济大学出版社,2006.

[5] 郭明伟,马欢,杨忠明,等.常泰长江大桥施工阶段大型沉井基础沉降变形分析[J].岩土力学,2021,42(6):1705-1712,1723.

[6] 张治成,邓燕羚,郑锋利,等.深厚软土地区大型沉井突沉行为分析[J].地下空间与工程学报,2020,16(3):933-943.

[7] 马远刚,刘彦峰,黄锐.深厚淤泥层大型沉井突沉机制及预警指标研究[J].桥梁建设,2019,49(S1):33-38.

[8] 蒋炳楠,马建林,李孟豪,等.水中沉井下沉期间刃脚空间受力试验[J].岩土力学,2019,40(5):1693-1703.

[9] 施洲,李思阳,杨仕力,等.超大型沉井基础下沉中后期摩阻力特性及突沉机制研究[J].岩石力学与工程学报,2019,38(S2):3894-3904.

[10] 罗朝洋.超深大沉井基础沉降监测及数值模拟分析[D].成都:西南交通大学,2019.

[11] 秦顺全,徐伟,陆勤丰,等.常泰长江大桥主航道桥总体设计与方案构思[J].桥梁建设,2020,50(3):1-10.

[12] 秦顺全,苑仁安,郑清刚,等.超大跨度公铁两用斜拉桥结构体系研究[J].桥梁建设,2020,50(4):1-8.

[13] 胡勇.常泰长江大桥主航道桥桥塔基础选型研究[J].桥梁建设,2017,47(3):1-6.

[14] 李军堂.沪通长江大桥主航道桥沉井锚碇系统设计[J].桥梁建设,2020,50(3):17-24.

[15] 林聪,刘彦峰,黄锐.温州瓯江北口大桥中塔钢沉井定位着床技术[J].世界桥梁,2020,48(2):25-29.

[16] 黄迪.大型沉井施工过程受力特性及周边沉降变化规律研究[D].天津:天津大学,2018.

[17] 李鹏.深水特大型沉井基础施工技术研究[D].成都:西南交通大学,2017.

[18] 蒋炳楠.沪通长江大桥超深大沉井下沉阻力及突沉现场监测研究[D].成都:西南交通大学,2016.

[19] 张治成,邓燕羚,郑锋利,等.深厚软土地区大型沉井突沉行为分析[J].地下空间与工程学报,2020,16(3):933-943.

[20] 朱浩,王通.超大陆地沉井信息化施工监控技术[J].施工技术,2018,24(47):67-72.

特大型钢沉井浮运封舱板结构设计研究

李福弘[1,2,3,4]，郭欣星[1,2,3,4]，王 超[1,2,3,4]

(1. 中交第二航务工程局有限公司,湖北武汉 430040;
2. 长大桥梁建设施工技术交通行业重点实验室,湖北武汉 430040;
3. 交通运输行业交通基础设施智能制造技术研发中心,湖北武汉 430040;
4. 中交公路长大桥建设国家工程研究中心有限公司,湖北武汉 430040)

摘 要 钢沉井因自重较大,通常需要借助助浮结构浮运至桥位进行后续施工。目前的封顶式助浮结构对气密性要求很高,而整体封底式助浮结构存在整体拆除困难等显著缺点。为了解决这些问题,提出一种拆卸方便、加工精度高、吃水深度可调节的分舱封底式助浮封舱板结构。本文依托常泰长江大桥5号墩沉井项目,详细介绍了该分舱封底式助浮封舱板的结构及施工方案。在此基础上,采用有限元分析方法对封舱板在不同工况下的强度与刚度进行了模拟计算,验证了此结构的可行性和合理性。本结构的应用圆满完成了常泰长江大桥5号墩沉井的浮运任务,并在拆除后作为施工平台使用,成功节省了成本及工期,为钢沉井浮运施工技术的优化设计提供了一种新思路。

关键词 常泰长江大桥;钢沉井;封舱板结构;分舱封底;有限元

Research on Structure Design of Floating-aid Sealing Boards of Extra Large Steel Caisson

LI Fu-hong[1,2,3,4], GUO Xin-xing[1,2,3,4], WANG Chao[1,2,3,4]

(1. CCCC Second Harbor Engineering Company LTD, Wuhan 430040, China;
2. Key Laboratory of Large-span Bridge Construction Technology, Wuhan 430040, China;
3. Research and Development Center of Transport Industry of Intelligent Manufacturing Technologies of Transport Infrastructure, Wuhan 430040, China;
4. CCCC Highway Bridge National Engineering Research Centre Co. Ltd, Wuhan 430040, China)

Abstract The steel caisson usually needs to be floated to the bridge location with the aid of the floating structure for subsequent construction due to its heavy weight. The current capped floating-aid structure has high requirements for air tightness, and the integral closed bottom floating-aid structure has significant shortcomings such as difficulty in overall removal. In order to solve these problems, a sub-tank bottom-closing floating-aid sealing board structure with convenient disassembly, high processing precision and adjustable draft is proposed. Relying on the Changtai Yangtze River Bridge 5# pier caisson project, the structure and construction plan of the

作者简介:李福弘(1994—),女,工程师,中交第二航务工程局有限公司技术中心,研究方向:桥梁施工设计。

subdivision and bottom sealing type floating-aid sealing boards are introduced in detail. On this basis, the finite element analysis method is used to simulate the strength and stiffness of the sealing board under different working conditions, which verifies the feasibility and rationality of this structure. The application of this structure successfully completed the floating task of the Changtai Yangtze River Bridge No. 5 pier caisson, and was used as a construction platform after them were demolished, successfully saving costs and construction period, and providing a new idea of the optimized design for the construction technology of steel caisson.

Keywords Changtai Yangtze River bridge; steel caisson; sealing board structure; sub-tank bottom-closing; finite element

1 引言

随着时代的进步,桥梁工程设计理论和建造技术不断得到发展,建设工程对桥梁跨径的需求也日渐增加。桥梁基础作为整个桥梁中最重要的受力结构,其建设是整个桥梁建设中最重要的环节之一。在众多的基础种类中,沉井基础因其承载能力高、刚度大、防撞及抗震性能好等优点,被广泛应用于大跨径桥梁中。泰州大桥、杨泗港长江大桥、沪苏通长江公铁大桥到如今的瓯江北口大桥等著名大桥均采用沉井基础。尽管沉井基础具有上述优点,但因其自重巨大且施工步骤烦琐,难以在桥位直接施工建造。因此,目前常采用整体制造,再浮运至桥位,最后(接高)下沉的施工工艺。沉井自浮的吃水深度通常无法满足施工需求,需借助助浮结构进行浮运。目前,助浮封舱结构被广泛用于钢沉井基础的浮运过程中,其通过封舱板封住沉井井孔从而增大沉井排水体积或增大气压来实现沉井吃水深度的降低。

助浮封舱结构在沉井浮运过程中起到至关重要的作用,一旦出现漏水现象,整个沉井将会发生倾斜、搁浅甚至坍塌。目前钢沉井助浮封舱结构主要分为封顶(上封)式和整体封底式。然而,封顶式助浮封舱结构对气密性要求极高,其浮运安全性高度依赖焊接质量,存在因漏气、各舱压力不均而导致沉井倾斜的风险,尤其是长距离运输时更难以保障浮运安全,所以结构通常需要配备主动增压系统。而整体封底式助浮结构则是采用底板结构同时封住多个井孔的做法,虽然有效地降低了气密性的要求,但也提高了对加工精度的要求,且在浮运结束后整体拆除十分困难,大大增加了施工难度;更由于无法调节吃水深度,难以满足多变的浮运需求。

为了解决上述助浮结构存在的缺点,本文综合封顶式和整体封底式助浮封舱结构,提出了一种新型的分舱封底式助浮结构,以常泰长江大桥5号墩沉井基础为研究对象,详细介绍了分舱封底式助浮结构的设计思路及施工过程,并结合有限元分析了该封舱结构的可行性及优势,旨在为沉井新型助浮结构的建立提供理论及实际基础。

2 设计方案

2.1 工程概况

常泰长江大桥主航道斜拉桥主塔采用的沉井基础是目前世界上最大的钢沉井。其沉井为填充混凝土的钢壳结构,其基础平面呈圆端型,立面为台阶型。沉井底面尺寸为95.0m×57.8m(横桥向×纵桥向),圆端半径为28.9m。整个钢沉井共分为36个隔舱。

常泰长江大桥首节钢沉井总长95.4m、总宽58.2m、高度43m。整个沉井总重约2万t,自浮吃水深度约13.5m,沉井在工厂内制作并在干船坞内拼装成整体后浮运至施工现场。由于沉井自重巨大,自浮吃水深,船坞内水深和部分航道水深均不能满足沉井吃水的要求,因此需要采取助浮措施。

沉井浮运作业主要面临以下技术难点:①钢沉井出坞、浮运位于感潮河段,潮位水流条件复杂。②沉井自重大、自浮吃水深,沉井宽度大、方形系数大,坞内及航道水深无法满足沉井出坞、浮运要求,浮运过程控制难度大。③沉井出坞时,吃水6m、水面以上高度达37m;沉井浮运时,吃水8.5m、水面以上高度34.5m。沉井具有受风面积大,吃水深,受流影响大等特点,因此拖带阻力大,极大地增加了浮运的作业难度。④出坞浮运过程中,在风、浪、流和拖轮拖带力的作用下,沉井可能发生较大倾斜。而封舱结构一旦漏水,则可能会引起沉井倾覆,造成严重后果。

2.2 分舱封底式助浮封舱板结构布置方案

为了满足常泰长江大桥沉井复杂多变的助浮需求,采用全新设计的分舱封底式助浮结构。该结构采用增大沉井排水体积的方式实现助浮效果,可以通过拆除部分封舱底板实现吃水深度的调节,从而适应多变的助浮需求。加之由于采用了封底式的封舱技术,该封底分舱式助浮结构对于气密性的要求有所降低,有效地降低了施工难度,节约了成本。

出坞前,将钢沉井 36 个井孔中的 28 个井孔分舱增设封舱钢底板,封舱底板的面板距离沉井底部高度约 1.1m。经计算分析,28 个井孔的底部全部封闭后沉井的吃水深度约 6.0m,满足出坞要求,封舱布置如图 1a)所示。

由于船坞吃水深度要求与航道吃水深度要求不一致,加之为了浮运结束后降低拆除难度,常泰长江大桥 5 号墩沉井在出坞前和出坞后采取了不同的封舱布置方式。沉井出坞后在船厂码头靠泊后拆除中间位置的 12 个封舱底板,剩余 16 个封舱。拆除后封舱底板布置见图 1b)。拆除 12 个封舱底板后,沉井吃水深度约 8.5m,满足航道水深要求,再将沉井浮运至桥墩位置,其余封舱底板待沉井转缆施工完毕后再进行拆除,降低了封舱板浮运至桥位后的现场拆除难度,同时也减小了封舱底板拆除时对沉井定位着床的影响。

拆除全部封舱板后,将部分封舱板吊装至沉井顶作为施工平台参与到沉井后续施工过程中,施工平台布置图见图 1c)。

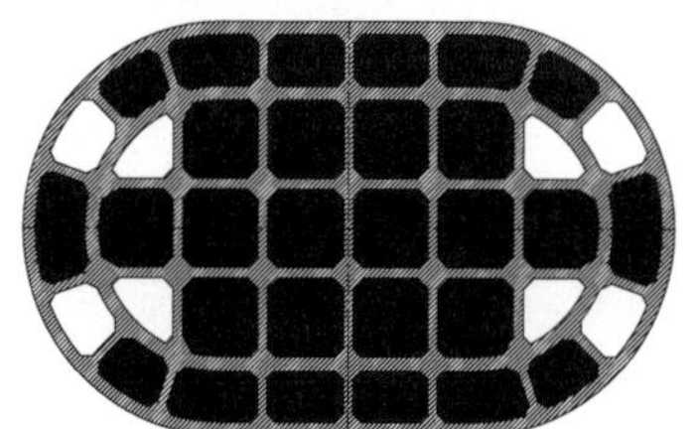
a)坞内封舱布置图

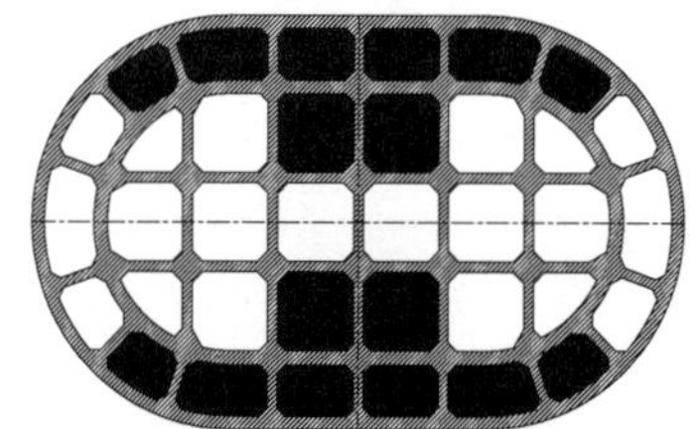
b)拆除部分封舱后浮运封舱布置图

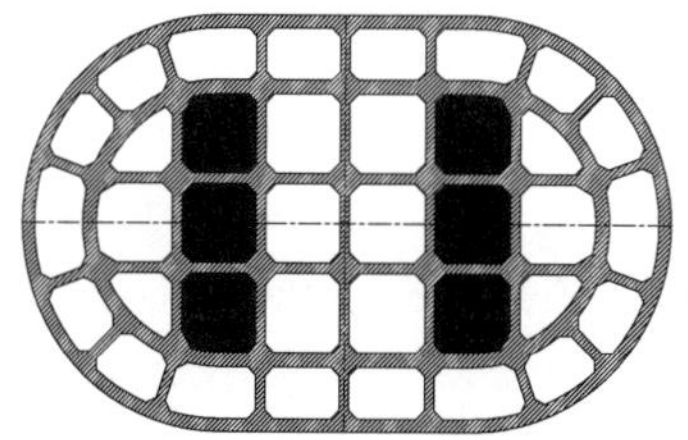
c)施工平台布置图

图 1 封舱板布置图

2.3 封舱板结构方案

封舱板结构包括主体结构、止水结构和悬挂结构三部分。其中,主体结构包含封舱板主梁、封舱板次梁、面板、连通器、封边钢板以及环板构成的封闭体系;止水结构分为两块,一块是由膨胀型止水条以及焊接在封边钢板侧的限位钢板构成的第一道止水体系,另一块是由角板与环板和沉井井壁焊接形成的第二道止水体系;悬挂结构由吊耳、钢丝绳/精轧螺纹钢筋、挂腿及锚具构成。

船坞加工沉井时,各分舱安装封舱板结构,通过悬挂结构钢丝绳/精轧螺纹钢筋预拉使封舱板结构第一道止水体系与沉井井壁挤紧,再焊接角板形成第二道止水体系。船坞进水(沉井吃水)时,膨胀型止水条遇水膨胀使得封舱板结构与井壁贴合更加紧密;且封舱板结构与沉井刃脚为斜面接触,封舱板受到作用力向上的水压(隔舱内无水),因斜面锁紧作用,随着压力的增大使得膨胀型止水条与井壁越压越紧。第一道止水措施即可达到止水目的。第二道止水措施通过角板分别与环板、沉井井壁周圈焊接封闭达到止水的目的。两道止水措施的设立保证了整个助浮结构的密封性,有效地保证了整个沉井浮运过程的安全。

3 施工技术方案及有限元模拟

3.1 施工技术方案

整个封舱板结构施工可分为三步,首先是封舱板的加工及安装,其次是助浮沉井浮运,最后是封舱板的拆除及回收再利用。

首先加工封舱板,封舱板的加工全部由加工沉井的船厂完成。加工完成后,将封舱板按照井孔进行逐孔安装。待28个封舱全部安装完成后,在封舱板上设置连通器。在船坞注水前,需检查整个助浮结构的密封性。首先封闭连通器,在各舱内注水淹没角板并检查各舱舱底是否存在漏点。随后打开连通器排出舱内水后,修复以及消除漏点,并再次封闭连通器。船坞开始注水后,随着进水增加,沉井慢慢自浮,注水结束后,沉井整体吃水深度约5.97m。随后将沉井在坞内静置12h,再次排查舱内是否存在漏水情况。封舱板安装完成后图2a)所示。

确认满足浮运条件后,将沉井浮运出坞,在坞外码头处靠泊并拆除12个封舱板,拆除后沉井吃水深度约8.5m,如图2b)所示。沉井浮运至桥位后,打开连通器,隔舱进水直至与外侧水位齐平。此时,先割除角板与沉井井壁之间的连接焊缝。随后解开悬挂结构中的锚具,通过下放钢丝绳/精轧螺纹钢筋使封舱板在自重作用下下沉。待移动沉井至施工位置后进行后续施工,同时打捞回收封舱板。

沉井浮运至桥位后,由于封舱板数量的减少,降低了拆除工作的难度。封舱板拆除后,沉井处于自浮状态。将6块封舱板吊装至顶部固定,作为汽车起重机作业平台,注水着床后,再将部分封舱板吊装至顶部固定,建成图2c)所示的汽车起重机作业平台及夹壁混凝土浇筑施工平台,实现了封舱板的回收再利用,有效地节约了成本。

a)前期:封舱板安装完成

b)中期:封舱板助浮沉井浮运

c)后期:封舱板作为施工平台使用

图2 封舱板辅助施工图

3.2 有限元分析计算

为了验证该封舱技术的有效性,采用有限元软件对封舱板进行受力计算。分别选取沉井内圈和外圈面积最大、承受最不利荷载的封舱板进行计算,封舱板四周梁系按照铰接方式进行模拟,考虑沉井浮运过程与后期作为施工平台两种工况进行计算。封舱板计算结果如表1所示。

封舱板计算结果 表1

封舱板位置	工况	梁系最大应力(MPa)	面板最大应力(MPa)	位移(mm)
内圈	沉井浮运工况	220	52	34
	汽车起重机作用工况	270	—	25
外圈	沉井浮运工况	213	60	21

沉井浮运时,内圈封舱板梁系最大应力的值为220MPa,最大应力出现在整个结构的中部。应力整体呈现出由中心向四周逐渐减小的趋势。而面板处最大的应力为52MPa,最大应力出现在四周中心。应力整体呈现出由四周向中心先降低后增加的趋势,面板因四周的位移被限制,产生了不协调的变形。整体结构最大位移为34mm,与最大应力出现的位置对应。同理,外圈封舱板最大应力213MPa及位移21mm出现在跨中,但由于圆弧段的梁系布置比直线段的梁系布置间距要密,因此最大值的出现位置偏向直线段一侧。内圈封舱板后期作为施工平台使用时,最大应力为270MPa,出现在汽车起重机支点处;最大位移为25mm,出现在汽车起重机作用范围内。

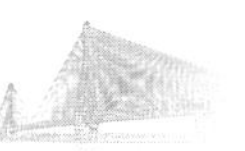

综合来看,处于不同位置的封舱板在各工况下的最大应力为 270MPa,最大位移为 34mm。而封舱板梁系及盖板采用 Q345B 材料,其容许的强度及刚度均高于上述值,因此,该分舱封底式封舱板满足工程需求,且符合规范要求。

4 结语

本文依托常泰长江大桥 5 号墩沉井工程,开展了沉井浮运施工关键技术研究,详细介绍了一种新型封舱方式,并结合有限元方法分析了其可行性及优势,得出以下结论:

(1)采用各舱分块独立封底式封舱,单块制作、安装、拆除方便,可有效利用沉井主体结构加工船厂资源进行精确加工安装,浮运完成后开启连通器后水下拆除安全可靠,设置浮球标识打捞操作简单,可根据船坞及航道浮运条件调节封舱数量,调整吃水深度。与常规封舱板相比,提高了浮运安全性,增加了安装和拆除的便利性,节省了人工和工期。

(2)采用封底形式,与封顶形式相比,降低了气密性要求。结构利用斜面锁紧作用进行止水,受力明确,安全可靠。同时设计了两道止水措施,渗水漏气路径短,可舱内注水和坞内注水两次检查封舱气密性,保障浮运安全。

(3)封舱板根据各舱尺寸制作,浮运结束拆除回收后,可安装至沉井顶面重复利用,增大作业面提高功效,有效循环利用材料。作为施工平台节省了约 300t 钢材,作为汽车起重机作业平台满足了 2 台汽车起重机同时吊装作业,节省了 2 台 200t 全回转浮式起重机 1 个月的租赁费用,有效节省了项目成本约 600 万元。

参考文献

[1] 魏湛力. 大型陆地锚碇沉井下沉结构受力分析及关键技术[J]. 中国港湾建设,2019,39(2):16-21.

[2] CONTI R, LAORA R D, LICATA V, et al. Seismic Performance of Bridge Piers: Caisson vs Pile Foundations[J]. Soil Dynamics and Earthquake Engineering, 2020, 130: 105985.

[3] 邱琼海. 铜陵公铁两用长江大桥深水特大型沉井基础施工技术[J]. 铁道标准设计,2013(4):51-55.

[4] 林聪,刘彦峰,黄锐. 温州瓯江北口大桥中塔钢沉井定位着床技术[J]. 世界桥梁,2020(2):25-29.

[5] 唐勇. 沪通长江大桥万吨级钢沉井浮运出坞施工关键技术[J]. 世界桥梁,2015,43(6):6-10.

[6] 余允锋,邱琼海,王立忠. 沪通长江大桥主航道桥钢沉井增压助浮方案[J]. 桥梁建设,2015,45(6):74-78.

[7] 郑大超,朱斌. 武汉杨泗港长江大桥 2 号墩钢沉井施工关键技术[J]. 桥梁建设,2017,47(6):106-110.

[8] 吴启和,张磊. 常泰大桥水中沉井的关键技术[J]. 中国公路,2020(9):74-77.

[9] 王超,张克,李福弘. 台阶形钢沉井外接围堰设计与施工[J]. 中国港湾建设,2020,40(12):44-47.

[10] 刘建波,杨炎华,翟世鸿,等. 泰州长江大桥特大型深水沉井基础施工关键技术[J]. 施工技术,2011,40(8):74-77,82.

[11] 中华人民共和国住房和城乡建设部. 钢结构设计标准:GB 50017—2017[S]. 北京:中国建筑工业出版社,2017.

台阶型钢沉井外接围堰设计与施工

王　超[1]，张　克[1]，李福弘[2]

（1. 长大桥梁建设施工交通行业重点实验室，湖北武汉　430040；
2. 中交公路长大桥建设国家工程研究中心有限公司，湖北武汉　430040）

摘　要　本文以常泰长江大桥钢沉井外接围堰工程实践为基础，介绍了一种台阶型钢沉井施工过程中采用的外接围堰设计与施工的难点与关键技术；采用大型通用有限元分析软件 ANSYS 对外接围堰的整个施工过程进行计算，分析钢围堰在各个工况条件下的强度及刚度；通过对外接围堰施工过程分析，为钢沉井的施工提供了必要的安全保证。

关键词　常泰长江大桥；围堰；台阶型沉井基础；有限元法

Design and Construction of External Cofferdam for Steel Caisson

WANG Chao[1], ZHANG Ke, LI Fu-hong[2]

(1. Key Laboratory of Large-span Bridge Construction Technology, Wuhan 430040, China;
2. CCCC Highway Bridge National Engineering Research Centre Co. Ltd, Wuhan 430040, China)

Abstract　Based on the practice of steel caisson external cofferdam project of Changtai Yangtze River Bridge, this paper introduces the difficulties and key technologies in the design and construction of an external cofferdam used in the construction of a stepped steel caisson. The strength and stiffness of steel cofferdams under various working conditions are analyzed by using the whole construction process of external cofferdams connected by ANSYS, a general finite element analysis software. Through the analysis of the construction process of external cofferdam, the necessary safety guarantee is provided for the construction of steel caisson.

Keywords　Changtai Yangtze River Bridge; cofferdam; stepped caisson foundation; finite element method

1　引言

常泰长江大桥路线起自泰兴市六圩港大道，跨长江主航道，经录安洲，跨长江夹江，止于常州市新北区港区大道，路线全长 10.03km，公铁合建段长 5298.2m，普通公路接线长 4730.8m。常泰长江大桥主墩采用钢沉井作为基础，主桥 5 号墩沉井基础结构采用钢壳内填充混凝土，平面呈圆端型，立面为台阶型，沉井底面尺寸 95.0m×57.8m（横桥向×纵桥向），圆端半径 28.9m；顶面尺寸 77.0m×39.8m（横桥向×纵桥向），圆端半径 19.9m；台阶宽度 9.0m。沉井顶高程 +7.0m，底高程为 −65.0m，挡土墙顶高程 −22.0m。沉井总高 72.0m，总重约为 18405t，5 号墩沉井基础见图 1。外接围堰顶高程 −1.0m，底高程

作者简介：王超（1988—），男，高级工程师，中交第二航务工程局有限公司技术中心，研究方向：超大跨径桥梁施工设计。

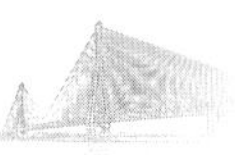

-65.0m,高64.0m。为保证承台无水施工环境,在外接围堰外井壁上设置外接围堰临时设施,用以挡水施工。

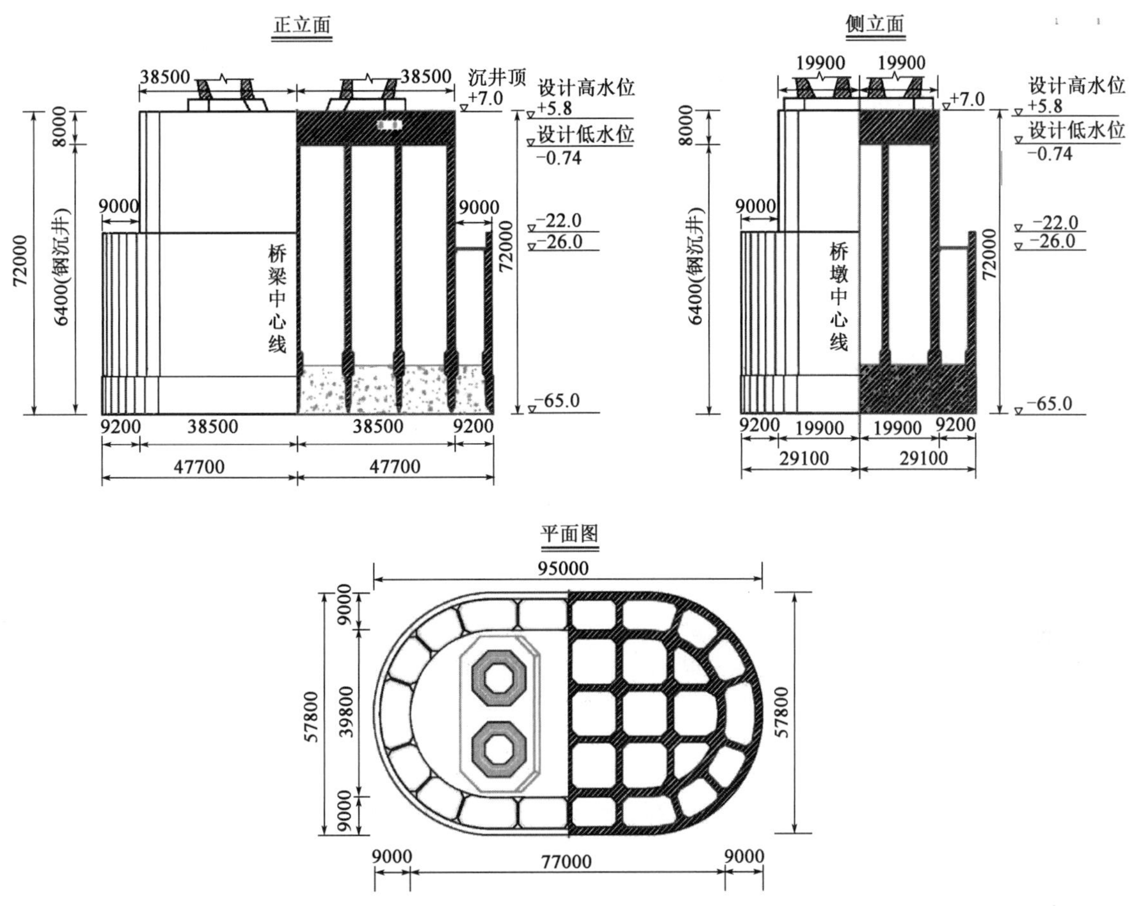

图1　沉井基础图(尺寸单位:mm;高程单位:m)

常泰长江大桥位于长江下游扬中河段,连接江苏省泰兴市与常州市,距上游泰州大桥约28.5km,距下游江阴长江公路大桥约30.2km。桥位河道平面形态为微向南凹的弧形弯道,河道中间为长江主汊。最高通航水位为+5.8m,最低通航水位为-0.7m,最大流速2.11m/s,作业工况风速按20.8m/s考虑。

5号墩沉井位于主航道区北侧,墩位地市较为平稳,高程-13.46~-15.01m,覆盖层厚度大于180m。河床表层为Q4松散状粉砂,层厚不均,厚1.6~4.8m,工程性质差。

2　工程难点及解决措施

研究表明,台阶型沉井能有效减少沉井下沉深度,缩小承台平面尺度,减小沉井工程规模。台阶型沉井也客观上造成了作业面不连续、影响船只靠泊、设备支撑难等问题。沉井位于长江繁忙航道,属于感潮河段,水文地质条件复杂,汛期流速大,河床易冲刷、地层不均匀,沉井下沉安全风险及姿态控制难度大;沉井为台阶型,外圈取土需要考虑外接围堰受力,且沉井埋置深,终沉后外接围堰因回淤会收回淤土侧压力影响;水上施工作业空间小,外接围堰需要考虑设置外挂作业平台,且满足靠船要求;外接围堰的设计需要兼顾沉井夹壁混凝土浇筑,且承台施工时能起到挡水作用;外接围堰需要考虑拆除。

为确保沉井安全可靠、可控下沉,综合考虑安全性及经济效益,针对以上技术难点及特点,一方面深入研究该区域水文地质条件,分析作业工况,考虑沉井范围内预开挖,确保顺利沉井初期顺利下层且后期外接围堰不受土压力影响;另一方面充分考虑取土时沉井顶面的设备、作业荷载及功能需求,合理选择设计条件,优化围堰结构设计,确保外接围堰满足现场需求,力求功能性与经济性相对合理。

3 外接围堰设计及结构特点

外接围堰作为沉井下沉及承台施工的辅助结构，一方面作为取土设备的支撑结构发挥作用，并提供了作业平台、操作空间及人员通道；另一方面在承台施工期间作为挡水结构，为承台施工提供干施工作业环境；最后，水上施工作业面小，对施工船舶依赖程度较大，船舶种类较多，涉及运输船、起重船、交通船等，外接围堰为船舶临时停靠提供系缆点。

外接围堰的结构布置采用双壁结构，外接围堰外轮廓与沉井外轮廓一致，夹壁厚度为1.2m，外接围堰总高为29m，分次接高，接高高度分别为8m、21m；外接围堰内侧通过内支撑与沉井连接，外壁底部与沉井焊接；内支撑共设1层斜撑和7层水平撑，内支撑采用双排钢管撑，方便隔墙夹壁混凝土浇筑，内支撑之间采用钢管连接。外接围堰结构布置如图2所示。

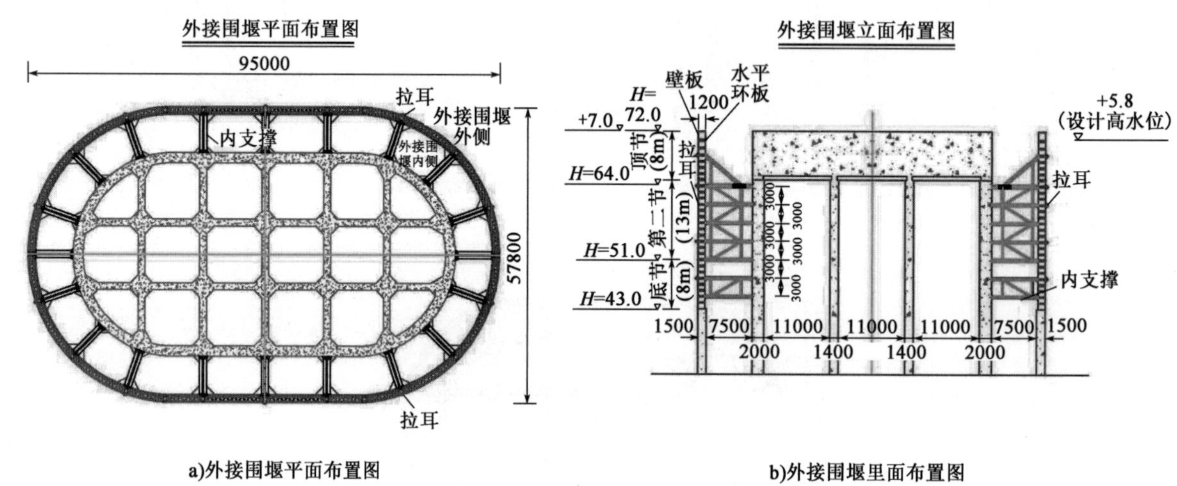

a)外接围堰平面布置图　　b)外接围堰里面布置图

图2 外接围堰结构布置(尺寸单位:mm;高程单位:m)

外接围堰主要构件材料类型如表1所示。

外接围堰主要构件材料　　表1

构件	型号	材料
壁板	t_1 = 6mm; t_2 = 16mm	Q355B
隔舱板	t_3 = 16mm	Q355B
环板	t_4 = 16mm	Q355B
竖向加劲肋	L75mm × 50mm × 6mm	Q355B
水平加劲肋	2L100mm × 8mm	Q355B
内支撑	ϕ600mm × 12mm ϕ426mm × 12mm ϕ200mm × 8mm	Q355B

4 外接围堰结构计算分析

结合外接围堰取土下沉、夹壁混凝土浇筑、承台施工、盖板安装等各个环节，充分考虑施工过程中外接围堰的荷载条件，运用三维有限元分析方法对外接围堰在以下3个工况进行数值分析，找出薄弱部位，加强安全保障，确保外接围堰的施工安全。

4.1 工况分析

结合外接围堰施工周期内的基本过程，确定外接围堰的控制工况有以下3个：

工况1：第一次接高8m外接围堰后沉井内注水吸泥工况。

工况2：第二次接高21m外接围堰后沉井内抽水浇承台工况。

工况3:沉井终沉后,安装沉井外圈39m处井孔盖板,平衡内外水头,每间隔两个井孔保留第一层斜撑及水平撑,拆除其余内支撑。

4.2 有限元模拟分析

本计算采用有限元软件ANSYS计算程序模拟分析各工况结构的强度,外接围堰结构复杂,模型建立时主要采用的单元为板壳单元和梁单元,各构件对应的单元类型见表2。

模型单元类型 表2

构件	单元类型
壁板、隔舱板、箱梁腹板、水平环板	Shell63
竖向加劲肋、水平加劲肋、内支撑	Beam188

各工况的计算模型如图3所示。

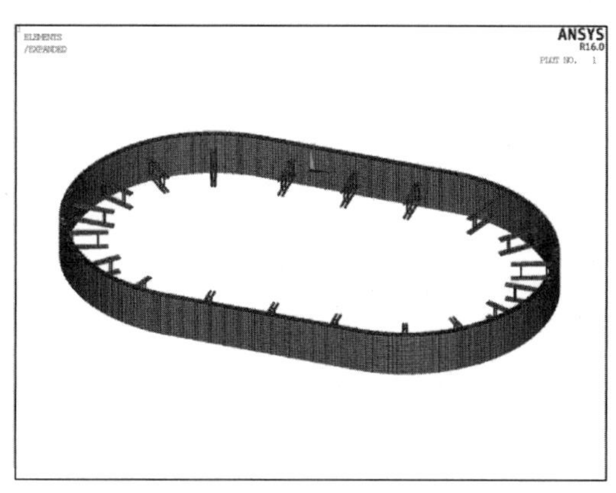

a)工况1

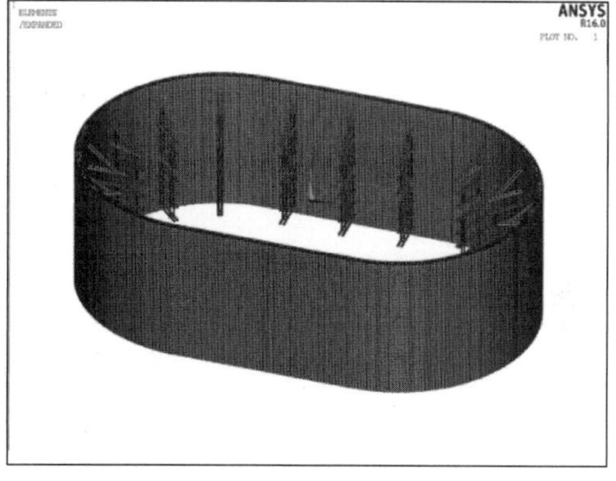

b)工况2

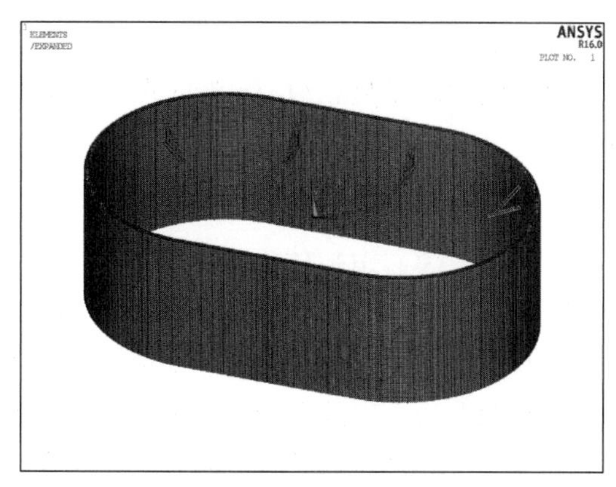

c)工况3

图3 各工况计算模型

通过模拟计算,外接围堰各构件的最大应力及变形情况如表3所示。

计算结果 表3

构件	最大应力(MPa)	最大变形(mm)	对应工况
壁板	226	23	工况2
隔舱板、箱梁腹板	254	15	工况2
水平环板	248	10	工况2
竖向加劲肋	188	13	工况2
水平加劲肋	257	13	工况2
内支撑	266	10	工况2

外接围堰各构件均采用 Q355B 材料,通过计算,各构件强度及刚度均满足设计要求及规范要求。

5 外接围堰施工方法

根据外接围堰总体施工流程,外接围堰在制造厂分层(底层 8m、顶层 21m)、分段制造,现场安装条件具备后,按需求顺序将外接围堰块段船运至桥址,起重船分块吊装,分层安装。承台施工完成,待长江进入枯水期后将外接围堰切割分块拆除。外接围堰总体施工工艺流程如图 4 所示。

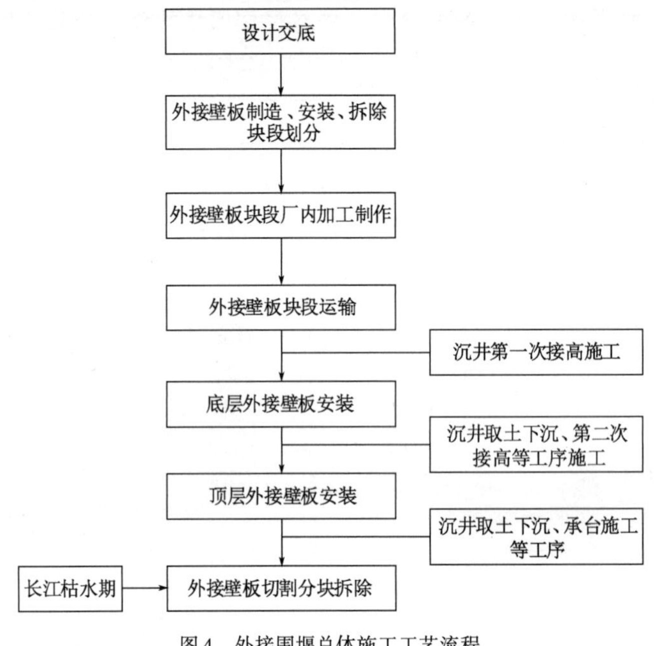

图 4 外接围堰总体施工工艺流程

外接围堰安装完成后,在围堰顶部设置取土平台,平台可供安装气管、水管、排泥管、托线槽、门式起重机轨道等;外接围堰侧壁上设置靠船件供船只靠泊,箱梁处设置拉耳可供船舶系缆;外接围堰外壁处可设置斜梯或竖梯形成人员通道。

6 结语

台阶型沉井施工过程中,不可或缺地需要用到外接围堰,其作用贯穿了沉井作业的取土下沉、夹壁混凝土浇筑、承台施工、盖板安装等。在外接围堰的设计过程中充分考虑了外接围堰作为取土设备及操作平台的支撑结构、承台施工的挡水结构、上下人员通道、船舶停靠等各种功能,为方便沉井夹壁混凝土浇筑设计了双排内支撑结构,且水平加劲肋方向及间距与沉井水平加劲肋一致。外接围堰的施工采用工厂分块制造、现场拼装的施工方法,外接围堰拼装完成后有效地形成了作业面,为设备的安装及通道的形成提供了有利条件。结合现场使用情况,形成如下建议:

(1)外接围堰大部分为薄壁结构,桥址地处感潮地带,潮差较大,需要持续跟踪潮水对壁板的腐蚀情况。

(2)沉井下沉过程中可能出现姿态倾斜的情况,外接围堰多承受竖向荷载,倾角对围堰的影响尚需结合竖向荷载进一步研究。

(3)外接围堰所处航道繁忙,往来船舶速度快、数量多,是外接围堰的重大危险源之一,做好航道标识、巡逻等工作是沉井安全施工的必要保障。

参 考 文 献

[1] 秦顺全,徐伟,陆勤丰,等.常泰长江大桥主航道桥总体设计与方案构思[J].桥梁建设,2020,50

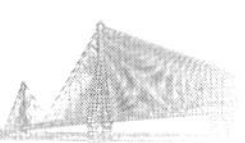

(3):1-10.

[2] 吴启和,张磊.常泰大桥水中沉井的关键技术[J].中国公路,2020(9):74-77.

[3] 时天利,任回兴,贺茂生.苏通大桥深水双壁钢围堰设计与施工[J].世界桥梁,2007(9):28-31.

[4] 戴良军,祝金龙,崔林钊,等.双壁钢围堰施工过程受力数值模拟分析[J].土工基础,2020(2):208-211.

[5] 焦文容.大型双壁钢围堰施工过程有限元分析[J].重庆建筑,2019(1):47-50.

[6] 郭佳嘉,余其鑫.一种复杂海况下的哑铃形主墩双壁钢围堰的设计与施工[J].中国港湾建设,2019(3):33-37.

常泰长江大桥0号墩横梁托架设计与计算分析

黄健伟[1,2,3]，吴　柱[1,2,3]

（1. 中交第二航务工程局有限公司，湖北武汉　430014；
2. 长大桥梁建设施工技术交通行业重点实验室，湖北武汉　430014；
3. 交通运输行业交通基础设施智能制造技术研发中心，湖北武汉　430014）

摘　要　高塔横梁的浇筑是索塔施工的关键环节。为方便常泰长江大桥0号墩横梁施工，根据三角钢托架的受力特点，设计了一种上层锚固点采用精轧螺纹钢对拉，下层锚固点采用埋设牛腿及型钢对撑的三角钢托架，运用有限元软件对该三角钢托架进行建模计算，并总结了该托架的优点及主要施工工序。结果表明，该托架各构件的强度、刚度和稳定性均满足规范和设计要求。与其他形式的三角托架相比，该三角托架承载能力高、刚度大、整体性较好，有效避免了三角托架上层锚固点处墩身混凝土容易拉裂的问题等。

关键词　横梁浇筑；精轧螺纹钢；埋设牛腿；三角钢托架

Design and Calculation Analysis of the Cross Beam of No. 0 Pier of Changtai Yangtze River Bridge

HUANG Jian-wei[1,2,3], WU Zhu[1,2,3]

(1. CCCC Second Harbor Engineering Company LTD., Wuhan 430014, China;
2. Key Laboratory of Large-span Bridge Construction Technology, Wuhan 430014, China;
3. Research and Development Center of Transport Industry of Intelligent Manufacturing Technologies of Transport Infrastructure, Wuhan 430014, China)

Abstract　Pouring of high tower beams is a key link in the construction of towers. In order to facilitate the construction of the cross beam of No. 0 pier of Changtai Yangtze River Bridge, according to the stress characteristics of the triangular steel bracket, a triangular steel bracket with the upper anchorage point using finish rolled deformed bar and the lower anchorage point using the buried corbel and section steel support is designed. The triangular steel bracket is modeled and calculated by using the finite element software, and the advantages and main construction processes of the bracket are summarized. The results show that the strength, stiffness and stability of each component of the bracket meet the requirements of the code and design; Compared with other forms of triangular brackets, the triangular bracket has the advantages of high bearing capacity, large stiffness and good integrity, and effectively avoids the problem that the pier body concrete at the upper anchorage point of the triangular bracket is easy to crack.

作者简介：黄建伟（1980—），男，助理工程师，中交第二航务工程局有限公司技术中心，研究方向：桥梁施工设计。

Keywords Beam pouring; finish rolled deformed bar; buried corbel; triangular steel bracket

1 引言

随着我国工程建设水平的发展,大跨径斜拉桥、悬索桥逐渐成为跨江跨海大桥的首选桥型。索塔作为斜拉桥和悬索桥的根基,是决定大桥建设成败的关键,而横梁的浇筑则是索塔施工的重要环节。对于高塔横梁的施工,传统的落地式钢立柱支架耗费钢材多,且施工较困难,因此一般采用托架的形式,其中以三角钢托架应用最为广泛。三角钢托架与墩身连接的形式众多。刘方华在新田长江大桥索塔横梁浇筑中应用了一种三角钢托架,其与墩身的连接形式是预埋锚板锚筋法,这种连接形式的主要缺点是锚筋的抗剪强度较低,托架的承载能力不高。胡雄伟在重庆寸滩长江大桥桥塔施工中设计了一种三角钢托架,其通过钢靴与墩身进行连接,不足之处在于钢靴需要嵌入墩身中,对墩身的破坏较大,后期外观修复困难。

针对传统三角钢托架的缺点,结合常泰长江大桥0号墩横梁施工项目,本文设计了一种新型的三角钢托架,其与墩身的连接形式为上层锚固点采用精轧螺纹钢对拉,下层锚固点采用埋设牛腿及型钢对撑。运用有限元软件对新型三角钢托架进行了计算分析,并总结了此托架的优点和施工方法,旨在为高塔横梁现浇支架的设计及施工提供参考。

2 工程概况及项目难点

常泰长江大桥是泰兴市至常州市的特大桥,主航道桥为(142+490+1176+490+142)m=2440m双层斜拉桥;专用航道桥为主跨388m的钢桁拱桥。0号墩位于陆地,为主跨388m钢桁拱桥与北岸合建段引桥49.2m预应力混凝土梁桥的过渡墩。0号墩采用门式墩,墩柱为空心墩柱。0号墩横梁为预应力混凝土空心结构,单箱单室断面,横梁跨中高7m,顶宽5m,外轮廓采用45:1与墩身相同坡度放坡至截面底部,顶底板及腹板壁厚均为0.8m;横梁梁底曲线为半径$R=90$m的圆弧。0号墩横梁总混凝土方量为698.3m^3。

与传统的横梁施工相比,该项目有以下难点:

(1)横梁高达50m,传统的落地式钢立柱支架耗费钢材较多,经济性不高,且施工困难,高空作业风险大。

(2)0号墩横梁总的混凝土方量为698.3m^3,总重标准值约1850t,自重较大,按照一次性浇筑设计,对施工托架的强度和刚度要求很高。

(3)主墩为薄壁空心墩,三角托架的上锚固点存在拉力,若拉力较大将导致墩身混凝土开裂。

3 横梁托架设计

3.1 托架的结构布置

0号墩横梁三角钢托架从上到下布置依次为:模板,分配梁Ⅰ22a,主纵梁(2HN900×300及HN900×300),主横梁(2HM588×300),卸荷块,托架纵梁(2HM588×300),斜撑(2HM588×300),竖撑(2HM588×300),焊接牛腿。斜杆、竖杆、横杆、水平杆均采用2[25a。焊接牛腿为翼缘厚度$t=40$mm,腹板厚度为24mm的焊接双拼工字钢结构。竖撑在与焊接牛腿连接处腹板需要增加贴板以加强竖撑的抗剪承载力。在桥墩墩身上预埋牛腿及设置精轧螺纹钢对拉。托架具体布置形式如图1所示。

3.2 托架与主墩的连接形式

0号墩横梁三角钢托架与墩身的连接形式见上、下层锚固点。

上层锚固点:在墩身内部相应的位置沿纵向设置4根ϕ32mm精轧螺纹钢对拉进行锚固,以平衡此处的拉力,并设置垫板和垫块对墩身连接面进行整平。上层锚固点结构图如图2所示。

下层锚固点:在墩身内部相应的位置埋入焊接牛腿,在空心墩身内部设置2HM588×300撑杆进行对撑,以平衡此处的压力,并设置垫板和垫块对墩身连接面进行整平。同时,为了避免焊接牛腿附近的墩身混凝土发生受压破坏,需在牛腿上下按构造要求配置间接钢筋。下层锚固点结构图如图3所示。

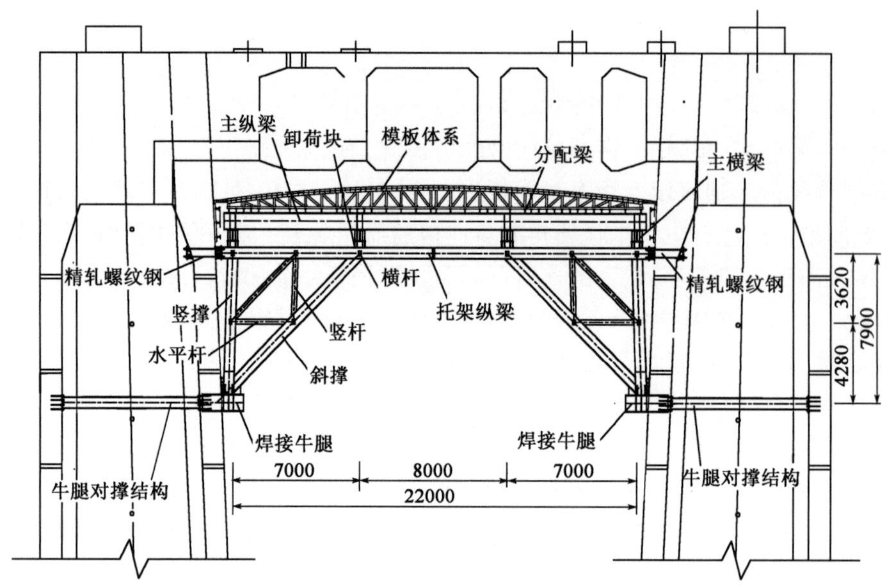

图1　托架结构图(尺寸单位:mm)

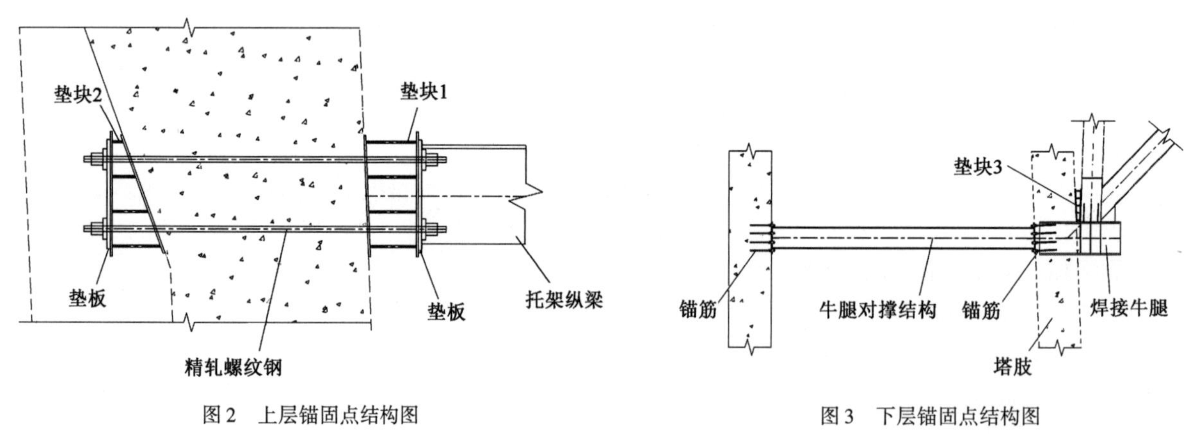

图2　上层锚固点结构图

图3　下层锚固点结构图

4　横梁托架受力计算

4.1　计算模型

运用Midas Civil有限元软件建立了该三角钢托架的模型,如图4所示。模型中所有杆件均采用梁单元进行模拟。

图4　托架有限元模型

4.2 边界条件及设计荷载

该有限元模型的边界条件如下：

(1)上层锚固点：约束沿精轧螺纹钢方向位移。

(2)下层锚固点：焊接牛腿预埋件处固结。

(3)主横梁与托架纵梁、主纵梁、横向分配梁弹性连接。

(4)竖撑底部约束沿牛腿对撑结构方向位移。

模型所考虑的设计荷载主要分为恒载和活载。恒载主要包括：①结构自重；②横梁钢筋混凝土重量，重度按 26kN/m^3 进行计算；③模板体系荷载，按 2kPa 考虑。活载主要包括：①施工人员及设备荷载，按 2.5kPa 考虑；②混凝土倾倒和振捣荷载，按 2kPa 考虑；③风荷载，分为工作风荷载以及最大风荷载。其中工作风速为 13.8m/s，最大风速为 24.4m/s。

根据《建筑结构荷载规范》(GB 50009—2012)，风载荷 w_k 按照式(1)计算：

$$w_k = \beta_z \mu_s \mu_z w_0 \tag{1}$$

式中，高度 z 处的风振系数 β_z 取 1；型钢的风荷载体型系数 μ_s 取 1.3，地面粗糙度按 A 类计算；风压高度变化系数 μ_z 取 1.828。基本风压 $w_0 = 0.5\rho v_0^2$(v_0 为风速，计算结果小于 0.3 时取 0.3kPa)。

经计算得工作风速和最大风速下，基本风压分别为 0.3kPa、0.38kPa，型钢的风荷载标准值分别为 0.698kPa、0.885kPa。

4.3 计算工况及荷载组合

按最不利原则，主要考虑以下工况：

工况 1(非作业工况)：横梁托架搭设完成。最大风速条件下，横梁托架和模板安装完成，此时还没浇筑横梁混凝土。

工况 2(作业工况)：浇筑横梁混凝土。工作风速条件下，进行横梁混凝土的浇筑。

每个工况均考虑标准组合和基本组合。其中，标准组合属于正常使用极限状态设计的荷载效应组合，计算结果主要用来验算构件的挠度、裂缝等刚度指标；基本组合属于承载力极限状态设计的荷载效应组合，计算结果用来评价结构强度及稳定性指标。

两种组合中的分项系数取值不同。基本组合计算公式为：1.2×(结构自重+混凝土自重+模板荷载)+1.4×(施工人员及设备荷载+混凝土倾倒和振捣荷载+风荷载)；标准组合计算公式为：结构自重+混凝土自重+模板荷载+施工人员及设备荷载+混凝土倾倒和振捣荷载+风荷载。

4.4 计算结果

4.4.1 工况 1(非作业工况)

各主要构件(Q235 材料)的最大组合应力 $\sigma_{max} = 57.8\text{MPa} < f$(材料的抗拉/抗压/抗弯强度)= 215MPa，最大剪应力 $\tau_{max} = 12.8\text{MPa} < f_v$(材料的抗剪强度)= 125MPa，竖向最大位移 1.0mm < L(主横梁跨径)/400 = 20mm。

4.4.2 工况 2(作业工况)

各主要构件(Q235 材料)的最大组合应力 $\sigma_{max} = 142.3\text{MPa} < f = 215\text{MPa}$，最大剪应力 $\tau_{max} = 98.9\text{MPa} < f_v = 120\text{MPa}$，竖向最大位移 9.1mm < L/400 = 20mm。

综上所述，横梁三角钢托架结构主要构件的强度和刚度均可以满足设计及规范要求。

4.5 构件稳定性计算

根据《钢结构设计标准》(GB 50017—2017)对托架的竖撑构件的稳定性进行计算，其余构件的计算方法与竖撑相同，此处不再赘述。

工况 2 下，最不利内力组合：竖撑轴力 $N = 3683\text{kN}$，竖撑弯矩 $M = 435\text{kN}\cdot\text{m}$，竖撑的截面参数如下：

竖撑截面积 $A=37152\text{mm}^2$，竖撑 x 方向惯性矩 $I_x=2.265\times10^9\text{mm}^4$，竖撑 x 方向抗弯模量 $W_x=7.704\times10^6\text{mm}^3$；竖撑 y 方向惯性矩 $I_y=1.023\times10^9\text{mm}^4$，竖撑 y 方向抗弯模量 $W_y=3.386\times10^6\text{mm}^3$。

①平面内稳定性计算：

计算长度 $l_0=3631\text{mm}$，长细比 $\lambda_x=l_0/\sqrt{\dfrac{I_x}{A}}=14.7$，弯矩作用平面内 x 轴心受压构件稳定系数 $\varphi_x=0.9838$，极限轴向力 $N'_{\text{EX}}=317212\text{kN}$。

代入数据可得：

$$\frac{N}{\varphi_x Af}+\frac{\beta_{mx}M}{\gamma_x W_x(1-0.8N/N'_{\text{EX}})f}=0.7\leqslant1.0$$

式中，β_{mx} 为压弯构件稳定的等效弯矩系数；γ_x 为对主轴 x 的截面塑性发展系数。

②平面外稳定性计算：

计算长度 $l_0=3631\text{mm}$，长细比 $\lambda_y=l_0/\sqrt{\dfrac{I_y}{A}}=21.9$，弯矩作用平面内 y 轴心受压构件稳定系数 $\varphi_y=0.9638$，梁整体稳定性系数 $\varphi_b=1$。

代入数据可得：

$$\frac{N}{\varphi_y Af}+\eta\frac{\beta_{tx}M_x}{\varphi_b W_{1x}f}=0.67\leqslant1.0$$

式中，β_{tx} 为压弯构件稳定的等效弯矩系数；η 为截面影响系数。

计算结果表明，竖撑构件的稳定性满足要求。

4.6 上层锚固点计算

上层锚固点采用精轧螺纹钢对拉的形式，因此计算内容主要为精轧螺纹钢的抗拉承载力是否满足要求。

对于精轧螺纹钢抗拉，最不利工况为工况 2（作业工况），由有限元模型计算得拉力标准值 $N=705\text{kN}$。而一根 $\phi32\text{mm}$ 精轧螺纹钢筋的屈服强度标准值为：

$$N=1\times\frac{\pi\times32^2}{4}\times1080/1000=868\text{kN}$$

托架的单侧采用 4 根 $\phi32\text{mm}$ 精轧螺纹钢筋，其极限抗拉承载力标准值为 3472kN，大于结构的拉力标准值 705kN，安全系数为 4.9 倍，满足设计要求。

4.7 下层锚固点计算

下层锚固点采用埋入焊接牛腿、墩身内部设置 2HM588×300 撑杆进行对撑的形式，因此计算内容主要为焊接牛腿的埋深计算、牛腿附近混凝土局部受压计算以及牛腿对撑结构埋件计算。

4.7.1 牛腿埋深及混凝土局部受压计算

墩身混凝土强度等级为 C50，焊接牛腿埋深为 1m，牛腿的翼缘宽度为 0.9m，模型计算的牛腿处最大竖向反力设计值为 3616kN，最大弯矩为 950kN·m。

(1)牛腿埋深计算。

根据《钢结构设计标准》(GB 50017—2017)，埋入式柱脚埋入深度应满足式(2)要求：

$$\frac{V}{b_f d}+\frac{2M}{b_f d^2}+\frac{1}{2}\sqrt{\left(\frac{2V}{b_f d}+\frac{4M}{b_f d^2}\right)^2+\frac{4V^2}{b_f^2 d^2}}\leqslant[f_c] \tag{2}$$

式中，V 为牛腿最大剪力；M 为牛腿最大弯矩；b_f 为牛腿翼缘宽度。

代入相关参数，可得混凝土设计值应力 $p_{\max}$：

$$p_{\max}=\frac{V}{b_f d}+\frac{2M}{b_f d^2}+\frac{1}{2}\sqrt{\left(\frac{2V}{b_f d}+\frac{4M}{b_f d^2}\right)^2+\frac{4V^2}{b_f^2 d^2}}=13.8\text{MPa}<[f_c]=23.1\text{MPa}$$

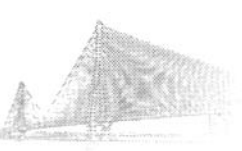

可以看出,牛腿埋入深度满足规范要求。

(2)牛腿附近混凝土局部受压验算。

焊接牛腿为压弯构件,且为偏心受压。根据《建筑地基基础设计规范》(GB 50007—2011),牛腿附近混凝土压应力需要满足式(3)要求:

$$p_{\max}=\frac{F}{A}+\frac{M}{W}\leqslant[f_{c}] \tag{3}$$

锚固点处牛腿弯矩由端部弯矩与压力带来的附加弯矩叠加,即 $M=950+3616\times0.5=2758\text{kN}\cdot\text{m}$,

$$p_{\max}=\frac{F}{A}+\frac{M}{W}=\frac{3616\times10^{3}}{900\times1000}+\frac{6\times2758\times10^{6}}{900\times1000^{2}}=22.4\text{MPa}$$

可以看出,牛腿附近混凝土的抗压强度满足规范要求,而实际上出于安全和应力储备考虑,混凝土受压区按构造要求配置了钢筋网片,使得混凝土抗压强度提高。

4.7.2 牛腿对撑结构埋件计算

混凝土握裹力取300kPa,则牛腿埋入墩身部分各个面的摩擦力总和 $F_1=300\times(1\times0.9\times2+0.9\times1\times2)=1080\text{kN}$,通过模型计算,竖撑和斜撑对牛腿的反力之和 F_2 为2185.3kN,由力系平衡可知,墩身对牛腿端部的压力,即牛腿对撑结构对混凝土的压力 $F_3=F_2-F_1=1106\text{kN}$。

(1)锚筋数量计算。

根据《混凝土结构设计规范》(GB 50010—2010),当有剪力、法向压力和弯矩共同作用时,应按照式(4)、式(5)计算,并取其中的较大值:

$$A_{s1}\geqslant\frac{V-0.3N}{a_{r}a_{v}f_{y}}+\frac{M-0.4Nz}{1.3a_{r}a_{b}f_{y}z} \tag{4}$$

$$A_{s2}\geqslant\frac{M-0.4Nz}{0.4a_{r}a_{b}f_{y}z} \tag{5}$$

式中,A_{s1}、A_{s2}为锚筋的计算面积;a_r 为受剪承载力系数;a_v 为锚筋层数影响系数;a_b 为锚板弯曲折减系数。

对于牛腿对撑结构埋件,$N=1106\text{kN}$(压力),$V=0$,$M=0$。

采用10根 $\phi25\text{mm}$ 锚筋,$A_s=4910\text{mm}^2$,α_r 取0.85,$\alpha_v=(4.0-0.08d)\sqrt{f_c/f_y}=0.5550$,$d=25\text{mm}$,$t=25\text{mm}$,$\alpha_b=0.6+0.25t/d=0.85$,$z=690\text{mm}$。

经计算得:

$$A_{s1},A_{s2}\geqslant0$$

故采用10根 $\phi25\text{mm}$ 锚筋,$A_s=4910\text{mm}^2$,可以满足规范要求。

(2)锚筋长度计算。

按《混凝土结构设计规范》(GB 50010—2010)第8.3.1条计算锚筋长度:

$$l_{ab}=\alpha\frac{f_y}{f_t}d \tag{6}$$

式中,α 为锚筋外形系数,取0.4;f_t 为混凝土轴向抗拉强度设计值,d 为锚筋直径。

代入相关参数,可得 $l_a=\alpha\frac{f_y}{f_t}d=0.14\times\frac{360}{1.89}\times25=667(\text{mm})$,由于纵向受压钢筋锚固长度不小于相应受拉锚固长度的70%,故 $l_a=600>0.7l_a=467(\text{mm})$。

综上所述,钢筋锚固长度600mm满足规范要求。

4.8 竖撑与牛腿连接处焊缝验算

竖撑和牛腿之间采用开坡口等强度焊接,此处按普通角焊缝验算其连接安全性。焊缝尺寸按10mm考虑。

经模型计算,连接节点处剪力设计值 $N=2144\text{kN}$。

焊缝总长度 $l_w = 3 \times 400 + 588 \times 2 = 2376(\text{mm})$。

故焊缝抗拉强度设计值为(t 为焊缝高度):

$$\sigma = \frac{N}{0.7 l_w t} = \frac{2144 \times 1000}{0.7 \times 2376 \times 10} = 129\text{MPa} < 160\text{MPa}$$

实际上,竖撑和牛腿之间采用强度更高的开坡口焊,焊缝强度可以满足规范要求。

5 横梁托架的优点

该横梁三角托钢架结构受力清晰,传力路径明确,其与墩身的连接分为上下两层锚固点。上层锚固点以受拉、受剪、受弯为主,下层锚固点以受压、受剪、受弯为主。根据这一受力特点,设计中选取了不同的连接形式。上层锚固点采用精轧螺纹钢对拉的形式,可以充分发挥精轧螺纹钢抗拉强度大的优势;在薄壁空心墩两侧对拉,使得托架的整体性较好,防止墩身混凝土因受拉发生开裂。下层锚固点则采用埋设牛腿及型钢对撑的形式,使得托架的承载能力高,刚度大,可以有效地避免因托架变形引起的现浇横梁开裂的问题。

6 横梁托架的施工工序

该横梁托架的主要施工工序为:

(1)预埋件施工:在主塔墩身施工时按施工图布置预埋件,墩身浇筑前埋设精轧螺纹钢张拉管道、焊接牛腿及牛腿对撑埋件。

(2)支架搭设:自下而上搭设0号墩横梁三角钢托架,及时检查焊接质量。

(3)模板安装:按照施工总体方案,安装横梁模板。

(4)梁体混凝土施工:绑扎横梁钢筋,按对称、分层浇筑原则进行横梁混凝土的浇筑施工。

(5)卸荷:横梁完成预应力张拉并验收合格后利用托架的卸荷块卸荷。

(6)托架拆除:自上而下拆除该三角钢托架结构。

(7)墩身外观修复:对0号墩墩身预埋件部位进行外观修复。

7 结语

结合常泰长江大桥0号墩横梁施工项目,根据三角托架的受力特点,设计了一种新型的三角钢托架,其与墩身的连接形式为上层锚固点采用精轧螺纹钢对拉,下层锚固点埋设牛腿及型钢对撑。运用有限元软件建立了该托架的三维模型,经计算分析,该三角钢托架各构件的强度、刚度和稳定性均满足规范和设计要求。同时,本文总结了该托架具有强度和刚度大、整体性较好、可有效避免三角托架上层锚固点处墩身混凝土拉裂等优点,并介绍了该托架的施工工序,为高塔横梁现浇支架的设计及施工提供了借鉴和参考。

参考文献

[1] 刘鸽,黄修平,曾健,等.0号块三角形钢托架与高墩连接形式的探讨及应用[J].中外公路,2019,39(3):5.

[2] 刘方华.高塔横梁“托架+装配式桁架+盘扣支架”组合支架体系设计及施工技术[J].公路,2021,66(8):5.

[3] 胡雄伟.重庆寸滩长江大桥桥塔横梁支架设计与施工[J].世界桥梁,2015,43(2):5.

[4] 郭志永.基于平衡力系的斜拉桥桥塔上横梁施工托架设计[J].铁道建筑技术,2017(5):5.

[5] 中华人民共和国住房和城乡建设部.建筑结构荷载规范:GB 50009—2012[S].北京:中国建筑工业出版社,2012.

[6] 中华人民共和国住房和城乡建设部.钢结构设计标准:GB 50017—2017[S].北京:中国建筑工业出

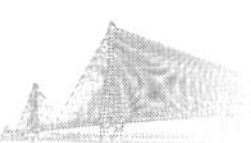

版社,2018.

[7] 中华人民共和国住房和城乡建设部. 建筑地基基础设计规范:GB 50007—2011[S]. 北京:中国计划出版社,2012.

[8] 中国建筑科学研究院. 混凝土结构设计规范:GB 50010—2010[S]. 北京:中国建筑工业出版社,2011.

常泰过江通道桥梁与隧道方案综合比选

范　诚

（中铁大桥勘测设计院集团有限公司，湖北武汉　430050）

摘　要　常泰过江通道直接联系常州新北区与泰兴市，是《江苏省高速公路网规划（2017—2035）》中15座高速公路过江通道之一，也是《长江经济带立体综合交通走廊规划（2014—2020）》中江苏省14条过江通道之一。项目从国家规划、公路及铁路过江需求、节约过江通道资源等因素出发推荐采用公铁合建形式过江，在跨越长江的位置选择中，推荐从宏锦物流码头上游、录安洲边防站与魏村水厂之间穿过的D过江线位。本文以此为基础，对推荐的D过江线位桥梁方案和隧道方案进行深入研究，经过论证比较，隧道方案在通航、防洪、环保、特殊天气应对方面略有优势。但桥梁方案在功能、运营安全、防灾救援、管养与成本方面，桥梁方案优于隧道方案。且由于合建的多功能桥梁方案在过江资源占用上实现了“1+1+1<3”的集约、节约目标，最终推荐多功能合一的桥梁过江方案。

关键词　过江通道；桥梁；隧道；综合比选；雷达图

Comprehensive Comparison and Selection of Bridge and Tunnel Schemes for Changtai River Crossing Channel

FAN Cheng

(China Railway Bridge Survey and Design Institute Group Co. Ltd., Wuhan 430050, China)

Abstract　Changtai River Crossing channel is directly connected with Changzhou New North District and Taixing City. It is one of the 15 highway crossing channels in Jiangsu Province Expressway Network Planning (2017—2035) and one of the 14 river crossing channels in Yangtze Economic Belt Three-dimensional Comprehensive Transportation Corridor Planning (2014—2020). Based on national planning, demand of road and railway, saving river crossing channel resources and other factors, the project is recommended to adopt the form of highway and railway crossing the river. In the selection of the location across the Yangtze River, it is recommended to cross the D river crossing linefrom the upstream of Hongjin Logistics terminal and between Lu′anzhou Border Defense station and Weicun Water Works. Based on this, the paper conducts in-depth research on the bridge scheme and tunnel scheme recommended for D river crossing line. Through comparison and demonstration, the tunnel scheme has slight advantages in navigation, flood control, environmental protection and special weather response. However, the bridge scheme is superior to the tunnel scheme in functions, operation safety, disaster prevention and rescue, management and maintenance and cost. In addition, as the

作者简介：范诚（1987—），男，高级工程师，中铁大桥勘测设计院集团有限公司，研究方向：工程造价、桥梁工程技术经济分析与评价。

multi-functional bridge scheme has realized the intensive and economical goals of 1 + 1 + 1 < 3 in the river crossing resource occupation, the bridge crossing scheme with integrated multi-functions is finally recommended.

Keywords River Crossing channel; bridge; tunnel; comprehensive comparison; rader map

1 项目概况

常泰过江通道直接联系常州新北区与泰兴市，是《江苏省高速公路网规划（2017—2035）》中15座高速公路过江通道之一，也是《长江经济带立体综合交通走廊规划（2014—2020）》中江苏省14条过江通道之一。项目从国家规划、公路及铁路过江需求、节约过江通道资源等因素出发推荐采用公铁合建形式过江。

常泰过江通道高速公路按双向六车道（设计速度100km/h）、普通公路按双向四车道一级公路、铁路按双线城际铁路（过江段设计速度200km/h）标准建设。

项目从建设条件、接线条件、工程规模，以及与既有港口作业区、锚地、既有桥梁等的相互影响等方面对过江通道位置进行比较，综合考虑水源保护区、港口现状与规划、码头、边防站、自来水厂、两岸接线条件与土地现状与规划等因素，现有从宏锦物流码头上游、录安洲边防站与魏村水厂之间穿过的D线位是最合理可行的过江线位。

过江通道位置确定后，采用何种方式跨越长江是普遍关注的问题。本文通过对推荐过江线位的桥梁和隧道方案进行深入研究，选择一个经济效益佳、建设施工难度小、运营风险小的方案。桥隧比选范围泰兴侧沿江大道—常州侧德胜河路段，高速公路里程范围为K20 +512 ~ K27 +774，总长7.262km，城际铁路里程范围为K22 +307 ~ K30 +115，总长7.808km，普通公路里程范围为K1 +245 ~ K8 +371，总长7.126km。

2 桥梁方案

2.1 主航道桥

根据行车要求、防洪、水文、河势及航道总体发展规划等因素，主桥为主跨1176m双塔钢桁梁斜拉桥。桥梁为双层桥面公铁两用桥，上层为六车道高速公路，下层为两线铁路 + 四车道普通公路。孔跨布置为（142 +490 +1176 +490 +142）m =2440m。主梁采用两片主桁结构，桁高15.0m，桁宽35m，桁式采用N形桁。主塔拟采用钢筋混凝土结构，根据主梁构造和结构受力，塔身采用C60混凝土，塔座采用C50混凝土。主塔塔型采用H形桥塔。根据塔柱底的构造要求及受力要求，主塔沉井基础截面为圆角矩形，沉井井身平面尺寸为95m ×54.7m，倒圆半径为16.5m。为方便吸泥取土下沉，沉井平面布置为28个12.0m ×12.2m井孔。混凝土沉井段壁厚1.6m，隔墙厚1.1m，钢沉井段壁厚1.8m，隔墙厚1.3m。考虑冲刷较深及河床变迁影响，6号墩沉井基底持力层为密实圆砾土，5号墩沉井基底持力层为密实细砂。为防止船舶撞击塔墩，沉井顶面露出最高通航水位以上，并富余一定高度，5号、6号墩沉井高分别为87m和96m。总体立面布置如图1所示。

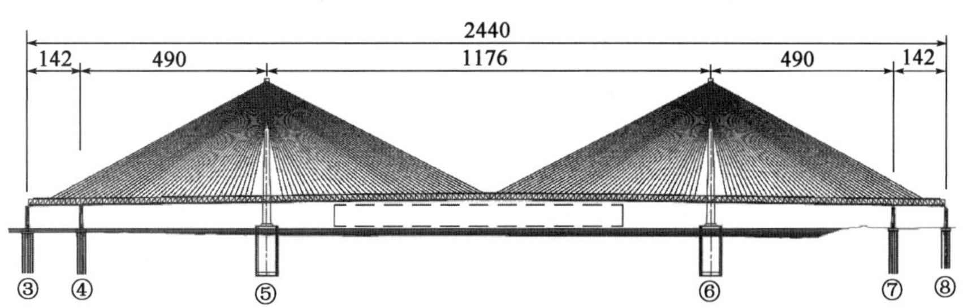

图1 大桥总体立面布置图（尺寸单位：m）

2.2 专用航道桥

录安洲航道桥与天星洲航道桥拟采用主跨388m刚性梁柔性拱桥，主梁三跨连续，跨径布置为(168 + 388 + 168)m = 724m。上弦与拱肋之间用吊杆连接。主墩和边墩均采用钻孔桩基础。主桁立面采用华伦式桁架，边跨及墩顶区域节间长度为14m，中跨节间长度为15m。主桁横向采用两桁结构，桁高15m，桁间距35m。节点处设置横联，横联采用桁架结构，三角形桁式，桁高4.5m，横联杆件均采用工字形截面。铁路桥面和公路桥面均采用正交异性整体钢桥面板，钢桥面板顶面两侧与主桁弦杆的上翼缘连接，与主桁杆件一起参与整体受力。

3 隧道方案

隧道方案为五洞方案，包含双洞高速公路隧道、双洞一级公路隧道、单洞城际铁路隧道，其中高速公路隧道与一级公路隧道同期施工，并为城际铁路预留通道。为了保证施工安全，过江段高速公路隧道与一级公路隧道净距按1倍洞径考虑；为减少后期城际铁路隧道施工对高速公路运营的影响，过江段高速公路隧道与城际铁路隧道按3倍洞径考虑(图2)。

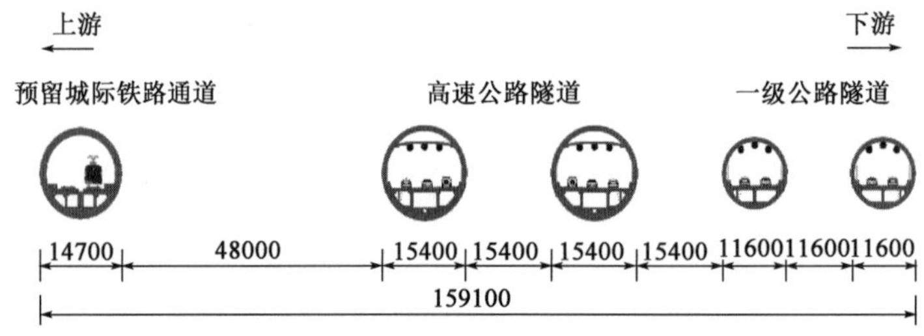

图2 通道位置关系横断面图(尺寸单位：mm)

3.1 高速公路隧道方案

高速公路隧道线位走向为东北—西南走向，北连接泰兴六圩港大道，下穿长江、录安洲洲头，于德胜河东侧出地面，沿德胜河前进，接入规划道路。建筑总长7.26km，隧道总长6.77km，其中盾构段5940m，两岸明挖暗埋段830m，敞开段490m。

高速公路隧道盾构段按双洞考虑，左右洞净距为1倍洞径。衬砌形式为单层衬砌，外径15.4m，内径14.1m，管片厚0.65m。隧道分为三层，上层为排烟通道，采用“纵向通风 + 重点排烟”方式；中层为行车层，供车辆通行；下层分为管线廊道、逃生救援通道，发生交通事故时，行车层人员可以通过滑道进入下层。高速公路隧道盾构段BIM如图3所示。

图3 高速公路隧道盾构段BIM

3.2 一级公路隧道方案

一级公路线路走向为东北—西南走向，北接泰兴六圩港大道，下穿长江、录安洲洲头，向南转向，接入常州市新华路。建筑总长7.13km，隧道总长6.635km，其中盾构段5940mm，两岸明挖暗埋段695m，敞开段495m。

一级公路隧道按双洞考虑，左右洞净距为1倍洞径。衬砌形式为单层衬砌，外径11.6m，内径

10.6m,管片厚0.5m。隧道分为两层,上层为行车层,供车辆通行;下层分为管线廊道、逃生救援通道,发生交通事故时,行车层人员可以通过滑道进入下层。一级公路隧道盾构段BIM如图4所示。

图4 一级公路隧道盾构段BIM

3.3 预留城际铁路隧道方案

预留城际铁路线路走向为东北—西南走向,北起泰兴,下穿长江、录安洲洲头,于德胜河东侧出地面,向西转向上跨德胜河,绕开规划魏村船闸。建筑总长约7.81km,隧道总长约6.97km,其中盾构段6295mm,两岸明挖暗埋段675m,敞开段840m。

预留城际铁路隧道按单洞双线考虑,衬砌形式为双层衬砌,外径13.7m,内径11.9m,管片厚0.6m,内衬厚0.3m。隧道分为两层,上层为轨行层,供城际铁路通行,设有纵向疏散平台;下层为逃生救援通道,可通过中间的逃生楼梯进入。预留城际铁路隧道盾构段BIM如图5所示。

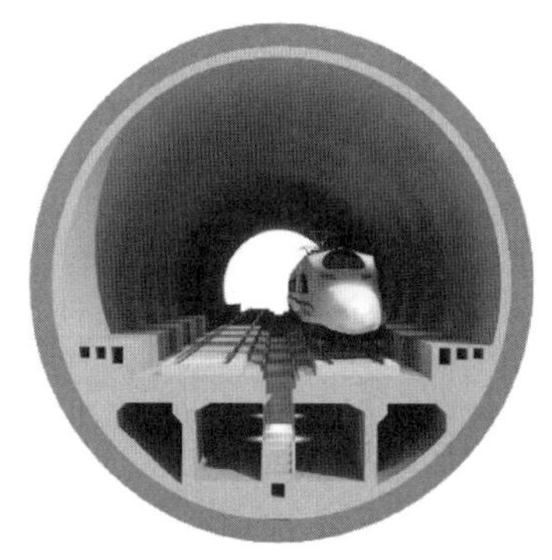

图5 预留城际铁路隧道盾构段BIM

4 桥梁方案与隧道方案综合比选

4.1 与规划、路网的适应性比较

泰兴市、常州市规划及用地均采用D线位公铁合建预留,泰兴市接线沿六圩港大道布设,常州市在德胜河西侧接入江宜高速公路,桥梁隧道方案的线路走向基本与两市规划一致。

两市均规划有沿江产业园,路网较密。桥梁方案上跨相交道路,对交通影响较小,对路网适应性更好。隧道方案出地面后继续爬坡,以桥梁并入六圩港大道或上跨德胜河,敞口段及隧桥交界的路基段对现状及规划道路有较大的影响。

4.2 对岸线、土地利用的影响比较

隧道方案由于敞开段较短,征地较少,与桥梁方案相比,拆迁量相差不大。隧道方案岸线岸线占用195m,泰兴岸受影响地块约60万m^2,常州岸受影响地块约49.33万m^2。城际铁路在常州岸下穿魏村水厂活性炭滤池车间,隧道施工对水厂生产的影响需专项评估。桥梁方案岸线岸占用46m,泰兴岸受影响地块约34万m^2,常州岸受影响地块约32万m^2。隧道横向布置5个洞,横向占用岸线宽度较宽,接线对地块切割也较大,不利于两岸土地利用。桥梁方案集合三种运输方式过江,岸线占用较少,对土地利用的影响也较小。

4.3 环保影响比较

桥梁全线架立于地上,车辆尾气、噪声等对周边环境影响较大。隧道大部分区段埋于地下,仅有限的敞口段露出地面,对周边环境影响较小。

本项目穿过魏村饮用水源二级管控区。桥梁方案需对危险化学品运输车辆加强监控和管理,并采用桥面径流收集系统预防桥面污染排入江中。隧道方案对取水口影响相对较小,但城际铁路隧道从魏村水厂活性炭滤池车间穿过,对水厂生产有影响。

4.4 技术指标比较

常泰过江通道北岸为泰兴沿江产业园，南岸为常州港区、化工园区，货车较多。根据交通量预测，远景年2044年高速公路交通量将达到72316pcu/d，客、货运输车辆比约76.5∶23.5。随着货运专业化、大型化发展，汽车列车保持较高比例，约为16.0%。因此，本项目设计技术指标应充分考虑货车通行因素。

经综合分析比较，形成桥隧比选技术指标比较，见表1。通过表中对平面、纵断面、横断面三个方面论述，桥梁方案在技术指标上优于隧道方案。

桥隧比选技术指标比较表 表1

技术指标	桥梁	隧道	主要结论
平面	采用4050m圆曲线半径	采用4000m圆曲线半径。过江段与两岸明挖段中分带宽度变化大，需左右幅单独设计线形	桥梁方案较隧道平面线形指标稍高
纵断面	接线最大纵坡2.5%，坡长1100m，过江段最大纵坡1.2%	采用2.9%＋0.5%＋2.9%的组合纵坡，其坡长为1680m＋3660m＋2230m	隧道方案存在两段2.9%坡度的大纵坡，坡长1680m、2230m，对汽车列车爬坡造成一定影响，技术指标上桥梁方案优于隧道方案
横断面	车道右侧设置3m宽硬路肩兼应急车道和紧急停车带	盾构段无法设置应急车道或紧急停车带	桥梁方案设有应急车道和紧急停车带，隧道方案无法设置

4.5 运营条件比较

4.5.1 车辆运行条件

本项目是联系常州和泰州的重要过江通道，未来主要承担两岸城际客货运输车辆通行，道路纵坡变化会对货车的运行速度产生明显影响，从而导致整体速度下降，对交通流运行效率产生影响。

采用VISSIM模拟坡度变化对交通流运行产生的影响，两种方案纵坡变化均对客货运输车辆的运行速度产生较大影响。隧道方案的客车运行速度较桥梁方案低9.5%，货车运行速度较桥梁方案低11.9%，整体运行效率大大降低。

4.5.2 逃生救援条件

隧道方案按间隔80m设置人行上下疏散滑道或楼梯，灾害条件下作为逃生救援通道，满足规范要求。但隧道深埋于地下，空间相对封闭，逃生救援条件与桥梁相比相对较差。

4.5.3 全天候运营条件

桥梁方案则受恶劣天气限制，特殊条件下需要关闭。隧道方案可以满足大风、大雨、大雾、大雪及冰冻等极端恶劣天气条件下的运营要求，但敞口段与接线段同样受恶劣天气影响。

4.6 对防洪与通航的比较

4.6.1 对河势及水流状况的影响

隧道方案位于长江河床以下，对河势及水流状态无影响。桥梁方案主桥与天星洲专用航道桥在水中设墩，对河势与水流有一定影响。

4.6.2 对通航的影响

隧道地质勘探期间对通航影响较大，隧道建成以后，对通道影响较小。桥梁方案通过合理布置孔跨和墩位可以满足通航要求。

4.7 施工风险与工期

桥梁方案主跨跨径、规模适中，国内已有成熟的设计、施工经验，总体实施难度不大，工期可以保证，

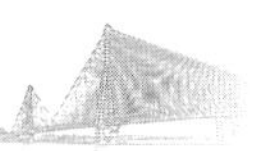

约60个月。

隧道方案盾构区间主要从粉砂、粗砂中通过。本项目隧道方案采用5洞并行,盾构机投入较大。隧道施工预计工期54个月。

4.8 工程造价的比较

工程造价比选分建设期与全生命周期费用比选。采用动态评价指标净现值(NPV)测算项目的全生命周期成本。

建设期桥梁方案工程费用为104.56亿元,总投资约142.43亿元。隧道方案工程费用为134.54亿元,总投资约182.11亿元。

桥梁方案全生命周期成本测算值为158.96亿元,隧道方案全生命周期成本测算值为222.75亿元,全生命周期成本测算如图6所示。

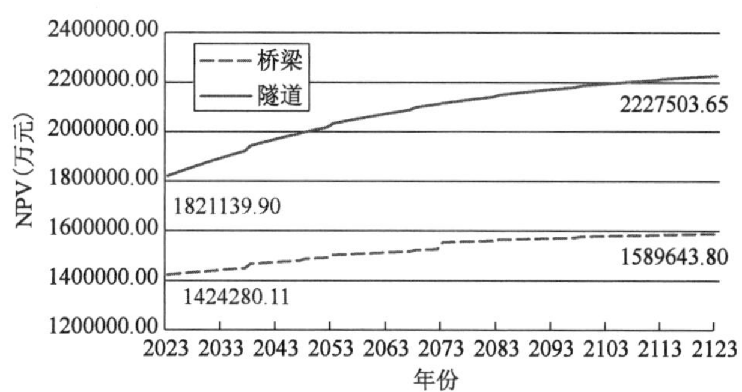

图6 全生命周期成本比选图

4.9 运营管养

桥梁建成后,仅需要对钢结构进行防腐耐久性一般维护,工作量较小,运营管养费用及电力耗能较低,维护期间对通行干扰较小。

隧道后期运营为全封闭环境,由于是特长隧道,行车舒适性较差;隧道工程在运营期间需要较高的费用用于通风、照明、通信、监控、消防等,需配备较多的管理人员,运营管养费用及电力耗能较高,维护时需要周期性临时封闭交通。

4.10 综合比选雷达图

经以上比较分析,形成桥梁、隧道方案综合比选雷达图,如图7所示。

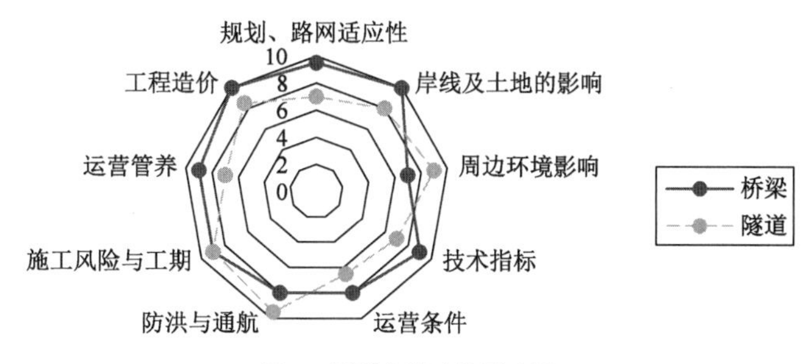

图7 桥隧方案比较雷达图

5 结语

通过上述分析及方案比选雷达图可以得出如下结论:桥梁、隧道方案线路走向基本相同,主要的区别在于过江段及两岸布置略有不同;桥梁方案在功能、运营安全、防灾救援、管养与成本方面优于隧道方案;隧道方案在通航、防洪、环保、特殊天气应对方面略有优势。

对于单一功能的通道,建设方案与建设条件高度相关,桥、隧各有利弊。对于多功能的通道,在建设条件允许的情况下,若建设方案可以把多个功能集成到一个项目上,整体社会及经济效益更为显著。常泰过江通道集铁路、高速公路、一级公路等功能于一身，根据拟定的工程规模和技术标准，按现有的成熟工程技术，仅桥梁可实现三种功能的集成。合建的多功能桥梁方案在资源占用上实现了“1 +1 +1 <3”的集约、节约目标。

经过规划路网适应性、对岸线土地影响、对环保影响、技术指标、运营条件、对防洪通航影响、施工风险与工期、工程造价与运营管养等多方面比选，推荐多功能合一的桥梁方案。

参考文献

[1] 中华人民共和国交通运输部. 公路工程建设项目投资估算编制办法:JTG/T 3820—2018[S]. 北京:人民交通出版社股份有限公司,2018.

[2] 中华人民共和国交通运输部. 公路工程估算指标:JTG/T 3821—2018[S]. 北京:人民交通出版社股份有限公司,2018.

[3] 全国咨询工程师(投资)职业资格考试参考教材编写委员会. 项目决策分析与评价[M]. 北京:中国统计出版社,2021.

[4] 全国造价工程师执业资格考试培训教材编审委员会. 建设工程计价[M]. 北京:中国计划出版社,2017.

[5] 中华人民共和国交通运输部. 公路隧道施工技术规范:JTG/T 3660—2020[S]. 北京:人民交通出版社股份有限公司,2020.

[6] 中华人民共和国交通运输部. 公路桥涵施工技术规范:JTG/T 3650—2020[S]. 北京:人民交通出版社股份有限公司,2020.

[7] 王文准. 不同盾径造成的施工成本差异对盾构机项目投资决策的影响分析[J]. 工程造价管理,2020(5):63-67.

[8] 陈永权,张文泉. 寿命周期成本(LCC)评价与全寿命工程造价管理[J]. 工程造价管理,2020(4):16-23.

[9] 金澜,寇磊. 京杭运河通道工程隧道与桥梁方案比选及实施效果[J]. 华东公路,2013(4):76-78.

施　工　篇

常泰长江大桥6号墩沉井下沉施工关键技术

汤忠国

（中铁大桥局集团第二工程有限公司，江苏南京　210015）

摘　要　常泰长江大桥为主跨1176m的公铁两用钢桁梁斜拉桥，6号墩采用平面尺寸95.0m×57.8m圆端型沉井基础，沉井总高64.0m，需穿过粉质黏土-砂土交互地层。沉井在精确定位着床后，分3次浇筑井壁混凝土及3次取土下沉至终沉高程。取土下沉遵循“台阶法”，在核心区18个井孔内先清除非盲区地基土，再清除核心区井孔内盲区地基土，至核心区支承作用完全解除后在外圈18个井孔内取土作业，取土施工按照核心区与外圈井孔交替作业的顺序进行。以下沉系数为1.0且各个井孔内取土深度达到预定的深度限值作为取土下沉与井壁混凝土浇筑工序转换的控制指标确定工序转换的时机。临近终沉，3次开启空气幕，有效削减侧阻力占下沉总阻力的比例，沉井顺利下沉至终沉高程。

关键词　斜拉桥；沉井；取土下沉；台阶法；工序转换；空气幕助沉；施工技术

Key Technology for Sinking Construction of No. 6 pier Caisson of Changtai Yangtze River Bridge

TANG Zhong-guo

(China Railway Major Bridge Group Second Engineering Co., Ltd., Nanjing 210015, China)

Abstract　Changtai Yangtze River Bridge is a highway and railway cable-stayed bridge with main span of 1176 meters. Pier 6 of the bridge adopts open caisson foundation, which need to pass through silty clay-sand interaction stratum. The soil excavation follows the “step method”. The foundation soil in the core area and the outer ring well hole is excavated regionally and circularly, and the foundation soil in the blind area such as the bottom of the partition wall in the core area is removed, which can ensure the sinking efficiency of the caisson and the stability of the foundation soil inside and outside the caisson. Taking sinking coefficient and critical depth of excavation as control indexes, the time of conversion between concrete pouring and sinking process can be reasonably determined. Ensuring effective support at the bottom of the partition wall in the core area before pouring concrete can ensure the safety of the caisson structure. The air curtain has a significant reduction effect on the resistance of the sinking side and has the effect of sinking.

Keywords　Cable-stayed bridge; open caisson foundation; excavation subsidence; construction sequence conversion; air curtain auxiliary sinking

---

作者简介：汤忠国（1976—），男，高级工程师，中铁大桥局集团第二工程有限公司，研究方向：大跨径桥梁施工管理。

1 工程概况

常泰长江大桥为主跨1176m公铁两用双层钢桁梁斜拉桥，大桥主墩均采用沉井基础，其中6号墩位于长江河道内，距离录安洲防洪大堤约300m。沉井平面为圆端型，长95m，宽57.8m，高64m，圆端半径为28.9m，立面为台阶型，台阶宽度为9.0m。全断面设置36个井孔，划分为核心区18个井孔和外圈18个井孔。6号墩沉井结构布置如图1所示。

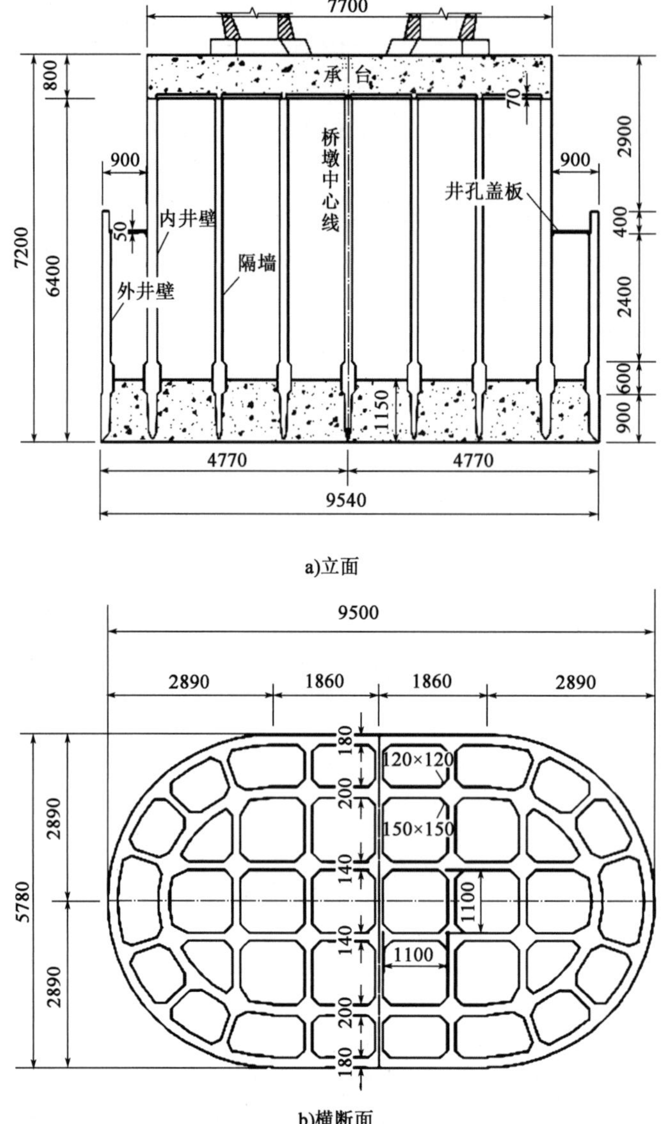

图1 6号墩沉井结构布置(尺寸单位:cm)

6号墩沉井所在场地原始河床高程约为-18.0m。沉井下沉需穿过的地层划分为两部分，分别为上部硬塑粉质黏土与粉砂交互层和下部软塑粉质黏土层与粉细砂交互层，其中上部硬塑粉质黏土与粉砂交互层的分层较薄，下部软塑粉质黏土层与粉细砂交互层的分层较厚。沉井基础持力层为中密~密实中粗砂层，终沉高程为-65.0m。

2 6号墩沉井总体施工方案

为降低沉井下沉施工风险，在沉井钢壳精确定位着床将河床前预开挖至-30.0m，挖除上部硬塑粉质黏土与粉砂交互层，精确定位着床后分3次浇筑井壁混凝土和3次不排水取土下沉至终沉高程。沉井各施工阶段的自重及底口中心高程如表1所示。井壁混凝土浇筑施工遵循均匀对称的原则，确保沉井几何姿态稳定。井孔内取土按照“台阶法”作业，首先在核心区18个井孔取土确保端面支承作用被解除，再在外圈18个井孔内取土，取土降低下沉阻力与沉井下沉增大下沉阻力动态平衡，沉井下沉至核心区隔墙底部被有效支承后再次进入核心区井孔取土，核心区取土与外圈井孔取土多轮次循环至终沉高程后，分区域浇筑封底混凝土。

沉井各施工阶段的自重及深度 表1

施工阶段	沉井自重($\times 10^4$t)	起始高程(m)	终止高程(m)
第一次井壁混凝土浇筑	13.0	-31.08	-31.78
第一次取土下沉	13.0	-31.78	-41.86
第二次井壁混凝土浇筑	20.2	-41.86	-42.15
第二次取土下沉	20.2	-42.15	-54.43
第三次井壁混凝土浇筑	23.0	-54.43	-54.72
第三次取土下沉	23.0	-54.72	-64.73

6号墩沉井尺寸及自重大，大型起重设备对下沉过程中沉井的几何姿态及下沉速率控制要求极为严格，需确保倾斜率控制在1/100以内，不允许出现“突沉”。场地内地基土承载力较高、含有弱胶结层，影响下沉效率的不确定因素较多，为确保下沉效率，需提高盲区取土效率，并准确把握工序转换的时机。

3 沉井下沉关键技术

3.1 施工设施及设备

在沉井外圈的圆弧段与直线段分界位置布置2台平头塔式起重机和2台动臂塔式起重机(图2)，塔式起重机高度约35.0m，在横桥向将沉井分为4列，从上游至下游，每一列分别布置(2+3+3+2)台双钩门式起重机，门式起重机主钩吊重50t，副钩吊重30t。非盲区采用门式起重机提升双头液压搅吸机和普通空气吸泥机取土，井壁及剪力键下方等盲区采用在井壁内预留射水管，利用AMC型高压射喷钻机将钻杆伸至沉井底部，以高压水破土的方式取土。

图2 施工设备现场布置

为对沉井下沉过程进行监测，钢壳预制阶段在沉井底面均匀布置了119个土压力传感器，在沉井侧面布置了72个土压力传感器，在沉井顶面布置了一套姿态监测系统。

3.2 取土作业

端阻力是沉井下沉阻力的主要组成部分，在隔墙及剪力键等取土盲区下的地基土依靠超挖等措施达到消除端阻力的目的,极易造成沉井几何姿态失控,需采取主动措施消除盲区内地基土的支承作用。沉井顺利下沉,除了要尽量消除端阻力外,井孔内外地基土的稳定性也是施工需要关注的重点。为了保证沉井内外地基土的稳定性,要求下沉过程中外圈井壁刃脚踏面的埋置深度不小于1.0m。基于以上准则,按照"台阶法"取土,将核心区18个井孔内的地基土取至隔墙底面以下2.0m,消除隔墙与剪力键下方等取土盲区的支承作用,外圈18个井孔非盲区的地基土比核心区高出1.0m,外圈井孔盲区不取土,保证外圈井壁刃脚踏面埋置深度不小于1.0m。沉井平面分区如图3所示。

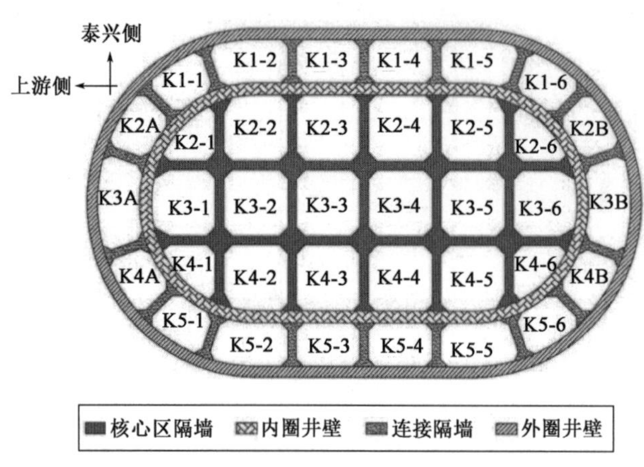

图3　沉井平面分区

沉井取土作业时,首先在核心区18个井孔内,利用双头液压搅吸机、空气吸泥机等设备挖除非盲区内的土体,然后将AMC型高压射喷钻机的钻杆从预留的射水管通道伸入隔墙底部的地基土中,清除核心区井孔内盲区的地基土。根据核心区隔墙底面的反力监测数据确定盲区取土效果。清除盲区地基土过程隔墙底面反力变化如图4所示。由图4可知,在清除盲区地基土过程中,射喷钻机作用范围内的沉井隔墙底面反力快速减小,直至反力减小至对应深度的水压力,隔墙底面达到脱空状态。逐点清除核心区18个井孔内非盲区内的地基土至预定高程后,沉井下沉端阻力集中到外圈井孔内,取土作业转至外圈18个井孔。

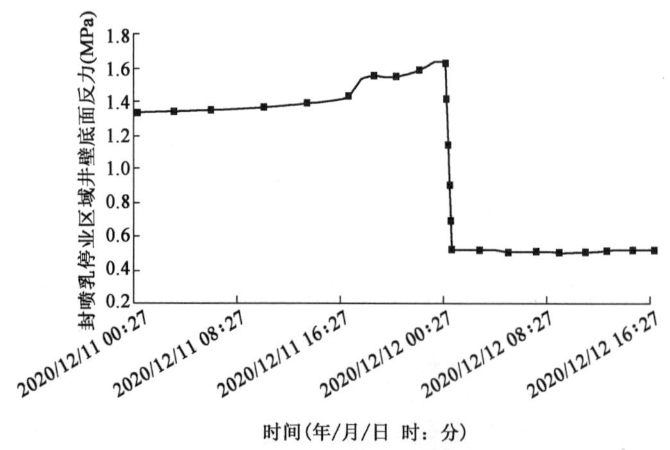

图4　清除盲区地基土过程隔墙底面反力变化

在外圈井孔取土过程,沉井下沉效率显著提升。取土下沉过程不同区域底面反力均值及底口高程变化如图5所示。由图5可知,在核心区井孔内取土作业完成后,核心区隔墙底面反力均值达到最小,而连接隔墙底面反力值达到最大;在外圈井孔内开始取土后,连接隔墙底面反力显著减小、核心区隔墙底面反力增大,沉井下沉效率显著提高。根据核心区隔墙反力变化特征确定核心区再次被有效支承后,取土施工转至核心区18个井孔,取土作业进入下一循环。

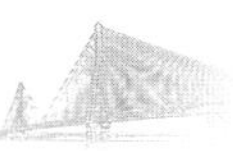

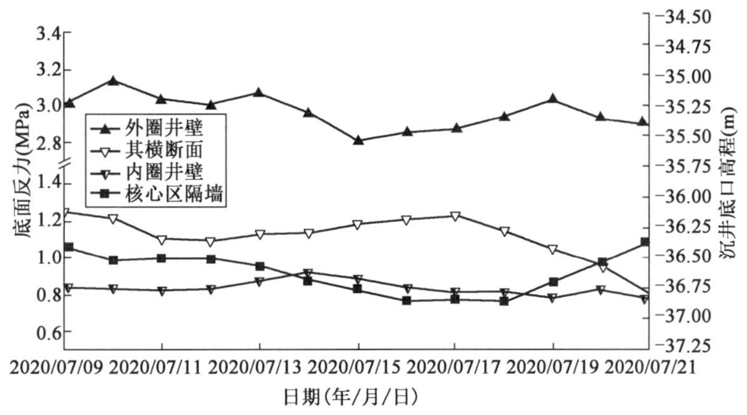

图5　取土下沉过程不同区域底面反力均值及底口高程变化

3.3　取土下沉及浇筑混凝土配重工序转换

随着沉井下沉深度增大，下沉侧阻力显著增大，需选择合适的时机增大沉井自重继续下沉。该桥6号墩沉井按照下沉系数与施工边界条件双控的方式确定浇筑井壁混凝土配重的时机。下沉系数 k 按式(1)计算：

$$k = \frac{G - N_w}{R_b + R_f} \tag{1}$$

式中：G——沉井自重，kN；

N_w——沉井排水重力，kN；

R_b——下沉期端阻力，kN；

R_f——沉井侧壁摩阻力，kN。

其中，端阻力为实测底面反力与对应的支承面积的乘积；斜面上的支承反力根据斜面的倾角换算至竖直方向；侧壁摩阻力根据实测侧壁压力与土体的剪切强度参数计算，并考虑界面剪切强度的折减，黏土层内折减系数取值0.5，砂土层内折减系数取值0.6。按照上述原则计算第二次取土下沉过程的下沉系数如图6所示。在下沉系数约为1.0且井孔内取土深度已经达到取土临界深度的情况下，停止取土下沉，转换至浇筑井壁混凝土配重。

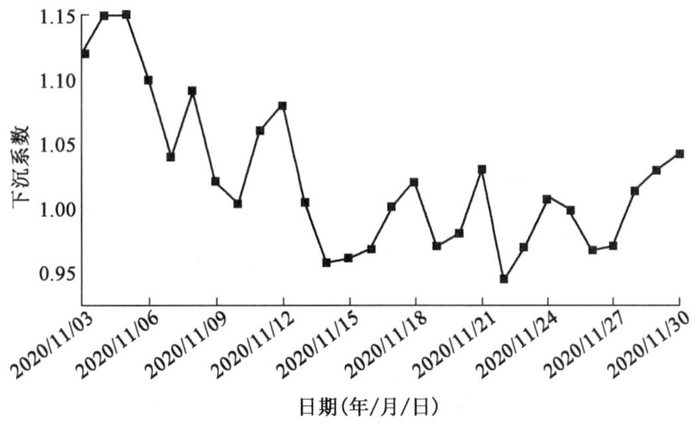

图6　第二次取土下沉时下沉系数变化

在浇筑井壁混凝土前，确保核心区隔墙底部被有效支承，防止在浇混凝土配重过程中沉井结构应力超限或出现较大幅度下沉。3次浇筑井壁混凝土的方量分别为2.35万 m^3、1.90万 m^3 和2.90万 m^3，对应的沉井下沉量分别为0.70m、0.29m、0.29m，浇筑井壁混凝土过程中，沉井小幅度下沉增大了沉井底部斜面的入土深度，保持沉井几何姿态稳定。沉井隔墙底部结构应力随混凝土浇筑变化，在地基土的有效支承作用下，其变化幅值较小。第三次浇筑井壁混凝土隔墙底部钢壳应力变化如图7所示。由图7

可知,第三次浇筑井壁混凝土过程中,隔墙底部钢壳受拉,最大拉应力约为24MPa,远低于材料的抗拉强度,沉井结构安全整体可控。

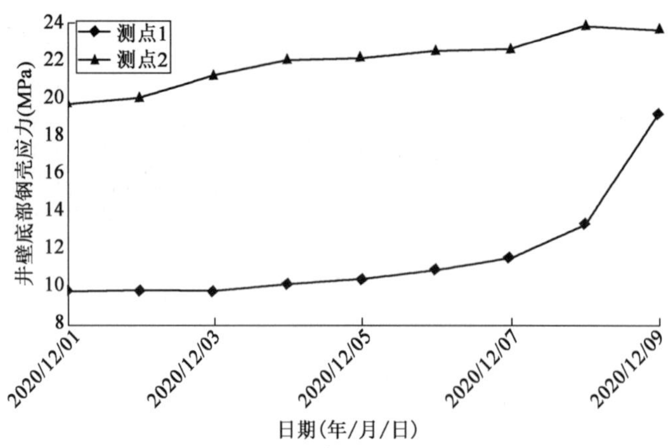

图7　第三次浇筑井壁混凝土隔墙底部钢壳应力变化

3.4　空气幕助沉

临近沉井终沉,井壁混凝土已浇筑完成,各个井孔内取土深度已接近预定的取土深度限值,而下沉效率明显放缓,出现滞沉现象。分析表明,侧阻力占下沉总阻力的比重超过30%,可以开启空气幕达到提高下沉效率的目的。气龛呈梅花形布置,间距为1.2m,自刃脚踏面往上9.5~27.5m布置16层。在2021年1月12日、18日、23日3次开启空气幕助沉。空气幕采用同层同步开启、不同层自上而下逐层开启的方式,加709.275~810.6kPa压力,压气持续0.5~1.0h。3次开启空气幕过程,均下沉约0.2m。

开启空气幕后,沉井外侧江水翻腾并伴有气泡冒出(图8)。因空气幕扰动井壁-地基土接触界面,部分下沉侧阻力转换为端阻力,沉井端阻力明显增大,端阻力占比显著提高,在开启空气幕往后一定时间段内,取土下沉的效率提升。

图8　空气幕助沉施工

3.5　实施效果

沉井取土下沉过程,单日下沉量-单日取土方量变化如图9所示,其中,穿过粉质黏土层的平均下沉效率为0.24m/d,最大单日下沉量超过0.5m;穿过砂层的平均下沉效率为0.48m/d,最大单日下沉量超过1.0m,下沉效率高于其他类似项目,实现了黏土层中沉井高效下沉的目标。

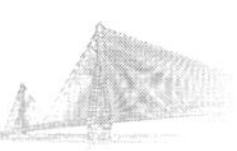

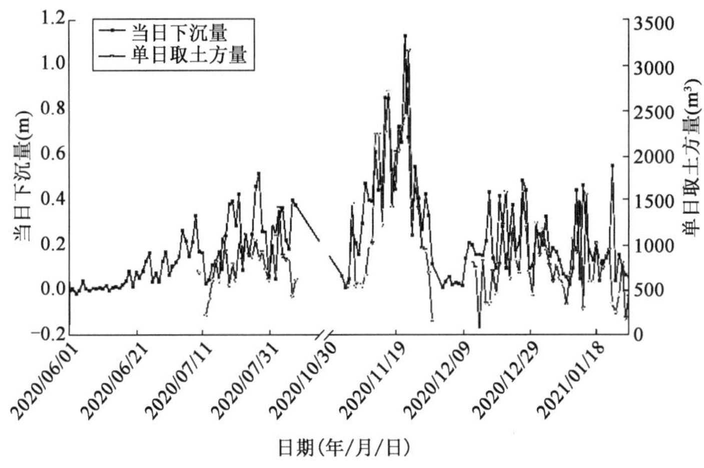

图9 单日下沉量-单日取土方量变化

取土下沉阶段沉井顶面高差变化如图10所示。由图10可知,沉井取土下沉阶段沉井顶面上下游高差最大值约为0.95m,对应横桥向的倾斜率约为1/100;南北侧高差最大值约为0.4m,对应顺桥向的倾斜率约为1/145;在封底前,沉井上下游及南北侧倾斜率分别为1/1158和1/502。在沉井取土下沉全过程,其倾斜率均小于限值,6号墩沉井平稳下沉至终沉高程。

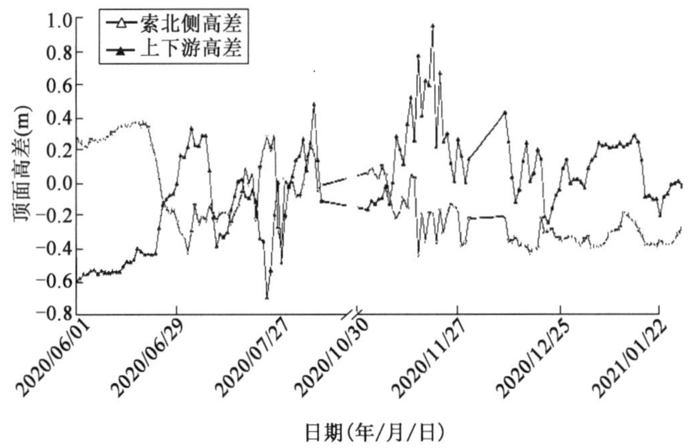

图10 取土下沉阶段沉井顶面高差变化

4 结语

常泰长江大桥6号墩沉井平面尺寸大、入土较深,穿过粉质黏土-粉细砂交互地层,地层分界面起伏大,沉井的超大体量及场地内的特殊地层导致其下沉过程的控制难度极大,而沉井顶面布置的大量起重设备对其姿态控制提出了极为严苛的要求。取土作业遵循"台阶法",分区域、循环开挖核心区及外圈井孔内的地基土,清除核心区隔墙底部等盲区的地基土,可在保证沉井下沉效率的同时确保沉井内外地基土稳定;以下沉系数及取土临界深度作为控制指标,可较为合理地确定沉井井壁混凝土浇筑与取土下沉工序转换的时机;在浇筑井壁混凝土前确保核心区隔墙底部有效支承可确保沉井结构安全;空气幕对下沉侧阻力的削减作用显著,具有助沉的效果。常泰长江大桥6号墩沉井下沉效率较高,各项姿态指标均满足要求,该沉井施工方法及措施可为类似项目提供参考。

参考文献

[1] 韦庆冬.五峰山长江特大桥沉井基础施工监控[J].桥梁建设,2019,49(3):108-114.

[2] 周和祥,马建林,李军堂,等.深大沉井下沉阻力的现场监测[J].公路交通科技,2019,36(7):081-090.

[3] 李军堂.沪通长江大桥主航道桥沉井施工关键技术[J].桥梁建设,2015,45(6):12-18.

[4] 李兴华,潘东发.武汉杨泗港长江大桥主桥施工关键技术[J].桥梁建设,2020,50(4):9-17.

[5] 谢峰,殷凯.武汉杨泗港长江大桥2号主塔沉井坚硬黏土层的下沉施工[J].工程技术与运用,2018(2):093-095.

[6] 许溶丰,崔岚岭.绞吸机在大型沉井施工中的运用[J].施工技术,2017(10):80-83.

[7] 穆保岗,朱建明.大型沉井设计、施工及监测[M].北京:中国建筑工业出版社,2015.

[8] 马远刚,刘彦峰,黄锐.深厚淤泥层大型沉井突沉机制及预警指标研究[J].桥梁建设,2019,49(S1):33-39.

[9] 刘彦峰,刘少成,黄锐.深厚淤泥土层大型沉井基础下沉阻力研究[J].世界桥梁,2020,48(3):58-63.

[10] 李进,欧阳效勇.大型沉井下沉力学性能分析与研究[J].中外公路,2018(2):113-118.

[11] 邱琼海.铜陵公铁两用长江大桥深水特大型沉井基础施工技术[J].铁道标准设计,2013(4):51-55.

[12] 汪学进,贾雷刚.空气幕在沉井施工中的应用[J].世界桥梁,2011(5):19-23.

超大型沉井施工工艺与开挖方案研究

彭琳琳[1]，李嘉成[1]，高　坤[2]，张　磊[1]

（1. 中交第二航务工程局有限公司，湖北武汉　430040；
2. 江苏省交通工程建设局，江苏南京　210004）

摘　要　由于沉井基础尺寸越来越大、入土深度更深、地质情况更复杂，为了保证沉井高效平稳下沉，选择合理的取土下沉工艺尤为关键。本文以常泰过江通道5号墩沉井基础为背景，结合传统取土工艺存在的问题提出台阶式取土下沉工艺，利用数值分析方法精细化研究开挖状态对土体端阻力的影响规律，指导开挖取土方案制定。研究结果表明：台阶式取土下沉工艺下，内圈井孔取土为沉井下沉提供空间，外圈井孔精细化取土，可实现沉井可控下沉。此外，通过考虑开挖状态对沉井端阻力的影响可指导下沉阶段的取土范围确定。本文研究成果可为类似超大型沉井取土下沉施工提供参考。

关键词　超大型沉井；台阶式取土工艺；极限承载力；侧摩阻力；开挖方案

Study on Construction Technology and Excavation Scheme of Super Large Caisson

PENG Lin-lin[1], LI Jia-cheng[1], GAO Kun[2], ZHANG Lei[1]

(1. CCCC Second Harbor Engineering Company Ltd., Wuhan 430040, China;
2. Jiangsu provincial transportation engineering construction bureau, Nanjing 210004, China)

Abstract　With the increasing size, deeper buried depth and more complex geological conditions of caisson foundation, it is the key to select reasonable extraction and sinking method to ensure efficient and stable subsidence of caisson. Taking the caisson foundation of Changtai River passage as the background, and combining with the problems existing in the traditional extraction technology, the stepped soil extraction technology was proposed, and the numerical analysis method was used to fine analyze the influence of excavation state on the resistance of soil tip, so as to guide the development of excavation scheme. The result of research showed that under the stepped excavation technology, the inner hole extraction provides space for the sinking of the caisson, and the refined outer hole extraction can realize the controllable sinking of the caisson; In addition, considering the influence of excavation state on end resistance can accurately guide the determination of soil extraction range in sinking stage. The research results can provide reference for similar construction of super large caisson.

基金项目：2019 年度交通运输行业重点科技项目（2019-MS1-011）。

作者简介：彭琳琳，男，高级工程师，本科，研究方向：桥梁深水基础。

Keywords super-large caisson; step excavation technology; ultimate bearing capacity; side friction; excavation scheme

1 引言

随着我国跨江跨海特大型桥梁建设需要,沉井基础因其整体性强、稳定性好、承载力高等优点逐渐成为大跨径桥梁基础的主要形式之一。由于桥梁跨径的增大,荷载加大,沉井截面积达到 3000m² 以上,远超普通沉井的规模。从 1997 年修建的江阴长江公路大桥北锚旋沉井基础截面尺寸为 50m×69m、高 58m,到 2007 年泰州大桥南锚碇沉井基础 68.3m×52.4m、高 41m,再到 2021 年建造的常泰过江通道 5 号墩沉井,95.0m×57.8m、高 72m,其平面尺寸是世界水上沉井之最。但是,目前沉井的规程均基于中小型沉井的研究成果,尚无针对超大型沉井的设计和施工指南,且超大型沉井结构受力与下沉阻力分布特征不同于中小型沉井,施工中下沉机理也不明确,下沉过程中出现诸多问题。因此,亟待加强超大型沉井下沉工艺的研究。

沉井要实现取土下沉,必须依靠自身的有效重量克服沉井侧壁土体的摩阻力和沉井底部的端阻力。随着沉井平面尺度的增加,侧摩阻力在沉井下沉阻力中的占比降低,端阻力在沉井下沉阻力中的占比大幅上升,必须削弱端阻力才能实现沉井下沉。目前,传统超大型沉井主要有全截面取土、大锅底取土等施工工艺,大量工程应用表明,传统的取土工艺存在几何姿态及结构应力控制难度大等问题,需要结合沉井结构自身特点提出新型取土下沉方法。

此外,沉井下沉状态评价指标主要为下沉系数,但下沉系数计算时默认沉井各区域地基极限承载力相等,与现场实测结果有较大差异。陈晓平等通过实测数据分析了沉井底面反力在不同地层的分布规律。李孟豪等以沪苏通长江公铁大桥沉井为背景,通过模型试验研究了沉井下沉过程中底面反力的分布规律。潘亚洲等总结了沉井下沉阻力分布不均与沉井施工过程中出现工程问题的关系。以上对于沉井下沉阻力的研究取得了丰硕的研究成果,但未能深入研究开挖取土对支撑土体处地基极限承载力的影响,无法指导沉井精准下沉。

针对超大型沉井下沉过程中出现的问题,本文结合近年来超大型沉井施工的相关研究经验,以常泰过江通道 5 号墩沉井为背景,提出台阶式取土下沉工艺及开挖方法,得出一些建设性结论,可为超大型沉井施工决策提供技术指导和理论支持。

2 超大型沉井基础与下沉工艺

2.1 大型沉井基础概况

常泰过江通道位于泰州大桥与江阴长江公路大桥之间,距离泰州大桥约 28.5km,距离江阴长江公路大桥约 30.2km,主航道桥采用双层斜拉桥,主塔为沉井基础。其中,5 号墩沉井基础平面呈圆端型,立面为台阶型,其底面尺寸 95.0m×57.8m(横桥向×纵桥向),顶面尺寸 77.0m×39.8m(横桥向×纵桥向),总高为 72.0m;该沉井为钢壳混凝土结构,井壁厚 2.0m,隔墙厚度为 1.4m(图 1)。

常泰过江通道 5 号墩沉井下沉深度范围内(高程 -75.0m 以上)主要为砂层,其中有四层粉质黏土层,根据地勘资料各土层物理力学参数如表 1 所示。

2.2 超大型沉井传统下沉施工工艺

2.2.1 全截面取土工艺

沉井全截面取土下沉工艺即在各井孔同时取土。由于取土设备只能进行垂直取土,沉井井壁及剪力键范围内取土设备无法直接取土,形成取土盲区。沉井取土下沉时采用井孔超深取土的方式(图 2),在沉井端部形成一道道"土墙",使"土墙"在沉井重力作用下发生不可控的被动破坏,会导致下沉过程中存在突沉、偏沉等风险。

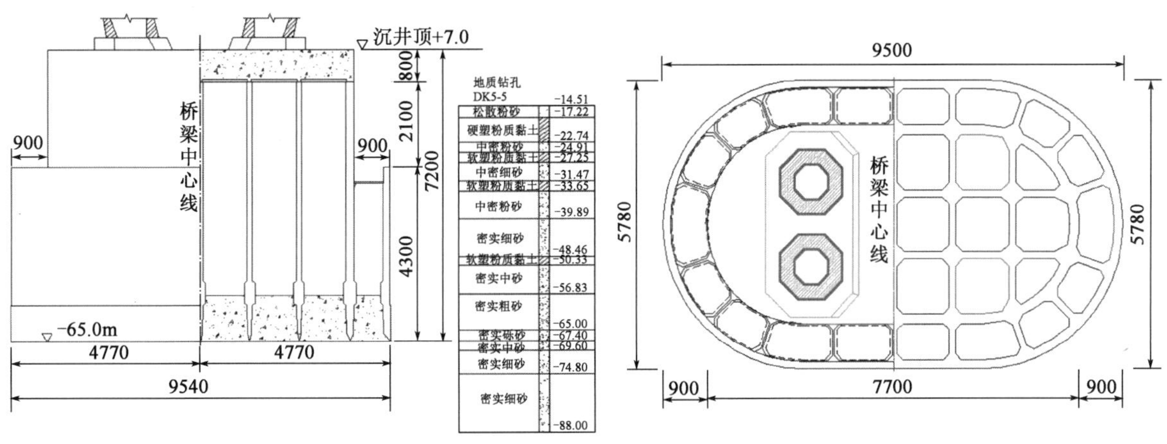

a)沉井立面图　　b)沉井俯视图

图1　沉井结构(尺寸单位:cm;高程单位:m)

5号墩沉井土层物理力学指标　　表1

土层编号	土体名称	重度 γ(kN/m^3)	压缩模量 E_s(MPa)	黏聚力 c(kPa)	内摩擦角 φ(°)
①3	松散粉砂	19.13	3.80	16.7	14.0
②1	硬塑粉质黏土	19.50	6.63	32.9	19.4
②3	中密粉砂	20.19	10.19	5.6	31.4
②1-1	软塑粉质黏土	18.52	5.93	26.3	19.1
②3	中密细砂	19.80	9.66	6.0	34.0
②1-1	软塑粉质黏土	18.52	5.93	26.3	19.1
②3	中密粉砂	20.19	10.19	5.6	31.4
②4	密实细砂	19.40	9.16	4.0	36.0
②1-1	软塑粉质黏土	18.52	5.93	26.3	19.1
②5	密实中砂	20.58	10.52	4.7	37.7
②6	密实粗砂	21.27	13.35	4.0	38.0

2.2.2　大锅底取土工艺

大锅底取土工艺即在解除沉井中心区域端部支撑,保留四周刃脚支撑,使沉井在自重作用下以较快的速度下沉。但是,这种超深取土导致沉井悬空跨度较大,若首次下沉就采用大锅底取土工艺,沉井结构开裂风险大。此外,刃脚处土体处于临界破坏状态,沉井发生快速下沉和涌土涌砂风险非常大。因此,盲目按照传统大锅底挖方法施工,可能对沉井下沉状态和结构安全带来不利影响。沉井大锅底开挖工艺示意图见图3。

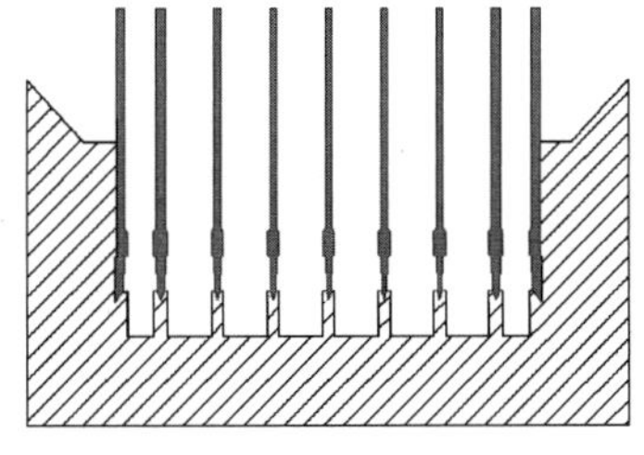

图2　沉井全截面取土工艺示意图

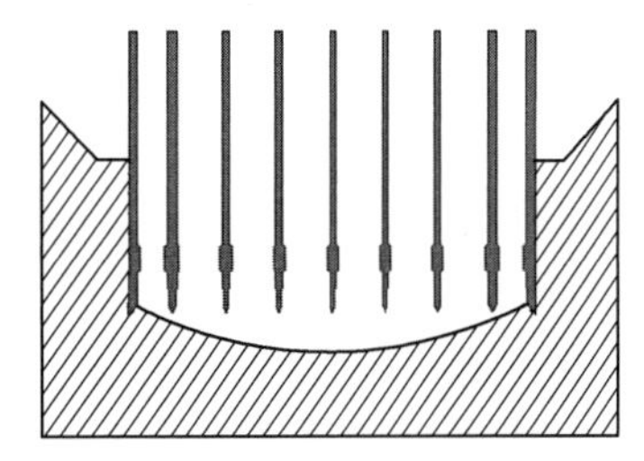

图3　沉井大锅底开挖工艺示意图

2.3 台阶式下沉施工工艺

为了保证沉井平稳下沉，根据常泰长江大桥沉井结构特点，通过对井孔分区，控制各区域取土顺序及取土范围，使沉井处于良好的下沉节奏，实现平稳高效下沉。常泰长江大桥5号墩沉井总共有36个井孔，其中内圈井孔18个(总面积1798m^2)，外圈井孔18个(总面积1312m^2)。下沉过程中，内圈井孔取土面积大，取土持续时间长；外圈井孔取土面积小，取土时间短、取土范围易调控。因此，采用台阶型取土工艺，先进行内圈井孔取土然后再进行外圈井孔取土，依次循环取土直至沉井下沉到设计高程。此外，由于采用台阶式取土方法，外圈井孔泥面始终高于内圈井孔，可以防止沉井外土体涌入沉井内，有利于保持沉井下沉时的姿态稳定。台阶式取土工艺示意图见图4。

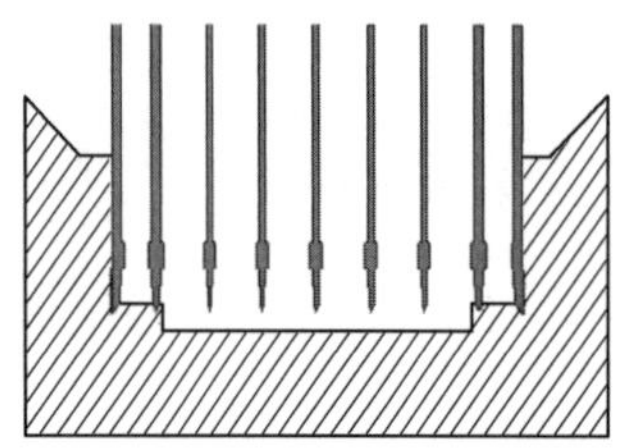
a)第一步：内圈井孔取土

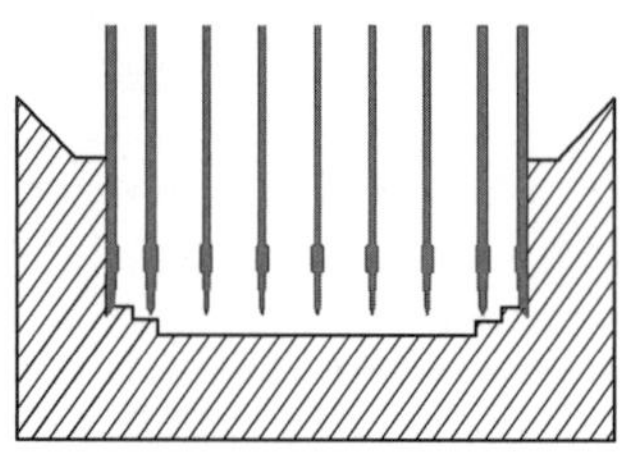
b)第二步：外圈井孔取土

图4 台阶式取土工艺示意图

为了验证台阶式取土工艺的可行性，针对首次下沉阶段建立三维数值计算模型，模型中土体和沉井均采用实体单元，其中土体采用摩尔-库仑本构模型，沉井采用弹性本构模型。如图5所示，计算结果表明：内圈井孔取土阶段，内刃脚支撑被削弱土体开始进入塑性状态，但是外刃脚处土体仍然处于弹性状态，此阶段沉井下沉量主要为支撑面积减小而造成的弹性变形；外圈井孔取土阶段，由于支撑面积进一步减小，外刃脚及外隔墙支撑处土体也开始出现塑性破坏，直至发生整体剪切破坏，沉井开始高效破土下沉。故现场取土过程中，需严格控制内外圈井孔泥面台阶高度以及外圈井孔取土的宽度和深度，以控制沉井单次下沉量及下沉速率。

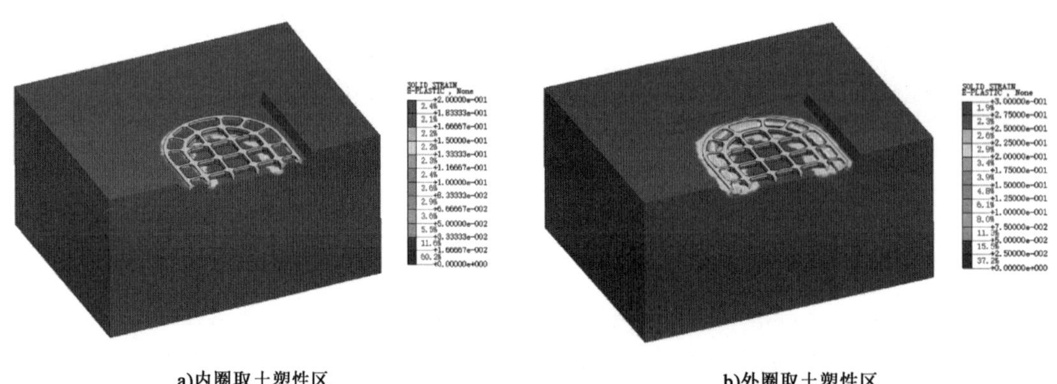
a)内圈取土塑性区　　b)外圈取土塑性区

图5 台阶式取土工艺数值计算结果

3 取土下沉参数研究

3.1 端阻力

台阶式取土工艺研究主要是研究台阶式支撑状态下沉井端部阻力。根据沉井结构特点将沉井支撑区域分为十字节点、内隔墙、内刃脚、外刃脚、外隔墙五个区域，如图6所示。当采用台阶式取土工艺时，仅有外刃脚、外隔墙两个区域提供端阻力。

在沉井下沉时，通过削弱外刃脚及外隔墙土体支撑达到削弱端阻力的目的，即削弱地基极限承载力。如图7所示，由于支撑处从有埋深状态转变为超挖状态，外刃脚及外隔墙的地基极限承载力也随之变化。为了实现沉井可控下沉，有必要针对不同支撑状态下外刃脚及外隔墙地基极限承载力进行数值

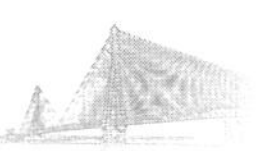

计算分析,研究支撑深度 H 及宽度 B 对地基极限承载力的影响,以确定各土层取土控制参数。

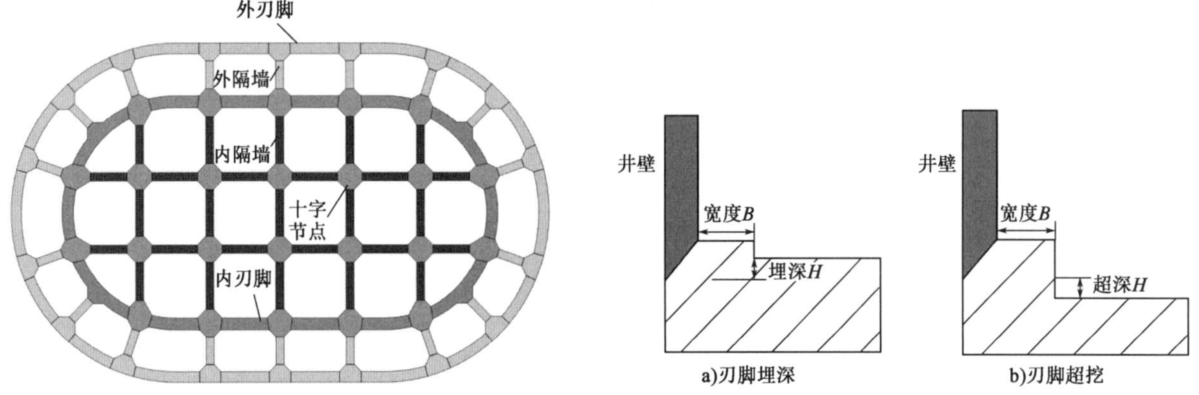

图6　沉井端部支撑分区区域　　　　图7　刃脚开挖状态示意图

计算中采用二维数值模型,土体采用摩尔-库仑本构模型;外刃脚及外隔墙弹性模量为30GPa,泊松比0.25;约束土体两侧水平方向位移,约束底部水平及竖向位移;约束沉井侧壁水平位移。模型中通过在土体顶部施加均布荷载等效考虑覆土深度的影响。计算中通过在沉井顶面施加荷载,使该荷载从初始值逐渐增加到土体达到整体剪切破坏,当土体发生整体剪切破坏时对应的荷载即为地基极限承载力。根据该方法依次计算表2中不同工况的地基极限承载力。

地基极限承载力计算工况　　表2

支撑状态	工况				
	工况1	工况2	工况3	工况4	工况5
外刃脚 $B=3$m	埋深2m	埋深1m	埋深0m	超挖1m	超挖2m
外刃脚 $H=0$m	宽度6m	宽度4m	宽度3m	宽度2m	宽度1m
外隔墙 $B=3$m	埋深2m	埋深1m	埋深0m	超挖1m	超挖2m
外隔墙 $H=0$m	宽度6m	宽度4m	宽度3m	宽度2m	宽度1m

由图8a)、b)可知,外刃脚支撑随着开挖宽度和深度的增加,土体地基极限承载力呈现减小趋势。当刃脚处于砂层中,刃脚支撑宽度小于3m后土体地基极限承载力下降速率加快。此外,在刃脚支撑宽度为3m时,埋深0m至开挖1m过程中,地基极限承载力下降最显著。由图8c)、d)可知,对于黏土层,随着开挖宽度和开挖深度的增加,土体地基极限承载力也呈现相同的趋势。

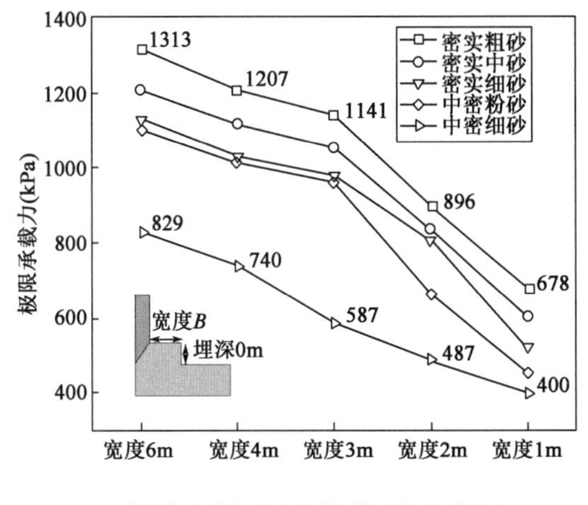

a)砂层中支撑宽度对地基极限承载力的影响

b)砂层中埋深对地基极限承载力的影响

图 8

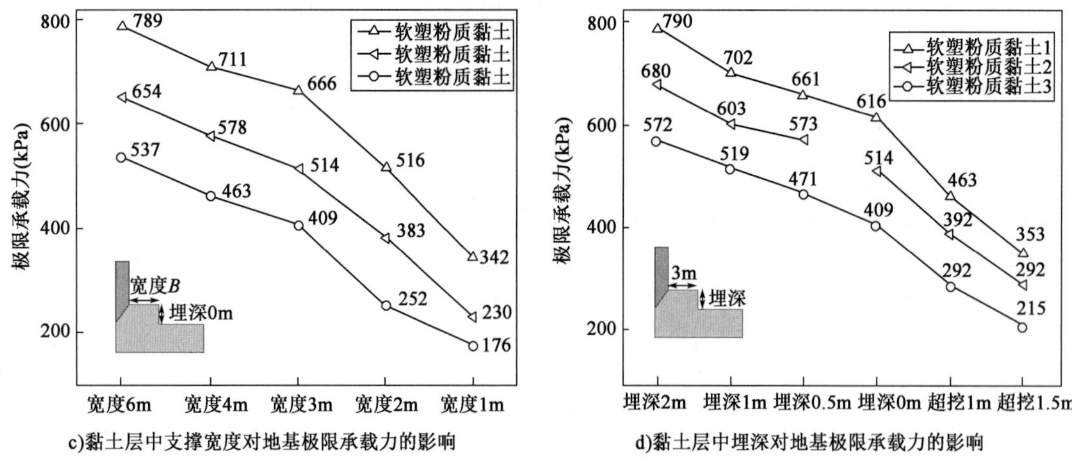

图 8 开挖状态对外刃脚地基极限承载力的影响规律

由图 9 可知，针对外隔墙取土，砂层和黏土层中，在埋深 0m 情况下，外隔墙支撑宽度削弱至 1m 后，土体地基极限承载力均大幅减小。其中，支撑宽度 1m 情况下，开挖取土至超挖 0.5m 状态，地基极限承载力可减小 80% 左右。

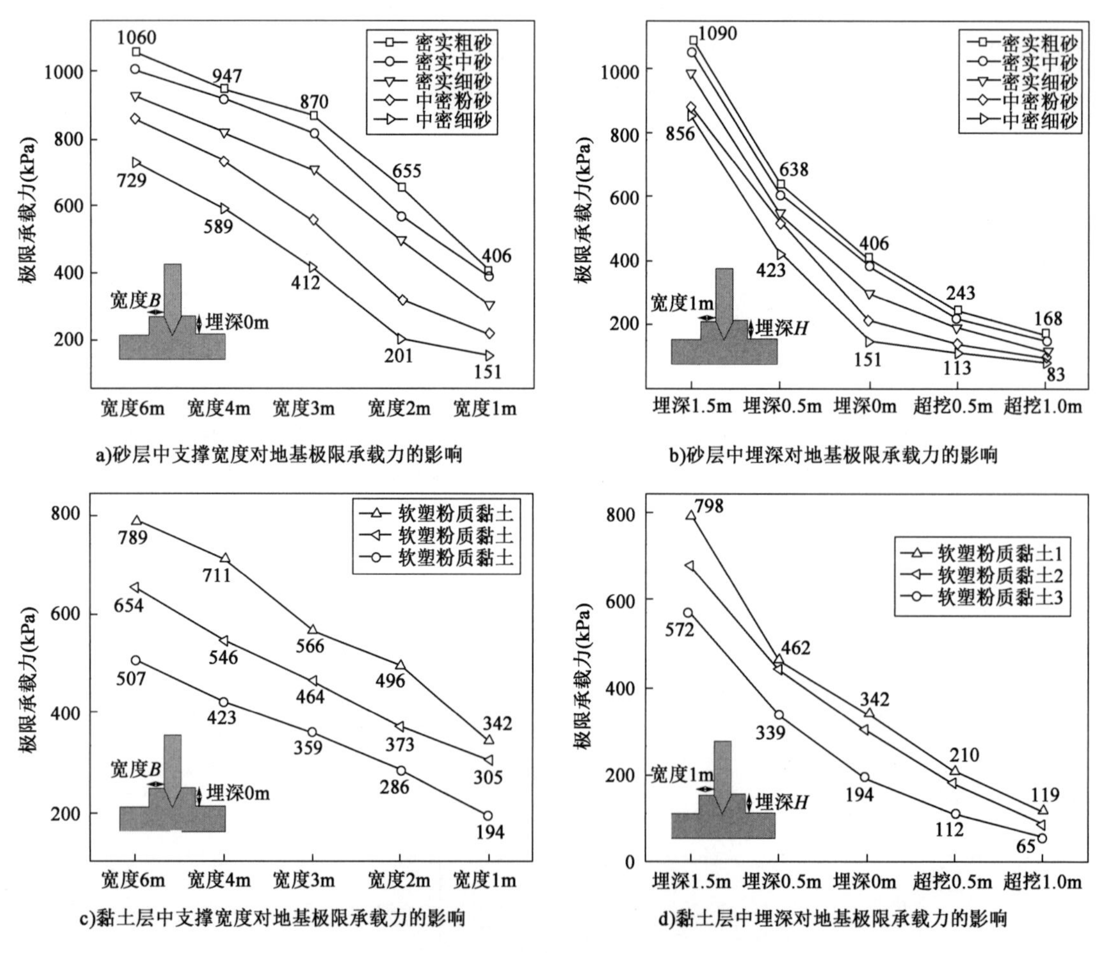

图 9 开挖状态对外隔墙地基极限承载力的影响规律

3.2 侧阻力

随着沉井入土深度的增加，侧壁摩阻力越来越大，因此侧阻也是下沉阻力的重要组成部分。迈耶霍夫认为，土体与打入桩之间极限侧摩阻力由有效应力强度参数控制，沉井下沉过程与打入桩相似，故参

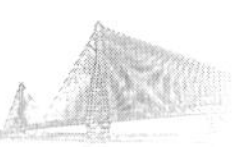

考打入桩极限侧摩阻力计算公式计算各土层侧摩阻力f_s,由式(1)表示:

$$f_s = c + k\sigma_V \tan\varphi \tag{1}$$

式中:σ_V——侧壁埋深范围内的竖向应力;

c——土体黏聚力;

φ——土体内摩擦角;

k——土体的侧压力系数,取$k = 1 - \sin\varphi$。

侧摩阻力计算结果如表3所示。

侧摩阻力计算值 表3

地层编号	地层名称	侧摩阻力(kPa)
②3	中密粉砂	39
②1-1	软塑粉质黏土	50
②3	中密细砂	48
②1-1	软塑粉质黏土	50
②3	中密粉砂	69
②4	密实细砂	80
②1-1	软塑粉质黏土	70
②5	密实中砂	86
②6	密实粗砂	105

4 超大型沉井开挖方案研究

4.1 下沉状态分析

下沉系数是沉井能否顺利下沉的指标,传统下沉系数计算忽略了各支撑区域端阻力的差异,且未能考虑开挖对端阻力的影响,导致计算结果与实际情况出现较大偏差。因此,能否准确判断沉井下沉状态,关键在于端阻力精细化计算。

根据《沉井与气压沉箱施工规范》(GB/T 51130—2016),下沉系数取1.05时,沉井处于临界下沉状态。为了判断各支撑情况下沉井能下沉的最大深度,由式(2)计算不同支撑状态下的端阻力再加上沉井总侧摩阻力可得到下沉总阻力。然后,计算浮力并由式(3)得到入土深度h处的下沉系数来进行下沉状态评估。由于计算过程中端阻力、侧摩阻力和浮力均与入土深度h有关,计算过程复杂,通过Matlab编程进行求解,计算流程如图10所示。

$$R_h = \sum A_i p_i^h + S_{周长}\int_0^h f_s \mathrm{d}h \tag{2}$$

$$k_0 = \frac{G - N_w^h}{R_h} \tag{3}$$

式中:R_h——沉井在入土深度h时的下沉总阻力;

A_i——支撑区域i的支撑面积;

p_i^h——入土深度h时的支撑区域i的地基极限承载力;

$S_{周长}$——沉井周长;

k_0——沉井的下沉系数;

G——沉井自重;

N_w^h——沉井在入土深度h时的浮力。

4.2 取土工艺制定

常泰过江通道5号墩沉井在定位着床前先对河床进行预开挖至高程-27.5m,然后着床并下沉至

设计高程 -65m。考虑到沉井下沉过程中需满足钢沉井内外水头差、干舷高度的施工要求，总体上确定了沉井"三次浇筑，四次取土下沉"的方案，四次取土下沉的计划下沉高程分别为 -31.5m、-42m、-58m、-64.5m。

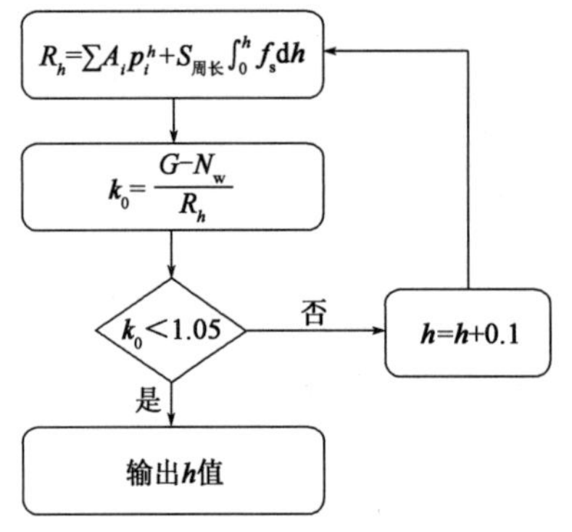

图 10　下沉状态评估方法

为精细化指导沉井各取土下沉阶段的取土范围的确定，选取支撑宽度 6m 埋深 0m、支撑宽度 3m 埋深 0m，支撑宽度 3m 超挖 1m 3 种典型工况下进行计算分析，计算参数如表 4 所示。根据台阶式取土工艺下沉状态评估方法，可计算出 3 种典型工况下，各下沉阶段沉井依靠自重能下沉的最大深度，其结果如图 11 所示。同时，为了指导各下沉阶段取土范围的选择，将 4 次取土下沉的计划高程在图中进行标识。

沉井下沉计算参数　　表 4

下沉阶段	混凝土高度(m)	沉井周长(m)	沉井质量(t)
第一次下沉	23	256	127479
第二次下沉	43	256	180908
第三次下沉	43 (注水 12)	256	205573
第四次下沉	64	256	227649

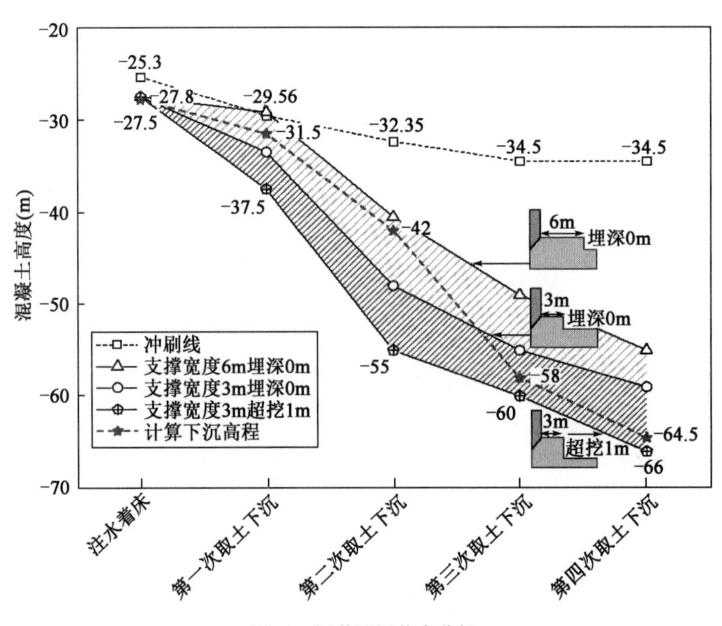

图 11　沉井下沉状态分析

从图11可知,第一次取土下沉和第二次取土下沉设计高程介于支撑宽度6m埋深0m和支撑宽度3m埋深0m计算曲线之间,因此前两次取土下沉只需在外圈井孔少量取土即可下沉;而第三次取土下沉和第四次取土下沉设计高程介于支撑宽度3m埋深0m和支撑宽度3m超挖1m计算曲线之间,故后两次取土需要加大对外圈井孔的取土力度。基于此,制定4次下沉的取土方案,如图12所示。

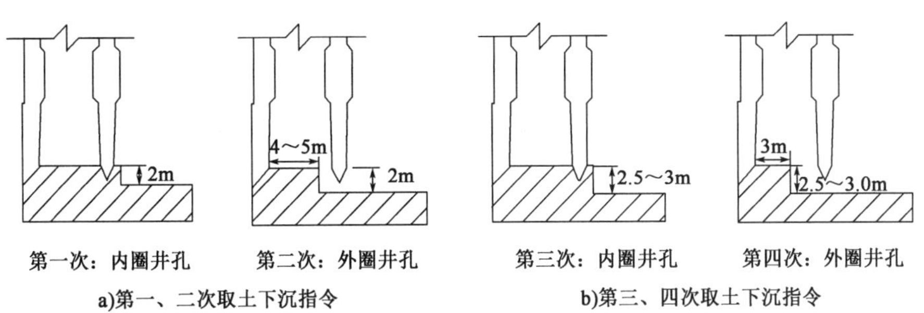

图12 各下沉阶段取土指令

4.3 现场应用情况

常泰过江通道5号墩沉井现场实施过程中,总体下沉方案为“三次浇筑,四次取土下沉”,沉井从第一次取土开始至终沉到位,总工历时为210d,其中取土时长100d,总下沉量约37.1m,日均下沉量约37cm/d,沉井下沉全过程如图13所示。

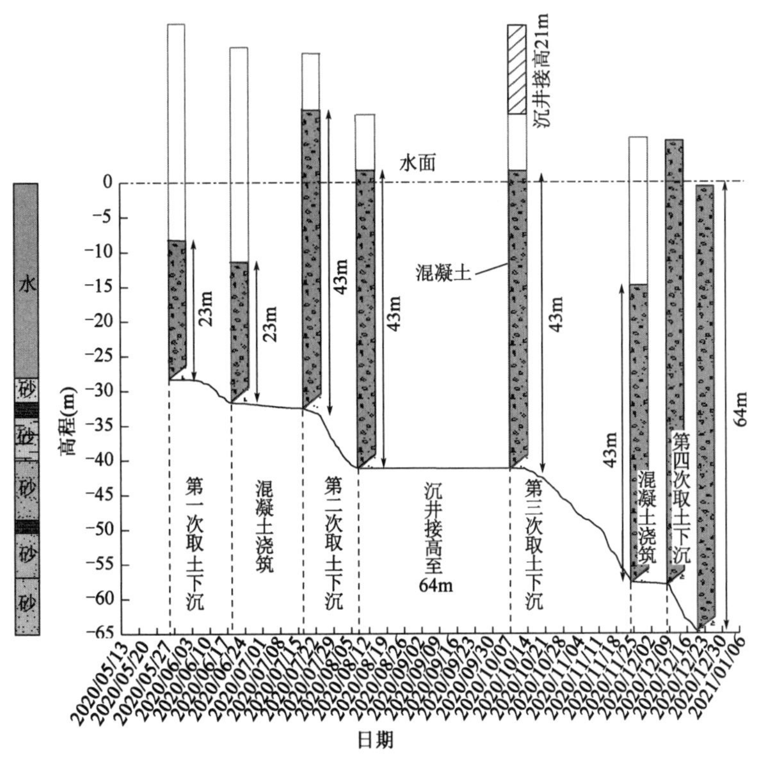

图13 沉井总体下沉情况

沉井下沉过程中为实现可控下沉,4次取土过程中采用自动化集群控制的取土设备严格按照方案中拟定的取土范围进行定量取土,根据每日井孔泥面人工吊锤及取土设备自身的泥面测试系统对井孔中泥面情况进行统计分析,各阶段取土下沉现场控制情况如表5所示。现场取土下沉泥面与方案基本一致,验证了开挖方案制定的合理性。

各取土阶段现场泥面情况　表5

步骤	下沉深度	情况
第一次取土下沉	5~6m	埋深0m~超挖0.5m
第二次取土下沉	4~5m	埋深0m~超挖0.5m
第三次取土下沉	3.5~4m	超挖0.5m~超挖1m
第四次取土下沉	3~3.5m	超挖0.5m~超挖1m

为进一步说明台阶式取土工艺的特点,以第一次取土下沉为例进行说明。由图14可知,从2020年6月5—14日进行内圈井孔取土使内隔墙下脱空1m,平均下沉速率为5cm/d。直到2020年6月14日开始外圈井孔取土后,沉井开始加速下沉,其平均下沉速率为27cm/d,下沉量为1m左右正好等于内隔墙脱空量。即内圈取土不仅除去内隔墙区域的土体支撑,其脱空高度还为后续外圈取土时沉井下沉空间提供储备。当内圈取土结束转为外圈取土时,沉井开始高效下沉。

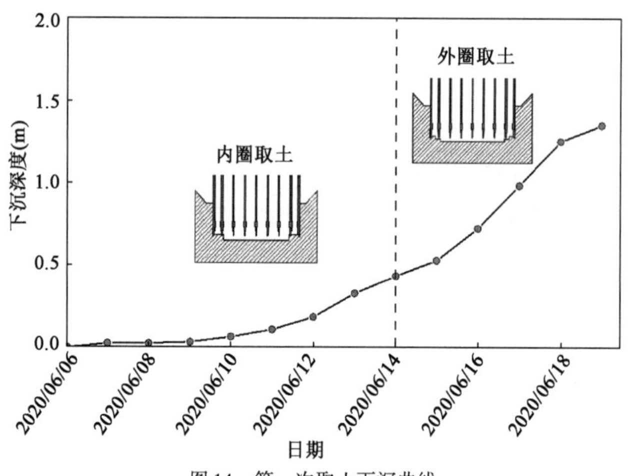

图14　第一次取土下沉曲线

同时,结合沉井底面反力监测结果(图15)进行分析。取土下沉前,沉井各区域都对沉井有支撑作用;随着台阶式开挖,沉井端阻力逐渐转移至外刃脚和外隔墙,取土过程中底面反力的转移与有限元计算模型(图5)所示塑性区发展规律一致。

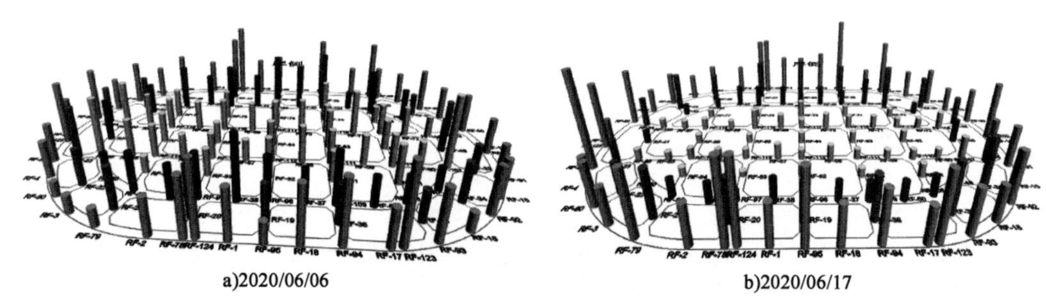

图15　沉井底面反力分布图

沉井下沉全过程均采用台阶式取土工艺,施工监测结果(图16)表明,在台阶式取土工艺下,4次取土期间倾斜值均控制在1/150以内;顶口中心偏位总体控制在±35cm以内,沉井几何姿态良好;下沉全过程钢壳应力在80MPa以内,结构安全,验证了台阶式取土工艺对沉井几何姿态和应力控制的优势。

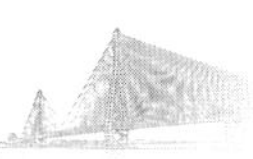

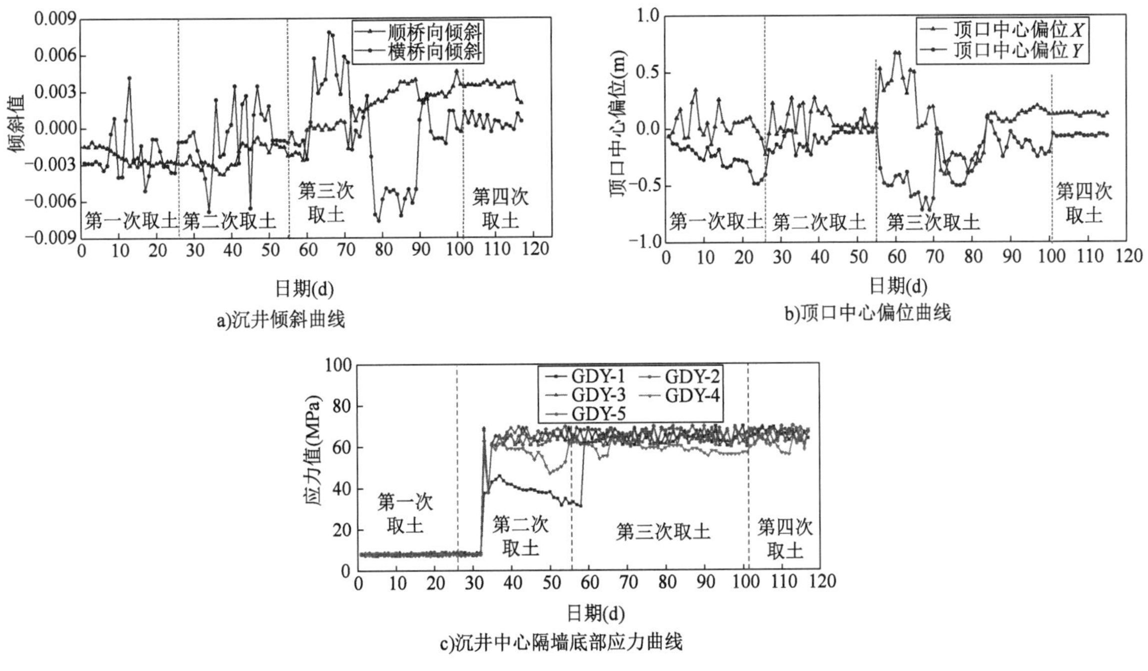

a)沉井倾斜曲线

b)顶口中心偏位曲线

c)沉井中心隔墙底部应力曲线

图 16　沉井几何姿态及应力情况

5　结语

本文依托常泰过江通道 5 号墩沉井工程，针对超大型沉井取土下沉工艺及开挖方法进行研究，得出如下结论：

(1)超大型沉井传统开挖工艺下沉井几何姿态和结构应力存在较大风险。结合常泰过江通道结构特点采用台阶式取土下沉工艺，内圈井孔取土为沉井下沉提供空间，外圈井孔精细化取土，可实现沉井可控下沉。

(2)随着开挖深度和宽度的增加，支撑区域的端阻力显著减小，针对不同支撑宽度和深度下地基极限承载力进行精细化计算是下沉阻力分析的关键。

(3)利用考虑开挖状态的下沉阻力对沉井下沉状态进行分析，指导下沉方案制定。现场应用结果表明，该方法可准确指导各取土下沉阶段的取土范围确定，沉井全过程取土下沉节奏合理，几何姿态及结构应力均满足施工要求，可为类似超大型沉井施工提供参考。

参考文献

[1] 张凤祥. 沉井沉箱设计、施工及实例[M]. 北京：中国建筑工业出版社，2010.

[2] 李永盛. 江阴长江公路大桥北锚碇模型试验研究[J]. 同济大学学报(自然科学版)，1995，23(2)：7.

[3] 张鸿，刘鹏，肖文福. 泰州大桥中塔深水超深巨型沉井施工技术[J]. 岩土工程学报，2008(S1)：5.

[4] 胡勇. 常泰长江大桥主航道桥桥塔基础选型研究[J]. 桥梁建设，2021，51(2)：1-9.

[5] 中华人民共和国交通运输部. 公路桥涵地基与基础设计规范：JTG D63—2007[S]. 北京：人民交通出版社，2007.

[6] 上海市政工程设计研究总院(集团)有限公司. 给水排水工程钢筋混凝土沉井结构设计规程：CECS 137：2015[S]. 北京：中国计划出版社，2015.

[7] 中华人民共和国住房和城乡建设部. 沉井与气压沉箱施工规范：GB/T 51130—2016[S]. 北京：中国建筑工业出版社，2017.

[8] 施洲,李思阳,杨仕力,等.超大型沉井基础下沉中后期摩阻力特性及突沉机制研究[J].岩石力学与工程学,2019,38(S2):3894-3904.

[9] 秦顺全,谭国宏,陆勤丰,等.超大沉井基础设计及下沉方法研究[J].桥梁建设,2020,50(5):9.

[10] 钟永新.超大沉井预留核心土开挖下沉施工技术[J].施工技术,2018,47(22):5.

[11] 王宏翔,李维生.不排水施工在大型沉井下沉施工中的关键技术研讨[J].公路,2021,66(12):193-198.

[12] 陈晓平,茜平一,张志勇.沉井基础下沉阻力分布特征研究[J].岩土工程学报,2005(2):148-152.

[13] 李孟豪.沉井下沉过程中刃脚承载力空间分布特性研究[D].成都:西南交通大学,2019.

[14] 蒋炳楠,马建林,李孟豪,等.水中沉井下沉期间刃脚空间受力试验[J].岩土力学,2019,40(5):1 693-1703.

[15] 潘亚洲,王琛,梁发云.大型沉井下沉阻力分布特征及相关工程问题[J].结构工程师,2020,36(6):10.

[16] 秦顺全,徐伟,陆勤丰,等.常泰长江大桥主航道桥总体设计与方案构思[J].桥梁建设,2020,50(3):1-10.

[17] 郑颖人,赵尚毅,孔位学.极限分析有限元法讲座——Ⅰ岩土工程极限分析有限元法[J].岩土力学,2005(1):163-168.

[18] 钱家欢,殷宗泽.土工原理与计算[M].北京:中国水利水电出版社,1996.

常泰长江大桥钢沉井数字化制造技术研究

郑海涛[1]，陈建荣[2]，吴启和[3]，唐　震[1]

（1.中交第二航务工程局有限公司，湖北武汉　430040；
2.长大桥梁建设施工技术交通行业重点实验室，湖北武汉　430040；
3.交通运输行业交通基础设施智能制造技术研发中心，湖北武汉　430040）

摘　要　常泰长江大桥为集高速公路、城际铁路、普通公路于一体的多功能跨江大桥，为主航道桥为主跨1176m的钢桁梁斜拉桥，是世界上最大跨径的斜拉桥，主桥主塔采用全钢台阶型沉井基础，钢沉井平面尺寸大，高度高，制造精度要求高。针对常泰长江大桥主桥5号主塔钢沉井制造面临的技术难题，研究并提出了大型沉井数字化制造技术，将BIM技术与数字化加工技术深度融合，确保了沉井制造精度和施工效率。

关键词　桥梁；钢沉井；制作拼装；数字化加工；虚拟预拼装

Research on Digital Manufacturing Technology for Steel Open Caisson of Changtai Yangtze River Bridge

ZHENG Hai-tao[1], CHEN Jian-rong[2], WU Qi-he[3], TANG Zhen[1]

(1. CCCC Second Harbor Engineering Company LTD., Wuhan 430040, China;
2. Key Laboratory of Large-span Bridge Construction Technology, Wuhan 430040, China;
3. Research and Development Center of Transport Industry of Intelligent Manufacturing Technologies of Transport Infrastructure, Wuhan 430040, China)

Abstract　Changtai Yangtze River Bridge is a multifunctional river crossing bridge integrating expressway, intercity railway and ordinary highway. The main channel bridge is a steel truss cable-stayed bridge with a main span of 1176m. It is the largest cable-stayed bridge in the world. The main tower of the main bridge adopts all steel stepped caisson foundation. The steel caisson has large plane size, high height and high manufacturing accuracy, in view of the technical problems faced by the steel open caisson manufacturing of the main bridge No. 5 tower of Changtai Yangtze River Bridge, the digital manufacturing technology of large open caisson is studied and put forward, and the deep integration of BIM Technology and digital processing technology ensures the manufacturing accuracy and construction efficiency of open caisson.

Keywords　bridge; steel open caisson; fabrication and assembly; digital fabrication; virtual assembly

---

基金项目：2019年度交通运输行业重点科技项目（2019-MS1-011）。

作者简介：郑海涛（1978—），男，高级工程师，中交第二航务工程局有限公司，研究方向：桥梁施工技术。

1 工程概况

1.1 桥跨布置

常泰长江大桥起自泰兴市六圩港大道,跨长江主航道,经录安洲,跨长江夹江,止于常州市新北区港区大道,跨江路线全长约 5.3km,如图 1 所示。大桥采用"高速公路 + 城际铁路 + 普通公路"方式过江,主航道桥采用双层钢桁梁斜拉桥,桥跨布置为(142 + 490 + 1176 + 490 + 142)m = 2440m,桥梁上层为高速公路,下层为城际铁路和普通公路。

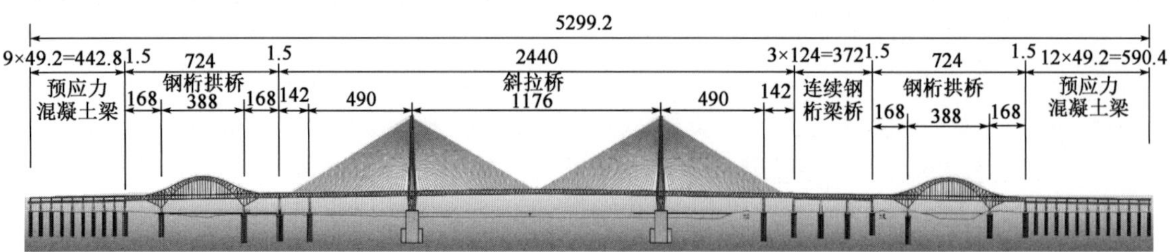

图 1　常泰长江大桥桥跨布置图(尺寸单位:m)

1.2 沉井结构

主桥主塔采用沉井基础,沉井平面呈圆端型,立面为台阶型,沉井底面尺寸 95.0m × 57.8m(横桥向 × 纵桥向),圆端半径 28.9m;沉井顶面尺寸 77.0m × 39.8m(横桥向 × 纵桥向),圆端半径 19.9m;台阶宽度 9.0m,如图 2 所示。沉井为填充混凝土的钢壳结构,钢沉井总高 64.0m,外井壁厚 1.8m,内井壁厚 2.0m,隔墙厚 1.4m,钢沉井总重约 18450t。

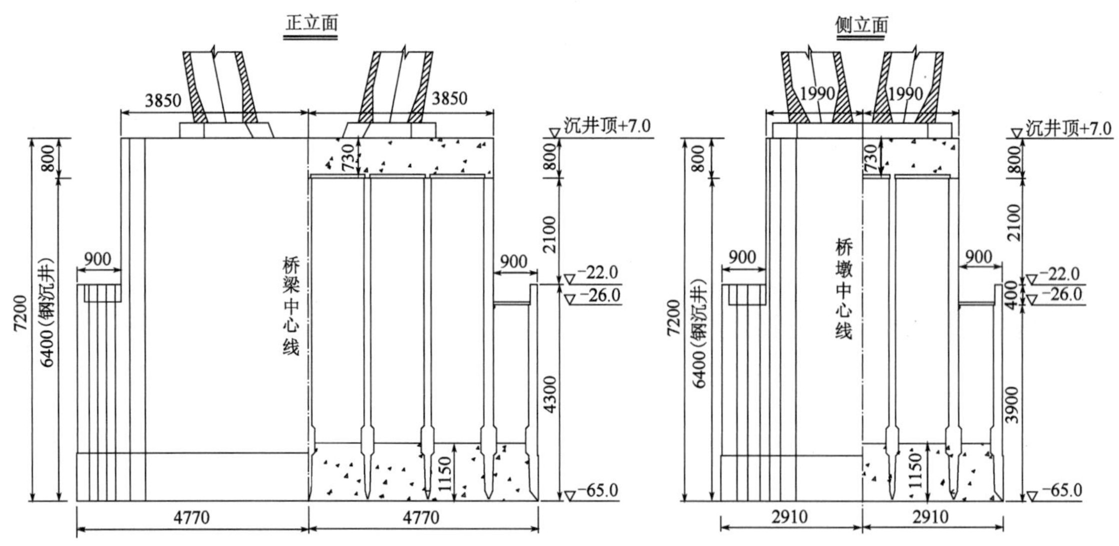

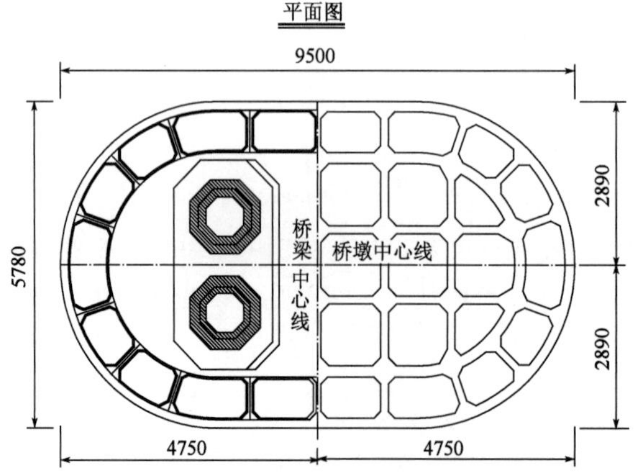

图 2　5 号墩沉井结构图(尺寸单位:cm;高程单位:m)

钢沉井在高度方向上设计分为10个环形节段,底部设有刃脚,第一节钢沉井壁板厚度均为18mm;其余各节段钢壳壁板厚度如下:外井壁外壁板厚度为10mm,内壁板厚度为12mm;外井孔隔壁板厚度为14mm;内井壁外壁板厚度为12mm;内壁板厚度为10mm,内井孔隔壁板厚度为10mm。

井壁及隔墙壁板内部设置竖向加劲肋,规格为∠110mm×70mm×6mm不等边角钢,间距40cm。在钢沉井块段之间的井壁、隔墙内部设置隔舱板,以方便钢壳内分区浇筑混凝土,外井孔隔墙不设置隔舱板,隔舱板设置水平加劲肋,加劲肋采用∠110mm×70mm×8mm不等边角钢。钢沉井标准段沿高度方向每隔1.5m在壁板上设置一道水平环,水平环采用260mm×18mm扁钢板。在每层水平环之间设置水平加劲桁架,加劲桁架采用∠110mm×10mm等边角钢,如图3所示。

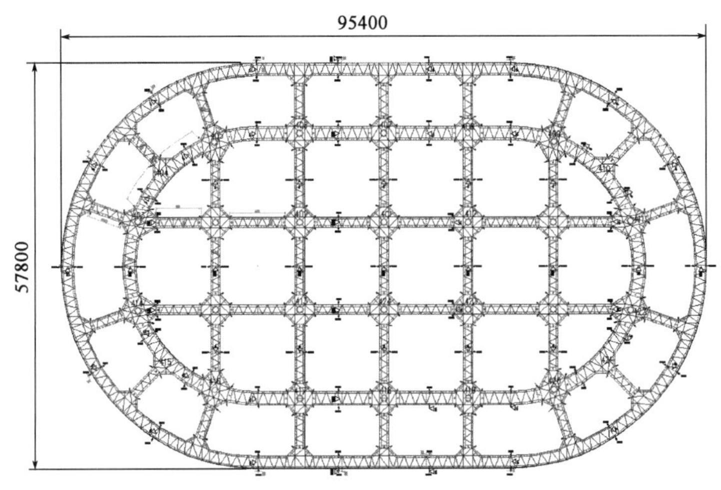

图3　钢沉井平面构造图(尺寸单位:mm)

相较于国内外沉井基础,常泰长江大桥主桥主塔沉井平面尺寸巨大,为全钢结构,钢沉井制造精度要求高,制造工期紧,制造难度大。

2　钢沉井制造方案及总体工艺流程

常泰长江大桥5号墩钢沉井制造总体方案为:沉井总体采用水平建造法,在造船厂内进行分层、分块制造,为了充分发挥工厂内大型起重设备的起吊能力,对设计分层进行了优化,加工制作时在高度方向分为8层,从下往上每层高度依次为(9+6+9.72+8.28+10+8+6+7)m,总高64m,如图4所示。其中第1~5层共43m高钢沉井在工厂内制作并在干船坞内拼装成整体后浮运至施工现场;第6~8层在厂内完成块单元制作,后通过驳船运输至桥位进行现场接高作业。

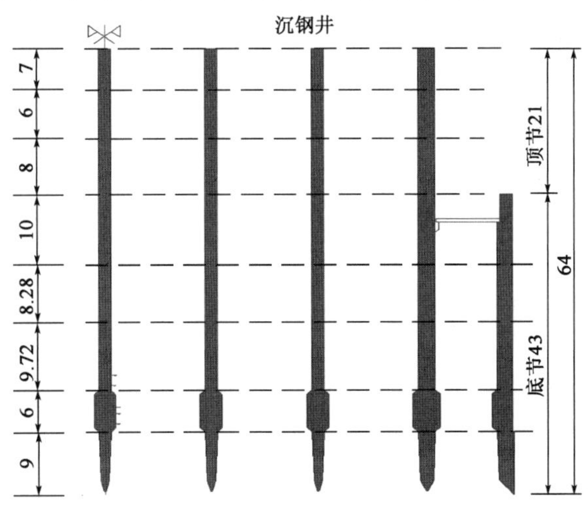

图4　钢沉井制造分层示意图(尺寸单位:m)

根据工期要求,为了加快沉井制造进度,沉井总段制作安排在长江中下游某大型造船厂的三个厂区同时进行,总段完成后集中运至船坞进行总装及接高。

钢沉井制造总体上采用工厂内流水线式的分段制造法进行制造,其总体施工工艺流程如图5所示。

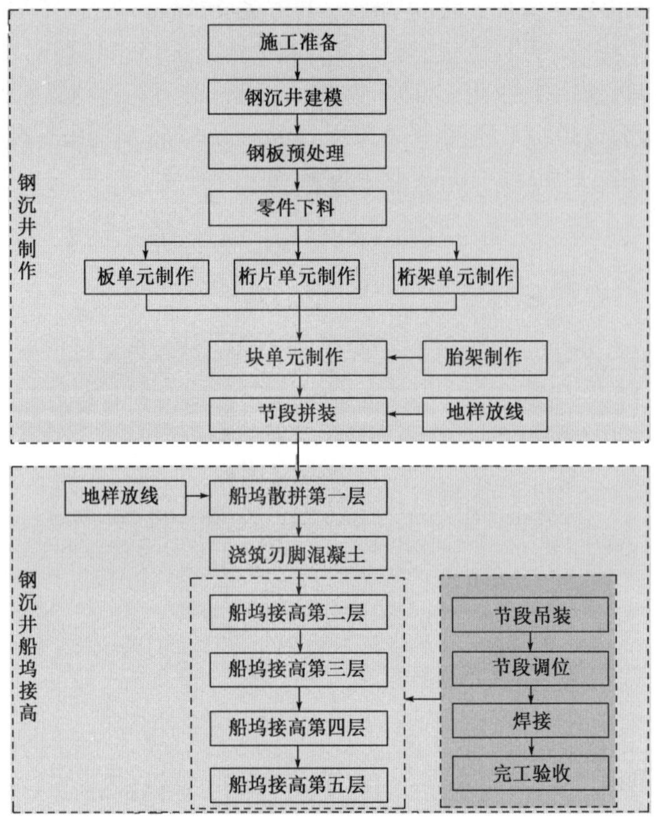

图5 钢沉井制造总体施工工艺流程

3 钢沉井数字化加工制造技术

为了提高钢沉井制造质量,加快施工进度,在传统的钢沉井制作加工技术的基础上,充分发挥信息化、数字化技术的优势,将设备的自动化加工与信息化、数字化控制技术深度融合,实现钢沉井的数字化加工制造。

3.1 钢板下料与零件预制

本项目主体结构采用BIM正向设计,为了确保沉井制造精度,减少余料,提高材料利用率,将设计与加工制造深度串联,将设计BIM模型直接导入专业制造套料软件,通过套料软件三维处理,生成数字化套料和下料加工图,然后通过数控等离子切割机进行自动切割下料,型材弯曲成型采用数控自动弯曲成型工艺,完成零件的数字化、自动化切割与焊接(图6)。

图6 零件的自动下料与焊接

3.2 基本单元件的制作

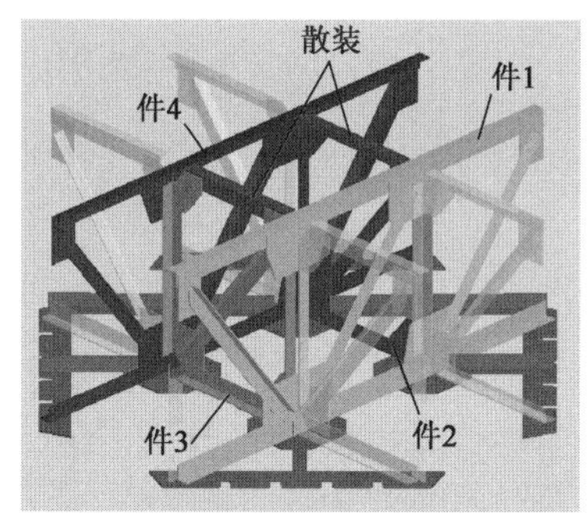

图7 桁架单元件制作

基本单元包括板单元、桁片单元、桁架单元三种类型，主要由板材和角钢等零件拼焊组成。钢板按数切尺寸下料完成以后在加工车间拼板工位专用设备上进行拼装，经精控尺寸测量合格后，使用二氧化碳气体保护焊或埋弧自动焊方式焊接完成，焊接作业全部由焊接机器人自动焊接完成。桁架单元件制作如图7所示。

3.3 基本单元件的组拼

为了便于钢沉井制造、运输及安装，每层钢沉井在平面上分成若干个块单元，块单元由若干个板单元组成，块与块之间通过焊接进行连接，组拼成双弧形曲面块段和十字形平直块段两种类型，如图8所示。

块单元的制作和块段的组拼均在胎架上完成，事先通过三维软件对块单元的制作过程进行数字化模拟(图9)，确定各板单元件的组拼顺序，并进行碰撞检查。

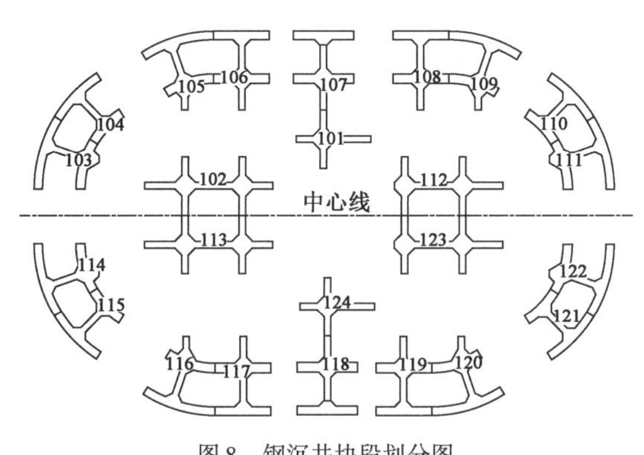

图8 钢沉井块段划分图

图9 块单元的数字化组拼

3.4 大节段预拼装及干船坞总装

钢沉井首节43m以下的5层分段在船坞接高前应先进行总拼，将多个分段连接成一个整体(大节段)。其中，第一层以散件在船坞内吊装，不需要进行总拼；第二层预先总拼成4个大节段；第三、四、五层预先总拼成5个大节段，如图10所示。

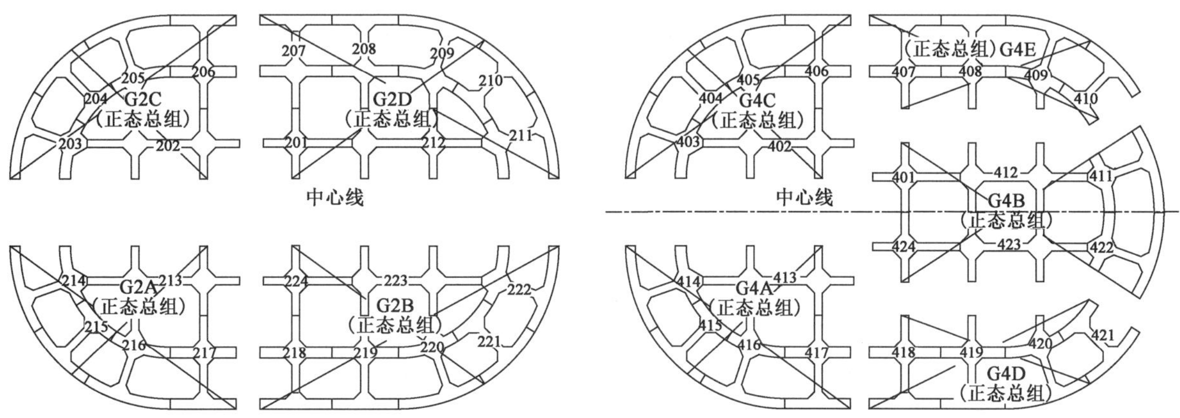

图10 钢沉井总拼图

各种块单元制作完成后，为了确保大节段拼装精度，采用虚拟预拼装技术，在块段拼装之前，采用三维激光扫描仪对已制作好的各块段的空间几何特征进行扫描并生成点云数据，通过计算机处理生成带有制造误差的三维模型，并模拟拼装过程，如图11所示，检查分析加工拼装精度，得到所需修改的调整信息，经过必要校正、修改与模拟拼装，直至满足精度要求。

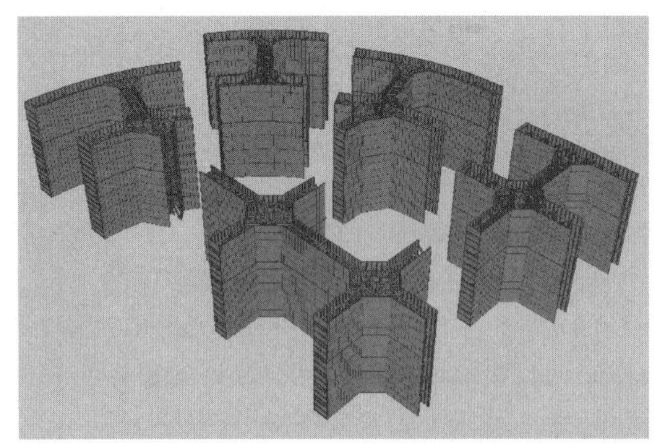

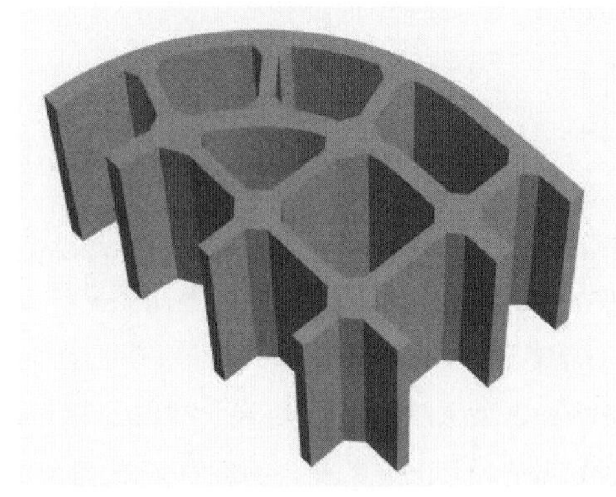

图 11　大节段虚拟预拼装

首节 43m 钢沉井在船坞内进行总组拼装，先散拼第 1 层的各块段，再依次接高拼装第 2 ~ 5 层的大节段，如图 12 所示。总拼过程中采用虚拟预拼装技术，确保沉井总装精度。

图 12　首节钢沉井总装

4　钢沉井加工制作过程中的信息化管理

因沉井制造工期的需要，首节 5 层钢沉井块段分别在 3 个厂区同步进行制造。沉井制作过程中基本单元件、块单元、块段及大节段数量众多，总计达 2000 多个，单元件和组拼件需在多个场地制作并转运拼装。为了提高管理效率，杜绝预制件的误拼装，采用了图像识别技术，建立了沉井制造信息化管理系统，在每个单元件和块段上贴上包含详细制造信息的二维码，为每个块段制作专属“身份证”，实现了块段的物联管理，提升了沉井制造信息化水平。

5　结语

常泰长江大桥水中沉井结构新颖、规模大、地质条件复杂，沉井制造及水上施工技术难度大，精度难以保证，安全风险高。通过信息化、数字化、智能化技术的应用，确保了沉井高效、高质量建设成功。

(1)通过数字化制造技术的应用，确保了 1.5 万 t 首节 43m 钢沉井在短短 100d 内制作总拼完成，且结构尺寸、焊缝质量一次合格率均达到 99.8% 以上。

(2)基于沉井设计三维 BIM 模型，将设计与加工制造深度串联，通过专业软件建模、自动套料，数控机床自动切割与焊接，实现了真正意义上设计与施工的信息互通。

(3)采用图像识别技术，建立沉井制造信息化管理系统，实现了沉井制造构件的物联管理，提高了沉井制造信息化水平。

(4)利用虚拟预拼装技术进行总拼精度控制，实现了钢沉井的数字化制造。

信息化、数字化、智能化技术的应用，解决了传统工艺依赖人工操作、施工效率低下、测量与监控手段落后等问题，在减少了工程人力资源投入、保证了进度和质量的同时降低了项目施工风险，具有显著

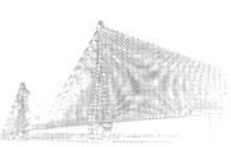

的经济社会效益,可为后续类似大型沉井施工提供借鉴。

参考文献

[1] 陈凯,叶先培,贾文久.沪通长江大桥主航道桥28号主墩钢沉井制造质量控制[J].桥梁建设,2016,46(2):109-114.

[2] 王立忠,邱琼海.深水特大型钢沉井制造与拼装施工方案比选[J].江苏科技信息,2012(4):47-49.

[3] 刘建波,杨炎华,翟世鸿,等.特大型深水沉井基础施工关键技术研究[J].公路,2011(9):112-117.

[4] 邱琼海,林国雄.泰州长江公路大桥特大型钢沉井制造、拼装和混凝土沉井接高施工技术[J].铁道标准设计,2009(9):50-53.

[5] 严俊安.杨泗港长江大桥1号主塔钢沉井制造安装技术[J].科学与财富,2016(3):666-668.

[6] 余本俊.大型钢沉井整节段制造、运输与现场接高施工技术[J].桥梁建设,2013,43(2):110-115.

[7] 项梁,李有为.螺栓连接的桥梁钢构件虚拟预拼装技术[J].施工技术,2018,47(5):48-50.

常泰长江大桥主塔沉井出坞浮运施工关键技术

张 磊[1,2,3]，罗 英[1]，尹东亚[4]，韩鹏鹏[1,2,3]

(1. 中交第二航务工程局有限公司，湖北武汉 430040；
2. 长大桥梁建设施工技术交通行业重点实验室，湖北武汉 430040；
3. 交通运输行业交通基础设施智能制造技术研发中心，湖北武汉 430040；
4. 江苏省交通工程建设局，江苏南京 210004)

摘 要 常泰长江大桥是世界上跨径最大的斜拉桥，其5号主塔沉井基础为世界上最大的水中沉井基础，平面尺寸为95.0m×57.8m，高64m。首节43m高钢沉井在工厂内制作，并在干船坞内拼装成整体后浮运至设计桥墩位处。浮运沉井总重近2万t，自浮吃水13.5m，船坞和浮运线路水深均无法满足自浮状态下出坞浮运。因此，采用封底助浮措施减小沉井吃水至6m后出坞，临时停靠坞门码头，拆除部分封舱底板调整吃水为8.5m后，浮运至墩位。

关键词 常泰长江大桥；沉井；出坞浮运；助浮结构；浮运阻力

Key Undocking and Floating Construction Techniques for Main Tower Open Caisson of Changtai Yangtze River Bridge

ZHANG Lei[1,2,3], LUO Ying[1], YIN Dong-ya[4], HAN Peng-peng[1,2,3]

(1. CCCC Second Harbor Engineering Company LTD., Wuhan 430040, China;
2. Key Laboratory of Large-span Bridge Construction Technology, Wuhan 430040, China;
3. Research and Development Center of Transport Industry of Intelligent Manufacturing Technologies of Transport Infrastructure, Wuhan 430040, China;
4. Jiangsu provincial transportation engineering construction bureau, Nanjing 210004, China)

Abstract Changtai Yangtze River Bridge is the largest span cable-stayed bridge in the world. The open caisson foundation of its 5# main tower is the world's largest underwater caisson foundation in water, with a plane size of 95.0m × 57.8m, 64m high. The first section 43m high steel open caisson is fabricated in the factory, assembled into a whole in the dry dock, and then floating to the design pier. The total weight of the floating open caisson is nearly 20000 t, and the self floating draft is 13.5m. The water depth of the dock and the floating line can't meet the requirements of self floating. Therefore, the bottom sealing and floating aid

基金项目：2019年度交通运输行业重点科技项目(2019-MS1-011)。

作者简介：张磊(1989—)，男，高级工程师，中交第二航务工程局有限公司，研究方向：桥梁深水基础施工技术。

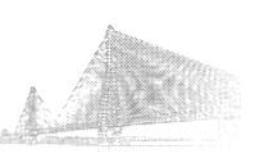

measures shall be adopted for the open caisson to reduce the draft of the open caisson to 6m. Then, it shall be out of the dock, temporarily dock at the dock gate wharf, remove part of the closed bottom plate to adjust the draft to 8.5m, and float to the pier position.

Keywords Changtai Yangtze River Bridge; open caisson; undocking and floating; floating aid structure; floating resistance

1 工程概况

常泰长江大桥主航道桥采用主跨1176m的双塔五跨(142+490+1176+490+142)m=2440m连续钢桁梁斜拉桥,是世界上跨径最大的斜拉桥。该桥5号主塔沉井基础首创台阶型减冲刷减自重沉井基础结构形式,是世界上最大的水中沉井基础,也是首座采用全钢壳结构的沉井基础。沉井基础平面呈圆端型,立面为台阶型,沉井底面尺寸为95.0m×57.8m(横桥向×纵桥向),圆端半径为28.9m。沉井顶面尺寸77.0m×39.8m(横桥向×纵桥向),圆端半径19.9m,台阶宽度9.0m。钢沉井分36个井孔,外井壁厚1.8m,内井壁厚2.0m,内隔墙厚1.4m,如图1所示。

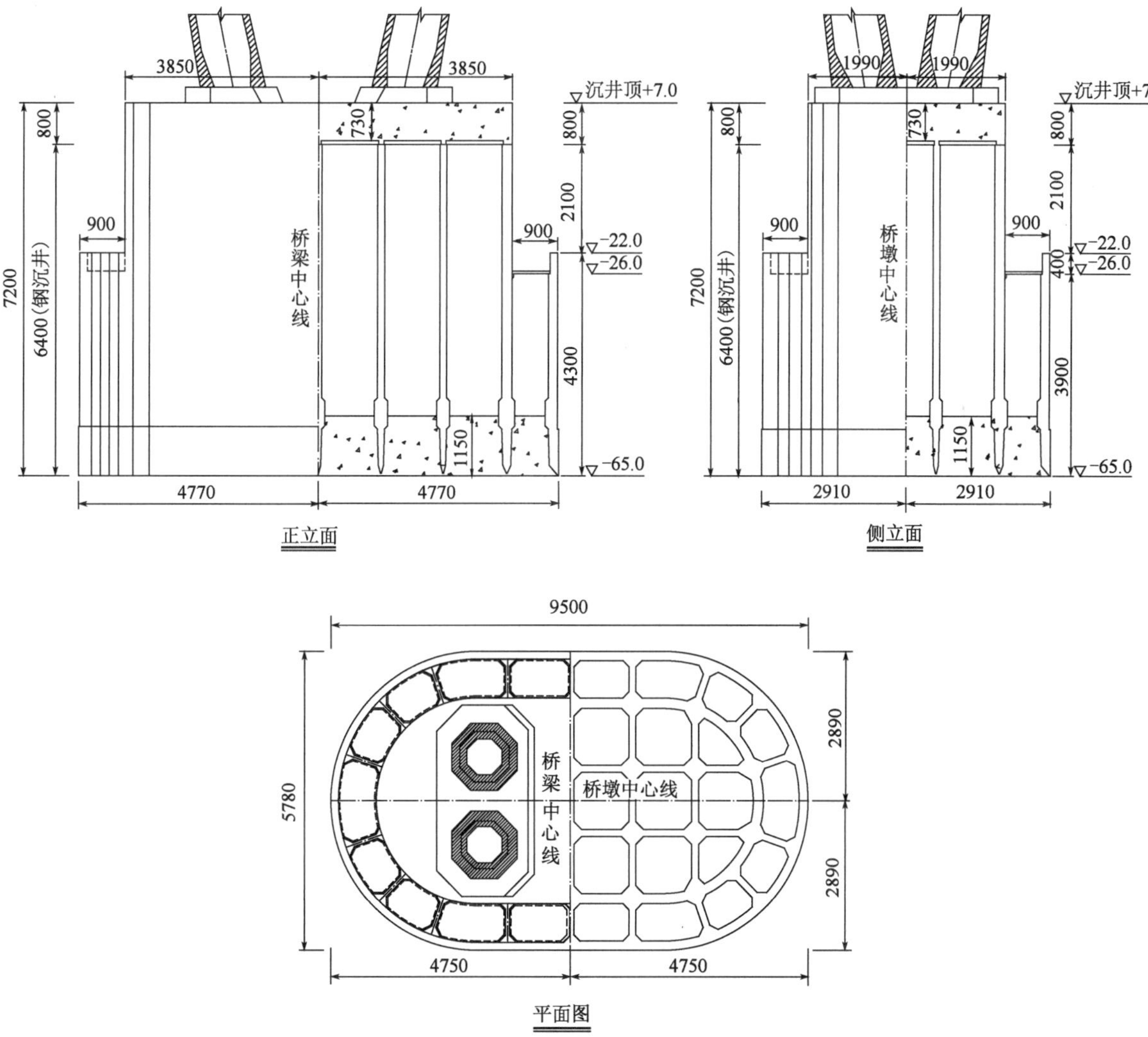

图1 5号主塔沉井基础结构(尺寸单位:cm;高程单位:m)

桥址处于长江感潮河段,全年除枯季大潮有上溯潮流外,基本上为单向下泄流,枯季垂线平均最大流速约1.0m/s。涨潮历时较落潮历时短,全潮平均12.5h,一次涨潮历时约4h,一次落潮历时约8.5h。

2 钢沉井助浮方案比选

5 号主塔沉井首节高 43m，制作时分为 5 层，其中第 1 层平面尺寸为 95.4m×58.2m、高 9m，第 2～4 层平面尺寸为 95.0m×57.8m、高 34m。在工厂内制作并在干船坞内拼装成整体后浮运至设计墩位。首节钢沉井钢壳重 14000t，刃脚混凝土重 4000t，施工荷载及附属结构重 1500t，总重约 19500t。经计算可知，在自浮状态下，钢沉井吃水深度为 13.5m，受船坞和浮运线路水深限制，沉井无法在自浮状态下出坞和浮运，因此必须采取助浮措施，减小沉井吃水。

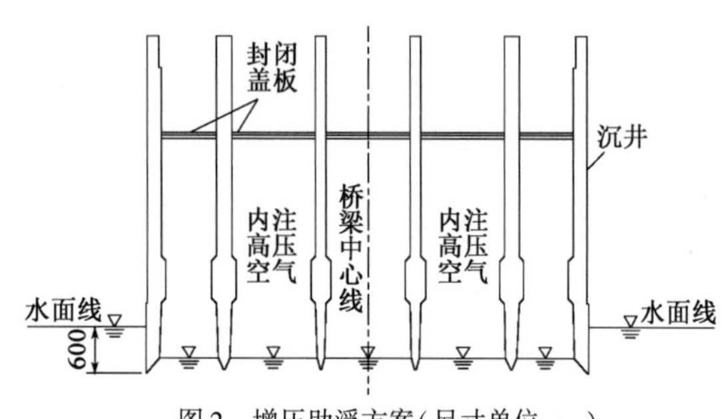

图 2 增压助浮方案(尺寸单位:cm)

以往钢沉井、沉箱或钢围堰的助浮方式主要有增压助浮方案、封底助浮方案和浮箱助浮方案。增压助浮方案是在沉井井孔上对称加设封闭盖板，以封闭井孔形成密闭气舱，然后通过主动增压系统向密闭气舱内加压注气，从而减小钢沉井的吃水深度，如图 2 所示。此方案的优点有：①封闭盖板的安装和拆除均位于水上，方便施工；②封闭盖板可作为临时施工平台。缺点有：①沉井井孔密封范围大，漏气风险大；②自由液面不能产生恢复力矩，因此浮运稳定性相对较差；③密闭气舱内加压注气后，中隔墙吃水浅，高压气体有一定的压穿风险。沪苏通长江公铁大桥 29 号墩钢沉井工程采用了增压助浮方案。

封底助浮方案是在井孔底部设置封舱底板，通过增大钢沉井的排水面积来减小钢沉井的吃水深度，如图 3 所示。此方案的优点有：①仅对钢沉井底部吃水范围有水密性要求，漏水风险小；②截面惯性矩大，浮运稳定性好。缺点有：①封舱底板拆除作业属于水下作业，水下切割、打捞作业难度大；②沉井刃脚部位传感器密集，且填充有刃脚混凝土，刃脚部位焊接和切割作业容易对传感器和刃脚造成损伤。杨泗港长江大桥 2 号墩沉井工程采用了封底助浮方案。

浮箱助浮方案是加工若干浮箱，并将其固定在沉井井孔内，通过浮箱的浮力来减小钢沉井的吃水深度，如图 4 所示。此方案的优点有：①助浮措施拆除时无须水下切割，且切割工作量比较小；②截面惯性矩大，浮运稳定性好。缺点有：①浮箱需要设计、制作、安装，施工周期长；②相同助浮能力下，浮箱所需钢材更多，施工成本更高。

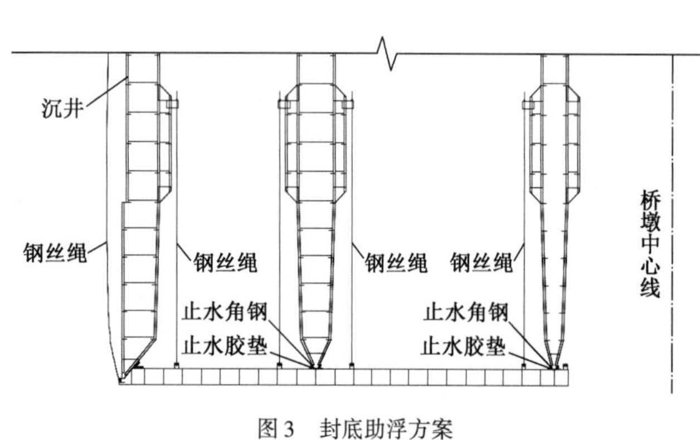

图 3 封底助浮方案

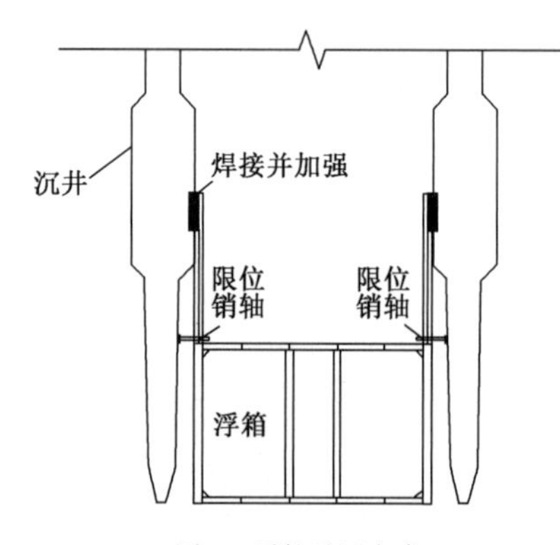

图 4 浮箱助浮方案

根据常泰长江大桥 5 号主塔钢沉井结构特点，对比三种助浮方案，如表 1 所示。综合各助浮方案的安全性、工期、成本和施工便利性，采取封底助浮方案。

钢沉井助浮方案比选 表 1

对比项目	封顶增压助浮	封底助浮	浮箱助浮
工程案例	沪通长江大桥	杨泗港长江大桥	—
浮运稳定性	较好，能满足浮运要求	非常好	非常好

续上表

对比项目	封顶增压助浮	封底助浮	浮箱助浮
漏气(水)风险	密闭范围大,漏气风险大	浮运过程漏水风险小	浮箱漏气风险小
拆除的复杂程度	水上切割,较简单	水下切割,较复杂	水上切割,且工作量比较小
工期	工期压力小	必须在沉井首节总拼前完成,工期压力大	浮箱的设计、制作需要一定周期,工期压力大
成本	约600t钢材	约600t钢材	约1215t钢材
比选结论	比较	推荐	不推荐

3 钢沉井出坞浮运施工关键参数分析

3.1 吃水深度分析

钢沉井助浮后的吃水深度应依据船坞和航道的水深进行确定。

首节钢沉井总拼所在船坞尺寸为543m×147m×13m,钢沉井坞内拼装时,坐落在船坞的坞墩上面,如图5所示。考虑出坞时潮位变化,在沉井出坞作业的时间段内,坞内水深在8.7~10.8m之间变化。扣除坞墩高度2.2m,则净水深(坞墩顶至水面距离)最低约为6.5m。沉井在出坞过程中,必须要有一定的安全高度,沉井出坞的安全高度按照0.5m考虑,则要求沉井出坞吃水不得大于6.0m,必须采取助浮措施控制沉井吃水不大于6.0m。

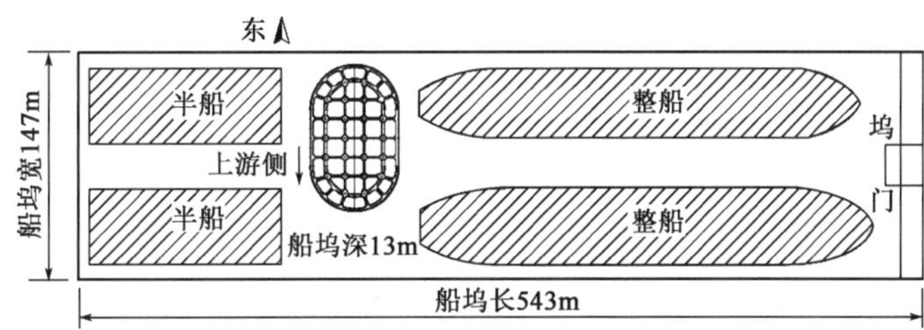

图5 船坞平面图

沉井出坞后,经小型船舶上行航道浮运至设计桥墩位处。坞门至小型船舶上行航道区域水深最低约为10m,小型船舶上行航道水深在14.5m左右,沉井墩位处河床水深超过14.5m。所经水域和墩位处水深均超过10m,沉井采取助浮措施后,水深可满足浮运要求。

但由于在墩位处封舱底板拆除不便,从方便施工角度考虑,沉井出坞后,可拆除部分封舱底板,将吃水控制在8.5m左右。沉井浮运至墩位后,再拆除其余封舱底板。

3.2 助浮封舱底板设计

3.2.1 封舱底板布置

采用封底助浮形式,将钢沉井36个井孔中的28个井孔增设封舱钢底板。经计算分析,28个井孔的底部全部封闭后沉井的吃水深度约6.0m,封舱底板布置如图6a)所示。沉井出坞后在坞门码头靠泊后拆除中间位置的12个封舱底板,如图6b)所示,沉井吃水深度调整为8.5m后,再将沉井浮运至桥墩位置,其余封舱底板待沉井定位系统施工完毕后再进行拆除。

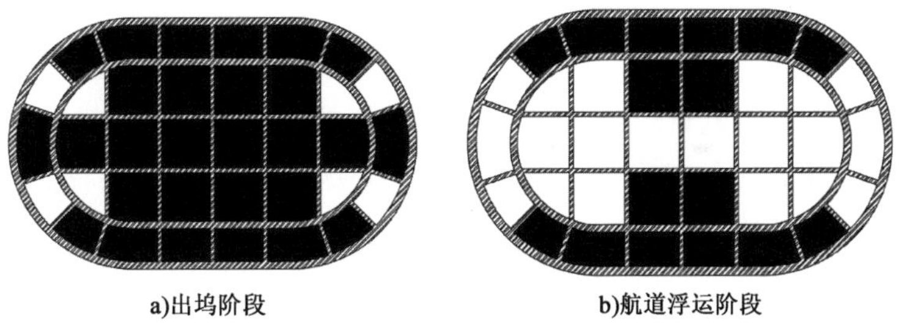

图6 封舱底板布置图

3.2.2 封舱底板结构设计

沉井隔舱封舱板采用梁板式结构，面板采用 8mm 厚钢板，主梁为 HM588×300 型钢，次梁为 HN350×175 型钢，每根主梁端部设置加劲板与沉井刃脚内壁相连。主梁端部设置封边钢板，封边钢板顶部设置一圈环形板，环板与沉井刃脚内壁之间设置一圈环形角板。封边钢板与沉井刃脚内壁之间设置膨胀型止水条，封边钢板内侧设置加强角钢，如图 7 所示。

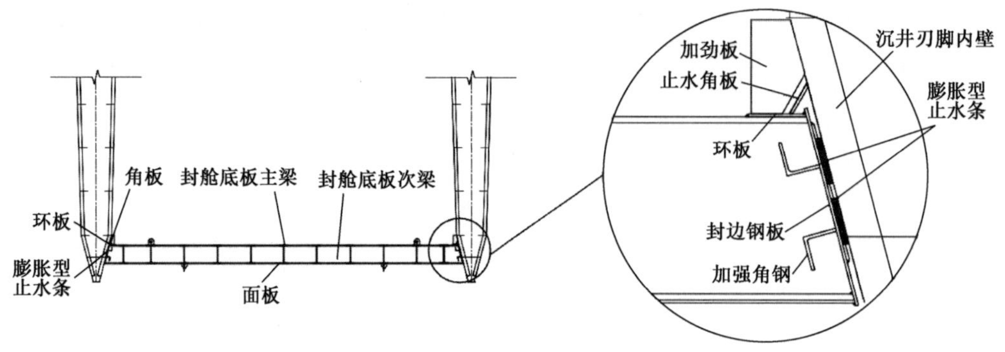

图 7 封舱底板结构

3.3 浮运阻力与拖轮配置

3.3.1 浮运作业条件确定

根据桥位区域气象、水文条件分析，确定沉井出坞及航道内浮运过程作业窗口条件，如表 2 所示。

沉井出坞、航道浮运边界条件 表 2

边界条件	出坞	航道浮运	备注
沉井吃水	6m	8.5m	—
相对水流	0.5m/s	1.5m/s	沉井出坞按 1kn 航速考虑；水流流速按 1m/s 考虑
风	5 级风，风速 10.7m/s	5 级风，风速 10.7m/s	风力大于 5 级，停止作业

3.3.2 浮运阻力计算

沉井浮运过程主要受风和水流的作用，由于沉井结构尺寸大，浮运阻力大，因此必须对沉井浮运阻力进行估算，从而合理配置拖轮。沉井在浮运过程中为浮式结构，而且浮运结构复杂，需要合理计算沉井定位阶段受到的水流、风荷载。

水流力计算综合采用了规范公式、计算流体力学（CFD）数值模拟及模型试验三种方法计算沉井浮运阶段水流力。对比规范公式、CFD 数值模拟和模型试验三种方法沉井浮运水流力计算结果，如表 3 所示，根据计算可知，规范公式和 CFD 数值计算水流力较模型试验小，沉井浮运阻力偏安全取 470.0kN。

沉井浮运阻力计算结果 表 3

计算方法	规范公式	CFD 数值模拟	模型试验
浮运阻力（kN）	362	450	470

风荷载按《建筑结构荷载规范》（GB 5009—2012）计算。

3.3.3 浮运总阻力与拖轮配置

根据计算，考虑一定安全系数，出坞过程总阻力 146.7t，航道浮运过程总阻力 162.0t，如表 4 所示。

沉井出坞浮运过程总阻力　　表4

工况	水流阻力(kN)	风阻力(kN)	安全系数	总阻力(kN)
沉井出坞	166	812	1.5	1467
沉井浮运	470	718	1.5	1782

根据浮运阻力计算结果,首节43m高钢沉井在航道浮运过程中综合阻力约178t。为便于操作,确保航行安全,本次拖带计划由6艘4000HP以上的全回转拖轮实施,另备用一艘3600HP全回转拖轮应急维护。船队总拖带力约337t,安全系数为1.9,满足要求。

4 沉井出坞浮运施工步骤

4.1 封舱底板安装

沉井出坞前,预先安装沉井井孔内封舱底板及其附属结构。附属结构主要作用为方便封舱板拆除作业,主要包括钢丝绳、升降吊篮、竖向爬梯等,如图8所示。

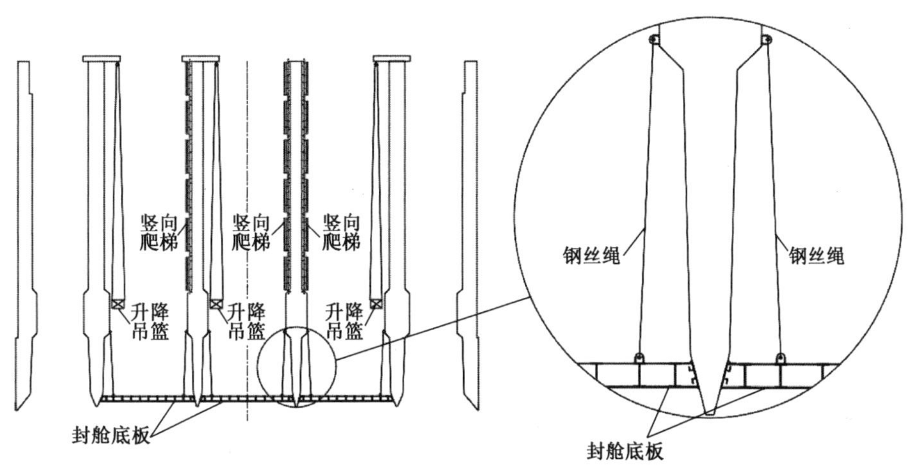

图8　附属结构安装

4.2 沉井出坞

沉井出坞过程主要包括沉井坞内系缆、坞内注水沉井起浮、坞门开启、拖轮进坞编队、拖带沉井出坞等工序。在沉井出坞前应完成沉井坞内系缆定位,在沉井起浮时,应注意随时收紧缆绳,防止沉井注水后漂移,如图9所示。

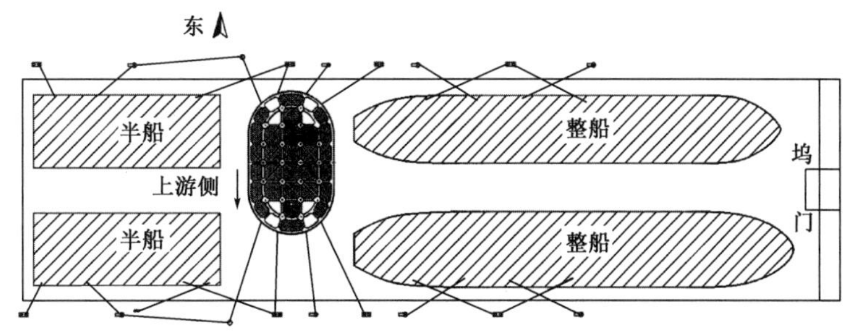

图9　沉井坞内系缆定位

当船坞注水至内外水位平衡以后,打开坞门,沉井前的两条整船出坞。两条整船出坞后,四条拖轮进入坞内,进行拖轮坞内编队,并将沉井缓缓拖带出坞,如图10所示。

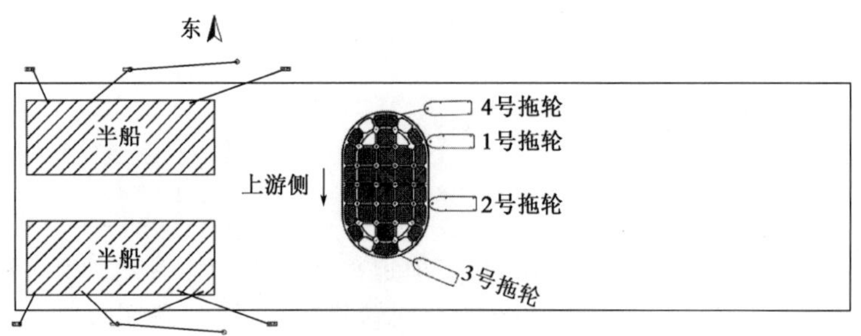

图10 拖轮坞内编队

4.3 码头拆除部分封舱底板

沉井出坞后，在坞门码头附近临时系泊，进行钢沉井内圈共计12块封舱板拆除作业。拆除施工采用水下切割工艺，按施工顺序，分为水下切割、封舱板拆除和封舱板打捞3个工序。拆除前，需要在船坞内预先将封舱板顶面吊耳与井孔内预留的拆除吊耳通过保护钢丝绳连接并拉紧，潜水员下到井孔内开启封舱底板上的截止阀，使12个井孔内的水位与江面平齐，水位齐平后潜水员开始进行封舱板四周连接板部位水下切割。

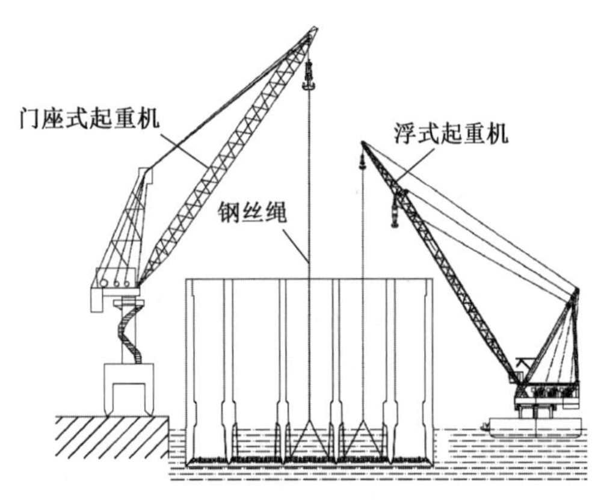

图11 码头拆除部分封舱底板

对已水下切割完毕的封舱板，将起重设备吊钩钢丝绳与封舱板顶面吊耳水下挂钩连接，带力拉紧（张拉力稍大于封舱板重力）后切除井孔内保护钢丝绳上端吊耳，此时封舱板自重由起重设备承担，如图11所示。切除完毕后，封舱板缓慢下放，平稳落在河床面后吊装钢丝绳一同留在江中，并在钢丝绳上端系上定位浮漂。后续钢沉井通过拖轮浮运航离坞门码头，利用起重船将12块封舱底板打捞并装船，完成码头部分的封舱板拆除工作。

4.4 航道浮运

选用“4艘拖轮绑拖，1艘拖轮顶推，1艘拖轮倒拖”的拖带方案，1号拖轮前面挂缆倒拖，4号拖轮（挂带3缆）沉井左舷后编队，2号拖轮（挂带2缆）左前编队，6号拖轮后部顶推；沉井离开码头约50m后，5号拖轮（挂带3缆）右后编队、3号拖轮（挂带2缆）右前带缆。拖轮编队整体的宽度为137.4m，长度为247.54m，与海事部门联系沟通以后，满足沉井拖带要求，如图12所示。编队完毕后，在现场海巡艇及护航艇维护下，进行钢沉井浮运作业。

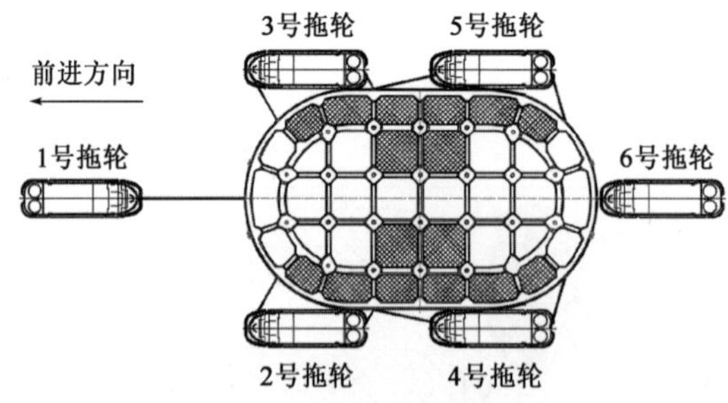

图12 钢沉井拖轮编队

4.5 墩位拆除其余封舱底板

沉井浮运到墩位且定位系统施工完成后，开始进行其余封舱底板拆除施工。利用锚缆系统将沉井向岸侧偏移35m后固定，即可进入封舱板拆除工作。桥位处封舱板切割顺序与码头封舱板切割顺序类似，此处不再赘述。再利用锚缆系统将沉井向江心侧偏移35m后固定，完成沉井江心侧8块封舱底板

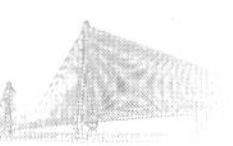

的拆除工作，如图13所示。

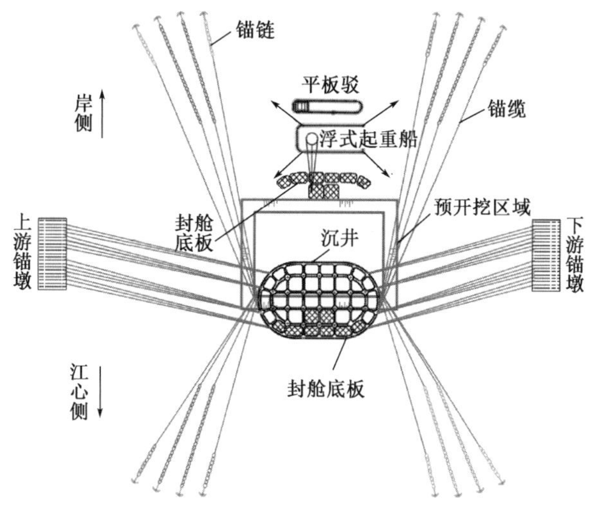

图13　墩位封舱底板拆除

5　结语

沉井助浮用封舱底板安装及拆除技术的应用，解决了钢沉井出坞、浮运过程中的以下技术难题：

(1)通过封舱板的安装，将钢沉井的吃水深度由13.5m减小至6m，解决了首节钢沉井在沉井出坞、浮运过程中施工水深不足的难题。

(2)通过在码头临时停靠拆除部分封舱板的方式，解决了桥位处内圈12块封舱板难以拆除的施工难题。

(3)利用锚缆系统将沉井向侧边偏移，再拆除封舱底板，大幅减小了桥位区域封舱底板移除的难度。

常泰长江大桥5号主塔钢沉井于2019年12月24日完成坞内制造，同年12月28日沉井顺利出坞并停靠坞门码头，完成12块封舱底板拆除作业，2020年1月2日浮运至墩位。

参考文献

[1] 徐杰，刘修成，管政霖. 大型桥梁沉井不排水下沉取土设备研究与实践[J]. 施工技术(中英文)，2022，51(5)：70-74.

[2] 刘晓敏，张强，李飞，等. 裸岩区深水基础先堰后桩建造技术研究[J]. 施工技术，2021，50(7)：31-34.

[3] 蔡晓男，张文渊. 深水裸岩大直径双壁钢围堰水上拼装与浮运就位工艺[J]. 施工技术，2020，49(17)：9-12.

[4] 余允锋，邱琼海，王立忠. 沪通长江大桥主航道桥钢沉井增压助浮方案[J]. 桥梁建设，2015，45(6)：74-78.

[5] 李军堂. 沪通长江大桥主航道桥沉井施工关键技术[J]. 桥梁建设，2015，45(6)：12-17.

[6] 郑大超，朱斌. 武汉杨泗港长江大桥2号墩钢沉井施工关键技术[J]. 桥梁建设，2017(6)：106-110.

[7] 中华人民共和国交通运输部. 港口工程荷载规范：JTS 144-1—2010[S]. 北京：人民交通出版社，2010.

[8] 中华人民共和国住房和城乡建设部. 建筑结构荷载规范：GB 5009—2012[S]. 北京：中国建筑工业出版社，2012.

水中大型沉井基础取土下沉施工技术

孙发明，俞琳琳，杨　松

（中交第二航务工程局第四工程有限公司，安徽芜湖　241000）

摘　要　本文以常泰长江大桥为例，详细阐述大型水中沉井下沉施工内、外台阶型取土的优势及各项新研发的下沉取土设备。目前水中沉井施工大多数采用传统的空气吸泥机配合起重设备的方式吸泥，针对刃脚踏面及其他盲区部位取土一直没有很好的解决办法，沉井下沉过程中安全和质量控制得不到保障。本文研究地质存在较多硬塑粉质黏土层和胶结砂层，下层速度和姿态控制难度大，终沉下沉阻力大，为使沉井可控、可视、平稳下沉，除了使用传统吸泥设备外，需要开发专用高效其他装备，例如智能气举取土设备、电动绞吸设备、刃脚取土机器人、气水混合射流破土等，通过专家团队研发以及在项目上的实际应用，最终沉井平面偏位、终沉高程、倾斜度均超过设计和规范要求，实现平稳下沉。

关键词　沉井基础；取土下沉；智能取土；取土设备研发

Construction Technology of Soil Extraction and Subsidence for Large Caisson Foundation in Water

SUN Fa-ming, YU Lin-lin, YANG Song

(China Communications Second Navigation Bureau Fourth Engineering Co., Ltd, Wuhu 241000, China)

Abstract　Taking Changtai Yangtze River Bridge as an example, this paper elaborates the advantages of inside and outside step soil extraction in the sinking construction of large-scale underwater caisson and the newly developed equipment for sinking soil extraction. At present, most of the construction of underwater caisson adopts the traditional air suction machine combined with lifting equipment to suck mud, and no good solution has been obtained for collecting soil from the blade foot surface and other blind areas, so the safety and quality control of caisson sinking can not be guaranteed. There are many hard plastic silty clay layers and cemented sand layers in the geology of this project, and it is difficult to control the speed and attitude of the lower layer. The final sinking resistance is large. In order to meet the controllable, visual and smooth sinking of caisson, in addition to the use of traditional mud suction equipment, it is necessary to develop special and efficient other equipment, such as a series of advanced equipment such as intelligent gas lift earth removal equipment, electric cutter suction equipment, edge foot earth removal robot, and gas-water mixed jet soil breaking, which are developed by the expert team in the office and practical application in the project. In the end, the plane deviation, the final settlement elevation and the inclination of the caisson exceed the design and

作者简介：孙发明（1988—），男，工程师，中交第二航务工程局第四工程有限公司，研究方向：桥梁施工技术。

specification requirements, and the smooth sinking is realized.

Keywords Caisson foundation; submergence; intelligent soil retrieval; research and development of earth-taking equipment

1 工程概况

常泰长江大桥主塔5号墩采用沉井基础,平面呈圆端型,立面为台阶型,沉井底面尺寸95.4m×58.2m(横桥向×纵桥向),圆端半径28.9m;沉井顶面尺寸为77m×39.8m,圆端半径19.9m。基础持力层为密实中粗砂;沉井为填充混凝土的钢壳结构部,沉井顶高程-1.0m,底高程-65.0m,钢沉井总高度64m(图1)。

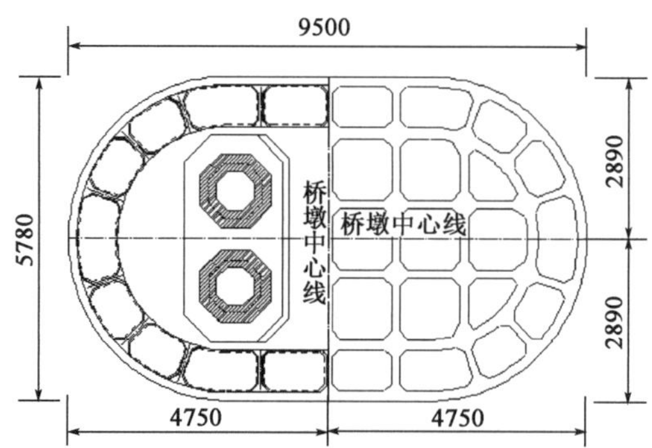

图1 主桥5号墩沉井结构图(尺寸单位:cm)

2 工程地质情况

5号墩沉井位于主航道北侧,墩位处地形较平稳,高程-13.46m~-15.01m。河床表层为Q4松散状粉砂,厚度不均,为1.6~4.8m,工程性质差,其下分布为Q3时代的②大层,整体厚度55~60m(底层高程-70~-75m),依次分布为厚0.5~7.6m(底层高程-35m以上)的软塑~硬塑装粉质黏土,有稍密~中密状的粉砂夹层;高程-35~-50m间未连均匀分布的粉细砂层,以中密状态为主,-50~-75m之间主要分布为密实状中砂,粗砂,有薄层状砾砂和软塑状粉质黏土,其中中砂和粗砂呈层状连续分布,厚度较大,工程性能相对较好。沉井区域地质展开图如图2所示。

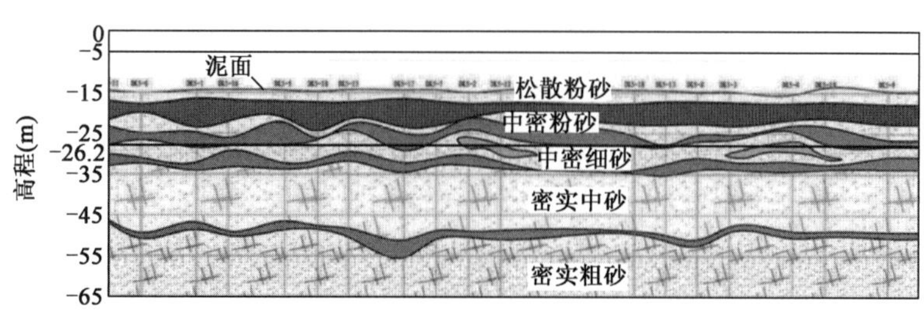

图2 沉井区域地质展开图

5号墩大部分钻孔的砂类土层中均揭示有砂砾胶结层,为非层状构造,零星分布。沉井下沉深度范围内胶结层厚度较薄,多为2~5cm,厚度可达10cm。胶结层的抗压强度变化较大,以3.2~8.59MPa为主,平均值为6.54MPa,最大可达11.64MPa。

3 沉井下沉施工工艺

5号墩沉井总体采用二次接高、四次夹壁混凝土浇筑、五次取土下沉施工工艺,如图3所示。河床预开挖完成后,5号墩沉井区域河床顶高程-26.2m。地质勘察资料显示,沉井取土下穿土层依次为软塑粉质黏土、中密细砂、软塑粉质黏土、中密粉砂、密实细砂、软塑粉质黏土、密实中粗砂、密实粗砂层。5号墩沉井以砂层为主,取土量占总取土量的84.3%。

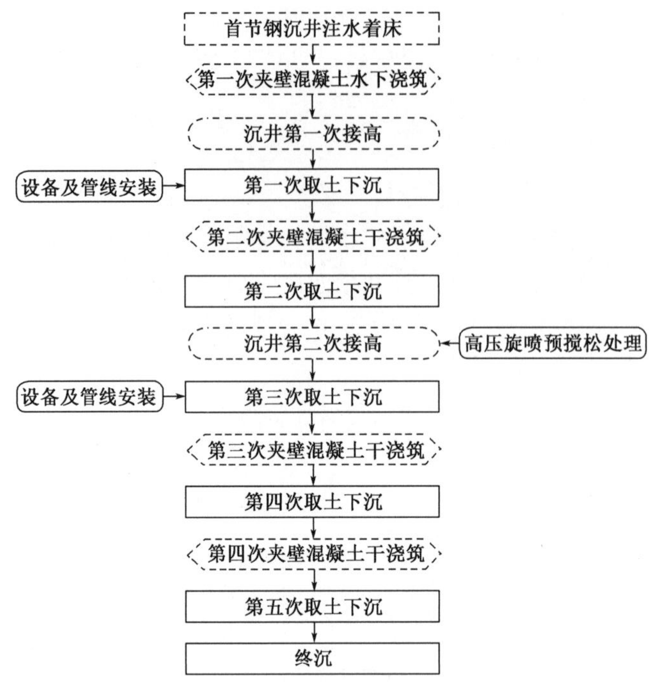

图3　沉井施工总体施工工艺流程

3.1　取土原则

5号墩沉井总下沉深度为38.8m，穿越土层主要为砂层，以及少量黏土层。根据已有工程经验，沉井下沉至黏土层时，面临取土工效低、下沉困难的风险。为实现沉井可测、可视、可控，无盲区取土及安全高效环保下沉，制定总体取土原则如下：

(1)对称、均匀取土。

(2)总体采用气举取土工艺，针对特殊地层，先预搅松、预破土，再气举取土。

(3)沉井下沉困难时，针对十字节点，采用气举取土设备定点取土；针对剪力键盲区，采用水下设备定点破土；针对沉井外壁，辅助采用空气幕助沉措施。

(4)采取多种措施与设备相互配合与备用，实现无盲区取土。

(5)对取土全过程可视化实时监测、智能决策，对取土设备集成控制。

(6)泥水集中收集，分离沉淀处理后再排放。

3.2　取土下沉施工方法

3.2.1　智能化气举取土

智能化气举取土为门式起重机配合空气吸泥机取土。施工起重设备采用12台20t轨道式门式起重机和4台400t·m塔式起重机，布置在沉井顶面，空气吸泥机在每个舱布置一套，共36套。塔式起重机可兼做对应附近舱的施工起重设备。

(1)门式起重机配置。

门式起重机跨径分为11.10m和7.90m两种，沿沉井横桥向布置。沉井横桥向铺设轨道，内隔墙上设双轨，其间留有间隙，以保证相邻门式起重机工作运行时互不干扰。气举取土设备吊挂其上，通过门式起重机及吊钩小车可左右、上下移动，范围可达到隔舱内任意位置。

(2)空气吸泥机。

空气吸泥机构造包括供气管、空气吸泥器、排泥管等，如图4所示。在空气吸泥口处预留高压射水喷嘴，加速对密实砂层的扰动。吸泥机每个隔舱布置一台，以减少来回搬运吸泥机的时间，加快施工的进度。吸泥管采用外径ϕ273mm的钢管，每节长度为3m快速接头。

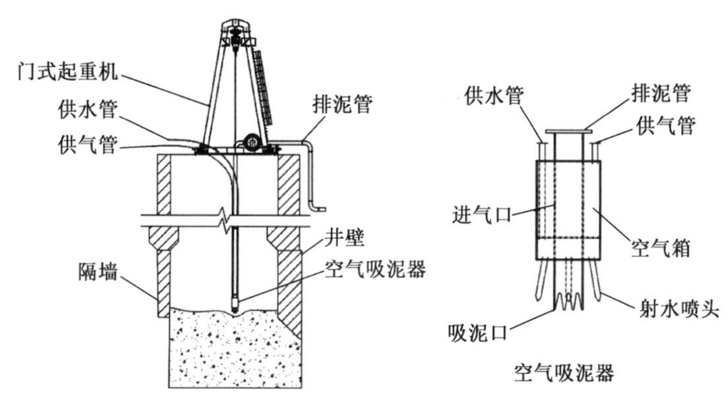

图4　空气吸泥装置示意图

(3)气举取土设备智能化升级。

智能化气举取土在传统气举取土工艺的基础上引入智能化控制技术,利用智能传感设备实时采集气举取土设备平面位置信息、下放高度等监测参数,控制气举取土设备按照预先设置移动路径自动化作业,并在作业完成后对隔舱内的泥面高程进行扫测,提高吸泥效率,加强沉井吸泥下沉过程管控。为了满足智能气举取土设备自动化施工要求,需在门式起重机上加装以下传感器等硬件设备。

5 号墩沉井下沉范围内以砂层为主,土层占比 84.3%。根据沉井取土策略,砂层取土总体采用气举取土工艺。为减少空气吸泥设备吊装次数,保障沉井取土下沉进度,空气吸泥装置每个井孔设置 1 套,共配置 38 套。

总体施工步骤为:塔式起重机安装→取土平台及轨道梁安装→20t 门式起重机安装→排泥管线安装→供水、供气管线安装→电缆敷设及配电箱安装→智能气举取土设备安装→单舱智能化气举取土施工→井孔内位移施工。

(4)气举取土施工流程。

①门式起重机起吊空气吸泥装置并移动至沉井井孔预设原点,编码器归零后再移动至预设路径起始位置。

②依次开启当前井孔排泥管、供水管及供气管支管阀门,门式起重机吊装空气吸泥装置依照预设参数进行单舱取土作业,如图 5 所示。

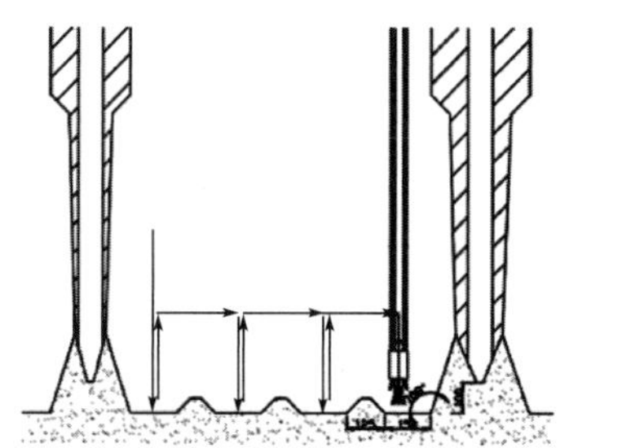
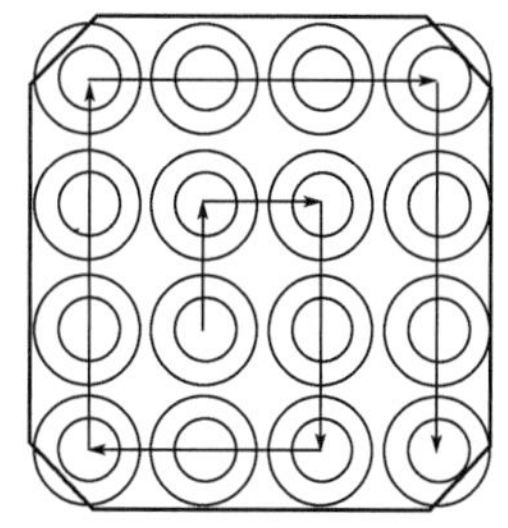

图5　单舱取土路径示意图

③单舱单循环由内向外按照回字形作业路径取土,各井孔点位分布如图 6 所示(可根据实际吸泥效果进行调整);每次作业循环取土深度为 1m,单舱单次总取土深度不超过 2m。

④单舱取土完成后,门式起重机将空气吸泥装置提升一定高度,再依次关闭当前井孔供气管、供水管和排泥管支管阀门。待静置 3~5min 后,开始扫测舱内泥面信息,确认泥面达标后,操作门式起重机将气举取土装置安置于搁置架上,单舱作业结束。

(5)功效分析。

空气吸泥器的吸泥效率与水深、土层性质、吸泥机头直径、使用的风量、风压以及操作情况等有关。根据调查国内有关沉井吸泥下沉的经验和资料,本项目吸泥器吸泥效率取 0.2,出水含泥量取 10%。

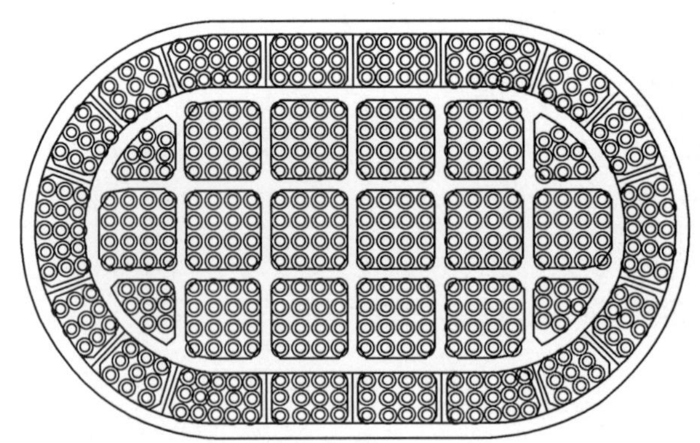

图6　作业点位分布

气举取土设备共布置38台，工作时启动19台，沉井断面面积为4825m²，按每天有效作业16h计算，则气举取土设备每日取土方量为：$16 \times 19 \times (8.4 \times 60 \times 0.2) \times 10\% = 3064\text{m}^3$，满足日均取土量2000m³的需求；每天下沉量可达0.6m，考虑其他因素的影响，满足日均下沉量0.4m的控制需求。

3.2.2　气水混合冲射破土

(1)气水混合冲射破土设备性能参数。

气水混合冲射破土设备是在传统高压射水的基础上，通过双层喷嘴结构，在射水外沿同时喷射一定压力的气体，以气水结合的方式冲击土体，高压气体即可助推水力，使得被射流束冲击的土体迅速鼓胀破坏，扩大破土范围，提高冲泥效率。在沉井外侧井壁及"十字""T字"井壁交叉处预埋管道，在沉井进入终沉阶段时，将气水混合射流喷头通过预埋管道伸入至井底后，开启射流对刃脚及隔墙下部土体进行破坏，如图7所示。

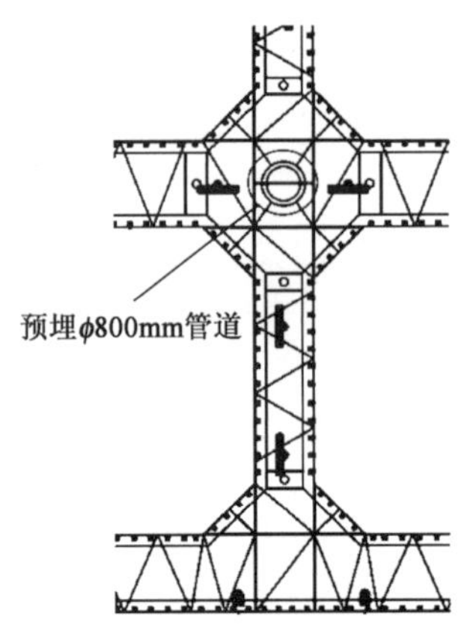

图7　气水混合冲射破土设备

气水混合冲射破土设备的供气、水管采用双层套管结构形式，内管通水外管通气；内管采用0.1m无缝钢管制作，外管采用0.133m无缝钢管；底端除垂向喷嘴外还配置两个周向喷嘴，加大破土范围，内层射水喷嘴直径25mm，外层喷嘴直径45mm。

选取的水泵扬程需满足300m，流量应达388m³/h以上，可选用两台九级离心泵作为供水设备。采用1台G-175A螺杆式空气压缩机作为供气设备。

(2)施工步骤。

高压气水混合冲射设备作为气举取土设备的补充，用于辅助粉质黏土层及辅助剪力键盲区破土。高压气水混合冲射设备施工布置同智能气举取土设备。

步骤一：气水混合冲射破土设备运输。

①气水混合冲射破土设备出厂前，完成设备编号及标准化涂装工作，并根据安装先后顺序，在驳船

内依次摆放(图8);

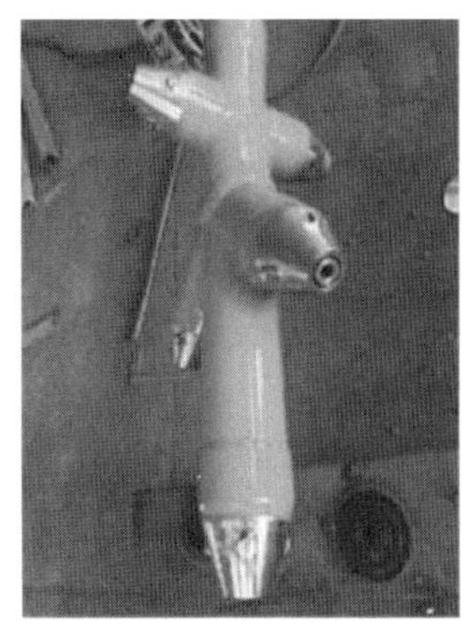

图8 气水混合冲射破土设备工厂内制作

②运输气水混合冲射破土设备的驳船进入指定位置后定位,等待安装。

步骤二:气水混合冲射破土设备安装。

①气水混合冲射破土设备安装前,对需进行预破土的井孔泥面进行扫测,确认其井底泥面高程信息;

②基于井底泥面高程信息,通过沉井顶面起重设备逐节拼装气水混合冲射设备;

③所有节段拼装完成后,将其管路分别与井孔内供水、供气支线管路连接。

步骤三:气水混合冲射预处理施工。

①安装完成后,门式起重机起吊气水混合冲射破土设备并移动至初始作业点位;

②依次开启当前井孔供气管和供水管阀门,门式起重机下放气水混合冲射破土设备开始软塑黏土层预处理;

③待完全穿透软塑状黏土层后,提升气水混合冲射破土设备,依照预定的处理顺序移动至下一作业点位继续作业,直至单舱内所有点位预处理作业完成。

步骤四:拆卸转舱。

①井孔内所有点位处理完成后,门机将气水混合冲射破土设备提升至一定高度,再依次关闭当前井孔供气和供水支管阀门,待阀门关闭后,在塔式起重机辅助下的拆卸转舱;

②重复步骤二~四,直至所有井孔处理完成。

3.2.3 电动铰刀取土

根据沉井取土策略,针对粉质黏土及胶结砂层,总体采用机械破土+气举取土工艺。基于此,在空气吸泥机的基础上,研制可快速拆装的模块化电动双头绞刀设备,以满足施工要求。

本项目针对软塑状黏土地层,施工过程中在智能化气举取土的基础上,快速安装绞刀头进行机械破土,针对小锅底下沉时剪力键下盲区取土效果较为明显(图9)。

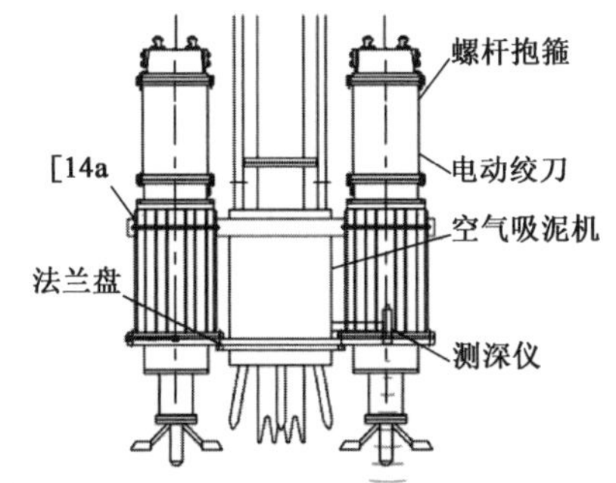

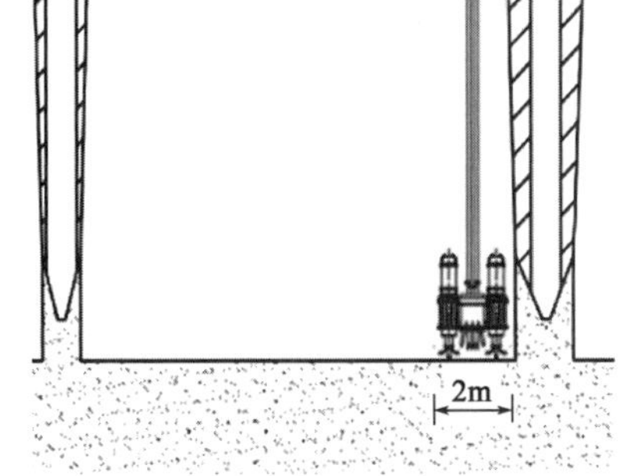

图9 电动铰刀破土作业示意图

3.2.4　刃脚取土机器人

沉井第四次下沉进入淤泥质黏土层后，当采用小锅底以及助沉措施后仍难以下沉时，考虑采用大锅底下沉工艺，取掉隔墙底部黏土支撑，并进行刃脚取土。拟配被 2 台沉井刃脚取土机器人。该机器人由上部工作平台和作业机器人本体两部分组成，如图 10 所示。作业前，通过浮式起重机将平台和内支撑架整体吊装到沉井顶面特定位置，平台上的卷扬机下放内支撑，检测下放到特定位置后，在油缸的作用下，使其支撑于井壁上。机械臂前端设置有铣刨头和射水喷头，通过伸缩臂的回转、变幅实现刃脚破土全覆盖。单舱作业完成，设备提升，由浮式起重机整体转运至邻舱后，通过气举取土将破碎后的土体取出。

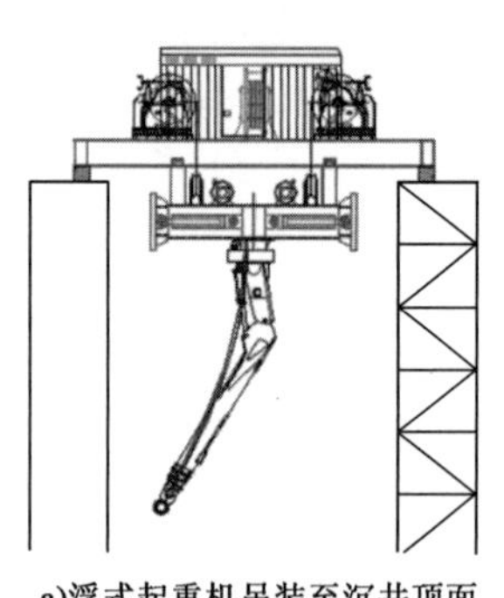

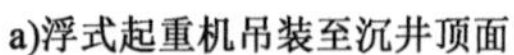
a)浮式起重机吊装至沉井顶面

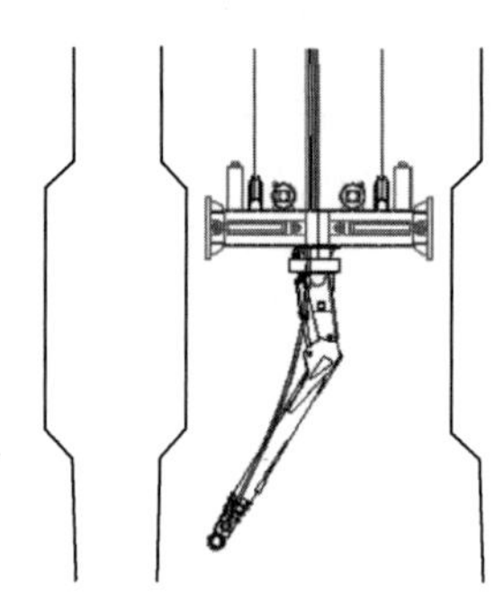

b)卷扬机下放作业机器人

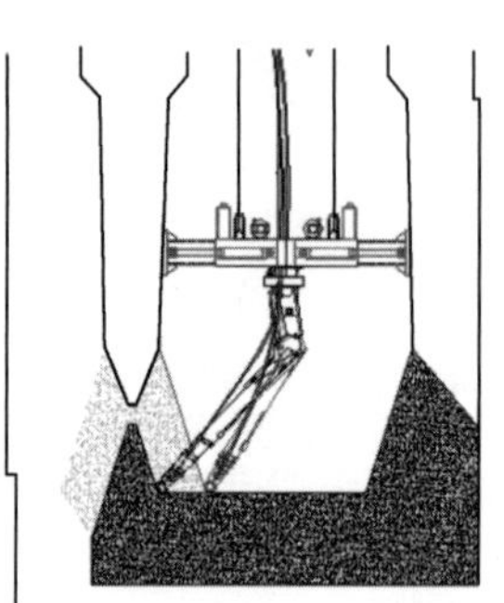

c)支撑臂支撑于井壁，作业开始

图 10　沉井刃脚破土机器人作业示意图

机械臂刃脚破土设备采用全液压驱动，适应 80m 深浊水环境，可适应矩形和弧形隔舱作业。操作界面可视化，具备铣刨头相对沉井刃脚位置信息、作业状态监测、过载保护等功能。

3.2.5　空气幕助沉

根据计算分析，沉井下沉后期侧阻力占比达 70% 以上，为减小侧阻、控制超挖深度，采取空气幕法进行辅助下沉施工。空气幕的原理是利用设置在沉井井壁外侧预先埋设好的喷气管路向井壁外的土体不断喷射高压气体，喷出的空气沿着沉井外壁不断上升形成一个压气层即气幕，使砂翻滚而黏土形成泥浆，从而使土体对外侧井壁的摩阻力大大减小，达到辅助沉井下沉的目的。本项目中尚未实际启用该施工方法。

4　结语

常泰大桥沉井施工针对盲区取土采用的方法包括：

(1) 刃脚盲区：井壁预留管内高压旋喷预搅拌为主，水下机械臂定点取土为辅。

(2) 剪力键盲区：高压气水混合冲射 + 电动铰刀气举取土为主，水下机械臂定点取土为辅，井壁外高压旋喷预搅拌为备用，以此实现剪力键及刃脚盲区取土全覆盖，各项措施及设备相互备用。

同时，智能取土设备研发实现了机械化减人，大大提高了设备利用率，项目提前 2 个月完成终沉目标。质量控制方面，沉井中心平面偏位仅为 5cm，垂直度精度高达 1/1200，终沉高程误差不大于 8cm，各项指标远超设计和规范要求。

常泰长江大桥 5 号墩沉井基础结构新颖，平面尺寸大，依托项目研发的自动化气举取土集群控制系统及各类应对盲区的取土设备，首次采用内、外井孔台阶式取土工艺，取得了良好的效果，对类似工程起到了指导和借鉴意义。

参 考 文 献

[1] 吴启和，张磊．常泰大桥水中沉井的关键技术[J]．中国公路，2020(9)：74-77.

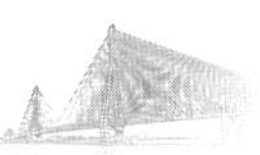

[2] 李军堂. 沪通长江大桥主航道桥沉井施工关键技术[J]. 桥梁建设,2015,45(6):12-17.
[3] 李陆平,朱斌,罗瑞华. 武汉杨泗港长江大桥主塔沉井硬塑黏土中下沉技术[J]. 桥梁建设,2018,48(4):1-5.
[4] 秦顺全,谭国宏,陆勤丰,等. 超大沉井基础设计及下沉方法研究[J]. 桥梁建设,2020,50(5):1-9.

常泰长江大桥超大水下钢沉井终沉及封底关键技术

朱　浩[1,2,3,4]，杨　切[1,2,3,4]

（1. 中交第二航务工程局有限公司，湖北武汉　430040；
2. 长大桥梁建设施工技术交通行业重点实验室，湖北武汉　430040；
3. 交通运输行业交通基础设施智能制造技术研发中心，湖北武汉　430040；
4. 中交公路长大桥建设国家工程研究中心有限公司，北京　100032）

摘　要　目前沉井基础已经广泛应用于大型桥梁建设。现行的沉井规范主要针对中小沉井，随着沉井平面尺寸越来越大，超大型沉井终沉阶段的受力机理有待研究。以最大尺寸水中圆端台阶型钢沉井常泰长江大桥5号墩为研究对象，运用相关理论方法对5号墩沉井终沉以及封底过程进行了分析，提出了"两圆端"支撑下沉法，同时研究了隔墙底部应力分布，沉井侧摩阻力以及对"两圆端"支撑下的沉井、沉井封底过程进行了有限元模拟。研究结果表明：通过及时动态调整可以保证沉井良好的姿态。沉井在终沉过程中，端阻力、侧摩阻力分别占总阻力的55%、45%，动摩阻力系数与静摩阻力系数之比为0.63。"两圆端"支撑下沉法通过减少端阻力，实现了大型水中钢沉井没有任何助沉措施下，顺利快速下沉。沉井封底施工过程中，通过合理的浇筑顺序可以保证沉井钢壳以及混凝土均在可控的安全范围内，研究结果可为大型水中钢沉井施工提供重要的指导意义。

关键词　沉井；施工监测；封底；侧摩阻力；端阻力；姿态控制

Key Technologies of Final Settlement and Bottom Sealing of Super Large Underwater Steel Caisson of Changtai Yangtze River Bridge

ZHU Hao[1,2,3,4], YANG Qie[1,2,3,4]

(1. CCCC Second Harbor Engineering Co., Ltd., Wuhan 430040, China;
2. Key Laboratory of Transportation Sector for Long-Span Bridge Construction Technique, Wuhan 430040, China;
3. Transportation Infrastructure Intelligent Manufacturing Technology Research and Development Center, Wuhan 430040, China;
4. CCCC Highway Bridge National Engineering Research Centre Co. Ltd, Beijing 100032, China)

Abstract　At present, open caisson foundation has been widely used in large-scale bridge construction. The current open caisson specifications are mainly for small and medium-sized open caisson. With the increasing plane size of open caisson, the stress mechanism of super large open caisson in the final settlement stage needs to be

基金项目：中国交通建设股份有限公司科技研发项目（EHYF-2020-B-04-052）。

作者简介：朱浩（1981— ），男，正高级工程师，硕士，中交第二航务工程局有限公司，研究方向：桥梁施工监控技术。

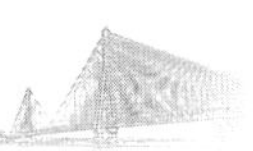

studied. Taking the No. 5 pier of Changtai Yangtze River Bridge with the largest round end stepped steel open caisson in water as the research object, the final settlement and bottom sealing process of the No. 5 pier open caisson are analyzed by using the relevant theoretical methods, and the "two round ends" support sinking method is proposed. At the same time, the stress distribution at the bottom of the partition wall, the side friction of the sink and the finite element simulation of the open caisson and the bottom sealing process of the Open Caisson under the "two round ends" support are studied. The results show that the good posture of open caisson can be ensured by timely dynamic adjustment. In the final sinking process of open caisson, the end resistance and side friction accounted for 55% and 45% of the total resistance respectively, and the ratio of dynamic friction coefficient to static friction coefficient was 0.63. For the first time, the "two round ends" support sinking method reduces the end resistance and realizes the smooth and rapid sinking of large underwater steel open caisson without any settlement assistance measures. During the construction of caisson bottom sealing, the steel shell and concrete of caisson can be ensured to be within the controllable safety range through reasonable pouring sequence. The research results can provide important guiding significance for the construction of large underwater steel open caisson.

Keywords Open caisson; construction monitoring; bottom sealing; side friction; end resistance; attitude control

1 引言

当前，沉井基础已经广泛应用于大型桥梁建设，它具备整体性能好、抗震性能强、施工速度快以及刚度大等优点，国内外应用十分广泛。21 世纪以来，我国大型桥梁以沉井作为基础较为常见，如沪苏通长江公铁大桥、南京长江四桥、五峰山长江大桥以及泰州大桥等。

目前，国内对沉井的研究主要集中在沉井受力机理、施工技术以及施工方案等方面。严爱国等对多种桥梁基础方案进行了比选，表明圆形沉井基础在结构受力特性、经济性等方面均优于其他基础形式。李鹏分析了沪苏通长江公铁大桥沉井施工关键技术，总结了技术应用过程中的合理性。秦顺全等通过技术方案比选，选定常泰长江大桥的主塔基础采用圆端型沉井，并且阐明了超大型沉井的下沉机理。朱建民等研究发现隔墙底板的应力分布情况和大小随着沉井的首节混凝土浇筑完成后基本固定。施洲等对沉井下沉过程中的侧摩阻力、端阻力进行了研究，提出了计算动、静摩阻系数的计算公式。

Mehta 等简要地介绍了采用水下技术建造的沉井，讨论了浇筑混凝土的导管法，详细介绍了沉井的概况、技术特点、新技术的改进及优缺点。Chavda 等通过试验研究圆形沉井刃脚切割砂土的荷载-贯入响应和土壤流动机理，并且采用基于图像的变形测量技术对土壤流动机理进行了评价。Templeman 等运用有限元探讨了刃脚几何形状对砂土中刃脚阻力的影响。结果表明，刃脚几何形状的影响高度依赖于沉井切面粗糙度和土体摩擦角。

综上所述，现行的沉井规范主要针对中小沉井，中小沉井终沉阶段总阻力以侧摩阻力为主，随着沉井平面尺寸越来越大，超大型沉井终沉阶段的受力机理有待研究。本文以目前世界最大尺寸圆端台阶型水中钢沉井——常泰长江大桥 5 号墩沉井基础为研究对象，运用相关理论方法对 5 号墩沉井终沉以及封底过程进行了分析，对“两圆端”支撑下的沉井、沉井封底过程进行了有限元模拟，研究结果可为大型水中钢沉井施工提供重要的指导。

2 工程概况

常泰长江大桥为双层斜拉桥，集普通公路、高速公路以及城际铁路三位一体。沉井立面为台阶型，台阶宽度 9.0m，底面高程为 -65m，顶面高程为 +7m。沉井平面为圆端型，顶部尺寸为 77.0m×39.8m，底部尺寸为 95.0m×57.8m。5 号墩钢沉井结构见图 1。

沉井下部为钢壳混凝土，上部为钢筋混凝土，钢壳混凝土高 64m，钢筋混凝土高 8m。沉井下沉到位后，沉井刃脚持力层为密实粗砂，封底混凝土厚 11.5m。

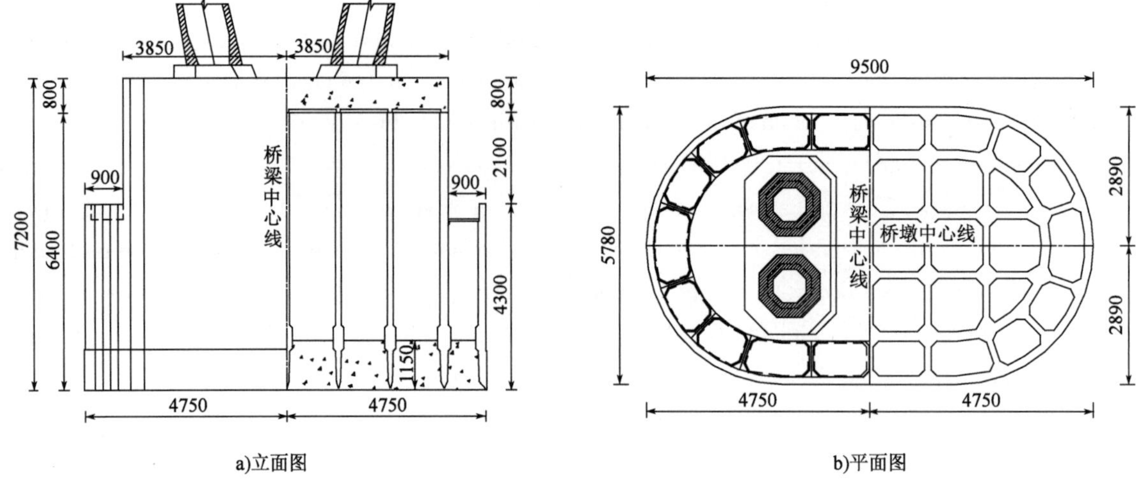

a)立面图　　b)平面图

图1　5号墩钢沉井结构(尺寸单位:cm)

3　施工监测结果与分析

3.1　下沉曲线

常泰长江大桥5号墩沉井终沉时间为2020年12月16—29日,沉井下沉曲线见图2。由图2可见,沉井外刃脚底高程为-57.98~-64.75m(沉井设计底高程为-65m),累计下沉6.77m,其间日平均下沉量为48.4cm,终沉过程中持力土层为密实粗砂。

沉井终沉(第4次取土)日下沉量见图3。由图3可见,终沉大致可以分为两个阶段:第一阶段为平稳快速下沉阶段(2020年12月16—22日),沉井为“大锅底”支撑状态,沉井外刃脚底高程为-57.98~-62.84m,累计下沉4.86m,其间日平均下沉量为69.4cm,单日最大下沉量为1m,单日最小下沉量为0.22m;第二阶段为下沉减缓阶段(2020年12月23—29日),沉井为“两圆端”支撑状态,沉井外刃脚底高程为-62.84~-64.75m,累计下沉1.91m,其间日平均下沉量27.3cm,单日最大下沉量为0.62m,单日最小下沉量为0.09m。

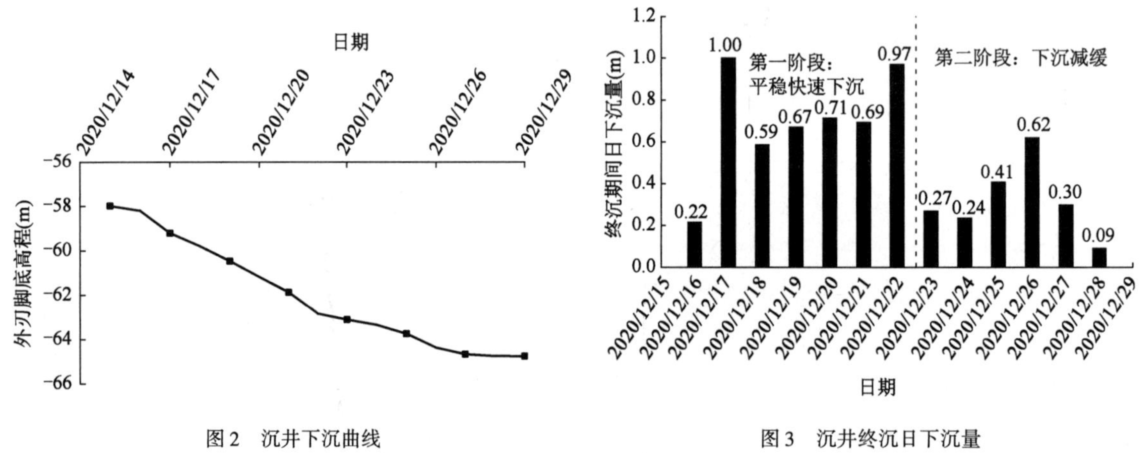

图2　沉井下沉曲线　　图3　沉井终沉日下沉量

3.2　沉井几何姿态

在沉井顶部的上游、下游、江侧和岸侧布置4个北斗传感器及在隔墙底部布置若干传感器,北斗测点布置见图4。通过上游、下游、江侧和岸侧的高程$H_1 \sim H_4$推算及监测沉井偏位、倾斜和平面扭角等几何信息。同时通过沉井“哪边高取哪边”的原则,即放慢沉井刃脚较低一侧的取土速率,加快沉井刃脚高侧取土,使得沉井刃脚高侧下沉速度大于低侧,让高程$H_1 \sim H_4$基本趋于一致,对沉井及时动态纠偏调整,保证沉井几何姿态。

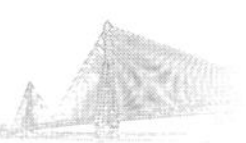

沉井偏位变化曲线见图5。由图5可见,在沉井终沉过程中,底口中心X向偏位在10cm左右,底口中心Y向偏位在-10cm左右,满足《沉井与气压沉箱施工规范》(GB/T 51130—2016)设计要求(设计值为±15cm)。

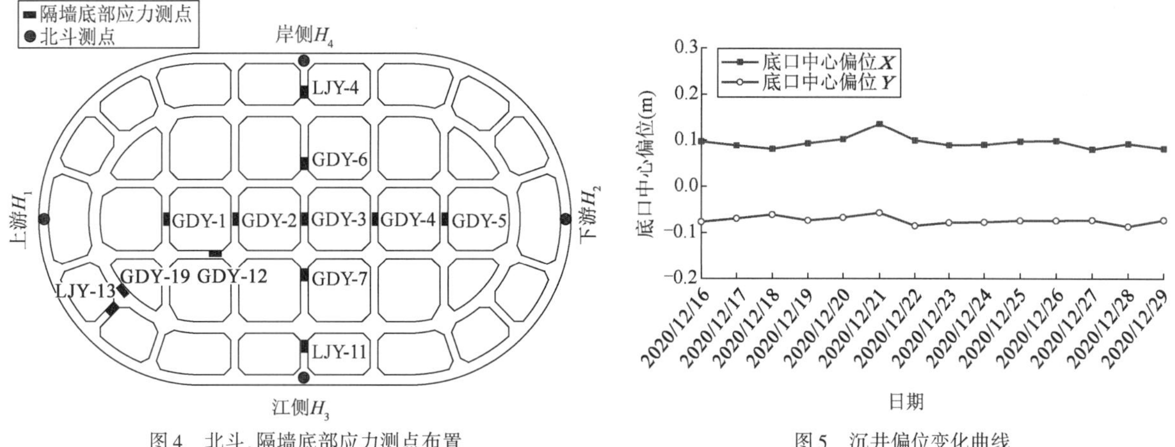

图4　北斗、隔墙底部应力测点布置

图5　沉井偏位变化曲线

沉井倾斜姿态变化曲线见图6。由图6可见,沉井横桥向、顺桥向倾斜值均控制在±0.003以内,满足《沉井与气压沉箱施工规范》(GB/T 51130—2016)设计要求(设计值为±1/150)。

沉井平面扭转角变化曲线见图7。由图7可见,沉井平面扭角控制在±0.1°以内,满足《沉井与气压沉箱施工规范》(GB/T 51130—2016)设计要求(设计值为±1°)。

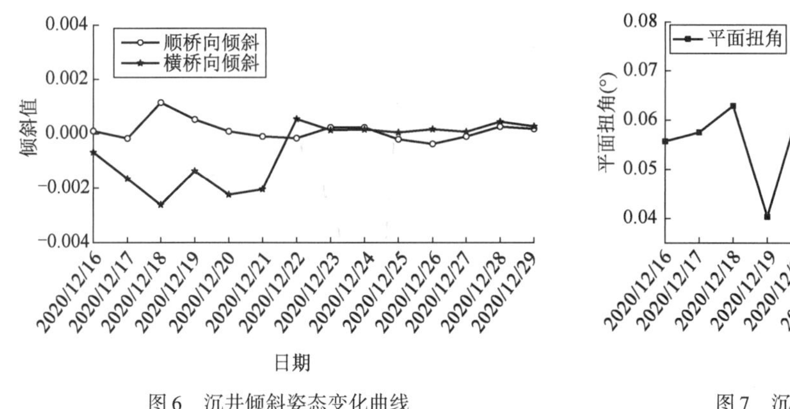

图6　沉井倾斜姿态变化曲线

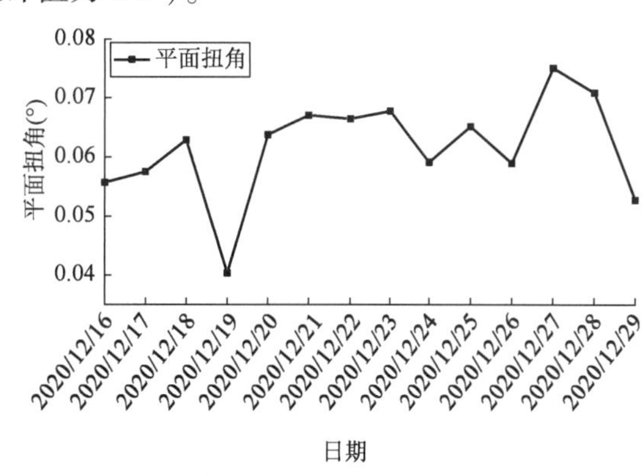

图7　沉井平面扭转角变化曲线

3.3　隔墙底部应力监测

隔墙底部的传感器用于监测隔墙底部的钢板结构应力,是沉井终沉控制结构安全性的重要指标,隔墙底部应力曲线见图8。由图8可见,外隔墙以及内隔墙底部钢板应力值在57~72MPa间,均值为65MPa左右,说明隔墙底板的应力和大小随着沉井最后一次夹壁混凝土浇筑完成后基本固定。原因为当沉井处于最后的下沉阶段时,5号墩沉井进入土体比较深,最深处超过30m,沉井周边的土体阻碍了沉井隔墙底板的变形,对沉井隔墙底板的受力有利。

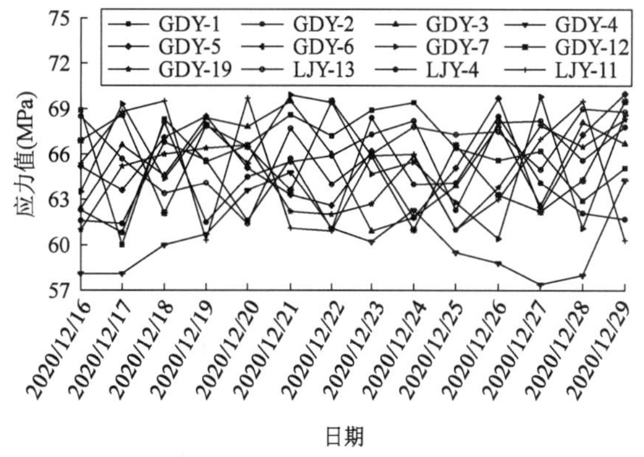

图8　隔墙底部应力曲线

3.4　侧摩阻力监测

通过对沉井侧壁土压力进行监测,可以定性地获得沉井周围的土体应力状态。测点布置6层,共12列,一共72个测点,沿着沉井周围均匀布置,分别布置在沉井长边直线段两端及中间点位置,圆弧段布置在四等分点。传感器距沉井刃脚底部分别为2m、7m、12m、18m、24m、30m。

5号墩沉井在2020年12月20日、22日、25日均发生过“突沉”，下沉量分别为12m、7m、5cm。沉井突沉从开始到结束，时间为5～8 s，为了预警沉井突沉，对突沉过程中的侧壁土压力进行了研究。由于下沉量较小，突沉全过程中同一位置处的侧壁土压力监测点变化值可忽略，根据沉井突沉前后基底土压力、下沉量、下沉时间实测数据以及各地基土土层特性等参数，可以定量地研究动摩阻力与静摩阻力之间的关系。根据文献[9]的计算方法，沉井终沉阶段，动摩阻力系数与静摩阻力系数之比为0.63。

3.5 两圆端支撑下沉法

对于绝大部分沉井，当沉井处于终沉阶段时，随着沉井入土深度加深，沉井侧摩阻力增加，占整个沉井阻力的60%～70%。一般情况下需要采取助沉措施，如空气幕助沉、泥浆润滑套助沉等，通过减少侧摩阻力使沉井下沉。

但文献[7]研究表明，随着沉井尺寸增大，侧摩阻力占沉井总阻力之比会逐渐降低，从早期的86%降到37%，端阻力占沉井总阻力之比会逐渐升高，从早期的14%升高到63%。因此，中小沉井的施工方法不适用于大型沉井，如果没有解除沉井端阻力的可靠方法，超大型沉井安全下沉也难以实现。考虑到终沉阶段沉井持力层为密实粗砂，安全性较高，对于水中钢沉井，提出了两圆端支撑以及四点支撑状态下沉法，支撑示意图见图9。本文首次在沉井终沉阶段减少沉井端阻力而不是侧摩阻力，使沉井顺利下沉，并采用Midas FEA NX软件进行有限元模拟对比分析。

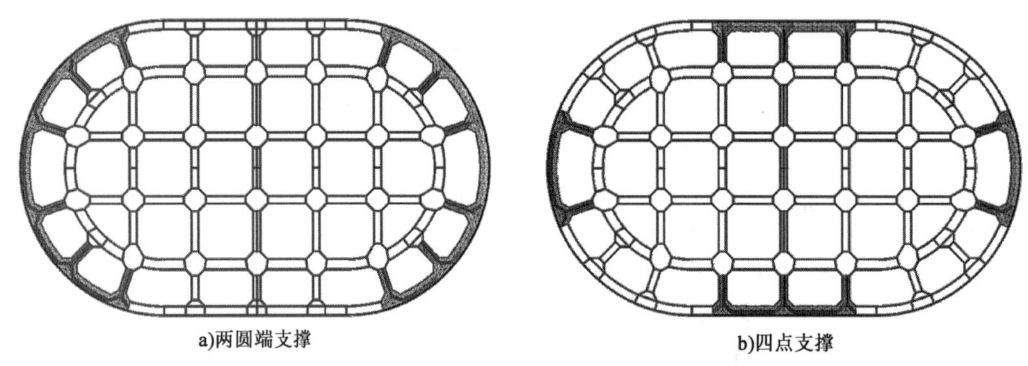

图9 两圆端、四点支撑示意图

Midas FEA NX具体建模过程如下：混凝土本构、钢壳本构分别见《混凝土结构设计规范》(GB 50010—2010)、《钢结构设计标准》(GB 50017—2017)，混凝土强度等级采用C30，钢壳采用Q355B。土层采用摩尔-库仑本构，模拟土层的长、宽、高分别为250m、170m、80m，土层参数参照文献[19]表1，并且使用析取功能使混凝土与钢壳共节点。钢壳与土层之间设置接触面，接触面采用界面单元模拟，土层与混凝土均采用四面体单元，并且采用整体水位模拟水位。沉井的边界条件为：土层底面采用固结约束，土层顶面无约束，土层四周采用截断边界。

两圆端、四点支撑模拟结果见表1。由表1可见，钢壳应力、混凝土主拉应力在两圆端支撑状态下均比四点支撑状态应力值小，因此选择两圆端支撑下沉法。

两圆端、四点支撑模拟结果(单位：MPa) 表1

支撑	钢壳应力对比	混凝土主拉应力
两圆端支撑	60	2.33
四点支撑	77	2.43

3.6 两圆端支撑反演计算

选定了两圆端支撑状态后，对沉井下沉过程中的吸泥区域进行反演计算，以确定两圆端支撑最佳状态。沉井下沉分3种情况：可以下沉(工况1)、容易下沉(工况2)、下沉较快(工况3)。终沉吸泥反演

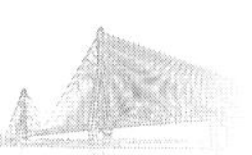

计算图见图10。下沉系数见表2。由图10、表2可见,工况1下沉系数为1.06,端阻力、侧摩阻力分别占总阻力的55%、45%;工况2下沉系数为1.09,端阻力、侧摩阻力分别占总阻力的53%、47%;工况3下沉系数为1.12,端阻力、侧摩阻力分别占总阻力的52%、48%。因此,本文推荐工况2,既可以保证下沉,又可以满足沉井支撑条件。

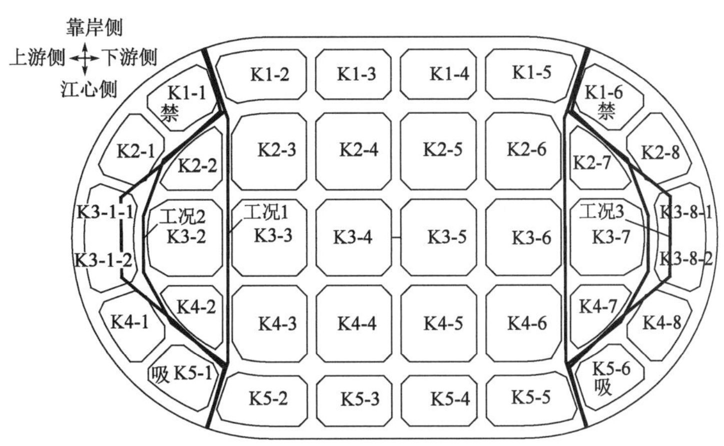

图10 终沉吸泥反演计算

终沉吸泥反演计算下沉系数 表2

工况	沉井重力(kN)	端阻力(kN)	侧摩阻力(kN)	浮力(kN)	下沉系数
工况1	2303030	674350	556560	1003750	1.06
工况2	2303030	636180	556560	1003750	1.09
工况3	2303030	601410	556560	1003750	1.12

终沉到位后,沉井刃脚土压力分布在两圆端处,最大应力值为3.8MPa。沉井在终沉过程中,端阻力、侧摩阻力分别占总阻力的55%、45%,两圆端支撑下沉法通过减少端阻力而不是侧摩阻力,实现了大型水中钢沉井没有任何助沉措施及保证沉井结构安全的前提下,顺利快速下沉,经济效益显著,对以后大型水中钢沉井施工具有重要的指导意义。

4 水下混凝土封底

浇筑混凝土前,需要对沉井进行清基,清基的主要内容是把基底过高的土面吸掉、清除基底表面松散泥沙和各类杂物,使沉井坐落在较紧密的基底上,并使基底平整、尺寸满足设计要求。同时清除沉井壁上粘连的泥沙和杂物,使封底混凝土与沉井间结合紧密,传力良好。

沉井终沉阶段,关闭气举取土设备的射水管,只吸不冲,尽量减少吸泥取土作业对基底土层的扰动影响。根据沉井下沉施工指令,开启指定数量的取土设备,对称、均匀取土,严格控制井孔内的吸泥深度,严禁扰动基底土层。

距设计高程1~2m时,沉井吸泥与清基同步进行,先清理中间井孔,再清理周边井孔,至目标呈平锅底形状。然后隔墙刃脚位置回填碎石,再浇筑分区混凝土,将井孔进行分区,防止封底混凝土串孔。

用较好的设备检测清基泥面落渣厚度。由于管壁可能有遗留铁板障碍物,深潜作业时间有限,故检测有极大的风险。利用BV5000三维声呐来检测清基质量,它能清晰地观察到清基后泥面情况及一、二期抛填砂石情况,既能量化内圈隔墙脱空高度,也能量化外圈刃脚埋深。

K1-3、K3-3(编号见图10)外井孔三维声呐扫测云图见图11。由图11a)可见,内侧井壁完全脱空,外侧刃脚仍有埋深,T形节点部位有土,上下游隔墙底部约有2/3脱空,井内泥面成斜坡式分布,外高内底;由图11b)可见,井壁完全脱空,脱空平均高度约为1548mm,井内泥面较为平整。

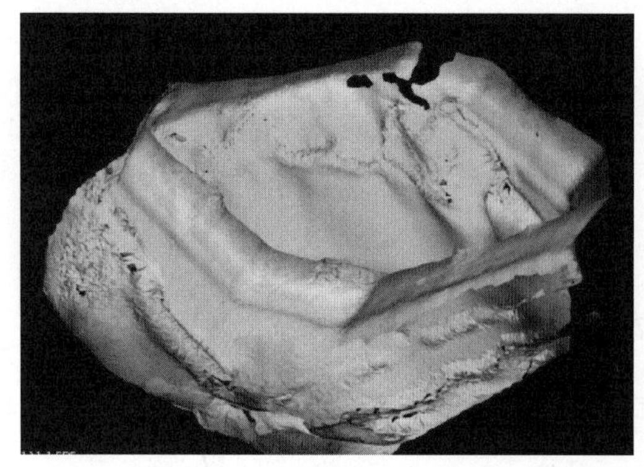
a)K1-3　　b)K3-3

图 11　K1-3、K3-3 三维声呐扫测云图

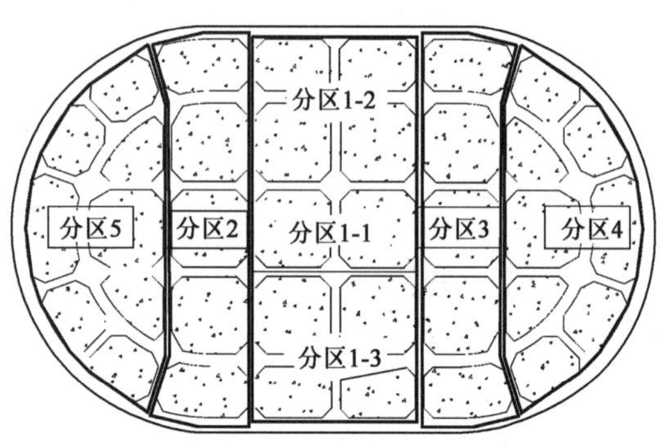

图 12　沉井封底浇筑顺序

由于封底混凝土浇筑高度为 11.5m，浇筑混凝土方量为 4.2 万 m^3，浇筑量巨大，需要考虑现场施工环境、混凝土供应量及混凝土浇筑顺序对沉井结构受力影响，因此对浇筑方案用 Midas FEA NX 进行模拟比选。

沉井封底浇筑顺序见图 12。方案 1：先浇筑分区 1-1、1-2、1-3，然后浇筑分区 2、3，最后浇筑分区 4、5；方案 2：先浇筑分区 1-1、分区 2、分区 3，然后浇筑分区 1-2、1-3，最后浇筑分区 4、5。最后根据现场实际情况和专家论证，方案 2 较方案 1 经济效益性好，施工更加合理方便，因此选择方案 2。

封底混凝土浇筑完成后，沉井下沉量对比结果见表 3。由表 3 可见，浇筑前后沉井总体有限元模拟下沉量为 9.75cm，沉井实际下沉量为 10.2cm，有限元模拟效果较好。封底混凝土浇筑完成后，钢壳应力最大值为 98MPa，钢壳未屈服，上部钢壳应力值较小，应力主要集中在下部钢壳刃脚处。封底混凝土浇筑完成后，混凝土最大主拉应力为 2.76MPa，部分混凝土受拉屈服，但是由于钢壳包裹混凝土，混凝土处于三向受力状态，沉井结构仍然处于安全可控范围内。

沉井封底混凝土浇筑下沉量对比　　表 3

浇筑分区	沉井有限元模拟最大下沉量(cm)	沉井实际最大下沉量(cm)
分区 1-1	0.52	0.62
分区 2、3	3.77	3.96
分区 1-2、1-3	6.23	6.58
分区 4、5	9.75	10.2

5　结语

(1)沉井终沉监测与控制结果表明：沉井终沉过程中，下沉速度最大值为 1m/d，通过对沉井及时动态纠偏调整，可以保证沉井良好的姿态，并且沉井整体姿态控制较好。

(2)隔墙底板的应力和大小随着沉井的最后一次夹壁混凝土浇筑完成后基本固定，底板应力值始终保持在 65MPa 左右。原因为当沉井处于终沉阶段时，5 号墩沉井进入土体比较深，达 30 多米，沉井周边的土体阻碍了沉井隔墙底板的变形，对沉井隔墙底板的受力有利。

(3)沉井在终沉过程中，端阻力、侧摩阻力分别占总阻力的 55%、45%，动摩阻力系数与静摩阻力系

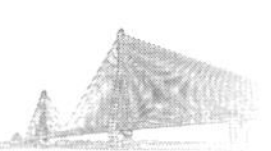

数之比为0.63。两圆端支撑下沉法通过减少端阻力而不是侧摩阻力,实现了大型水中钢沉井没有任何助沉措施及保证沉井结构安全的前提下,顺利快速下沉,经济效益显著,对以后大型水中钢沉井施工具有重要的指导意义。

(4)沉井封底施工过程中,BV5000三维声呐可以有效检测清基质量,同时合理的浇筑顺序可以保证沉井钢壳以及混凝土均在可控的安全范围内。

◀ 参 考 文 献 ▶

[1] PENG F L, WANG H L, TAN Y, et al. Field Measurements and Finite-Element Method Simulation of a Tunnel Shaft Constructed by Pneumatic Caisson Method in Shanghai Soft Ground[J]. Journal of Geotechnical and Geoenvironmental Engineering, 2011, 137(5): 516-524.

[2] JALBI S, SHADLOU M, BHATTACHARYA S. Impedance Functions for Rigid Skirted Caissons Supporting Offshore Wind Turbines[J]. Ocean Engineering, 2018(150): 21-35.

[3] 林长青. 沪通长江大桥主航道桥超大钢沉井定位方案比选[J]. 铁道建筑, 2020, 60(11): 29-32.

[4] 潘桂林, 李德杰, 冯龙健. 五峰山长江大桥北锚碇沉井基础首次下沉方法研究[J]. 铁道建筑, 2021, 61(12): 48-51, 57.

[5] 严爱国, 文望青, 刘振标, 等. 甬舟铁路西堠门公铁两用大桥金塘侧桥塔深水基础方案研究[J]. 世界桥梁, 2020, 48(S1): 34-39.

[6] 李鹏. 沪通长江大桥主塔沉井基础施工技术[J]. 工程技术研究, 2020, 5(20): 76-77.

[7] 秦顺全, 谭国宏, 陆勤丰, 等. 超大沉井基础设计及下沉方法研究[J]. 桥梁建设, 2020, 50(5): 1-9.

[8] 朱建民, 龚维明, 穆保岗, 等. 超大型沉井首次接高受力及变形规律初探[J]. 岩土力学, 2012, 33(7): 2055-2060, 2066.

[9] 施洲, 李思阳, 杨仕力, 等. 超大型沉井基础下沉中后期摩阻力特性及突沉机制研究[J]. 岩石力学与工程学报, 2019, 38(S2): 3894-3904.

[10] MEHTA J, PITRODA J, BHAVSAR J J. Open Caisson: Underwater Construction Technique and Placement[C]// International Conference on Engineering: Issues, opportunities and Challenges for Development. Bardoli: S. N. Patel Institute of Technology & Research Centre, 2015: 1-8.

[11] CHAVDA J T, DODAGOUDAR G R. Experimental Studies on a Circular Open Caisson[J]. International Journal of Physical Modelling in Geotechnics, 2022, 22(2): 70-87.

[12] TEMPLEMAN J O, PHILLIPS B M, SHEIL B B. Cutting Shoe Design for Open Caissons in Sand: Influence on Vertical Bearing Capacity[J]. Proceedings of the Institution of Civil Engineers-Geotechnical Engineering, 2021: 1-16.

[13] 秦顺全, 徐伟, 陆勤丰, 等. 常泰长江大桥主航道桥总体设计与方案构思[J]. 桥梁建设, 2020, 50(3): 1-10.

[14] 中华人民共和国住房和城乡建设部. 沉井与气压沉箱施工规范: GB/T 51130—2016[S]. 北京: 中国建筑工业出版社, 2016.

[15] 李思阳. 大型沉井基础下沉全过程受力特性及突沉机理研究[D]. 成都: 西南交通大学, 2020.

[16] 荆刚毅, 郝胜利, 蒋能世, 等. 砂套结合空气幕助沉措施在南京长江第四大桥北锚沉井下沉施工中的应用[J]. 公路, 2010, 55(6): 40-44.

[17] 中华人民共和国住房和城乡建设部. 混凝土结构设计规范: GB 50010—2010[S]. 北京: 中国建筑工业出版社, 2011.

[18] 中华人民共和国住房和城乡建设部. 钢结构设计标准: GB 50017—2017[S]. 北京: 中国建筑工业

出版社,2017.

[19] 赵东梁,沈立龙,李嘉成.水中巨型台阶形沉井取土下沉计算分析[J].中国港湾建设,2020,40(10):45-50.

[20] 邓友生,熊浩,刘荣,等.武汉鹦鹉洲长江大桥北锚碇施工变位分析[J].岩土力学,2013,34(S1):241-246.

常泰长江大桥5号墩沉井基础下沉取土装备研究与应用

刘修成[1,2]，程茂林[1,2]，陈广飞[3]，管政霖[1,2]

(1. 中交第二航务工程局有限公司，长大桥梁建设施工技术交通行业重点实验室，交通运输行业交通基础设施智能制造技术研发中心，湖北武汉 430040；
2. 中交公路长大桥建设国家工程研究中心有限公司，北京 100120；
3. 江苏省交通工程建设局，江苏南京 210004)

摘 要 常泰长江大桥主桥为跨径1176m的双层钢桁梁斜拉桥，该桥5号墩采用沉井基础。沉井为钢壳内填充混凝土结构，采用两端为圆端型截面、台阶型的新颖结构设计形式。根据施工要求，内、外井孔泥面需形成台阶，沉井下沉过程中需穿透粉质黏土层、砂质胶结层等硬质土层。为解决有关问题，研发了自动化气举取土集群控制系统、机械臂水下定点取土机器人，实现了井孔内高效取土与刃脚盲区取土全覆盖，引入高压旋喷、气水复合射流破土方法，有效解决了节点及隔墙处取土难题。沉井日均下沉量达到45cm，实现了平稳、高精度下沉至设计高程。

关键词 沉井；自动化气举取土；水下取土机器人；气水复合射流；高压旋喷

Research and Application of Soil Excavation Equipment for Open Caisson Sinking of pier No. 5 of Changtai Yangtze River Bridge

LIU Xiu-cheng[1,2], CHENG Mao-lin[1,2], CHEN Guang-fei[3], GUAN Zheng-lin[1,2]

(1. CCCC Second Harbor Engineering Co., Ltd., Key Laboratory of Large-span Bridge Construction Technology, Research and Development Center of Transport Industry of Intelligent Manufacturing Technologies of Transport Infrastructure, Wuhan 430040, China;
2. CCCC Highway Bridge National Engineering Research Centre Co., Ltd., Beijing 100120, China;
3. Jiangsu Provincial Transportation Engineering Construction Bureau, Nanjing 210004, China)

Abstract The Changtai Yangtze River Bridge is a double-deck steel truss cable-stayed bridge with a main span of 1176m. Open caisson foundation is chosen for the pier No. 5. The caisson is a steel shell structure filled with concrete, it is a novel structure design form with circular end section and stepped type, which is the largest submerged open caisson in the world. According to the construction requirements, the method of stepped soil excavation of the inner and outer wells is adopted. During the sinking, it needs to penetrate the hard silty

作者简介：刘修成(1989—)，男，硕士，高级工程师，研究方向：码头及桥梁基础施工、科研等。

clay layer and sandy cemented layer. To address these issues, the automatic control airlift pump system and the underwater excavating robot are developed, which realizes high efficient soil extraction and the full coverage of the blind area. Meanwhile, high pressure rotary jet and gas-water composite jet are applied for solving the problem of soil breaking at cross joint and partition wall. Average daily sinkage of the caisson reaches 45cm, and finally settles to the design elevation smoothly and accurately.

Keywords Open caisson; automatic airlift pump; underwater excavating robot; high pressure rotary jet; gas-water composite jet

1 工程概况

常泰长江大桥连接常州与泰兴两市，主航道桥为公铁合建双塔双索面斜拉桥，其孔跨布置为(142 + 490 + 1176 + 490 + 142)m，是世界首座集高速公路、普通公路、铁路“三位一体”的跨江大桥，也是目前在建的世界最大跨径斜拉桥。

该桥5号墩沉井基础位于泰兴侧，为了减小水流对桥梁基础周围河床的冲刷深度，减轻运营期沉井自重，最终采用了圆端型截面台阶型沉井基础。沉井底部尺寸95.0m × 57.8m，顶面尺寸77.0m × 39.8m，沉井总高72m，其中钢沉井高64.0m，顶高程 +7.0m，底高程 −65.0m，如图1所示，外井壁宽度1.8m，内井壁宽度2.0m，隔墙宽度1.4m，基础持力层为密实中细砂。

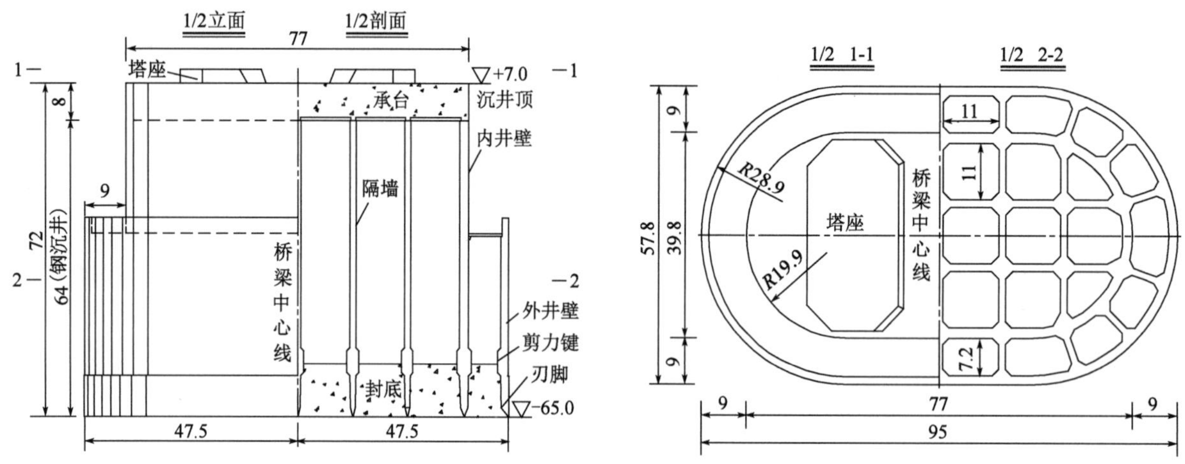

图1 5号桥墩沉井基础(尺寸单位：m；高程单位：m)

5号墩桥址处河床平均高程 −14.5m，地质条件以冲洪积的黏性土、砂性土为主，土层不均匀，层底高差大，如表1所示。表层分布4 ~ 6m厚的硬塑粉质黏土层，砂性土地层揭示有砂质胶结层，主要分布在高程 −38 ~ −48m之间。

5号桥墩土层分布情况 表1

序号	土层	层底高程(m)	平均层厚(m)	最大高差(m)
1	①3 松散粉砂	−17.22	2.71	1.6
2	②1 硬塑粉质黏土	−22.74	5.52	4.8
3	②3 中密粉砂	−24.91	2.17	3.8
4	②1-1 软塑粉质黏土	−27.25	2.34	4.9
5	②3、②4 中密细砂	−31.47	4.22	4.6
6	②1-1 软塑粉质黏土	−33.65	2.18	3.2
7	②3 中密粉砂	−39.89	6.25	14.6

续上表

序号	土层	层底高程(m)	平均层厚(m)	最大高差(m)
8	②4 密实细砂	-48.46	8.57	13.0
9	②1-1 软塑粉质黏土	-50.33	1.87	4.9
10	②5 密实中砂	-56.83	6.50	10.8
11	②6、②7 密实粗砂	-65.00	8.17	13.7

为了消除沉井墩位处上层的硬塑粉质黏土层对沉井施工的不利影响,采用抓斗挖泥船对河床底部进行预开挖清除。根据硬塑粉质黏土层分布范围,开挖深度10m,即开挖至-24.5m高程的硬塑粉质黏土层层底。河床预开挖采取基坑开挖边坡坡率为1:3,坑底开挖平面尺寸为沉井外轮廓往外延3m放坡开挖的形式。

2 主要施工难点

相较于国内外沉井基础,该项目地质条件复杂,沉井体量更为庞大,结构形式尤为新颖,下沉取土施工难点如下:

(1)平面尺寸大,沉井总取土方量达20万m^3,此外,较大的平面尺寸使得其外周长与井壁及隔墙底面积之比为0.16,这表明下沉阻力中,端阻力占比较大,下沉过程中遇到承载能力较好的硬质土层时,易出现下沉困难的问题。

(2)沉井结构的外形整体为台阶型、平面为圆端型。沉井结构外形影响门式起重机轨道布置,易产生取土盲区。

(3)土层复杂,取土难度大。沉井下沉需穿过多层粉质黏土以及砂质胶结层,传统取土设备在此类地层中的作业效率很低。

(4)精度控制要求高:沉井下沉过程中,倾斜姿态要求控制在1/150以内。为了保证沉井下沉姿态平稳,内、外井孔泥面需形成"外高内低"台阶。对于黏土层,内井孔取土深度不得超过外井壁刃脚踏面下2m。

3 设备研究及取土策略

砂土层由于其流动性较好,在井孔范围内,采用气举取土使井孔泥面开挖低于隔墙底部1m左右,即可脱空。而黏土层和胶结砂层具有较好的直壁保持特点,当井孔内泥面开挖至限制高程沉井仍下沉困难时,采用旋喷钻机对节点进行预搅松,利用气水复合射流破除隔墙下土体。对于内井壁局部难破除区域,则采用机械臂水下取土机器人进行定点清除。作业区域分布如图2所示。

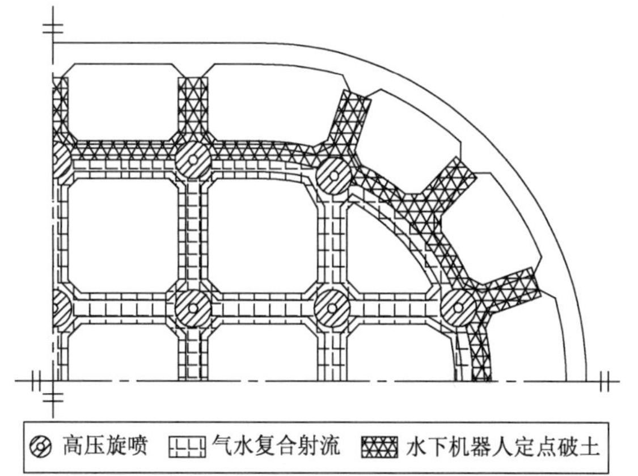

图2 沉井盲区破土策略

3.1 自动化气举取土

传统的空气吸泥工艺存在以下弊端:取土作业依靠人工操作,管口与泥面的距离难以达到最优,影响吸泥效率;井孔泥面易出现较大高差,无法做到可控取土;吸泥完成后,泥面高程需通过下放重锤测量,测点少,劳动强度高。

在空气吸泥的基础上,研发了自动化气举取土设备以及门式起重机集群控制系统。该系统主要由集中控制室、门式起重机和空气吸泥机组成。作业人员在集中控制室内,选取待作业的井孔,完成参数设置后,将作业指令通过无线网络发送至门式起重机可编辑逻辑控制器(PLC)控制系统,门式起重机即可吊运空气吸泥机沿设定的路径和深度进行取土作业。作业过程中,通过监控系统可实时监测设备作业状态和排泥口处泥浆浓度;作业完成后,该系统对井孔泥面高程进行自动测量。

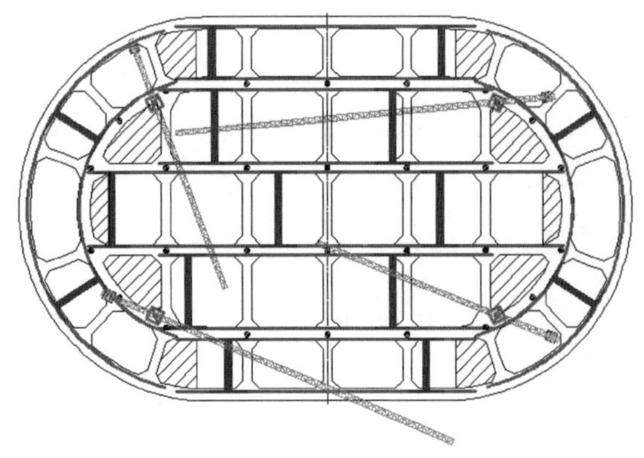

图3　门式起重机及塔式起重机布置

(1)起重设备及其定位系统。

为了尽量减小因起重设备布置所引起的取土盲区，根据沉井圆端型的结构特点，门式起重机轨道布置如图3所示。按单台门式起重机作业区域覆盖2个井孔、对称布置设备的原则，共配备11台直线行走和4台圆弧形轨道行走门式起重机，起重量为20t。由于门式起重机大车走行下横梁具有一定的宽度，导致在直线轨道与圆弧形轨道交会处存在取土盲区，以及直线轨道无法适应的三角形异形井孔，故这些区域(图3中阴影表示)采用4台起重能力为315t·m的塔式起重机辅助吊装吸泥管进行吸泥作业，塔式起重机臂长有50m和25m两种规格。

吸泥管在井孔内沿设定路径自动移位的前提是能实时感知吸泥管在井孔中的平面位置。为了实现这一目的，在门式起重机大车走行、小车走行机构上设置绝对值编码器，小车行走采用齿轮齿条传动，提高定位精度。在每个井孔的参考原点处设置磁感应开关，门式起重机移动至该位置时，大车编码器自动归零；在小车行走后停止位设置限位开关，定期对小车编码器进行校准。在电动葫芦起升卷筒上安装绝对值编码器，用于计算钩头下放量，起升机构上还集成有高精度吊重传感器，用于监测吸泥管在作业状态下吊钩上的荷载变化，判定吸泥管是否接触到泥面，并以此为依据控制电动葫芦起升或下放，为实现自动吸泥作业提供支撑。

(2)吸泥机及相关配置。

为了提高吸泥作业效率，每个井孔布置一套空气吸泥机，吸泥管和供气管的规格分别为DN250、DN80，在吸泥管口周向均匀分布有3个内径为10mm的射水喷嘴，水压为2.5MPa，供水管规格为DN80。吸泥管口设计成锯齿状，并用筋板加强，减小堵管的概率。管节长度分为9m、3m、2m、1m四种规格。采用一体化设计，提高管节连接效率和严密性能。

主供气、供水和排泥管道在每个井孔预留法兰接口，空气吸泥机各路管线通过软管与相应主管连接，接口处设置有阀门，以便控制空气吸泥的开闭。上、下游驳船上各配备有15台排气量22m^3/min、排气压力1.0MPa空气压缩机；5台流量155m^3/h，扬程270m水泵；4只10m^3气包。气、水通过耐压软管输送至沉井顶面，再由主管道向各井孔供应。

此外，为了改善对粉质黏土层的破土效果，配备有8套可快速安拆的电动绞吸模块，每套包含两台功率30kW水下电机驱动的两个转动方向相反的三翼刮刀钻头。取土过程中遇到粉质黏土层时，将吸泥机端部的吸泥头更换为电动绞吸模块即可。

(3)自动化取土作业。

集中控制室通过无线通信对15台门式起重机进行远程集中控制。数据传输包括集控室发送至单台门式起重机的作业指令信号，以及门式起重机反馈给集中控制室的硬件状态信息、作业数据信息以及视频信号等。该自动化气举取土设备具有以下功能：

①自动调整吸泥管口高程，提高泥水混合物浓度。吸泥管口距泥面过低易堵管，吸泥效果过高不好。因此，需要在吸泥过程中随着泥面变化不断调整吸泥管口的高程。

②吸泥管沿预设路径自动移位，实现井孔内可控、均匀取土。门式起重机PLC控制程序判定单点吸泥深度满足设定值后，自动执行下一点位吸泥作业，避免超吸引起的涌砂风险。

③泥面高程自动测量。吸泥完成后，关闭空气吸泥机，将吸泥管作为测杆进行泥面高程测量。吸泥管总长已知，以吊重传感器数值变化判定吸泥管是否触及泥面，记录电动葫芦钢丝绳下放量，即可计算出泥面高程和刃脚埋深。

④门式起重机集群控制，作业数据可追溯。2名操作人员在集控室内即可控制15台门式起重机，

大大提高了沉井取土作业机械化、自动化程度。作业过程数据，如吸泥作业时长、单次吸泥完成后的泥面高程、吸泥效率等均能记录、存储。

井孔内自动化吸泥作业流程如图4所示。以砂质土层为例，单点吸泥开始后，下放吸泥管，当重量传感器检测到吸泥管触碰泥面后提升20cm，隔一定时间再下放吸泥管10cm，直至电动葫芦钢丝绳下放量满足设定值，即达到目标吸泥深度。不同土层吸泥管作业参数有所不同，需依据工艺试验确定。

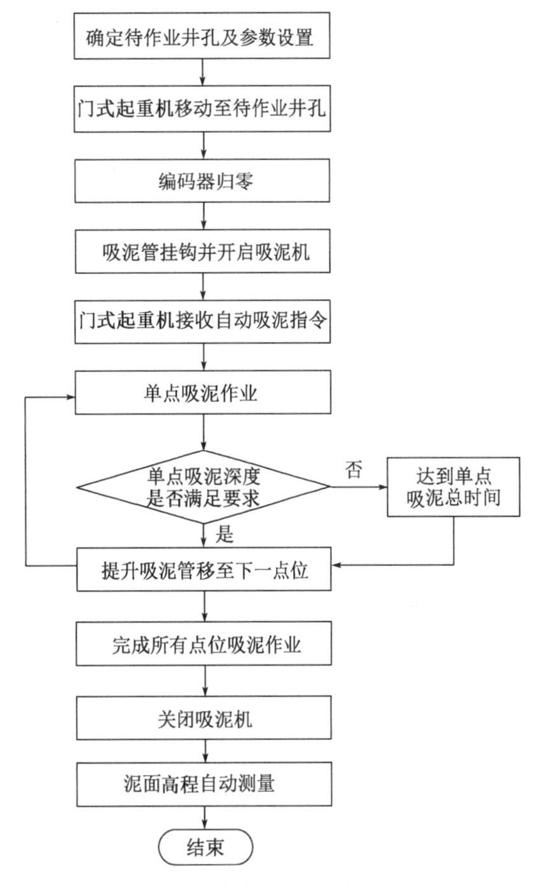

图4　井孔内自动化取土作业流程

下沉取土过程中，编排合理的内、外井孔吸泥顺序，使内、外井孔泥面形成约1.5m高差。通过内井孔吸泥保证取土量，外井孔吸泥调整沉井姿态及每日下沉量，使整个下沉过程可控。

自动化气举取土在砂质土层吸泥效率可达到30～40m^3/h，在软塑粉质黏土层为20m^3/h。作业完成后，井孔内泥面高差可控制在1m以内。作业过程中发现，沉井每下沉5～10m需用抓斗对井孔内遗留下的大块石进行清理，否则影响吸泥作业效率。

3.2　高压旋喷与气水复合射流破土

当沉井下沉至软塑粉质黏土层时，采用高压旋喷（RJP）工法对内井壁及内圈隔墙上的24个节点处的黏土层进行预搅松。通过分布在钻杆上、下段的高压喷射流体两次切削破坏土层，从而扩大射流影响区。钻头钻进时水压为3.5MPa，流量为12m^3/h，穿透黏土层后停止钻进，缓慢提升钻杆并进行水平喷射破土作业。上段水平喷嘴射水压力为20MPa，流量为6m^3/h；下段喷嘴射水压力为40MPa，流量为18m^3/h，射水孔环向气孔喷射1MPa压缩空气形成气幕。钻杆提升速度为25mm/min，转速为2.6r/min。作业过程中，可观察到节点相邻的4个井孔均出现明显翻涌现象，且节点处预埋的反力传感器读数由0.9MPa降低到0.3MPa（修正环境影响后的压力），可判定该节点已完全脱空。单个节点作业总耗时约9h（含钻杆安装、拆除），其中5m土层内旋喷作业总时长约4h。

内井孔取土后四周隔墙处形成临空面后，采用气水复合射流工艺对土墙进行冲射破除。冲泥器端部布置有4个水平喷嘴，工艺原理与RJP工法相似，不同的是射水压力为2～2.5MPa，流量提高至280m^3/h，与空气吸泥机的供气、供水系统共用。喷嘴周向的压缩气体助推水力喷射，使被射流冲击的土体迅速膨胀破坏。破除井孔单边10m长井壁隔墙下的土体耗时约1h。作业过程中，通过观察相邻井孔水面翻涌情况以及隔墙下预埋的反力传感器数值变化来评估破土效果。

3.3　机械臂水下取土机器人

（1）总体设计。

针对刃脚下取土盲区，研发了一种适用于深水多井孔沉井基础机械臂水下定点取土机器人。该设备由上部平台和水下机器人本体组成，如图5所示。上部平台包括操作室、水下机器人收放系统以及电缆绞车；水下机器人本体包括内支撑臂架、液压系统、射水泵、机械臂和铣刨头。机械臂绕中心在±190°范围内回转，臂长伸缩范围为3.5～8m，工作部件铣刨头最大切削力为20kN，刀头处设置有射水喷嘴，用于清洗刀齿，并辅助破土。

上部平台走行机构由变频电机驱动无轮缘轮组行走，配合水平导向轮进行限位，通过调节两侧的变频电机驱动频率，实现直线轨道和圆弧形轨道自适应行走。动力总成及控制阀组设置于水下，减少了液压系统压力损失和动作延迟。

(2)刀头空间位置计算。

铣刨头相对刃脚的空间位置关系实时感知是问题的关键。两台绞车上的编码器可以测量钢丝绳的放绳量，从而计算出机械臂回转中心点相对于刃脚的高度 H。此外，机器人还搭载了高精度水下传感器，包括回转角度 α、臂长 L、伸缩臂倾斜角度 β 等，如图 6 所示。传感器将数据传输到操作界面，通过数学模型即可实时解算出铣刨头与沉井刃脚的空间位置，并将其展现在操作室控制系统界面上。辅助作业人员判断刀头与沉井井壁及刃脚的相对位置关系，并通过观察铣刨头负载油压变化对土体切削过程进行监测，实现水下精准定点、可视化取土。铣刨头设有过载保护，超过一定压力能自动泄压，以防止刀头及钢沉井壁体被损坏。

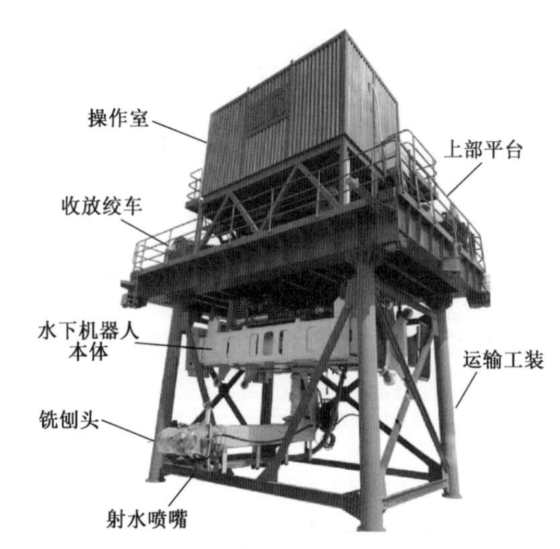

图 5　水下取土机器人

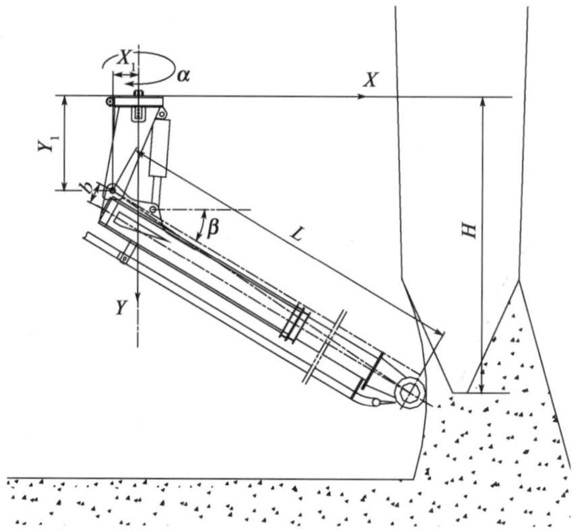

图 6　铣刨头空间位置计算模型

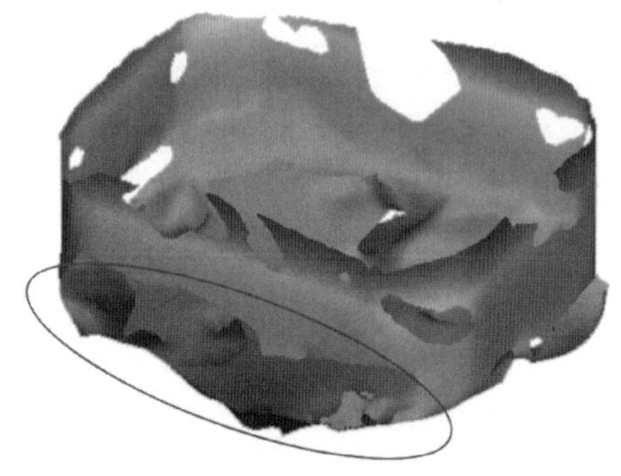

图 7　K1-4 井孔泥面三维声呐扫描

(3)施工工艺。

起重船将设备吊装至沉井顶面轨道上，解除上部平台与水下机器人之间的锁紧机构，两台绞车缓慢下放水下机器人，并同步下放电缆。当穿过剪力键达到设定高度时，内支撑臂架上 4 个油缸伸出，支撑于沉井壁，完成驻位，单个油缸压力保持在 15～20MPa 之间。

准备工作就绪后，机械臂回转至需要铣削的点位，通过伸缩、变幅动作移动铣刨头破除刃脚处土体。作业过程中，观察铣刨头负载油压，并不断调整刀头的切削进给量，直至刀头整体越过井壁隔墙中线。当前点位作业完成后，缩回机械臂，并回转一定角度，调整臂长和倾角，直至完成单次驻位所有点位刃脚处土体破除作业后，缩回内支撑油缸，回收水下机器人，上部平台沿轨道移动至下一工位，重复上述步骤即可。单次驻位、破土作业及水下机器人回收总耗时约 6h。作业完成后，采用三维声呐扫描井孔泥面，并根据图像判断内井壁刃脚下的脱空情况。K1-4 井孔泥面扫描如图 7 所示，可见内井壁刃脚下方已完全脱空。

4　结语

常泰长江大桥 5 号墩沉井基础结构新颖，平面尺寸大，端阻力成为沉井下沉的控制因素。依托项目研发的自动化气举取土集群控制系统、机械臂水下定点取土机器人，引入高压旋喷与气水复合射流工

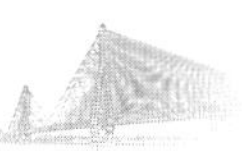

艺,首次采用了内、外井孔台阶式取土工艺。沉井于2020年6月10日开始取土下沉,并于2020年12月28日下沉至-65m设计高程,日均下沉量达到45cm,且下沉过程中倾斜姿态始终控制在1/150以内,终沉到位时横桥向、顺桥向高差分别为4cm、1cm,沉井中心平面偏位约10cm。通过沉井下沉取土装备研究与现场应用,提升了沉井施工机械化、自动化水平,实现了可控、可测、可视取土下沉,保证了沉井平稳、安全、高效下沉至设计高程。

参考文献

[1] 秦顺全,谭国宏,陆勤丰,等.超大沉井基础设计及下沉方法研究[J].桥梁建设,2020,50(5):1-9.

[2] 景奉韬,刘修成,管政霖.硬质土层沉井不排水下沉破土方法探讨[J].中国港湾建设,2020,40(11):56-60.

[3] 肖伯强,李送根,胡义新,等.老黏土地层吸泥装置研究及应用[J].中国港湾建设,2017,37(9):50-53.

[4] 赵东梁,沈立龙,李嘉成.水中巨型台阶形沉井取土下沉计算分析[J].中国港湾建设,2020,40(10):45-50.

[5] 李嘉成,陈培帅,李德杰.超大型水中沉井下沉阻力研究[J].中国港湾建设,2021,1(2):29-33.

[6] 汪德隆.海口世纪大桥主塔沉井施工介绍[J].水运工程,2001(1):39-43.

[7] 交通部第一航务工程局.港口工程施工手册[M].北京:人民交通出版社股份有限公司,2015.

[8] 吴立柱,游斌,何超,等.水下三维声呐在锚碇沉井施工中的应用[J].中国港湾建设,2018,38(11):65-67.

大型桥梁沉井不排水下沉取土设备研究与实践

徐　杰[1]，刘修成[1,2,3]，管政霖[1,2,3]

（1. 中交第二航务工程局有限公司，湖北武汉　430040；
2. 长大桥梁建设施工技术交通行业重点实验室，湖北武汉　430040；
3. 交通运输行业交通基础设施智能制造技术研发中心，湖北武汉　430040）

摘　要　本文结合目前大型沉井不排水下沉过程中，采用传统的空气吸泥设备取土下沉遇到的问题与挑战，以提高取土效率，同时实现沉井可控、可视、可测下沉为目标，对专用取土设备进行探索研究，总结不同类别设备的优缺点和适应范围，并在相应工程应用实践。同时，提出还有待进一步解决的问题，为后续专用设备的研究提供参考。

关键词　大型沉井；不排水下沉；取土专用设备；研究与实践

Research and Practice of the Equipment of Soil Excavation for Large Bridge Open Caisson Undrained Sinking

XU Jie[1], LIU Xiu-cheng[1,2,3], GUAN Zheng-lin[1,2,3]

(1. CCCC Second Harbor Engineering Co., Ltd., Wuhan 430040, China;
2. Key Laboratory of Large-span Bridge Construction Technology, Wuhan 430040, China;
3. Research and Development Center of Transport Industry of Intelligent
Manufacturing Technologies of Transport Infrastructure, Wuhan 430040, China)

Abstract　This paper combines the current large open caisson undrained sinking construction, and summarizes the problem and challenges in soil excavation using traditional gas lift reverse circulation equipment. In order to improve the efficiency of soil excavation and realize the controllable, visible and measurable sinking of open caisson at the same time, exploring and researching the special equipment of soil excavation, summarizes the advantages and applications of different types of equipment, and application practice in corresponding engineering. At the same time, issues that need to be further resolved and improved are put forward to provide references for subsequent research.

Keywords　Large open caisson; undrained sinking; special equipment of soil excavation; research and practic

1　引言

沉井基础因其埋置深度大、整体刚度强、稳定性高，可承受较大载荷等特点，从20世纪90年代开始，在我国被广泛应用于大跨径桥梁主墩和锚碇基础。随着桥梁大型化的发展，沉井结构尺寸也突破到

作者简介：徐杰(1987—)，男，高级工程师，中交第二航务工程局有限公司，研究方向：工程装备。

了百米级,如五峰山长江特大桥北锚碇沉井长100.7m、宽72.1m、高51m,常泰长江大桥沉井长95.4m、宽58.2m、高72m,结构尺寸的增大对沉井施工的风险控制也提出了更高的要求。目前国内已积累了较为丰富的沉井施工经验,但仍然无法精确做到可控、可视、可测下沉施工,尤其是不排水下沉施工,除沉井施工技术难度大、施工控制复杂以外,取土专用设备落后,未能匹配施工控制要求而及时创新迭代也是制约沉井安全可控下沉的重要因素。本文结合沉井施工日益严格的控制要求,分析现今常用沉井取土设备所存在的不足,对取土专用设备开展探索研究,并依托在建项目实际应用,阐述研究思路,总结应用成效,展望未来发展趋势。

2 不排水下沉取土专用设备存在的问题

2.1 需求分析

随着桥梁大型化发展,沉井结构尺寸越来越大,施工地质条件越来越复杂,施工控制要求越来越严格,主要体现在如下几个方面。

1)地质复杂

针对砂性土、砂夹卵石、黏质砂土等流动性相对较好的土层,沉井取土效率和效果均较为理想,如泰州大桥中塔沉井主要地层为粉砂、细砂、中砂、粗砂。但施工中也时常碰到以硬塑黏性土、胶结砂层以及卵砾石层等硬质土层,取土效率低下,下沉缓慢,如瓯江北口大桥南锚沉井、杨泗港大桥主塔沉井、常泰长江大桥主塔沉井等。

2)施工效率需求提升

随着沉井的大型化,取土方量增大,而取土速度没有提升,施工周期变长;尤其是碰到硬质土层,空气吸泥设备效率极低甚至无法施工,沉井施工工期不可控,从而导致桥梁整体工期不可控。

3)精细化施工要求

从沉井质量控制、姿态控制、安全控制的角度,现阶段要求沉井取土要做到可控、可视、可测。可控是指根据设计和姿态控制要求,准确控制每次取土的取土量和井底泥面成型质量;可视是指能实时掌握泥面情况;可测是指能够高效精准测量井底泥面高程。

2.2 取土专用设备存在的问题

传统的取土设备大多采用空气吸泥机,辅以抓斗等其他手段,空气吸泥机主要优势在于设备组成简单、操作方便、经济性好,对于流动性较好的砂层取土效果较好,是沉井不排水下沉最常用的取土设备。但是,随着现阶段地质条件越来越复杂,施工控制要求越来越高,传统空气吸泥设备已逐渐满足不了要求,具体如下。

1)硬质土层取土效率低下

对于硬塑性黏土、胶结硬层,单凭气举难以扰动土体,导致出浆浓度不高、吸泥效率低,多数情况下无法实现吸泥作业。若采用抓斗辅助作业,为减小取土作业盲区,通常选用小容量抓斗,由于井孔较深,工作循环时间长,整体取土效率较低。

2)智能化程度低

传统的空气吸泥设备主要包括门式起重机、吸泥管和空气压缩机三大组成部分,门式起重机操作、吸泥管更换等作业都依赖人工操作,作业人数需求较大且易受主观因素影响,导致取土效率偏低、泥面成型质量不高等问题。

3)盲区取土无法完全覆盖

空气吸泥机为垂直取土,无法覆盖剪力键、刃脚等盲区土体,在传统施工中,一般通过一定程度的超挖形成锅底使沉井刃脚切土下沉;但该种方式如果控制不准确易导致沉井姿态变化,甚至发生较大倾斜而造成安全质量事故。现阶段已明确要求不允许超挖,而是需要通过取土覆盖刃脚盲区,实现可控下沉,如图1所示。

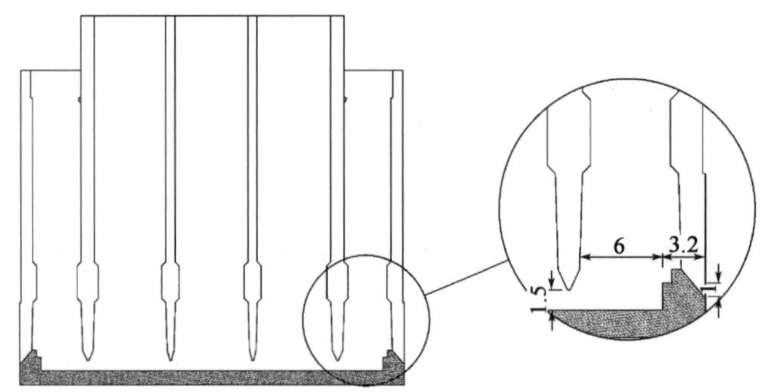

图1　刃脚盲区取土要求图示(尺寸单位:m)

4)设备可靠性不足

沉井尺寸加大,埋深增加,作业设备需要在超过80m水深下进行作业,传统设备可靠性差、故障率高,严重影响作业效率。

5)沉井无法实现入岩

因地层原因和承载力需要,部分沉井设计时是要求沉井部分入岩,尤其是地层起伏较大的区域。比如五峰山大桥锚碇沉井,设计时因地层起伏原因要求沉井部分入岩;瓯江北口大桥南锚沉井因承载力需要,设计底高程需在卵石层以下。但因缺乏相应设备,无法实现入岩或卵石层,如瓯江北口大桥南锚沉井未达到设计高程提前终沉后采取相应的刃脚底部加固手段实现承载力提升。

3　取土专用设备研究与应用

结合五峰山大桥北锚碇沉井、瓯江北口大桥南锚碇沉井和常泰长江大桥主塔沉井等国内典型工程项目,对沉井取土专用设备展开的相关研究、试制和现场应用进行总结。

3.1　绞刀取土设备

绞刀取土设备是基于在淤泥质黏土、软塑性黏土等地层中,传统空气吸泥机无法扰动土体、出浆浓度低、取土效率不高的情况,由疏浚领域引入的设备。该设备通过在吸泥管底部集成旋转绞刀切割破碎硬质土体,再将土体排出。按刀头驱动方式来分,分为水下电机驱动和液压马达驱动;按排泥方式来分,有泵吸和空气吸泥两种形式,泵吸是指设备集成水下潜水泵实现排泥,空气吸泥是利用原有空气吸泥机实现;按刀头数量来分,可分为单刀头、双刀头和四刀头。图2所示分别为电驱双刀头空气吸泥、电驱四刀头空气吸泥、液压驱动单刀头泵吸和液压驱动双刀头泵吸。

a)电驱动双刀头空气吸泥

b)电驱动四刀头空气吸泥

c)液压驱动单刀头泵吸

d)液压驱动双刀头泵吸

图2　不同类型绞刀取土设备

绞刀取土设备的优势在于能够提高吸泥效率,一方面是刀头扰动土地后排泥浓度更高,另一方面是如果采取泵吸,排泥流量将不受水深和供气量限制。虽然绞刀取土在五峰山大桥、北口大桥第二次下沉中取得了较好的效果,但是仍然存在一些问题:

(1)对于硬塑黏土、胶结硬层等坚硬地层,因其刀头尺寸小、驱动转矩不足,设备自重不够又无法施

加钻压,刀头破土效果显著降低;如北口大桥南锚沉井第三次取土下沉遇硬塑性黏土地层时、常泰长江大桥5号墩沉井第二、三次取土下沉遇胶结层时,绞刀取土设备施工效率极低而无法继续使用。

(2)设备可靠性差,经济性还有待提升,因需要在水下施工,水下驱动部分的防水要求高,尤其是到达30m以上水深后。如北口大桥第二次下沉时,设备故障率较高,需要经常更换电机。如果采取防水等级高的水下电机或液压马达,则设备成本将增加数倍。

(3)旋转绞刀虽然可以增加土体扰动、提高吸泥效率,但如遇到铁丝、织袋、石块等杂物,绞刀容易卡死导致电机过载,且易造成吸泥口堵塞,需要停机清理。

因此,绞刀取土设备在某些特定的地层下能够替代空气吸泥,大大提高取土效率,但其地层适应性和设备可靠性、经济性也限定了该设备的适用范围。

3.2 钻机取土设备

当下沉需要穿越以塑性黏土为主的地层时,空气吸泥效率极为低下、绞刀取土设备适用性也不足,若采取重型抓斗施工,设备配置与效率也无法满足要求。例如,在北口大桥第三次下沉前,采取了一系列抓斗和绞刀设备试验,效果均不理想,最终选取了在沉井顶面搭设平台、布置钻机的方案。

钻机布置有两种比选方案,旋挖钻机和回旋钻机。旋挖钻机的优势在于取的是纯土层,而不是泥水混合物,因此取土效率较高,但需要在沉井顶面布置皮带设备二次转运土层;且设备需回转作业,较易发生干涉,作业高度大,安全风险大,尤其是沉井发生倾斜后安全风险不易控制,因此,瓯江北口大桥南锚沉井在第三次取土下沉时最终选取了回旋钻机方案。沉井共30个隔舱,布置22台回旋钻机,回旋钻机底部设置台车实现纵横移动,通过不断优化刀头尺寸和形式,使钻机取土效率最大化。最终,该方案在硬塑黏土层用时39d下沉5.12m,日均下沉量13.13cm,将该地质下的沉井下沉工效提高了约一倍。

回旋钻机现场施工如图3所示。虽然成功应用,但是该方案也存在如下局限性:

(1)相比传统方案,方案投入大,但仍然无法覆盖刃脚底部盲区取土;且相比钻孔施工,沉井井孔大,没有形成封闭空间,泥水混合物浓度相比钻孔要低,能耗大,整个方案投入产出比较小。

(2)由于钻杆安拆较为频繁,钻机的转点和转舱占总作业时间的20%以上,是制约钻机取土效率的主要因素。

图3 回旋钻机现场施工

(3)施工过程对沉井姿态控制要求严格,如北口大桥第三次下沉时出现突沉、平面姿态倾斜较大,钻机均无法继续施工,且部分钻杆损坏需要维修。

3.3 智能化空气吸泥取土设备

当沉井穿越主要以砂层为主的地层时,传统空气吸泥设备能可靠地工作,但其操作、取土量的控制等都靠人工判断和操作,每个井孔吸泥结束后,需要靠人工吊锤测量泥面情况,整个沉井工作面人员众多,但仍然无法发挥设备最大工效,不能真正实现井孔内可控和高效率取土。

在常泰长江大桥5号墩沉井施工中,对传统空气吸泥取土设备进行了智能化升级,智能化主要体现如下:

(1)所有门式起重机实现集中和远程控制,门式起重机将空气吸泥机挂钩后,按照系统给定的轨迹及吸泥时长指令,设备直接完成单个井孔的取土操作,无须人工干预。

(2)单个井孔吸泥完成后,通过设置在吸泥管底部的单点测深仪,按照设定规定,自动测量泥面高程并反馈;或通过吊重传感器判定触底,再通过触底时钢丝绳长度反算实现。

(3)所有的主排泥管与空气吸泥机排泥管之间设置控制阀门。

(4)根据设置的辅助决策系统,根据反馈的泥面情况,辅助决策确定各井孔的取土顺序和各井孔的

取土量，通过设备调度管理系统进行设备日常调度和取土路径规划，发布指令后自动执行。

通过智能化升级，新增投入，包括门式起重机智能控制、相关传感器、集控系统和施工管理系统，大大提高了施工效率，取土效率相比传统的提高了 50% 以上，而人工减少了 60%。虽然投入不大，但在地层适用范围内经济效益和管理效益明显，在常泰长江大桥的取土下沉中取得了很好的效果。沉井智能化空气吸泥设备及其控制系统如图 4 所示。

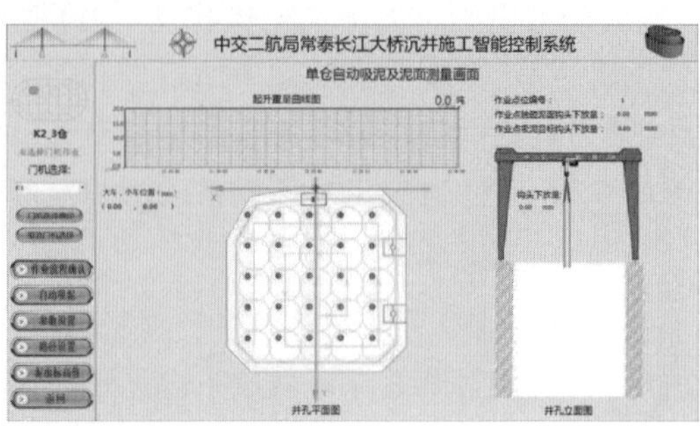

图 4　沉井智能化空气吸泥设备及其控制系统

3.4　气水混合冲射辅助取土设备

在遇到坚硬地层时，空气吸泥设备、绞刀设备无法有效破除，但硬层仅间断存在、不连续，不需要采取钻机大面积、大厚度破除取土。此外，在沉井十字交叉节点处，空气吸泥设备无法覆盖，需要将底部土层冲散。针对上述两种情形，需要一种能方便操作、快速将局部硬层或普通设备无法覆盖的区域土层冲散后，再由空气吸泥设备取走被破坏的土体。

水下土体切割一般可采取机械方式或水力方式，机械方式设备配置和操作复杂，水力方式是一种可以尝试的方法。通过研究疏浚船原理、高压旋喷设备原理，结合现场实际情况，研究出一种气水混合冲射辅助取土设备，该设备由供气供水管路采用双层套管形式，外层为 DN125 供气管，内层为 DN100 供水管，通过高压水射流、辅以压缩空气对土体进行切割。这种"气推水"能软化扰动土体，有两种不同模式：一种是类似疏浚耙吸船，采用大流量低压，这种方式流量大，但是需要的靶距很小，将喷头插入土体更佳；一种是类似高压旋喷设备，采用超高压小流量，这种方式切割力更强，但是喷头直径很小，射入土体后影响面积非常有限。该两种方案都需要准备能力很强的泵，通过控制喷头的出口直径来确定流量和压力，通过现场试验分析，最终确认取大流量低压模式影响区域更大。如果采取超高压射流，针对硬塑性黏土，水压 140MPa、流量 26L/min 的条件下淹没式射流有效靶距仅 50cm，且单喷嘴范围内冲射有效破坏截面积仅为 70 ~ 80cm^2。气水混合冲射设备在北口大桥南锚沉井试制、在常泰长江大桥 5 号墩沉井现场正式应用，流量为 150m^3/h，水压为 2.0 ~ 2.5MPa，气压为 0.5MPa（气压随水深变化，底部环境水压 +0.1MPa），单点处理时间为 2 ~ 3min，可有效破除沉井隔墙下部土体，如图 5 所示。

3.5　盲区取土设备

因沉井剪力键及刃脚底部盲区取土需要，上述传统设备的取土范围均无法覆盖，亟须一种能方便盲区快速取土的设备，实现精准取土控制，才能真正实现沉井可控下沉。通过研究比选，最终采用内支撑配合机械臂方案。该设备由上部移动平台和水下机器人本体组成,上部平台将水下机器人下放至水下工作区域后,水下机器人支撑于内井壁完成驻位,通过机械臂伸缩、回转、俯仰破除盲区土体。通过搭载空件位置与姿态远程可视化监控系统,可精确掌握机器人空间位置。该设备水下部分可采取液压绞吸一次性实现破土和排土,也可以采取仅绞吸或抓斗破土、由空气吸泥设备排土,这样设备功能简单、造价较低;上部平台可采取双轮铣槽机主机液压绞吸成为一体化设备,主机部分还可以兼容双轮铣槽机功能,也可采取门式起重机的模式作为专用设备使用,根据不同功能组合成为不同设备,如图6所示。

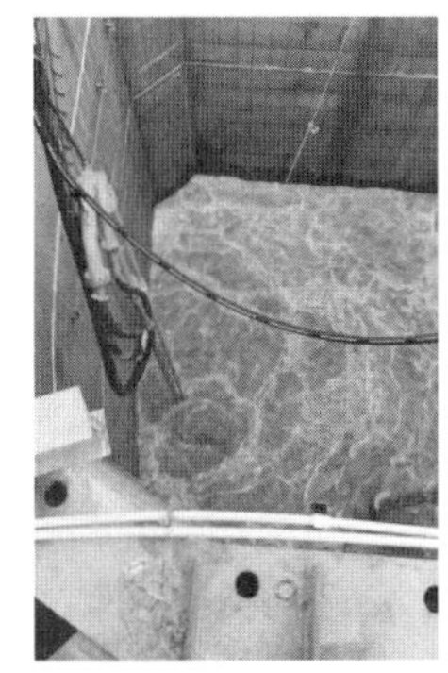

图5　气水混合冲射辅助取土设备

图6　刃脚取土设备不同方案

针对常泰长江大桥需求,通过多种方案比选,根据土层分布情况,认为现阶段主要功能为刃脚破土后沉井端承力降低下沉,破除土体可通过空气吸泥设备取土,该方案经济性较好。

虽然该方案理论上能够解决盲区及刃脚取土的问题,但是在常泰长江大桥还是首次研究应用,设备可靠性还需进一步验证,尤其是水下密封性、控制精度等。同时,因为该设备昂贵,而沉井隔舱较多,同时投入多台经济性较差,现阶段还不能主要取土主要设备,故仅作为刃脚取土辅助下沉设备。

3.6　*刃脚破岩设备*

当沉井设计需要入岩时,采取水下爆破的方式不能精准控制开挖量,且一旦控制出现问题,将对沉井主体结构和安全性带来较大的风险。德国海瑞克研发的竖井掘进机(图7)适用于4.5~18m直径的竖井下沉施工,其相比图6所示的盲区取土设备,整体需要更大的动力和转矩,设备造价更高。因目前所有已施工的桥梁大型沉井并未入岩,或最初设计要求入岩后提前终沉也能满足承载力要求,因此针对该设备的研制需求还不足。

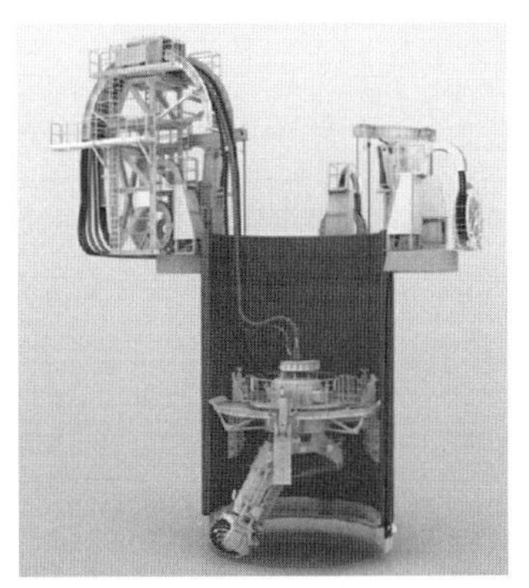

图7　竖井掘进机

4 结语

大跨径桥梁沉井基础施工经过十余年的积累,施工工艺和控制技术逐步完善,但专用设备的适用性和施工效率一直是制约沉井施工工效的主要因素之一。本文结合已建和在建大跨径桥梁沉井,以解决不同地层需求、提高工作效率、提高智能化程度为目标,对配套施工的专用设备和辅助设施开展研究,并在项目上成功应用,尤其是传统空气吸泥取土设备的智能化升级、气水混合冲射辅助取土设备的研制应用对常规沉井适用地层的下沉施工起到了较好的效果,绞刀设备和钻机施工也为特殊硬层下施工提供了一套解决思路。同时,随着施工要求的严格,要真正实现沉井的可控、可视、可测下沉,沉井专用取土设备还有一些问题需要进一步优化完善,如设备的可靠性和通用性还需进一步提升,盲区取土设备及刃脚破岩设备的使用效果及经济性仍需完善等。并且,沉井专用设备的研制应用,也能为城市竖井(如地下停车场、风井等)、桥梁超大直径桩基等施工提供了相应的借鉴。

参 考 文 献

[1] 蒋建,柏争.空气吸泥法在泰州大桥中的应用[J].科学之友(下),2012(10):67-69.

[2] 李一石.武汉杨泗港长江大桥1号塔沉井基础施工关键技术[J].山西建筑,2018(32):174-176.

[3] 夏崟濠,汤立,管政霖,等.回旋钻机在沉井下沉取土施工中的应用[J].价值工程,2020,39(23):158-159.

[4] 肖伯强,李送根,胡义新,等.老黏土地层吸泥装置研究及应用[J].中国港湾建设,2017,37(9):50-53.

超大水下钢沉井首次取土下沉施工监测与控制

王紫超[1,2,3],孙南昌[1,2,3],李嘉成[1,2,3]

(1. 中交第二航务工程局有限公司,湖北武汉 430040;
2. 长大桥梁建设施工技术交通行业重点实验室,湖北武汉 430040;
3. 交通运输行业交通基础设施智能制造技术研发中心,湖北武汉 430040)

摘 要 常泰长江大桥5号墩采用的圆端型沉井,为双层钢结构、内浇混凝土的超大型水下沉井。在第一次取土下沉过程中,为了满足沉井姿态的各项指标、总结下沉经验,根据几何姿态、端阻力及结构应力实时监测数据,动态调整"台阶型"取土方案。下沉期间,依据土压力分布及刃脚有效支撑面积,沉井均未形成大锅底状态,但沉井顺桥向、横桥向倾斜姿态较为敏感,易受取土顺序、取土深度、取土速度等影响,通过采取一系列主动纠偏措施,确保了沉井安全、有序、快速下沉。

关键词 超大沉井;取土下沉;姿态控制;土压力;数据分析

Construction Control of the First Stage Sinking of Super Large Underwater Steel Open Caisson

WANG Zi-chao[1,2,3], SUN Nan-chang[1,2,3], LI Jia-cheng[1,2,3]

(1. CCCC Second Harbor Engineering Co., Ltd., Wuhan 430040, China;
2. Key Laboratory of Transportation Sector for Long-Span Bridge Construction Technique, Wuhan 430040, China;
3. Transportation Infrastructure Intelligent Manufacturing Technology Research and Development Center, Wuhan 430040, China)

Abstract The round-ended caisson used in the No. 5 pier of Changtai Yangtze River Bridge is a super large underwater open caisson with double-layer steel structure and cast-in-place concrete. In the process of the first caisson-sinking, in order to meet the the various indicators of the caisson posture and sum up experience in practice, according to the real-time monitoring data of geometric posture, end resistance and structural stress, the "step type" soil sampling scheme is dynamically adjusted. During the sinking, the soil pressure data and the effective support area of the blade foot indicated that the caisson did not form a large pot bottom, but the inclined posture was more sensitive, which was easily affected by the construction sequence, soil sampling depth and soli sampling speed. A series of corrective measures were taken, and the caisson was sinking safely, orderly and quickly.

Keywords Super large open caisson; sinking construction; attitude contro; earth pressure; data analysis

---

作者简介:朱浩(1981—),男,正高级工程师,硕士,中交第二航务工程局有限公司,研究方向:桥梁施工监控技术研究。

1 引言

沉井具有体积大、整体性强、结构强度高、刚性大及环保性能优越等特点，广泛应用于大跨桥梁的基础工程。由于沉井规模大、区域土体各向异性及其他外界环境干扰，沉井在下沉过程存在诸多不确定性因素。在首次取土下沉环节中，水中沉井易受施工、地质、水流、风浪等因素影响而产生偏位、扭转和倾斜，乃至影响结构安全。因此，为了确保沉井安全平稳下沉，有必要分析沉井下沉规律与刃脚土压力分布情况，结合现场实测数据，初步探索规律，为后续沉井安全、可控、有序地下沉提供参考。

2 工程概况

常泰长江大桥主航道桥采用(142 +490 +1176 +490 +142)m =2440m 双层斜拉桥，桥梁上层为高速公路，下层为城际铁路和普通公路。主航道桥两桥塔均采用大型钢沉井基础，主桥5号墩沉井基础平面呈圆端型，立面为台阶型，台阶宽度9.0m。沉井底面长95.0m，宽57.8m，圆端半径28.9m；沉井顶面长77.0m，宽39.8m，圆端半径19.9m；沉井外井壁厚1.8m，高43m，内井壁厚2.0m，高64m，内、外圈隔墙厚度均为1.4m，外圈隔墙高64m，内圈隔墙高39m，沉井为填充混凝土的钢壳结构，共28个隔舱。在首次取土下沉环节，沉井总节段高51m，内浇筑混凝土23m，沉井自重102943.4t，设备等临时荷载约1000t。首次下沉贯穿中密砂层，砂层平均顶高程 -27.25m，底高程 -31.47m，平均厚度4.22m，下沉至软塑粉质黏土层。5号墩沉井基础结构见图1。

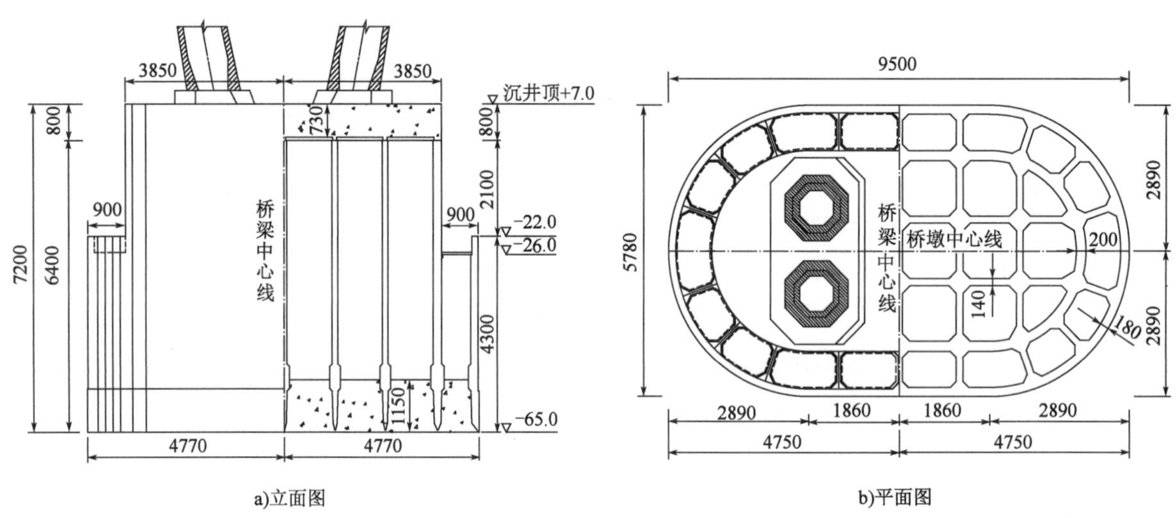

a)立面图　　b)平面图

图1　5号墩沉井基础结构(尺寸单位:cm;高程单位:m)

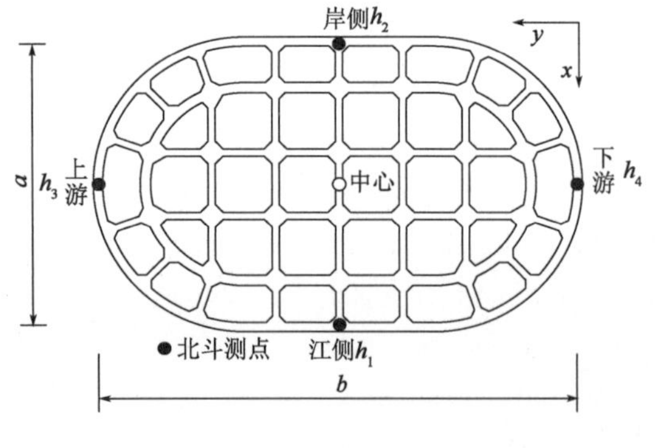

图2　北斗控制点安装位置

3 沉井下沉监测

3.1 几何监测

为了监测沉井下沉姿态，及时调整施工方案，在沉井顶面布置北斗、全球定位系统(GPS)传感器，实时监测沉井高程、倾斜、偏位和平面扭角等几何信息。每天定期与人工高精度测量结果进行核对，确保测试数据真实、可靠。北斗控制点安装位置如图2所示。其中底口偏位计算方法如下：

顺桥向倾斜度：

$$i_x = \frac{h_1 - h_2}{a} \tag{1}$$

横桥向倾斜度：

$$i_y = \frac{h_3 - h_4}{b} \tag{2}$$

沉井底口坐标：

$$x_{xo} = x_{so} + H \cdot i_x \cos\Delta - H \cdot i_y \sin\Delta \tag{3}$$

$$y_{xo} = y_{so} + H \cdot i_y \cos\Delta + H \cdot i_x \sin\Delta \tag{4}$$

式中：h_1、h_2、h_3、h_4——江侧、岸侧、上游、下游测点位置处的高程；

a、b——初始平衡位置顺桥向、横桥向测点间的水平距离；

x_{so}、y_{so}——顶口中心的横坐标、纵坐标；

Δ——平面转角。

在此次吸泥下沉中，由于平面转角基本在0.04°以内，即 $\cos\Delta \approx 1$，$\sin\Delta \approx 0$，底口中心坐标计算公式简化为：

$$x_{xo} = x_{so} + H \cdot i_x \tag{5}$$

$$y_{xo} = y_{so} + H \cdot i_y \tag{6}$$

根据式(5)、式(6)，与初始位置底口坐标相减，便可得到底口偏位数值。

3.2 物理监测

在首次取土下沉过程中，沉井外刃脚入土深度不大，首次下沉到位时，外刃脚平均入土深度4.79m，井壁摩阻力较小，沉井主要依靠端阻力及水浮力来抵抗自重，其中，端阻力可通过布设的土压力传感器来监测，并结合刃脚有效支撑面积推算得到。由于传感器长期处于复杂的监测环境中，5号沉井布置有125个稳定性、耐久性及水密性好的土压力传感器，其中外井壁刃脚斜面36个(测点1～18，测点78～95)、踏面6个(测点120～125)，内井壁刃脚28个(测点37～50，测点96～109)，外隔墙18个(测点19～36)，内隔墙37个(测点51～77，测点110～119)，布置位置如图3、图4所示。

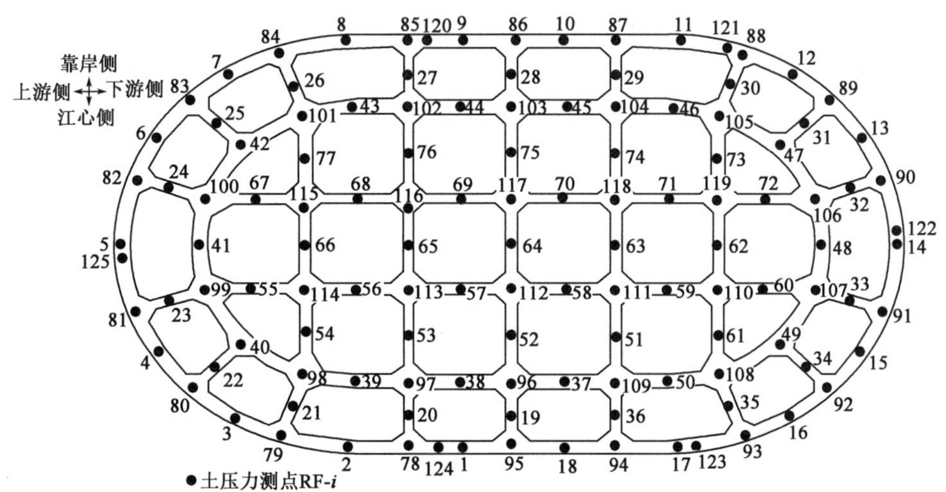

图3 沉井底面土压力测点布置图

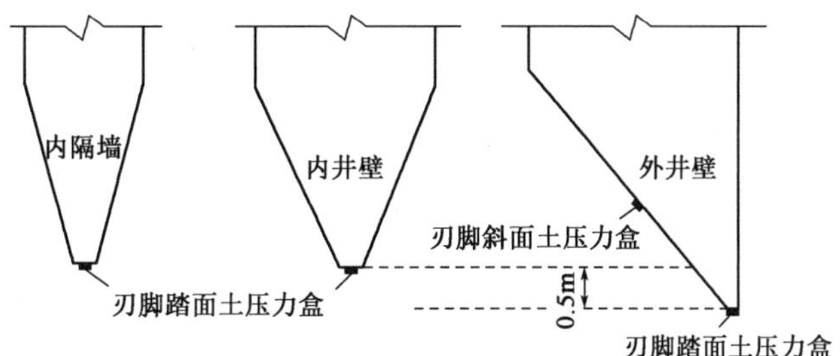

图4 土压力传感器安装布置

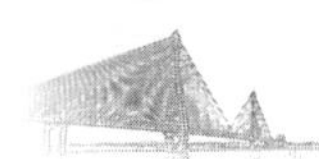

根据以往经验，钢沉井在下沉过程中，结构应力的较大位置往往位于外圈附近，在外圈刃脚处布置竖向应力测点16个（内外侧各8个），环向测点12个（内侧4个，外侧8个），在外圈隔墙底部布置14个测点，如图5所示。

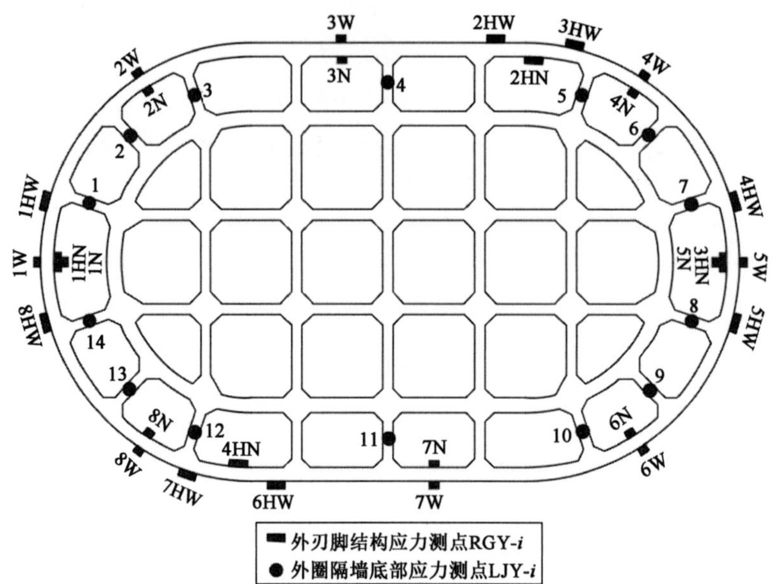

a)结构应力平面位置布置图

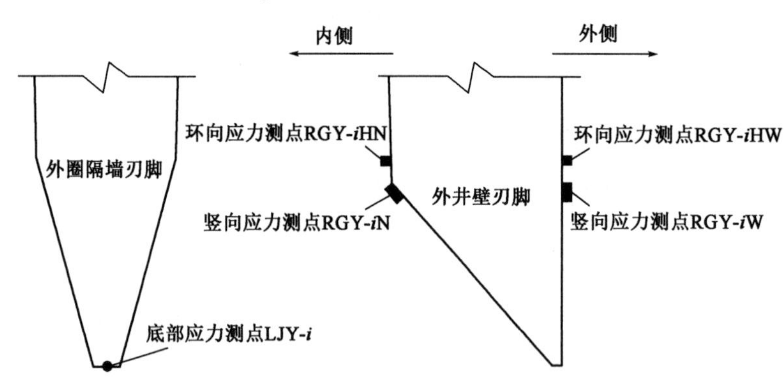

b)刃脚应力测点位置

图5　结构应力测点布置图

4　沉井姿态控制结果

沉井首次取土下沉由外刃脚底高程 -28.2m 下降到 -31.6m，取土顺序依次为内圈18个井孔非盲区取土，盲区、隔墙及十字节点取土、外井孔贴内井壁取土，如图6所示。取土过程需满足结构安全，取土结束后，需满足接高对地基及刃脚支撑的要求。

内圈18个井孔非盲区
盲区、隔墙及十字节点
外井孔贴内井壁
循环取土

图6　首次取土总体方案

4.1　沉井下沉量控制

沉井支撑体系随着各部分有序取土逐渐由全断面支撑、节点+内外圈支撑，向内圈+外圈支撑（接近小锅底）转换。图7为沉井下沉控制结果。

由图7可知，首次下沉前期，即6月5—12日期间仅下沉18.5cm，速度较慢，目的在于避免出现较大偏斜，下沉不宜过快。此外，由于起始阶段经验不足、施工作业面少、机械设备磨合等原因，沉井外刃脚高程变化不大。下沉中期，即6月13—25日，下沉3.13m，速度较快，主要是因为开挖作业面逐渐由内井孔向外井孔拓展，沉井有效支撑面积减幅增大，加快了下沉。此间，最大单日下沉量达0.56m，前期

内井孔取土量相对较大,但下沉量很小,而后期外井孔取土量较小,下沉量却大得多。以上数据表明,前期内井孔取土改变了沉井刃脚支撑体系,主要由外井孔底部区域支撑,一旦外井孔区域土体被取走,沉井依靠自重便可破除外井孔区域刃脚及盲区的土体。此外,机械设备也处于最佳工作状态。下沉后期,速度明显放缓,以便调整姿态,控制下沉精度。

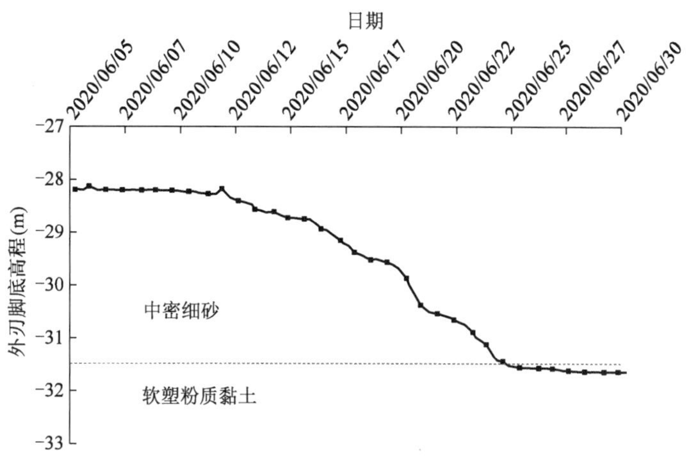

图7　沉井下沉控制结果

4.2　沉井偏位/扭转控制

在首次取土下沉过程中,沉井底口顺桥向和横桥向偏位均在15cm以内[图8a)],且处于比较稳定的状态,表明沉井底面嵌入中密细砂后,对称取土时,底口中心受到的约束力较为均衡,底口偏位较小。在图8b)所示的平面扭转角中,沉井始终控制在0.04°以内,曲线略有波动,首次下沉到位时,仅为0.025°,远小于允许值(1°),顺桥向沉井向岸侧倾斜1/258,横桥向沉井向下游倾斜1/322。顺桥向沉井顶口向岸侧偏移7.9cm,横桥向沉井顶口向下游偏移27.3cm。沉井对称受力状态较好,首次下沉施工控制效果较好。

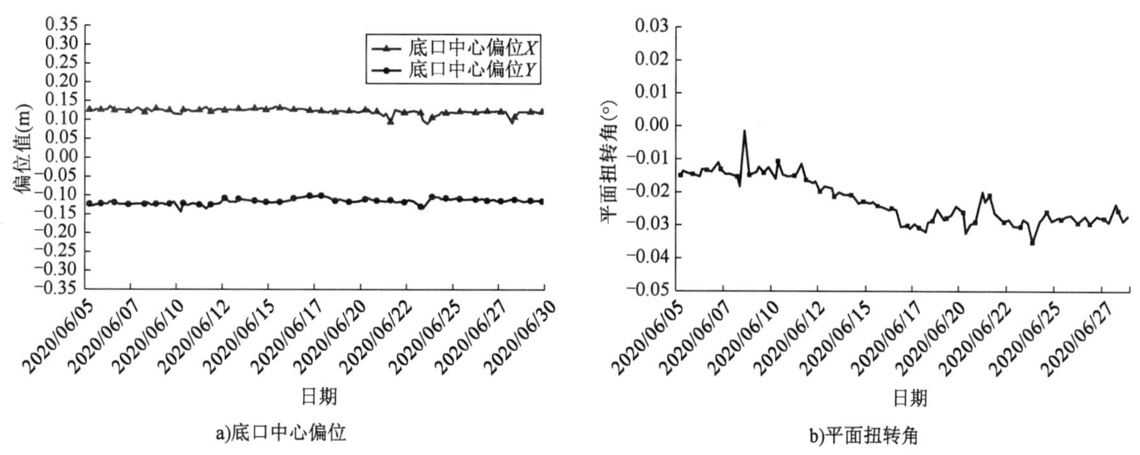

图8　沉井平面控制曲线

4.3　沉井倾斜控制策略

在沉井首次下沉期间,沉井倾斜姿态较为敏感,随着取土工序的不同,在顺桥向、横桥向2个方向上,沉井倾斜姿态呈现左右摇摆的情况,姿态变化较为显著,尤其是短边方向,倾斜度成为此次取土下沉的关键性控制指标。在取土期间,为了确保沉井姿态,进行了6次调整,如表1所示。在最后一次进行取土时,外圈刃脚平均底高程已至-31.5m,刃脚底部开始大面积进入黏土层,沉井下沉到位。

5号沉井首次下沉倾斜姿态控制　　表1

序号	倾斜姿态	控制策略
①	顺桥向	调整沉井高、低侧取土速度,高侧快于低侧
②		
⑦		
③	顺桥向	低侧关停1~2个井孔,高侧新开1~2个井孔
⑤	横桥向	
④	顺桥向+横桥向	调整沉井斜对角处的高、低侧取土速度,高侧快于低侧,动态控制
⑥	顺桥向	低侧井孔均暂停,高侧加快

在此次取土下沉过程中,当取内圈土时,沉井下沉缓慢,沉井倾斜姿态变化较小;在取外圈土时,沉井倾斜姿态随着取土顺序、取土深度、取土速度而发生较大变化,其原因在于:①沉井埋深浅,侧壁摩阻力小,沉井重心高,在外圈取土过程中,沉井下沉敏感性高,易产生偏斜;②由于砂土层分布不均,沉井刃脚嵌入的地质有所不同,在取土施工过程中,底部支撑不均衡,也会导致沉井出现倾斜;③在实际取土过程中不完全对称,尽管对称取土,但对称区域取土量不对称,也容易造成沉井偏斜。

采取的主要调控措施包括:

(1)严格遵循"对称取土、兼顾姿态、确保台阶型"的取土原则。

(2)加强人工监测,包括泥面高程、沉井高差、平面位置及高程,定期与自动采集数据进行复核,确保数据真实可靠,一旦发现异常,加大人工观测频率,及时找出问题原因,做好决策部署。

(3)首次下沉时,沉井入土深度不大,一旦倾斜姿态偏差过大,主要控制策略如下:①在出现明显倾斜的征兆前,及时放慢刃脚较低一侧的取土速率,加快刃脚高侧取土,使得刃脚高侧下沉速度大于低侧;②当沉井出现较大倾斜时,在沉井刃脚较低的一侧,关停1~2个井孔,其他孔继续施工,同时在刃脚较高的一侧新开几个井孔,在调整姿态的同时,保障取土量;③当沉井倾斜过大时,在沉井刃脚较高一侧进行偏吸泥、偏除土,较低一侧的井孔均暂停施工,保持不动,尽可能地减小高侧的正面阻力,增大纠偏力矩,及时调整沉井姿态。

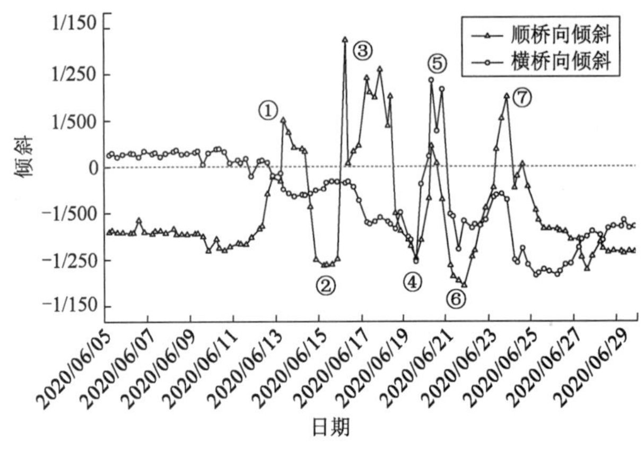

图9　沉井倾斜动态控制结果

(4)加强沟通协调,统一理念和目标,促使决策部署落实到位。

在外圈取土时,通过动态调整,提前干预不利趋势,在确保取土效率的同时,使得沉井倾斜姿态处于可控的波动范围内,控制结果如图9所示。

通过主动控制策略,首次取土下沉结束后,沉井姿态如表2所示,主动控制效果较好。

5号墩沉井首次取土下沉控制结果　　表2

内容	位置	控制要求	实测值
平面偏位(cm)	顶口中心	≤34	偏江侧7.9;偏下游27.3
	底口中心		偏江侧12.1;偏下游11.4
倾斜	顺桥向	≤1/150	向岸侧倾斜1/258
	横桥向		向下游倾斜1/322
高差(cm)	顺桥向	≤38.5	岸侧底22.4
	横桥向	≤63.3	下游低29.5
扭转角(°)	—	≤1	0.025

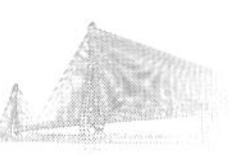

依据首次取土下沉,针对 5 号沉井“先内圈、再隔墙、十字节点破土、最后外圈”的取土方案有序实现了沉井安全、平稳下沉。

5 土压力/结构应力监测结果分析

5.1 土压力

从内井孔十字节点处的土压力来看(图 10),2020 年 6 月 2—11 日,在内井孔取土时,内井孔十字节点及隔墙刃脚下的土体破除,刃脚端阻力持续下降,几乎呈脱空状态,但其间沉井仅下沉 10.9cm,表明内井孔取土,沉井支撑体系由全断面支撑向沉井外圈转移,内圈取土对沉井下沉速度影响较小,但为后期外圈取土快速下沉做好了前期准备。自 2020 年 6 月 11 日起,外圈取土时,沉井快速下沉,十字节点处的土压力变化较小,大部分时间处于脱空状况,监测的泥面高程也证实了这一现象。

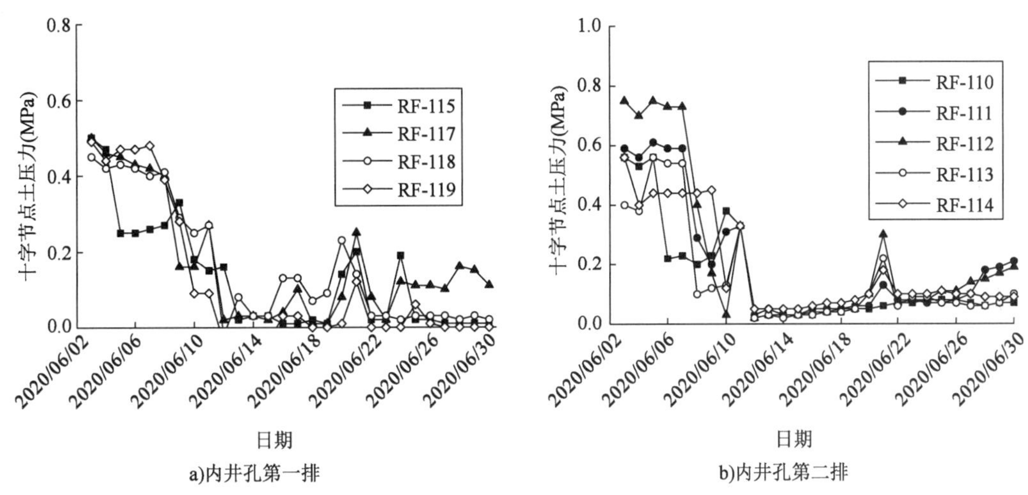

a)内井孔第一排　b)内井孔第二排

图 10　十字节点土压力变化曲线

在首次下沉结束后,沉井刃脚底部土压力分布情况如图 11 所示。总体上,沉井接近小锅底状态,沉井下沉至软塑粉质黏土层后,内隔墙、十字节点处的土压力均有所增长,且相对较为均匀;而在内井壁中,土压力差值有大有小,彼此差异相对较大,主要是因为沉井下沉至黏土层,且含石量较大,内井壁出现支反力分布不均的现象;内隔墙土压力变化表明,土压力开始增加,意味着内井孔有效支撑面积增大,沉井逐渐由接近小锅底状态变化为全断面支撑。在首次取土全过程中,始终未形成大锅底状态,即在未形成大锅底状态前,沉井已经发生下沉。根据各区域沉井泥面高程推算刃脚有效支撑面积,以及区域平均底面反力,反演沉井外井壁、外隔墙、内井壁、内隔墙、十字节点处的阻力,将各部分阻力与端承力总和进行比较,结果表明,支撑力主要由外井壁(33.33%)、外隔墙(26.67%)、内井壁(20%)承担,内隔墙及十字节点支撑力仅占 20%(图 12)。

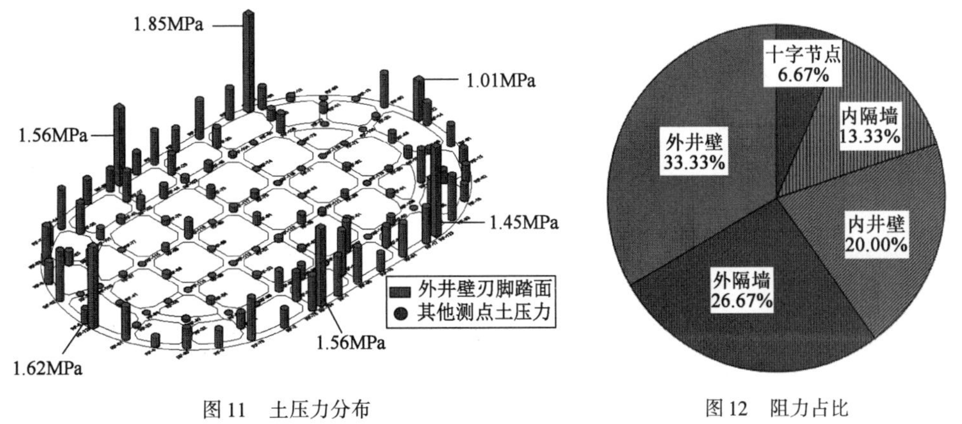

图 11　土压力分布　图 12　阻力占比

5.2 结构应力

通过对沉井结构应力的实时监测,可及时了解和掌握沉井受力情况,首次取土期间结构应力如图13所示。从结构应力(取应力变化较大的测点)上看,外圈隔墙底部应力LJY-12表现为先增长后减小的趋势,始终保持在25MPa以内;外刃脚斜面应力RGY-6N、RGY-8N几乎保持直线,未发生较大变化,均处于受压状态;外刃脚外隔根部应力RGY-6W逐渐减小后有所波动,在沉井下沉过程中,均表现为拉应力。总体上看,结构应力在±30MPa左右,结构处于受力安全状态。

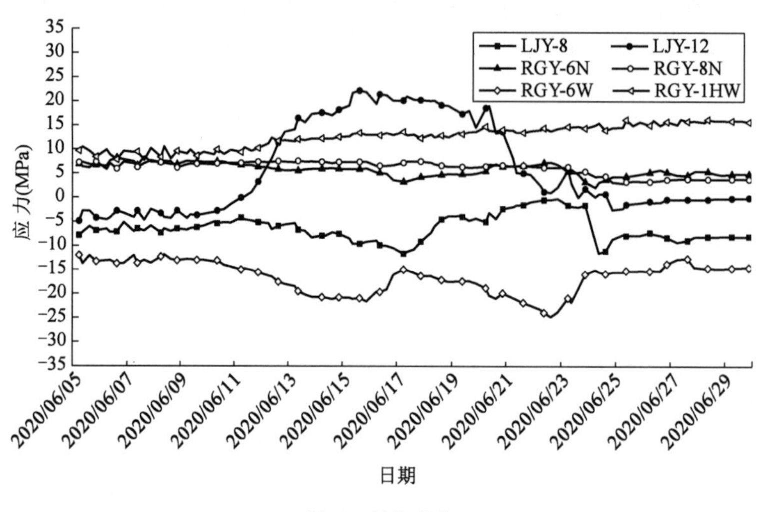

图13 结构应力

6 结语

(1)先内圈,再隔墙、十字节点,最后外井孔贴内井壁的取土方案可行,但由于内、外圈未同步取土,内圈大量取土时,下沉量并不敏感,而外井孔贴内井壁取土时,下沉迅速。

(2)沉井入土深度较小时,沉井底口偏位较为稳定,但沉井顺桥向、横桥向倾斜姿态较为敏感,易受取土顺序、取土深度、取土速度等影响,特别是在外井孔取土时,沉井下沉速度快,需加强动态控制。

(3)在首次下沉期间,沉井始终未形成大锅底状态,即在形成前沉井已经发生下沉,外井孔刃脚下的土体依靠沉井自重即可破除,沉井最不利状态表现为接近小锅底状态,即内圈、隔墙仍有部分支撑。

(4)沉井倾斜姿态控制措施:当出现倾斜时,加快刃脚高侧取土,使得刃脚高侧下沉速度大于低侧;倾斜较大时,刃脚较低的一侧,关停1~2个井孔,其他孔继续施工,同时在刃脚较高的一侧新增施工井孔;倾斜过大时,刃脚低侧井孔暂停施工,刃脚高侧井孔偏吸泥、偏除土速度加快,兼顾取土量和姿态。

(5)沉井在下沉期间,沉井结构应力较小,能够保持安全、平稳、有序下沉。

参考文献

[1] 穆保岗,朱建民,龚维民.大型沉井设计、施工及监测[M].北京:中国建筑工业出版社,2015.

[2] 周和祥,马建林,李军堂,等.深大沉井下沉阻力的现场监测[J].公路交通科技,2019,36(7):81-89.

[3] 穆保岗,朱建民,龚维民,等.悬索桥大型沉井排水下沉控制的关键问题分析[J].中国公路学报,2013,26(6):118-127.

[4] 胡伟明,马建林,李军堂,等.超大截面沉井着床行为判别分析[J].桥梁建设,2016,46(2):115-120.

[5] 秦顺全,徐伟,陆勤丰,等.常泰长江大桥主航道桥总体设计与方案构思[J].桥梁建设,2020,50

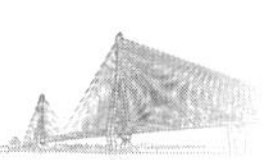

(3):1-10.

[6] 周海生,周亚军.五峰山长江特大桥北锚碇沉井前两次下沉几何姿态监测及计算简介[J].中国水运,2019,19(4):175-177.

[7] 王红霞.大型沉井结构施工过程的力学模型及控制研究[D].上海:上海交通大学,2002.

[8] 朱建民,龚维名,穆保岗,等.超大型沉井首次下沉关键问题研究[J].公路,2011(4):13-18.

[9] 李军堂.沪通长江大桥主航道桥沉井施工关键技术[J].桥梁建设,2015,45(3):7-12.

[10] 陶建山.泰州大桥南锚碇巨型沉井排水下沉施工技术[J].铁道工程学报,2009,18(1):63-66.

[11] 李进,欧阳效勇.大型沉井下沉力学性能分析与研究[J].中外公路,2018(2):5-9.

[12] 陈豪,瞿和瓯,杨克军.大型沉井在软土地基中下沉现场监测[J].城市道桥与防洪,2020(12):67-71.

大型钢沉井第二次取土下沉施工监控分析

郑建新[1,2,3,4]，孙南昌[1,2]，黄甘乐[1,2]

（1. 中交第二航务工程局有限公司，湖北武汉 430040；
2. 长大桥梁建设施工技术交通行业重点实验室，湖北武汉 430040；
3. 交通运输行业交通基础设施智能制造技术研发中心，湖北武汉 430040；
4. 中交公路长大桥建设国家工程研究中心有限公司，北京 100032）

摘 要 常泰长江大桥5号墩基础采用平面圆端型、立面台阶型沉井结构，沉井长95.0m，宽57.8m，高64m，为目前世界上最大水中钢沉井。在第2次取土下沉过程中，由于地层分布差异大、沉井底面受力不均匀、长边和短边倾斜姿态敏感性强等特点，施工采用了“台阶型”取土工艺，遵循对称、同步、均匀取土原则，通过一系列主动控制和动态纠偏措施，实现了沉井高效、平稳下沉。通过反演，下沉系数与下沉速率正相关，当下沉系数小于1时，沉井几乎不会下沉；当下沉系数超过1.1，沉井下沉速率可进一步加快；沉井下沉到位后受力状态、支撑状态及几何姿态均保持良好。

关键词 水下钢沉井；施工控制；取土下沉；几何姿态；反演分析

Monitoring and Analysis of the Second Borrow and Sinking Construction of Large Steel Open Caisson

ZHENG Jian-xin[1,2,3,4] SUN Nan-chang[1,2] Huang Gan-le[1,2]

（1. CCCC Second Harbor Engineering Co., Ltd., Wuhan 430040, China;
2. Key Laboratory of Large-span Bridge Construction Technology, Wuhan 430040, China;
3. Research and Development Center of Transport Industry of Intelligent Manufacturing Technologies of Transport Infrastructure, Wuhan 430040, China;
4. CCCC Highway Bridge National Engineering Research Centre Co. Ltd, Beijing 100032, China）

Abstract The foundation of the pier 5 of the Changtai Yangtze River Bridge is designed as a flat round-end type and a stepped-faced underwater steel caisson. Its dimensions are 95.0m in length, 57.8m in width and 64m in height, which is currently considered the largest underwater caisson in the world. During the second borrowing construction process, the stratum distribution was very different. The force on the bottom of the caisson was uneven, and the long and short sides were highly sensitive to the inclined posture. The "stepped" method of borrowing was adopted, following the principles of symmetry, synchronicity and uniformity. Through a series of active control and dynamic correction measures, the caisson sinks efficiently and smoothly. Through inversion analysis,

基金项目：中国交通建设集团有限公司科技研发计划课题（2020-ZJKJ-03）。

作者简介：郑建新（1982—），男，硕士，高级工程师，中交第二航务工程局有限公司，研究方向：桥梁施工技术。

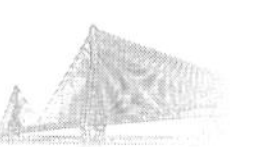

the subsidence coefficient is positively correlated with the subsidence rate. When the coefficient is less than 1, the caisson will hardly sink; when the subsidence coefficient exceeds 1.1, the sinking rate of the caisson can be further accelerated. Finally, the caisson maintains a good state of force, support and geometric posture.

Keywords Underwater steel open caisson; construction control; borrow sinking; geometric attitude; inversion analysis

1 引言

沉井基础具有刚度大、承载能力高、环保性能好等有点，在跨江、跨海的大跨径斜拉桥和悬索桥的基础中广泛应用，如沪苏通长江公铁大桥主航道桥(2020年)采用倒圆角矩形沉井基础，平面尺寸为86.9m×58.7m、高50m，商合杭铁路芜湖长江公铁两用大桥(2020年)、香港青马大桥(1998年)、日本北备赞公铁两用大桥(1988年)、葡萄牙四月二十五日桥(1966年)均采用了水下沉井基础。随着大跨径桥梁的不断发展，水下沉井基础逐渐向埋深更深、尺寸更大的方向发展，意味着沉井底部地基土体的不均匀性进一步突出，沉井结构安全、沉井姿态调整控制难度更大。

国内外研究学者从现场实践、理论分析、模型试验等方面对沉井进行了相关研究，别业山等认为圆形沉井较于桩基础具有较好的受力性能；邓友生等对武汉鹦鹉洲长江大桥北锚碇沉井基础的下沉系数和稳定系数进行了深入研究；刘建波等采用GPS-RTK等技术对沉井下沉过程中的空间几何姿态进行实时监测和动态控制；罗朝洋等分析了超大沉井基础的承载特性及土体的安全系数；穆保岗等认为下沉系数和稳定系数是沉井能否顺利下沉的主要控制因素。

对于超大水下台阶型沉井而言，在分阶段的连续作业过程中，施工荷载、施工顺序、地质条件、水流及风浪等环境等影响因素变化不定，现有的施工控制理论与研究成果不一定与之相匹配，如果直接套用，易产生诸多不适应问题。本文以常泰长江大桥5号墩沉井基础为例，探讨第2次取土下沉的过程控制，并反演下沉系数。

2 项目概况

常泰长江大桥主航道桥采用(142+490+1176+490+142)m=2440m双塔双层钢桁梁公铁两用斜拉桥，主航道桥5号墩基础采用平面圆端型、立面台阶型水下钢沉井，沉井总高72m(含承台8m)，沉井底面长95.0m，宽57.8m，圆端半径28.9m；沉井顶面长77.0m，宽39.8m，圆端半径19.9m。沉井钢壳内部填充混凝土，为目前世界上最大的水中沉井，见图1。

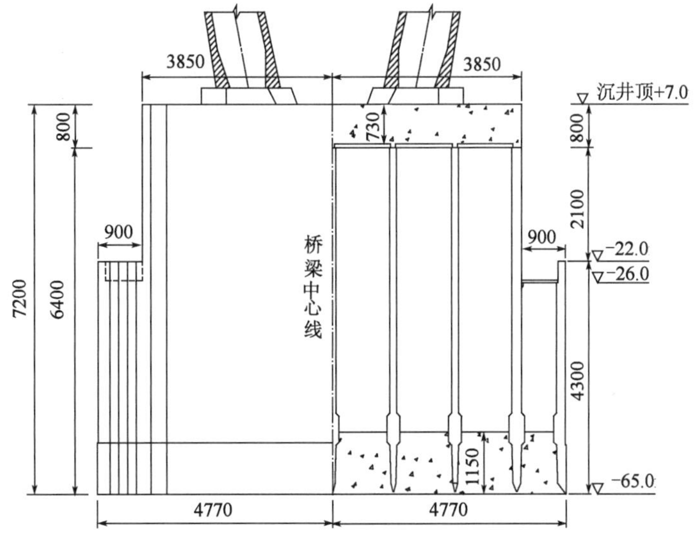

图1 5号墩钢沉井基础结构(尺寸单位:cm;高程单位:m)

沉井区域覆盖土层从上往下依次为松散粉砂、软塑～硬塑状粉质黏土、中密细砂、密实中砂及密实粗砂，砂砾胶结层零星分布在河床－35～－45m范围内。

5号墩沉井在平面上分为28个隔舱，沉井底面由外向内依次为外刃脚、外隔墙、内井壁、内隔墙、十字节点。沉井施工总体采用"两次接高、三次夹壁混凝土浇筑、四次取土下沉"工艺，终沉到设计位置。

在总结第1次取土下沉及国内外文献调研基础上，第2次采用"台阶型"取土工艺，遵循对称、同步、均匀取土，同时兼顾几何姿态，采取先内井孔、隔墙、十字节点，后外井孔的循环施工方案。施工全过程采用自动化控制，取土结束判断标准以沉井进入黏土层并达到全断面稳定支撑状态为主、预定高程为辅，具体取土原则如下：

(1)遵循对称取土原则，先进行中间18个井孔，后外圈18个井孔取土，二者交替作业，其中，外圈18个井孔取土过程中可并行隔墙盲区取土或破土。

(2)在黏土层中，外井孔内距离内井壁外侧6.0m范围内，取土最大深度不超过外井壁刃脚踏面下1.0m，外刃脚埋深不小于1.0m，中间井孔取土深度不超过外井壁刃脚踏面下2.0m。

(3)在砂土层中，外井孔内距离内井壁外侧5.0m范围内，取土最大深度不超过外井壁刃脚踏面下1.0m，外刃脚埋深不小于1.5m，中间井孔取土深度不超过外井壁刃脚踏面下1.5m。

3 取土下沉

3.1 下沉曲线

第2次取土下沉期间，沉井外刃脚底高程从－32.4m到－41.2m，累计下沉8.8m，先后经历了缓慢、快速、缓慢调位三个阶段(图2)。在第一阶段中，砂砾胶结层分布不均，区域土质复杂，沉井不能依靠自重来自行破除刃脚及盲区的土体，通过借助气水混合冲射取土设备处理隔墙盲区下的黏土，解除隔墙底部土压力；利用高压旋喷设备对十字节点盲区下的土层进行预搅松，释放土体压力，实现下沉，其间累计下沉0.55m。第二阶段中，沉井刃脚贯穿黏土层，进入砂层，沉井长边和短边倾斜姿态敏感多变，通过实时监测几何姿态变化，采取了合理预判和动态调整取土措施，并根据土压力及泥面高程监测数据，通过编制的小程序实时展示底面土压力的分布情况，以制定各作业面的不同施工方法和取土速率，确保了沉井端阻力受力均匀，其间累计下沉7.60m。第三阶段主要是确保沉井支撑体系转换为全断面支撑状态，同时兼顾预定高程位置，为沉井第二次接高做好支撑准备，累计下沉量0.65m，单日最大下沉量0.97m。在第二次取土下沉期间，日平均下沉量32.6cm，当日取土量在1000m^3以下时，日下沉量几乎在10cm以下；当日取土量超过1800m^3时，日下沉量几乎均在40cm以上，在沉井底面支撑体系不断转换过程中，沉井底面中心下沉量与取土量几乎保持一致。

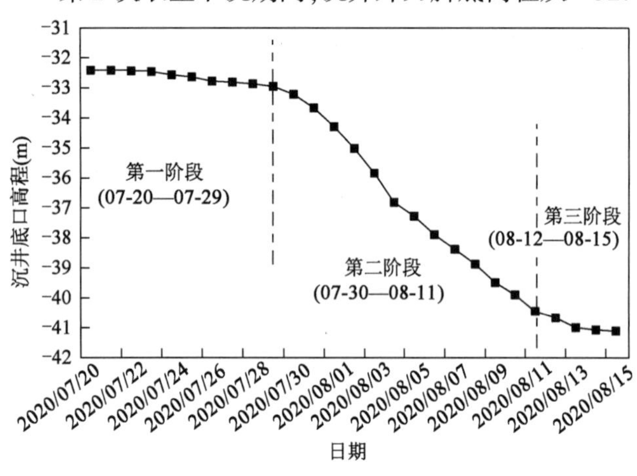

图2 第2次取土下沉曲线

3.2 几何姿态

在取土过程中，沉井在顺桥向及横桥向的倾斜姿态均受到施工顺序、取土深度的影响，呈现出左右摇摆、姿态敏感多变的特点。通过动态调整取土策略，兼顾沉井长边和短边的几何姿态，动态跟踪和控制，见表1。

动态调整措施　　表1

内容	控制措施
出现倾斜征兆	加高低侧取土,加大高侧设备投入,使高侧取土效率快于低侧,同时加强姿态、应力监测
较大倾斜	降低低侧取土,关停个别井孔设备,加大高侧取土量,同时兼顾姿态
过大倾斜	低侧暂停施工,加快高侧取土,以调整姿态为主
隔墙、十字节点土压力上升过快	采用气水混合设备、高压旋喷设备处理,调整沉井底部支撑状态

下沉过程中,底口中心偏位几乎稳定在±15cm以内(设计要求不大于34cm),施工结束后,外刃脚入泥平均深度14.33m,底口嵌入砂层较深,所受的约束力有所增大,对称取土确保了沉井底口受力均衡,未发生较大偏位。沉井倾斜变化曲线如图3所示,控制结果如表2所示。

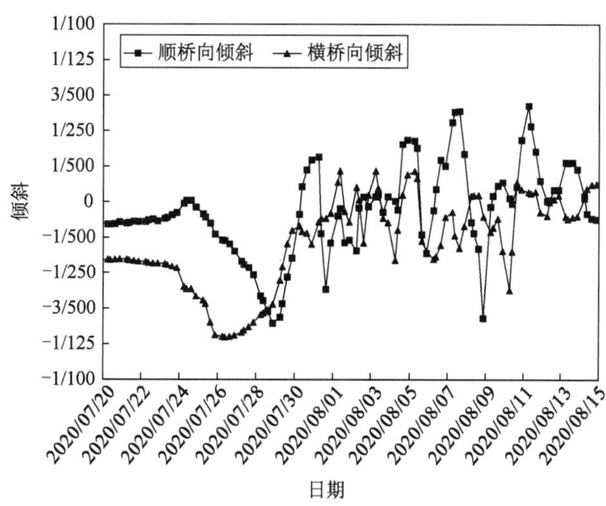

图3　倾斜变化曲线

第2次取土下沉控制结果　　表2

内容		控制要求	实测值
平面偏位(cm)	顶口中心	≤34	偏江侧6.3;偏下游5.0
	底口中心		偏江侧11.6;偏下游10
倾斜	顺桥向	≤1/150	向岸侧倾斜1/952
	横桥向		向上游倾斜1/997
高差(cm)	顺桥向	≤38.5	岸侧低6.1
	横桥向	≤63.3	上游低9.5
扭转角(°)	—	≤1	0.023

3.3　土压力分布

下沉结束后,沉井为外井壁、内井壁、外隔墙和内隔墙共同作用的全断面支撑状态,其中,外刃脚及外隔墙底部土压力较大,外井壁次之,内隔墙最小,其中测点布置见文献[10]。

4　反演分析

4.1　端阻力分析

沉井平面尺寸大,各区域刚度不同,同时受沉井下沉姿态的影响,沉井底面反力的分布会有所差异。根据各区域沉井泥面高程推算刃脚有效支撑面积以及区域平均底面反力,反演各部位的端阻力,与端承力总和进行比较,各部位阻力占比如图4所示。

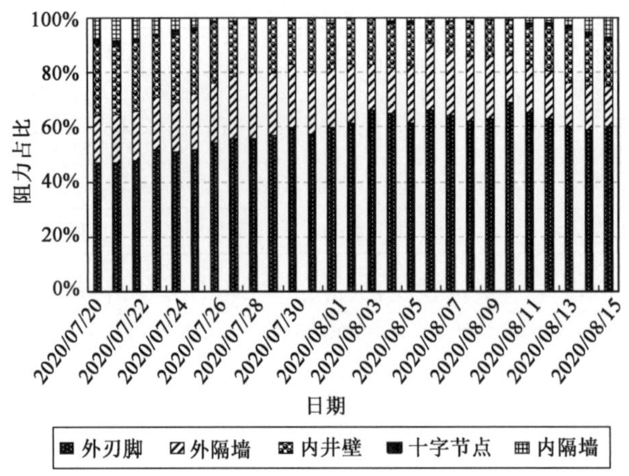

图4　沉井底面反力占比

由图4可知，外刃脚支撑力均在45%以上，且随着取土下沉，刃脚阻力占比达到60%以上；外隔墙阻力占比均在16%以上。2020年7月20日—8月6日，沉井内井壁占比逐渐减小，此后略有回升。结合十字节点及内隔墙阻力占比看，在沉井刃脚支撑体系中，内隔墙及十字节点阻力支撑力逐渐转移至外井壁、外隔墙，在2020年7月26日后，内隔墙及十字节点承受较小部分支撑力，沉井逐步逼近小锅底支撑状态。第三阶段调整沉井受力状态，沉井几乎保持全断面支撑受力状态，达到了接高前良好的稳定支撑体系。

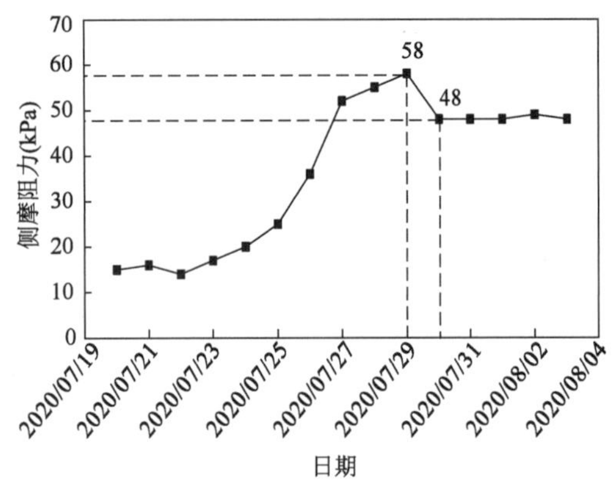

图5　侧壁摩阻力反演值

4.2　侧阻力分析

结合自重、浮力及各区域端阻力，反演得到第二次取土下沉期间侧摩阻力曲线，如图5所示。2020年7月20日沉井开始取土下沉，此时沉井自重主要由端阻力承担，随着取土量的增加，端阻力逐渐被削弱，侧摩阻力逐渐增加，即一部分端阻力逐渐转移为侧摩阻力，直到2020年7月29日，侧摩阻力达到最大值约为58kPa，此后，沉井下沉量开始增加，侧摩阻力减小至48kPa，即静摩阻力开始转变为动摩阻力。

4.3　下沉系数与下沉速率

利用反演获取的端阻力和侧摩阻力可以计算出沉井下沉的总阻力，然后结合沉井自重和浮力，按照式(1)~式(4)计算出沉井下沉系数。在取土过程，底面反力随着沉井支撑及姿态变化而相互转移，采用同一时间段的泥面高程和底面反力参数计算下沉系数，建立下沉系数与下沉速率之间的联系，为后续沉井下沉提供参考。

$$k_0 = \frac{G_k - F_w}{T_f + R_1 + R_2} \tag{1}$$

$$F_w = \gamma_w V \tag{2}$$

$$R_1 = U\left(b + \frac{n}{2}\right) f_u \tag{3}$$

$$R_2 = A_1 R_k \tag{4}$$

式中：k_0——下沉系数；

G_k——井体自重标准值，kN；

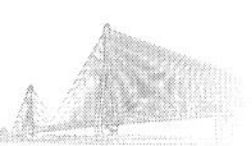

T_f——侧壁与土的总摩阻力标准值,kN;

F_w——沉过程中地下水浮力标准值,kN;

γ_w——地下水天然重度,kN/m^3;

V——沉井在地下水位以下的体积,m^3;

R_1——刃脚端部极限承载力,kN;

U——沉井侧壁外围周长,m;

b——基础底面宽度,m;

n——刃脚斜面与土壤接触面的水平投影宽度,m;

f_u——地基承载力极限值,kPa;

R_2——隔墙端部极限承载力,kN;

A_1——隔墙支承面积,m^2;

R_k——地基极限承载力,kPa。

下沉系数与下沉速率正相关(图6),当下沉系数小于1时,沉井不会下沉;当下沉系数在1~1.04范围内,沉井下沉速率为1~2cm/h;当下沉系数在1.04~1.06范围内,沉井下沉速率为2~3cm/h;当下沉系数在1.06~1.1范围内,沉井下沉速率为3~4cm/h;当下沉系数超过1.1,沉井下沉速率可进一步加快,如2020年8月4日,下沉系数1.14,下沉速率达5cm/h。根据下沉系数与下沉速率的关系可知,后续取土下沉过程中,为保证沉井持续处于高效下沉状态,须保证下沉系数达到1.1。

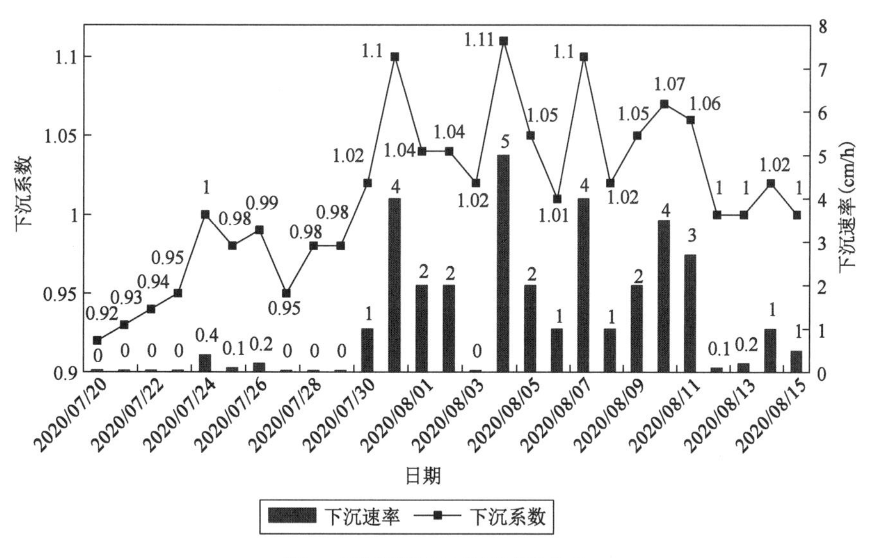

图6　下沉系数与下沉速率的关系

5　结语

(1)采用“台阶型”取土工艺,遵循对称、同步、均匀取土原则,根据不同土质,严格控制外刃脚埋深及取土深度,确保了沉井安全、平稳下沉。

(2)通过主动控制与动态调整,沉井顺桥向:向岸侧倾斜1/952,高差6.1cm;横桥向:向上游倾斜1/997,高差9.5cm;平面扭转角为-0.023°,沉井姿态良好,取土过程始终可控。

(3)在三阶段取土下沉过程中,沉井由全断面支撑到逼近小锅底支撑最后调整为全断面支撑的良好受力状态,沉井自重仍主要由端阻力承担。

(4)下沉系数与下沉速率正相关,当下沉系数小于1时,沉井几乎不会下沉;随着下沉系数增大,沉井下沉速率随之增大,下沉系数接近于1.1左右,可确保沉井高效下沉。

参考文献

[1] 别业山,舒思利,万田保.温州瓯江北口大桥中塔沉井基础设计[J].桥梁建设,2019,49(3):75-79.

[2] 邓友生,刘华飞,时一波,等.特大圆形锚碇沉井下沉系数和稳定系数研究[J].世界桥梁,2016,44(1):35-39.

[3] 刘建波,张永涛,杨炎华,等.泰州长江公路大桥深水沉井基础定位下沉与控制技术研究[J].桥梁建设,2011(6):76-81.

[4] 罗朝洋,马建林,周和祥,等.超深大沉井基础的承载特性[J].铁道建筑,2019,59(7):8-11.

[5] 穆保岗,朱建民,龚维明,等.悬索桥大型沉井排水下沉控制的关键问题分析[J].中国公路学报,2013(6):118-127.

[6] 秦顺全,徐伟,陆勤丰,等.常泰长江大桥主航道桥总体设计与方案构思[J].桥梁建设,2020,50(3):1-10.

[7] 陈晓平,茜平一,张志勇.沉井基础下沉阻力分布特征研究[J].岩土工程学报,2005,27(2):148-152.

[8] 杨膨铭,黄跃.超大平面沉井结构受力特性模拟及施工监控分析[J].中国港湾建设,2021(6):50-54.

[9] 赵东梁,沈立龙,李嘉成.水中巨型台阶形沉井取土下沉计算分析[J].中国港湾建设,2020(10):45-50.

深水圆端型沉井基础冲刷防护研究

赵东梁[1,2,3]，冯先导[1,2,3]，韩鹏鹏[1,2,3]，陆荣伟[4]

(1. 中交第二航务工程局有限公司,湖北武汉 430040;
2. 长大桥梁建设施工技术交通行业重点实验室,湖北武汉 430040;
3. 交通运输行业交通基础设施智能制造技术研发中心,湖北武汉 430040;
4. 江苏省交通工程建设局,江苏南京 210004)

摘 要 水中桥梁基础在施工过程中面临的冲刷问题十分复杂,其可能导致极大的施工风险。利用物理模型试验和现场实测数据对比分析研究河床冲刷,对施工中提前采取防冲刷措施具有重要指导意义。本文以常泰长江大桥深水圆端型沉井基础为例,结合沉井施工工序,通过原始河床面、挖槽、挖槽防护三组物理模型试验,分析不同施工阶段的最大冲刷深度及冲刷形态,并与现场实测冲刷数据对比分析,结果表明:河床上挖槽降低最大冲刷深度的效果不明显,沉井入土后挖槽内抛石防护可以显著降低沉井附近河床的冲刷深度;物理模型试验可以较好地预测河床冲刷形态,得出最大冲深极值;复杂地质条件下,在河床开挖基槽可以有效降低沉井前期施工倾斜、偏位风险。本文相关研究结果可为深水沉井基础施工过程中采取的冲刷防护措施提供参考。

关键词 深水圆端型沉井;模型试验;冲刷深度;冲刷形态;现场实测

Study on the Scouring Protection for Deep-water and Round-end Open Caisson

ZHAO Dong-liang[1,2,3], FENG Xian-dao[1,2,3], HAN Peng-peng[1,2,3], LU Rong-wei[4]

(1. CCCC Second Harbor Engineering Company LTD., Wuhan 430040, China;
2. Key Laboratory of Large-span Bridge Construction Technology, Wuhan 430040, China;
3. Research and Development Center of Transport Industry of Intelligent Manufacturing Technologies of Transport Infrastructure, Wuhan 430040, China;
4. Jiangsu Provincial Transportation Engineering Construction Bureau, Nanjing 210004, China)

Abstract River bed erosion poses a great threat to the construction of bridge foundation, Also, the processes of river bed erosion are very complicated. Thus, study on the erosion by model test and field measured data has a great significance for scouring prevention under construction. This study focuses on deep-water and round-end open caisson of Chang-tai Bridge, analyzed the maximum scouring depth and scouring pattern by

基金项目:2019 年度交通运输行业重点科技项目(2019-MS1-011)。

作者简介:赵东梁,高级工程师,中交第二航务工程局有限公司,研究方向:港口航道及深水基础。

three sets of physical model tests, also analyzed the field measured scouring data combining the construction process. The results show that reduce the maximum scouring depth by trenching on the river bed is ineffective, but dumping the gravel around the open caisson can significantly reduce the maximum scouring depth during the flood season. Additionally, the physical model test could be better predict the scouring pattern and main scouring positions, and also obtain the extreme value of scouring depth. For the complex geological conditions, trenching in the river bed can effectively reduce the risk of inclination and misalignment in the early stage of open caisson construction. The related results can provide a reference for handling the erosion in practical construction.

Keywords Deep-water and round-end open caisson; Physical model test; Scouring depth; Scouring pattern; Field measurement

1 引言

桥墩冲刷问题的本质为桥墩周围流场作用下的泥沙输移,桥墩冲刷过程一般分为自然演变冲刷、一般冲刷、局部冲刷三个独立部分。桥墩等水工结构物压缩河床断面的水流过流面积,引起桥位处河床的冲刷,称为一般冲刷。桥墩阻挡水流后,导致行进水流从桥墩两侧加速绕流产生复杂的漩涡结构,在桥墩周围分离出三维边界层,产生的高紊动、高流速特性的局部水流造成的桥墩附近冲刷称为局部冲刷。一般冲刷和局部冲刷交织在一起同时进行,过程十分复杂,许多学者对桥墩冲刷做了大量研究。ARENSON 研究了大跨径桥梁三类冲刷占桥下总冲刷量的占比;Hughes 分析了桥梁桩基础的冲刷承载性能;郑锋利通过封闭水槽试验研究了沉井着床期间的河床局部冲刷深度及冲刷形态;Coleman 探讨了埋深对沉井冲刷深度的影响;倪飞研制了一种模型桥墩局部冲刷地形等值线自动绘制装备;高文廉基于 FLUENT 对圆柱体桥墩的定床、动床水流冲刷情况进行了计算分析;刘震卿基于流体动力学开展了桥梁墩台局部冲刷的研究,并对常用的冲刷防护方法作了系统的阐述;Xiang 对海中不同截面形状的桥梁基础在单向流和潮流引起的局部冲刷进行了试验研究;熊文提出了一种基于动力特征识别的桥墩冲刷状态分析理论。研究发现,超过半数的桥梁损毁与冲刷有关,局部冲刷对桥墩底部冲刷坑深度的影响远大于其他两种冲刷,局部冲刷是桥梁垮塌的主要原因之一,因此,桥墩局部冲刷成为研究的重点。

局部冲刷受水流形态、床沙组成、桥墩墩型、河床形态等多因素共同影响,大型桥梁桥墩冲刷一般通过物理模型试验预测冲刷深度,也可通过规范公式进行计算。目前,国内外有大量的桥墩局部冲刷深度计算公式,其中大多是基于水槽试验数据和现场观测资料建立的经验公式或半理论半经验公式,具有一定的局限性;同时,国内外的桥墩局部冲刷公式差异较大,特别是针对复杂桥墩结构,计算结果差距较大。

桥墩局部冲刷分析常采用的方法包括原位观测、水槽试验和数值模拟。原位观测通过对桥墩局部冲刷进行长期的连续现场监测,能够有效地观测到局部冲刷坑随时间的变化情况。水槽试验有助于研究冲刷过程中的各种流动现象和冲刷机理,归纳局部冲刷深度的影响因素及规律,方便指导工程应用,但试验中缩尺模型带来的尺度效应、特殊流动条件下的冲刷研究目前仍是水槽试验面临的难题。数值模拟方法能够有效避免水槽试验中设备扰动、模型缩尺效应、复杂流动等存在的问题,帮助深入分析复杂湍流和局部冲刷的作用机理,但桥墩局部冲刷模拟结果的精度很大程度上取决于选择的泥沙输运数学模型和湍流数学模型,使用合适的泥沙输运模型和湍流模型才能获得合理的桥墩局部冲刷模拟结果。

针对桥梁水中沉井基础的冲刷问题,高正荣等通过物理模型试验研究了钢沉井下沉过程中的局部冲刷机理和冲刷形态,并针对沪苏通长江公铁大桥 29 号沉井下沉施工易冲刷的问题,开展了河床预防护试验研究。杨程生等针对瓯江北口大桥中塔沉井在淤泥质粉质黏土地质条件下的局部冲刷问题开展了物理模型试验研究,揭示了淤泥粉质黏土在水流作用下的冲蚀剥离形态,为试验中模型砂的选择提供了重要依据。

实际工程中往往地质条件复杂,各类土层相互交叉,为数值模拟、模型试验的冲刷问题研究带来很

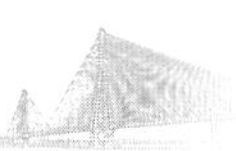

大的难度，并且采用数值模型研究粉质黏土的冲刷问题本身存在很大的不确定性。本文针对常泰长江大桥中塔5号沉井的冲刷防护问题，开展室内模型试验和现场原位冲刷实测的对比分析研究，为深水大型沉井基础的冲刷防护措施提供参考。

2 工程概况

常泰长江大桥连接常州和泰州，为主跨1176m的双层斜拉桥。5号主塔基础为目前世界上最大的水中圆端型沉井基础，5号沉井基础位于长江主航道北侧靠泰州一侧，沉井长轴中轴线与水流常流向有6°的夹角；沉井底面尺寸为95.0m×57.8m，圆端半径28.9m；沉井顶高程+7.0m，底高程-65.0m，总高72.0m；沉井外井壁厚1.8m，内井壁厚2.0m，隔墙厚度为1.4m。5号墩沉井基础结构如图1所示。

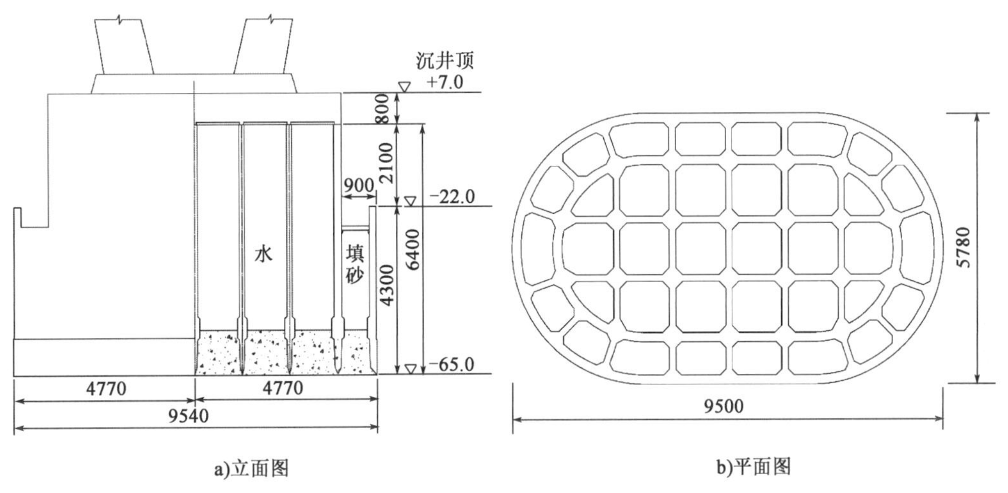

图1 5号墩沉井结构图（尺寸单位：mm；高程单位：m）

2.1 地质条件

地质条件是影响局部冲刷的重要因素，5号墩沉井位于主航道北侧，地形平稳。河床平均高程-14.5m，-14.5～-17.22m为表层松散粉砂层；-17.22～-27.25m为粉质黏土层，其中-17.22～-24.50m存在分布不均的硬塑粉质黏土层；-27.25～-33.65m为中密细砂层；-33.65～-39.89m为中密粉砂层；-39.89～-50.33m为密实细砂层；-50.33～-56.83m为密实中砂层；-56.83～-65m为密实粗砂层，持力层为密实粗砂层。

2.2 实测流速

20年一遇桥位断面垂线平均最大流速为1.93～2.1m/s，枯水期垂线平均最大流速低于1.05m/s。枯季大潮和中潮相差不大，平均落潮流速为0.5～0.8m/s，平均涨潮流速小于0.57m/s。沉井施工从2019年12月28日出坞浮运开始至2020年12月28日终沉结束，持续整整一年时间。整个施工阶段，与沉井基础冲刷防护关系密切的关键施工工序有2020年1月22日完成的定位着床、2020年3月初进行的抛石防护。2019年12月—2020年9月，根据现场浪龙所测流速进行数据分析，得到沉井位附近各月平均流速和平均流速大于1m/s及1.5m/s的概率如图2所示。

3 模型试验

3.1 试验方案

模型试验在长34m、净宽4.8m的水槽中进行，泥沙动床段长5m、宽4.8m，铺砂厚度0.6m，桥墩基础布置在试验段的中央。模型设计时，综合考虑流速、雷诺数、水深、水下休止角、桥墩压缩比等基本条件，确定模型几何比尺为100，水流连续相似，流速比尺为10。模型砂经过窦国仁公式换算后，采用中值粒径为0.68mm的木屑代替。整个模型试验，模型砂为单一介质，没有考虑实际地质条件的泥沙分层和黏性土层的影响。

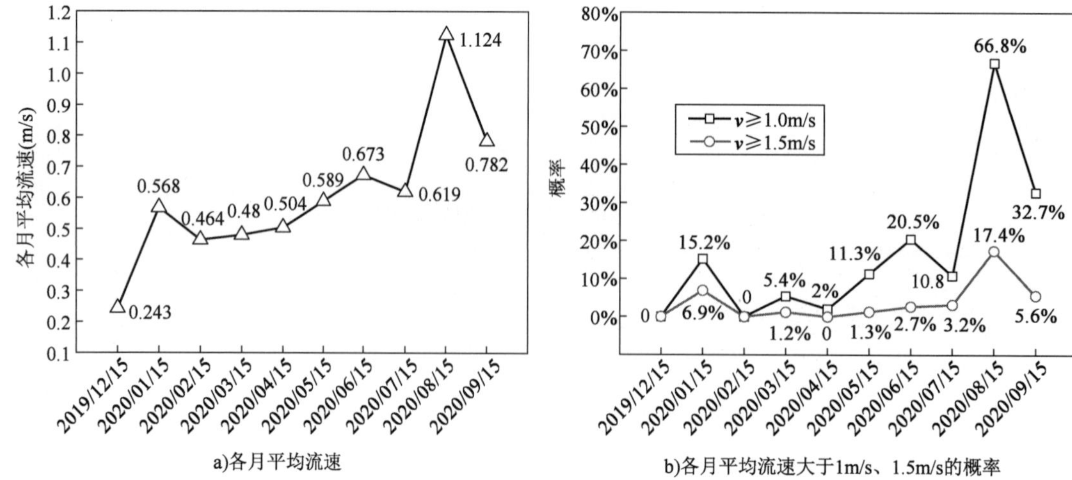

图2　5 号墩附近各月现场实测流速及平均流速大于 1m/s、1.5m/s 的概率

原始河床面试验是假定沉井自 -14.5m 高程原始河床面入土无限深，在 1.0m/s、1.5m/s、2.0m/s、2.5m/s 四组原型流速对应的模型流速冲刷 2.5h 后的河床冲刷状态。

挖槽是在沉井墩位处沉井浮运到位前开挖基坑，开挖深度为 11.5m，基坑底高程到 -26m；开挖范围为沉井外圈放宽 10m，基坑底与河床面放坡坡率为 1:3。挖槽冲刷模型试验中，沉井着床入土后，采用 1.0m/s、1.5m/s、2.0m/s、2.5m/s 四组原型流速对应的模型流速冲刷 2.5h 至床面稳定。

挖槽防护是在沉井入土后，在沉井周围的基坑内填充 1m 厚的防护层，在原型流速 1.5m/s、2.0m/s、2.5m/s 对应的模型流速冲刷 2.5h 后的床面状态。防护层采用中值粒径为 0.184mm 的天然砂。

3.2　试验结果分析

(1)原始河床面试验。

在 1.0m/s、1.5m/s、2.0m/s、2.5m/s 对应的模型流速冲刷后，沉井外壁 5m 范围距离内，最大冲刷深度河床面高程分别为 -28.8m、-36.0m、-41.8m、-44.7m，沉井前端和两侧均发生较大的冲刷，沉井后端尾部冲刷较小。

图3　2.0m/s 流速作用下的模型试验冲刷状态

(2)挖槽试验。

在 1.0m/s 流速作用下基坑底最大冲刷深度为 2.0m，冲深后的高程为 -28.0m，基坑外沉井后端的河床上最大冲刷深度为 3.5m，冲深后的高程为 -18m；在 1.5m/s 流速作用下基坑底最大冲刷深度为 8.0m，冲深后的高程为 -34.0m；在 2.0m/s 流速作用下基坑底最大冲刷深度为 14.0m，冲深后的高程为 -40.0m，基坑外沉井后端的河床上最大冲刷深度为 18m，冲深后的高程为 -32.5m；在 2.5m/s 流速作用下基坑底最大冲刷深度为 17.4m，冲深后的高程为 -43.4m。沉井在 2.0m/s 流速作用下的模型试验如图 3 所示。

(3)挖槽防护试验。

在 1.5m/s 流速作用下，沉井周边防护区基本不发生冲刷，防护效果较好，在防护区外侧出现冲刷，最大冲刷深度在 8.0m 左右；在 2.0m/s 流速作用下，沉井前方防护区基本，不发生冲刷，最大冲刷发生在沉井两侧，最大冲刷深度为 4.0m 左右，在防护区外侧最大冲刷深度为 13.0m；在 2.5m/s 流速作用下，沉井前方防护区基本不冲，二侧及后方防护区发生冲刷，最大冲刷深度为 6.0m 左右，在防护区外侧

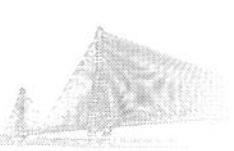

最大冲刷深度为16.0m。沉井在1.5m/s流速作用下的模型试验如图4所示,1.5m/s流速作用下的冲刷等深变化结果如图5所示。

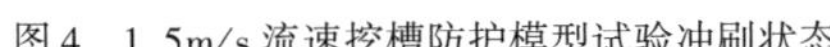

图4　1.5m/s流速挖槽防护模型试验冲刷状态

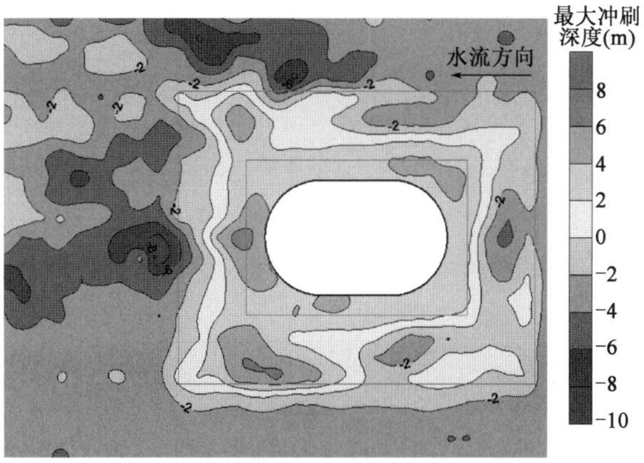

图5　1.5m/s流速挖槽防护冲刷等深线变化

三组物理模型试验沉井附近最大冲深结果如图6所示。不同流速下,挖槽的最大冲刷深度略小于同一流速下原始河床冲刷深度,说明单一土层地质条件下,通过沉井定位着床前在河床上挖槽降低河床最大冲刷深度的效果不明显;沉井入土后挖槽内抛石防护可以显著降低沉井附近河床的冲刷深度;2.5m/s下沉井入土后,河床的最大冲刷深度为-44.7m,这一数据对制定沉井下沉施工策略具有重要意义,即汛期到来前,若沉井刃脚底高程下沉到-44.7m之下,可有效避免沉井发生倾斜、偏位风险。

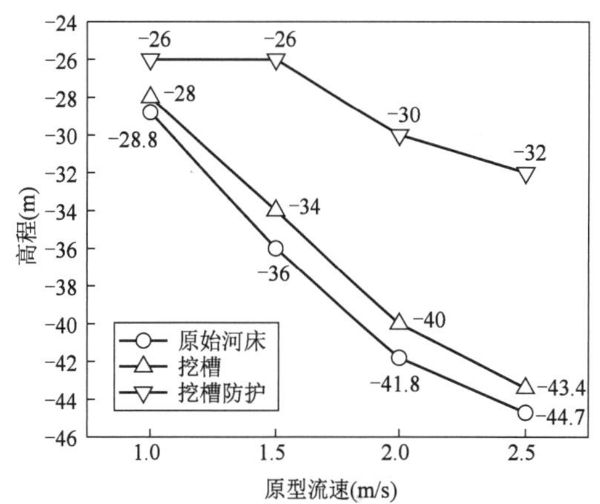

图6　物理模型试验的最大冲刷深度

4　现场实测分析

4.1　河床冲刷现场实测结果

图7中3次基坑开挖后的扫测图均发生在沉井定位着床前,其中图7a)、b)发生在沉井浮运到位前,图7c)发生在沉井浮运到位后。从图7a)、b)可以看出,在基坑开挖完成后10d的时间,基坑底冲刷大约0.5m;从图7b)、c)可以看出,沉井浮运到位前后近一个月时间内,基坑底部并没有发生明显的冲刷或淤积。

图7d)为沉井定位着床后当天的扫测图,可以看出,着床当天沉井前端两侧和后端靠岸侧发生轻微冲刷,冲刷深度约1.0m,到抛石防护前,沉井前端两侧最大冲深达到-28m。

2020年3月初完成抛石防护施工,在开挖的基坑内沉井周围抛填粒径5~15cm的碎石,抛填厚度为1m。图7f)~i)显示,抛石防护之后约4个月的时间,沉井前端两侧未出现明显的冲刷。图7j)、k)显示,2020年7月中下旬—8月,沉井后端靠岸侧和沉井靠岸侧中部出现一定程度的冲刷,最大冲深底高程达到-30.0m;7月、8月冲刷程度相比5月、6月要严重一些,最大冲深增加2~3m,这与图2中所示2020年7月、8月水流流速较大有关。最大冲刷深度发生在沉井靠岸一侧,这是因为沉井长轴线与水流主流向存在6°夹角所致。图7k)、l)显示,从2020年8月到10月,随水流流速的降低,河床冲刷基本保持稳定,局部最大冲刷深度在往复潮流作用下出现约1m的回淤。

4.2　实测结果与模型试验对比分析

将沉井施工过程河床冲刷分为出坞浮运—抛石防护前、抛石防护后—汛期前、2020年7月/8月汛期三个阶段,现场实测与模型试验结果对比分析如表1所示。

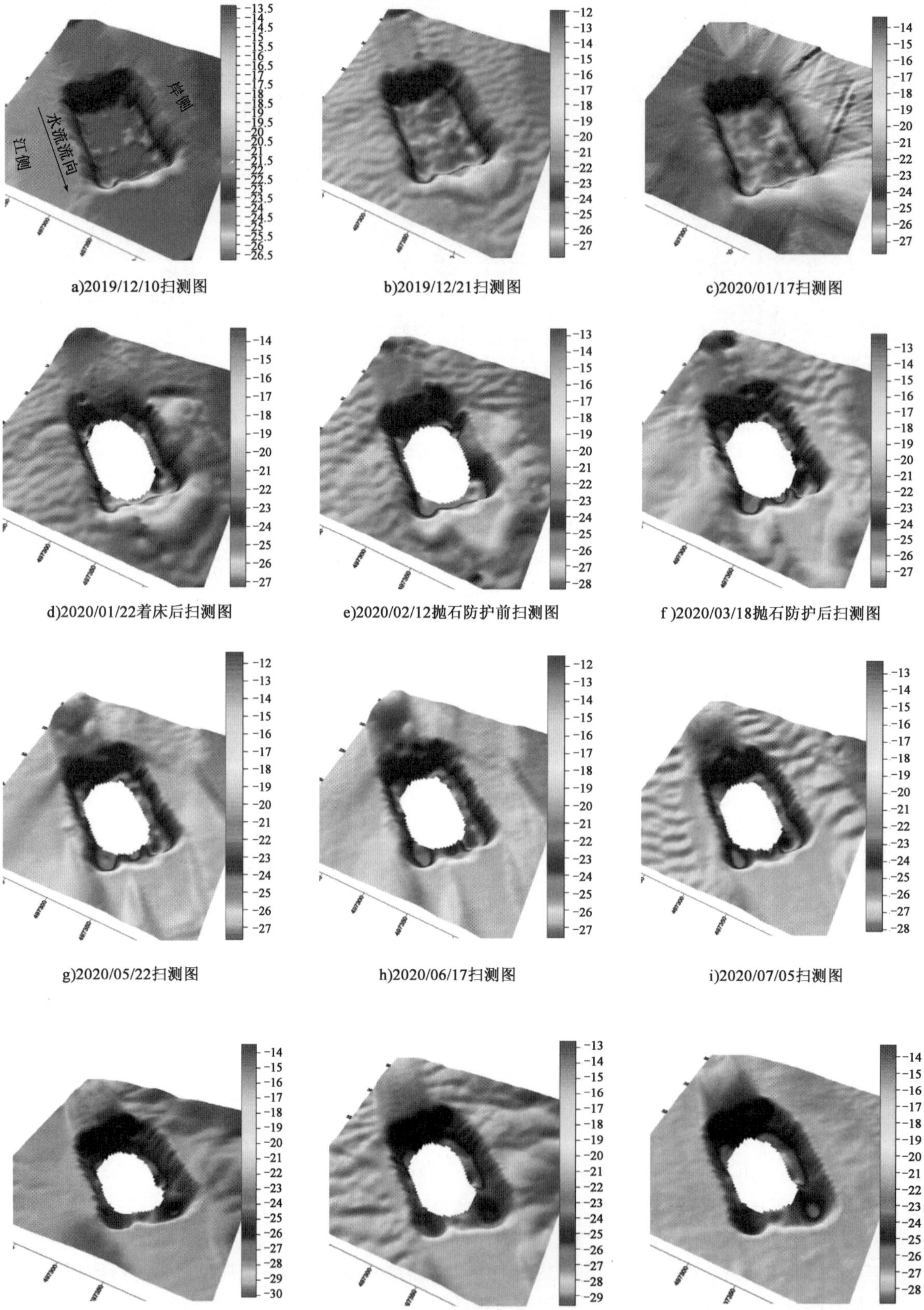

a)2019/12/10扫测图

b)2019/12/21扫测图

c)2020/01/17扫测图

d)2020/01/22着床后扫测图

e)2020/02/12抛石防护前扫测图

f)2020/03/18抛石防护后扫测图

g)2020/05/22扫测图

h)2020/06/17扫测图

i)2020/07/05扫测图

j)2020/07/20扫测图

k)2020/08/03扫测图

l)2020/10/07扫测图

图7　沉井施工过程冲刷实测结果(高程单位:m)

现场实测与模型试验冲刷结果对比分析　表1

施工时间段	现场实测	模型试验	对比分析
出坞浮运—抛石防护前	(1)流速不大于1.5m/s; (2)基坑内最大冲刷深度发生在沉井前端两侧,冲深1.5m; (3)基坑外床面冲刷较小,整体冲刷不大于2m	(1)挖槽试验原型流速1.0m/s; (2)基坑内沉井前端两侧最大冲深2.0m; (3)基坑外床面最大冲深3.5m,位于沉井下游	(1)基坑内冲刷深度和冲刷形态类似; (2)基坑外最大冲深存在一定差异,原因:试验为单一土层,现场表层松散粉砂下为黏土层,试验没有考虑土层分层影响
抛石防护后—汛期前	(1)流速基本不大于1.5m/s; (2)基坑内防护区基本没有发生冲刷; (3)基坑外床面有2~3m的整体冲刷	(1)挖槽防护试验原型流速1.5m/s; (2)基坑防护区没有发生冲刷; (3)基坑外床面最大冲深8.0m,位于沉井下游河床	(1)基坑内防护区均没有发生冲刷; (2)基坑外差异较大,原因是试验为单一土层,现场表层2~3m为松散粉砂,其下为黏土层,黏土层抗冲刷能力强
2020年7月/8月汛期	(1)实测最大流速接近2.5m/s; (2)基坑内防护区最大冲深3~4m,位于沉井两侧及后方防护区; (3)基坑外床面,沉井前端中间部位有1~2m的淤积,沉井后端床面大约有4m的整体冲刷	(1)挖槽防护试验原型流速2.5m/s; (2)基坑内防护区最大冲深6m,位于沉井两侧及后方防护区; (3)基坑外沉井两侧及后端床面均发生较大冲刷,最大冲深16.0m,位于沉井下游后端河床	(1)冲刷位置及冲刷形态类似; (2)基坑内外最大冲深差异较大,原因是试验中防护层为天然砂,其他为单一木屑砂,现场表层为松散粉砂,其下为包含硬塑粉质黏土的黏土层,较大流速下,木屑砂容易被冲刷,硬塑黏土层抗冲刷能力强,且现场施工区域受往复潮流影响,有少量回淤

现场实测冲刷结果与挖槽试验的结果验证了沉井施工前挖槽防冲刷的必要性。挖槽物理模型试验,原型流速1.0m/s作用下基坑外沉井后端河床冲刷后高程为-18m,位于粉质黏土层中,1.0m/s的流速与沉井定位着床下沉初期流速相近,如果不进行施工前挖槽,沉井在下沉初期极有可能面临难以下沉的风险,且粉质黏土层中夹杂的硬塑黏土层分布高差较大,极易造成下沉初期沉井倾斜偏位。试验中在原型流速2.0m/s作用下,基坑外沉井后端河床上最大冲刷深度为18m,冲深后高程为-32.5m,2.0m/s的流速与2020年7月、8月实测最大流速相近,考虑7月、8月沉井下沉状态,假如在未挖槽状态下到7月沉井刃脚底高程在-32.5m以上,沉井结构就会存在倾斜、结构开裂风险。

现场实测冲刷结果与挖槽试验、挖槽防护试验的结果验证了汛期前抛石防护的重要性。挖槽物理模型试验,原型流速2.5m/s作用下基坑底最大冲深后高程为-43.4m;现场实测2020年7月、8月最大冲深底高程为-30.0m,抛石防护有效降低了冲刷深度。挖槽防护试验中,原型流速2.5m/s作用下,基坑底最大冲深后高程为-32.2m,大于实测基坑最大冲刷高程(-30m),造成差异的原因一方面是2020年7月、8月实测流速达到2.5m/s的概率小,另一方面是试验中采用单一土层,而实际地质存在抗冲刷能力较强的硬塑黏土层。

5 结语

整个施工阶段,挖槽内没有发生严重冲刷,结合沉井施工工序,通过物理模型试验与现场实测冲刷数据对比分析,得到主要结论如下:

(1)通过在河床上挖槽降低河床最大冲刷深度效果不明显,沉井入土后挖槽内抛石防护可以显著降低沉井附近河床的冲刷深度;

(2)物理模型试验可以较好地预测河床冲刷形态,得出最大冲深极值,为制定沉井下沉施工工序提供参考;

(3)在含黏土层、不连续硬塑粉质黏土层的复杂地质条件下,在河床开挖基槽可以有效降低沉井前期施工倾斜、偏位风险。

参考文献

[1] 李金钊. 近海岸桥墩冲刷理论与数值模拟[D]. 北京:北京交通大学,2017.

[2] 李梦龙. 潮流作用下桥墩局部冲刷研究[D]. 天津:天津大学,2012.

[3] 贠鹏. 桥墩局部冲刷的数值模拟研究[D]. 青岛:中国海洋大学,2012.

[4] 喻鹏. 改进数值模型与群桩基础桥墩局部冲刷的 CFD 模拟[D]. 长沙:湖南大学,2017.

[5] ARENSON L A,ZEVENBERGEN L W,LAGASSEPF. Evaluating scour at bridges[M]. Washington DC: FHWA,2012.

[6] HUGHES D,RAMEY G E,HUGHES M L. Bridge pile bent number of piles and x-bracing system:Impact on pushover capacity as scour increases[J]. Practice Periodical on Structural Design and Construction, 2007,12(2):82-95.

[7] 郑锋利,谷志敏. 温州瓯江北口大桥中塔沉井冲刷防护技术[J]. 桥梁建设,2018,48(1):106-111.

[8] COLEMANSE. Clearwater local scour at complex piers[J]. Journal of Hydraulic Engineering,2005,131(4):330-334.

[9] 倪飞,房世龙,丁兵. 模型桥墩局部冲刷瞬时地形数据自动获取装备研制[J]. 长江科学院院报, 2020(5):1-6.

[10] 高文廉. 基于 FLUENT 的桥墩局部冲刷数值模拟[D]. 沈阳:沈阳农业大学,2017.

[11] 刘震卿. 桥梁墩台局部冲刷与 CFD 仿真研究[D]. 长沙:湖南大学,2010.

[12] XIANG Q Q,WEI K,QIU L,et al. Experimental Study of Local Scour around Caissons under Unidirectional and Tidal Currents[J]. water,2020(12):640.

[13] 熊文,邹晨,叶见曙. 基于动力特性识别的桥墩冲刷状态分析[J]. 中国公路学报,2017,30(5): 89-96.

[14] WARDHANA K,HADIPRIONO F C. Analysis of recent bridge failure in the United States[J]. Journal of Performance of Constructed Facilities,2003,17(3):144-150.

[15] MELVILLE B W,COLEMAN S E. Bridge scour[M]. Colorado:Water Resources Publications,2000.

[16] 中华人民共和国交通部. 公路工程水文勘测设计规范:JTG C30—2015[S]. 北京:人民交通出版社股份有限公司,2015.

[17] 钱宁,万兆惠. 泥沙运动力学[M]. 北京:科学出版社,2003.

[18] 祝志文,喻鹏. 中美规范桥墩局部冲刷深度计算的比较研究[J]. 中国公路学报,2016,29(1): 36-43.

[19] 高正荣,黄建维,赵晓冬. 大型桥梁钢沉井下沉过程局部冲刷研究[J]. 海洋工程,2006,24(3): 31-35.

[20] 高正荣,卢中一,杨程生. 沪通大桥 29 号主墩沉井基础施工河床预防护试验研究[A]. 第十七届中国海洋(岸)工程学术讨论会论文集[C]. 南宁,2015:998-1004.

[21] 杨程生,高正荣. 瓯江北口大桥中塔沉井基础施工期局部冲刷试验研究[A]. 第十八届中国海洋(岸)工程学术讨论会论文集[C]. 舟山,2017:1293-1301.

常泰长江大桥桥塔空间纵横梁施工控制

张皓清，郑清刚，张金涛，蒋　凡

（中铁大桥勘测设计院集团有限公司，湖北武汉　430050）

摘　要　常泰长江大桥主航道桥为在建世界最大跨径斜拉桥，首次采用钢-混混合结构空间钻石型桥塔。因桥塔特殊的结构形式和力学行为，在设计阶段对其施工控制方案进行分析，针对施工期可能存在的问题进行优化设计。结果表明：纵横梁施工控制方案对桥塔控制断面内力、塔底反力、纵横梁线形及预应力布置均有影响。区别于传统桥塔下横梁不参与纵向整体受力，该桥塔下横梁（纵梁）通过塔梁节点转动参与主塔纵桥向受力。通过建立桥塔有限元模型，基于设计阶段对纵横梁受力特点的分析结果提出施工控制措施，最终保证了纵横梁施工期的结构安全和线形的高精度控制。

关键词　公铁两用桥梁；施工控制；数值计算；斜拉桥；横梁；纵梁；空间四塔肢桥塔；力学行为

Study on Construction Control of Spatial Longitudinal and Transverse Beams of the Tower of Changtai Yangtze River Bridge

ZHANG Hao-qing, ZHENG Qing-gang, ZHANG Jin-tao, JIANG Fan

(China Railway Major Bridge Reconnaissance&Design Institute Co. Ltd., Wuhan 430050, China)

Abstract　The main channel bridge of Changtai Yangtze River Bridge is the world's first span cable-stayed bridge under construction, and for the first time, it adopts a steel concrete mixed structure spatial diamond shaped bridge tower. Due to the unique structural form and mechanical behavior of the bridge tower, the construction control plan will be analyzed during the design phase to optimize the design for potential construction period issues. The results indicate that the construction control plan for longitudinal and transverse beams has an impact on the internal force of the bridge tower control section, tower bottom reaction force, longitudinal and transverse beam alignment, and prestressed arrangement. Unlike traditional bridge towers where the lower crossbeam does not participate in the overall longitudinal force, the longitudinal beam of the bridge tower participates in the longitudinal force of the main tower through the rotation of the tower beam nodes. By establishing a finite element model of the bridge tower, analyzing the stress characteristics of the longitudinal and transverse beams during the design phase, and proposing construction control measures, the structural safety and high-precision control of the alignment of the longitudinal and transverse beams during the construction period were ultimately ensured.

基金项目：国家重点研发计划（2022YFB2602903）。

作者简介：张皓清（1992—），男，工程师，硕士，研究方向：桥梁结构设计。

Keywords Rail-cum-road bridge; construction control; numerical calculation; cable-stadyed bridge; transverse beam; longitudinal beam; spatial diamond-shaped pylon; mechanical behavior

1 引言

常泰长江大桥是长江上首座集高速公路、一级公路、高速铁路“三位一体”的过江通道。常泰长江大桥采用双层桥面布置,上层布置六车道高速公路,下层采用非对称布置,为双线高速铁路(上游) + 四车道一级公路(下游)。跨江段包括主跨1176m钢桁梁斜拉桥、2座主跨388m的钢桁拱桥和1座3×124m的连续钢桁梁桥。常泰长江大桥自2019年开始动工,计划于2025年建成通车。主航道桥跨径2440m,是在建世界最大跨径的斜拉桥,其孔跨布置为(142+490+1176+490+142)m。为减小塔底弯矩和梁端位移,采用温度自适应塔梁纵向约束体系,即用温度惰性索锚固于跨中梁底与中跨侧主塔横梁之间,建立塔梁约束,既可实现塔梁的纵向约束,又能保证结构的温度不动点位于桥梁对称中心,从而降低温度次内力。

常泰大桥空间钻石型桥塔见图1。上塔柱为钢箱-核芯混凝土组合结构;中、下塔柱为钢筋混凝土空间四肢结构,单肢为正八边形断面。通过增加塔肢个数,减小单个塔肢截面尺寸,不仅可以降低塔肢在施工期和运营期的开裂风险,还增大了结构顺桥向刚度,提高了行车舒适性。在中、下塔柱交汇区域设置了两道纵梁与两道横梁,均为预应力混凝土构件。

纵横梁均为单箱单室不规则四边形断面。横梁采用变截面设计,跨中梁高8m,顶板厚1.0m,底板及腹板厚1.5m,梁底曲线半径126m;纵梁亦采用变截面设计,跨中梁高6m,顶板及腹板厚1.0m,底板厚1.2m,梁底曲线半径35.3m。塔梁间竖向永久支座布置于边跨侧横梁顶,中跨侧横梁顶设有碳纤维复合材料(CFRP)索的锚固齿块,纵梁不设置任何支座或锚固结构,见图2。

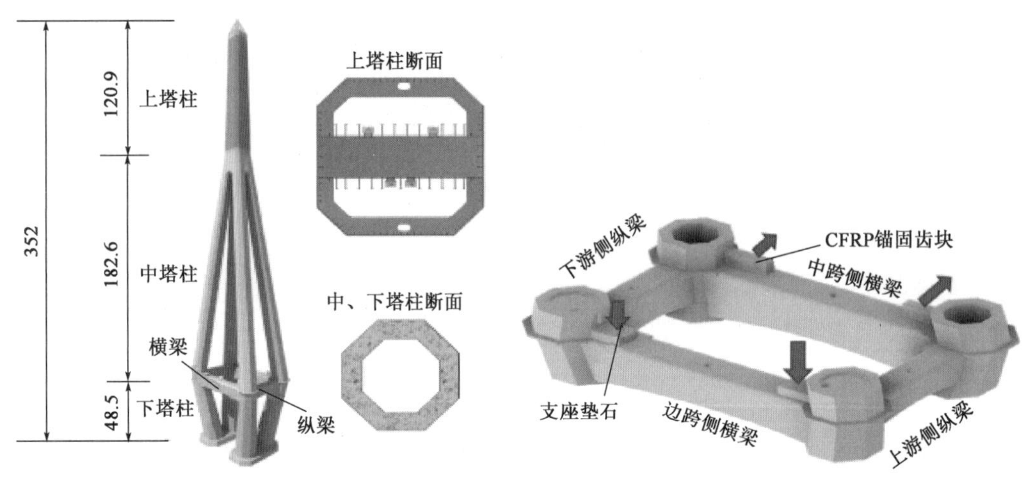

图1 常泰大桥空间钻石型桥塔(尺寸单位:m)　　图2 常泰长江大桥桥塔纵横梁

纵横梁合计混凝土方量约8800m^3,浇筑规模大,且其断面为单向倾斜的四边形,底部圆弧形设计,对模板及支撑体系的配置提出了较高要求。混凝土采用C60准清水混凝土,设计时对外观质量及抗裂能力要求较高。

2 纵横梁施工分析

2.1 纵横梁受力特点

两个永久支座布置在边跨侧横梁的端部,以缩短支座反力与塔柱间的传力路径,降低横梁根部弯矩。中跨侧横梁顶设置锚固齿块承担顺桥向CFRP索力,将两齿块布置在靠近中塔柱根部处,以减少横梁的面外弯曲与扭转变形。横梁通过采用实心截面局部加强,以满足支座垫石与齿块位置的抗剪需求。

纵梁将边跨和中跨四塔肢连为一体,抵抗中、下塔柱的外倾力,提高桥塔整体刚度。由于纵梁上没有支座垫石或齿块,因此内力是通过塔梁节点的转动得到的。桥塔设计控制工况是主力+附加力工况

(中跨满布活载+纵风+降温),主塔在此工况下向中跨侧弯曲,塔梁节点的转动会带动纵梁产生S形的弯曲变形(图3),塔梁交汇处纵梁所受的弯矩与剪力较大,为纵梁设计的控制断面。此外,边跨侧下塔柱底外缘受拉,为下塔柱设计的控制断面。

纵梁预应力设计时发现,纵梁中通长预应力束张拉会使下塔柱顶“内收”,下塔柱底部外缘受拉,由此降低边跨下塔柱底外缘的压应力储备,在设计控制工况下受力不利。施工期间,当纵横梁以上的结构尚未施工,通长预应力束的张拉会对下塔柱顶截面受力产生不利影响。因此,将部分纵梁通长预应力束调整为在纵梁后浇带断开的短束(图4)。短束预应力效应仅作用于除后浇段外的纵梁,包括塔梁交汇区域,在增大纵梁控制断面压应力储备的同时不会对下塔柱底控制断面产生不利影响,也降低了施工期间下塔柱底的开裂风险。该预应力布置方式也为施工控制方案中的分区浇筑提供了条件。

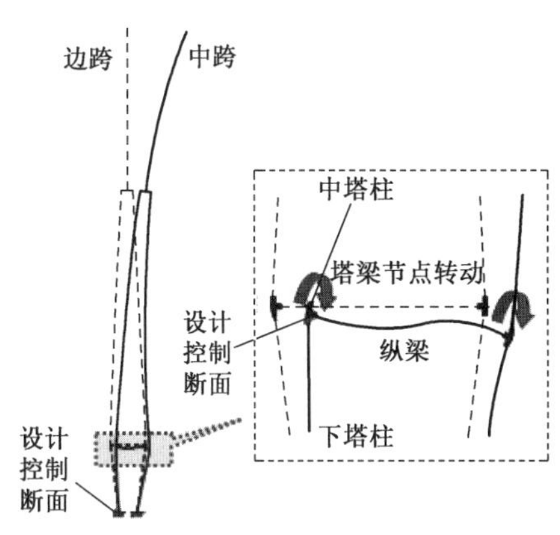

图3 设计控制工况纵梁变形分析

2.2 施工方案分析

桥塔横梁常规施工多采用分层浇筑、分层凿毛、分批张拉预应力束的方案,以降低混凝土单次浇筑需求量,减小施工临时支架受力。但上述方案存在明显缺点:①后浇层的混凝土湿重由先浇层混凝土和临时支架承担,该施工工况成为横梁设计的控制工况,使得预应力的布置受施工控制。②凿毛不到位或工序衔接不合理会在二次浇筑的分界面产生冷缝、裂纹等病害。因此,考虑纵横梁沿高度方向不分层、一次性浇筑完成。受制于混凝土的供应能力和质量控制要求,需要研究平面分区域浇筑方案。

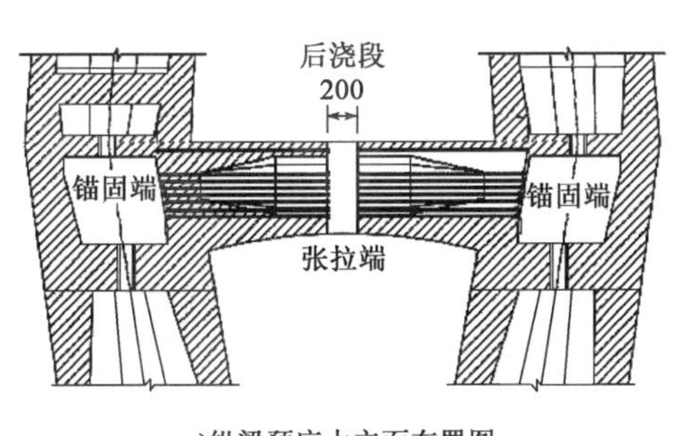

a)纵梁预应力立面布置图

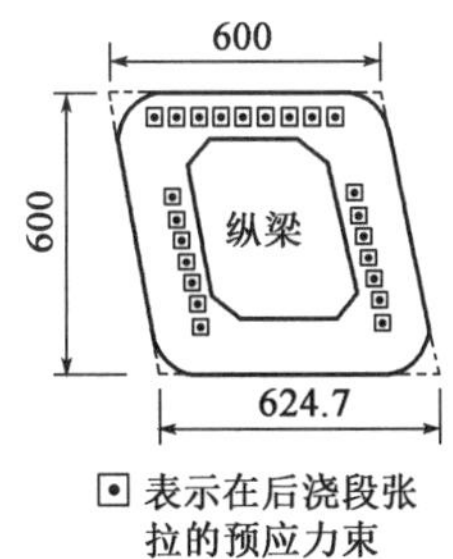

b)纵梁预应力横断面布置图

图4 在纵梁合龙口张拉的预应力钢束(尺寸单位:cm)

由设计阶段的预应力布置形式可知,须在纵横梁跨中设置后浇段,将四根纵横梁分为独立的四个部分。由于下塔柱四肢很难同步施工,在龄期差别的影响下,导致竖向收缩徐变变形存在差异,纵横梁与四塔肢形成的超静定框架会产生次内力。平面上的分区域浇筑可以降低徐变次内力。经计算得到,后浇段与先浇筑的纵横梁区段龄期差10d时,可有效降低横梁面内次弯矩6120kN·m。为减少施工冷缝,在梁高方向不分层。

3 施工控制方案

3.1 四个L形区域浇筑顺序

四个独立的L形区域同时浇筑对结构受力与长期变形最有利,但单个L形区域混凝土方量高达2200m^3。综合混凝土供应能力,研究四个区域的浇筑顺序(图5)。

塔肢及纵横梁先后施工的龄期差异导致在合龙口两侧存在竖向变形差,且先浇筑的L形区域使得纵横梁临时支架系统先发生变形。后浇筑区域在已发生变形的支撑系统上施工,其无应力几何尺寸会受影响,梁塔交界处的梁端转角也会导致合龙口产生错台。

对比多种浇筑次序的计算结果,提出如下应对措施:①减小四个L形区域浇筑的龄期差异。因为横梁跨径比纵梁大,应优先减小横梁合龙口两侧L形区域的浇筑龄期从而减少错台。②合理优化纵横梁浇筑支撑体系,减少四个L形区域竖向支撑的相互联系,降低先浇区域对后浇区域的影响。在横梁跨中对支架和分配梁采取断开处理的方式。③对于可预见的合龙口错台,在立模时通过设置预拱的方式消除错台。

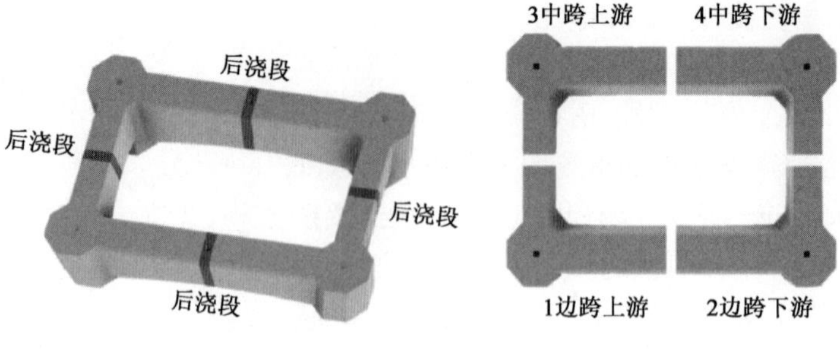

图5　纵横梁分区浇筑方案

此外,不同的L形区域浇筑顺序会使得纵横梁施工完成后四塔肢的反力不同,须通过计算确定成桥时反力差别最小的施工顺序,以减小四塔肢竖向徐变差异。对比以下三种L形区域浇筑顺序:1—2—3—4(先边跨),1—3—2—4(先上游),1—4—2—3(对角线)。不同L形区域施工顺序计算结果见表1。

不同L形区域施工顺序计算结果　　表1

浇筑顺序	合龙口两侧错台量(mm)		四塔肢竖向反力两两差别最大值(kN)
	横梁	纵梁	
1—2—3—4	0.24	3.10	1917
1—3—2—4	4.10	2.30	3034
1—4—2—3	3.00	2.20	2943

由表1可知,采用1—2—3—4的浇筑顺序,在四个L形区域浇筑完成后合龙口错台量较小,且四塔肢竖向反力差别最小,故最终采用此浇筑顺序。根据结构的对称性,4—3—2—1与3—4—1—2的浇筑顺序,也是符合以上分析结论的。

3.2　纵梁合龙口对顶

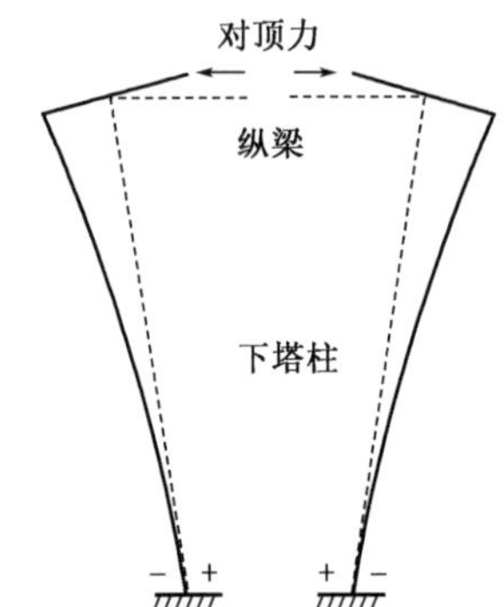

图6　纵梁合龙口对顶工况下塔柱变形
(+表示受拉侧,−表示受压侧)

边跨侧下塔柱在设计控制工况下向中跨侧弯曲,其外缘受拉。因此,考虑在纵梁合龙口处对顶,使边跨下塔柱底预存设计控制工况的反向变形(图6),提高其外缘压应力储备,减小开裂风险。

纵梁合龙口对顶力的大小既要满足施工期的监控要求,即塔柱底应力既不超出控制值,又要满足中跨侧塔底控制工况的同向变形及内侧应力要求,在降低中跨侧塔底压应力高富余和提高边跨侧塔底压应力储备之间达到平衡。

通过计算,最终确定纵梁合龙口临时有效对顶力为1000kN,对应合龙口位移张开1.7mm。但因无法准确获取模板支架对混凝土梁的阻力,故采取以位移控制为主、顶推力控制为辅的原则,采用精度为±50μm的磁致位移传感器对顶推位移进行控制,可满足监测要求。通过顶推,为边跨侧下塔柱底预存了约52000kN·m的弯矩,边跨侧柱底安全系数提高约1.40%,中跨侧柱底安全系数降低约1.45%,检算后仍满足设计要求。此外,纵梁合龙口的对顶力为合龙段混凝土增加了一定的压应力储备,降低了新旧混凝土交界面处的开裂风险。

3.3　预应力张拉次序

基于纵横梁在运营期极限工况的内力,设计纵横梁预应力束。施工期间预应力张拉前,外倾塔肢重力作用使下塔柱底部弯矩达到最大值,其根部为应力控制断面。随着预应力逐步施加,柱底弯矩逐渐减小,柱顶弯矩逐渐增大,应力控制断面逐步转移至柱顶。若在中塔柱尚未施工前,将纵横梁所有预应力

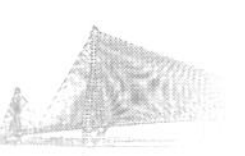

一次全部张拉完毕，经计算，下塔柱顶内缘塔梁交界处会有6.65MPa的主拉应力（图7），超出《铁路桥涵混凝土结构设计规范》（TB 10092—2017）中C60混凝土主拉应力容许值（3.15MPa）。

设计中将部分通长预应力束改为锚固在跨中后浇段的非通长短束，可以优化预应力在施工期对结构的影响。此外，可以结合以下两种方式降低预应力施工期下塔柱顶的拉应力：①预应力全部张拉前施工中塔柱，通过增加重量增大下塔柱四肢外倾趋势，抵消下塔柱顶的弯曲拉应力；②择机卸落纵横梁支架系统的竖向临时支撑，依靠纵横梁自重抵消部分预应力效应。

图7　预应力次序优化前纵横梁及塔柱主拉应力云图（正值表示拉应力，负值表示压应力；图中结构变形放大1000倍，单位：MPa）

经计算，最终确定将纵横梁预应力分三批张拉。总体施工步骤如下：①待纵横梁四个L形区域浇筑完毕并达到设计强度后，张拉第一批纵梁预应力束（非通长的预应力短束）；②浇筑横梁跨中合龙段，待达到设计强度后张拉第一批横梁预应力束；③纵梁合龙口顶推并在夜间低温时段浇筑纵梁跨中合龙段，待达到设计强度后张拉第二批纵梁预应力束；④浇筑中塔柱起始节段，张拉横梁第二批预应力束；⑤解除纵横梁支架的竖向临时支撑，张拉纵横梁第三批预应力束，至此所有预应力束张拉完毕。

为减小预应力施工过程中对梁体产生的偏心弯矩，降低非对称施工风险，每批预应力的张拉顺序遵循以下原则：①两个纵（横）梁对称位置同步张拉；②纵梁左右腹板上的钢束对称同步张拉，横梁顶底板上的钢束对称同步张拉；③腹板上的钢束按照先中间后上下的顺序隔孔张拉，顶底板预应力束按照先中间后左右的顺序隔孔张拉。

经过模拟计算，所有工况塔柱与纵横梁应力均满足监控要求。预应力施工完成后最大主拉应力出现在下塔柱顶外缘（图8），应力约为2.89MPa，满足规范要求。

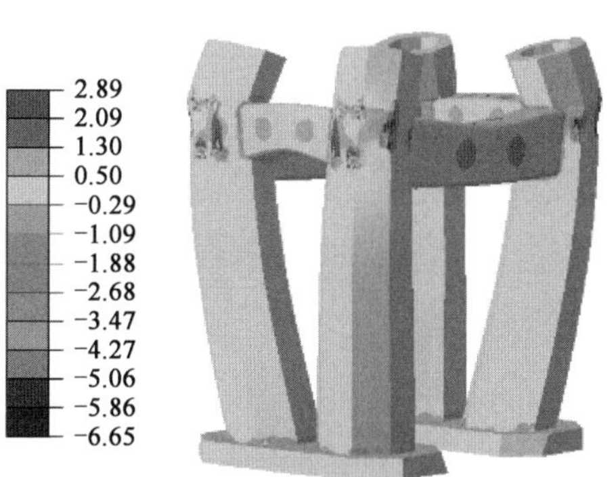

图8　预应力次序优化后纵横梁及塔柱主拉应力云图（正值表示拉应力，负值表示压应力；图中结构变形放大1000倍，单位：MPa）

3.4　纵横梁预拱度的设置

为保证成桥收缩徐变后纵横梁线形逼近设计线形，综合成桥目标状态的变形量、支架弹性及非弹性变形量、环境温度修正量三方面因素，对纵横梁设置了预拱度。

经计算纵横梁预拱度曲线见图9。由图9可知：①由于常泰长江大桥横向非对称的荷载布置，致使上下游纵梁的预拱度曲线未完全重合，但趋势相同。②因永久支座仅置于边跨侧横梁，致使边中跨横梁预拱度曲线未完全重合，且受非对称荷载影响，横梁预拱度曲线关于跨中略不对称。

对中跨侧横梁受CFRP索锚固力作用而产生的面外变形进行分析，变形量小于5mm，考虑放样及施工误差，未设置顺桥向面外预拱度。

3.5　混凝土防开裂措施

桥塔施工过程中的裂缝控制除根据施工控制方案计算分析主拉应力以外，还可从以下几方面进行控制：①温度控制。控制混凝土入模温度不超过28℃，不低于5℃；浇筑过程中通过控制冷却水管中进水温度和水流速率、外模板保温等方式，控制混凝土内外温差及降温速率，且混凝土芯部的最高温度不超过70℃。②养护控制。混凝土浇筑后带模养护龄期不少于4d，第5天后采用密闭保温幕布通水蒸气的方式养护至14d。③优化混凝土配合比、添加抗裂剂。④混凝土保护层厚度控制。过厚的保护层会增加混凝土开裂风险。

3.6　施工控制实施及效果

空间钻石型四肢桥塔纵横梁是承接下、中塔柱的关键施工节点，其外形上空间倾斜面、曲面较多，给混凝土的布料、振捣工作带来了较多的困难。首个L形区域,浇筑时长约48h,混凝土方量为2105m³,平均43.85m³/h;后续三个L形区域浇筑时间逐渐减少,最后一个L形区域浇筑用时43h。

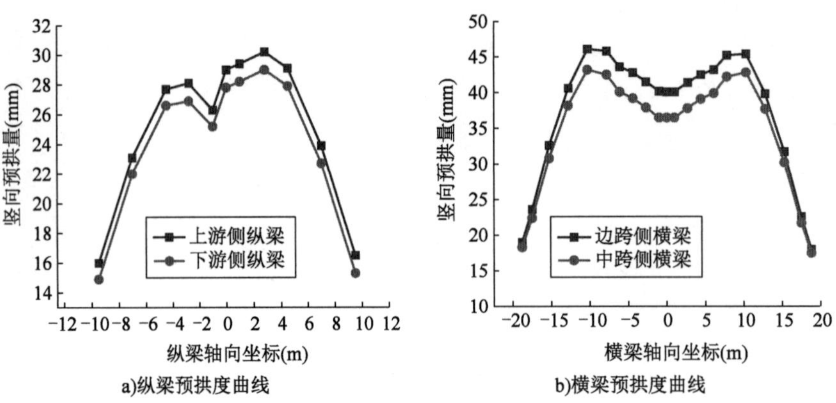

图9 纵横梁预拱度曲线

主塔下横梁临时支架合计布置16个应力测点,施工期实测最大峰值拉应力201MPa(数值模拟值210MPa),实测峰值剪应力112MPa(数值模拟值120MPa),支架最大横向变形17.9mm。支架应力及位移结果均满足规范要求。实测混凝土核心温度峰值68.5℃。

纵横梁施工结束后对四塔肢轴线与纵横梁跨中高程进行复测。塔肢轴线与理论计算值最大偏差11mm,纵横梁跨中高程与理论结果最大偏差19mm,偏差在可控范围内。待主墩沉降稳定后,可通过后浇的支座垫石调节梁面高程满足设计文件要求。

4 结语

(1)纵横梁采用高度方向不分层一次浇筑的方案,可避免传统桥塔下横梁分层浇筑带来的问题。

(2)采用纵、横梁跨中设置后浇合龙段,分区依次浇筑的施工控制方案,减小了空间超静定框架的徐变次内力,为纵梁合龙口对顶提供了条件。合龙口的对顶可提高塔底运营期安全储备,并降低新旧混凝土交界面上的开裂风险。

(3)通过分批张拉预应力束并合理安排合龙段施工、中塔柱施工等工序,使纵横梁施工期最大主拉应力满足规范要求,降低施工期开裂风险。

参考文献

[1] 秦顺全,徐伟,陆勤丰,等.常泰长江大桥主航道桥总体设计与方案构思[J].桥梁建设,2020,50(3):1-10.

[2] 秦顺全,苑仁安,郑清刚,等.超大跨度公铁两用斜拉桥结构体系研究[J].桥梁建设,2020,50(4):1-8.

[3] 郭日强,李宁,唐绪,等.超大跨度公铁两用斜拉桥纵向限位约束体系荷载作用效应分析[J].铁道建筑,2021,61(12):13-17.

[4] 秦顺全,张金涛,陆勤丰,等.常泰长江大桥主航道桥桥塔方案研究[J].桥梁建设,2021,51(4):1-9.

[5] 傅战工,张金涛,张锐.基于Inventor的常泰长江大桥主塔BIM正向设计[J].铁道标准设计,2020,64(增刊1):190-194.

[6] 丁亚辉,丁大洋,徐亮.索塔下横梁支架设计及施工总结[J].公路交通科技(应用技术版),2020,16(7):180-183.

[7] 潘博,刘爱林,王令侠.芜湖长江三桥2号桥塔下横梁支架设计与施工[J].世界桥梁,2021,49(6):34-39.

[8] 杨勇,詹元林,刘涛."水滴型"索塔混凝土裂缝控制技术[J].公路交通技术,2022,38(1):100-106.

[9] 秦顺全.桥梁施工控制———无应力状态法理论与实践[M].北京:人民交通出版社,2007.

[10] 国家铁路局.铁路桥涵混凝土结构设计规范:TB 10092—2017[S].北京:中国铁道出版社,2017.

科 研 篇

Effects of Local Scour and Caisson Geometry on the Drag Force of Bridge Foundations under Steady Flow

QIU Fang[1], WEI Kai[1], XIANG Qi-qi[2], JIANG Zhen-xiong[3]

(1. Department of Bridge Engineering, Southwest Jiaotong University, Chengdu 610031, China;
2. Railway Engineering Research Institute, China Academy of Railway Sciences Corporation Limited, Beijing 100081, China;
3. Jiangsu Provincial Transportation Engineering Construction Bureau, Nanjing 210004, China)

Abstract The local scour has not been well implemented in the calculation of drag force due to the difficulty in scour assessment of large bridge foundations. A numerical flume, including an independent flow-developing flume and a local scour flume, was developed to investigate the effects of local scour and caisson geometry on the drag force. The independent flow-developing flume was built to generate the actual inputting velocity profile for the local scour flume. The drag force was obtained using the hydrodynamic pressure from the local scour flume on the caisson. The developed numerical model was validated by the experimental tests of a caisson foundation. The effects of local scour, caisson size and skirt geometry on the drag force were investigated and discussed based on the numerical simulation of six models with different geometries. The following conclusions can be drawn: ①local scour increases the drag force on the caisson, which can be two times that excluding the effect of local scour; ②the increase of caisson size results in an increase of local scour and even more significant increase of drag force; and ③adding skirt reduces scour depth and drag force, which can be enhanced by optimizing the skirt form.

Keywords Drag force; local scour; geometry; skirted caisson; numerical simulation

1 Introduction

Long-span bridges are widely built as critical transportation infrastructures in river or strait areas, where the foundations of bridges are usually prone to flood or extreme current hazards. Water flow induces a large drag force on the foundations, which plays a significant role in causing damage. The drag force has become one of the critical loads in the design of the foundations located in the river. Besides the drag force, water flow also induces the local scour on the bridge foundations located in the sand beds. Local scour forms a scour hole and increases the blockage area of the foundation to water flow, thereby resulting in an increase of the drag force on the bridge foundation. Many bridge failure accidents have highlighted the threats from both drag force and local scour effects to structural safety. The Canadian Pacific Railway Bonnybrook Bridge in Canada failed due to

Foundation Item: This work was supported by the National Key Research and Development Program of China (No. 2021YFB1600300) and the National Natural Science Foundation of China (Grant No. 52222804, U21A20154 and 51978578).

About the author: QIU Fang (1995—), Male. Ph. D. Candidate. Southwest Jiaotong University. Research direction: Bridge foundation scour.

water flow and scour, which exceeded the bridge's stability in a flood event in 2014. The I-10 Bridge in America collapsed because of the combined action of impact and scour in 2015. The Pooley Bridge was damaged by the action of the current force and scour in the Cumbria floods in 2015. Additionally, the volume of the bridge foundation has grown exponentially with the rapid increase of the bridge span. For example, the largest cross-section has exceeded 57.8m × 95m for the caisson foundation of Changtai Yangtze River Bridge, which is almost as large as thirteen basketball courts. The technical challenges due to the drag force and local scour on the caisson have become worse than ever in the design practices. But as of yet, the complex relationships among caisson geometry, local scour and the hydraulic drag force have seldom been investigated. The effects of local scour and caisson geometry have not been properly implemented in the calculation of drag force by current design practices of bridges.

Many previous studies have been conducted to evaluate the drag force on the foundations, including single pile, pile group, pier, etc. They found the drag force depends on many factors, e. g. , hydrodynamic environments, structural section, accessory structure, etc. But these works are all assuming that the terrain is flat without any scour conditions. Actually, the scour terrain dramatically changes the flow field, which further influences the drag force of structures. Some scholars studied the influence of scour development on the turbulent flow field in front of a bridge pier. They found the flow becomes more turbulent with the development of scour holes, which causes the distribution of the drag force on the foundation to be more uncertain. Therefore, research on the drag force of bridge foundations under scour conditions is necessary. As a significant factor, the geometry significantly affects the drag force and the local scour of the bridge foundation. Many scholars have investigated the effect of foundation geometry on the drag force and local scour. It should be noted that the previous studies mainly focused on the conventional caisson with a uniform cross-section, but paid little attention to the novel caisson design, for example, the skirted caisson.

Many scholars have carried out experiments to investigate either local scour or the drag force of bridge foundations. But there are few experiments conducted to measure the time-variant drag force and local scour together. The sediment layer changes the boundary conditions of the structure model and makes the drag force difficult to be measured by F/T transducers. The pressure sensor can measure the hydrodynamic pressure on the structure inside the scour zone. However, the integration of hydrodynamic pressure requires installing a great number of sensors, which increase the roughness of the model surface and affect the precision. Compared with the experimental study, the numerical simulation can realize the simultaneous analyses of local scour and drag force through computational fluid dynamics and sediment transport model. Chen et al. investigated the effect of boundary shear flow on the hydrodynamic forces of a pipeline over a fully scoured seabed numerically. Yang et al. studied the effect of pipeline position on the hydrodynamic force and local scour around the pipeline. However, existing numerical simulations mainly focused on the horizontal pipeline, of which the conclusions cannot provide sufficient reference for the bottom-mounted vertical foundation.

This paper implemented the local scour development in the CFD simulation of drag force on the caisson. The simulation includes the independent flow-developing flume and the local scour flume, which are set up to simulate the velocity profile and the development of local scour and hydrodynamic pressure on the caisson. The drag force is calculated by the numerical integration of hydrodynamic pressure on the elements of the caisson. The numerical drag force and local scour were validated based on the experiments supported by actual engineering. Parametric numerical investigations were then carried out to understand the influence of caisson geometry and local scour on the drag force of bridge foundations under steady flow. The distribution of drag force on the caisson inside the scour zone was explored. The effects of caisson size and skirt geometry on the drag force considering local scour were investigated. Finally, the major conclusions of this work are remarked on, and the

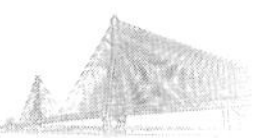

research prospects are put forward.

2 Methodology

2.1 Governing equations

The Reynolds averaged Navier-Stokes (RANS) equations closed with the Re-normalization Group (RNG) k-epsilon turbulence model are adopted as the governing equations for the incompressible viscous fluid motion around the foundation structure. The equations of motion for the fluid velocity components in the x, y and z directions are as follows:

$$\frac{\partial u}{\partial t}+\frac{1}{V_{\mathrm{F}}}\left(uA_x\frac{\partial u}{\partial x}+vA_y\frac{\partial u}{\partial y}+wA_z\frac{\partial u}{\partial z}\right)=-\frac{1}{\rho}\frac{\partial p}{\partial x}+G_x+f_x \tag{1}$$

$$\frac{\partial v}{\partial t}+\frac{1}{V_{\mathrm{F}}}\left(uA_x\frac{\partial v}{\partial x}+vA_y\frac{\partial v}{\partial y}+wA_z\frac{\partial v}{\partial z}\right)=-\frac{1}{\rho}\frac{\partial p}{\partial y}+G_y+f_y \tag{2}$$

$$\frac{\partial w}{\partial t}+\frac{1}{V_{\mathrm{F}}}\left(uA_x\frac{\partial w}{\partial x}+vA_y\frac{\partial w}{\partial y}+wA_z\frac{\partial w}{\partial z}\right)=-\frac{1}{\rho}\frac{\partial p}{\partial w}+G_z+f_z \tag{3}$$

where u, v and w are the mean velocity components in the x, y and z axes, respectively, A_i is the fractional area, G_i is the body acceleration, f_i is the viscous acceleration, $i=x,y$ and z, p is the pressure and V_{F} is the volume fraction. The f_i can be calculated by Eq. (4) ~ Eq. (6).

$$f_x=-\frac{1}{\rho V_{\mathrm{F}}}\left[\frac{\partial}{\partial x}(A_x\tau_{xx})+\frac{\partial}{\partial y}(A_y\tau_{xy})+\frac{\partial}{\partial z}(A_z\tau_{xz})\right] \tag{4}$$

$$f_y=-\frac{1}{\rho V_{\mathrm{F}}}\left[\frac{\partial}{\partial x}(A_x\tau_{xy})+\frac{\partial}{\partial y}(A_y\tau_{yy})+\frac{\partial}{\partial z}(A_z\tau_{yz})\right] \tag{5}$$

$$f_z=-\frac{1}{\rho V_{\mathrm{F}}}\left[\frac{\partial}{\partial x}(A_x\tau_{xz})+\frac{\partial}{\partial y}(A_y\tau_{yz})+\frac{\partial}{\partial z}(A_z\tau_{zz})\right] \tag{6}$$

where τ_{ij} is the shear stress ($i,j=x,y,z$) and can be calculated by Eq. (7) ~ Eq. (9).

$$\tau_{xx}=-2\mu\left[\frac{\partial u}{\partial x}-\frac{1}{3}\left(\frac{\partial u}{\partial x}+\frac{\partial v}{\partial y}+\frac{\partial w}{\partial x}\right)\right] \tag{7}$$

$$\tau_{yy}=-2\mu\left[\frac{\partial v}{\partial y}-\frac{1}{3}\left(\frac{\partial u}{\partial x}+\frac{\partial v}{\partial y}+\frac{\partial w}{\partial x}\right)\right] \tag{8}$$

$$\tau_{zz}=-2\mu\left[\frac{\partial w}{\partial z}-\frac{1}{3}\left(\frac{\partial u}{\partial x}+\frac{\partial v}{\partial y}+\frac{\partial w}{\partial x}\right)\right] \tag{9}$$

where μ is the dynamic viscosity of fluid.

2.2 Turbulent model

The RNG k-epsilon turbulent model is adopted to investigate the drag force, and local scour of the caissons. The equations for RNG k-epsilon are given as follows:

$$\frac{\partial k_{\mathrm{T}}}{\partial t}+\frac{1}{V_{\mathrm{F}}}\left(uA_x\frac{\partial k_{\mathrm{T}}}{\partial x}+vA_y\frac{\partial k_{\mathrm{T}}}{\partial y}+wA_z\frac{\partial k_{\mathrm{T}}}{\partial z}\right)=P_{\mathrm{T}}+G_{\mathrm{T}}+\mathrm{Diff}_{\mathrm{KT}}-\varepsilon_{\mathrm{r}} \tag{10}$$

$$\frac{\partial \varepsilon_{\mathrm{r}}}{\partial t}+\frac{1}{V_{\mathrm{F}}}\left(uA_x\frac{\partial \varepsilon_{\mathrm{r}}}{\partial x}+vA_y\frac{\partial \varepsilon_{\mathrm{r}}}{\partial y}+wA_z\frac{\partial \varepsilon_{\mathrm{r}}}{\partial z}\right)=\frac{\mathrm{CDIS1}\cdot\varepsilon_{\mathrm{r}}}{k_{\mathrm{T}}}\left(P_{\mathrm{T}}+\mathrm{CDIS3}\cdot G_{\mathrm{T}}+\mathrm{Diff}_{\varepsilon}-\mathrm{CDIS2}\,\frac{\varepsilon_{\mathrm{T}}^2}{k_{\mathrm{T}}}\right) \tag{11}$$

where k_T is the specific kinetic energy, which is associated with turbulent velocity fluctuations; P_T is the turbulent kinetic energy produced; G_T is the turbulence energy produced by buoyancy; ε_T is the rate of turbulent energy dissipation; $\mathrm{Diff}_\varepsilon$ and Diff_{kT} are the diffusion terms, which are related to V_F A_i and some diffusion coefficients; CDIS1, CDIS2 and CDIS3 are dimensionless parameters, in which CDIS1 and CDIS3 have defaults of 1.42 and 0.2, respectively; and CDIS2 is computed from k_T and P_T in the RNG k-epsilon model.

2.3 Sediment transport model

The sediment model for scour contains four movement patterns: sediment entrainment, deposition, bed-load transport and suspended load transport. The equation for the entrainment lift velocity of sediment is as follows:

$$u_{\mathrm{lift},j} = a_j n_s d_*^{0.3} (\theta_i - \theta_{\mathrm{cr},j})^{1.5} \sqrt{\frac{g d_j (\rho_j - \rho_f)}{\rho_f}} \tag{12}$$

where a_j is the entrainment parameter (approximately 0.018), n_s is the outward pointing normal to the packed bed interface, d_* is the dimensionless diameter of sediment, which can be computed by $d_* = d_j \left[\frac{\rho_j - \rho_f}{\rho_f} \frac{g}{v_f^2}\right]^{\frac{1}{3}}$, θ_j is the Shields parameter, $\theta_{\mathrm{cr},j}$ is the critical Shields parameter, g is the acceleration of gravity, d_j is the diameter, ρ_j is the density of the sediment species j, ρ_f is the fluid density, and v_f is the kinematic viscosity of the fluid. The details of calculating θ_j and θ_{cr} can be obtained in.

The equation for setting the velocity of the sediment is simulated as follows:

$$u_{\mathrm{settling},j} = \frac{v_f}{d_j}[(10.36^2 + 1.049 d_*^3)^{0.5} - 10.36] \tag{13}$$

The bed-load transport velocity is proposed as follows:

$$u_{\mathrm{bedload},j} = \frac{q_{bj}}{\delta_j c_{b,j} f_b} \tag{14}$$

where f_b is the critical packing fraction of the sediment, $c_{b,j}$ is the volume fraction of species j in the bed material, $q_{b,j}$ is the volumetric bed-load transport rate, and δ_j is the bed-load thickness. $q_{b,j}$ and δ_j can be found in (van Rijn, Leo C, 1984).

The suspended sediment concentration is calculated by solving its transport equation:

$$\frac{\partial C_{s,j}}{\partial t} + \nabla \cdot (u_{s,j} C_{s,j}) = \nabla \cdot \nabla (D_f C_{s,j}) \tag{15}$$

where $C_{s,j}$ is the suspended sediment mass concentration of species j, which is defined as the sediment mass per volume of the fluid-sediment mixture, $u_{s,j}$ is the sediment velocity of species j, and D_f defines the diffusivity.

2.4 Numerical flume

In the previous studies, the user-defined inlet is usually used as a constant velocity profile along the inflow section. However, the actual velocity profile in front of the caisson model in the flume tests is usually different from such an ideal profile and includes three layers: boundary layer, stable layer and surface layer. The water particle velocity is decreased when it is close to the sediment bed and the water surface due to sediment roughness and surface tension. One common way to simulate such a profile is to set the flume length as long as possible to develop the velocity profile fully. But it requires a great amount of grids and makes the local scour time-consuming. In this study, the developed numerical flume includes two parts: an independent flow-developing flume and a local scour flume, as illustrated in Figure 1.

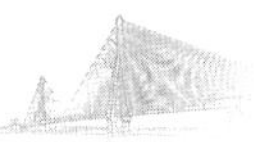

Part 1: independent flow-developing flume → Provide actual velocity profile → Part 2: local scour flume → Obtain → Results: Pressure distribution and local score

Figure 1 Process of numerical flume simulation

To simulate the velocity profile efficiently, an independent flow-developing flume was built using Flow3D to generate a steady velocity profile in front of the local scour flume, as illustrated in Figure 2. The independent flow-developing flume is 15m long and 2m wide. The flume is 0.8m high, where the height of the sediment layer is 0.2m, the height of the water layer is 0.5m, and the height of the air layer is 0.1m. The uniform mesh is adopted in the independent flow-developing flume and the mesh size is 0.02m × 0.02m × 0.02m. The total number of meshes is 3000000. Additionally, the inlet of the flume is set to the velocity boundary, and the mean velocity is 0.365 m/s, which is the same as the tests carried out by. The outlet of the flume is the outflow boundary, and the top is set to the pressure boundary. The other boundaries are the wall.

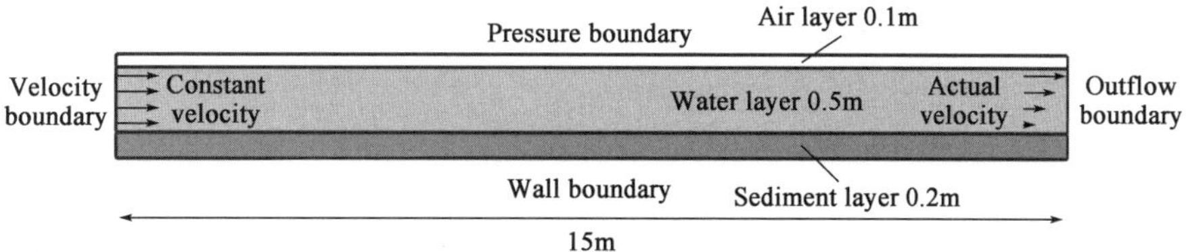

Figure 2 Independent flow-developing flume

Figure 3 illustrates the numerical flume for simulating the local scour around the caisson model. With the implementation of the flow-developing flume, the length of scour flume can be reduced to 5m. The width and height of the scour flume are the same as the flow-developing flume. A rigid block with a height of 0.2m and a length of 0.1m was set in front of the sediment layer to prevent the sediment from being scoured by the sudden flow. The caisson model is placed 3m from the inlet.

The nested form mesh is adopted in the scour model. Mesh 1, around the caisson to catch the shape of the caisson model, is fine. The region of Mesh 1 is 1.5m long and 0.9m wide. The mesh in the x and y directions is uniform. Mesh 2 is rough, which size gradually increases from the boundary of Mesh 1 to the boundary of Mesh 2, mainly to improve computational efficiency. In the z direction, Mesh 1 and Mesh 2 are both finer at the sediment for capturing the scour process, and the mesh size gradually increases from the sediment surface to the air surface. The distance between the two sides of Mesh 1 and the two sides of Mesh 2 is 0.55m, as shown in Figure 3b). The distance between the inlet of Mesh 1 and that of Mesh 2 is 2.3 m and the distance between the outlet of Mesh 1 and that of Mesh 2 is 1.2m, as shown in Figure 3c). The top boundary condition of Mesh 2 is the standard atmospheric pressure, and the inlet and outlet boundaries are the grid overlay boundary and the outflow boundary, respectively. The others are wall boundaries. For Mesh 1, the top and bottom boundaries are the standard atmospheric pressure and wall boundary, respectively. The others are the symmetry boundaries.

2.5 Mesh independence test

Since the mesh size affects the computational accuracy, three mesh resolutions, named "Coarse", "Medium" and "Refined", are tested under the same flow condition with the velocity of 0.365m/s and the water depth of 0.5m, as shown in Figure 4. The minimum mesh size of and the total mesh number for "Coarse", "Medium" and "Refined" mesh are (0.05m × 0.05m × 0.015m, 318000), (0.015m × 0.015m × 0.01m, 711000) and (0.01m × 0.01m × 0.005m, 1359450), respectively.

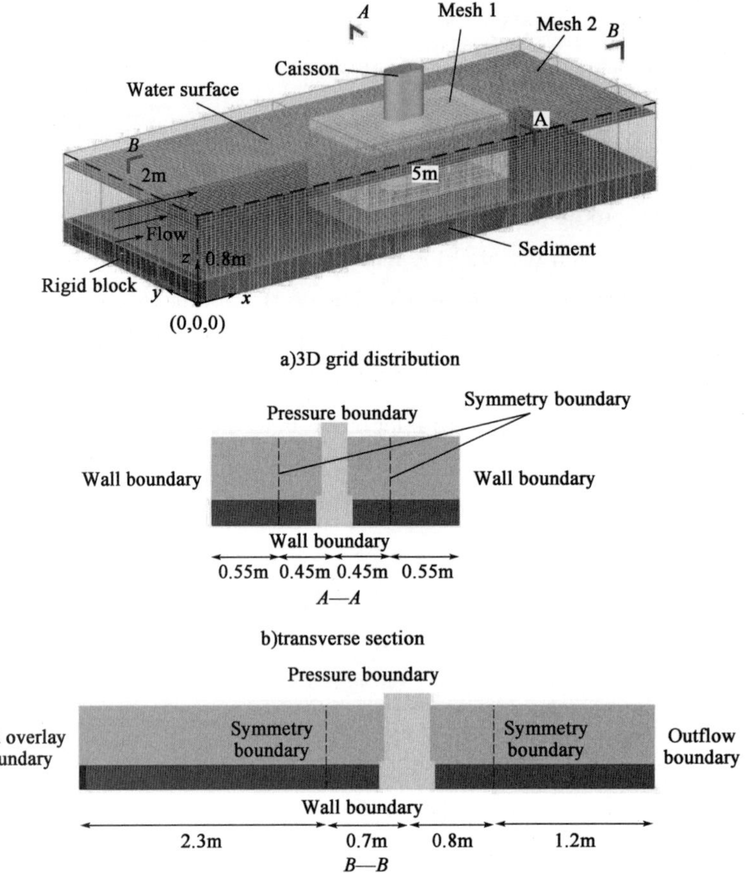

Figure 3 Local scour flume

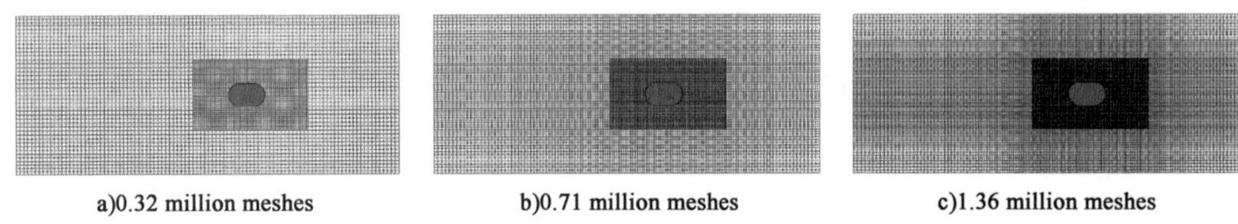

Figure 4 The three mesh resolutions

This paper uses the grid convergence index (GCI) to evaluate numerical calculation errors caused by mesh resolution. The calculation method of GCI is as follows:

$$f = f_{\mathrm{exact}} + g_{\mathrm{m}} j^{\mathrm{m}} + O(j^{\mathrm{m}+1}) \tag{16}$$

$$r_{\mathrm{k,k+1}} = \frac{j_{\mathrm{k}}}{j_{\mathrm{k+1}}} = \left(\frac{N_{\mathrm{k+1}}}{N_{\mathrm{k}}}\right)^{\frac{1}{3}} \tag{17}$$

$$\delta_{\mathrm{r(k,k+1)}} = \left|\frac{f_k - f_{\mathrm{k+1}}}{f_{\mathrm{k+1}}}\right| = \left|\frac{\delta_{\mathrm{k,k+1}}}{f_{\mathrm{k+1}}}\right| \tag{18}$$

$$\frac{\delta_{\mathrm{k,k+1}}}{r_{\mathrm{k,k+1}}^{\mathrm{m}} + 1} = \frac{\delta_{\mathrm{k+1,k+2}} r_{\mathrm{k+1,k+2}}^{\mathrm{m}}}{r_{\mathrm{k+1,k+2}}^{\mathrm{m}} - 1} \tag{19}$$

$$GCI_{1,2} = F_{\mathrm{s}} \frac{\delta_{\mathrm{r(k,k+1)}} r_{\mathrm{k,k+1}}^{\mathrm{m}}}{r_{\mathrm{k,k+1}}^{\mathrm{m}} - 1}, GCI_{2,3} = F_{\mathrm{s}} \frac{\delta_{\mathrm{r(k,k+1)}}}{r_{\mathrm{k,k+1}}^{\mathrm{m}} - 1} \tag{20}$$

where f is discrete solutions, f_{exact} is exact solutions, g_{m} is the function that is illustrated in the continuum and does not lean on any discretization, j is grid spacing, m is the order number, k is the kth case, r is the grid refinement ratio, N is the mesh number, $\delta_{k,k+1} = f_k - f_{k+1}$, and F_s is the safety factor, and equals 1.25 for three different meshes $GCI_{1,2}$ respresents the numerical calculation errors between coarse and medium mesh, and $GCI_{2,3}$ respresents the numerical calculation errors between medium and refined mesh.

Table 1 gives the GCI values for the simulated maximum scour depth and total drag force of the caisson by different mesh resolutions. The finer mesh $GCI_{2,3}$ is lower than that of the coarser one $GCI_{1,2}$, implying that the dependency of the solution on the cell size has been reduced. In addition, $GCI_{2,3}$ is less than 3% for both maximum scour depth and drag force. Therefore, the model with medium mesh resolution can be used for the numerical simulation. The total meshes number of the model is set to about 0.71 million.

Order of accuracy Grid Convergence Index for the maximum scour depth and total drag force Table1

Key variables	$\delta_{1,2}$	$\delta_{2,3}$	$r_{1,2}$	$r_{2,3}$	m	$GCI_{1,2}$	$GCI_{2,3}$
Maximum scour depth	0.005	0.001	1.3076	1.2412	5.6208	8.19%	0.53%
Drag force	0.47	0.15	1.3076	1.2412	3.7631	6.45%	1.03%

2.6 Numerical calculation of drag force

To evaluate the drag force characteristic for the caissons of the large-scale bridge with different geometries under local scour, the caisson was divided into 32 layers from top to bottom. Each layer is 0.025m high, as shown in Figure 5. Figure 6 shows the calculation process of the drag force. First, the pressure is integrated according to the pressure distribution to obtain the drag force of a certain height. Second, the drag force of a certain height is integrated along the height of the corresponding layer to obtain the drag force of a layer. Finally, the drag force of layers is added to obtain the caisson's total drag force. Note that only the drag force of flow is considered in this paper. Hence, the pressures of air and sediment are uniformly treated as zero in integration.

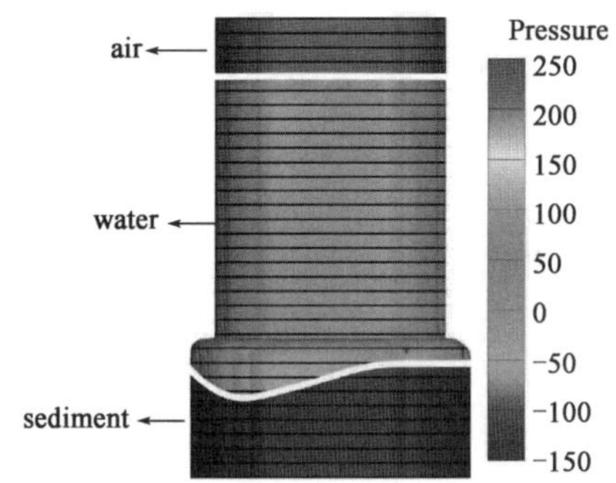

Figure 5 Distribution of pressure layers under scour condition

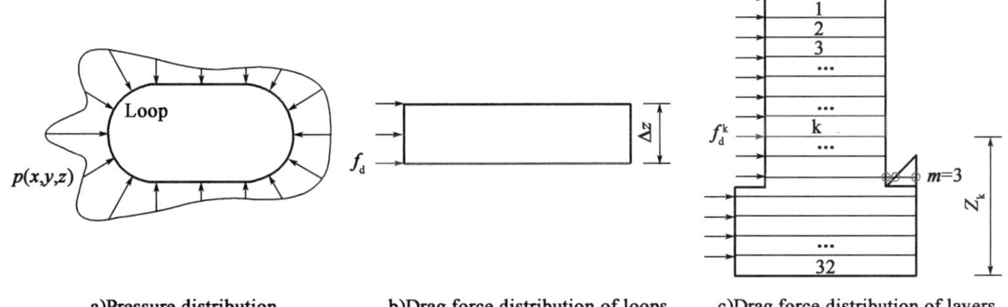

Figure 6 Calculation process for drag force

The drag force at the given water depth z can be integrated by

$$f_d(z) = \sum_{i=1}^{m} \oint_i p(x,y,z)\,dxdy \tag{21}$$

The sum of the drag force in the kth layer can be calculated by

$$f_d^k = \int_{z_k}^{z_k+\Delta z} f_d(z)\,dz \tag{22}$$

The total drag force on the caisson can be obtained as follows,

$$F_d = \sum_{k=1}^{32} f_d^k \tag{23}$$

where $f_d(z)$ is the drag force at the height of z; m is the number of pressure loops at z, when the skirt form is groove and z is at the skirt, $m=3$, and $m=1$ in other conditions; p is the pressure of wet surface; f_d^k is the drag force of the kth layer; z_k is lower edge height of the kth layer; Δz is the height of the kth layer; and F_d is the total drag force of the caisson.

3 Experimental Validation of the Developed Numerical Model

3.1 Illustration example

The previous experiments reported by the authors and colleagues are used to validate the developed numerical model. In the experimental program, the caisson foundation of the pylon of the Changtai Yangtze River Bridge was taken as the example structure. The Changtai Yangtze River Bridge is a rail-highway cable-stayed bridge with a main span of 1176m and supported by a super large caisson with a cross-section area of 57.8m × 95m, as shown in Figure 7. The river channel at the bridge site is acted on by tidal current, and the flow velocity and water depth with a return period of 300 years are 2.64 m/s and 24.75m, respectively. Additionally, the sediment condition of the bridge site is complex (the stratum distributions and the sediment types vary), and the median particle size of sediment in the river channel is 0.18mm.

a)Changtai Yangtze River Bridge

b)schematic of the caisson

Figure 7 Caissons of the Changtai Yangtze River Bridge

Based on the practical project, this paper compared six models to study the drag force of caisson under scour conditions. The design parameters of the caisson models are listed in Table 2. The definition and geometries of the caisson models are present in Figure 8. w is the skirt width, and h is the skirt elevation, which refers to the distance from the riverbed. D is the width of the top surface of caisson. L is the length of the top surface of caisson. Among these models, Model 1 and Model 2 are used to investigate the effect of caisson size on the drag force, Model 2 and Model 3 are used to investigate the effect of a skirt on the drag force, and Model 3, Model 4, Model 5 and Model 6 are used to investigate the effect of skirt form on the drag force.

Design parameters of the models Table 2

Model	D(m)	L(m)	w(m)	h(m)	Description of caisson form
1	0.199	0.385	0	—	Small uniform caisson
2	0.289	0.475	0	—	Large uniform caisson
3	0.199	0.385	0.045	0.03	Flattened skirt
4	0.199	0.385	0.045	0.03	−45° skirt
5	0.199	0.385	0.045	0.03	+45° skirt
6	0.199	0.385	0.045	0.03	Hooked skirt

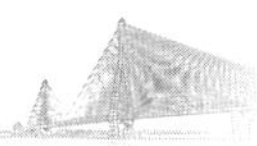

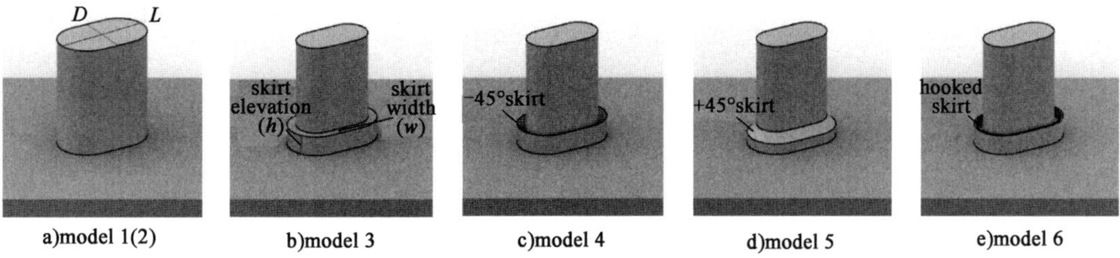

Figure 8 Sketches of the caisson models

3.2 Validation of drag force

The drag force experiments and numerical simulations were carried out under non-scoured conditions. The water depth is a constant of 0.5m and the flow velocity is set to 0.365 m/s. Detailed experimental and numerical procedures can be found in work. The experimental and numerical drag forces of large uniform caisson under non-scoured conditions were compared, as shown in Figure 9. The experimental drag force measured by the force transducer under steady flow is 5.11N and that of numerical simulation is 5.38N. The error between the experiment and simulation is within 6%, reflecting that the numerical simulation's accuracy meets the requirements and can be used to investigate the drag force of the caisson model.

3.3 Validation of local scour

The local scour experiments and numerical simulations were carried out. The water depth is a constant of 0.5m and the flow velocity is set to 0.365m/s, which ensures a live bed condition in scour tests. The median particle size of the sediment is 0.215mm, and the density is 2390kg/m^3. Detailed experimental and numerical procedures can be found in work. Figure 10 compares the velocity profile of the numerical flume with the experimental results. The simulated profile fits well with that of the experiment, including the water particle velocity along the water depth and the height of the boundary layer, the stable velocity layer and the water surface layer, respectively. It states that the setup of the flume can simulate the development of the velocity profile properly. The simulated velocity profile was then used as the inlet profile of the scour flume.

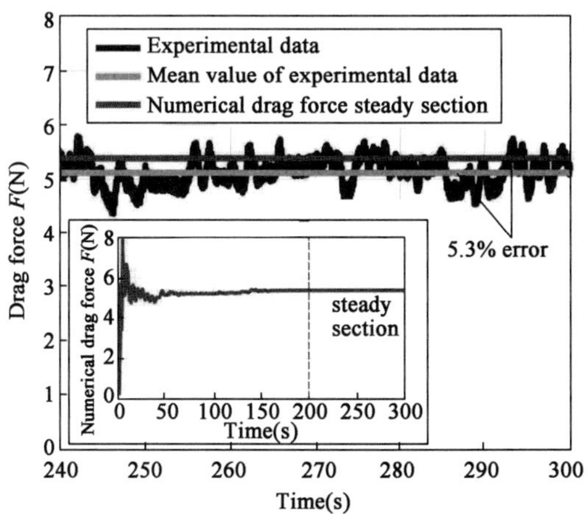

Figure 9 Comparison of the experimental and numerical drag force

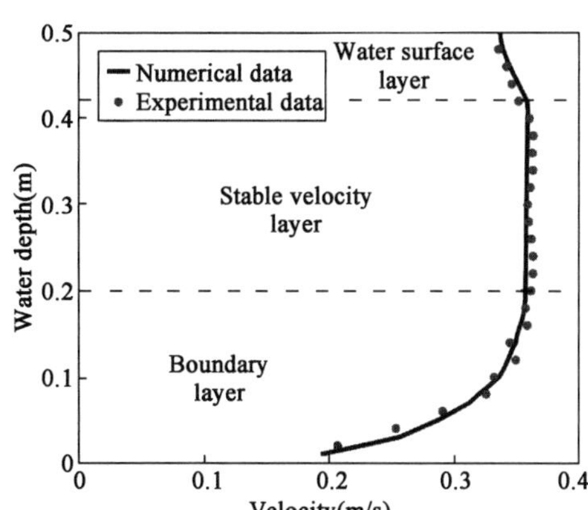

Figure 10 Verification of the velocity profile

The experimental and numerical scour of Model 3 are compared, as shown in Figure 11. The scour in front of the caisson and deposition behind the caisson for numerical simulation fit well with the experimental results, indicating that the scour numerical simulation is acceptable.

a)experimental local scour

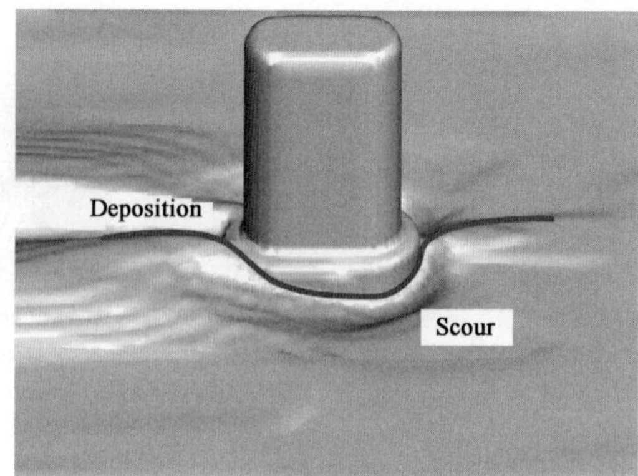

b)numerical local scour

Figure 11 Comparison of the experimental and numerical local scour around the caisson model

The temporal developments of the scour depth of Model 2 and Model 3 under experimental and numerical conditions are shown in Figure 12. The numerical data of the uniform caisson and the skirted caisson fit well with the experimental data, which further reflects the scour numerical simulation is acceptable. Note that the scour has not yet reached equilibrium.

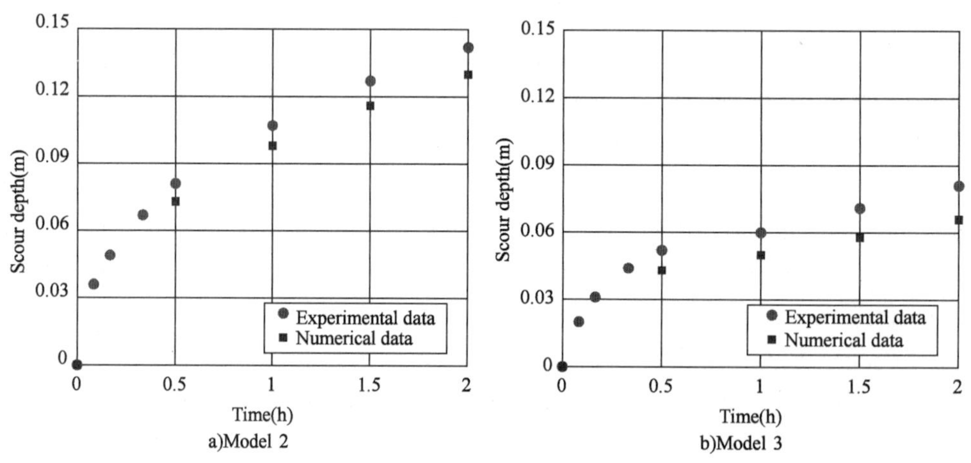

Figure 12 Temporal development of the scour depth under the experimental and numerical conditions

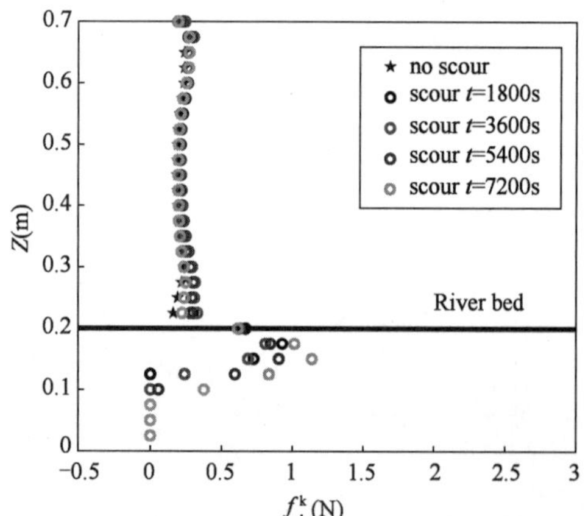

Figure 13 The distribution of drag force of Model 1 along water depth

4 Results and Discussion

4.1 Effect of local scour on the drag force

The distribution of f_d^k along the height of Model 1 at different times is shown in Figure 13. The f_d^k above the riverbed is less affected by local scour, and the f_d^k under scour is close to that under non-scoured conditions, while there is still a slight disturbance for the f_d^k near the riverbed because of the scour terrain.

For the drag force distribution above the riverbed, β is used to evaluate the degree of deviation between the scour and non-scoured conditions. β is defined in Eq. (24).

$$\beta = \left| \frac{f_{d,s}^k}{f_{d,ns}^k} \right| \times 100\% \tag{24}$$

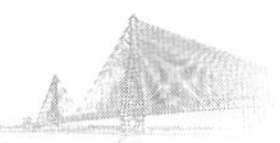

in which $f^{k}_{d,s}$ is the kth layer of caisson's drag force under scour conditions and $f^{k}_{d,ns}$ is the kth layer of caisson's drag force under non-scoured conditions.

The overall development trend of β decreases with increasing time, which indicates that the more significant the scour is, the less the influence of scour on the drag force above the original riverbed. Additionally, β decreases with increasing elevation. Near the riverbed, there is a more significant difference between $f^{k}_{d,s}$ and $f^{k}_{d,ns}$ because of the influence of the scour terrain.

Additionally, the blockage area of the caisson to water increases due to the scour effect, resulting in the increase of the drag force on the caisson. The $f^{k}_{d,s}$ on the caisson inside the local scour zone changes violently, and the $f^{k}_{d,s}$ first increases and then decreases with increasing elevation. The reason is that the scour range is smaller at the maximum scour depth, the layer of which the sediment (0 pressure) occupies most of the area, and hence, the $f^{k}_{d,s}$ is small near the maximum scour depth. The scour range increases gradually with increasing elevation, which causes the $f^{k}_{d,s}$ to increase. Due to the general scour, the pressure behind the caisson counteracts part of the pressure in front of the caisson near 0.175m and 0.2m. Hence, the $f^{k}_{d,s}$ decreases.

The dimensionless drag force γ and the ratio η of the drag force on the caisson inside the scour zone $f_{d,s}$ to the total drag force $F_{d,s}$ vary with dimensionless scour depth for Model 1 is shown in Figure 14. The dimensionless drag force γ is defined as the ratio of total drag force of caisson under scour conditions $F_{d,s}$ to that under non-scoured conditions $F_{d,ns}$. The physical meaning is the proportion of $F_{d,s}$ to $F_{d,ns}$. This indicator can be used to evaluate the drag force between the caisson with and without local scour. η is the ratio of the drag force of scour zone $f_{d,s}$ to the total drag force $F_{d,s}$. It is the proportion of $f_{d,s}$ to $F_{d,s}$. It can be used to present the proportion of the drag force on the caisson inside the scour zone to the total drag force on the whole caisson. The dimensionless scour depth is the ratio of the maximum scour depth ds_{max} to the width of the top surface of the caisson D. For Model 1, the γ and η increases with the scour depth. The reason is that the increase in scour depth adds to the layer number of the drag force. It increases the pressure difference value of the existing layers, which causes the drag force of the caisson to increase. When the maximum scour depth reaches $0.3D$, the total drag force under scour conditions is twice as large as the total drag force under non-scoured conditions. The increasing trend does not slow down with the increase of scour depth. After two hours of scour, the scour depth reached $0.5D$, and the γ reached 2.5. The trend of the η with scour depth is the same as that of γ. After two hours of scour, the drag force on the caisson inside the scour zone occupied half of the total drag force. Based on the above analysis, the occurrence of local scour can greatly increase the drag force on the caisson.

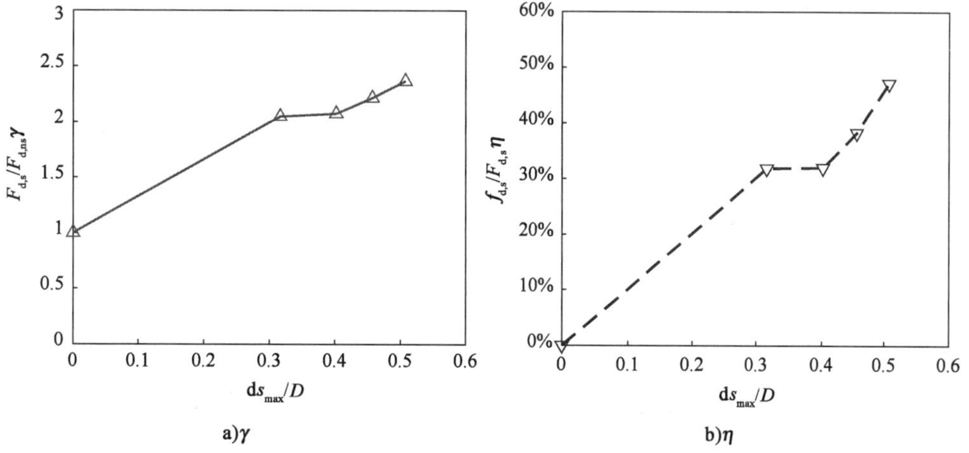

Figure 14 γ and η vary with dimensionless scour depth for Model 1

4.2　Effect of caisson size

Model 1 (small uniform caisson) and Model 2 (large uniform caisson) are used to investigate the effect of caisson size on drag force. Figure 15 shows the drag force distribution along the caisson elevation for caissons with discrepant sizes. Compared with Model 1, the larger β has a more prominent continuous elevation for Model 2. For example, β is less than 120% at half an hour and 0.325m for Model 1, while for Model 2, the elevation is 0.475m. In addition, although β decreases with the development of scour, the β of Model 2 is still more extensive than that of Model 1 at every moment.

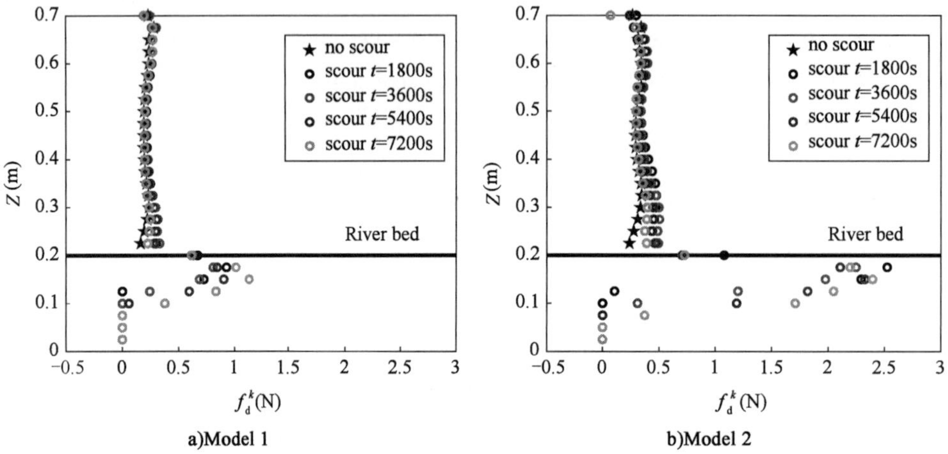

Figure 15　Drag force distribution along the caisson elevation for caissons with discrepant sizes

At the local scour zone, the downward and accelerated flow constantly erodes the riverbed, as shown in Figure 16. The flow intensity of Model 2 is greater than that of Model 1, which results in a more severe scour depth for Model 2. In Figure 15, the scour depth of Model 2 is larger than that of Model 1, and the difference in sediment elevation between the front and back of the caisson is large, which causes a more significant pressure difference. Hence, the drag force on the caisson inside the local scour zone is more significant. Even the greatest drag force exceeds 2.5N, far more than Model 1.

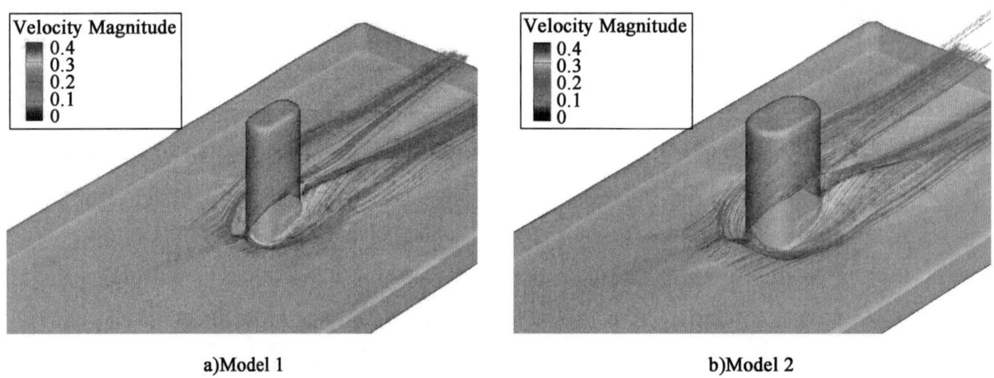

Figure 16　Streamlines around the caissons

The temporal developments of γ and η for Model 1 and Model 2 are shown in Figure 17. The total drag force increases with the development of time. The ratio of the total drag force of the caisson under the scour condition to that under the non-scoured condition is 2 ~ 2.5 and the drag force on the caisson inside the scour zone accounts for 30% ~ 50% of the total drag force for Model 1 during two hours of scouring. Compared to Model 1, the total drag force under the scour condition is 2.5 ~ 3 times greater than that under the non-scoured condition, and the proportion of drag force on the caisson inside the scour zone also increased to 40% ~ 60% for Model 2. Addi-

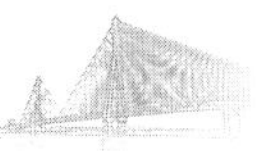

tionally, the total drag force ratio between Model 2 and Model 1 is approximately 1.9 under scour conditions. These reflect the effect of the geometry size, and scour significantly influences the drag force of the caisson.

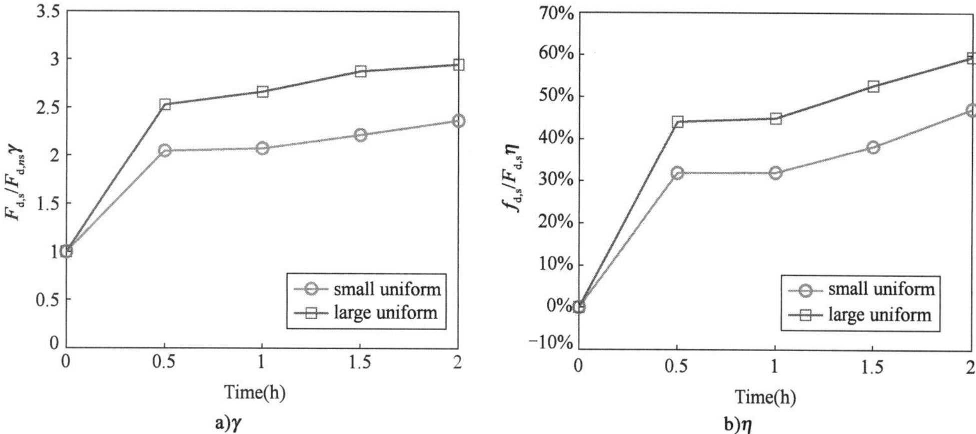

Figure 17 The temporal development of γ and η for caissons with different sizes

4.3 Effect of skirt geometries

Model 2 (large uniform caisson) and Model 3 (skirted caisson) are used to study the effect of skirt geometry on drag force. Figure 18 shows the drag force distribution along the caisson elevation for the uniform and skirted caisson. The drag force of the skirted caisson still changes sharply inside the local scour zone, which is similar to the uniform caisson. In addition, the skirt is formed by reducing the cross-sectional area of the upper part of the uniform caisson. Hence, the water-blocking area at the skirt is more significant. The corresponding drag force is larger than that above the skirt, which is why there is an inflection point of drag force at the skirt under the non-scoured condition in Figure 18b). The drag force above the skirt under scour conditions is close to that under non-scoured conditions, and the β of Model 3 is smaller than that of Model 2 at the same elevation.

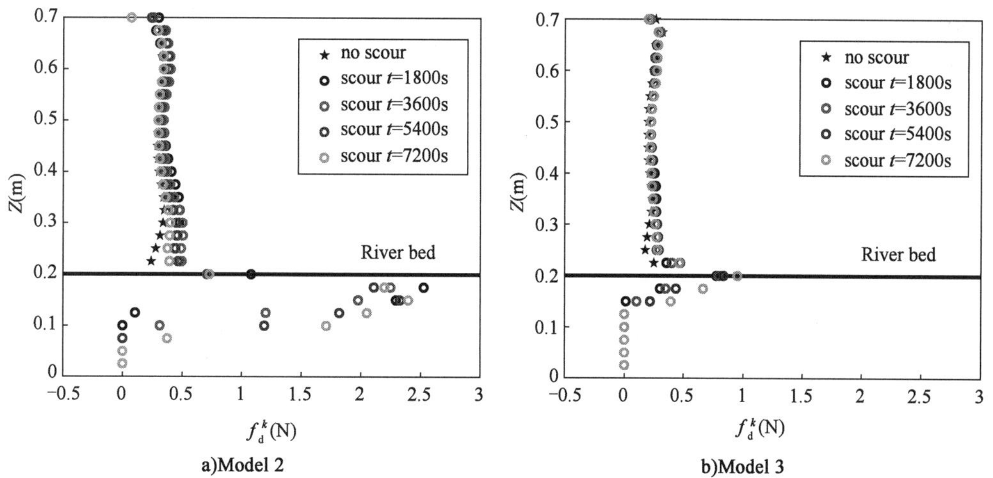

Figure 18 Drag force distribution along the caisson elevation for uniform and skirted caisson

At the local scour zone, the scour depths of the uniform caisson and skirted caisson significantly differ. The reason is that the skirt reduces the direct actions of downward flow and accelerated flow on the riverbed, as shown in Figure 19. The scour depth of Model 3 is smaller than that of Model 2. In addition, the value of the drag force of Model 3 is less than that of Model 2 in Figure 18. For Model 3, the drag force increases with increasing elevation until the elevation reaches the riverbed. Then, the drag force decreases near the skirt. The amplitude ratio of Model 2 to Model 3 is 2.66. Additionally, there is a greater gap in the drag force at different elevations for Model 2 and the gap for Model 3 is small, which indicates that the scour hole of Model 2 is nonuniform compared with Model 3.

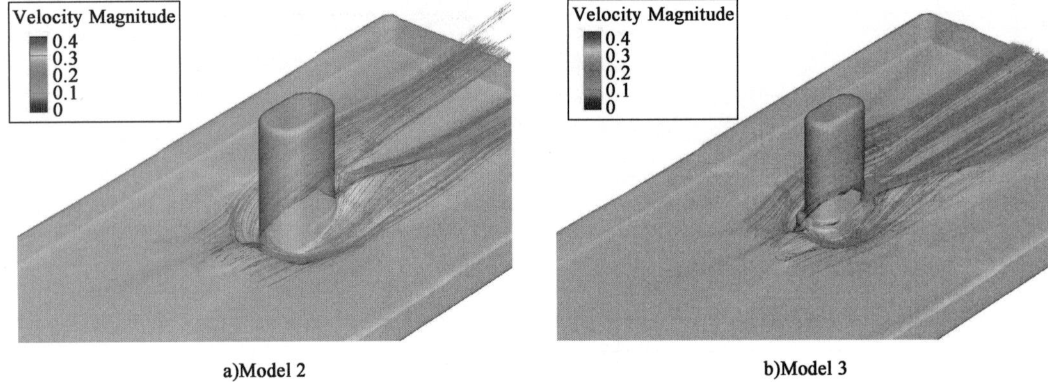

a)Model 2　　b)Model 3

Figure 19　Streamlines around the caissons

Figure 20 shows the temporal developments of γ and η for Model 2 and Model 3. The total drag force under scour conditions is 1.5 ~ 2 times greater than that under non-scoured conditions and the drag force on the caisson inside the scour zone accounts for 15% ~ 30% of the total drag force for the skirted caisson, which is less than that of the uniform caisson. Compared to the skirted caisson, the total drag force of uniform caisson under scour condition is about 2.2 times greater than that of the skirted caisson, which indicates that the skirt can effectively reduce the scour depth and hence decrease the drag force.

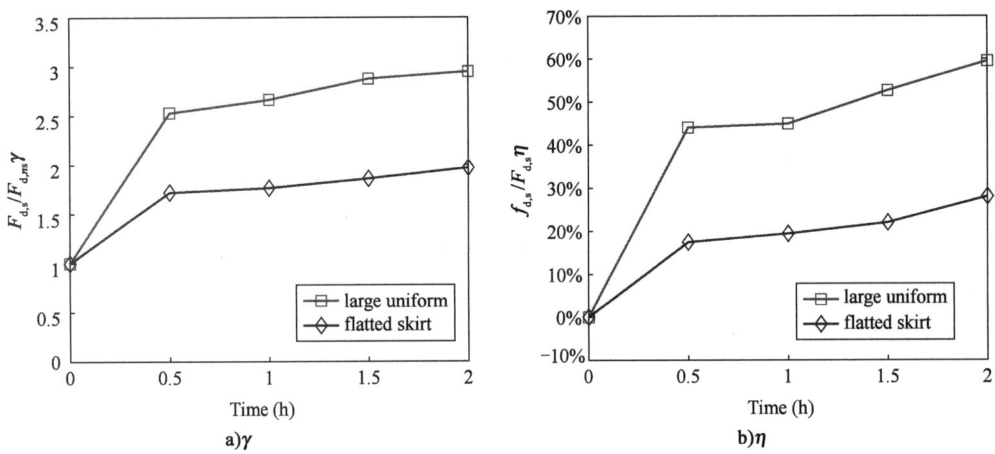

a)γ　　b)η

Figure 20　The temporal development of γ and η for uniform caisson and skirted caisson

Moreover, the skirted caissons with a flattened skirt (Model 3), -45° skirt (Model 4), +45° skirt (Model 5) and hooked skirt (Model 6) are used to investigate the effect of skirt geometry on drag force. Figure 21 shows the drag force distribution along the caisson elevation for a skirted caisson with different skirt forms. Above the riverbed, the drag force is almost unaffected by scour. At the local scour zone, the skirts significantly affect the local scour and drag force. Especially for the -45° and hooked skirts, the groove traps part of the downward and accelerated flow, and hence, the scour depth reduces, as shown in Figure 22. Additionally, there is a negative drag force layer inside the scour zone. The reason is that the pressure distribution in the groove is opposite to that outside of the groove. The outside, positive drag force is counteracted by the inside, negative drag force. Figure 23 shows the pressure distribution of the -45° skirt and the hooded skirt at the riverbed layer. At points 1 and 3, the pressure distribution is positive, the drag force direction is toward the caisson, and the pressure distribution at point 2 is negative, whose direction deviates from that of the caisson. Compared with the hooked skirted caisson, the drag force of the -45° skirted caisson at the riverbed is larger. Because point 2 is close to point 3 for the -45° skirt, the pressure values of the two points are similar, and the

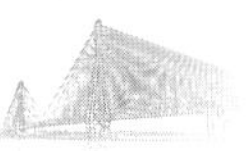

drag force is mainly contributed by point 1. For the hooked skirt, point 1 is close to point 2, but the two points are on opposite sides of the skirt, the pressure values are different, and the counteract effect of point 2 is dominant. For the +45° skirt, the drag force distribution inside the scour zone is conventional, and the value of the drag force is reduced compared with that of the flattened skirt. However, the drag force distribution above the skirt at two hours is abnormal. The value of the drag force is larger than other moments within a certain distance above the skirt. The reason is that the scour depth increases at the front and sides of the caisson, changing the flow field and increasing the drag force.

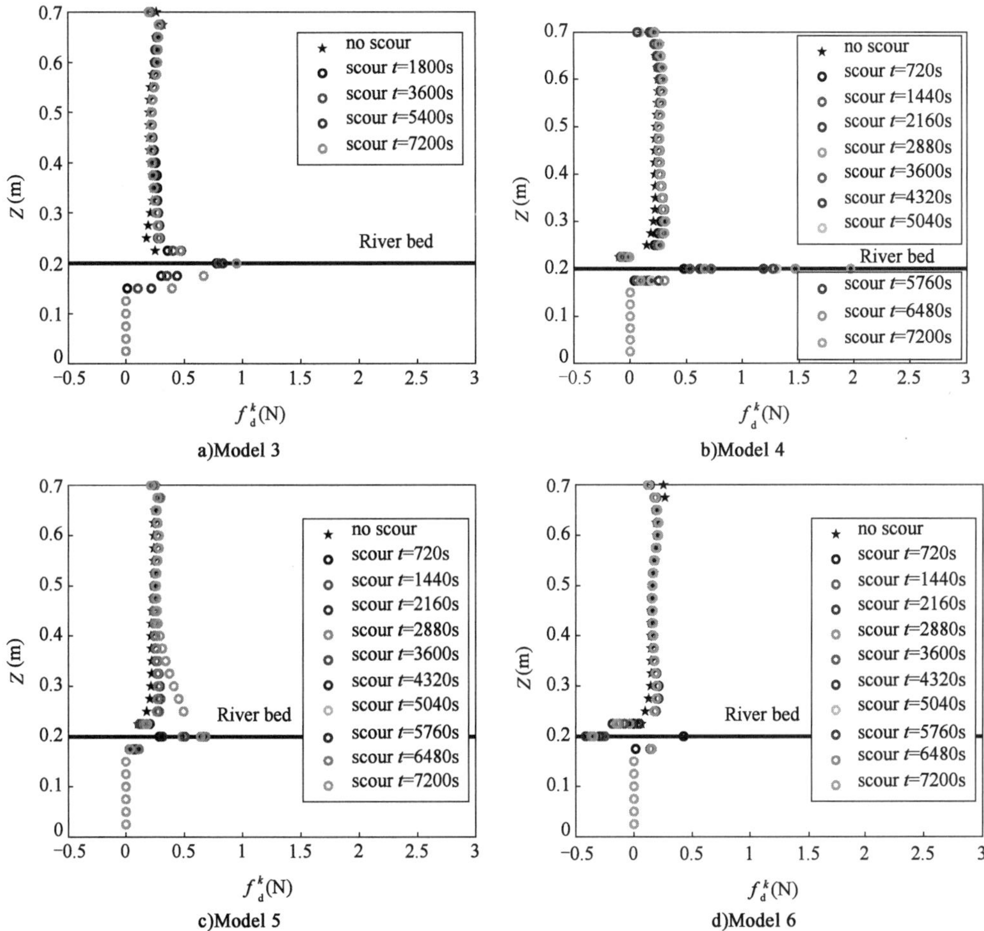

Figure 21 Drag force distribution along the caisson elevation for caissons with different skirt forms

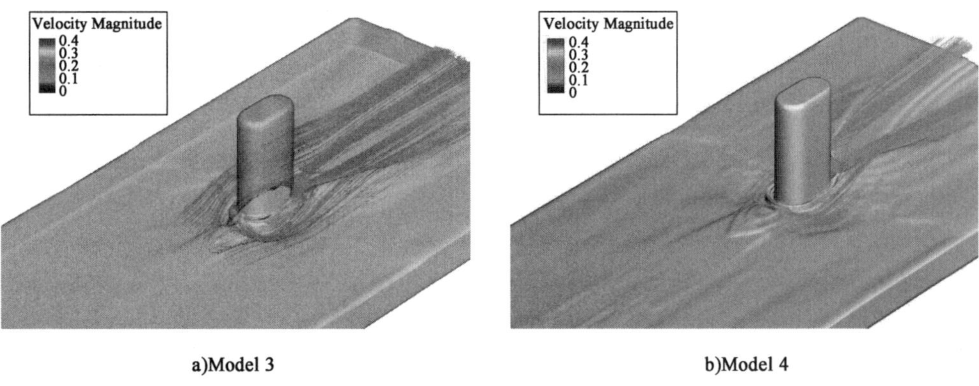

Figure 22

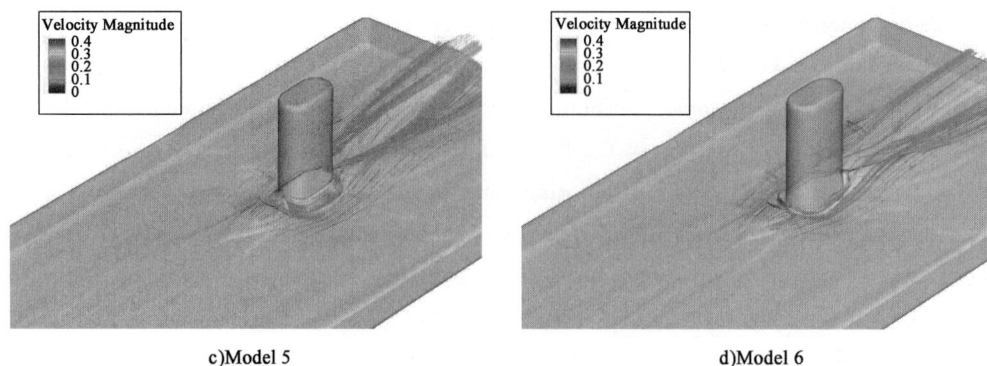

c)Model 5　　d)Model 6

Figure 22　Streamline around the caissons

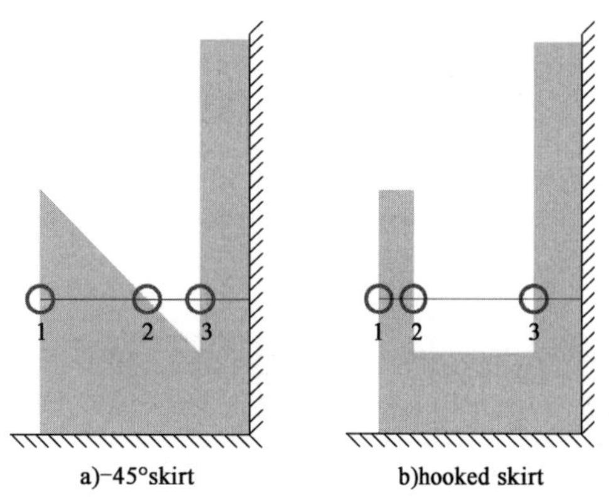

Figure 23　Detailed distribution of pressure layers at the riverbed

Figure 24 shows the temporal developments of γ and η for caissons with different skirt forms. From Figure 21, the scour depths of the caisson with −45° and hooked skirts vary slightly. For the hooked skirted caisson, the total drag force changes slightly. The total drag force variation for the −45° skirted caisson is relatively larger. The reason is that the pressure inside the groove is unstable, which causes the drag force near the skirt to change sharply. For the +45° and flattened skirts, the variation trend of the total drag force with the scour depth is normal. That is, the greater the scour depth is, the greater the total drag force. The total drag force ratio under scour conditions to that under the non-scoured condition is 1.7 ~ 2.4, 1.7 ~ 2.2, and 1 ~ 1.3 for the −45° skirted caisson, +45° skirted caisson and hooked caisson, respectively. The proportion of drag force on the caisson inside the scour zone is 10% ~ 30%, 5% ~ 15% and −10% ~ 10% for the −45° skirted caisson, +45° skirted caisson and hooked caisson, respectively. The hooked skirted caisson has better hydrodynamic performance because of the good scour protection performance and uniform scour hole shape, which causes a slight or even negative increase in drag force.

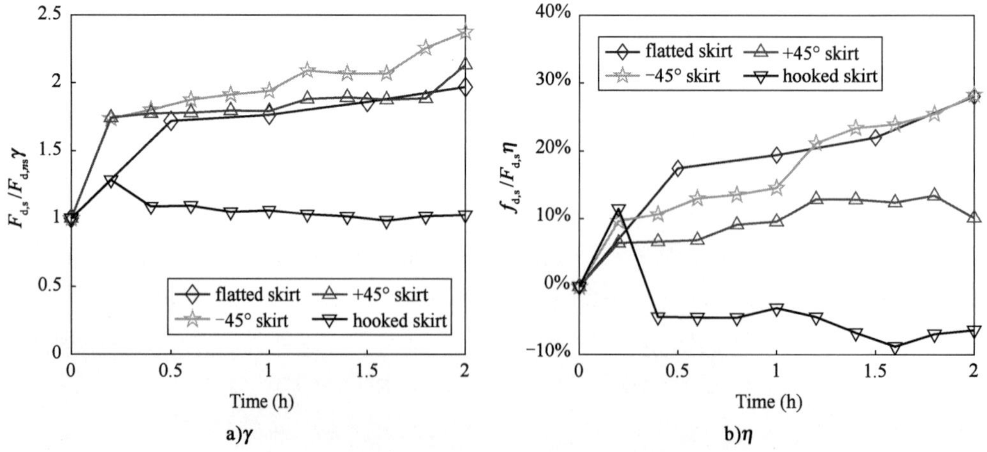

Figure 24　The temporal development of γ and η for caissons with different skirt forms

5　Conclusions

This paper developed a numerical flume and investigated the effects of local scour and caisson geometry on the drag force of bridge foundations under steady flow. The numerical drag force and local scour were valida-

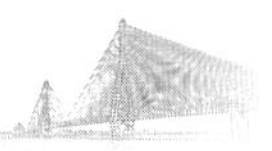

ted based on the experiments supported by actual engineering. The effects of local scour, caisson size and skirt geometry on the drag force were investigated and discussed from the perspective of the drag force distribution and the temporal development of the drag force. The main conclusions are described as follows:

(1) Local scour can increase the blockage area of the caisson to water, which increases the total drag force on the caisson. Scour terrain has little influence on the drag force distribution above the river bed. The drag force on the caisson inside the scour zone accounts for a large proportion of the total drag force under scour conditions. The drag force on the caisson inside the scour zone can be half of that on the whole caisson.

(2) The caisson size significantly influences the caisson's total drag force under scour conditions. The $f_{d,s}$ on the caisson inside the local scour zone increases dramatically with the increase in the size of the caisson. The drag force of the large uniform caisson is 1.9 times greater than that of the small uniform caisson when the scour occurred. The drag force under scour conditions is 2.5 ~ 3, 2 ~ 2.5 times greater than that under non-scoured conditions for large and small uniform caisson. The proportion of drag force on the caisson inside the scour zone is 40% ~ 60% and 30% ~ 50% for large and small uniform caisson.

(3) The application of skirt reduces the caisson's scour depth and drag force. The drag force of the large uniform caisson is 2.2 times greater than that of the skirted caisson when the scour occurred. The skirt form alters the distribution of the drag force. The groove form (−45° skirt and hooded skirt) causes a negative drag force layer, which is beneficial in reducing the drag coefficient of the caisson. The γ and η are 1.5 ~ 2, 1.7 ~ 2.4, 1.7 ~ 2.2 and 1 ~ 1.3, and 15% ~ 30%, 10% ~ 30%, 5% ~ 15% and −10% ~ 10% for the flatted skirted caisson, −45° skirted caisson, +45° skirted caisson and hooked caisson, respectively.

It should be noted that the above conclusions were drawn based on limited simulations. Since some other parameters, for example, caisson cross-section, sediment type, flow condition, the height and width of the skirt, etc., can also affect the local scour and drag force of the caisson (Wei et al., 2022b), they are deserved to be included in the further experimental and numerical studies. Since the scour did not reach the equilibrium state, the shape of the scour hole was different from that at the equilibrium scour time, which might vary the load magnitude of the drag force. Notwithstanding these limitations, the developed model and method can be used to illustrate the influences of local scour and structural geometry on the drag force of caisson foundations, which can provide insight into a better engineering design of a caisson under flow conditions.

参 考 文 献

[1] AASHTO. AASHTO LRFD Bridge Design Specifications[R]. 6th ed. American Association of State Highway and Transportation Officials, Washington, D. C, 2013.

[2] AGHAEE-SHALMANI Y, HAKIMZADEH H. Experimental investigation of scour around semi-conical piers under steady current action[J]. Eur. J. Environ. Civ. Eng, 2015(19): 717-732.

[3] AKSEL M, YAGCI O, OZGUR K, et al. A comparative analysis of coherent structures around a pile over rigid-bed and scoured-bottom[J]. Ocean Eng, 2021(1): 108759.

[4] ALMASRI A, MOQBEL S. Numerical Evaluation of AASHTO Drag Force Coefficients of Water Flow Around Bridge Piers[J]. Eng. Mater. Technol, 2017(139): 21001.

[5] CHEN, L, WANG Y, SUN S, et al. The effect of boundary shear flow on hydrodynamic forces of a pipeline over a fully scoured seabed[J]. Ocean Eng, 2020(206): 107326.

[6] CUI W, ZHANG X, LI Z, et al. Three-dimensional numerical simulation of flow around combined pier based on detached eddy simulation at high Reynolds numbers[J]. Int. J. Heat Technol, 2017(35):

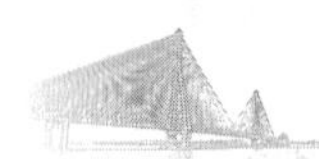

91-96.

[7] EBRAHIMI M, KRIPAKARAN P, DJORDJEVIĆ S, et al. Hydrodynamic Effects of Debris Blockage and Scour on Masonry Bridges: Towards Experimental Modelling[C]. Presented at the 8th International Conference on Scour and Erosion, Oxford, UK, 2017: 5045-5093.

[8] FAROOQ R, GHUMMAN A R. Impact Assessment of Pier Shape and Modifications on Scouring around Bridge Pier[J]. Water 11, 2019(3): 1761.

[9] FDINE. Code of Hydrology for Harbour and Waterway (No. JTS 145—2015)[R]. China Communications Press Co., Ltd., Beijing, 2015.

[10] GHODSI H, NAJAFZADEH M, KHANJANI M J, et al. Effects of Different Geometric Parameters of Complex Bridge Piers on Maximum Scour Depth: Experimental Study[J]. Waterw. Port Coast. Ocean Eng, 2021(147): 4021021.

[11] HONG J, WEI K, QIN S. Numerical and analytical assessment of hydraulic pressure on the inner wall of the deep-water caisson under sudden flooding risk[J]. Meas. Control, 2021(54): 1043-1054.

[12] HUANG S, LIU H, LIU S. Research on Single Pile Model Hydrodynamic Experiments of Cross-Sea Bridge Foundation[J]. Struct. Eng, 2009(25): 111-116.

[13] KHOSRONEJAD A. Large-eddy simulation of flash flood propagation and sediment transport in a dry-bed desert stream[J]. Int. J. Sediment Res, 2020(5): 576-586.

[14] LI Y Y, YANG Z. Influence of Scour Development on Turbulent Flow Field in Front of a Bridge Pier[J]. Water 12, 2020(4): 2370.

[15] LIANG F, WANG C, YU X. Widths, types, and configurations: Influences on scour behaviors of bridge foundations in non-cohesive soils[J]. Mar. Georesources Geotechnol, 2019(37): 578-588.

[16] QIN J, YANG X, WEI K, et al. Cross-sectional blockage effect on the drag force of a scaled round-ended pier model under directional flow[J]. Ocean Eng. 2022(264): 112532.

[17] QIN S, TAN G, LU Q, et al. Research on Design and Sinking Methods for Super Large Caisson Foundation[J]. Bridge Constr. 2020(50): 1-9.

[18] SABBAGH-YAZDI S R, BAVANDPOUR M. Numerical experiments on using incline collar rings for controlling mean and fluctuating forces on circular bridge piers[J]. Fluids Struct. 2019(91): 102696.

[19] SARJAMEE S, NISTOR I, MOHAMMADIAN A. Numerical investigation of the influence of extreme hydrodynamic forces on the geometry of structures using OpenFOAM[J]. Nat. Hazards 2017(87): 213-235.

[20] SOLTANI-KAZEMI Z, GHOMESHI M, BAHRAMI YARAHMADI S. Experimental study of local scour around diamond bridge piers subject to transverse standing waves[J]. Ain Shams Eng. J. 2022(13): 101598.

[21] SOULSBY R L, WHITEHOUSE R J S. Threshold of sediment motion in coastal environments[C]. Presented at the Proceedings of the 13th Australasian Coastal and Ocean Engineering Conference and 6th Australasian Port and Harbour Conference, Cristchurch, New Zealand, 1997.

[22] SURIBABU, C, SABARISH R, NARASIMHAN R, et al. Backwater rise and drag characteristics of bridge piers under subcritical flow conditions[J]. Eur. Water 36, 2011(3): 27-35.

[23] TUBALDI E, WHITE C J. PATELLI E, et al. Invited perspectives: Challenges and future directions in improving bridge flood resilience[J]. Nat. Hazards Earth Syst. Sci. 2022(22): 795-812.

[24] VAN R, LEO C. Sediment transport, part I: bed load transport[J]. Hydraul. Eng. 1984(110): 1431-1456.

[25] WEI K, HONG J, LI Y. Characterizing breaking wave slamming loads on bridge piers with probabilistic

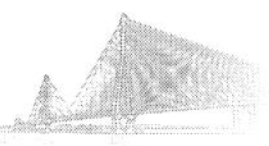

models of slamming maxima, rise and decay times[J]. Ocean Eng. 2022(266):113097.

[26] WEI K, QIU F, QIN S. Experimental and numerical investigation into effect of skirted caisson on local scour around the large-scale bridge foundation[J]. Ocean Eng. 2022(250):111052.

[27] XIANG Q, WEI K, LI Y, et al. Experimental and Numerical Investigation of Local Scour for Suspended Square Caisson under Steady Flow[J]. KSCE J. Civ. Eng. 2020(5):2682-2693.

[28] XU G, JIN Y, XUE S, et al. Hydrodynamic shape optimization of an auxiliary structure proposed for circular bridge pier based on a developed adaptive surrogate model[J]. Ocean Eng. 2022(259):111869.

[29] YANG H, YANG W, YANG T, et al. Experimental investigation of flow around a square cylinder with very small aspect ratios[J]. Ocean Eng, 2020(214):107732.

[30] YANG S, GUO Y, SHI B, et al. Numerical investigation of the influence of the small pipeline on local scour morphology around the piggyback pipeline[J]. Ocean Eng, 2021(240):109973.

[31] YANG S, TAN Z, YANG W, et al. Experimental study on hydrodynamic interaction between dam-break waves and circular pier[J]. Ocean Eng, 2022(266):113093.

[32] YANG W, LI A, DENG L, et al. Study on characteristics and calculation method of hydrodynamic force on pile group under earthquake. Ocean Eng. 2020(207):107375.

[33] YANG Y, QI M, LI, J, et al. Evolution of Hydrodynamic Characteristics with Scour Hole Developing around a Pile Group[J]. Water 10, 2018(64):1632.

基于集成学习的超大型沉井基础下沉倾斜程度预测

董学超[1,2]，郭明伟[1,2]，王水林[1,2]

（1. 中国科学院武汉岩土力学研究所岩土力学与工程国家重点实验室，湖北武汉　430071；
2. 中国科学院大学，北京　100049）

摘　要　沉井基础广泛应用于各类大型构筑物建设中，其下沉倾斜程度是下沉姿态最重要的指标之一，准确预测下沉倾斜程度有利于确保沉井安全平稳下沉以及预防潜在施工风险。本文基于 bagging 和 boosting 两种集成学习机制，分别采用随机森林算法和 XGBoost 框架建立沉井下沉倾斜程度预测模型，利用沉井底部结构应力监测数据，预测下沉过程中沉井基础顺桥向高差与横桥向高差。依托常泰长江大桥主塔超大型沉井基础下沉工程，验证了本文提出预测模型的可靠性。之后，将本文预测模型与其他单一机器学习算法模型进行了对比，并分析了模型重要参数对预测精度的影响。结果表明：本文预测模型可以准确预测沉井下沉过程中的顺桥向高差和横桥向高差，能够合理确定沉井下沉倾斜程度；本文模型的预测精度高于其他单一机器学习模型，模型运行速度快、实用性强，且模型预测精度随基学习器个数和最大树深度的增大而提高。研究成果实现了沉井下沉倾斜程度实时预测，可为类似的大型沉井下沉监控提供重要参考。

关键词　沉井基础；倾斜预测；集成学习；随机森林；梯度提升树；常泰长江大桥

Inclination Prediction of A Super-sized Open Caisson Foundation During Sinking Process Based on Ensemble Learning

DONG Xue-chao[1,2], GUO Ming-wei[1,2], WANG Shui-lin[1,2]

(1. State Key Laboratory of Geomechanics and Geotechnical Engineering, Institute of Rock and Soil Mechanics, Chinese Academy of Sciences, Wuhan 430071, China;
2. University of Chinese Academy of Sciences, Beijing 100049, China)

Abstract　Open caisson foundations are widely used in the construction of various large structures, and the inclination of an open caisson is one of the most important indexes of its sinking posture. Accurate prediction of the inclination is conducive to ensuring the sinking safety and steady of the open caisson and preventing potential construction risks. Based on two ensemble learning techniques, bagging and boosting, the random forest algorithm and XGBoost framework are applied for the inclination prediction modeling. The monitoring data of the structural stress at the bottom of the open caisson are used to predict the longitudinal height differ-

基金项目：2019 年度交通运输行业重点科技项目（2019-MS1-011）。

作者简介：董学超（1996—），男，博士生，中国科学院武汉岩土力学研究所，研究方向：计算岩土力学。

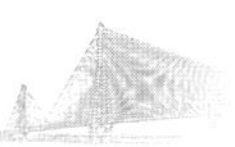

ence and horizontal height difference. The reliability of the prediction model was verified by applying it to the super-sized open caisson foundation of the main bridge pylon in the Changtai Yangtze River Project, and the proposed model was compared with the prediction models applying other single machine learning algorithms. Then, the important parameters of the ensemble learning model were analyzed to study their influence on prediction accuracy. The results show that the prediction model in this paper can accurately predict the longitudinal height difference and horizontal height difference and reasonably determine the inclination of the open caisson foundation. With fast operating speed and strong practicability, the proposed model has higher prediction accuracy than other single machine learning models. In addition, the prediction accuracy increases with the number of base learners and the maximum tree depth. The research results achieve the real-time prediction of the inclination of the open caisson foundation during the sinking process, which can provide an important reference for the monitoring of similar foundations.

Keywords Open caisson foundation; inclination prediction; ensemble learning; random forest; gradient boosting decision tree; Changtai Yangtze River Bridge

1 引言

沉井是一种预制的无顶盖筒状结构,通过井内取土等工程措施逐渐下沉,最终到达设计高程。由于其整体性好、承载力高、占地面积小、内部空间大,沉井广泛作为深基础应用于大跨径桥梁工程。几何姿态是沉井下沉状态评价的重要参数,也是沉井下沉监控的关键指标,其中,倾斜程度是沉井下沉姿态中最重要的指标之一,直接影响沉井的结构安全与施工安全。因此,为满足沉井设计要求、确保其安全平稳下沉、预防潜在施工风险,在沉井下沉过程中对倾斜程度进行分析和预测具有重要意义。

很多学者采用模型试验、数值模拟和实测数据分析等多种方法对沉井下沉倾斜情况进行了研究。李孟豪、褚晶磊等设计了模型试验以模拟沪苏通长江公铁大桥主塔沉井的下沉过程,分别研究了沉井倾斜对刃脚受力和侧壁土压力的影响规律。张治成等通过数值模拟揭示了沉井发生突沉时的土体扰动损伤因素,发现土体损伤区的不均匀分布会对沉井下沉姿态产生不利影响,从而导致沉井倾斜。李今保等以某旋流池沉井倾斜失稳事故为例,分析事故原因并提出应对措施,成功实现了沉井纠偏。Li 等针对超深超大沉井纠偏难度高的问题,提出了基于新型管柱结构的倾斜沉井基础再利用方法,数值模拟结果证明,所提出方法有利于荷载均匀传递至地基,可以防止倾斜程度的进一步增加。Lai 等提出了一种新型大直径深埋沉井安装技术并应用于镇江双饮水井工程,自动记录了沉井下沉过程中倾角的变化情况,研究发现,沉井下沉初期的倾角大于其他阶段;由于沉井相互作用,两个沉井倾向于相同的倾斜方向。此外,近年来的一系列大型沉井工程通过传感器实时监测沉井下沉姿态,测得了倾斜程度变化曲线,有利于深入研究沉井倾斜相关规律。上述研究分析了沉井下沉倾斜情况,然而研究主要是学者在沉井下沉到位后进行的规律性总结,鲜有涉及沉井倾斜程度预测,对沉井施工下沉姿态控制的指导作用相对不足。

沉井倾斜程度受取土情况、地质条件等多种因素影响,当前倾斜程度还与历史倾斜程度有关,相应的作用机理复杂,难以用传统方法进行预测。多个大型沉井项目的监测数据表明,沉井结构应力与沉井姿态和取土工况等因素密切相关,因此,本文拟根据结构应力在预测沉井倾斜程度方面做一些探索性工作。基于结构应力预测下沉倾斜程度的本质是求解具有多自变量多因变量非线性映射关系的回归问题,机器学习方法适于解决这类问题。

机器学习是人工智能的核心,适用于复杂的非线性问题,可以方便地进行海量数据处理,在岩土工程领域发挥了重要作用。相比于单一机器学习方法,集成学习结合多个学习器来完成学习任务,常可取得更高的精度以及更好的泛化性能。仉文岗等提出了基于集成学习随机森林算法的全断面硬岩隧道掘进机(TBM)掘进速度预测模型,准确预测掘进速度并结合多种超参数优化算法完成模型调参,其中贝

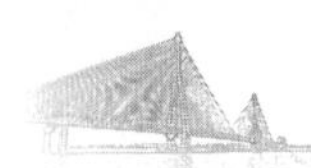

叶斯优化算法在耗时和精确度方面表现最佳。Ke 等利用集成学习方法预测隧道开挖过程中地表沉降情况，同样取得了很好的预测效果。刘德军等通过集成学习融合了 8 种常用机器学习算法以构建岩爆等级预测模型，结果表明，集成学习可以有效融合各单一机器学习算法，显著提升预测性能。Lv 等将滑坡易发性分为 5 个等级，采用单一机器学习算法和集成学习算法构建滑坡条件因子与易发性等级间的映射，研究发现集成学习方法可降低单一算法模型的不确定性。Dou 等使用以支持向量机为基学习器的不同集成学习机制实现了滑坡条件因子与边坡敏感性图之间的映射，结果显示 boosting 机制的效果最好。

沉井基础倾斜程度可由顺桥向高差与横桥向高差确定，本文基于 bagging 和 boosting 两种集成学习机制，建立了下沉倾斜预测模型，依托常泰长江大桥主塔超大型沉井基础施工过程，结合下沉过程中沉井结构应力监测数据，实现了沉井基础倾斜程度的合理性预测，验证了本文预测模型的可靠性。对比分析了本文预测模型与线性回归、贝叶斯岭回归、支持向量回归、决策树、多层感知机等其他常用单一机器学习算法的预测精度和计算耗时，验证了所提出模型的预测准确性与实用性。最后，进行预测模型参数分析，探究模型主要参数对预测精度的影响。本文首次实现了沉井下沉倾斜程度预测，提出了预测精度高、计算耗时短、工程实用性强的预测方法，对确保沉井安全平稳下沉具有重要意义，为沉井下沉控制提供了重要参考。

2 集成学习算法

集成学习采用一定的机制结合多个基学习器，以实现更高的预测精度和更好的泛化性能，通常选用同质的基学习器，相应算法被称为基学习算法。集成学习的常用基学习算法是决策树，常用集成学习机制为 bagging 和 boosting：bagging 机制利用自助采样法为每个基学习器抽取相应的子训练集，然后对各基学习器的训练结果进行综合；boosting 机制将基学习器串联，使每个基学习器的训练依赖于前一基学习器的训练结果。两种机制的代表性算法分别为随机森林和梯度提升树，均应用决策树作为基学习算法。

2.1 决策树

决策树是基于树结构的一系列决策，其本质是样本分类，包括根节点、内部节点和叶节点：根节点包含样本全集；内部节点对应数据特征测试，根据测试结果将样本划分至相应子节点；叶节点对应决策结果。从根节点到每个叶节点的路径是一个判断测试序列。决策树算法确定每个数据特征的样本最佳划分以及不同数据特征测试的排布，由根节点到叶节点的生成过程中，决策树根据决策条件依次确定可实现样本最优划分的数据特征。为防止过拟合，决策树算法可引入剪枝操作减少决策分支个数，避免对训练集独有特征的过度依赖。处理回归问题时，决策树根据一定规则将特征空间划分为若干子空间，每个子空间的值等同于决策树处理分类问题时的类别标签，因而仍相当于进行样本分类，处理回归问题时决策树采用基尼指数作为决策条件。

2.2 随机森林

随机森林是一种改进的 bagging 机制集成学习算法，其计算各个基决策树的结果平均值作为最终预测结果。除随机选取训练样本子集作为基决策树的训练样本外，随机森林还引入了随机数据特征选取，使得基决策树每个节点均可先从该节点全部数据特征中随机选取 k 个特征，然后从所选特征中确定一个最优特征用于样本划分。当 k 等于该节点数据特征总数时，基学习器与传统决策树相同。随机数据特征选取的引入增强了算法应对数据噪声的能力，降低了过拟合的发生概率。

2.3 梯度提升树

梯度提升树（Gradient Boosting Decision Tree，GBDT）采用 boosting 机制，由各个基决策树串联而成，其训练过程如下：首先利用第一个基决策树对训练集进行训练，输出每个训练样本的预测结果并计算相应误差；之后将各训练样本误差输入第二个基决策树，得到与第二个基决策树相对应的预测结果与误差;按这一流程依次进行预测直至最后一个基决策树;训练完成后进行数据预测,每个样本的预测结果为该样本全部基决策树的预测结果加权求和值。除第一个基决策树训练数据样本外,其他基决策树均训练前一基决策树的预测误差,通过后一基决策树对前一基决策树预测误差的进一步处理来减小总误差。

XGBoost 是 Chen 和 Guestrin 开发的一种 GBDT 实现框架。XGBoost 在原理优化上采用缩减策略、目标函数增加正则化项和样本数据特征抽样等多种方法预防过拟合,对损失函数进行二阶泰勒展开来提高计算精度,引入稀疏感知算法以应对数据缺失。XGBoost 支持贪心算法和近似学习用于节点分裂,其中近似学习使用加权分数位草图。在工程实现上,XGBoost 设置列块结构以实现并行学习,采用缓存访问模式和其他措施进行信息处理及数据读写,提高运行效率,降低运行开销。

3 沉井基础倾斜程度预测模型

3.1 数据预处理

基于集成学习的沉井下沉倾斜程度预测模型采用数据驱动策略,因此需要首先进行数据预处理,以准备模型所需的数据样本。模型的输入数据为下沉过程中沉井底部结构应力,输出数据为表示沉井倾斜程度的顺桥向高差与横桥向高差,输入数据与输出数据即为需要学习非线性映射关系的自变量与因变量,均需进行数据预处理。数据预处理包括缺失数据处理、异常数据处理和数据降噪,处理完成后将输入数据和输出数据一对一匹配,得到数据样本集。

如输入数据与输出数据的测量频率不同,则需进行数据重采样,可采用相同的时间间隔 d 对二者进行重采样操作,从而使输入数据与输出数据的个数相等。

由于传感器性能和外部因素影响,测量数据可能会缺失或者异常,对缺失和异常数据进行处理是保证模型预测效果的重要前提。沉井底部各结构应力传感器独立工作,每个传感器获取的结构应力监测数据作为输入数据的一个特征,各传感器的应力监测值共同组成输入数据;沉井顺桥向高差和横桥向高差分别作为输出数据的特征,二者共同组成输出数据。依次对输入数据和输出数据的各个特征进行缺失值处理,根据缺失比例 p 选择处理策略,缺失比例低于 p 时利用线性插值补全缺失值,高于 p 则采用成列删除方法,即直接去除相应的数据特征。之后进行异常值处理,异常值通常指远远偏离整个样本总体的观测值。根据数据分布检测异常值,分别计算各个数据特征的均值 μ 和标准差 σ,观测值大于 $\mu+3\sigma$ 或小于 $\mu-3\sigma$ 时可认为是异常值。采用线性插值填充方法处理异常值,即对异常值的前后临近数据进行线性插值,利用插值结果代替异常值。

在沉井取土下沉过程中,由于取土机械振动和沉井姿态改变等因素的作用,监测数据中可能存在噪声,对倾斜程度预测造成不利影响。因此,完成异常值处理后,进行数据降噪以有效过滤数据中的高频噪声。采用滑动均值滤波算法对各数据特征进行降噪处理,具体计算方法为:

$$f_i^{\text{out}}=\frac{1}{2m+1}\sum_{j=-m}^{m}f_i^{\text{in}}(i+j) \tag{1}$$

式中:f_i^{in}、f_i^{out}——滤波前和滤波后的数据;

m——滑动窗口的大小。

上述处理工作完成后,匹配输入数据与输出数据,将其组成数据样本。每个数据样本均包含一组输入数据和相应的输出数据,根据需要选取输入数据与输出数据的匹配规则,例如进行单步预测时,输出数据的对应时刻应相较输入数据晚一个时间间隔。完成数据匹配后,得到包含全体数据样本的样本全集。

3.2 模型训练与预测

分别采用随机森林算法和 XGBoost 框架建立基于 bagging 和 boosting 集成学习机制的沉井下沉倾斜程度预测模型。采用 K 折交叉验证方法,以避免数据选取偏差,实现对模型性能的无偏估计。K 折交叉验证的具体方法为:将样本全集分为 K 个子集,每个子集包含的样本个数大致相同,子集划分时采用

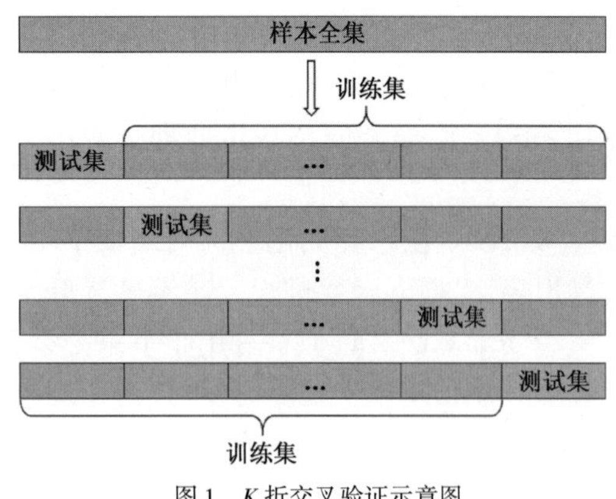

图1　K 折交叉验证示意图

分层抽样方法以尽量保证各子集样本的分布一致性；依次将每个子集作为测试集，其他子集作为训练集（图1），对所构建的预测模型进行 K 轮训练，每轮训练完毕后，输入相应测试集到训练好的模型中用于计算预测结果；对比倾斜程度预测结果与相应的实测结果，采用合适的评价指标评估模型预测效果；K 轮评价指标的结果均值作为该模型的最终评价结果。

3.3　模型评价

采用均方根误差 RMSE、拟合优度 R^2 和平均相对误差 MRE 作为模型评价指标，具体计算公式为：

$$\mathrm{RMSE}=\sqrt{\frac{1}{n}\sum_{i=1}^{n}(p_i-\hat{p}_i)^2} \tag{2}$$

$$R^2=1-\frac{\sum_{i=1}^{n}(p_i-\hat{p}_i)^2}{\sum_{i=1}^{n}(p_i-\bar{p}_i)^2} \tag{3}$$

$$\mathrm{MRE}=\frac{1}{n}\sum_{i=1}^{n}\frac{|p_i-\hat{p}_i|}{p_i} \tag{4}$$

式中：$\hat{p}_i$——模型预测值；

p_i——实际值；

n——样本个数；

$\bar{p}_i$——n 个样本的实际值均值。

三个评价指标中，RMSE 和 MRE 的值越小表明预测精度越高，R^2 的值越接近于 1 表明预测精度越高。

4　超大型沉井基础倾斜预测

4.1　工程简介

常泰长江大桥位于长江下游扬中河段，其主航道桥采用公铁两用斜拉桥结构形式，总长度为 2440m，主跨径刷新世界纪录，达到 1176m（图2）。桥梁主塔基础采用钢壳混凝土沉井，井底设计高程为 -65m，平面尺寸为 95m×57.8m，总高度 72m，是世界上最大的水中沉井。沉井为圆端型，共有 36 个井孔，整体分为上下两阶，高度分别为 29m 和 43m，台阶宽度为 9m，具体结构如图 3 所示。沉井所处区域地形平缓，覆盖层为互层分布的砂土层和黏土层：表层为松散粉砂，中层为粉质黏土层以及粒径分布不同的砂层，下层以密实砂层为主，具体工程地质情况如表 1 所示。沉井通过取土持续下沉，由着床至抵达设计高程累计下沉 36.76m。

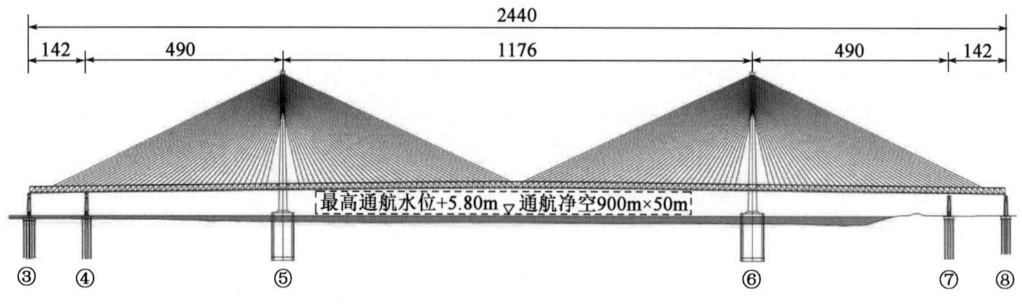

图2　主航道桥立面布置（尺寸单位：m）

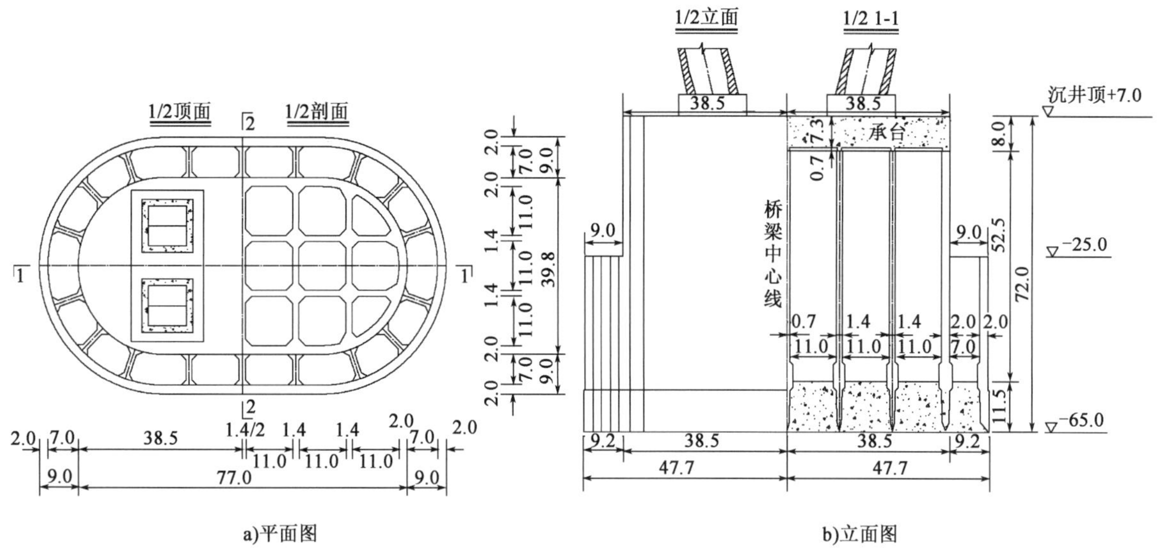

图3　沉井结构图(尺寸单位:m;高程单位:m)

土体分层情况　　表1

序号	土层	层顶高程(m)	层底高程(m)	土层厚度(m)
1	松散粉砂	-14.7	-17.0	2.3
2	硬塑粉质黏土	-17.0	-24.4	7.4
3	松散粉砂	-24.4	-25.6	1.2
4	硬塑粉质黏土	-25.6	-27.7	2.1
5	稍密细砂	-27.7	-32.7	5.0
6	淤泥质粉质黏土	-32.7	-34.0	1.3
7	中密粉砂	-34.0	-39.4	5.4
8	中密细砂	-39.4	-50.2	10.8
9	软塑粉质黏土	-50.2	-51.3	1.1
10	密实中砂	-51.3	-54.2	2.9
11	密实粗砂	-54.2	-70.0	15.8

4.2　数据样本

沉井共进行了91d有效取土,取土下沉过程中实时监测下沉姿态与沉井底部结构应力。沉井顺桥向高差和横桥向高差的测量频率为1Hz,各获取786.2万条数据;每0.5h测量一次井底结构应力,共测得4368组结构应力数据。沉井通过底部布置的33套结构应力传感器(图4中实心矩形)测量结构应力,通过顶部布置的4个全球定位系统(GPS)传感器(图4中空心圆形)测量倾斜程度。倾斜程度的具体量化方法为:1号和3号GPS传感器的竖直高度差用于衡量沉井横桥向的倾斜程度,高度差为正表示上游侧高于下游侧;2号和4号GPS传感器的竖直高度差用于衡量沉井顺桥向的倾斜程度,高度差为正表示江心侧高于江岸侧。

4.3　数据预处理

根据倾斜程度预测模型的数据预处理流程处理常泰长江大桥主塔沉井监测数据。首先设置时间间隔 d 为30min,根据时间间隔 d 对沉井顺桥向高差与横桥向高差数据进行重采样,由于结构应力测量时间间隔与 d 相等,因此结构应力数据无须进行重采样。数据重采样后,沉井高差数据与结构应力数据对应,每一测量时刻都有一组结构应力数据和两个沉井高差数据。然后,将数据缺失比例 p 设置为20%进行缺失数据处理。重采样后的沉井高差数据无数据缺失现象，而 33 个结构应力传感器中，10 个传感器的数据缺失比例大于 20%，将这些传感器的测量数据全部删除，剩余 23 个传感器的数据缺失比例小于 20%，利用线性插值方法补全。之后，根据数据分布检测异常值，利用线性插值结果替换检测到的异常数据。

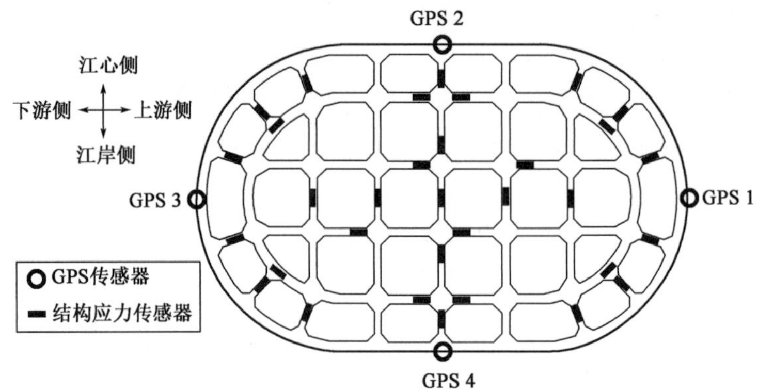

图 4　沉井应力传感器和 GPS 传感器平面布置

完成缺失和异常数据处理后，进行数据降噪。由于结构应力数据上下波动不显著，故无须进行降噪处理，而顺桥向高差与横桥向高差数据的上下波动明显，采用滑动均值滤波算法进行数据降噪，滑动窗口参数 m 设置为 7。图 5 显示了数据降噪处理效果，图中曲线为沉井下沉起始 15d 内顺桥向高差和横桥向高差的降噪处理结果，横坐标的"序号"用于排列数据的时间先后顺序。最后，将结构应力数据与沉井高差数据匹配，设置沉井高差数据的测量时刻晚于结构应力数据一个时间间隔，以实现沉井倾斜程度单步预测，二者相差一个时间间隔是为了利用当前结构应力数据预测 0.5h 后的沉井倾斜程度，从而为沉井下沉控制提供参考。数据匹配完成后，样本全集共包含 4368 个数据样本。

4.4　模型训练与测试

基于随机森林算法和 XGBoost 框架所建立预测模型的参数设置如表 2 所示，除基学习器个数外，其余参数均采用算法默认值，其中最大树深度为"None"表示对最大树深度不设限制。模型训练和测试时采用 K 折交叉验证方法，将 K 的值设置为 5，表示需要进行 5 轮训练与测试。沉井顺桥向高差和横桥向高差共同作为模型输出数据，每次模型训练完成后，利用训练好的模型同时得到两个高差的预测值。之后，利用 3 个模型评价指标分别评估顺桥向高差与横桥向高差的预测精度，用于测试模型的预测效果。由于进行 5 折交叉验证，每个指标评估顺桥向高差或横桥向高差时均得到 5 个评价指标值，取其平均值作为最终评价结果。观察发现沉井高差数据存在大量绝对值接近 0 的观测值，这可能导致平均相对误差（MRE）的计算结果较大，因此模型评价时以前两个指标为主，以 MRE 为辅。

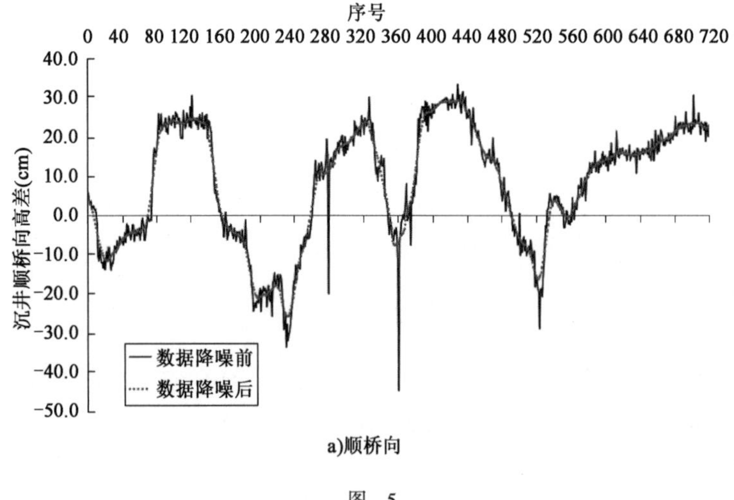

a)顺桥向

图　5

续上表

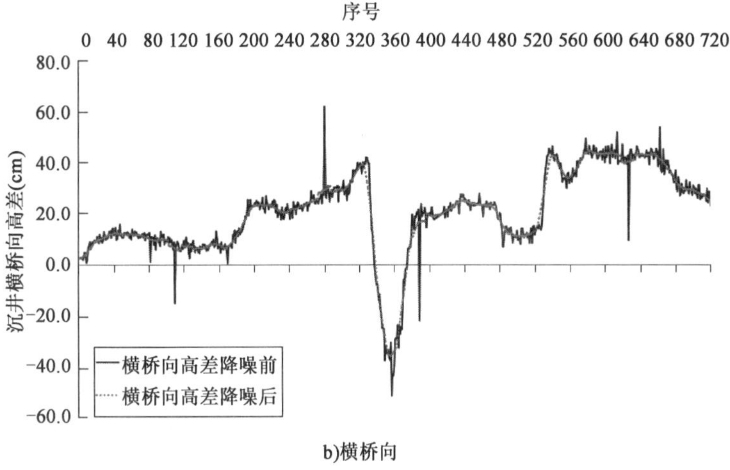

b)横桥向

图5 沉井顺桥向和横桥向高差数据降噪效果

预测模型的参数设置 表2

参数	基于随机森林预测模型的参数值	基于 XGBoost 预测模型的参数值
最大树深度	None	6
分裂所需最小样本数	2	—
叶节点最小样本数	1	—
基学习器个数	100	100
L1 正则化参数	—	0
L2 正则化参数	—	1
学习率	—	0.3

5 预测结果分析

5.1 预测结果

利用完成预处理的主塔沉井下沉监测数据,采用5折交叉验证方法训练并测试建立的沉井倾斜程度预测模型。预测模型分别采用随机森林算法和 XGBoost 框架,每轮训练与测试完成后,输出沉井顺桥向高差与横桥向高差的预测值,并将预测值分别与相应实测数据进行对比。为直观展示预测效果,绘制预测值与实际值对比散点图,图6汇总了全部的对比散点图,其子图排列成5行4列的形式,每行代表一个5折交叉验证的训练与测试轮次,前两列与后两列分别涉及沉井顺桥向与横桥向高差预测,第一列和第三列对应基于随机森林的预测模型,第二列和第四列对应基于 XGBoost 框架的预测模型。当预测值与实际值相等时,数据散点将落在图中虚线上,观察图6各子图发现,除个别点零星分布在距离虚线较远的区域,其余点均集中分布于虚线附近,表明预测值与实际值非常接近,二者一致性好,模型取得了较好的预测效果。

为进一步量化分析模型预测效果,计算5折交叉验证每一轮的预测结果评价指标值,之后求得5轮评价指标值的均值用于表示模型预测精度,计算结果见表3、表4,其中表3的预测模型基于随机森林算法,表4的预测模型基于 XGBoost 框架。观察表3与表4发现,对于5折交叉验证各个轮次,顺桥向高差预测的两模型 RMSE 值均小于1.5,R^2值均大于0.99,MRE 值均小于0.4;横桥向高差预测的两模型 RMSE 值均小于1.5,R^2值均大于0.995,MRE 值均小于0.23。结合评价指标均值可知,两个模型在预测沉井下沉高差时的预测精度高,预测结果与实际值偏差小;基于 XGBoost 模型的预测精度略低于基于随机森林算法的模型,二者预测精度差异较小;虽然沉井顺桥向高差的预测精度低于横桥向高差,但两个高差的预测效果均足以满足工程需要。

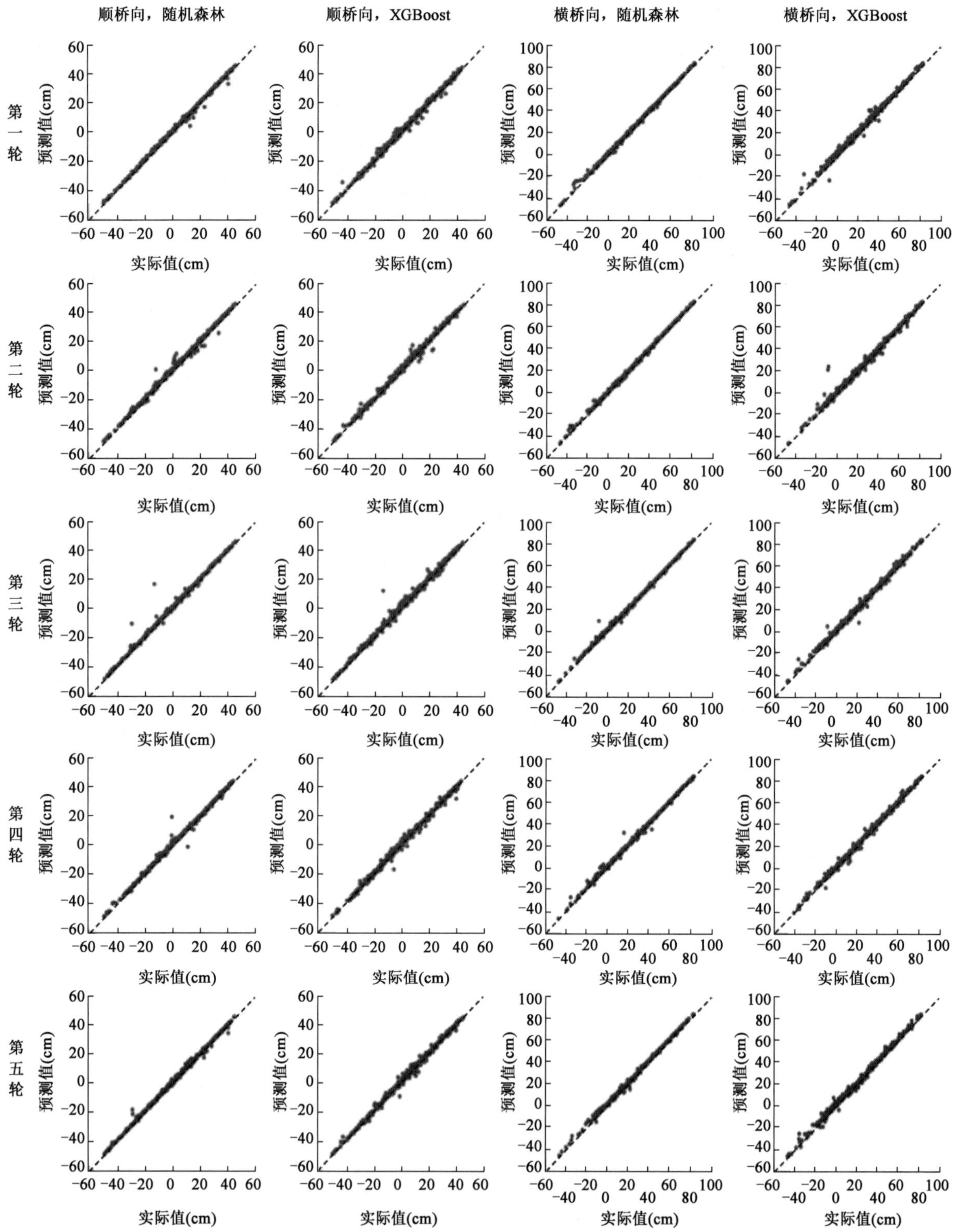

图6　沉井高差预测值与实际值对比

随机森林算法模型预测精度　　表3

轮次	顺桥向 RMSE	顺桥向 R^2	顺桥向 MRE	横桥向 RMSE	横桥向 R^2	横桥向 MRE
1	0.773	0.998	0.189	0.999	0.998	0.076
2	1.318	0.995	0.346	1.057	0.998	0.077

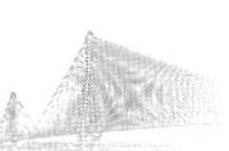

续上表

轮次	顺桥向 RMSE	顺桥向 R^2	顺桥向 MRE	横桥向 RMSE	横桥向 R^2	横桥向 MRE
3	0.648	0.999	0.182	0.829	0.999	0.112
4	1.296	0.995	0.214	0.931	0.999	0.109
5	0.623	0.999	0.247	0.799	0.999	0.107
均值	0.932	0.998	0.247	0.923	0.999	0.096

XGBoost 框架模型预测精度 表 4

轮次	顺桥向 RMSE	顺桥向 R^2	顺桥向 MRE	横桥向 RMSE	横桥向 R^2	横桥向 MRE
1	1.071	0.997	0.398	1.484	0.996	0.192
2	1.141	0.996	0.321	1.253	0.998	0.138
3	1.220	0.996	0.212	1.380	0.997	0.223
4	1.053	0.997	0.341	1.392	0.997	0.179
5	1.439	0.994	0.352	1.409	0.997	0.193
均值	1.185	0.996	0.325	1.383	0.997	0.185

5.2 模型准确性与实用性分析

为说明所提出基于集成学习预测模型的准确性与实用性，使用线性回归、贝叶斯岭回归、支持向量回归、决策树和多层感知机 5 种常规单一机器学习算法构建预测模型，使用各个模型预测沉井顺桥向与横桥向高差，评估预测精度并与两种集成学习预测模型进行对比。各模型使用同样的数据集，采用 5 折交叉验证测试预测效果，表 5 汇总了不同模型的预测效果评价指标值。从表 5 中可以看出，基于随机森林和梯度提升树的模型预测精度最高，RMSE、R^2 和 MRE 均优于其他模型；决策树算法模型的预测精度低于两种集成学习模型，但其 R^2 大于 0.98，MRE 小于 0.38，仍具有较高的预测精度；多层感知机模型的表现一般，R^2 约为 0.94，MRE 大于 1；其余算法所构建的模型预测精度低，与上述模型存在明显差距。使用同一计算机分别运行各模型以比较计算耗时，计算机配备 Intel i7-7700 中央处理器(CPU)。各模型计算耗时均小于 8s，模型运行速度快；计算耗时由短到长的排列顺序依次是线性回归模型、贝叶斯岭回归模型、决策树模型、基于 XGBoost 框架的集成学习预测模型、支持向量回归模型、基于随机森林算法的集成学习预测模型和多层感知机模型。综合计算精度与计算耗时可知，基于集成学习的预测模型准确率高，计算速度快，表现优于常规机器学习模型。

基于不同算法模型的预测精度与计算耗时 表 5

算法	顺桥向 RMSE	顺桥向 R^2	顺桥向 MRE	横桥向 RMSE	横桥向 R^2	横桥向 MRE	计算耗时
随机森林	0.932	0.998	0.247	0.923	0.999	0.096	6.684
梯度提升树	1.185	0.996	0.325	1.383	0.997	0.185	1.064
线性回归	12.429	0.571	7.710	12.882	0.735	1.823	0.006
贝叶斯岭回归	12.413	0.572	7.621	12.883	0.734	1.836	0.008
支持向量回归	16.250	0.266	2.558	21.170	0.284	3.364	1.243
决策树	2.064	0.988	0.376	2.018	0.993	0.202	0.110
多层感知机	4.645	0.940	2.290	5.962	0.943	1.279	7.715

5.3 模型参数分析

模型参数可能对预测精度产生影响，因此，选用不同的模型参数设置，探究集成学习重要参数对预测精度的影响。以决策树作为基学习算法且采用 bagging 或 boosting 集成学习机制时，最重要的参数是基学习器个数与最大树深度。

在表 2 中预测参数设置的基础上，将基学习器个数分别设置为 10、20、30、50、100、200、300 和 500，其余参数不变,采用5折交叉验证进行模型训练与测试,计算评价指标均值。图7为不同基学习器个数所对应各评价指标值,从图7中可以看出,基于随机森林算法和XGBoost框架的预测模型在预测沉井顺桥向与横桥向高差时,随基学习器个数增加,RMSE和MRE逐渐减小,R^2逐渐增大;当基学习器个数较少时,随基学习器个数增加,3个评价指标值快速变化,之后基学习器个数继续增加,评价指标值的变化趋势逐渐减缓,最终趋于稳定;评价指标值曲线的拐点位于基学习器个数处于[50,200]区间,基学习器个数为200时,各模型的各个评价指标值基本达到最优。

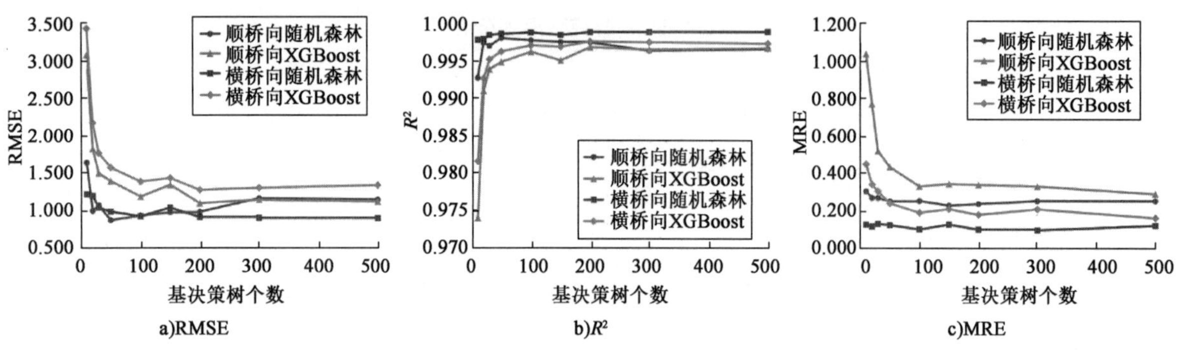

图7 不同基学习器个数对应评价指标值

同样在表2预测参数设置的基础上,将最大树深度分别设置为3、6、10、15、20和"None",其余参数不变,计算模型评价指标均值。其中,仅基于随机森林的模型可以设置最大树深度为"None",表示不限制最大树深度。图8显示了最大树深度选用不同设置值时,各评价指标的变化情况,从图8中可以看出,随最大树深度的增加,RMSE和MRE逐渐减小,R^2逐渐增大,最大树深度为"None"时,各评价指标值最优;评价指标值的变化同样具有先快后慢的趋势,拐点位于最大树深度处于[6,15]区间。

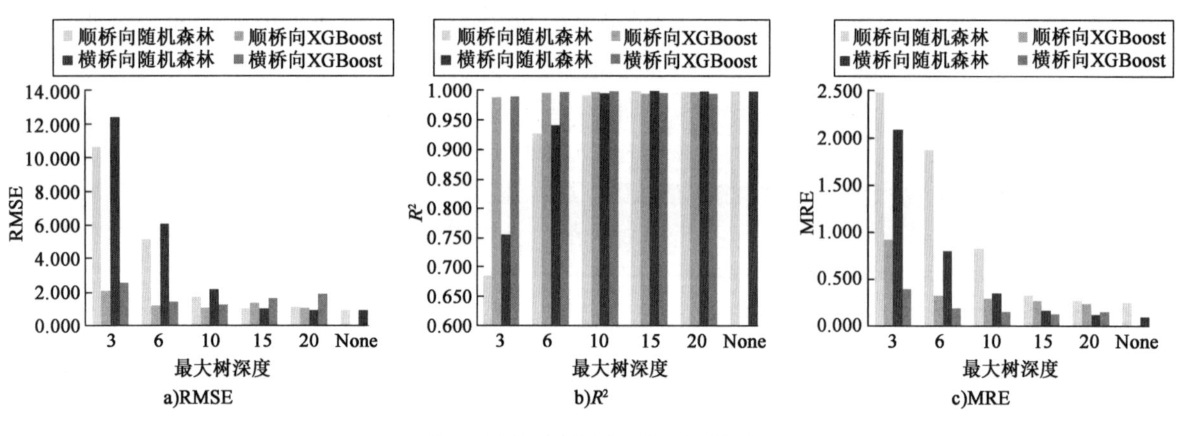

图8 不同最大树深度对应评价指标值

6 结语

本文分别基于随机森林与梯度提升树算法建立了沉井基础下沉倾斜预测模型,利用沉井下沉过程中的结构应力监测数据预测沉井整体倾斜程度。依托常泰长江大桥主塔超大型沉井基础工程,验证了所提出模型的精确度与可靠性,对比分析了本文预测模型与其他机器单一学习算法的预测精度,且探究了模型重要参数对预测精度的影响,主要研究结论包括:

(1)基于集成学习两种不同算法建立的预测模型可以合理预测沉井下沉过程中的倾斜程度,结合沉井基础结构应力实时监测数据,可准确预测顺桥向高差值与横桥向高差值,从而为控制沉井下沉姿态控制提供有力的技术支持。

(2)将本文预测模型应用于常泰长江大桥主塔超大型沉井基础工程,倾斜程度预测结果表明:沉井高差预测值与实测值非常接近,顺桥向高差与横桥向高差预测的RMSE值均小于1.5,R^2值均大于

0.99,MRE 值均小于 0.4,沉井高差值的预测精度高。

(3)基于集成学习模型的预测精度高于其他单一机器学习模型,集成学习有效提升了预测效果。本文提出的预测模型运行速度快,计算耗时短,预测准确性高,实用性强。

(4)基学习器个数和最大树深度均显著影响预测精度,其他参数不变时,在合理取值范围内增大这两个参数的值可提高预测精度。

参 考 文 献

[1] 段良策,殷奇.沉井设计与施工[M].上海:同济大学出版社,2006.

[2] 李军堂,秦顺全,张瑞霞.桥梁深水基础的发展和展望[J].桥梁建设,2020,50(3):17-24.

[3] 施洲,刘东东,纪锋,等.超大型沉井基础的施工风险评估[J].西南交通大学学报,2021,56(6):1241-1249.

[4] 穆保岗,朱建民,龚维明.大型沉井设计、施工及监测[M].北京:中国建筑工业出版社,2015.

[5] 李孟豪.沉井下沉过程中刃脚承载力空间分布特性研究[D].成都:西南交通大学,2019.

[6] 褚晶磊.沉井动态下沉侧摩阻力空间分布大型模型试验研究[D].成都:西南交通大学,2019.

[7] 张治成,邓燕羚,郑锋利,等.深厚软土地区大型沉井突沉行为分析[J].地下空间与工程学报,2020,16(3):933-943.

[8] 李今保,姜涛,石先旺,等.某旋流池沉井施工及失稳倾斜原因分析及处理[J].工业建筑,2012,42(9):167-172.

[9] LI J,CHEN S X,YU F,et al. Mechanics and deformation characteristics of an oversized inclined caisson foundation when being reused[J]. Ocean Engineering,2022(248):110780.

[10] LAI F W,LIU S Y,LI Y L,et al. A new installation technology of large diameter deeply-buried caissons: Practical application and observed performance[J]. Tunnelling and Underground Space Technology,2022(125):104507.

[11] ROYSTON R,SHEIL B B,BYRNE BW. Monitoring the construction of a large-diameter caisson in sand[J]. Proceedings of the Institution of Civil Engineers-Geotechnical Engineering,2020(3):1-17.

[12] YAN X,ZHAN W,HU Z,et al. Field Study on Deformation and Stress Characteristics of Large Open Caisson during Excavation in Deep Marine Soft Clay[J]. Advances in Civil Engineering, 2021(2020):7656068.

[13] 陈培帅.深厚淤泥层大型陆上沉井施工控制技术研究[D].西安:长安大学,2021.

[14] 徐鹏飞,李耀良,徐伟.压入式沉井施工对环境影响的现场监测研究[J].岩土力学,2014,35(4):1084-1094.

[15] 龚维明,朱建民,穆保岗,等.南京长江四桥北锚碇沉井首次降排水下沉研究[J].岩土工程学报,2010,32(S2):537-540.

[16] 董晓朋.超深大沉井施工期间结构内力试验研究[D].成都:西南交通大学,2018.

[17] 邱锡鹏.神经网络与深度学习[M].北京:机械工业出版社,2020.

[18] MAHMOODZADEH A,MOHAMMADI M,IBRAHIM H H,et al. Machine learning forecasting models of disc cutters life of tunnel boring machine[J]. Automation in Construction,2021(128):103779.

[19] XU C,LIU X L,WANG E Z,et al. Prediction of tunnel boring machine operating parameters using various machine learning algorithms[J]. Tunnelling and Underground Space Technology, 2021(109):103699.

[20] 吴志军,方立群,翁磊,等.基于 TBM 掘进性能的岩体分级及可掘性等级感知识别方法[J].岩石

力学与工程学报,2022,41(S1):2684-2699.

[21] 汤志立,徐千军.基于9种机器学习算法的岩爆预测研究[J].岩石力学与工程学报,2020,39(4):773-781.

[22] 李明亮,李克钢,秦庆词,等.岩爆烈度等级预测的机器学习算法模型探讨及选择[J].岩石力学与工程学报,2021,40(S1):2806-2816.

[23] 周志华.机器学习[M].北京:清华大学出版社,2016.

[24] 仉文岗,唐理斌,陈福勇,等.基于4种超参数优化算法及随机森林模型预测TBM掘进速度[J].应用基础与工程科学学报,2021,29(5):1186-1200.

[25] KE Y,DAI Y T,XU M L,et al. Tunnel Surface Settlement Forecasting with Ensemble Learning[J]. Sustainability,2022,12(1):232.

[26] 刘德军,戴庆庆,左建平,等.基于Stacking集成算法的岩爆等级预测研究[J].岩石力学与工程学报,2022,41(S1):2915-2926.

[27] LV L,CHEN T,DOU J,et al. A hybrid ensemble-based deep-learning framework for landslide susceptibility mapping[J]. International Journal of Applied Earth Observation and Geoinformation,2022(108):102713.

[28] DOU J,YUNUS A P,BUI D T,et al. Improved landslide assessment using support vector machine with bagging,boosting,and stacking ensemble machine learning framework in a mountainous watershed,Japan[J]. Landslides,2019,39(4):641-658.

[29] CHEN T,GUESTRIN C. Xgboost:A scalable tree boosting system[C]// Proceedings of the 22nd ACM SIGKDD International Conference on Knowledge Discovery and Data Mining. New York:Association for Computing Machinery,2016(2):785-794.

[30] 周小雄,龚秋明,殷丽君,等.基于BLSTM-AM模型的TBM稳定段掘进参数预测[J].岩石力学与工程学报,2020,39(S2):3505-3515.

[31] 巫崇智.基于XGBoost与LightGBM模型的土体不排水抗剪强度预测研究[D].重庆:重庆大学,2020.

[32] 秦顺全,徐伟,陆勤丰,等.常泰长江大桥主航道桥总体设计与方案构思[J].桥梁建设,2020,50(3):1-10.

[33] 李小珍,李星星,舒晓峰,等.常泰长江大桥主桥风-车-线-桥耦合分析[J].桥梁建设,2021,51(3):17-24.

[34] 秦顺全,谭国宏,陆勤丰,等.超大沉井基础设计及下沉方法研究[J].桥梁建设,2020,50(5):1-9.

[35] 郭明伟,董学超,沈孔健,等.超大沉井基础取土下沉端阻力变化规律研究[J].岩石力学与工程学报,2021,40(S1):2976-2985.

基于 LightGBM 的超大沉井下沉状态预测及传感器优化布置

董学超[1,2]，郭明伟[1,2]，王水林[1,2]

(1. 中国科学院武汉岩土力学研究所岩土力学与工程国家重点试验室,湖北武汉　430071;
2. 中国科学院大学,北京　100049)

摘　要　沉井下沉状态预测及传感器优化布置有利于确保沉井安全平稳下沉、降低监测成本。本文基于机器学习中的 LightGBM 框架建立超大沉井下沉状态预测模型,利用沉井底部结构应力传感器监测数据,准确预测沉井下沉速度、横桥向高差和顺桥向高差,并通过传感器重要程度分析,提出可满足下沉状态预测精度的传感器优化布置方案。将提出的沉井下沉状态预测模型和传感器优化布置方法应用于常泰长江大桥主塔超大沉井下沉工程,结果表明:沉井下沉预测时,3 个预测指标的 R^2 均大于 0.94,下沉状态预测精度高;对下沉状态预测较为重要的传感器主要集中在沉井外圈和横纵轴线附近区域;在满足下沉状态预测精度的条件下,传感器优化布置方案可减少传感器数量达 45.5%。优化布置方案包含的传感器数量相同时,提出的优化布置方案在下沉状态预测精度方面整体优于基于特征变量相关性分析的优化布置方案。

关键词　超大沉井;下沉状态预测;传感器优化布置;LightGBM;机器学习;特征重要性

Sinking State Prediction and Optimal Sensor Placement of Super Large Open Caissons Based on LightGBM

DONG Xue-chao[1,2], GUO Ming-wei[1,2], WANG Shui-lin[1,2]

(1. State Key Laboratory of Geomechanics and Geotechnical Engineering, Institute of Rock and Soil Mechanics, Chinese Academy of Sciences, Wuhan 430071, China;
2. University of Chinese Academy of Sciences, Beijing 100049, China)

Abstract　The sinking state prediction and optimal sensor placement are conducive to ensuring safe and steady sinking of open caissons and reducing monitoring costs. Based on LightGBM, a framework in the field of machine learning, the sinking state prediction model of super large open caisson is established. By using the monitoring data of the stress sensors at the bottom of the open caisson, the sinking speed of the open caisson, the height difference in the transverse direction and the height difference along the bridge direction are accurately predicted. Through the analysis of the sensor importance, the optimal sensor placement scheme that can meet the sinking state prediction accuracy is determined. The proposed sinking state prediction model and the

基金项目:2019 年度交通运输行业重点科技项目(2019-MS1-011)。

作者简介:董学超(1996—),男,博士生,中国科学院武汉岩土力学研究所,研究方向:计算岩土力学。

optimal sensor placement method were applied to the super large open caisson sinking project of the main tower of Changtai Yangtze River Bridge, and the results showed that the prediction accuracy of the sinking state of the open caisson is high, and the R^2 of the three prediction indexes is greater than 0.94. The important sensors for predicting the sinking state were mainly concentrated in the outer circle of the open caisson and the area near the transverse and longitudinal axes; Under the condition of satisfying the prediction accuracy of sinking state, the optimal sensor placement scheme can reduce the number of sensors by 45.5%. When the numbers of sensors in the optimal sensor placement schemes are same, the proposed optimization scheme is better than the scheme based on the correlation analysis of characteristic variables in terms of overall accuracy of sinking state prediction.

Keywords Super large open caisson; sinking state prediction; optimal sensor placement; LightGBM; machine learning; feature importance

1 引言

沉井具有承载力高、刚度大、整体性好、占地面积小等优点，广泛用作大型桥梁基础。近年来，随着桥梁跨径增大，沉井平面尺寸和下沉深度不断刷新世界纪录。超大沉井设计与施工的关键在于确保其平稳顺利下沉，因此对超大沉井下沉状态进行分析和准确预测具有重要意义。

国内外学者从现场监测、模型试验和数值模拟等方面对沉井下沉状态进行了研究，其中沉井下沉状态主要包括沉井下沉速度和倾斜程度。张计炜以瓯江北口大桥中塔沉井为研究对象，利用沉井顶部全球定位系统(GPS)传感器的实测数据计算了沉井在不同阶段的下沉速度，发现沉井定位着床后处于均匀下沉状态，之后以突沉状态为主，并在终沉阶段过渡为缓慢下沉状态。马远刚等同样基于瓯江北口大桥中塔沉井开展研究，在分析沉井下沉速度的基础上，重点关注下沉速度异常阶段，通过分析沉井突沉力学机制，确定了土体应变软化特征是造成沉井突沉的主要原因。穆保岗、朱建民、邓友生等基于多个大型沉井的取土下沉监测数据，绘制了沉井下沉曲线，深入研究了大型沉井下沉过程中的下沉速度变化情况及影响因素。周和祥等设计了离心机模型试验模拟沉井下沉过程，揭示了沉井下沉阻力随入土深度的变化规律，为沉井下沉速度计算提供了重要参考。Dong 等提出了一种沉井下沉速度预测智能化模型，通过提取结构应力的时间与空间特征，准确预测沉井下沉速度值，模型成功应用于常泰长江大桥主塔沉井下沉预测，预测精度高、实用性好。Roytson 等开发了 Anchorsholme 公园大型沉井取土下沉监测系统，系统软硬件结合，实时获取沉井下沉过程中的沉降与倾斜情况，可为类似监测项目提供参考。张治成等将现场监测和数值模拟相结合，分析沉井下沉过程与受力特征，确定了土体扰动损伤行为对沉井下沉状态的影响，结果表明，土体损伤区域的发展会引发沉井快速下沉，而损伤区域的不均匀分布对下沉姿态造成不利影响。Lai 等实时监测镇江饮水井工程的双沉井下沉过程，获取两个相邻沉井下沉倾斜程度的变化曲线，研究发现相邻沉井由于相互作用倾向于同一倾斜方向。Li 等深入研究了超大沉井倾斜状态下的力学特性，提出了一种基于新型管柱结构的倾斜沉井加固修复方案，通过数值分析确定该方案有利于保障沉井姿态稳定并防止沉井倾覆。目前，对沉井下沉状态的研究仍不充分，所研究的沉井尺寸普遍偏小，对 75m 以上超大沉井的研究较少，并且鲜有研究涉及沉井下沉状态预测，因此，有必要结合超大沉井实际工程，研究如何准确预测包括下沉速度和倾斜程度在内的沉井下沉状态。

为防范施工风险，大型沉井通常在底部关键位置预先布置结构应力传感器。龚维明、董晓朋等研究发现，沉井底部结构应力特征随沉井下沉状态变化而改变。此外，基于结构应力特征进行沉井下沉速度预测可取得良好效果，进一步体现了结构应力在下沉状态预测方面的潜力。因此，可尝试利用沉井结构应力预测其下沉状态。实际工程中，结构应力传感器布设位置的确定往往依赖于沉井设计与施工人员的工程经验，主观性较强，如能优化传感器的布设位置，无疑有利于提高传感器实用性，提升数据采集与分析效率，降低设备成本。

沉井下沉状态与传感器布置的影响因素众多，难以用传统方法进行预测和研究。机器学习是人工

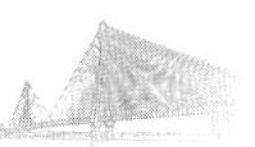

智能领域的一类重要研究方法,可以很好地处理复杂的非线性问题,在岩土工程领域发挥了重要作用,因此可以采用机器学习方法进行沉井下沉状态预测与传感器优化布置。本文基于机器学习中的LightGBM框架建立超大沉井下沉状态预测模型,实现下沉速度与倾斜程度的超前预报,根据各结构应力传感器在下沉状态预测方面的重要程度,在满足预测精度的前提下进行传感器优化布置。利用常泰长江大桥主塔超大沉井下沉工程验证本文提出的下沉状态预测模型,并提出结构应力传感器优化布置方案。最后,进一步将本文提出的传感器优化布置方案与基于特征变量相关性分析的传感器优化布置方案进行对比分析。本文对于保障沉井顺利平稳下沉和降低大型沉井的监测成本具有重要意义,可为沉井设计、施工与监测提供重要参考。

2 梯度提升树与 LightGBM

2.1 梯度提升树

集成学习通过组合多个基本机器学习模型,可以实现更高的预测精度和更好的泛化性能。集成学习的主要集成策略包括 bagging、boosting、stacking 等,其中 boosting 策略的主流算法是梯度提升树(Gradient Boosting Decision Tree,GBDT)。GBDT 使用决策树算法作为基学习算法,因此其基学习器被称为基决策树。当训练集 $D=\{(x_1,y_1),(x_2,y_2),\cdots,(x_m,y_m)\}$ 包含 m 个样本时,GBDT 处理回归问题的算法流程如下:

(1)首先初始化基决策树 f_0。

$$f_0(x)=\underset{c}{\operatorname{argmin}}\sum_{i=1}^{m}L(y_i,c) \tag{1}$$

式中,$L(*)$为损失函数,用于评估预测值与真实值的偏差;c 为使损失函数极小化的估计值。

(2)随后依次迭代 T 轮,迭代过程中进行基决策树更新,迭代次数 $t=1,2,\cdots,T$,具体操作为:

①计算残差估计值 r_{ti}。

$$r_{ti}=-\left[\frac{\partial L(y_i,f(x_i))}{\partial f(x_i)}\right]_{f(x)=f_{t-1}(x)} \tag{2}$$

②利用(x_i,r_{ti})拟合第 t 个基决策树,得到叶节点区域 R_{tj},其中 $i=1,2,\cdots,m$,$j=1,2,\cdots,J$,J 为基决策树 t 的叶节点个数,计算每个叶节点的最佳拟合值 c_{ti}。

$$c_{ti}=\underset{c}{\operatorname{argmin}}\sum_{x_i\in R_{tj}}L(y_i,f_{t-1}(x_i)+c) \tag{3}$$

③更新 GBDT 模型 $f_t(x)$。

$$f_t(x)=f_{t-1}(x)+\sum_{j=1}^{J}c_{tj}I\quad(x\in R_{tj}) \tag{4}$$

(3)最终得到训练完成的 GBDT 模型,其表达式为:

$$f(x)=f_T(x)=f_0(x)+\sum_{t=1}^{T}\sum_{j=1}^{J}c_{tj}I\quad(x\in R_{tj}) \tag{5}$$

2.2 LightGBM

LightGBM 是一种在 GBDT 基础上进行优化的算法实现框架,其基决策树基于直方图(Histogram)算法,并采用附加深度限制的按叶生长策略(Leaf-wise)。LightGBM 直接支持类别特征,可以高效并行,并优化了缓存(Cache)命中率。此外,LightGBM 还引入了单边梯度采样(Gradient-based One-side Sampling,GOSS)和互斥特征捆绑算法(Exclusive Feature Bundling,EFB)。考虑到目标函数增益主要来自梯度较大的样本,GOSS 通过对梯度较小样本进行抽样,减少了需要处理的样本数量,从而极大减小了计算量,实现了计算性能与计算精度平衡。EFB 用于处理互斥的稀疏特征,将互斥稀疏特征捆绑为新的特征以降低特征数量。互斥稀疏特征指特征大部分样本均为 0 且不同特征很少同时取非零值的特征。LightGBM 运行速度快,所需内存小,计算高效,即使处理特征维度高、数据量大的样本时,计算耗时也很短。

3 沉井下沉状态预测及传感器优化布置

3.1 沉井下沉状态预测

基于沉井底部结构应力数据预测沉井下沉状态，首先需要准备数据样本。样本由输入部分和输出部分组成：输入部分为沉井底部结构应力传感器的实测数据，模型提取输入部分的数据特征以预测沉井下沉状态；输出部分为沉井下沉状态指标实测值，模型基于输入部分预测下沉状态指标值后，与样本输出部分对比，从而衡量模型预测效果。如果下沉过程中沉井底部共有 k 个结构应力传感器正常工作，则每个样本的输入部分是长度为 k 的一维向量；输出部分是长度为 3 的一维向量，依次为沉井下沉速度、横桥向高差和顺桥向高差，其中横桥向高差与顺桥向高差用于衡量沉井倾斜程度。需注意，样本输出部分的测量时刻应晚于输入部分测量时刻 w min，这样在预测模型工程应用时，可以提前 w min 得到沉井下沉状态预测值，从而进行下沉状态超前预报。图 1 为数据样本组成示意，其中左侧区域(长度为 k)为样本输入部分，右侧区域(长度为 3)为样本输出部分。

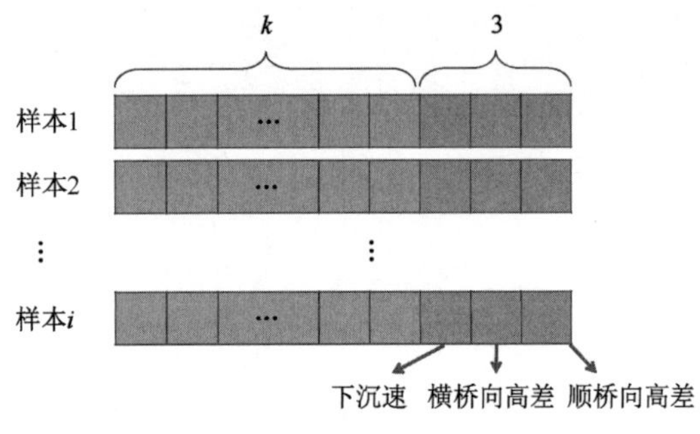

图 1 数据样本组成示意图

使用 LightGBM 算法框架构建超大沉井下沉状态预测模型，模型关键参数设置见表 1。模型建立后，将全体数据样本按比例随机分为两组，分别构成训练集与测试集。首先将训练集输入预测模型进行模型训练，训练过程中基决策树不断更新以减小误差，训练完成后利用测试集验证模型预测效果。为避免样本随机划分造成的偶然误差，进行 s 次重复试验，每次试验需重新划分数据集、训练和测试模型。

预测模型参数设置 表 1

参数	含义	设置值
learning_rate	学习率	0.1
n_estimators	基决策树个数	200
min_child_sample	叶节点最小样本量	20
min_child_weight	实例权重和最小值	0.001
max_depth	基决策树最大深度	-1(表示对最大深度不设限制)
num_leaves	基决策树最大叶节点数	31
colsample_bytree	特征随机采样比例	1
subsample	样本随机采样比例	1
reg_alpha	L1 正则化参数	0
reg_lambda	L2 正则化参数	0

使用平均绝对误差(MAE)、均方根误差(RMSE)和决定系数(R^2)3 个评价指标评估模型预测效果，MAE 和 RMSE 值越小表示预测精度越高，R^2 值越接近 1 表示预测精度越高。

$$\mathrm{MAE}=\frac{1}{n}\sum_{i=1}^{n}\left|y_i-\hat{y}_i\right| \tag{6}$$

$$\mathrm{RMSE}=\sqrt{\frac{\sum_{i=1}^{n}(y_i-\hat{y}_i)^2}{n}} \tag{7}$$

$$R^2=1-\frac{\sum_{i=1}^{n}(y_i-\hat{y}_i)^2}{\sum_{i=1}^{n}(y_i-\bar{y}_i)^2} \tag{8}$$

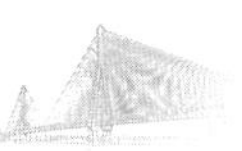

式中：y_i、$\hat{y}_i$——第 i 个样本的真实值和预测值；

$\bar{y}_i$——样本真实值的均值。

3.2 传感器优化布置

样本输入预测模型进行超大沉井下沉状态预测的过程中，可以通过计算输入数据特征的重要性，评估各结构应力传感器对下沉状态预测的重要程度。LightGBM 基于基决策树计算输入特征的重要性，在基决策树生成过程中，算法根据信息增益(gain)依次选择可实现最优划分的数据特征，数据特征的 gain 越大代表该特征的重要性越高。对于某个数据特征，LightGBM 计算其全部基决策树 gain 值之和作为该数据特征的总体重要性。模型依次求得全部数据特征的总体重要性，利用各个数据特征的总体重要性表示相应结构应力传感器对沉井下沉状态指标预测的重要程度。

模型预测和测试进行 s 次重复试验，每次试验时计算各个结构应力传感器对各下沉状态指标预测的重要程度，并进行数据归一化处理，将各传感器重要程度大小映射到[0,1]区间。传感器序号 $i=1,2,\cdots,l$，l 为沉井底部可用结构应力传感器的个数，沉井下沉状态指标 $j=1,2,3$，各传感器预测下沉状态指标的归一化重要程度为：

$$\tilde{x}_{ij}=\frac{x_{ij}-x_j^{\min}}{x_j^{\max}-x_j^{\min}} \tag{9}$$

式中：x_{ij}、$\tilde{x}_{ij}$——归一化处理前后第 i 个传感器对第 j 个下沉状态指标预测的重要程度；

$x_j^{\max}$、$x_j^{\min}$——归一化处理前各传感器对第 j 个下沉状态指标预测重要程度的最大值与最小值。

归一化处理后，每个传感器对各下沉状态指标预测的重要程度均有 s 个值，计算其均值作为最终重要程度(Ultimate Importance of Sensors，UIS)。

对 UIS 排序，数值越大代表重要程度越高。结合 UIS 排序图的特点设置 UIS 的阈值 thr，UIS 大于 thr 的传感器重要性较高，传感器优化布置方案即为选用 UIS 大于 thr 的传感器。确定优化布置方案后，可以用优化后的传感器代替全体可用传感器作为样本输入，利用评价指标评估预测精度，与优化前的精度对比。

4 工程实例分析

4.1 项目概况

常泰长江大桥位于江苏省中南部，连接常州市和泰州市，是在建的世界首座主跨破千米的公铁两用斜拉桥。常泰长江大桥的主航道桥跨径为 1176m，布置双层桥面，上层为高速公路，下层为并排布置的普通公路和城际铁路。桥梁主塔基础采用阶梯型深水超大沉井，沉井平面为圆端型，下阶长为 95m、宽为 57.8m、高为 43m，上阶长为 77m、宽为 39.8m、高为 29m。沉井共设置 36 个井孔，采用钢壳混凝土结构形式，具体结构与相应尺寸如图 2 所示。沉井所在位置为典型的深厚沉积土层，土体互层分布，上部为松散粉砂与硬塑粉质黏土，厚度约为 8m；中部以中密砂层与软塑粉质黏土层，厚度约为 30m；下部以密实砂层为主，力学性质较好，作为沉井持力层。为获取土体特性，在沉井下沉前进行了一系列室内试验，试验结果如图 3 所示，其中标准贯入试验统计标准贯入器击入土体 30cm 所需的锤击数。

沉井全程进行不排水下沉，采用先中心后四周的取土原则，首先从内圈井孔取土，而后逐渐扩展至外圈井孔。沉井底部结构应力通过刃脚踏面处布置的 33 个结构应力传感器监测，下沉姿态则通过沉井顶面布置的 4 个 GPS 传感器测量。沉井下沉状态指标值可以由 GPS 传感器监测数据换算：1 ~ 4 号传感器竖向高度平均值为沉井顶高程，顶高程减去对应时刻沉井高度得到沉井底高程，沉井下沉速度即为底高程的单位时间增量；GPS-1 和 GPS-3 竖向高度的差值为沉井横桥向高差，横桥向高差大于 0 代表上游侧高于下游侧；GPS-2 和 GPS-4 竖向高度的差值为沉井顺桥向高差，顺桥向高差大于 0 代表常州侧高于泰州侧。结构应力传感器和 GPS 传感器的平面布置如图 4 所示。

a)平面图　　b)立面图

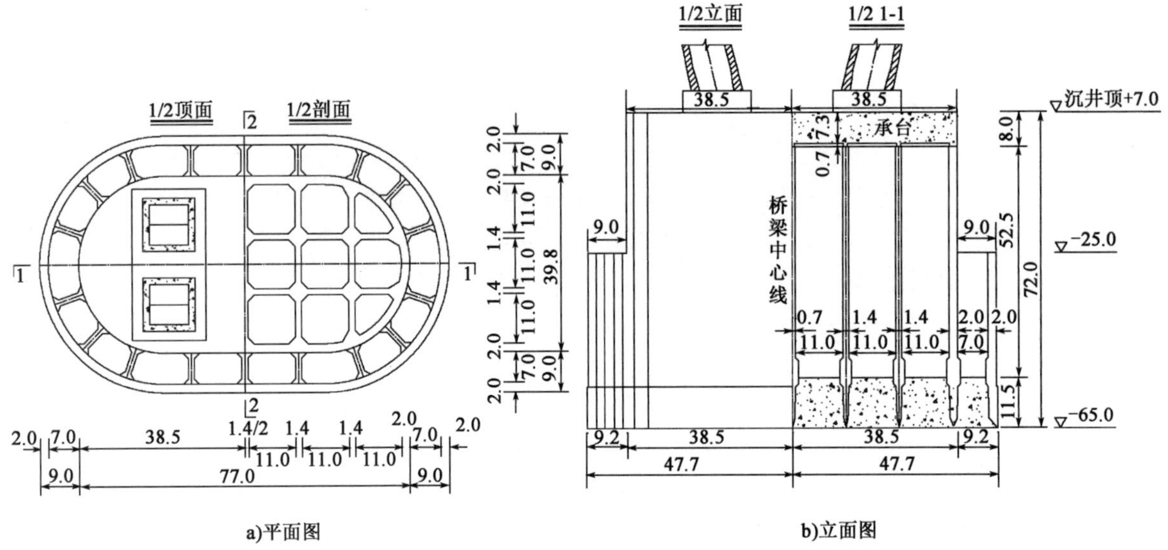

图2　沉井结构图(尺寸单位:m;高程单位:m)

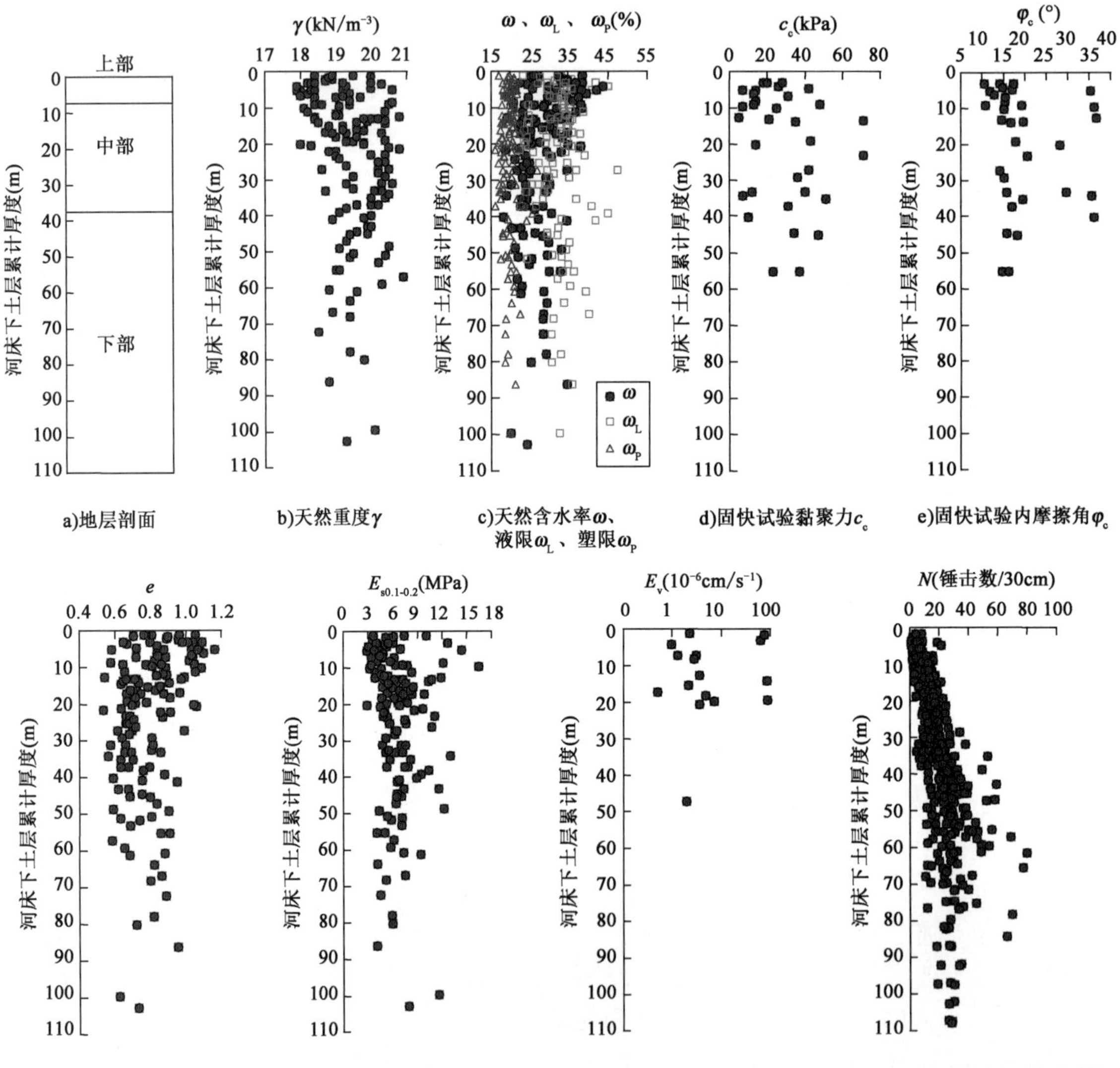

a)地层剖面　b)天然重度γ　c)天然含水率ω、液限ω_L、塑限ω_P　d)固快试验黏聚力c_c　e)固快试验内摩擦角φ_c

f)天然孔隙比e　g)压缩模量$E_{s0.1-0.2}$　h)竖向渗透系数K_v　i)标准贯入试验修正锤击数N

图3　土体剖面及物理力学性质

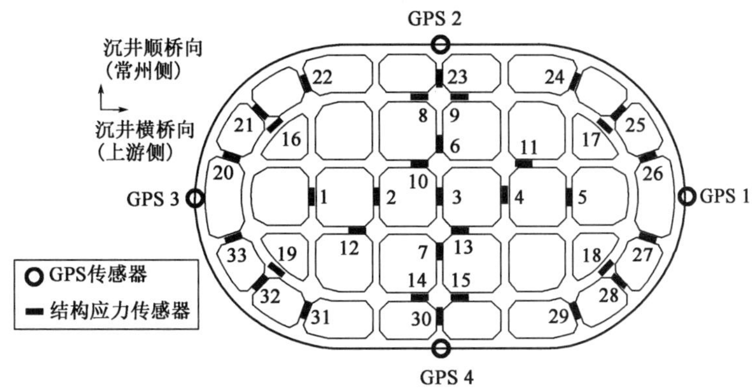

图4 传感器平面布置图

4.2 数据预处理

常泰长江大桥主塔沉井共进行了91d有效取土下沉，结构应力和沉井下沉状态的测量时间间隔为30min。由于传感器性能和外部因素影响，原始监测数据可能存在数据缺失、数据异常、数据噪声过大等情况，需进行数据预处理操作。

结构应力传感器监测数据存在数据缺失现象，观察原始监测数据发现，当数据缺失比例大于20%时，数据缺失表现出大段连续缺失的特点；当缺失比例小于20%时，表现出数据少量且间断性缺失的特点。因此，根据数据缺失比例选择不同处理策略，当缺失比例小于20%时采用线性插值补全，大于20%则移除该传感器的全部监测数据。预先布置的33个结构应力传感器中，共有10个传感器的监测数据缺失比例大于20%，分别为6号、10号、11号、13号、15号、16号、20号、24号、29号和33号传感器。缺失数据处理后，共得到23组结构应力监测数据，样本输入部分长度k为23。

GPS传感器监测数据存在数据异常和数据噪声过大现象。首先根据数据分布情况定位异常数据，分别计算各GPS传感器数值高度监测数据的平均值μ和标准差σ，当监测值大于$\mu+3\sigma$或小于$\mu-3\sigma$时可认为数据异常，将异常数据用其前后正常数据的均值进行替换。之后进行数据降噪处理，采用常用的滑动均值滤波算法进行降噪，计算方法为：

$$f_i^{\text{out}}=\frac{1}{2d+1}\sum_{j=-d}^{d}f_i^{\text{in}}(i+j) \tag{10}$$

式中：f_i^{in}、f_i^{out}——降噪前后的数据；

d——控制滑动均值滤波算法的窗口大小，可调节数据降噪程度，根据试验，$d=7$时可以取得很好的降噪效果。

利用处理后的GPS监测数据分别计算沉井下沉速度、横桥向高差和顺桥向高差。

完成数据预处理后准备数据样本，设置$w=30$，表示实际预测时提前30min得到沉井下沉状态预测值，这一时间间隔可满足工程需要。将样本输入部分与输出部分进行匹配，共得到4368个数据样本。

4.3 沉井下沉状态预测结果

将全体样本按7:3的比例划分为训练集和测试集，输入预测模型进行沉井下沉状态预测，利用模型评价指标评估测试集预测效果。设置s值为100，表示进行100次重复试验。图5以首次试验时沉井下沉状态预测值与实测值的对比情况为例，直观展示模型预测效果。图中各数据点表示测试集各个样本的预测值与实测值对比，点的横坐标为下沉状态指标实测值，纵坐标为下沉状态指标预测值，当预测值等于实测值时，数据点将恰好落在图中虚线，代表预测完全准确。观察图5发现，沉井横桥向和顺桥向高差预测的散点分布非常集中，呈细纺锤形，除个别数据点与虚线距离较远，其余均集中分布在虚线附近，预测值与实测值一致性好，预测非常准确。沉井下沉速度预测数据点的集中程度略差于沉井高差预测，与高差预测相比，沉井下沉速度预测的效果略差。

为定量分析模型预测精度，表2列出了100次重复试验对应测试集评价指标值的统计特征，由于3

个评价指标中 MAE 和 RMSE 越小表示预测精度越高，R^2不大于 1 且越接近 1 表明预测精度越高，为全面展示预测效果，除各评价指标均值外，表中还列出了 MAE 最大值、RMSE 最大值和 R^2最小值。从表 2 中可以看出，各下沉状态指标预测的 MAE 均值小于 0.81，RMSE 均值小于 1.44，R^2均值大于 0.95，表现出很高的预测精度。下沉速度预测 R^2均值为 0.953，而沉井 2 个高差预测的 R^2均值均大于 0.99，下沉速度预测精度略低于沉井高差预测。MAE 最大值、RMSE 最大值和 R^2最小值体现了重复试验时最差的预测效果，相应值与评价指标均值的差异较小，MAE 最大值与均值差异小于 15%、RMSE 差异小于 44%，R^2差异小于 1%，模型预测效果稳定。MAE 最大值小于 0.9，RMSE 最大值小于 2.0，R^2最小值大于 0.9，重复试验的最差预测效果仍保持很高的预测精度。

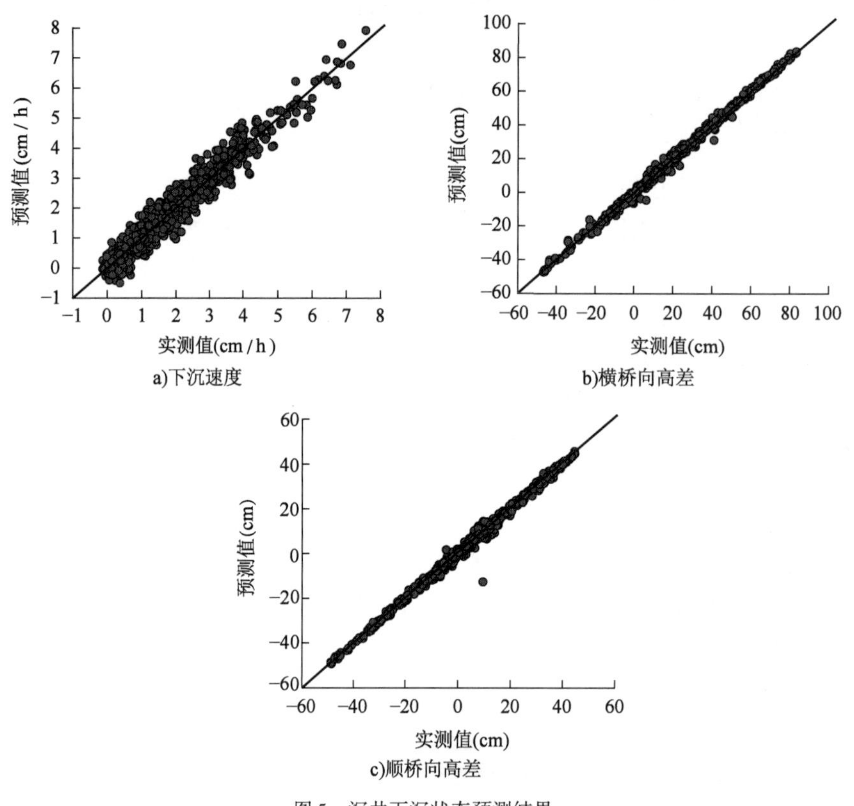

a)下沉速度
b)横桥向高差
c)顺桥向高差

图 5　沉井下沉状态预测结果

沉井下沉状态预测精度　　表 2

预测指标	MAE		RMSE		R^2	
	均值	最大值	均值	最大值	均值	最小值
下沉速度	0.230	0.244	0.305	0.339	0.953	0.944
横桥向高差	0.807	0.896	1.438	1.982	0.997	0.993
顺桥向高差	0.638	0.733	1.153	1.651	0.996	0.992

4.4　传感器优化布置结果

在沉井下沉状态预测的同时，计算不同传感器的重要程度，100 次重复试验后计算各传感器对 3 个沉井下沉状态预测的 UIS 并排序，如图 6 所示。排序后的 UIS 从大到小排列，UIS 的减小速度先快后慢，3 个子图中各柱体顶端连线的拐点分别在 UIS 等于 0.15、0.10 和 0.05 附近。即，当下沉速度预测、横桥向高差预测和顺桥向高差预测的 UIS 分别小于 0.15、0.10 和 0.05 时，传感器对下沉状态预测的重要性很小，在传感器优化布置时可不予考虑。

将下沉速度预测、横桥向高差预测和顺桥向高差预测的 UIS 阈值 thr 分别设定为 0.15、0.10 和 0.05，确定 UIS 大于 thr 的传感器编号，这些传感器的空间位置分布如图 7 所示。选用这些传感器形成沉井下沉状态预测传感器优化布置方案（表 3），沉井 3 个状态预测的优化布置方案传感器数量均为 11。

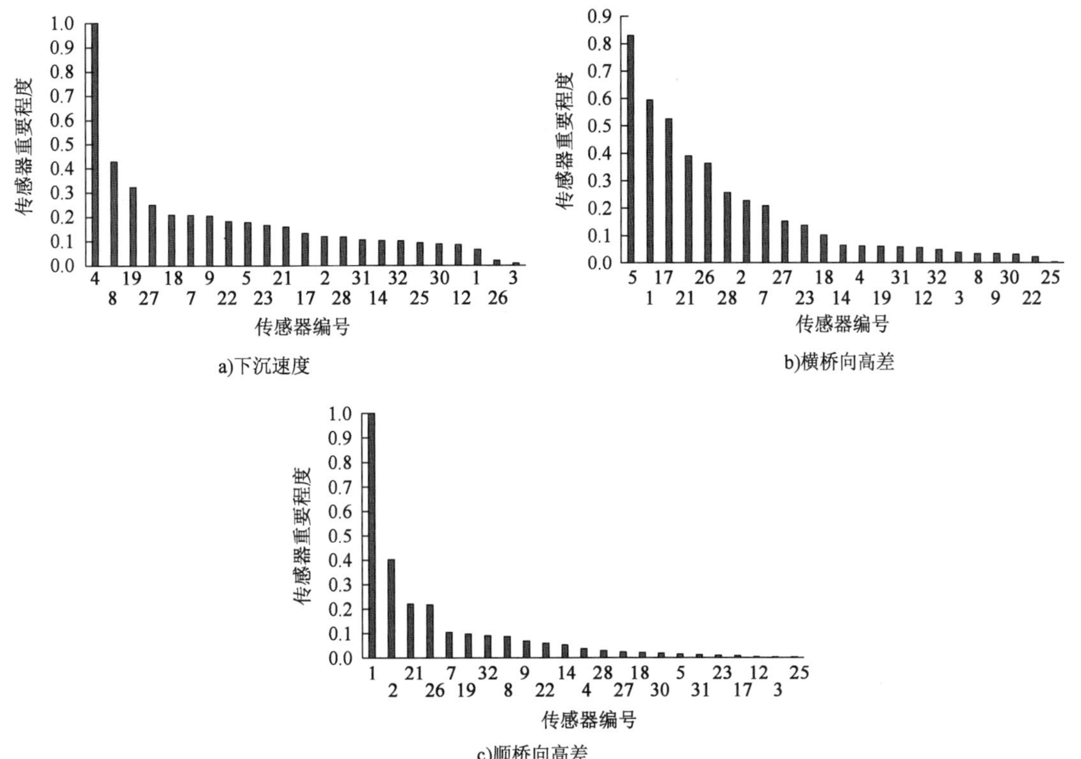

图6　下沉状态预测 UIS 排序

传感器优化布置方案　　表3

预测指标	传感器编号	传感器个数
下沉速度	{4,8,19,27,18,7,9,22,5,23,21}	11
横桥向高差	{5,1,17,21,26,28,2,7,27,23,18}	11
顺桥向高差	{1,2,21,26,7,19,32,8,9,22,14}	11

观察图7可知,对沉井下沉状态预测较为重要的传感器主要位于沉井外圈以及横纵轴线附近,其中下沉速度预测的重要传感器主要分布在外圈附近区域,这可能是由于沉井采用先中心后四周的取土原则造成的;横桥向高差预测的重要传感器主要分布在沉井横桥向轴线(长轴线)附近区域;横桥向高差预测的重要传感器主要分布在纵桥向轴线(短轴线)附近区域。

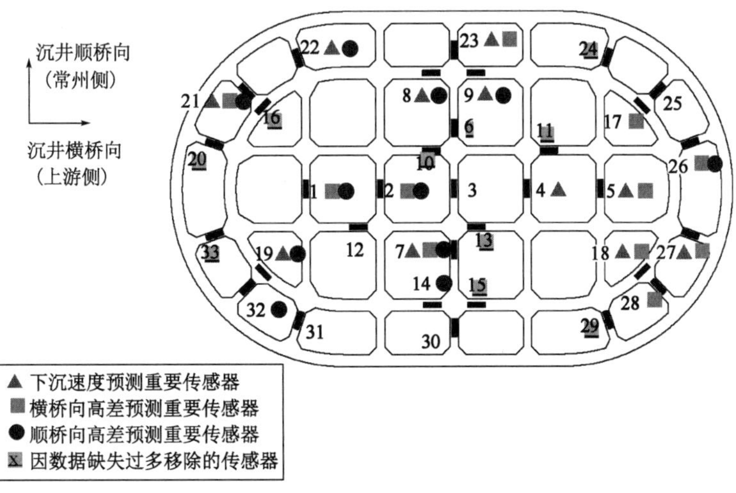

图7　优化布置方案选用传感器的空间位置

利用传感器优化布置方案所包含的结构应力监测数据进行沉井下沉状态预测，同样进行100次重复试验，计算各评价指标均值，并与优化布置前的预测精度对比，见表4。从表4中可以看出，传感器优化布置后各下沉指标预测精度均比优化布置前略差，但差异很小。对于3个预测指标，优化布置前后MAE均值的差值均小于0.13，RMSE均值的差值均小于0.19，R^2均值的差值均小于0.01，表明传感器优化布置方案在减少传感器布置个数的同时，仍保持很好的沉井下沉状态预测效果。结合图7和表4可知，仅需18个结构应力传感器即可准确预测沉井3个下沉状态，相较于初始方案需布置33个传感器，优化布置方案可减少15个传感器，减少比例达45.5%。

传感器优化布置前后下沉状态预测精度 表4

预测指标	传感器优化布置前			传感器优化布置后		
	MAE 均值	RMSE 均值	R^2 均值	MAE 均值	RMSE 均值	R^2 均值
下沉速度	0.230	0.305	0.953	0.244	0.324	0.946
横桥向高差	0.807	1.438	0.997	0.933	1.620	0.996
顺桥向高差	0.638	1.153	0.996	0.728	1.322	0.995

4.5 特征变量相关性分析

统计学中常用数据相关性衡量不同变量之间的相关密切程度，机器学习领域通过计算数据相关性得到预测分析的特征变量相关性，用于确定输入的不同特征变量与待预测的目标变量间的相关程度。特征变量相关性用相关性系数表示，相关性系数越大表示特征变量与目标变量相关性越强，特征变量对预测的重要性越大。沉井下沉状态预测特征变量为对各传感器的结构应力，目标变量为3个下沉状态预测指标。进行特征变量相关性分析，计算各传感器结构应力与下沉状态指标的相关性系数，图8为按传感器重要程度的降序排列结果。

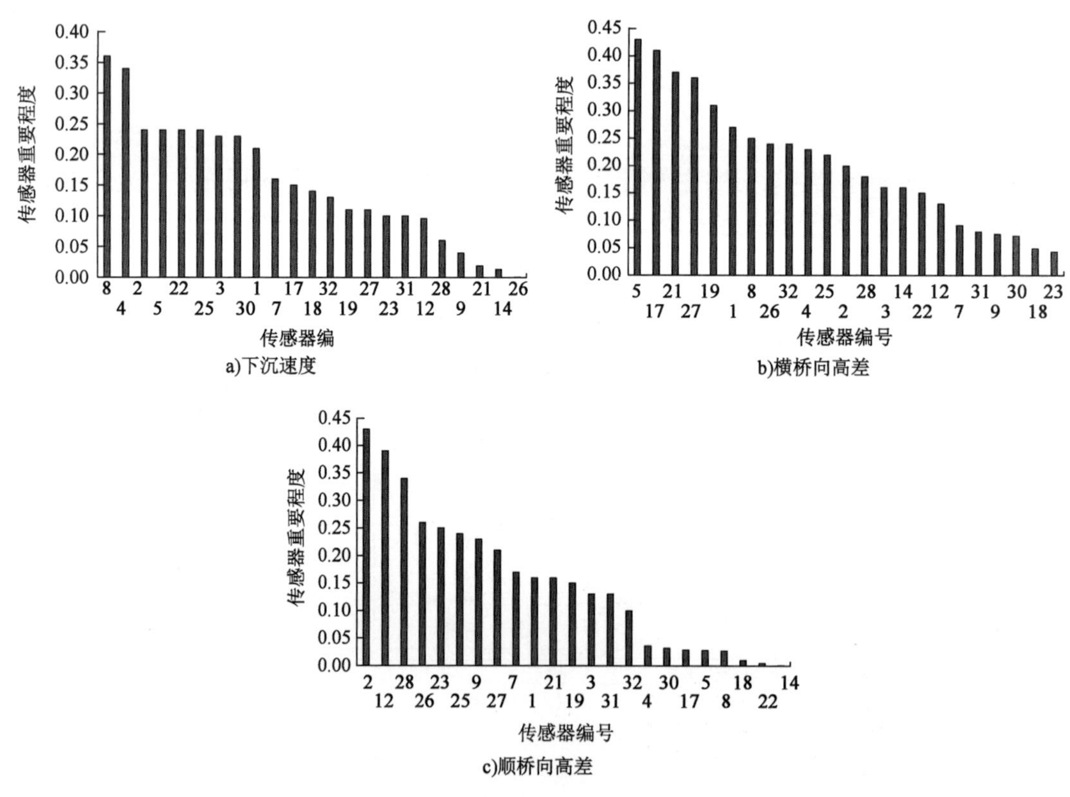

图8 相关系数绝对值排序

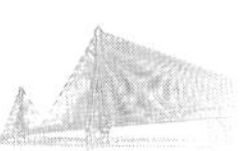

对于每个下沉指标，按相关性系数从大到小分别选用11个传感器作为传感器优化布置对比方案，选用传感器个数为11是为了便于和本文提出的传感器优化布置方案对比。利用对比方案预测下沉状态指标值并评估预测精度，与本文提出的传感器优化布置方案预测精度对比，结果如表5所示。从表5中可以看出，两种传感器优化布置方案的预测精度差异较小，下沉速度和顺桥向高差预测时，本文所提出方案的预测精度高于对比方案；横桥向高差预测时，本文所提方案的预测精度略低于对比方案。本文方案整体优于基于特征变量相关性分析的对比方案，在选用相同个数传感器时，本文方案可以取得更好的预测效果。

传感器优化布置方案预测精度对比 表5

预测指标	本文传感器优化布置			基于相关系数的传感器优化布置		
	MAE 均值	RMSE 均值	R^2 均值	MAE 均值	RMSE 均值	R^2 均值
下沉速度	0.244	0.324	0.946	0.247	0.331	0.944
横桥向高差	0.933	1.620	0.996	0.907	1.566	0.996
顺桥向高差	0.728	1.322	0.995	0.787	1.393	0.995

5 结语

本文基于机器学习中的LightGBM框架建立了超大沉井下沉状态预测模型并提出了传感器优化布置方法。将本文提出的预测模型和优化布置方法应用于常泰长江大桥主塔超大沉井下沉工程，验证了预测模型的可靠性和优化布置方法的合理性。此外，进一步对比了基于本文方法的传感器优化布置方案与基于特征变量相关性分析的优化布置方案。主要结论如下：

(1)建立的预测模型成功实现了超大沉井的下沉状态预测，可准确预测沉井下沉速度、横桥向高差和顺桥向高差。工程实例分析结果显示，常泰超大沉井下沉状态指标预测精度高，3个预测指标的R^2均大于0.94。

(2)对沉井下沉状态预测较为重要的传感器主要位于在沉井外圈和横纵轴线附近，其中对下沉速度预测重要程度高的传感器主要位于沉井外圈附近，对沉井高差预测重要程度高的传感器主要位于沉井横纵轴线附近。

(3)根据提出的传感器优化布置方法确定了常泰超大沉井结构应力传感器优化布置方案，仅需18个结构应力传感器即可准确预测常泰沉井下沉状态，相比于初始埋设方案减少传感器比例达45.5%。

(4)确定的优化布置方案与基于特征变量相关性分析的对比方案效果接近，确定的方案整体优于对比方案，在多数预测中都能取得更高预测精度。

本文所提出的沉井下沉状态预测模型可用于大型沉井下沉的智能化监控，沉井结构应力与下沉状态关系密切，应该在下沉监控中予以重点关注。基于下沉状态预测重要程度分析的结构应力传感器优化布置方法简单、结果合理可靠，本文工程实例中确定的重要传感器分布位置可以为类似工程的传感器优化布置提供参考。

参考文献

[1] 郭明伟，马欢，杨忠明，等. 常泰长江大桥施工阶段大型沉井基础沉降变形分析[J]. 岩土力学，2021，42(6)：1705-1712，1723.

[2] 李军堂，秦顺全，张瑞霞. 桥梁深水基础的发展和展望[J]. 桥梁建设，2020，50(3)：17-24.

[3] 朱建民，龚维明，穆保岗，等. 超大型沉井首次接高受力及变形规律初探[J]. 岩土力学，2012，33(7)：2055-2060，2066.

[4] 秦顺全，徐伟，陆勤丰，等. 常泰长江大桥主航道桥总体设计与方案构思[J]. 桥梁建设，2020，50

(3):1-10.

[5] 周和祥,马建林,张凯,等. 沉井下沉阻力离心模型试验研究[J]. 岩土力学,2019,40(10):3969-3976.

[6] 董学超,郭明伟,王水林. 基于多元结构应力特征的沉井基础下沉速度预测[J]. 岩石力学与工程学报,2022,41(S2):3476-3487.

[7] 穆保岗,朱建民,龚维明. 大型沉井设计、施工及监测[M]. 北京:中国建筑工业出版社,2015.

[8] 张计炜. 深厚软土地区超大型沉井下沉行为及稳定性分析研究[D]. 杭州:浙江大学,2020.

[9] 马远刚,刘彦峰,黄锐. 深厚淤泥层大型沉井突沉机制及预警指标研究[J]. 桥梁建设,2019,49(S1):33-38.

[10] 穆保岗,朱建民,牛亚洲. 南京长江四桥北锚碇沉井监控方案及成果分析[J]. 岩土工程学报,2011,33(2):269-274.

[11] 朱建民,龚维明,穆保岗,等. 南京长江四桥北锚碇沉井下沉安全监控研究[J]. 建筑结构学报,2010,31(8):112-117.

[12] 邓友生,万昌中,闫卫玲,等. 大型圆形沉井结构应力及周边沉降计算[J]. 岩土力学,2015,36(2):502-508.

[13] DONG X C,GUO M W,WANG S L. Advanced prediction of the sinking speed of open caissons based on the spatial-temporal characteristics of multivariate structural stress data[J]. Applied Ocean Research,2022(127):103330.

[14] ROYSTON R,SHEIL B B,BYRNE B W. Monitoring the construction of a large-diameter caisson in sand[J]. Proceedings of the Institution of Civil Engineers-Geotechnical Engineering, 2020, 175(3):323-339.

[15] 张治成,邓燕羚,郑锋利,等. 深厚软土地区大型沉井突沉行为分析[J]. 地下空间与工程学报,2020,16(3):933-943.

[16] LAI F W,LIU S Y,LI Y L,SUN Y X. A new installation technology of large diameter deeply-buried caissons:practical application and observed performance[J]. Tunnelling and Underground Space Technology,2022(125):104507.

[17] LI J,CHEN S X,YU F,et al. Mechanics and deformation characteristics of an oversized inclined caisson foundation when being reused[J]. Ocean Engineering,2022(248):110780.

[18] 邓友生,黄恒恒,杨敏,等. 大型桥梁圆形沉井锚碇下沉过程中力学特性监测分析[J]. 建筑结构学报,2015,36(10):153-157.

[19] 龚维明,朱建民,穆保岗,等. 南京长江四桥北锚碇沉井首次降排水下沉研究[J]. 岩土工程学报,2010,32(S2):537-540.

[20] 董晓朋. 超深大沉井施工期间结构内力试验研究[D]. 成都:西南交通大学,2018.

[21] 仉文岗,顾鑫,刘汉龙,等. 基于贝叶斯更新的非饱和土坡参数概率反演及变形预测[J]. 岩土力学,2022,43(4):1112-1122.

[22] 邵勇,陈从新,鲁祖德,等. 基于机器学习的深基坑人字形支护变形预测分析[J]. 岩土力学,2020,41(S2):9-11.

[23] 郑帅,姜谙男,张峰瑞,等. 基于机器学习与可靠度算法的围岩动态分级方法及其工程应用[J]. 岩土力学,2019,40(S1):308-318.

[24] DONG X C,GUO M W,WANG S L. Active control method for the sinking of open caissons:a data-driven approach based on CNN and time series prediction[J]. Ocean Engineering,2022(257):111683.

[25] MAHMOODZADEH A,MOHAMMADI M,IBRAHIM H H,et al. Machine learning forecasting models of disc cutters life of tunnel boring machine[J]. Automation in Construction,2021(128):103779.

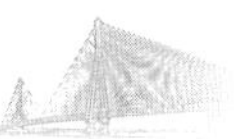

[26] XU C,LIU X L,WANG E Z,et al. Prediction of tunnel boring machine operating parameters using various machine learning algorithms [J]. Tunnelling and Underground Space Technology, 2021 (109):103699.

[27] 张化进,吴顺川,韩龙强,等.基于改进 Dempster-Shafer 证据理论的岩体质量异质集成评价方法[J].岩土力学,2022,43(S1):532-541.

[28] FRIEDMAN J H. Greedy function approximation:a gradient boosting machine[J]. Annals of Statistics, 2001,29(5):1189-1232.

[29] 周志华.机器学习[M].北京:清华大学出版社,2016.

[30] KE G L,MENG Q,FINLEY T,et al. LightGBM:a highly efficient gradient boosting decision tree[C]//Proceedings of the 31st International Conference on Neural Information Processing Systems. Long Beach: Curran Associates Inc. ,2017.

[31] MENG Q,KE G L,WANG T F,et al. A communication-efficient parallel algorithm for decision tree [C]//Proceedings of the 30st International Conference on Neural Information Processing Systems. Barcelona:Curran Associates Inc. ,2016.

[32] 贾俊平,何晓群,金勇进.统计学[M].北京:中国人民大学出版社,2000.

[33] 李小珍,李星星,舒晓峰,等.常泰长江大桥主桥风-车-线-桥耦合分析[J].桥梁建设,2021,51(3):17-24.

[34] 秦顺全,谭国宏,陆勤丰,等.超大沉井基础设计及下沉方法研究[J].桥梁建设,2020,50(5):1-9.

基于多元结构应力特征的沉井基础下沉速度预测

董学超[1,2],郭明伟[1,2],王水林[1,2]

(1. 中国科学院武汉岩土力学研究所岩土力学与工程国家重点实验室,湖北武汉 430071;
2. 中国科学院大学,北京 100049)

摘 要 沉井基础下沉速度预测对于确保沉井安全平稳下沉和预防潜在施工风险具有重要实际意义。基于沉井底部结构应力监测数据,分别采用二维卷积神经网络和三维卷积神经网络,构建沉井下沉快慢类别与沉井下沉速度值预测模型,通过提取结构应力监测数据的空间特征和时空特征,实现了沉井下沉速度预测。依托常泰长江大桥主塔沉井基础下沉过程,分别验证了两个预测模型的准确性与实用性,之后进一步完成了取土下沉过程中沉井基础下沉快慢的实时预测,并分析了预测步长和应力时空特征对下沉速度预测精度的影响。结果表明:提出的模型可以成功预测沉井下沉速度类别与大小,取得了很好的预测效果;模型在实际工程中的可靠性和实用性较高;结构应力的时空特征对模型超前预测效果具有重要影响。研究成果实现了沉井下沉速度的实时预测分析,对沉井下沉智能化决策具有重要的参考价值。

关键词 沉井基础;下沉速度预测;卷积神经网络;深度学习;常泰长江大桥

Sinking Speed Prediction of an Open Caisson Foundation Based on the Characteristics of Multivariate Structural Stress Data

DONG Xue-chao[1, 2], GUO Ming-wei[1, 2], WANG Shui-lin[1, 2]

(1. State Key Laboratory of Geomechanics and Geotechnical Engineering, Institute of Rock and Soil Mechanics, Chinese Academy of Sciences, Wuhan 430071, China;
2. University of Chinese Academy of Sciences, Beijing 100049, China)

Abstract The sinking speed prediction of open caisson foundations is of great practical significance to ensure the sinking safety and sinking steady, and to prevent potential construction risks. Based on the structural stress monitoring data at the bottom of open caisson foundations, a two-dimensional convolutional neural network (CNN) and a three-dimensional CNN are applied for proposing a sinking speed category prediction model and a sinking speed value prediction model. The spatial and spatial-temporal characteristics of the structural stress monitoring data are extracted to predict the sinking speed. The accuracy and practicability of the two prediction

基本项目:2019 年度交通运输行业重点科技项目(2019-MS1-011)。

作者简介:董学超(1996—),男,博士生,中国科学院武汉岩土力学研究所,研究方向:计算岩土力学。

models were verified by applying them to an open caisson foundation of the main tower in the Changtai Yangtze River Bridge Project. Then, the real-time prediction of the sinking speed category in the sinking process was simulated, and the influence of the prediction step and the spatial-temporal characteristics of the structural stress on prediction accuracy were analyzed. The results show that the proposed models can successfully predict the category and value of the sinking speed. The reliability and practicability of the models were verified in practical engineering that the proposed sinking speed prediction models have good prediction performance. Moreover, the spatial-temporal characteristics of structural stress have an important influence on prediction accuracy. The real-time sinking speed prediction of open caisson foundations was achieved, which has important reference value for intelligent decision-making in the monitoring during sinking process.

Keywords Open caisson foundation; sinking speed prediction; convolutional neural network; deep learning; Changtai Yangtze River Bridge

1 引言

沉井基础是深基础的主要形式之一，具有承载力大、整体性好、抗震性强、占地面积小等优点，适用于复杂的地质条件以及深水作业情况，广泛应用于大跨径桥梁、海上风电、重型厂房等各类岩土工程。作为一种井筒状钢筋混凝土结构，沉井基础通常在地面预制，并通过井内取土逐渐下沉至设计高程。为了确保沉井基础安全平稳下沉，需要控制其下沉速度，以预防潜在施工风险，如滞沉、突沉，以及由于下沉过快造成的倾斜与翻砂等。

许多学者通过实测数据分析、模型试验和理论推导，对沉井下沉速度进行了研究。Royston 等开发了沉井下沉监测系统并应用 Blackpool 大直径沉井工程，获取了沉井高度的时间变化曲线，根据高度变化曲线，可计算不同时刻的沉井下沉速度。基于马鞍山长江大桥、五峰山长江大桥和南京长江四桥等大跨径桥梁建设项目，施洲、朱建民、穆保岗、米长江等对大型沉井下沉过程进行研究，详细分析了沉井下沉速度的具体变化情况以及相应原因。孙彦晓、潘亚洲等通过分析沉井下沉监测数据，研究了沉井在不同阶段的下沉速度，确定了沉井出现滞沉、突沉等下沉速度异常情况的对应深度。张计炜分析了瓯江北口大桥中塔沉井整体下沉情况，根据下沉速度将下沉过程细分为正常下沉、快速下沉和缓慢下沉三类。Jiang 等以沪苏通长江公铁大桥为原型，设计模型试验模拟大型深水沉井下沉过程，测量了井壁外砂土发生迁移时的沉井下沉速度，对沉井下沉施工具有重要参考价值。王红霞和王德禹建立了沉井下沉过程的动态力学模型，可基于开挖方量求解沉井下沉量，结合模型计算结果与土体开挖速度，即可计算沉井下沉速度。

目前，对于沉井下沉速度的研究仍不全面，现有研究多关注不同阶段的沉井下沉速度特点和相应原因，缺乏对具体下沉速度值的预测研究。研究主要在沉井下沉完成后进行，普遍缺乏在沉井下沉过程中对下沉速度的预测。虽然有少量的理论计算和模型试验研究可以为沉井下沉预测提供参考，但这些研究极大简化了地质情况，对实际工程的指导意义不足。确定下沉速度是沉井下沉分析的重要前提，因此，为确保沉井下沉安全，便于沉井下沉控制，有必要结合沉井取土下沉实际工程，实时准确地预测沉井下沉速度。

结构应力变化与影响沉井下沉速度的因素密切相关，这些因素包括土体开挖方式和入土深度等。龚维明、董晓朋等研究发现当沉井下沉速度发生大幅度变化时，结构应力也将出现明显响应。因此，可以根据沉井结构应力特征对下沉速度进行超前预测。

近年来，大型沉井在下沉过程中通常采用信息化方法实时监测关键位置的结构应力，这一过程会积累海量的监测数据，因此，可采用深度学习方法深入分析监测数据以进行下沉预测。深度学习方法是一类采用数据驱动策略的智能分析方法，可逐层自动提取多维度样本的数据特征，尤其适于大数据分析。卷积神经网络（Convolutional Neural Network, CNN）是深度学习的代表性算法之一，其特有的卷积操作可以有效提取数据的潜在特征。研究人员充分发挥卷积操作的算法优势，采用 CNN 进行预测分析，使其在岩土等领域开始发挥重要作用。

本文基于沉井下沉过程中结构应力的实时监测数据,合理预测沉井下沉速度。下沉速度是沉井下沉分析和精细控制的重要依据,对提高沉井下沉的安全性与可靠性、有效预防潜在的施工风险具有重要意义。首先进行下沉速度分类,采用不同类别描述沉井下沉快慢情况,构建 CNN 模型,提取结构应力的空间特征,预测沉井下沉速度快慢。然后在下沉快慢预测基础上,进一步精确预测沉井下沉速度值,通过构建三维卷积神经网络(Three-dimensional CNN, 3D-CNN)模型,同步提取结构应力数据的时间特征与空间特征,合理预测沉井下沉速度值。之后,将该模型应用于常泰长江大桥主塔超大型沉井基础工程,将沉井下沉快慢与下沉速度值的预测结果与实测下沉速度进行对比,验证了模型预测的准确性。最后,对实际沉井下沉过程中的下沉快慢预测进行模拟,验证了模型的实用性;分析了下沉速度预测模型中预测步长对预测精度的影响,并探究了该模型提取时空特征的必要性。基于沉井底部结构应力监测数据,首次系统性深入研究了沉井下沉速度超前预测,阐明了结构应力时空特征对沉井下沉预测的重要作用,研究成果对于实际工程具有重要的实用价值,可为类似大型沉井基础下沉提供重要的技术参考。

2 预测模型与方法

2.1 CNN 和 3D-CNN 概述

CNN 是受生物学领域的感受野机制启发而提出的一种深层前馈神经网络,其关键特征是网络结构中包含卷积操作,从而具有局部连接和权值共享等特征。深度学习领域的卷积操作本质为两个函数重叠部分函数值乘积的积分,这一操作与泛函分析领域的卷积概念相似。其中一个函数称为待卷积函数,另一个称为卷积核。通过重叠部分的移动,可以在函数全域实现卷积操作。所不同的是,在深度学习领域,两个函数均无须进行翻转,而在泛函分析中,其中一个函数需要首先进行翻转,而后再与另一个函数进行运算。此外,在深度学习领域,函数常用离散形式,这是由于数据通常以离散形式存储于计算机的存储单元中。

根据卷积核的移动维度不同,常用卷积操作可分为一维卷积、二维卷积和三维卷积。其中最常用的类型是二维卷积,指卷积核沿着输入数据的 2 个维度方向进行卷积,通常用于图像处理领域。当卷积核 $\boldsymbol{W}$ 的尺寸为 $U \times V$,且待卷积数据 $\boldsymbol{X}$ 的尺寸大于卷积核,可以用式(1)计算二维卷积操作后的结果:

$$y_{ij} = \sum_{u=1}^{U}\sum_{v=1}^{V} w_{uv} x_{i-u+1,j-v+1} \tag{1}$$

式中:y、w、x——$\boldsymbol{Y}$、$\boldsymbol{W}$、$\boldsymbol{X}$ 中的元素,为简单起见,假设 y 的下标(i, j)从(U, V)开始。

图 1 为一个二维卷积示例。

当卷积核仅沿着一个维度进行卷积操作时,二维卷积退化为一维卷积,而当数据维度更高时,则可能需要应用三维卷积。图 2 为一个三维卷积示例,卷积核沿着待卷积数据的 3 个不同维度移动,从而实现三维卷积操作。3D-CNN 中的卷积层采用三维卷积操作,非常适于分析维度较高的数据。近年来,3D-CNN 开始在视频、CT 图像和核磁共振数据分析领域发挥有益作用。

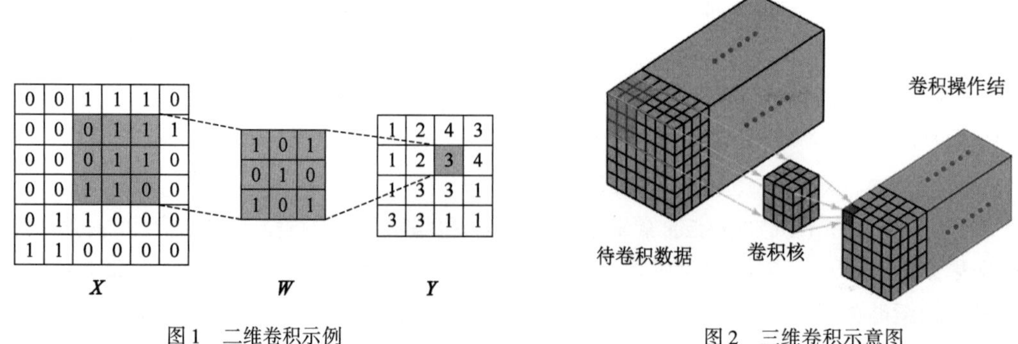

图1 二维卷积示例　　图2 三维卷积示意图

2.2 沉井下沉快慢预测模型

对下沉速度进行分类,采用不同类别表示沉井下沉速度快慢。在沉井下沉过程中如能准确预测下沉快慢,即可有效指导沉井取土下沉。利用下沉快慢类别代替下沉速度值操作简单,可在确保工程所需精度的基础上提高预测效率。

通过结构应力预测沉井下沉快慢的本质是准确拟合二者间的非线性映射关系。神经网络可以学习输入数据和输出数据的映射关系,在数据特征分析领域应用广泛,然而传统的神经网络均由全连接层组成,对多维度数据的特征提取能力较弱,尤其是无法有效获取数据的潜在空间特征。针对传统神经网络的局限性,构建了包含多个卷积层的 CNN 深度学习预测模型。模型的结构如图 3 所示,包括 1 个输入层、1 个数据重塑层、2 个卷积层、1 个平铺层、2 个全连接层和 1 个输出层。原始数据处理后,每一时刻均有 k 组结构应力数据,利用输入层将这一数据向量输入预测模型。数据重塑层用于调整数据维度,将数据重塑为 r 行 c 列的二维矩阵,维度不足的部分用“0”补齐,便于模型进行卷积操作。使用卷积层提取数据特征,两个相邻的卷积层分别包含 16 个和 32 个卷积核,卷积核尺寸均为 3×3;卷积层填充设置为 1,表示在待卷积数据每一维度前后均填充宽度为 1 的边界,所填充的数值为 0,卷积核移动的步幅设置为 1,这样的设置可以保持卷积前后数据尺寸不变;两个卷积层便于灵活地分层提取数据空间特征;卷积操作会改变原始数据维度,两次卷积操作后,得到维度为 $32\times r\times c$ 的三维矩阵。平铺层将卷积后的数据展开并首尾连接成一维向量的形式,便于全连接层进一步处理。两个全连接层分别包含 128 个和 s 个隐藏神经元,其中 s 等于下沉速度快慢类别的个数;采用 ReLU 函数作为激活函数,并利用 Softmax 回归将第二个全连接层的输出结果转换为沉井下沉快慢具体类别。输出层用于下沉快慢类别输出。

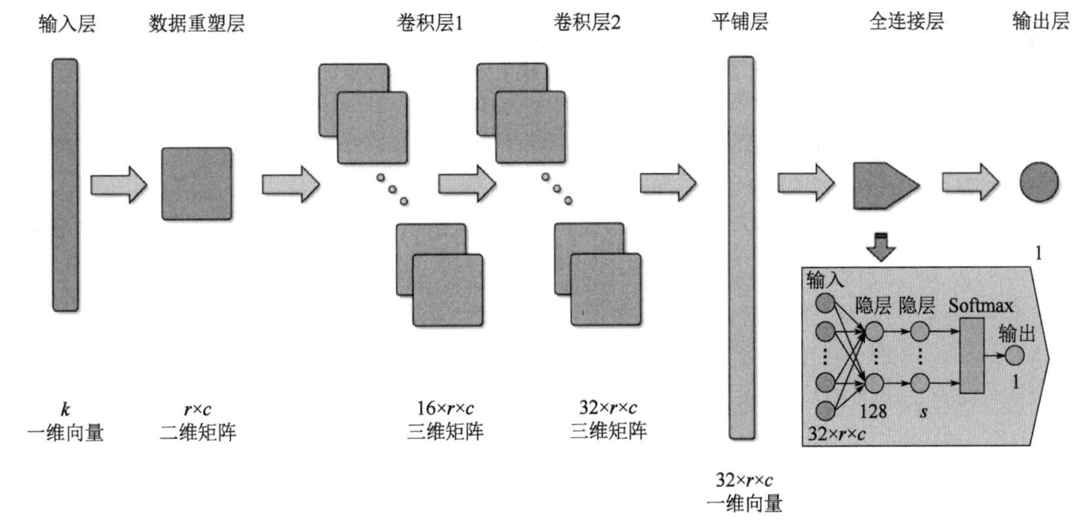

图 3 下沉快慢预测 CNN 模型结构图

激活函数可以为模型增加非线性操作,增强了模型的表示与学习能力。ReLU 函数本质是一个斜坡函数,其定义为:

$$f(x)=\begin{cases}x & x\geqslant 0\\0 & x<0\end{cases}\tag{2}$$

ReLU 函数具有强生物合理性,计算高效,是目前深度学习最常用的激活函数之一。Softmax 回归可以将数据映射为代表不同预测类别的概率值,其中概率最高的类别即为最终预测结果。

CNN 模型训练过程中使用损失函数来评判训练效果。损失函数也叫代价函数,用来评价模型预测值相较于真实值的误差大小,损失函数值越小说明模型性能越好。本模型的损失函数采用交叉熵损失函数,其表达式为:

$$L=-y^{\mathrm{T}}\lg\hat{y}\tag{3}$$

式中:L——损失函数值;

y——模型预测结果;

$\hat{y}$——实际结果。

预测结果与实际结果均为向量形式，向量中的每个数据表示一个时刻的下沉快慢情况，当预测结果与实际结果一致性较好时，L 值较小。使用交叉熵函数进行模型训练速度较快，并且其非常适宜处理 Softmax 分类问题。模型训练过程中模型参数不断优化，使损失函数值不断降低，参数优化速度由梯度优化算法决定。采用 Adam 梯度优化算法对损失函数进行优化，该算法工作性能较好、收敛速度快。优化算法的学习率大小与参数更新幅度密切相关，学习率的大小影响优化效果与优化效率，学习率过大可能降低优化效果，而学习率过小将导致优化速度过慢。为了取得较好的优化效果，设置一个相对较小的学习率值，大小为 0.001。

采取措施预防模型过拟合，过拟合指模型过度依赖训练样本的特征，对测试样本的泛化能力较差。对 CNN 预测模型进行结构优化，为第一个全连接层设置 Dropout 正则化结构，在每次训练时，从该层随机选取 30% 的神经元停止工作，并忽略这些神经元所提取的数据特征，这种方法可以有效克服模型过度依赖于训练集的某些局部特征。此外，为损失函数添加一个与模型权重平方和成正比的惩罚项，限制模型权重的局部过大；惩罚项的引入可以避免模型训练时过度关注部分特征而忽略整体特征，惩罚项系数大小设置为 0.002。上述两种正则化方法可以有效避免模型过拟合，提高模型的泛化能力。

2.3 下沉速度预测模型

在沉井下沉快慢预测的基础上，进一步预测下沉速度的具体数值，选用相邻多组结构应力来预测下沉速度。相比于单一时刻的结构应力仅包含数据空间特征，相邻多组应力数据不仅包含空间特征，还体现了结构应力随时间的变化，即时间特征，因此数据特征信息更加丰富，有利于精确预测具体下沉速度值。

采用 3D-CNN 构建基于多元结构应力时空特征的沉井下沉速度预测模型，模型结构如图 4 所示。所构建的模型包括 1 个输入层、1 个数据重塑层、2 个卷积层、1 个平铺层、1 个全连接层和 1 个输出层。3D-CNN 预测模型的输入层为一个长度是 $t \times r \times c$ 的一维向量，这一格式便于直接从文件中读入数据；其中，r 和 c 分别表示结构应力数据的行数与列数，t 是输入步长，表示输入时间连续的 t 组数据到模型中。数据重塑层将输入的一维向量折叠为 $t \times r \times c$ 三维矩阵，折叠后数据包括 t 个通道，每个通道均为 $r \times c$的二维矩阵。相邻 2 个卷积层分层提取结构应力数据的时间和空间特征，分别包含 16 个和 32 个卷积核；每个卷积核的尺寸均为 $3 \times 3 \times 3$，卷积层填充设置为 1，卷积核移动的步幅设置为 1；卷积核在二维矩阵的两个方向执行卷积操作可以提取结构应力的空间特征，而沿通道方向进行卷积可以提取结构应力的时间特征。平铺层将卷积完成后形成的 $32 \times t \times r \times c$ 四维矩阵转换为尺寸为 $32t \times r \times c$ 的一维向量。全连接层综合分析卷积层所提取的结构应力时空特征，包括 256 个隐藏神经元；通过模型训练，得到每个神经元权重和偏置的最优值，最终实现下沉速度预测，并将预测结果通过输出层输出。输出数据是一个长度为 m 的一维向量，m 为预测步长，表示对结构应力数据测量时刻之后的连续 m 个下沉速度值进行超前预测；m 值越大表明模型超前预测的时间越长。

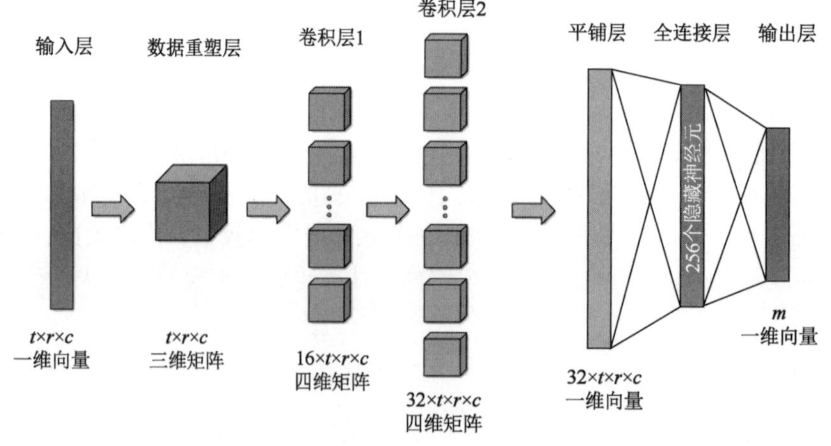

图 4　下沉速度预测 3D-CNN 模型结构图

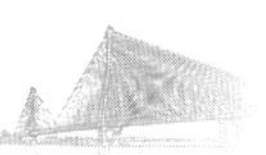

预测模型采用 ReLU 函数作为激活函数,使用 Adam 梯度优化算法,学习率设置为 0.001。模型使用均方误差这一最常用的回归损失函数,该函数使用预测值与真实值之间的距离平方和衡量模型训练效果;均方误差越小,表示模型的预测能力越强,即预测结果与真实值越接近;训练过程中均方误差不断减小,直至预测误差可以满足实际需要。

2.4 评价指标

模型训练完成后,可以将样本输入训练好的模型,得到相应的预测结果。利用评价指标衡量预测结果与真实结果的偏差,以评价模型的预测精度。合适的评价指标可以更好地体现预测结果的准确程度,更好地评价模型的预测效果。

下沉快慢预测模型采用准确率作为评价指标,准确率为预测类别与实际类别相同的样本占全部样本的比例,通常用百分数表示,其计算公式为:

$$\mathrm{Acc} = n_c / n_t \tag{4}$$

式中:Acc——准确率;

n_c——预测正确的样本个数;

n_t——样本总数。

沉井下沉速度预测模型分别选用均方根误差(Root Mean Square Error, RMSE)和拟合优度作为评价指标,式(5)和式(6)分别为均方根误差与拟合优度的计算公式。

$$\mathrm{RMSE} = \sqrt{\frac{1}{n}\sum_{i=1}^{n}(p_i - \hat{p}_i)^2} \tag{5}$$

$$R^2 = 1 - \frac{\sum_{i=1}^{n}(p_i - \hat{p}_i)^2}{\sum_{i=1}^{n}(p_i - \overline{p}_i)^2} \tag{6}$$

式中:RMSE、R^2——均方根误差值和拟合优度值;

$\hat{p}_i$——预测值;

p_i——实际值;

n——样本个数;

$\overline{p}_i$——n 个样本的实际值均值。

3 常泰长江大桥工程

3.1 工程简介

常泰长江大桥跨越长江下游干流主航道,连通江苏省常州市和泰兴市,桥梁总长为 2440m。主航道桥的结构类型为双塔双索面公铁两用双层斜拉桥,跨径达 1176m,刷新了现有斜拉桥跨径的世界纪录。其主塔基础采用 36 井孔圆端型沉井基础,图 5 显示了沉井建设现场情况。沉井长 95m、宽 57.8m、高 64m,是世界最大的水中钢壳混凝土沉井。沉井立面呈台阶型,台阶宽度为 9m,沉井具体结构与相应尺寸如图 6 所示。沉井从着床到下沉至设计高程累计下沉 36.76m,下沉过程中穿越互层分布的第四系冲击覆盖层,包括上部约 6m 厚的密实细砂与粉质黏土层、中部约 17m 厚的中密砂层与粉质黏土层、下部约 14m 厚的密实中粗砂层。因下沉过程中的多次进行钢壳接高与混凝土浇筑施工,沉井下沉可分为 4 个阶段,各阶段详细情况如表 1 所示。

a)沉井取土

b)沉井钢壳接高

图5　沉井施工现场图

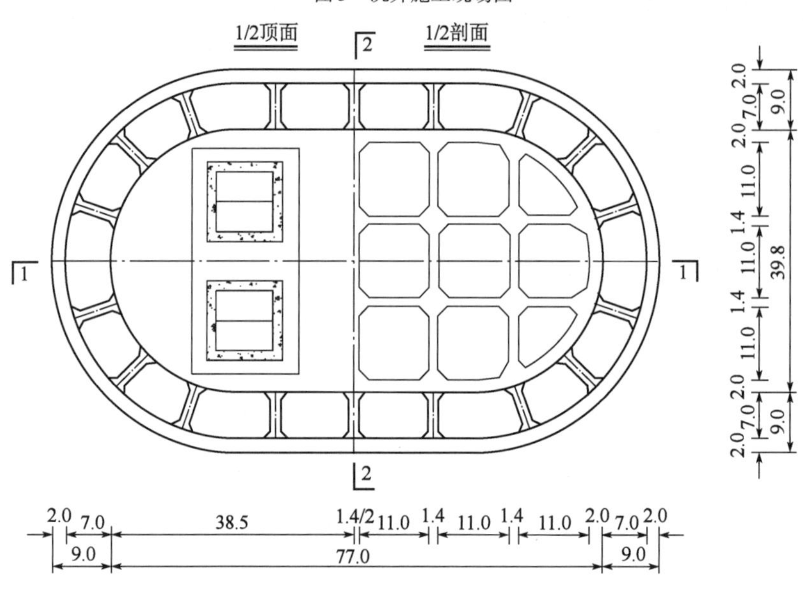

a)平面图

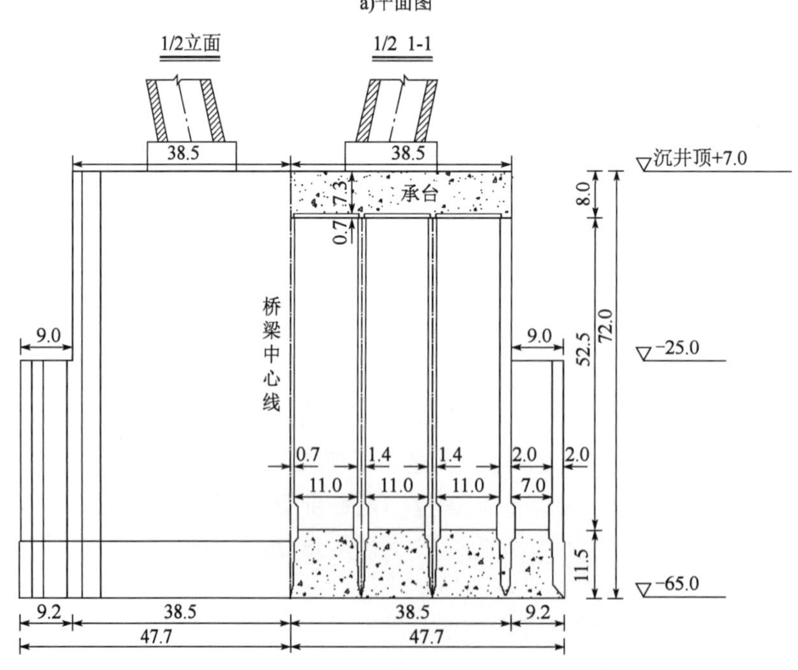

b)立面图

图6　沉井结构图(尺寸单位:m;高程单位:m)

沉井各下沉阶段详情　　表1

下沉阶段	起始底高程(m)	最终底高程(m)	取土方量(m^3)	天数(d)	总天数(d)
1	-28.14	-31.62	6854	23	23
2	-32.37	-41.13	34629	26	49
3	-41.19	-57.64	69296	42	91
4	-57.98	-64.90	30557	23	114

3.2 传感器布置

为了确保沉井结构安全,在取土下沉前,需要预先布置结构应力传感器。这些传感器可以监测刃脚根部结构、隔墙底部结构等关键位置处的结构应力,并将监测结果实时反馈至沉井施工信息化监控系统。研究发现,在沉井下沉过程中,土体开挖使沉井刃脚支承条件发生动态变化,从而影响沉井底部结构应力的分布状况。为了监测沉井底部各个关键位置的结构应力、降低沉井破坏风险,本沉井下沉前预先在隔墙底部刃脚踏面位置布设了33套结构应力传感器。传感器平面布置如图7所示。

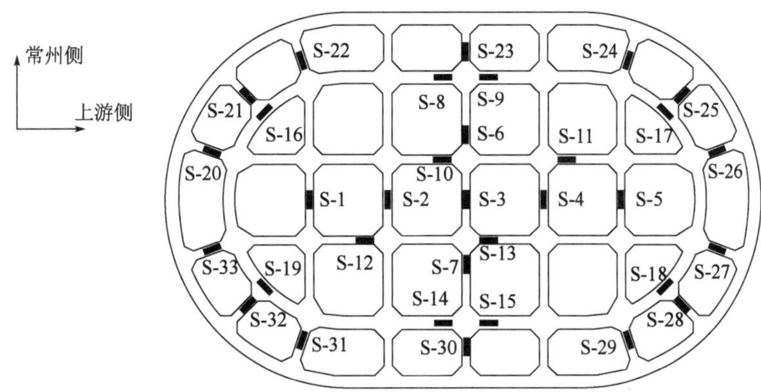

图7　沉井应力传感器平面布置

3.3 数据集

沉井下沉过程中,实时自动测量沉井姿态、结构应力和土压力,并将数据传输、存储于监测云平台的数据库中,获得的监测数据总规模超过4亿。其中,本文所涉及的数据包括沉井底高程与隔墙底结构应力。下沉过程中共进行91d有效取土,在此过程中沉井底高程的测量频率为1Hz,共获取数据786.2万条。结构应力以0.5h为时间间隔进行测量,共获取4368组多元结构应力数据。

4 数据处理与模型训练

4.1 数据重采样

所涉及的沉井底高程数据和结构应力数据的测量频率不同,因此需要进行重采样。前者的测量频率远大于后者,可以0.5h为时间间隔进行数据重采样。重采样后,沉井底高程数据和结构应力数据在每个时刻都是一一对应的。

4.2 缺失和异常数据处理

在沉井下沉过程中,受施工环境或传感器性能影响,数据存在缺失或异常。为了较好地提取数据特征,避免偶然误差所造成的不利影响,需要对缺失和异常数据进行处理。观察原始数据发现,沉井结构应力数据和底高程数据分别存在数据缺失和数据异常情况。

首先,根据缺失比例对结构应力数据进行处理。当缺失比例大于20%时,去除对应传感器的全部数据;当缺失比例小于20%,采用线性插值方式补全缺失数据。所布设的33个结构应力传感器中有10个数据缺失比例较高,相应编号分别为S-6、S-10、S-11、S-13、S-15、S-16、S-20、S-24、S-29和S-33(图7)。

去除这些传感器的测量数据,处理完成后,得到23组结构应力数据。

之后,对存在数据异常情况的沉井底高程数据进行处理。计算数据均值和标准差,如果数据大于均值与标准差之和或小于均值与标准差的差值,则将该数据视为异常值。采用均值修正法处理异常值,即利用异常值前后两个观测值的均值来修正该异常值。图8以沉井首个取土下沉阶段共15d的有效取土监测数据为例,展示了异常值处理效果,图中的序号表示数据按时间先后进行排列的编号。

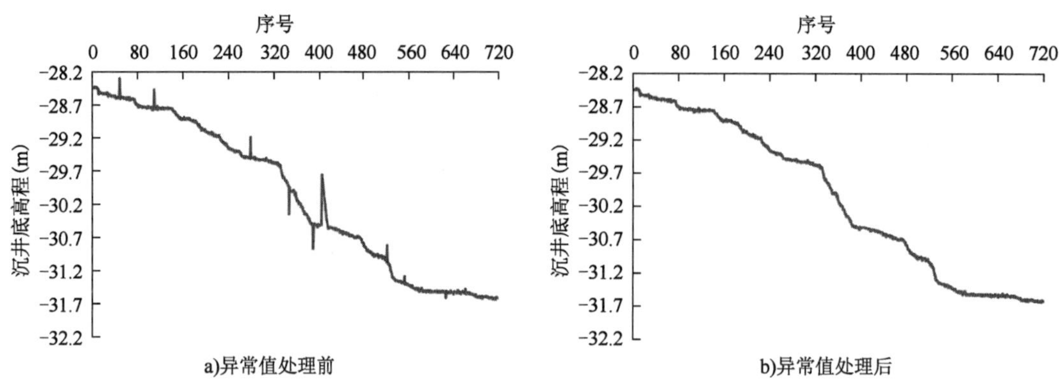

图8 沉井底高程异常值处理效果

4.3 数据滤波

在沉井取土下沉过程中,因存在取土机械振动、江水水位升降、施工荷载变化、沉井姿态改变等影响因素,所采集的沉井底高程数据存在噪声,数据大小呈现高频率上下波动的特征。为了降低噪声带来的负面影响,采用滑动均值滤波算法进行数据平滑处理,具体方法为建立一个宽度固定的滑动窗口,计算该窗口所包括的l个数据的均值,用均值替代窗口中心位置处的测量值。若$l=2k+1$,则滑动均值滤波可以用式(7)表示。

$$f_i^{\text{out}}=\frac{1}{2k+1}\sum_{j=-k}^{k}f_i^{\text{in}}(i+j) \tag{7}$$

式中:f_i^{in}、f_i^{out}——滤波前和滤波后的数据。

设置l为15,图9展示了数据滤波的效果。

4.4 模型训练

数据平滑后,计算相邻时刻的沉井底高程差值,求得沉井下沉速度。采用同样的方法,对每个阶段的沉井结构应力数据进行一阶差分,求得沉井结构应力增量。缺失数据处理后剩余23个结构应力传感器所测得的应力数据,因此在下沉快慢预测模型中将数据重塑为5×5的二维矩阵、在下沉速度预测模型将数据重塑为t×5×5的三维矩阵。

对于下沉快慢预测模型,需要将下沉速度根据数值大小进行分类(图10)。当速度大于或等于2.0cm/h时,可认为沉井下沉速度相对较快,标签设置为“F”(Fast);速度小于0.8cm/h时,下沉速度相对较慢,标签为“S”(Slow);速度为0.8~2.0cm/h时,下沉速度中等,标签为“M”(Middle)。将下沉快慢类别与结构应力数据进行匹配,使下沉快慢类别的测量时刻晚于结构应力测量时刻30min(1个时间间隔),以实现沉井下沉快慢的单步预测。

对于沉井下沉速度预测模型,设置输入步长为5,表示输入时间连续的5组应力数据用于提取结构应力特征;预测步长设置为1,表示进行沉井下沉速度单步预测。将结构应力数据与相邻时刻的下沉速度数据进行匹配,下沉速度数据所对应的时刻晚于结构应力数据。匹配后的下沉速度和结构应力数据组成数据样本。每个数据样本均排列成一维向量的形式,确保样本数据排列顺序一致。

在沉井共91d有效取土下沉过程中,两个预测模型各自得到了4368个数据样本。从中随机选取75%的样本组成训练集,剩余25%的样本组成测试集。

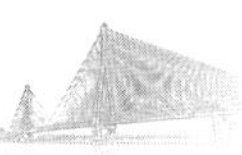

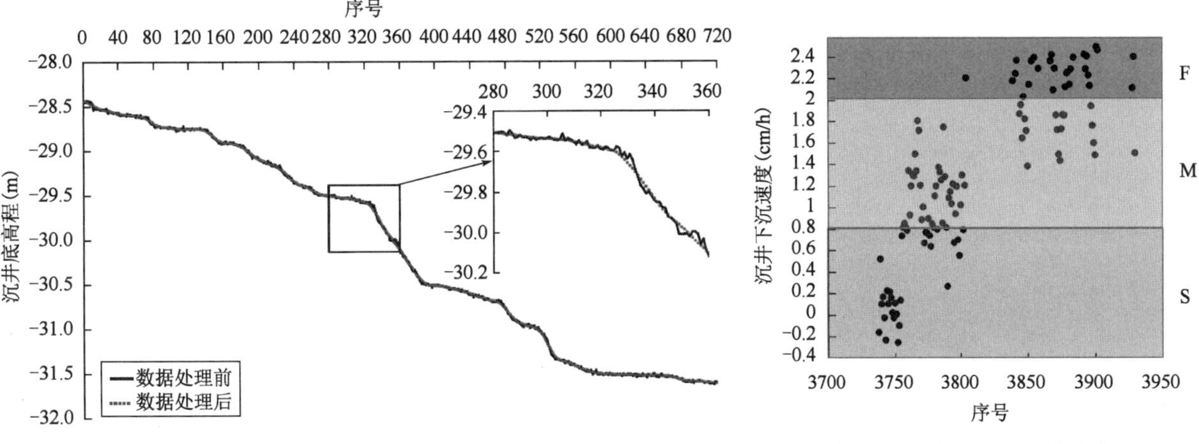

图9　沉井底高程滑动均值滤波效果　　图10　沉井下沉速度分类示意

分别利用相应数据集训练两个预测模型,沉井下沉速度预测模型设置网络训练轮次为1000,表示每次模型训练进行1000次迭代。沉井下沉快慢预测模型设置样本训练分批进行,从而加快训练速度,减少迭代所需次数,每批数据包含64个样本,设置迭代次数为300。训练完成后,利用评价指标评估模型的预测精度。之后,将测试集输入训练完成的模型,对模型预测效果进行验证。为了减小偶然误差,模型训练和测试进行10次重复试验,取10次评价指标结果的均值作为最终的评价结果。

5　下沉预测结果分析

5.1　下沉快慢预测

将训练集输入沉井下沉快慢预测模型,进行模型训练,然后用测试集验证模型的预测效果,结果如表2所示。从表2中可以看出,训练集与全体样本的预测准确率均高于90%,测试集的预测准确率高于86%,使用CNN模型预测沉井下沉快慢类别的准确性较高。训练集的预测准确率略高于测试集,二者仅相差6.2%,表明模型过拟合现象不显著。去除过拟合防范措施,重新进行下沉快慢预测,发现预测效果明显变差,因此所采取的过拟合措施充分发挥了作用。

沉井下沉快慢预测结果　　表2

模型输入	样本个数	Acc
训练集	3276	92.46%
测试集	1092	86.26%
全体样本	4368	90.91%

5.2　下沉速度预测

沉井下沉速度预测模型训练完成后,输入相应测试集,将预测结果与下沉速度实测值绘制于同一图中,直观比较模型的预测效果。图11显示了测试集的预测结果与实测结果,其中图11a)分别用不同的曲线表示沉井下沉速度预测值与实际值,图中的序号是数据按时间先后进行排列的编号,图11b)是以实际值为横坐标、预测值为纵坐标绘制的散点图。从图11a)中可以看出,训练完成后,模型输出的下沉速度预测值与实际下沉速度较为接近,二者随时间的变化曲线具有高度的一致性,预测结果曲线与实测下沉速度曲线的重合度高。图11b)可以更明显地体现预测结果与实际值的接近程度,当二者相等时,相应的点应落在图中虚线上;从图中可以看出散点基本位于虚线附近,仅个别点距离虚线相对较远,绝大多数预测值与实际值非常接近。表3汇总了训练集、测试集和全体样本所对应预测结果的评价指标值,RMSE均小于0.42,R^2均大于0.90,预测效果好,预测值的整体误差较小。观察表3,训练集的预测精度很高,而测试集的预测精度略低于训练集,这表明所构建的网络模型充分识别了训练集的数据特征,并很好地应用于测试集进行下沉速度预测,虽未采取过拟合防范措施,模型仍表现出很强的泛化能力。

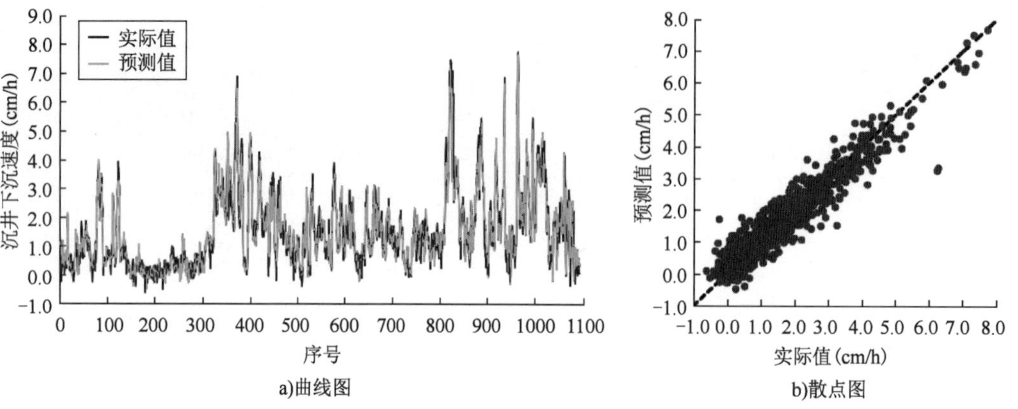

a)曲线图　　b)散点图

图 11　预测结果与实际下沉速度值对比

沉井下沉速度预测精度　　表 3

数据集	样本个数	RMSE	R^2
训练集	3276	0.092	0.996
测试集	1092	0.413	0.908
全体样本	4368	0.222	0.975

5.3　取土过程中下沉快慢预测

沉井下沉过程中,监测数据是随时间逐步累积的,因此在将下沉快慢预测模型应用于实际沉井下沉监控时,需要注意到仅能从结构应力历史数据中提取特征用于模型训练。通过随机选择时刻作为当前时刻,可以模拟下沉过程中下沉快慢的实时预测。模拟时利用选定时刻前的全部样本提取结构应力空间特征,并根据这些特征预测下一时刻的沉井下沉快慢情况,具体操作方法是将所选定的当前时刻样本作为测试集,当前时刻前的所有样本作为训练集,计算测试集的预测精度。随机选择了 500 个时刻作为当前时刻,分别构建训练集和测试集,预测沉井下沉快慢类别。在全部 500 个样本中,427 个样本得到了正确的下沉快慢预测类别,准确率为 85.4%。这一准确率与从全部样本中随机选取 25% 作为测试集的预测准确率非常接近,模型在沉井下沉快慢的实时预测中准确性与可靠性较高。

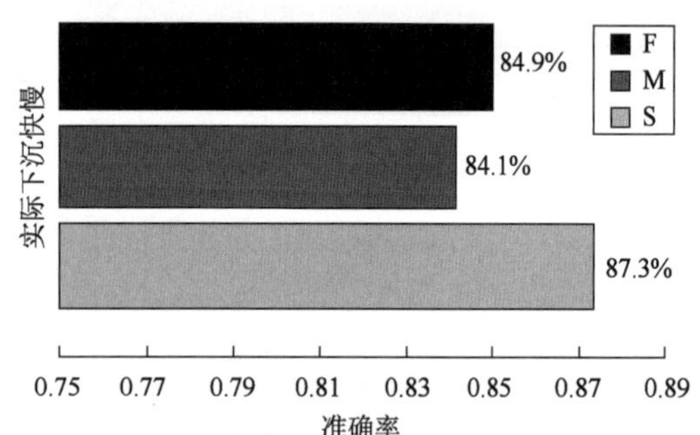

图 12　各实际下沉速度类别的预测准确率

对预测结果进一步分析,得到各个下沉速度实际类别对应的模型预测结果详情,如图 12 所示。不同类别的预测正确率均高于 84%,极差为 3.2%,不同类别预测准确率的差异不显著,模型预测的整体效果好。

5.4　预测步长对下沉速度预测的影响

进一步探究预测步长对预测精度的影响。当预测步长较长时,模型仍具有较小的预测误差,则说明模型具备很强的超前预报性能。依次设置预测步长为 1、2、3、4、5,分别计算训练集、测试集和全体样本所对应的 RMSE 值和 R^2 值(表 4)。从表 4 中可以看出,各个数据集的预测精度受预测步长的影响较小,不同预测步长、不同数据集均取得了较高的预测精度:训练集 RMSE 均小于 0.21,R^2 介于 0.979 ~ 0.996 之间,两指标的极差分别为 0.113 和 0.017;测试集 RMSE 均小于 0.42,R^2 介于 0.908 ~ 0.930 之间,两指标的极差分别为 0.052 和 0.022;全体 RMSE 均小于 0.26,R^2 介于 0.967 ~ 0.977 之间,两指标的极差

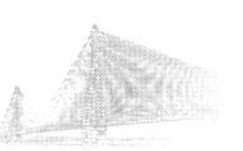

分别为0.045和0.010。模型能够准确预测应力测量后一个或多个邻近时刻的沉井下沉速度，所构建模型的超前预测能力强。

不同预测步长的沉井下沉速度预测精度　　表4

预测步长	RMSE			R^2		
	训练集	测试集	全体样本	训练集	测试集	全体样本
1	0.092	0.413	0.222	0.996	0.908	0.975
2	0.098	0.384	0.210	0.995	0.920	0.977
3	0.117	0.376	0.214	0.993	0.924	0.977
4	0.129	0.361	0.213	0.992	0.930	0.977
5	0.205	0.364	0.255	0.979	0.928	0.967

5.5　应力时空特征对下沉速度预测的影响

分别设置输入步长为5和1，以研究结构应力时空特征对下沉速度预测的作用。输入步长为5表示输入网络中连续5个时刻的结构应力，网络可以同时提取结构应力时空特征；输入步长为1表明每个样本仅包含1个时刻的结构应力，网络仅能提取应力的空间特征。设置预测步长为1，分别采用二维卷积神经网络（2D-CNN）和3D-CNN模型进行下沉速度预测。需要注意的是，3D-CNN具有3个卷积维度，因此不适用于仅考虑结构应力空间特征的情况。

提取不同应力特征对应的下沉速度预测精度　　表5

所提取结构应力的特征	预测模型网络类型	RMSE			R^2		
		训练集	测试集	全体样本	训练集	测试集	全体样本
时空特征	3D-CNN	0.092	0.413	0.222	0.996	0.908	0.975
时空特征	2D-CNN	0.207	0.471	0.291	0.978	0.881	0.957
仅空间特征	2D-CNN	0.237	0.640	0.381	0.972	0.779	0.926

不同模型的预测精度如表5所示。观察测试集精度：网络类型为3D-CNN且同时考虑应力时空特征的预测效果最佳，测试集RMSE为0.413，R^2为0.908；将网络类型变为2D-CNN，预测精度略有降低；仅考虑应力空间特征，预测误差显著增加，RMSE增至0.640，R^2小于0.8，为0.779。当网络类型均为2D-CNN时，提取结构应力时空特征的预测精度明显高于仅提取数据空间特征。此外，从训练集精度和测试集精度都可以看出，3D-CNN的预测精度高于2D-CNN，这也能在一定程度上说明3D-CNN优于2D-CNN。比较表5中沉井下沉速度预测精度可知，同时考虑应力时空特征具有必要性。

6　结语

本文分别基于CNN与3D-CNN建立预测模型，提取了沉井下沉过程中结构应力监测数据的空间特征与时空特征，预测沉井下沉快慢类别与沉井下沉速度值。本文依托常泰长江大桥主塔沉井基础工程，验证了所构建模型的预测精度与可靠性，并进一步分析了预测模型的实用性以及下沉速度预测时提取应力时空特征的必要性，主要研究结论包括：

（1）所构建的CNN模型和3D-CNN模型可以有效识别沉井结构应力特征，实现了沉井下沉速度预测，实际应用时，可根据需要灵活选用：仅关注下沉快慢情况时，可采用CNN模型预测下沉快慢类别；如需精确获取下沉速度大小，则可采用3D-CNN模型预测下沉速度值。

（2）沉井下沉快慢预测时，各数据集的准确率均高于86%，模拟取土过程中沉井下沉快慢预测的准确率为85.4%，沉井下沉快慢预测模型的准确率高、实用性强。

（3）利用3D-CNN模型进行下沉速度单步预测时，测试集RMSE为0.413，R^2为0.908，预测结果与实际下沉速度非常接近。

(4)3D-CNN 模型进行下沉速度多步预测精度较高,预测步长为 1 ~ 5 时,测试集 RMSE 均小于 0.42,R^2均大于 0.90,模型预测精度不随预测步长增加而降低,表现出很强的超前预测能力。

(5)结构应力的时空特征对于模型预测具有重要影响,模型考虑结构应力时空特征时,预测精度显著高于仅考虑应力空间特征。

参考文献

[1] 李军堂,秦顺全,张瑞霞. 桥梁深水基础的发展和展望[J]. 桥梁建设,2020,50(3):17-24.

[2] 穆保岗,朱建民,龚维明. 大型沉井设计、施工及监测[M]. 北京:中国建筑工业出版社,2015(2):1-21.

[3] 龚维明,王正振,戴国亮,等. 长江大桥基础的应用与发展[J]. 桥梁建设,2019,49(6):13-23.

[4] 段良策,殷奇. 沉井设计与施工[M]. 上海:同济大学出版社,2006.

[5] ALLENBY D,WALEY G,KILBURN D. Examples of open caisson sinking in Scotland[J]. Proceedings of the Institution of Civil Engineers-Geotechnical Engineering,2009,162(1):59-70.

[6] JIANG B N,WANG M T,CHEN T,et al. Experimental study on the migration regularity of sand outside a large, deep-water, open caisson during sinking[J]. Ocean Engineering,2019(193):106601.

[7] ROYSTON R,SHEIL B B,BYRNE B W. Monitoring the construction of a large-diameter caisson in sand [J]. Proceedings of the Institution of Civil Engineers-Geotechnical Engineering,2020(1):1-17.

[8] 施洲,李思阳,杨仕力,等. 超大型沉井基础下沉中后期摩阻力特性及突沉机制研究[J]. 岩石力学与工程学报,2019,38(S2):3894-3904.

[9] 朱建民,龚维明,穆保岗,等. 南京长江四桥北锚碇沉井下沉安全监控研究[J]. 建筑结构学报,2010,31(8):112-117.

[10] 米长江,王岩,穆保岗,等. 马鞍山长江公路大桥南锚碇沉井下沉分析[J]. 桥梁建设,2011(6):6-11.

[11] 穆保岗,朱建民,牛亚洲. 南京长江四桥北锚碇沉井监控方案及成果分析[J]. 岩土工程学报,2011,33(2):269-274.

[12] 孙彦晓. 大型沉井下沉对土体变形影响的研究[D]. 南京:东南大学,2019.

[13] 潘亚洲,王琛,梁发云. 大型沉井下沉阻力分布特征及相关工程问题[J]. 结构工程师,2020,36(6):134-143.

[14] 张计炜. 深厚软土地区超大型沉井下沉行为及稳定性分析研究[D]. 杭州:浙江大学,2020.

[15] 王红霞,王德禹. 大型沉井结构施工力学模型的研究[J]. 力学季刊,2003(1):68-74.

[16] 龚维明,朱建民,穆保岗,等. 南京长江四桥北锚碇沉井首次降排水下沉研究[J]. 岩土工程学报,2010,32(S2):537-540.

[17] 董晓朋. 超深大沉井施工期间结构内力试验研究[D]. 成都:西南交通大学,2018.

[18] 刘诗洋,陈祖煜,张云旆,等. 基于卷积神经网络对 TBM 塌方段的反演分析[J]. 固体力学学报,2021,42(3):287-301.

[19] SWAPNA G,KP S,VINAYAKUMAR R. Automated detection of diabetes using CNN and CNN-LSTM network and heart rate signals[J]. Procedia Computer Science,2018(132):1253-1262.

[20] CAVALLI S,AMORETTI M. CNN-based multivariate data analysis for bitcoin trend prediction[J]. Applied Soft Computing,2021(101):107065.

[21] CHEN H Z,CHEN A,XU L L,et al. A deep learning CNN architecture applied in smart near-infrared analysis of water pollution for agricultural irrigation resources[J]. Agricultural Water Management,

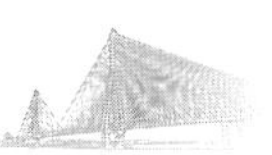

2020(240):106303.

[22] GOODFELLOW I,BENGIO Y,COURVILLE A. Deep learning[M]. Cambridge:MIT Press,2016.

[23] 邱锡鹏. 神经网络与深度学习[M]. 北京:机械工业出版社,2020.

[24] GLOROT X,BORDES A,BENGIO Y. Deep sparse rectifier neural networks[C]// Proceedings of the Fourteenth International Conference on Artificial Intelligence and Statistics. Proceedings of Machine Learning Research,2011(15):315-323.

[25] NAIR V,HINTON G E. Rectified linear units improve restricted Boltzmann machines[C]// Proceedings of the International Conference on Machine Learning. ICML,2010:807-814.

[26] 秦顺全,徐伟,陆勤丰,等. 常泰长江大桥主航道桥总体设计与方案构思[J]. 桥梁建设,2020,50(3):1-10.

[27] 李小珍,李星星,舒晓峰,等. 常泰长江大桥主桥风-车-线-桥耦合分析[J]. 桥梁建设,2021,51(3):17-24.

[28] 秦顺全,谭国宏,陆勤丰,等. 超大沉井基础设计及下沉方法研究[J]. 桥梁建设,2020,50(5):1-9.

[29] 郭明伟,董学超,沈孔健,等. 超大沉井基础取土下沉端阻力变化规律研究[J]. 岩石力学与工程学报,2021,40(S1):2976-2985.

[30] 施洲,李佳奇,秦搏聪,等. 大型沉井基础初沉阶段受力特性及开裂控制[J]. 中国铁道科学,2021,42(2):9-18.

[31] 周小雄,龚秋明,殷丽君,等. 基于BLSTM-AM模型的TBM稳定段掘进参数预测[J]. 岩石力学与工程学报,2020,39(S2):3505-3515.

[32] 贾俊平,何晓群,金勇进. 统计学[M]. 北京:中国人民大学出版社,2000.

基于土压力监测值的超大沉井取土下沉端阻力分析

董学超[1,2],郭明伟[1,2],蒋振雄[3],王水林[1,2],陈哲文[1,2]

(1. 中国科学院武汉岩土力学研究所,湖北武汉 430071;
2. 中国科学院大学,北京 100049;
3. 江苏省交通工程建设局,江苏南京 210004)

摘　要　为准确计算超大沉井取土下沉时沉井底部不同区域的端阻力,提出一种考虑沉井刃脚形态的端阻力计算方法。该方法将端阻力计算区域根据刃脚形态进行分类,分别采用不同的斜面投影面积折减系数计算不同类别计算区域的沉井端阻力。本文以常泰长江大桥为背景,研究其沉井基础在首次取土下沉过程中的刃脚土压力分布规律,并根据实测数据,验证该方法的可行性。研究结果表明:沉井下沉过程中的刃脚土压力和端阻力均由中心区域向外侧区域转移,仅在外井孔开始取土后,存在小幅度的反向转移;由于刃脚形式存在差异,沉井不同区域刃脚所对应的斜面投影面积折减系数不同;单斜面和双斜面构造刃脚的折减系数推荐取值分别为0.45和0.61,采用折减系数推荐值计算的沉井端阻力和根据土压力监测值推得的折减系数计算的沉井端阻力最大相对误差小于9.5%,偏差较小。

关键词　桥梁工程;超大沉井基础;刃脚形式;刃脚土压力;端阻力;取土下沉;计算方法;施工监测

End Resistance Analysis of Super-Large Open Caisson During Soil Excavation Sinking Based on Monitored Soil Pressure Data

DONG Xue-chao[1,2],GUO Ming-wei[1,2],JIANG Zhen-xiong[3],WANG Shui-lin[1,2] CHEN Zhe-wen[1,2]

(1. Institute of Rock and Soil Mechanics, Chinese Academy of Sciences, Wuhan 430071, China;
2. University of Chinese Academy of Sciences, Beijing 100049, China;
3. Jiangsu Provincial Transportation Engineering Construction Bureau, Nanjing 210004, China)

Abstract　A method to accurately calculate the end resistance of different zones in super-large caisson base during soil excavation sinking is proposed. The method takes into account the shapes of the caisson cutting edges and classifies the end resistance calculation zones in accordance with shapes of cutting edges. Different reduction factors of oblique projection area are used to calculate the caisson end resistance in different calculation zones. The Changtai Yangtze River Bridge is applied as a case to study the distribution law of soil pressure on cutting edges during the first soil excavation sinking of the open caisson foundation, and together with the meas-

基金项目:2019 年度交通运输行业重点科技项目(2019-MS1-011)。

作者简介:董学超(1996—),男,博士生,中国科学院武汉岩土力学研究所,研究方向:计算岩土力学。

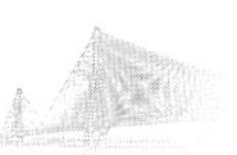

ured data, the feasibility of the method was verified. The results show that during the caisson sinking process, the soil pressure and end resistance of cutting edges were integrally transferred from the central zone to the peripheral zones, and slight reverse transfer was found after the soil excavation in the peripheral wells. Due to that the shapes of the cutting edges are different, the reduction factors of oblique projection area corresponding to cutting edges in different zones are also different. The recommended values of reduction factors for cuttings edges with single inclined plane and with double inclined planes are 0.45 and 0.61, respectively. The relative error of the caisson end resistance calculated by the recommended reduction factors and the reduction factors derived using monitored soil pressure data is less than 9.5%, the deviation is small.

Keywords Bridge engineering; super-large caisson foundation; cutting edge shape; soil pressure on cutting edge; end resistance; soil excavation sinking; calculation method; construction monitoring

1 引言

近年来,随着跨江、跨海桥梁的大规模建设,各国开始大力发展深水基础。沉井适用于各种复杂地质条件,其整体性强、刚性好、结构强度高,因而广泛应用于深水基础。大型深水沉井的施工控制难度大于中小型沉井,为保障其安全平稳下沉,亟须确定沉井下沉过程中的受力特征,尤其是准确计算沉井下沉阻力。

端阻力是沉井下沉阻力研究的关键问题,已有学者采用监测数据分析和数值模拟方法进行研究。陈晓平等根据某工程主墩沉井下沉实测数据,研究了沉井下沉至不同深度以及穿越不同土层时,端阻力的变化情况与分布特征;施洲等依托五峰山长江大桥沉井基础,计算研究了其下沉过程中的井底端阻力,并与实测值进行对比;张治成等利用数值计算方法,重点研究了软土地区沉井突沉前后的端阻力变化情况;李宗哲、穆保岗、周和祥等结合大型沉井施工工程,研究了沉井下沉过程刃脚阻力的大小和分布情况,为端阻力计算与沉井下沉控制提供参考。虽然这些研究取得了很多成果,但仍存在计算端阻力时假设与简化较多的问题,导致端阻力的计算准确性相对不足。端阻力等于单位面积刃脚反力与土体支承面积的乘积,现有研究通常忽略沉井取土和沉井底部空间结构对刃脚受力的影响,直接利用理论公式计算土体极限承载力作为刃脚反力;在计算土体支承面积时,往往不区分不同刃脚形态,而是直接预先给定一个固定的刃脚斜面投影面积折减系数用于支承面积计算;现有方法的沉井端阻力计算结果能否反映沉井真实受力状况尚无定论。

鉴于此,本文提出一种基于刃脚土压力监测值的沉井端阻力计算方法,根据实测数据确定刃脚受力情况,采用不同的折减系数计算不同形态刃脚区域的土体支承面积,从而准确计算沉井底部不同区域的端阻力。以主跨1176m的公铁合建双层斜拉桥——常泰长江大桥工程为背景[13-16],研究其深水超大沉井基础在首次取土下沉过程中的刃脚土压力分布规律,验证所提出方法的可行性与准确性,为沉井基础下沉控制、预测与风险分析提供参考。

2 预测模型与方法

沉井平稳缓慢下沉过程为准静态过程,此时沉井基础处于平衡状态,受力表达式为:

$$G = R_b + R_f + N_w \tag{1}$$

式中:G——沉井重力;

R_b——沉井总端阻力;

R_f——沉井侧摩阻;

N_w——沉井浮力。

沉井总端阻力等于各区域端阻力之和,各区域端阻力等于相应区域土体极限承载力与沉井底部土体支承面积的乘积,而各区域土体支承面积等于刃脚斜面竖直投影折减后的面积与刃脚踏面面积之和,因此可得:

$$R_b = \sum_{i=1}^{n} (p_i^u \times A_i) = \sum_{i=1}^{n} [p_i^u \times (A_i^t + \lambda_i A_i^b)] \tag{2}$$

式中：A_i——刃脚支承面积；

p_i^{u}——沉井各分区土体极限承载力；

n——分区的总数；

A_i^{t}——刃脚踏面面积；

A_i^{b}——刃脚斜面投影面积；

λ_i——各区域的刃脚斜面投影面积折减系数，如沉井隔墙区域不具有刃脚斜面结构时，折减系数 λ_i 取值为0；

$A_i^{\mathrm{t}}+\lambda_i A_i^{\mathrm{b}}$——各区域土体支承面积。

将式(2)代入式(1)，得到基于刃脚土压力监测值的端阻力计算方法：

$$G-R_{\mathrm{f}}-N_{\mathrm{w}}=\sum_{i=1}^{n}\left[p_i^{\mathrm{u}}\times\left(A_i^{\mathrm{t}}+\lambda_i A_i^{\mathrm{b}}\right)\right] \tag{3}$$

利用式(3)计算沉井端阻力时，采用沉井下沉过程中的各区域刃脚踏面土压力现场监测值作为土体极限承载力。土压力实测值为沉井下沉过程刃脚踏面下土体的反力，相比于太沙基公式这类的土体极限承载力的估算公式，可以更准确地反映刃脚下土压力的实际情况。将端阻力计算区域根据刃脚形态进行分类，不同类别设置不同的刃脚斜面投影面积折减系数：当沉井不同区域的刃脚形态相似时，可为这些区域设定相同的折减系数；当刃脚形态不同时，则应设定不同的折减系数。如沉井有 k 种刃脚类型，则将折减系数分别设置为 $\lambda_1,\lambda_2,\cdots,\lambda_k$，将任意 k 组刃脚土压力监测数据以及斜面和踏面面积代入式(3)得到 k 组方程，即可解得 k 个折减系数，之后可进一步计算沉井各区域端阻力。

3 工程实例

3.1 工程概况

常泰长江大桥北主塔基础采用圆端型截面台阶式超大沉井(图1，沉井台阶宽度为9.0m)，整体为钢壳混凝土结构。沉井顶面长77.0m、宽39.8m，圆端半径为19.9m；底面长95.0m、宽57.8m、圆端半径为28.9m。沉井底高程 -65.0m，顶高程为 +7.0m，总高度达72.0m。沉井划分为外井壁、外隔墙、内井壁和内隔墙区域，各区域隔舱厚度分别为1.8m、1.4m、2.0m、1.4m，共设置36个井孔(内、外井孔各18个)。沉井不同区域的刃脚形态不同，外井壁刃脚为单斜面构造，高2.0m，其他区域刃脚为双斜面构造，高1.5m。

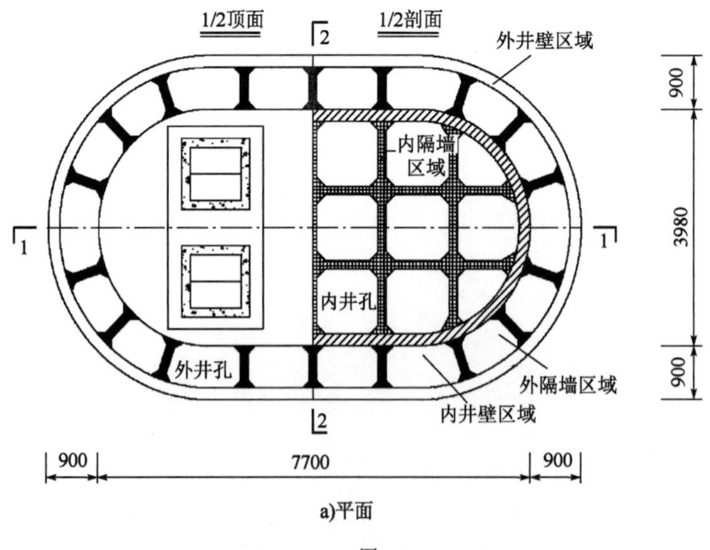

a)平面

图 1

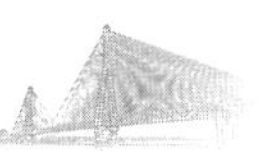

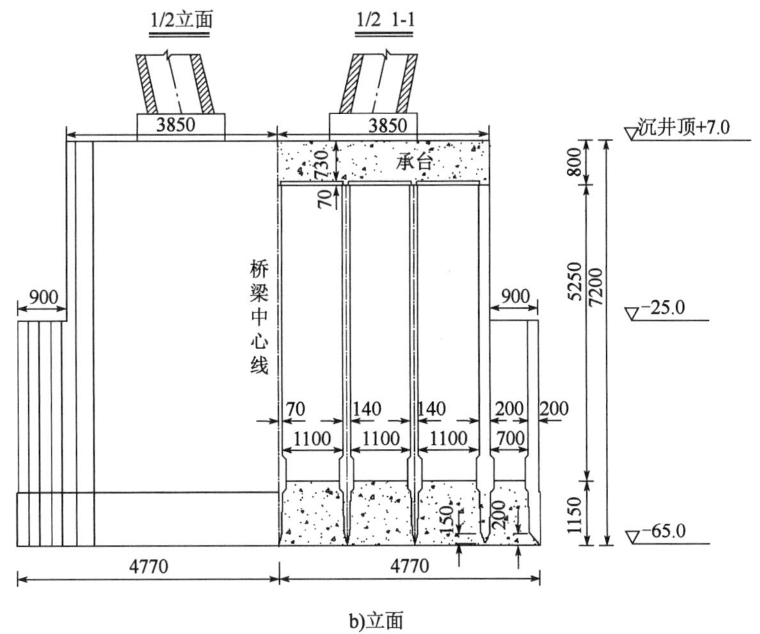

b)立面

图1 沉井构造(尺寸单位:cm;高程单位:m)

桥址处河床覆盖层深厚,厚度大于180m,上部分布松散状粉砂层、软塑~硬塑状粉质黏土层;中部分布粉砂层、细砂层及薄层状软塑粉质黏土层;中下部分布密实中粗砂层,工程性能相对较好,可作为基础持力层。土体分层情况及参数见表1。

土体分层情况及参数 表1

高程(m)	土层	厚度(m)	重度(kN/m^3)	泊松比	黏聚力(kPa)	内摩擦角(°)	变形模量(MPa)
-14.7 ~ -17.0	松散粉砂	2.3	19.8	0.30	2.0	29.5	12.70
-17.0 ~ -24.4	硬塑粉质黏土	7.4	19.8	0.33	29.3	10.6	5.87
-24.4 ~ -25.6	松散粉砂	1.2	20.6	0.28	5.6	31.8	9.72
-25.6 ~ -27.7	硬塑粉质黏土	2.1	19.8	0.33	29.3	10.6	5.87
-27.7 ~ -32.7	稍密细砂	5.0	19.8	0.27	2.5	33.4	12.70
-32.7 ~ -34.0	淤泥质粉质黏土	1.3	19.0	0.35	29.7	4.8	5.64
-34.0 ~ -39.4	中密粉砂	5.4	20.6	0.26	5.6	31.4	10.19
-39.4 ~ -50.2	中密细砂	10.8	19.8	0.26	2.5	33.4	11.63
-50.2 ~ -51.3	软塑粉质黏土	1.1	19.0	0.35	27.8	7.2	5.26
-51.3 ~ -54.2	密实中砂	2.9	20.0	0.25	2.0	34.5	13.90
-54.2 ~ -70.0	密实粗砂	15.8	20.8	0.25	2.0	36.6	18.37

3.2 沉井首次取土工序及测点布置

常泰长江大桥北主塔沉井首次取土下沉前,将地层开挖至-26.8m。首次取土前外井壁刃脚踏面高程-28.18m,取土过程中沉井下沉姿态稳定,取土完成后外井壁刃脚踏面高程为-31.64m。首次取土过程中沉井局部冲刷深度未达到刃脚底面,保证了刃脚始终处于入土状态。沉井首次取土细分为4个取土工序:①18个内井孔取土至-28.3m(工序1);②内隔墙下土体盲区取土至-28.3m(工序2);③外井孔距内井壁2.0m范围以内的全部区域取土至-30.0m(工序3);④外井孔距内井壁2.0m范围以内的全部区域取土至-31.5m(工序4),4个取土工序分别耗时4d、4d、6d、8d。取土工序③和④中的全部区域包括范围以内的内井孔、外井孔、内隔墙、外隔墙和内井壁区域,取土工序示意图见图2(为便于示意,图中隐藏了沉井结构,其中凹槽为外刃脚、内刃脚、外隔墙和内隔墙的结构入土部分)。

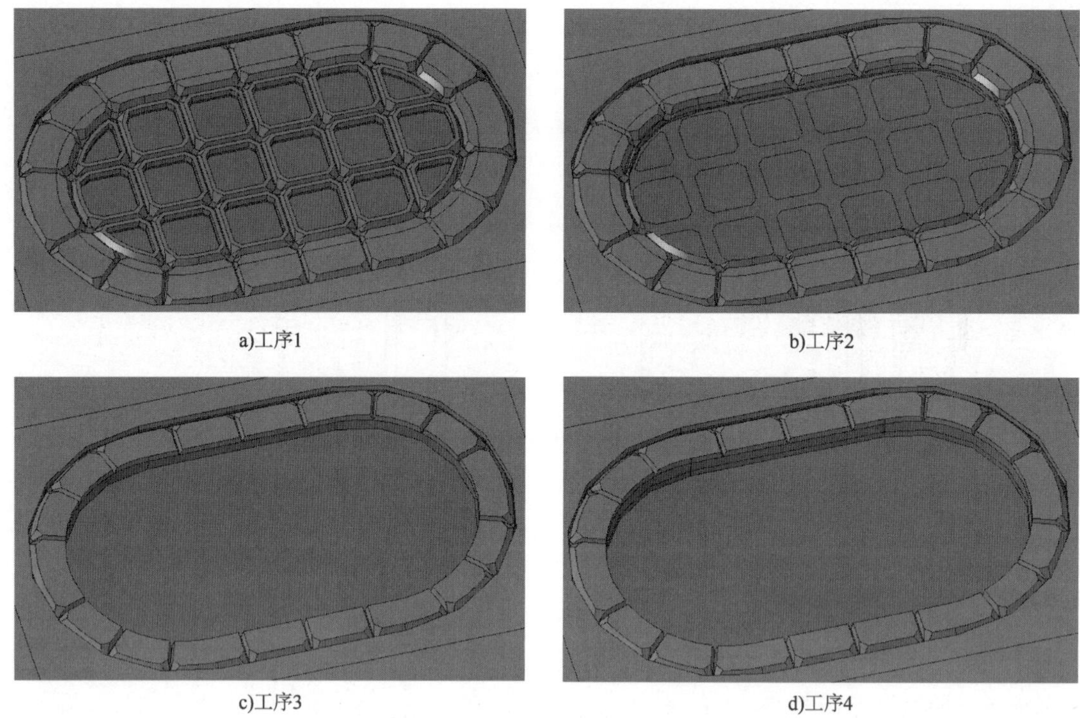
a)工序1　b)工序2　c)工序3　d)工序4

图2　取土工序示意图

沉井基础刃脚底部共设置119个监控测点，其中，外井壁36个、外隔墙18个、内井壁28个、内隔墙37个（图3）。每个测点处布设1个振弦式土压力传感器，以监测沉井刃脚底面的土压力、反映沉井底面受力特征。

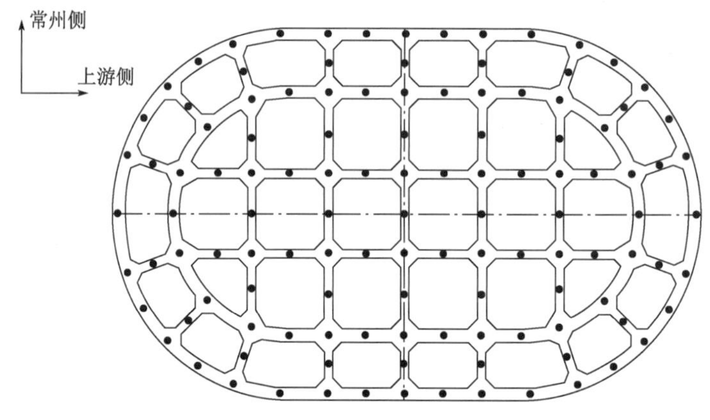

图3　刃脚土压力监测点分布

3.3　监测结果

各取土工序完成时刃脚土压力见图4，各区域刃脚土压力平均值变化情况见图5。由图4、图5可知：取土过程中，外井壁刃脚土压力均大于其他区域。内井孔取土时，内隔墙刃脚土压力逐渐降低，降幅为0.222MPa，内隔墙区域刃脚土压力逐渐向外侧的内井壁等区域转移。内隔墙盲区取土时，内隔墙和内井壁刃脚土压力大幅降低，降幅分别为0.180MPa和0.551MPa，刃脚土压力继续由内井壁和内隔墙转移至外隔墙。外井孔开始取土后，内井壁、内隔墙区域刃脚土压力小幅升高，外隔墙刃脚土压力由1.070MPa降低至0.633MPa，外井壁刃脚土压力降低0.240MPa，外井壁、外隔墙刃脚土压力向内井壁、内隔墙区域转移。内外井孔继续同步取土，各区域刃脚土压力值存在波动，但整体较为稳定，土压力转移无明显方向性。

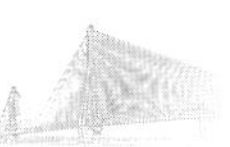

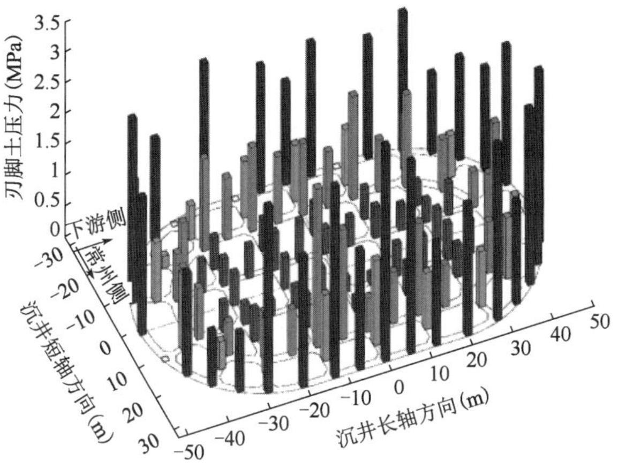

a)工序1

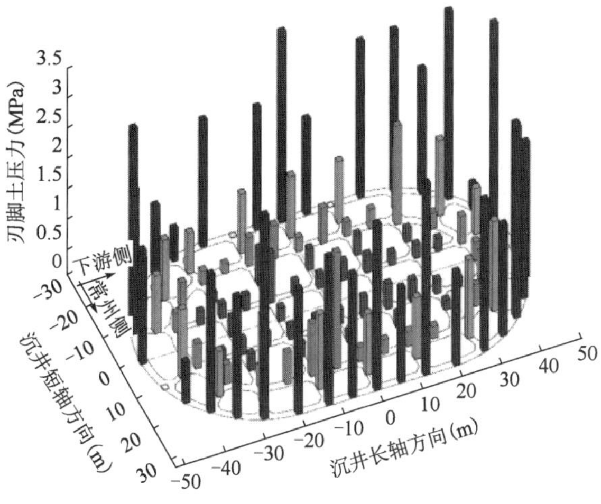

b)工序2

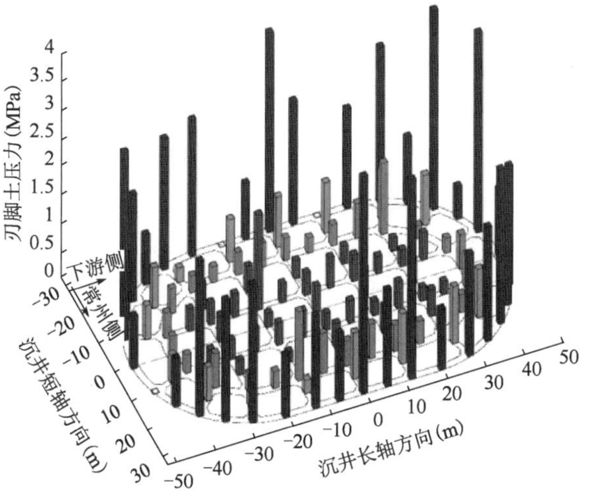

c)工序3

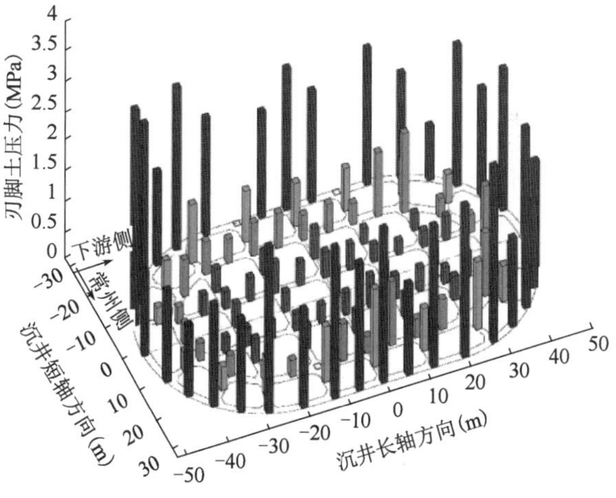

d)工序4

图4　各取土工序完成时刃脚土压力

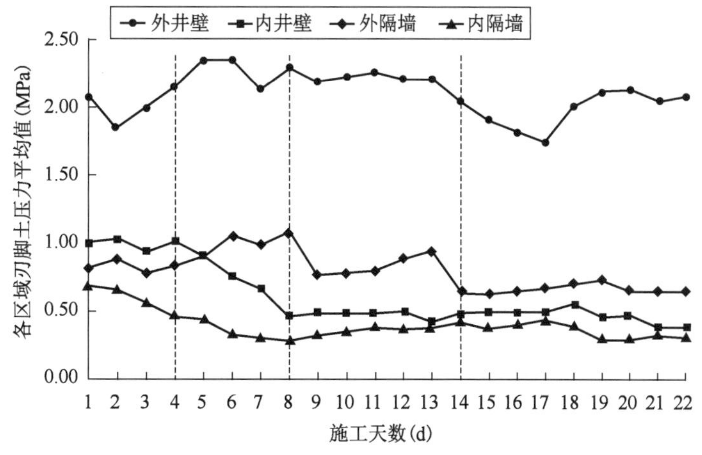

图5　各区域刃脚土压力平均值变化情况

3.4　本文方法应用

沉井首次取土下沉过程中,刃脚最终入土深度略大于刃脚高度,可忽略沉井侧摩阻力,同时,忽略侧摩阻有利于分析端阻力变化规律。常泰长江大桥北主塔沉井基础的外井壁刃脚为单斜面结构,内井壁和内外隔墙刃脚为双斜面结构[图1b)]。单斜面刃脚和双斜面刃脚分别选用不同的折减系数 λ_1 和 λ_2。将任意2组刃脚土压力监测数据以及斜面和踏面面积代入式(3)得到2组方程，即可解得折减系数 λ_1 和 λ_2，并依次求得每天沉井基础不同区域的端阻力。各区域端阻力随施工天数变化情况见图6。

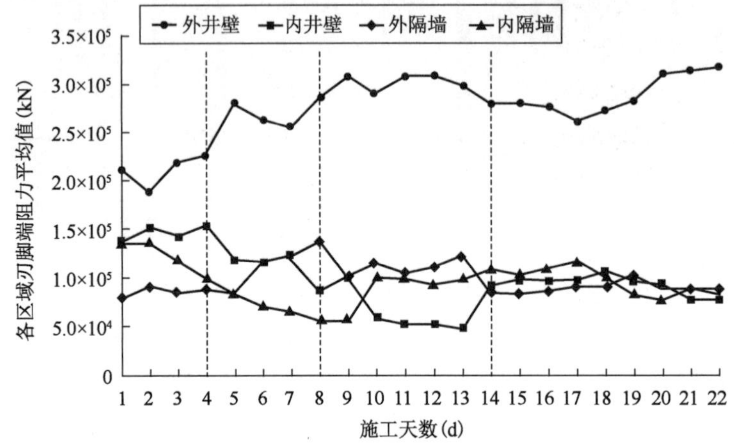

图6　各区域端阻力随施工天数变化情况

由图6可知：内井孔和内隔墙盲区取土阶段，内隔墙、内井壁区域端阻力逐渐降低，而外井壁和外隔墙的端阻力逐渐增加，沉井端阻力由靠近沉井中心区域的部分向远离中心区域部分(外隔墙、外井壁)转移。外井孔开始取土时，外井壁与外隔墙端阻力降低，其中外隔墙端阻力降幅较大，为 5.3×10^4kN；内井壁、内隔墙区域端阻力增加，内隔墙端阻力涨幅与外隔墙端阻力降幅相当；由于内外井孔取土后泥面高程相同使外井孔取土厚度大于内井孔，端阻力转移情况与上阶段相反，远离沉井中心区域部分端阻力向靠近中心区域的部分转移。内外井孔继续同步取土时，内外区域取土厚度相同，各区域端阻力基本稳定。首次取土结束后，端阻力主要集中在外井壁区域。

3.5　刃脚斜面投影面积折减系数分析

根据式(3)求解得到外井壁折减系数 λ_1 以及其他3个区域的折减系数 λ_2(图7)。由图7可知：沉井首次取土下沉过程中，λ_1 和 λ_2 均有一定程度的波动，其中 λ_1 波动幅度较大，λ_2 波动幅度相对较小。λ_1 为0.31～0.6，平均值为0.45；λ_2 为0.53～0.67，平均值0.61。此外，在沉井下沉过程中，λ_1 始终小于 λ_2。

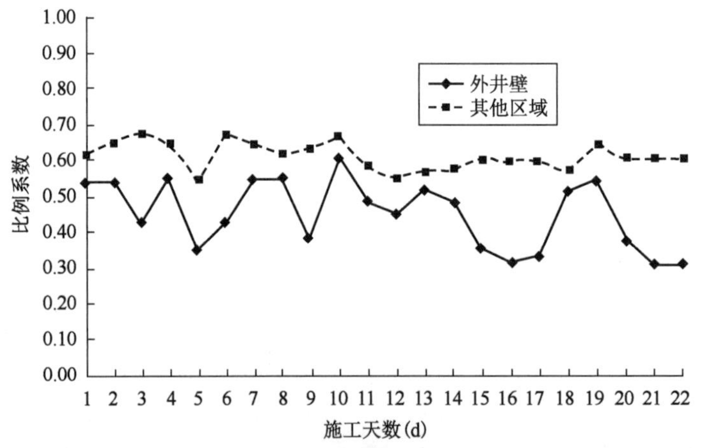

图7　各区域的折减系数

根据 λ_1 和 λ_2 的计算结果，可将该沉井单斜面和双斜面构造刃脚的折减系数分别取为0.45和0.61，并以此重新计算沉井首次取土过程中各区域端阻力。结果表明，折减系数取0.45和0.61定值与取图7中变化值的端阻力计算结果最大相对误差小于9.5%，偏离较小，该折减系数定值可为类似工程提供参考。

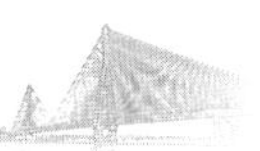

4 结语

本文以常泰长江大桥为背景,提出基于土压力监测值的超大沉井取土下沉端阻力计算方法,通过对沉井各区域端阻力和刃脚斜面投影面积折减系数进行求解,得到以下结论:

(1)内井孔和内隔墙盲区取土阶段,沉井中心区域刃脚土压力逐渐向外侧区域转移;之后外井孔开始取土,导致刃脚土压力由外侧区域向靠近沉井中心区域转移;内外井孔继续同步取土,各区域刃脚土压力小幅波动,刃脚土压力转移值较小。

(2)在沉井取土下沉过程,端阻力转移规律与刃脚土压力相似,整体由内隔墙、内井壁区域转移至外隔墙和外井壁区域,仅在外井孔开始取土后,端阻力小幅度向相反方向转移。

(3)不同刃脚的斜面投影面积折减系数不同,计算不同区域端阻力时,单斜面刃脚和双斜面刃脚应分别取相应的折减系数,推荐取值分别为0.45和0.61,由折减系数推荐值计算的沉井端阻力和由土压力监测值推得的折减系数计算的沉井端阻力最大相对误差小于9.5%,偏差较小。

参考文献

[1] 秦顺全,徐伟,陆勤丰,等.常泰长江大桥主航道桥总体设计与方案构思[J].桥梁建设,2020,50(3):1-10.

[2] 穆保岗,朱建民,龚维明.大型沉井设计、施工及监测[M].北京:中国建筑工业出版社,2015.

[3] 段良策,殷奇.沉井设计与施工[M].上海:同济大学出版社,2006.

[4] 秦顺全,谭国宏,陆勤丰,等.超大沉井基础设计及下沉方法研究[J].桥梁建设,2020,50(5):1-9.

[5] 陈晓平,茜平一,张志勇.沉井基础下沉阻力分布特征研究[J].岩土工程学报,2005,27(2):148-152.

[6] 施洲,李思阳,杨仕力,等.超大型沉井基础下沉中后期摩阻力特性及突沉机制研究[J].岩石力学与工程学报,2019,38(S2):3894-3904.

[7] 张治成,邓燕羚,郑锋利,等.深厚软土地区大型沉井突沉行为分析[J].地下空间与工程学报,2020,16(3):933-943.

[8] 李宗哲,郑俊杰,付琼阁.深水超大沉井下沉监测与分析[J].水运工程,2009(10):78-84.

[9] 穆保岗,王岩,朱建民,等.大型沉井实测下沉阻力分析[J].土木建筑与环境工程,2012,34(S1):107-115.

[10] 周和祥,马建林,张凯,等.沉井下沉阻力离心模型试验研究[J].岩土力学,2019,40(10):3969-3976.

[11] 闫富有,时刚.沉井下沉过程刃脚的极限土阻力分析[J].岩土力学,2013,34(S1):80-87.

[12] 蒋炳楠,马建林,李孟豪,等.水中沉井下沉期间刃脚空间受力试验[J].岩土力学,2019,40(5):1693-1703.

[13] 胡勇,赵维阳.常泰长江大桥桥跨布置方案研究[J].桥梁建设,2021,51(1):1-7.

[14] 中铁大桥勘测设计院集团有限公司.常泰过江通道工程地质勘察报告[R].武汉:中铁大桥勘测设计院集团有限公司,2018.

[15] 傅战工,张金涛,张锐.基于Inventor的常泰长江大桥主塔BIM正向设计[J].铁道标准设计,2020,64(S1):190-194.

[16] 秦顺全,苑仁安,郑清刚,等.超大跨度公铁两用斜拉桥结构体系研究[J].桥梁建设,2020,50(4):1-8.

[17] 汤忠国.常泰长江大桥6号墩沉井下沉施工关键技术[J].世界桥梁,2021,49(6):40-45.

[18] 胡勇.常泰长江大桥主航道桥桥塔基础选型研究[J].桥梁建设,2021,51(2):1-9.

[19] 中国科学院武汉岩土力学研究所.超深超大基础地基承载力及破坏机理研究[R].武汉:中国科学院武汉岩土力学研究所,2019.

超大沉井基础下沉施工应力与变位分析

陈 克[1]，石峻峰[1]，赵月悦[2]，陶 俊[3]

(1. 湖北工业大学土木建筑与环境学院,湖北武汉 430068;
2. 中铁第四勘察设计院集团有限公司,湖北武汉 430063;
3. 中铁大桥局集团第六工程有限公司,湖北武汉 430050)

摘 要 本文基于常泰长江大桥主墩沉井基础下沉施工,运用有限元分析软件对沉井施工的首次下沉进行了数值模拟。对沉井下沉结束后的应力以及变位进行了分析,结果表明:①沉井在下沉完毕后,沉井刃脚截面全面受压,最大压应力出现在刃脚与刃脚相连的隔墙位置上,沉井最外圈井壁应力在隔墙处会发生突变,但应力值整体上从长轴方向圆弧中点到短轴方向直线中点逐渐下降。②沉井下沉结束后,沉井位移量由上到下逐渐减小,在隔墙连接处位移量产生突变,而土体的沉降量在隔墙处大于井孔位置,在刃脚部位土体沉降最大。

关键词 沉井;结构应力;变位;有限元

Analysis of Stress and Displacement in Sinking Construction of Super Large Open Caisson Foundation

CHEN Ke[1],SHI Jun-Feng[2],ZHAO Yue-Jun[2],TAO Jun[3]

(1. School of Civil Engin. Archilecture and Environment, Hubei Univ of Tech. Wuhan 430068, China;
2. China Railway Siyuan Survey and Design Group Co. ,Ltd. ,Wuhan 430063,China;
3. China Railway Majer Bridge Engin. Group No. 6 Engin. Co. ,Ltd. ,Wuhan 430050,China)

Abstract Based on the sinking construction of caisson foundation of main pier of Changtai Yangtze Bridge, the first sinking of caisson is simulated by finite element analysis software. The stress and displacement of caisson after sinking are analyzed, The results showed that:①After the completion of sinking of the caisson, the cross section of the caisson blade foot is under overall compression, and the maximum compressive stress appears on the partition where the blade foot is connected to the blade foot. The shaft wall stress of the outermost ring of the caisson will suddenly change at the partition wall, but the stress value gradually decreases from the circular arc midpoint in the long axis direction to the linear midpoint in the short axis direction on the whole. ②After the completion of caisson subsidence, the displacement of the caisson gradually decreases from top to bottom, and the displacement of the caisson suddenly changes at the partition connection, while the settlement of the soil at the partition is greater than that at the borehole, and the soil settlement at the edge foot is the largest.

Keywords Open caisson;structural stress;displacement and finite element analysis

---

作者简介:陈克(1995—),男,湖北咸宁人,湖北工业大学硕士研究生,研究方向:道路与桥梁。

1 引言

随着我国基建事业的蓬勃发展,我国桥梁建设逐渐走向海外,扩展到全世界,一座座跨江跨海特大桥在逐渐规划与建设,超大沉井基础因其整体结构刚度大、稳定性好,承载力大,并能支撑较大荷载、抗渗能力强、耐久性能好、适用的土质范围广、施工深度深的特点被广泛应用于大跨径桥梁的桥墩基础。结构应力是决定沉井基础能否安全下沉至指定高程的重要控制指标,而位移量的变化是控制沉井姿态正常下沉的重要因素,目前有不少学者对沉井基础下沉过程中应力的变化进行了研究。黄迪等通过有限元模拟分析,指出刃脚与分区隔墙底部应力呈现反复增加与减少的规律;邓友生等使用有限元软件ADINA对某大型圆形沉井进行模拟,提出沉井的正面阻力和侧摩阻力随着下沉深度呈线性增长;朱斌等采用FLAC3D对杨泗港长江大桥主塔沉井下沉进行模拟,研究了沉井下沉至高程时井结构与土体的应力与变形,验算了沉井施工方案的合理性;何灵巧等通过对泰州大桥南锚大型沉井基础下沉阶段的侧壁土压力与受力特性进行研究,根据摩阻力的计算模型,提出最大侧壁摩阻力发生在$2/3H$的高度处;冯传宝采用有限元法对五峰山长江大桥北锚定沉井基础施工过程进行模拟,提出施工过程中沉井井壁与底板压力变化规律与基础位移的变化相似。

借鉴上述学者的研究成果,本文依托常泰长江大桥6号主墩沉井基础,采用大型有限元分析软件ABAQUS对沉井基础首次下沉施工过程进行数值模拟,针对沉井基础首次下沉的应力与变形进行分析研究,了解沉井基础下沉的应力的变化,为类似沉井基础的下沉提供参考。

2 工程背景

常泰过江通道主航道斜拉桥采用钢桁梁方式,主要依靠6个桥墩以及纵向间隔14m的斜拉索来提供弹性支撑,主桥主塔墩采用沉井基础。本文依托对象6号桥墩沉井基础采用了外圈圆环型、内侧矩形布置十字隔墙的结构形式,竖向设置台阶,沉井底面尺寸为95.0m×57.8m,圆端半径28.9m;沉井顶面尺寸为77.0m×39.8m,沉井为钢壳内填充混凝土形成,总共有10节高度为64m,第1节为9m,第2节到第9节均为6m,第10节为7m。第1节沉井外轮廓尺寸较其他节段每侧增加0.2m,尺寸为95.4m×58.2m。沉井布置有36个井孔。钢沉井顶高程-1.0m,底高程-65.0m。沉井结构如图1所示。

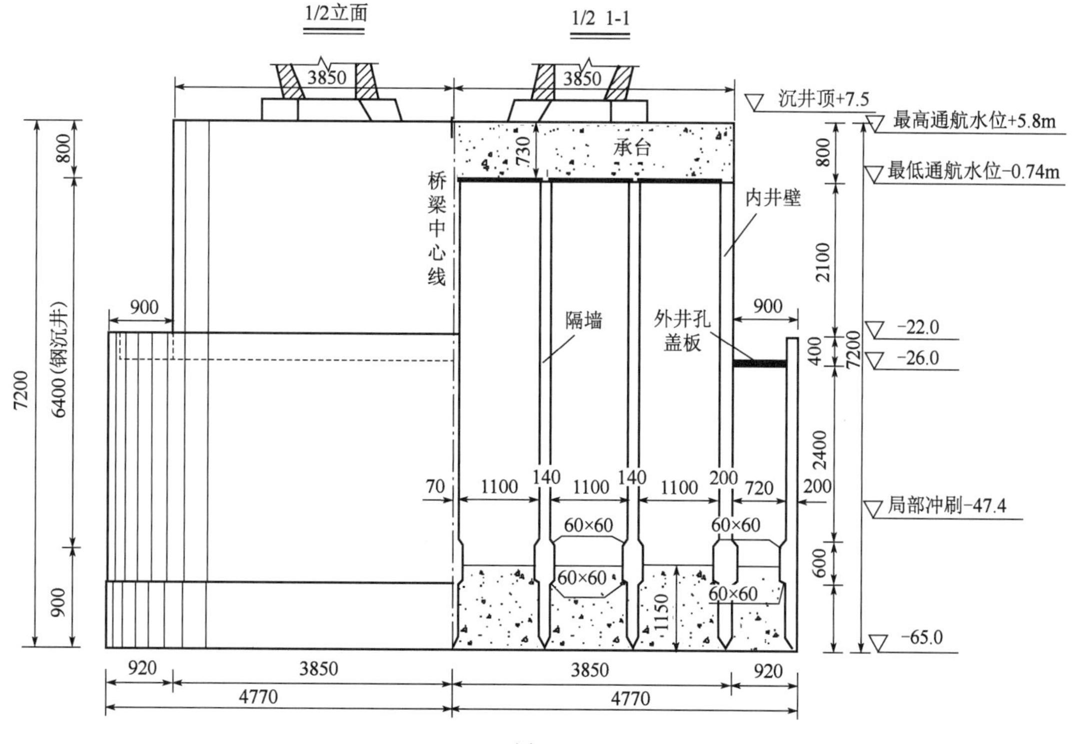

图 1

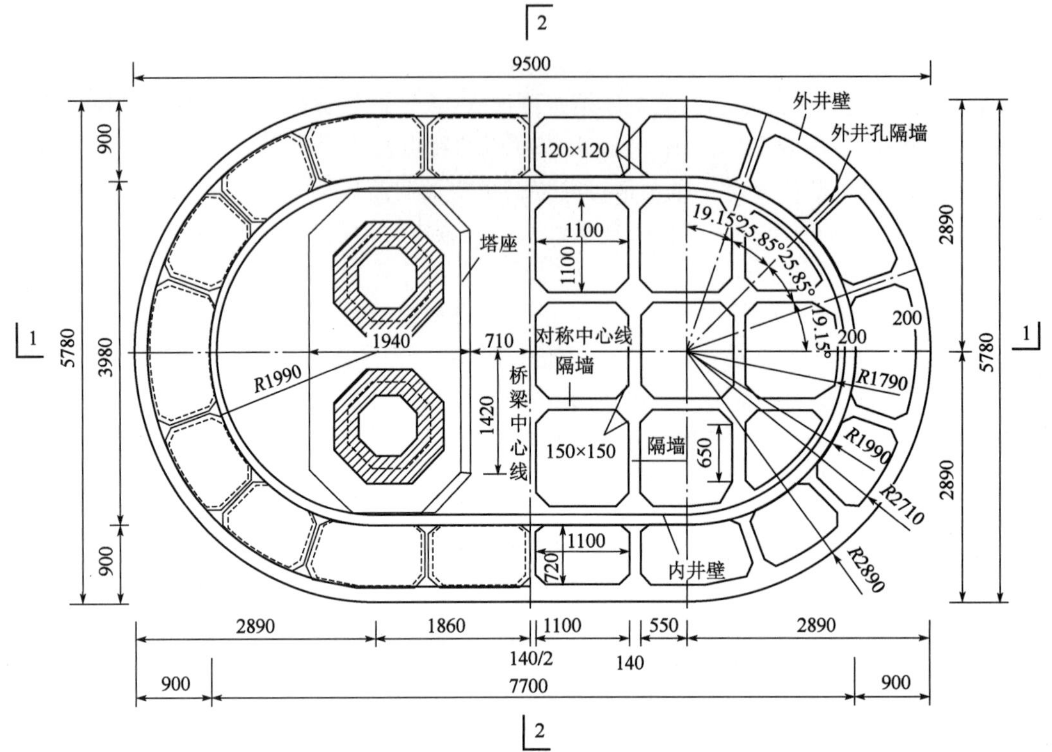

图1　沉井结构图(尺寸单位:cm;高程单位:m)

钢沉井下沉施工采用取土下沉,首先在预定的船厂内分块制造、助浮托板结构、沉井第1~7段共45m在船坞内组拼成整体后,船坞内注水,由拖轮拖带出坞。基础采用不排水下沉施工方法。沉井助沉措施为高压射水和空气幕;下沉施工分五次施工井壁混凝土(两次水下灌注、三次干浇筑)、两次接高钢沉井与外接围堰、四次取土下沉至设计高程,第一次接高第7、8节12m钢沉井与第6-1节4m外壁板顶部挡土墙,第二次接高第9、10节13m钢沉井,四次取土下沉的深度分别为13m、9m、5m、8m,下沉累计深度35m,设计高程-65m,墩位处河床预处理后高程-30.0m。

2.1　计算模型

采用ABAQUS按照实际情况进行建模建立地基土层的模型,土体模型宽度取300m×200m,土层整体厚度向下取140m,沉井模型由于存在变截面,故采用Rhino参数化进行建模,通过SAT格式导入ABAQUS中。沉井基础下沉穿过的土体如表1所示。整体模型包括土体、钢沉井、封底混凝土等部件。选用三维八节点单元(C3D8)对分析模型进行离散化处理。考虑到边界条件影响,横向与纵向分别约束土体垂直方向的平动自由度,模型底部同时约束空间各向平动与转动自由度。对沉井变截面位置、各细部构造位置等区域进行局部加密,节点总数为206590,单元总数为171961。整体模型与实际结构基本上相符合。整体三维网格模型如图2所示。

土体参数　　表1

土层名称	状态	土层厚度(m)	密度(g/cm^3)	黏聚力(kPa)	内摩擦角(°)	泊松比	弹性模量(MPa)
粉质黏土	硬塑	1.89	2.05	35.10	13.9	0.28	21.59
粉砂	中密	1.40	1.91	5.60	31.4	0.30	8.48
粉质黏土	软塑	6.0	1.92	35.10	13.9	0.35	18.56
粉砂	中密	6.2	1.91	5.60	31.4	0.30	8.48
粉质黏土	软塑	10	2.05	35.1	13.9	0.28	23.2
细砂	中密	2.71	1.91	2.5	36.8	0.3	8.48

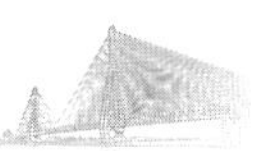

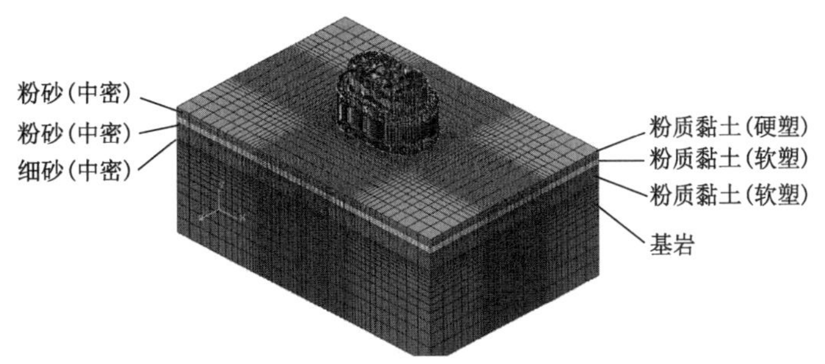

图2　整体三维模型图

2.2　沉井首次下沉模拟

沉井下沉本质上就是刃脚切土的过程。本工程沉井基础体量巨大,结构复杂,沉井第一节与第二节都是变截面,刃脚入土与土体相接触,刃脚截面与土体的接触的截面时刻都在发生变化,在这一过程中接触的设置尤其重要,但变化的接触截面不易进行设置,容易在后续的分析中造成接触的不收敛而进行多次调试,故为简化计算,便将沉井模型基础放置在第一次取土下沉完成时的位置,沉井基础与周围土体进行 tie 绑定约束,以刚度较大的沉井基础作为主控面,土体作为从属面,将沉井井壁与周围土体形成接触对。在对初始地应力平衡之后,沉井基础设定完成就可以进行分析计算。

3　首次下沉完成后沉井应力分析

沉井第一次下沉结束后的整体应力云图如图 3a)所示。由图 3a)可以看出,沉井基础在下沉结束后,沉井基础入土的部分大体上是受压的,上部的小部分是受拉的,沉井井壁应力值由上到下是逐渐增加的,且在靠近刃脚部位底截面达到最大值 -9.92MPa。而从图 3b)可以看出,在沉井的内侧应力值由上往下增加,在台阶处达到最大应力值 -3.15MPa,而后靠近刃脚根部的应力在减小,呈现上下中间大的分布情况。刃脚下部切土作用导致沉井井孔两侧的土体对刃脚以及隔墙进行挤压使隔墙与井壁受到的压应力大于其他位置,但隔墙与刃脚的应力有所差别。

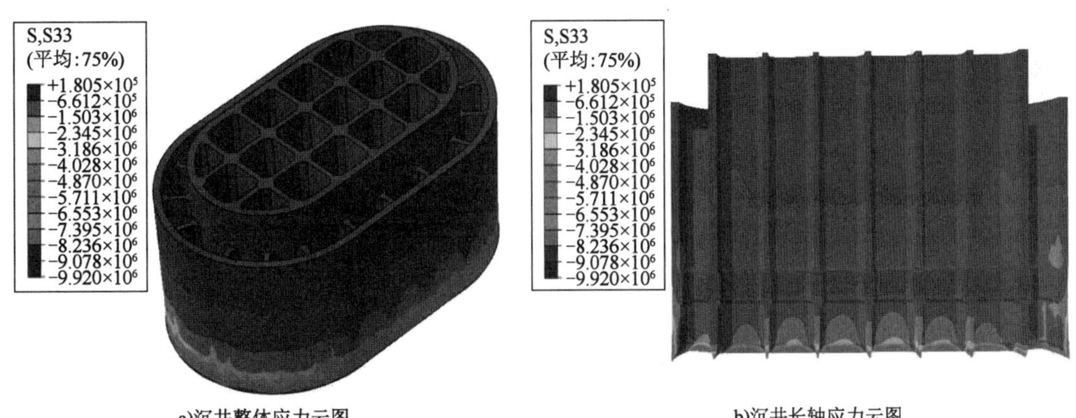

a)沉井整体应力云图　　b)沉井长轴应力云图

图3　沉井应力分布云图(单位:Pa)

为了进一步研究沉井基础在首次下沉结束井壁外侧的竖向应力分布情况,取沉井基础沿长轴的一半模型边缘为路径(图4),分析在0m(底部)、2m、8m 及 13m 高度下的路径应力情况。

由图 4 可知,在首次下沉结束后,沉井整体上截面是受压的,沿着路径的应力值在与隔墙连接处产生突变,在底部截面与 2m 截面上隔墙连接处应力值大于两侧应力,而在远离刃脚底部位置的 8m 截面与 13m 截面隔墙应力值小于两侧应力。由图 4 还可以看出,沉井基础的竖向应力越靠近刃脚则应力值越大,且增长速度也在加快,底部截面与 2m 截面的应力值随着路径的变化规律相似,底部截面路径上从起始点处 -9.65MPa 到路径中点处的 -6.5MPa,而后又逐渐上升到 -9.92MPa,而在 2m 截面上,路径应力值从 -5.48MPa 降低到 -3.53MPa,而后又上升为 -5.42MPa。8m 截面与 13m 截面的应力变化相似,与底部截面及2m截面略有不同,应力值先增加后减小,但总体上的圆弧中点处的应力值大于短轴向中点处应力值。总结图4可知,在沉井下沉结束后,越靠近底部应力越大,且在井壁与隔墙连接处的应力值会发生突变,在靠近刃脚的截面上,隔墙连接处井壁的应力大于两侧,但在远离刃脚截面则相反,整体上沉井路径上的应力值分布表现为两端大、中间小的情况,即圆弧段应力值大于直线段应力值。

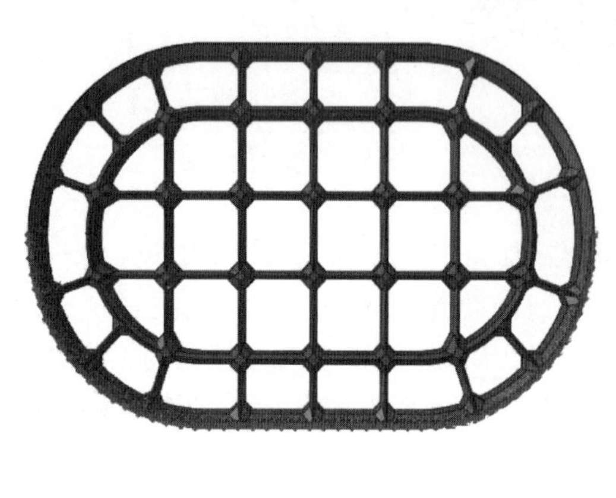

a)路径选择图

b)各截面应力分布图

图4 路径与不同高度截面应力分布图

将ABAQUS模拟值与实际监测数据进行对比,取沉井2m截面路径应力值与刃脚根部传感器应力值在路径上传感器数据进行对比,如图5所示。

图5中RGY-5与RGY-1分别对应路径的起始点与终点。由图5可知,在沉井结束后,沿着沉井路径上的实际监测值与模拟值变化形式相似,呈现中间小、两端大的形式,且实测值整体上比有限元模拟值大。这是因为在现场施工中存在着一些不确定因素导致应力的增大。整体上ABAQUS模拟值与实测值相差不大,基本符合实际情况。

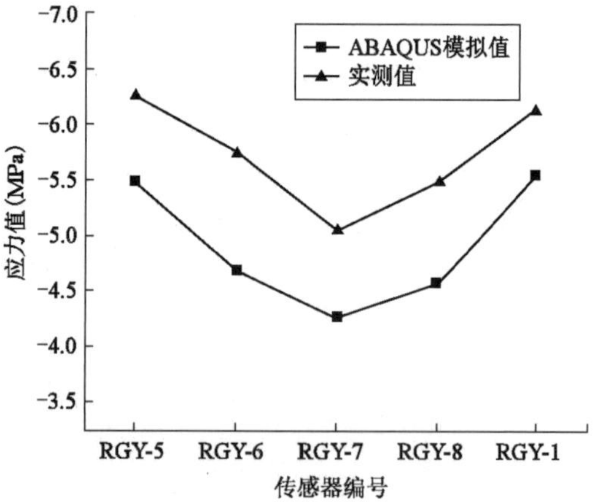

图5 ABAQUS模拟值与实测值对比图

4 首次下沉完成后沉井变形分析

沉井基础在下沉过程中,产生的水平位移与竖向位移相比较小,故本文只提取竖直位移进行分析来讨论其分布规律。沉井与土体竖向位移分布云图如图6所示。沿长轴方向将沉井分开一半提取不同高程截面的竖向位移如图7所示。

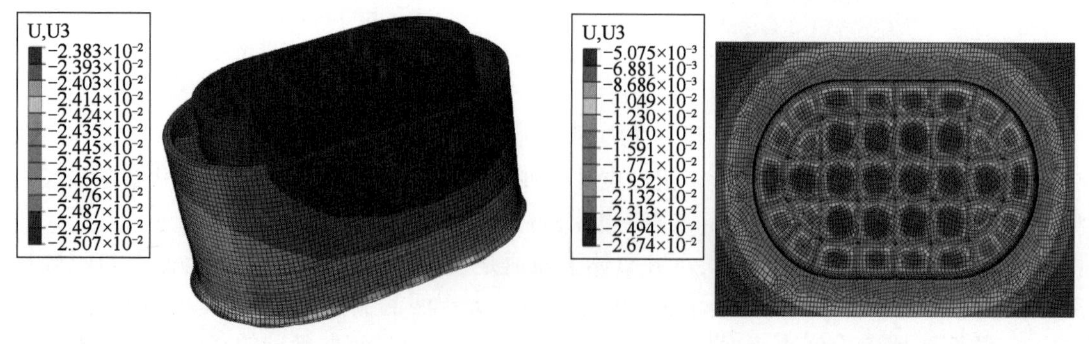

a)沉井竖向位移分布云图

b)土体竖向位移分布云图

图6 沉井与土体竖向位移分布云图(单位:m)

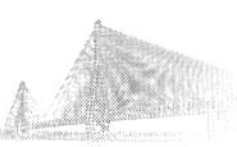

由图6可以看出,沉井在首次下沉结束后,沉井与土体都发生了一定量的沉降,由于超大沉井自身的重量,沉井上部有-2.5cm左右的位移,且位移量由上到下逐渐减小,这是因为沉井基础在下沉结束后,沉井下部的变形趋于稳定的状态;而从沉井的竖向位移分布云图[图6a)]可以看出,在同一截面上右侧位移量要大于左侧,这是由于沉井基础受到偏心荷载导致的不均匀下沉。而从土体的竖向位移分布云图[图6b)]可以看出,沉井隔墙位置土体的沉降大于井孔位置土体沉降,隔墙的沉降大致为2.1~2.3cm,而井孔内土体的沉降为5~6mm,最大沉降位置出现在沉井刃脚部位为2.67cm,在沉井中部井孔的沉降量小于外圈井孔沉降量。由图7可知,沉井外壁的沉降量在与隔墙连接处产生突变,隔墙连接处的位移量大于两侧,且整体上位移量从上部到底部逐渐降低,且在路径上从起始点到中点逐渐增加,而后又逐渐下降,表现为中间大、两端小的形式。

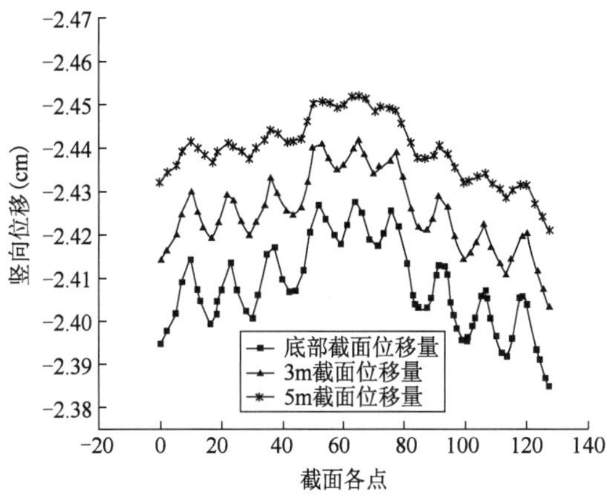

图7 不同高程截面竖向位移图

5 结语

本文针对常泰长江大桥6号主墩沉井基础首次下沉施工的仿真模拟,并通过分析沉井下沉结束后的应力与变位,得到了可以为后续超大沉井施工阶段的受力状况提供参考的结论:

(1)沉井基础下沉结束后,沉井基础整体上是受压的,从顶部靠近刃脚位置,受到的压应力逐渐增大。且沉井外壁在隔墙连接处的应力值会发生突变,在靠近刃脚底部截面隔墙连接处应力小于两侧,而在远离刃脚截面上,隔墙连接处应力值大于两侧。在沉井圆弧段应力值大于直线段应力值。所以在施工阶段可以着重注意沉井隔墙位置以及刃脚位置应力,加强对隔墙以及刃脚处的配筋。

(2)在沉井基础下沉完成时,沉井竖向位移量由上到下逐渐减小,且井壁沉降量在隔墙连接处会产生突变,隔墙连接处位移量大于两侧,整体上呈现为中间大、两端小的形式。沉井受到的偏心荷载则会导致沉井出现不均匀沉降量,而沉井在刃脚处的变形最为明显,且隔墙位置土体的沉降大于井孔位置土体沉降,最大沉降位置出现在沉井刃脚部位,故在沉井施加载荷时,尽量保证沉井上部的均匀受力,防止出现沉井姿态的大幅度变化,且在取土下沉中最好采用“先核心后周围,先井孔后井壁”的原则。

参考文献

[1] 顾晓鲁.地基与基础[M].3版.北京:中国建筑工业出版社,2003.

[2] 张凤祥,沉井沉箱设计、施工及实例[M].北京:中国建筑工业出版社,2010.

[3] 董晓朋.超深大沉井施工期间结构内力试验研究[D].成都:西南交通大学,2018.

[4] 罗朝洋.超深大沉井基础沉降监测及数值模拟分析[D].成都:西南交通大学,2019.

[5] 黄迪,朱劲松,祁海东.大型沉井下沉过程的应力变化规律[J].交通科学与工程,2018,34(1):40-49.

[6] 邓友生,万昌中,闫卫玲,等.大型圆形沉井结构应力及其周边沉降计算[J].岩土力学,2015,36(2):502-508.

[7] 朱斌,江涛,何志明,等.跨江桥梁主塔沉井结构与周边土体应力变形分析[J].人民长江,2017,48(S2):251-255.

[8] 何巧灵,魏汝明,熊辉,等.沉井基础侧摩阻力的计算与分析[J].施工技术,2020,49(S1):

1715-1719.

[9] 冯传宝.五峰山长江大桥北锚碇沉井基础变形分析[J].桥梁建设,2021,51(1):74-81.

[10] 潘亚洲,王琛,梁发云.大型沉井下沉阻力分布特征及相关工程问题[J].结构工程师,2020,36(6):134-143.

[11] 蒋炳楠,马建林,王蒙婷,等.超大型深水沉井下沉及渗流的离心模型试验研究[J].岩土工程学报,2020,42(12):2291-2300.

黏土-砂交互地层沉井下沉阻力研究

吕曹炯[1,2]，黄　锐[1,2]，马远刚[1,2]，刘彦峰[1,2]，刘少成[1,2]

（1. 桥梁结构健康与安全国家重点实验室，湖北武汉　430034；
2. 中铁大桥科学研究院有限公司，湖北武汉　430034）

摘　要　为明确交互地层中沉井下沉阻力特征，本文以常泰长江大桥6号墩沉井基础为背景，基于实测数据对黏土-砂交互式地层中大型沉井下沉过程中的刃脚踏面反力、侧壁压力及侧摩阻力的大小与分布规律进行研究。结果表明：沉井下沉阻力集中在外圈井壁，外圈井壁刃脚踏面反力与踏面埋置深度的相关性较高，且受沉井自重的影响显著，因下部粉质黏土层与粉砂、细砂层的极限承载力相当，外井壁刃脚踏面位于上述两土层内的踏面反力均值并无显著变化；在第3次浇筑井壁混凝土阶段，沉井底面位于粉砂、细砂层与下部粉质黏土层分界面，随着沉井自重增大，砂土层内的刃脚踏面反力显著增加，粉质黏土层内的刃脚踏面反力因受土层的超孔隙水压力消散的影响反而有所减小；刃脚踏面由砂层进入粉质黏土层后，位于砂土层内的沉井侧壁压力及下沉侧摩阻力显著增大。

关键词　公路铁路两用斜拉桥；沉井基础；交互地层；下沉阻力；刃脚踏面反力；侧壁压力；侧摩阻力

Study on Sink Resistance of Open Caisson in Clay-Sand Interaction Stratum

LV Cao-jiong[1,2], HUANG Rui[1,2], MA Yuan-gang[1,2], LIU Yan-feng[1,2], LIU Shao-cheng[1,2]

(1. State key laboratory for health and safety of bridge structures, Wuhan 430034, China;
2. China railway bridge science research institute co. LTD, Wuhan 430034, China)

Abstract　In order to clarify the characteristics of sinking resistance of caissons in interactive strata, based on the caisson foundation of No. 6 pier of Changtai Yangtze River Bridge, the size and distribution law of blade foot surface reaction, side wall pressure and side friction resistance during the sinking of large caissons in clay-sand interactive strata are studied based on the measured data. The results show that the sinking resistance of the caisson is concentrated in the outer ring shaft wall. The reaction force of the outer ring shaft wall blade foot surface is highly correlated with the burial depth of the foot surface, and is significantly indigenous affected by the weight of the caisson. Because the ultimate bearing capacity of the lower silty clay layer is equivalent to that of the silty sand layer and the fine sand layer, the mean value of the reaction force of the outer ring shaft wall blade foot surface in the above two soil layers has no significant change. In the third pouring concrete construction stage, the bottom of the caisson is located at the interface of silty sand, fine sand layer and the

基金项目：中铁大桥局集团有限公司科学技术研究与开发项目(2020-32-重点)。

作者简介：吕曹炯(1982—)，高级工程师，研究方向：桥梁与隧道施工技术。

lower silty clay layer. With the increase of the caisson weight, the blade-foot tread reaction in the sand layer increases significantly, and the blade-foot tread reaction in the silty clay layer decreases due to the dissipation of excess pore water pressure in the soil layer. After the blade tread enters the silty clay layer from the sand layer, the sidewall pressure and the sinking side friction of the caisson located in the sand layer increase significantly.

Keywords Dual-purpose cable-stayed bridge for highway and railway; open caisson foundation; interaction stratum; sink resistance; Step reaction force of blade foot; sidewall pressure; the sinking side friction

1 引言

准确分析沉井的下沉阻力是沉井下沉过程控制的前提，随着沉井基础越来越广泛地被用作大型桥梁基础，沉井在不同地层中的下沉阻力大小及分布特征研究是促进沉井基础发展的重点研究内容之一。实际工程中广泛采用在沉井制造阶段预埋传感器的方法对沉井下沉过程中的各项反力进行监测，并根据监测数据计算下沉阻力。相关学者根据监测数据对沉井下沉阻力大小及分布特征进行了研究，得到了一系列重要结论，如砂土层中侧壁压力沿深度呈折线形分布、淤泥层中侧壁压力沿深度近似线性增长等。但由于沉井下沉端阻力受地层特征、沉井自重及埋置深度等因素的影响，现有关于沉井下沉端阻力的研究成果常与实测值存在较大差异，沉井下沉侧摩阻力也因地层条件不同而差异显著，这导致沉井下沉阻力分析结果容易出现偏差，进而可能导致工程项目实施前预留下沉措施不足而出现滞沉、姿态倾斜等重大施工风险。

黏土-砂交互地层在长江中下游等地区广泛分布，兼有砂层和黏土层的特性，与单一土层的性质差异显著。交互地层的地层分界面起伏而导致沉井下沉过程出现倾斜风险的可能性极高，沉井底口进入不同地层会导致下沉端阻力和侧摩阻力发挥机制产生差异，从而明显增大沉井下沉的控制难度。而目前交互地层的沉井下沉阻力特征研究成果较少，为了填补现有研究成果的不足，结合常泰长江大桥6号墩沉井基础，对黏土-砂交互地层中沉井下沉阻力的大小及分布特征进行研究，以为类似工程提供参考。

2 工程概况

常泰长江大桥为主跨1176m的公铁两用双层钢桁斜拉桥，该桥6号墩采用沉井基础。该沉井基础采用圆端型截面，圆端半径28.9m，平面尺寸为95.0m×57.8m，是目前世界平面尺寸最大的水中沉井基础；沉井立面为台阶型，总高64.0m，下台阶高39.0m、上台阶高25.0m，终沉高程为-65.0m。

沉井下沉施工场地范围内，上部为硬塑粉质黏土层与粉砂交互层，分层较薄，下部为软塑粉质黏土与粉砂细砂交互层，分层相对较厚且地层分界面起伏较大，持力层为中密~密实细砂、中砂层。6号墩沉井构造及地层示意图见图1。为降低施工难度、缩短施工周期，在沉井着床前，预开挖上部硬塑粉质黏土与粉砂交互层，将河床开挖至-30.0m，接近第一层软塑粉质黏土层顶部。

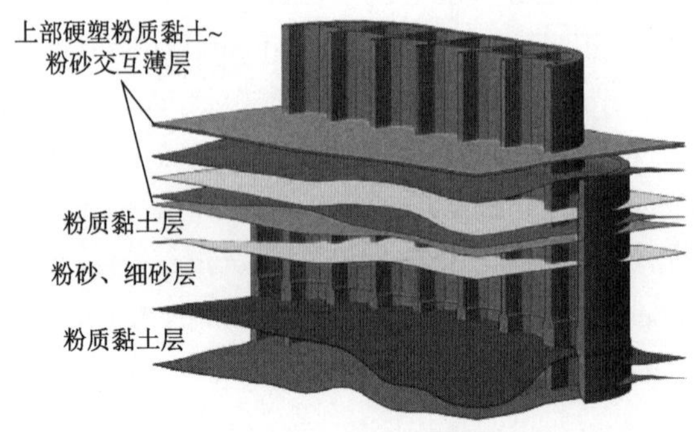

图1 常泰长江大桥6号墩沉井构造及地层示意图

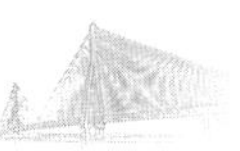

自 2020 年 1 月 16 日沉井精准定位着床后，经过 3 次井壁混凝土浇筑及 3 次取土下沉施工，各施工阶段的起止时间、起止底口高程及沉井自重关键参数见表 1。

各施工阶段关键参数 表 1

施工阶段	施工时间		底口高程(m)		沉井自重（万 t）
	起始	终止	起始	终止	
第 1 次混凝土浇筑	2020 年 2 月 19 日	2020 年 5 月 11 日	-31.08	-31.78	13.0
第 1 次下沉	2020 年 6 月 1 日	2020 年 8 月 8 日	-31.86	-41.86	13.0
第 2 次混凝土浇筑	2020 年 8 月 11 日	2020 年 8 月 28 日	-41.86	-42.15	20.2
第 2 次下沉	2020 年 11 月 2 日	2020 年 11 月 30 日	-42.15	-54.43	20.2
第 3 次混凝土浇筑	2020 年 12 月 1 日	2020 年 12 月 8 日	-54.53	-54.72	23.0
第 3 次下沉	2020 年 12 月 9 日	2021 年 1 月 28 日	-54.72	-64.73	23.0

注：沉井自重根据混凝土浇筑方量、钢壳重量等累加得到，计算结果与实际值可能存在一定偏差。

为提高沉井下沉过程的可控性、降低施工风险，需对其下沉阻力进行监测。钢壳预制阶段在沉井内、外井壁及隔墙刃脚踏面均匀布置了 119 个刃脚踏面反力监测点；在外井壁均匀布置了 12 列、6 层侧壁压力监测点，第 1～6 层侧壁压力测点距离外井壁刃脚踏面的高度依次为 2m、7m、12m、18m、24m、30m，测点编号规则为 CT-i-j，其中，i 表示测点层号，j 表示测点列号。监测点布置见图 2。

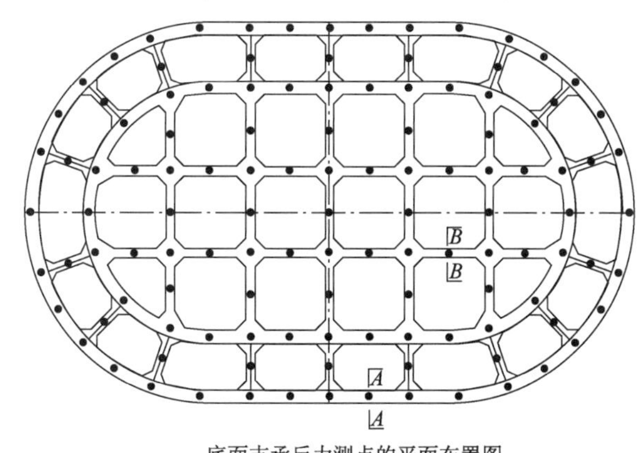

底面支承反力测点的平面布置图

A—A B—B

底面支承反力测点的立面布置图

a)刃脚踏面反力监测点

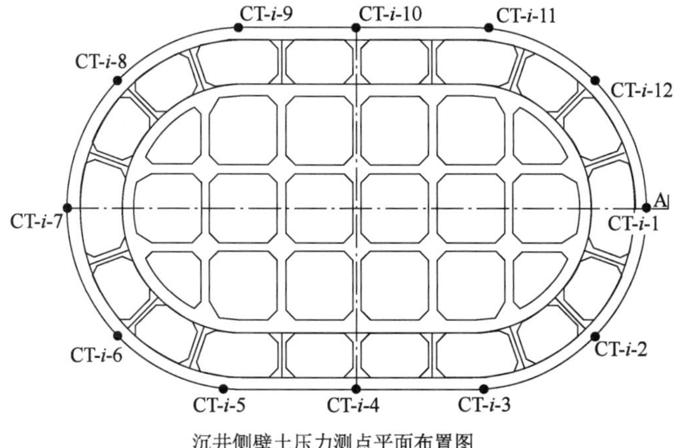

沉井侧壁土压力测点平面布置图

CT-6-j
CT-5-j
CT-4-j
CT-3-j
CT-2-j
CT-1-j
A—A

沉井侧壁土压力测点立面布置图

b)侧壁压力监测点

图 2　监测点布置

3 下沉阻力分析

3.1 刃脚踏面反力

6 号墩沉井按照“台阶法”控制井孔内的取土深度。为准确描述沉井全断面的刃脚踏面反力分布规律,将沉井由内而外分为核心区隔墙、内圈井壁、连接隔墙、外圈井壁 4 个区域。沉井分区示意图见图 3。

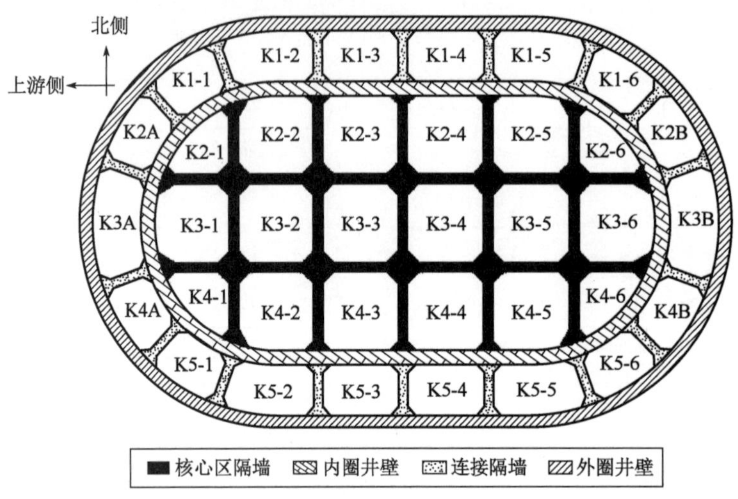

图 3 沉井分区示意图

3 次取土下沉过程中,各区域刃脚踏面反力均值随沉井下沉深度变化曲线见图 4。由图 4 可知:因核心区井孔内取土至隔墙踏面以下,核心区隔墙及内圈井壁的刃脚踏面埋置深度较小,其刃脚踏面反力与对应深度的水压力相当;连接隔墙的刃脚踏面反力略大于核心区隔墙,且在第 1 次和第 3 次取土下沉阶段沉井穿过粉质黏土层,该区域刃脚踏面反力随外圈井孔取土而上下波动;沉井端阻力集中在外圈井壁,外圈井壁的刃脚踏面反力均值为 3.0 ~ 4.8MPa。

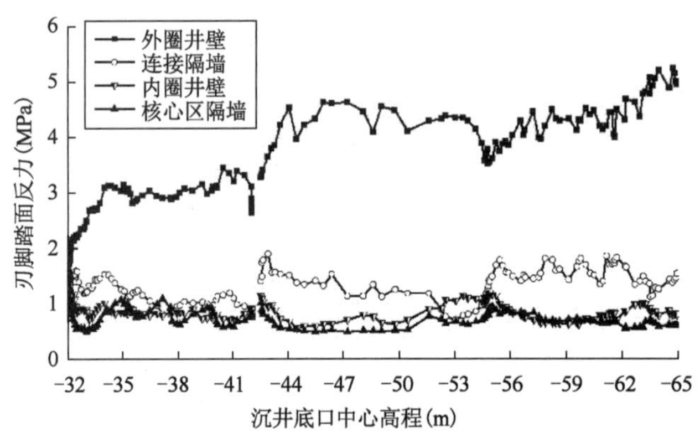

图 4 各区域刃脚踏面反力均值随沉井下沉深度变化曲线

图 4 中监测数据显示,正常取土下沉过程中,同一施工阶段内的外圈井壁的刃脚踏面反力均值变化幅值较小,而不同取土施工阶段反力差异显著,如第 1 次和第 2 次取土下沉时外圈井壁刃脚踏面反力均值分别为 3.0 ~ 3.2MPa、4.2 ~ 4.5MPa。在浇筑井壁混凝土前,为降低因浇筑井壁混凝土造成核心区隔墙底部结构应力过大的风险,在第 1 次及第 2 次取土下沉末期增大了外圈井孔的取土深度,使核心区隔墙踏面被有效支承,增大取土深度后对应外圈井壁的刃脚踏面反力均值显著减小,如第 2 次下沉末期外圈井壁刃脚踏面反力均值由 4.4MPa 减小至 3.6MPa。

由上述分析可知,外圈井壁刃脚踏面反力是沉井下沉阻力研究的重点。由本项目监测数据的变化规律可知,刃脚踏面反力与踏面埋置深度、地层条件及沉井自重等因素相关,故下文对沉井刃脚踏面反力与上述因素的相关性进行分析。

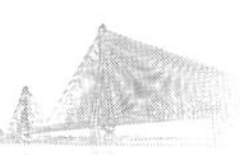

3.1.1 刃脚踏面反力与埋置深度相关性

选取监测数据较为完整的K5-4、K5-5井孔(图3)研究外圈井壁刃脚踏面反力与埋置深度的关系,K5-4、K5-5井孔对应位置的上部粉质黏土层与粉砂、细砂层(简称砂土层)的分界面高程分别为-41.0m和-41.3m,砂土层与下部粉质黏土层的分界面高程分别为-54.59m和-53.83m。两个井孔外圈井壁的刃脚踏面反力及埋置深度随沉井底口高程变化曲线见图5。由图5可知:刃脚踏面反力与刃脚踏面埋置深度的相关性较高,这与文献[15]所示结论基本一致。且监测数据显示,在砂土层与下部粉质黏土层内,两者的相关性并无显著变化。

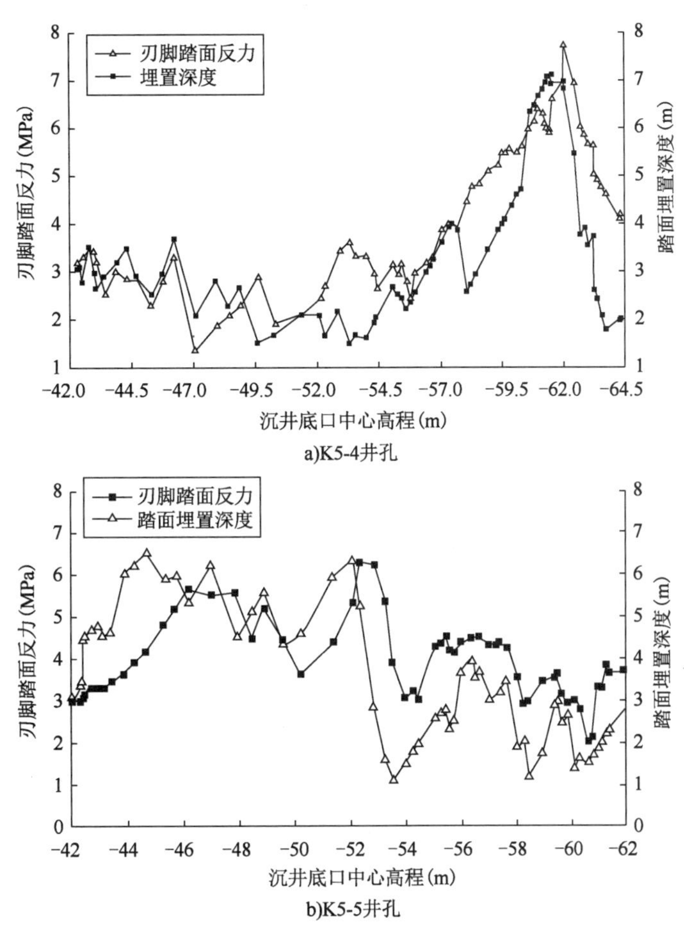

图5 刃脚踏面反力及埋置深度随沉井底口中心高程变化曲线

3.1.2 刃脚踏面反力与地层相关性

场地范围内的静力触探试验结果显示,砂土层与下层粉质黏土层的锥尖阻力相差较大,分别为10~20MPa与5~10MPa。故在项目实施初期判断沉井底口由砂土层进入下层粉质黏土层过程中,有出现刺入式突沉的风险,但是实际实施过程中发现沉井刃脚踏面反力并未随地层发生显著变化,也未出现突沉现象。根据《铁路工程地质原位测试规程》(TB 10018—2018)关于利用静力触探试验结果评估地基极限承载力的方法,可计算砂土层与粉质黏土层的天然地基极限承载力分别为747~1149kPa与863~1498kPa,即虽然粉质黏土层的锥尖阻力小于砂土层,但两层土的极限承载力并无显著差异。地基与极限承载力是影响外井壁刃脚踏面反力的关键因素之一,故外圈井壁刃脚踏面反力并未随沉井底口因砂土层进入下部粉质黏土层而显著减小,也未出现刺入式突沉。

3.1.3 刃脚踏面反力与沉井自重相关性

第2次浇筑井壁混凝土及其前后一段取土下沉施工阶段内,沉井底口位于粉质黏土层及砂土层地层分界面上,该阶段位于粉质黏土层和砂土层的外圈井壁刃脚踏面反力均值变化曲线见图6。由图6

可知:①在第2次浇筑井壁混凝土前(2020年8月8—10日),抽排隔舱内的水导致沉井自重减少约2.1万t,刃脚踏面反力均显著减小。②随着井壁混凝土浇筑(2020年8月10—28日),刃脚踏面反力逐渐恢复至减重前的水平;随着沉井自重继续增大,砂土层内的刃脚踏面反力随之增长,而粉质黏土层内的刃脚踏面反力并未随之增大;在第2次混凝土浇筑完成至第2次取土下沉开始前(2020年8月28日—2020年11月2日),沉井自重、刃脚埋置深度等条件保持不变,砂土层内的刃脚踏面反力保持稳定,而粉质黏土层内的刃脚踏面反力均值减小约0.3MPa。究其原因,由于在外圈井壁在切土下沉阶段,作用在地基土上的荷载远大于对应深度地基土自重应力,粉质黏土层内形成超孔隙水压力;在浇筑井壁混凝土阶段,粉质黏土层内的超孔隙水压力消散,与沉井自重共同影响刃脚踏面反力,因沉井底部全断面支承,自重增量对外圈井壁刃脚踏面反力的影响有限,且砂土与粉质黏土层的变形差异会导致反力重分布,所以位于粉质黏土层内的外圈井壁刃脚踏面反力并未随沉井自重增大而增大,甚至出现反力减小的现象。③开始第2次取土下沉后(2020年11月2日之后),砂土层及粉质黏土层内的刃脚踏面反力快速增大,两种地层内的刃脚踏面反力随井孔内取土深度上下波动,但是其最大值并无显著差异。端阻力是调整沉井下沉时的竖向力动态平衡的主要因素,在沉井自重因浇筑井壁混凝土而显著增大后,沉井再次启动下沉,端阻力再次集中在外圈井壁上,为保持沉井竖向力动态平衡,对应外圈井壁刃脚踏面反力显著增大,第2次下沉之初刃脚踏面反力远大于第1次取土下沉末。

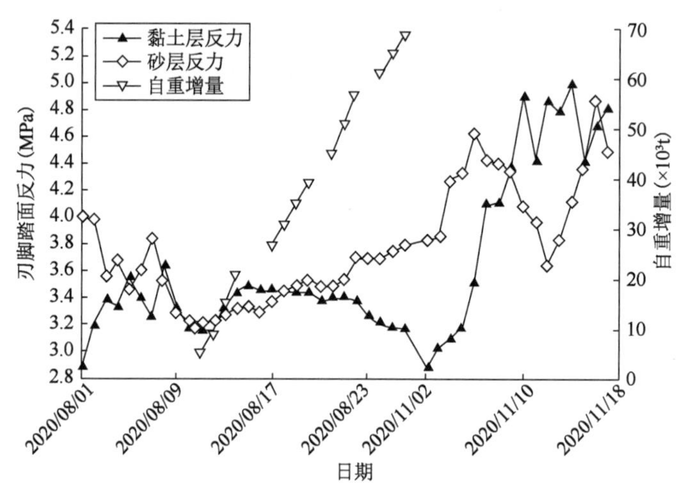

图6　外圈井壁刃脚踏面反力均值变化曲线

3.2　侧壁压力及侧摩阻力

与淤泥层中沉井侧壁压力沿深度近似线性增长及砂土层中沉井侧壁压力呈中下部最大、上下两端较小的分布规律不同,黏土-砂交互地层中沉井侧壁压力随刃脚进入不同地层而显著变化。为对比刃脚踏面由砂层进入黏土层和刃脚踏面完全位于砂土层两种情况下,侧壁压力的变化规律,选取了第4列(CT-i-4)和第6列(CT-i-6)侧壁压力为对象进行分析,两列侧壁压力沿路面高程分布曲线见图7,其中第4列侧壁压力监测点对应位置的砂土层与下部粉质黏土层的分界面约为-55.0m,第6列侧壁压力监测点对应位置在-70.59~-42.4m高程范围内均为砂层。由图7可知:在刃脚踏面未进入下部粉质黏土层前,两列侧壁压力沿深度分布特征与一般砂层相同,刃脚踏面进入粉质黏土层后,第二层侧壁压力显著增大。

为进一步分析刃脚踏面进入粉质黏土层前后底部2层侧壁压力的变化规律,选取沉井第4列靠下部2层监测点为对象进行分析,沉井侧壁压力随下沉深度变化曲线见图8。由图8可知:在刃脚踏面未进入粉质黏土层前,两层侧壁压力监测点均位于砂土层,下部CT-1-4测点(踏面以上2m)的侧壁压力较小,CT-2-4测点(踏面以上7m)的侧壁压力受沉井几何姿态及井孔取土深度等因素影响而小幅波动;刃脚踏面进入粉质黏土层后,CT-1-4测点的侧壁压力随下沉深度逐渐增大,而CT-2-4测点的侧壁压力显著增大。

以刃脚踏面至-60.0m为例,CT-2-4测点对应位置的侧壁压力实测值为0.76~0.85MPa,大于对应深度的侧壁压力计算值(水压力与静止土压力之和,约为0.64MPa)。分析原因,外圈井壁刃脚进入粉质黏土层后，土体向井孔内变形移动的通道隔断，井孔内取土对井壁外地基土的应力释放作用显著减弱，侧壁压力及侧摩阻力显著增大，因井壁作用于土体向下的侧摩阻力会进一步增大地基土的有效应力，故沉井刃脚踏面进入粉质黏土层后，砂土层内的侧壁压力显著增大，大于对应深度的静止土压力与水压力之和。

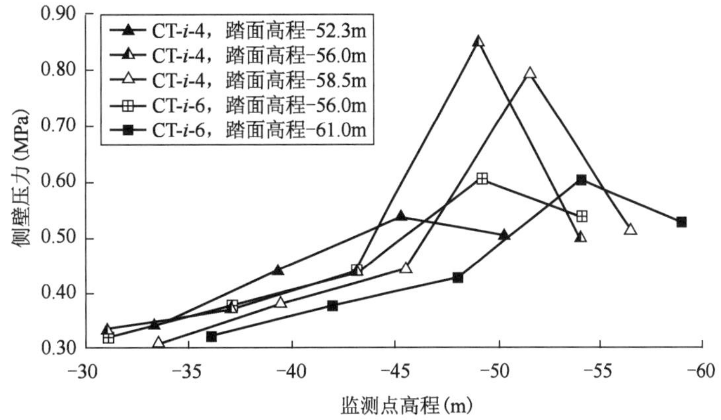

图7　沉井底口在不同地层的侧壁压力分布曲线

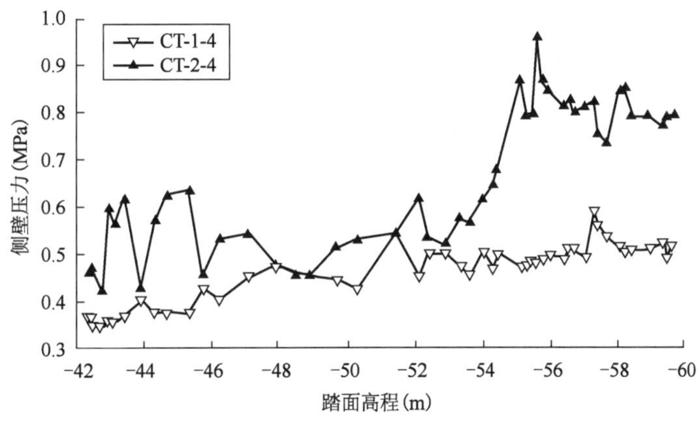

图8　沉井侧壁压力随下沉深度变化曲线

在沉井第2次下沉末，外圈井壁刃脚踏面由砂土层逐渐进入到粉质黏土层，造成砂层内的侧壁压力增大幅值约为0.2MPa(图8)，砂土层的摩擦角为38°，钢-土体接触界面的剪切强度的折减系数取值为0.5，根据文献[10]所述方法计算下沉侧摩阻力，确定沉井底口进入粉质黏土层后，位于砂层的侧壁摩阻力增量约为2.40×10^5kN，其变化量与第2次下沉末至第3次下沉初沉井自重及端阻力的变化幅值相当，侧面验证了侧阻力计算结果的合理性。同时由于下沉侧摩阻力显著增大，造成端阻力占下沉总阻力的比重显著降低(图9)。

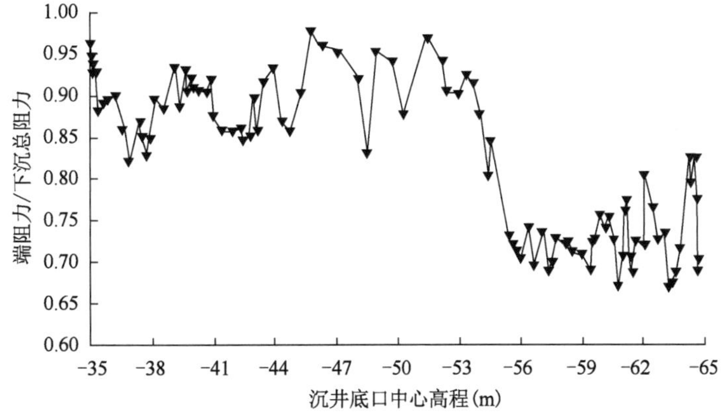

图9　端阻力占下沉总阻力比重随沉井底口中心高程变化曲线

4 结语

本文以常泰长江大桥6号墩沉井基础为背景，基于监测数据，研究了大型沉井在黏土-砂交互地层中下沉过程中的刃脚踏面反力和侧壁压力，得到如下结论：

(1)按照“台阶法”取土过程中，沉井下沉阻力集中在外圈井壁，外圈井壁刃脚踏面反力与其埋置深度的相关性较高，且受沉井自重的影响显著。由于砂土层与下部粉质黏土层的地基承载力相当，外圈井壁刃脚踏面反力并未随沉井底口由砂土层进入下部粉质黏土层而显著变化。

(2)浇筑井壁混凝土阶段，受沉井自重增大及外圈井壁刃脚切土下沉过程中粉质黏土层内产生的超孔隙水压力消散的双重影响，位于粉质黏土层内的外圈井壁刃脚踏面反力减小，砂土层的外圈井壁刃脚踏面反力不受超孔隙水压力影响而随沉井自重增加显著增大。

(3)沉井底口由砂土层进入粉质黏土层后，沉井侧壁压力显著增大且大于对应深度的静止土压力。

参考文献

[1] 徐华，闫杰超，孙永华，等. 台阶型沉井水动力特性及局部冲刷影响研究[J]. 世界桥梁，2022，50(2)：64-70.

[2] 李军堂，秦顺全，张瑞霞. 桥梁深水基础的发展和展望[J]. 桥梁建设，2020，50(3)：17-24.

[3] 韦庆冬. 五峰山长江特大桥沉井基础施工监控[J]. 桥梁建设，2019，49(3)：108-113.

[4] 周和祥，马建林，李军堂，等. 深大沉井下沉阻力的现场监测[J]. 公路交通科技，2019，36(7)：81-89.

[5] 刘毅，唐炫，冯德定. 马鞍山长江大桥北锚碇沉井监测分析[J]. 公路，2015，60(12)：107-113.

[6] 刘彦峰，刘少成，黄锐. 深厚淤泥土层大型沉井基础下沉阻力研究[J]. 世界桥梁，2020，48(3)：58-63.

[7] 穆保岗，朱建明，牛亚洲. 南京长江四桥北锚碇沉井监控方案及成果分析[J]. 岩土工程学报，2011，33(2)：269-275.

[8] 周和祥，马建林，张凯，等. 沉井下沉阻力离心模型试验研究[J]. 岩土力学，2019，40(6)：1-8.

[9] 周和祥，马建林，李军堂，等. 深大沉井下沉阻力的现场监测[J]. 公路交通科技，2019，36(7)：81-90.

[10] 穆保岗，朱建民，等. 大型沉井设计、施工及监测[M]. 北京：中国建筑工业出版社，2015.

[11] 马远刚，刘彦峰，黄锐. 深厚淤泥层大型沉井突沉机制及预警指标研究[J]. 桥梁建设，2019，49(S1)：33-38.

[12] 李兴华，潘东发. 武汉杨泗港长江大桥主桥施工关键技术[J]. 桥梁建设，2020，50(4)：8-17.

[13] 汤忠国. 常泰长江大桥6号墩沉井下沉施工关键技术[J]. 世界桥梁，2021，49(6)：40-45.

[14] 秦顺全，谭国宏，陆勤丰，等. 超大沉井基础设计及下沉方法研究[J]. 桥梁建设，2020，50(5)：1-9.

[15] 闫富有，时刚. 沉井下沉过程刃脚的极限土阻力分析[J]. 岩土力学，2013，34(S1)：80-87.

[16] 国家铁路局. 铁路工程地质原位测试规程：TB 10018—2018[S]. 北京：中国铁道出版社，2018.

[17] 王永洪，马加骁，张明义，等. 粉土与粉质黏土互层中静压桩桩土界面径向土压力研究[J]. 中南大学学报(自然科学版)，2021，52(10)：3717-3727.

[18] 王建，刘杨，张煜. 沉井侧壁摩阻力室内试验研究[J]. 岩土力学，2013，34(3)：659-667.

[19] 穆保岗，别倩，赵学亮，等. 沉井下沉期荷载分布特征的细观试验[J]. 中国公路学报. 2014，27(9)：49-56.

[20] 陈小平，茜平一，张志勇. 沉井基础下沉阻力分布特征研究[J]. 岩土工程学报，2005，27(2)：148-152.

超大沉井基础取土下沉刃脚土压力变化规律研究

蒋　凡，刘　华，岳　青，杨文爽

（中铁桥隧技术有限公司，江苏南京　210061）

摘　要　本文依托常泰长江大桥主塔沉井基础工程，采用三维有限元方法，模拟了大型沉井首次取土下沉阶段刃脚土压力的变化过程，并结合现场刃脚土压力实测数据，分析了沉井下沉工序对刃脚土压力分布的影响以及取土过程中刃脚土压力的变化规律。现场监测结果表明：刃脚实际土压力变化规律基本上佐证了数值模拟结果。井孔内取土导致取土区域沉井刃脚处土压力下降，取土区域刃脚土压力随取土厚度的增大而逐渐降低，土体压应力转移至尚未取土区域的刃脚处。由内井孔向外井孔区域取土过程中，刃脚土压力向外井孔刃脚区域转移，导致外井壁和外隔墙区域刃脚土压力逐渐增大，直至达到其极限承载力，外井壁区域土体进入塑性状态，沉井出现明显下沉。给出的沉井刃脚处土压力的变化规律可为同类大型沉井可控下沉提供指导。

关键词　沉井基础；下沉过程；刃脚土压力；数值模拟；现场监测数据

Study on Variation Trend of Soil Pressure Under Cutting Edges of the Super Large Caisson during Sinking Stage

JIANG Fan，LIU Hua，YUE Qing，YANG Wen-shuang

（China Railway Bridge & Tunnel Technologies Co.，Ltd.，Nanjing 210061，China）

Abstract　Relying on the foundation engineering of the main tower caisson of Changtai Yangtze River Bridge，the variation of the soil pressure under the cutting edges of the caisson is modeled in the initial sinking stage by FEM. In combination of the field measurements of the soil pressure，the variation trend of the soil pressure is analyzed along the cutting edges of the caisson during the excavation steps. The study shows that the numerical results are in agreement with the field measured soil pressures. The soil pressure will decrease in the region where the soil is excavated in caisson cells. It decreases more obviously while the excavation becomes deeper，and the soil pressure will increase in the cutting edges of the neighbouring caisson cells. In the process of excavation from internal caisson cells to outer ones，the soil pressure of the cutting edges of the outer

作者简介：蒋凡（1990—），男，工学硕士学位，工程师，研究方向：大跨径桥梁、隧道、沉井等施工控制、设计及施工。

bulkhead and skin of caisson accumulates. Finally, the soil reaches the bearing capacity and it develops into plastic state. The caisson sinks obviously. The work performed in the paper helps guide the smooth sinking of the similar caisson.

Keywords Caisson foundation; the sinking process; earth pressure on the foot blade; numerical simulation; field monitoring data

1 引言

近年来,随着经济水平的不断提高和交通建设的不断发展,我国桥梁规划、建设数量不断增多,桥梁跨径不断刷新世界纪录。沉井基础具有承载力高、整体性好、刚度大、占地面积小等优点,在大型桥梁建设中应用日益广泛。然而,目前沉井下沉施工大多仍依靠工程经验,下沉阻力变化规律不明确,下沉过程可控性差,沉井下沉过程研究亟待加强。仅依靠工程经验进行大型沉井取土下沉已严重影响沉井施工的安全性和沉井结构的可靠性。

沉井下沉阻力分布可以反映沉井整体受力状态,下沉阻力是制定沉井取土方案的基础,其中刃脚土压力是沉井下沉阻力研究的关键。许多学者从不同角度对施工过程中的沉井刃脚土压力进行了研究。闫富有等基于滑移线场理论,建立了下沉过程中沉井极限土阻力近似计算模型并导出平面应变问题、轴对称问题极限承载力计算公式,研究表明随刃脚入土深度和刃脚倾斜角增大,公式中承载力系数显著增大;徐伟等利用类似方法,编程计算确定环形沉井刃脚斜面土压力分布特征及变化规律,通过工程实例分析对有关规律进行了验证;蒋炳楠等通过常规模型试验模拟了沪苏通长江公铁大桥沉井下沉过程,得出下沉过程中刃脚斜面、踏面应力分布规律;周和祥等利用离心模型试验,深入研究沉井下沉过程中刃脚斜面和踏面土压力的分布规律和影响因素,发现随着入土深度增加,单位投影宽度刃脚斜面与踏面土阻力比值基本不变。施洲、朱建民、钟俊辉、穆保岗等各自结合实际工程,利用现场实测数据绘制刃脚土压力变化时程曲线,为沉井阻力和下沉行为分析提供依据。张治成、马远刚等重点研究了沉井突沉的力学机制,发现沉井突沉前刃脚土压力会显著减小的规律。

目前对沉井阻力的研究大多集中在沉井基础处于某一状态下的刃脚土压力大小及其分布特征上,鲜有涉及刃脚土压力随取土工序的变化特征研究。事实上,沉井刃脚土压力变化规律与取土工序直接相关。因此,结合沉井取土工序开展刃脚土压力的变化规律研究对于确保大型沉井安全下沉具有重要的指导意义。

本文依托常泰长江大桥主塔超大沉井基础施工工程,通过有限元方法,研究了大型沉井首次取土下沉阶段刃脚土压力的变化过程,并结合刃脚土压力实际监测数据,揭示了沉井刃脚土压力随取土工序的变化规律,为常泰长江大桥主塔超大沉井下沉提供了技术支撑。基于本文研究内容,沉井取土下沉过程中可以提前根据数值模拟结果判断沉井下沉过程是否稳定,通过对计算结果中的沉井沉降、姿态和关键点处的应力进行分析,判断沉井取土下沉过程是否存在过快下沉、滞沉和倾斜等异常情况,避免取土过程中潜在的施工风险,通过不同取土方案分析,对比分析得出最优取土方案,初步确定分区分步计划等,指导工程实践。研究成果也可为类似大型沉井下沉预测提供借鉴。

2 工程概况

2.1 工程基本情况

常泰长江大桥连通常州市和泰兴市,采用双塔双索面非对称布置公铁两用斜拉桥形式。桥梁上层为双向六车道高速公路,下层为城际铁路和双向四车道普通公路。主航道桥跨径为1176m,是目前世界上已建和在建桥梁中跨径最大的斜拉桥。常泰长江大桥总体布置如图1所示。

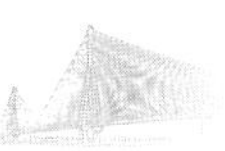

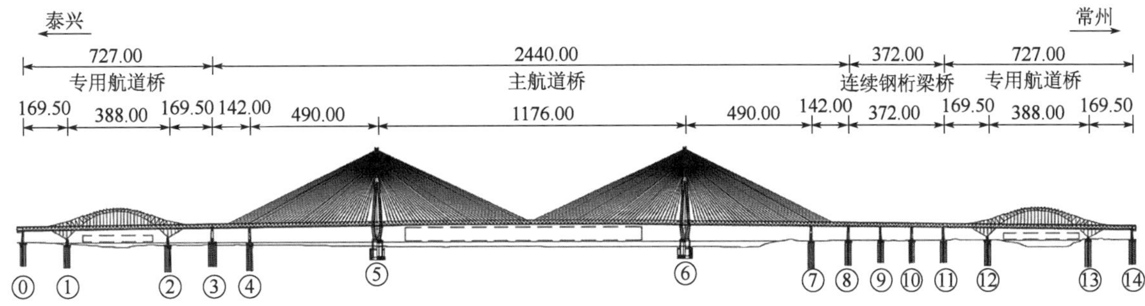

图1　常泰长江大桥总体布置(尺寸单位:m)

常泰长江大桥主塔沉井基础采用圆端型平面形式,立面方向首创"上小下大"的台阶式造型;沉井底面横桥向长为95.00m、纵桥向宽为57.80m、圆端半径为28.90m,顶面长为77.00m、宽为39.80m、圆端半径为19.90m,沉井总高为72.00m,其中下阶为43.00m、上阶为29.00m,目标底高程为-65.00m;从上到下全部采用钢壳混凝土形式,是世界上最大的水中钢沉井。沉井包括36个井孔,其中内井孔和外井孔各18个(内井壁区域内部的井孔为内井孔,内井壁和外井壁区域之间的井孔为外井孔);外井壁厚为1.80m,内井壁厚为2.00m,隔墙(包含外隔墙和内隔墙)厚为1.40m。主塔沉井结构如图2所示,沉井各区域名称示意图见图3。结合地质勘查报告、静力触探现场试验结果和工程经验,综合确定土体分层情况和土层参数,详见表1。

土体分层情况及土体参数　　表1

序号	土层	厚度(m)	重度(kN/m^3)	泊松比	黏聚力(kPa)	内摩擦角(°)
1	粉质黏土	4.60	19.4	0.35	28.27	11.10
2	松散粉砂	5.50	20.6	0.27	5.60	31.40
3	硬塑粉质黏土	3.10	20.0	0.32	41.33	20.94
4	稍密粉砂	1.90	20.6	0.28	6.52	35.43
5	软塑粉质黏土	6.50	19.0	0.34	37.92	18.06
6	中密粉砂	8.50	20.6	0.26	5.60	31.40
7	密实细砂	5.70	19.8	0.25	4.70	35.20
8	密实中砂	2.4	20.0	0.25	3.90	36.50

2.2　传感器布置

刃脚土压力能够直观反映沉井端部的受力特征,对分析、预测和指导沉井下沉具有重要意义。因此,常泰长江大桥主塔沉井基础共布置了119个土压力传感器(其中外井壁36个,外隔墙18个,内井壁28个,内隔墙37个),传感器在沉井基础底面的平面布置如图4所示,图中实心圆点代表土压力传感器。

2.3　取土工序

传统取土工序一般采用井内超深取土的方法,部分沉井取土下沉工程结合工程实践对取土工序进行创新,例如:鹦鹉洲长江大桥北锚碇沉井采用内侧环向均匀取土、中间缓吸施工的取土工艺,利用中心土体和内外水头差产生反压作用,确保沉井平稳下沉;五峰山公铁大桥北锚碇沉井下沉过程中提出了十字槽开挖、分区开挖等创新取土工艺并顺利应用于工程实践。本沉井取土下沉工程结合取土工序规律研究和工程经验,采用"先内井孔后外井孔、先井孔内土体后盲区土体、分区均匀对称取土、及时纠偏"的原则进行沉井取土下沉。沉井整体取土施工见图5,沉井首次取土前泥面高程为-30.00m,沉井外井壁底面高程为-31.85m,首次取土厚度2.85m,取土后泥面高程-32.85m。首次取工序如表2所示,工序示意图见图6。

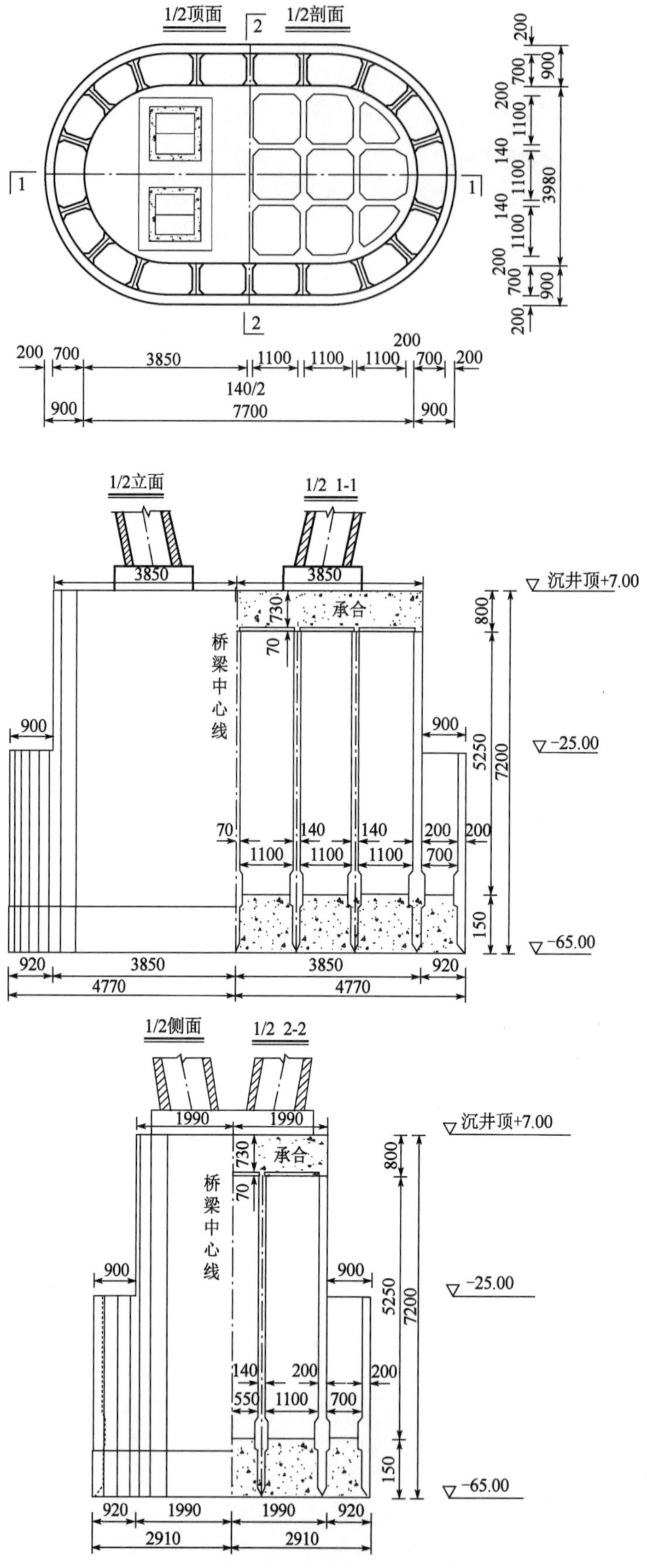

图2　沉井结构图(尺寸单位:cm;高程单位:m)

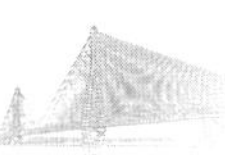

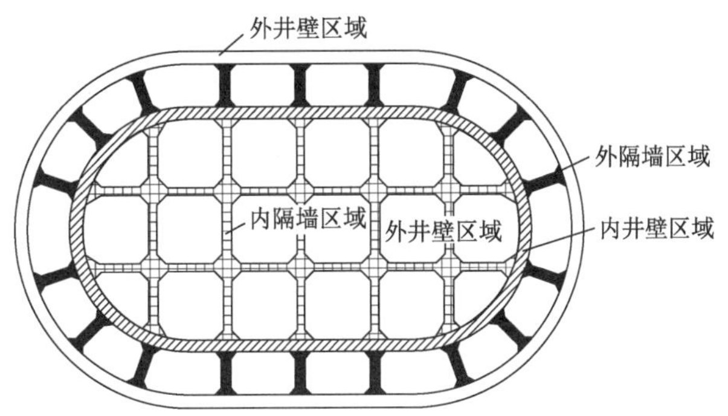

图3　沉井各区域名称示意图

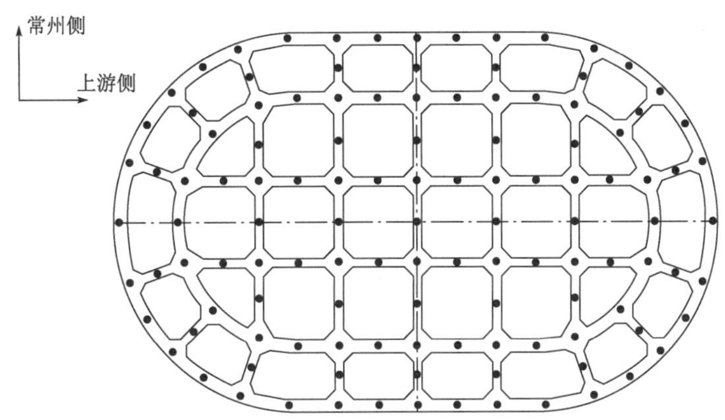

图4　传感器在沉井基础底面的平面布置图

a)沉井现场取土

b)沉井整体俯视图

图5　沉井整体取土施工图

首次取土工序　　表2

取土工序	工序详情
1	泥面高程为 -30.00m,外井壁刃脚底面高程为 -31.85m,沉井有效质量为69286t
2	内圈18个井孔取土至 -31.35m(取土厚度为1.35m)
3	内圈18个井孔和内隔墙下土体盲区取土至 -31.85m(取土厚度达到1.85m)
4	外井孔贴内井壁外侧2.00m范围内取土至 -32.85m(取土厚度达到2.85m)

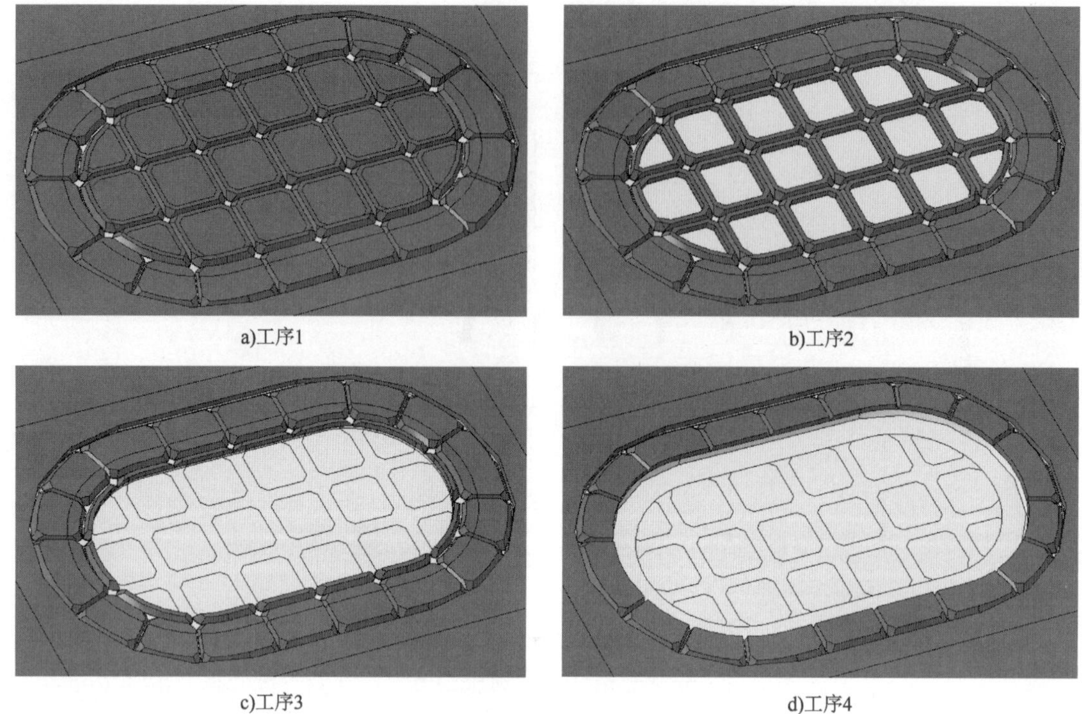

a)工序1　b)工序2

c)工序3　d)工序4

图6　首次取土工序示意图

3　三维有限元数值分析

3.1　三维有限元模型

3.1.1　三维有限元模型的建立

使用有限元软件 ABAQUS 建立三维计算模型,沉井首次取土下沉前整体高度为 51.0m,将钢壳与混凝土作为整体部分等效处理,按实际浇筑高度建模,模型真实体现沉井井孔、隔墙和刃脚形状。为避免边界效应对计算结果的影响,土体模型顺桥向和横桥向长度均取 500.00m,大于 5 倍沉井平面最大尺寸,土体顶部平均高程为 -18.08m,土体总厚度取 200.00m,可以满足沉井取土计算要求;沉井着床前对着床范围内的土体进行预先开挖,形成了水下边坡,边坡形状和尺寸如图 7 所示。建立土体模型时移除土体预前开挖部分。沉井和整体三维有限元模型见图 8。土体模型网格主体部分采用 C3D8R 六面体单元,水下边坡及刃脚附近土体等形状不规则部分采用 C3D10 四面体二次单元类型;沉井模型结构复杂,因此全部采用 C3D10 四面体单元。对模型刃脚附近的沉井结构和土体均进行了网格加密,整体模型共包含约 5.58×10^5 个节点,4.19×10^5 个实体单元,其中 C3D8R 单元 2.15×10^5 个、C3D10 单元 2.04×10^5 个。三维有限元模型网格划分见图 9。

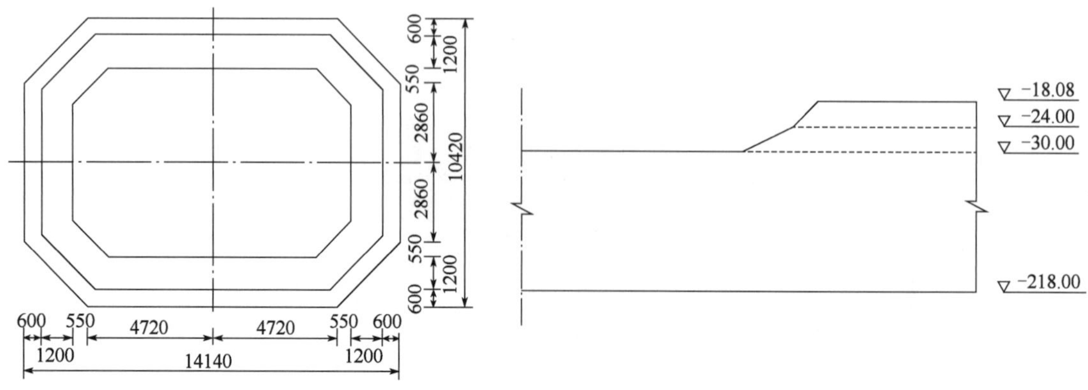

图7　水下边坡形状和尺寸示意图(尺寸单位:cm;高程单位:m)

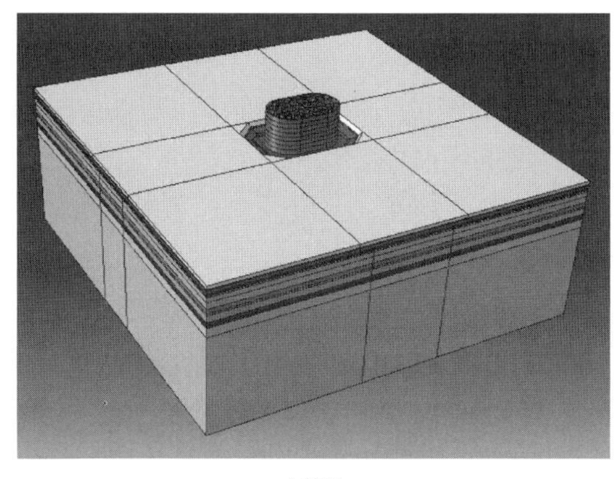

a)整体　　b)沉井

图8　三维有限元模型图

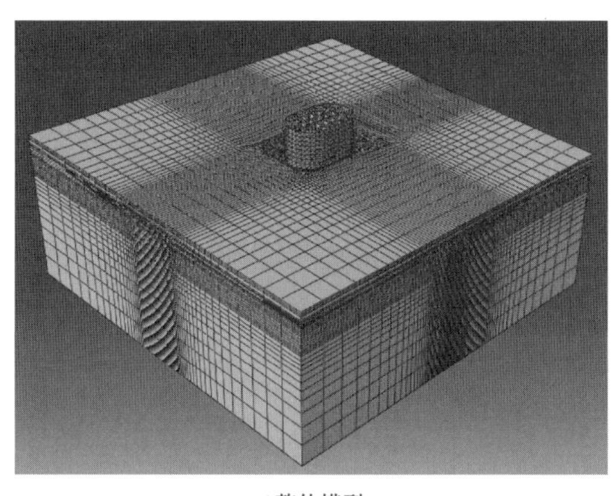

a)整体模型

b)沉井及邻近区域局部放大

图9　三维有限元模型网格划分

3.1.2　计算条件和土体参数

土体模型边界条件为底部完全约束、周边法向约束；计算过程和步骤根据首次取土工序（表2）进行，首先计算模拟沉井首次取土前情况（工序1），之后依据取土原则，分3步计算模拟沉井取土工序（工序2～4）。根据2.1节的表1设置模型土体分层，土体采用摩尔-库仑理想弹塑性模型，各层土体赋取相应土层土体参数值；钢壳混凝土沉井采用线弹性材料，等效密度为850.4kg/m^3，弹性模量为30GPa，泊松比0.2。沉井模型和土体模型间接触面采用库仑摩擦接触类型，假定沉井下沉期间刃脚与土体一直处于接触状态，且两者间存在滑动。

3.2　计算结果分析

依据表2中的取土工序，以开始取土前的沉井状态作为计算分析的初始状态（工序1），采用非线性有限元方法计算分析各工序下沉井底部土体应力分布特征与演化规律。

3.2.1　沉井下沉计算数据分析

各工序对应的沉井下沉量如图10所示。由图10可知：沉井内圈18个井孔取土厚度为1.35m（工序2），下沉量较小，仅为0.14cm；内圈井孔和内隔墙盲区取土厚度为1.85m后（工序3），沉井下沉量为29.33cm；在外井孔贴内井壁外侧2.0m范围内取土，取土厚度为2.85m（工序4），沉井下沉量达到105.14cm，下沉较为明显。

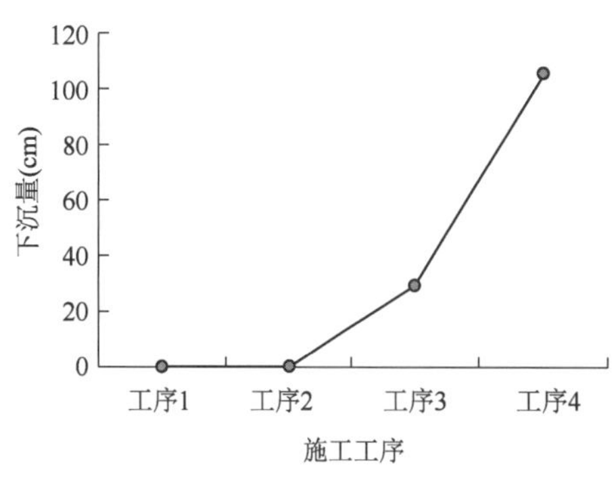

图10　沉井下沉量随取土工序的变化曲线（数值模拟）

图10中沉井下沉趋势表明：内圈井孔取土至高程为－31.35m后（工序2），内圈井孔区域土体应力有所调整，沉井开始出现下沉（下沉量为0.14cm）。内圈井孔继续取土至－31.85m，且内隔墙下土体盲区取土至－31.85m（工序3），内圈井孔区域土体应力进一步调整，沉井内圈刃脚处压力由沉井内井孔向外井孔转移，沉井下沉量变大（下沉量达到29.33cm）。外圈井孔和内井壁盲区取土（工序4）使刃脚处土体压力进一步向外井壁和外隔墙区域集中，该区域土体进入塑性状态，沉井出现了较为明显的下沉（下沉量达到105.14cm）。

3.2.2　沉井刃脚土压力分布特征

由数值分析结果可获取各取土阶段的刃脚土压力值。数值分析中提取的土压力值所在的位置与实际监测点位置（119个）一一对应，以方便后面刃脚处土压力比较。如图11所示，采用三维柱状图表示刃脚处土压力大小，图中沉井不同区域柱体采用不同圈层表示：外井壁区域为最外圈，依次为外往内是外隔墙区域、内井壁区域、内隔墙区域，沉井底部各区域所在位置如图3所示。为了更好地表示刃脚土压力随着取土工序的变化规律，图12给出了相邻取土工序下刃脚土压力差值三维柱状图。

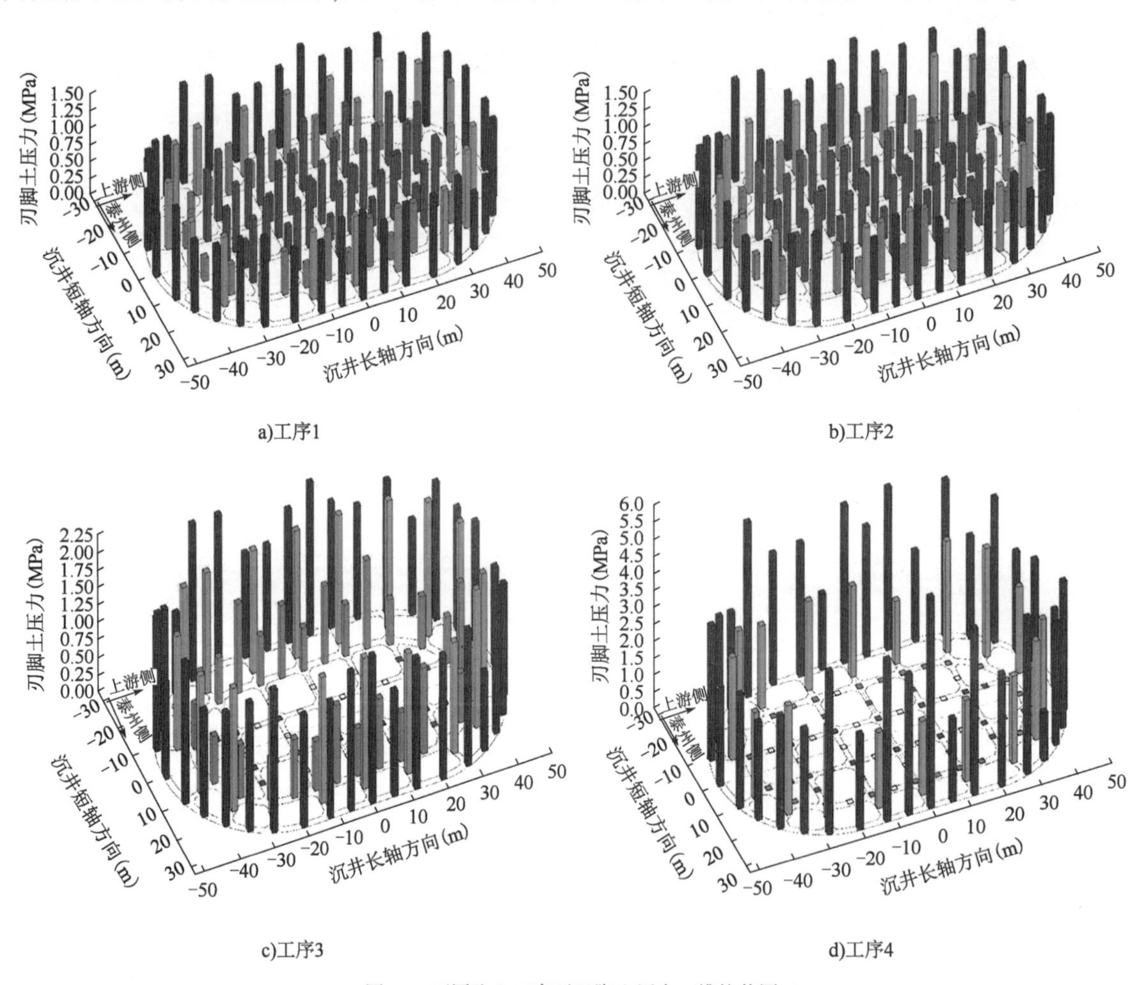

图11　不同取土工序下刃脚土压力三维柱状图

由图11和图12可知：沉井刃脚土压力分布特征与刃脚形状及分布区域密切相关，取土之前，在沉井自重作用下（取土工序1）外井壁区域刃脚土压力最大，约为1.25MPa；内井壁区域计算得到的刃脚土压力值最小，在0.25～0.75MPa范围内；内隔墙和内井壁十字节点处土压力值较非十字节点处小，这两个区域的土压力值表现出大小交替的规律，这可能是由于十字节点处踏面与土体接触面积较大，而非十字节点处刃脚踏面宽度略小，相应的接触面积较小，且沉井自身的结构刚度大，因此，非十字节点处应力集中较十字节点处更明显。当内井孔取土至－31.35m时（取土工序2），因井孔内土体被移除造成内井孔刃脚下土体土压力有不同程度的提高，内井壁、外隔墙和外井壁区域刃脚土压力也均有所增大，增幅基本在0.10MPa以内。内井孔盲区取土至-31.85m时(取土工序3)，内隔墙沉井刃脚基本脱空，土压力小于0.05MPa，其他3个区域土压力均出现了明显的提高，特别是外隔墙和外井壁刃脚土压力增大幅度显著。在外井孔贴内井壁外侧2.00m范围内取土，取土厚度为2.85m时(取土工序4)，外隔墙和外井壁刃脚土压力进一步提高，外井壁刃脚土压力增大幅度明显大于外隔墙区域。

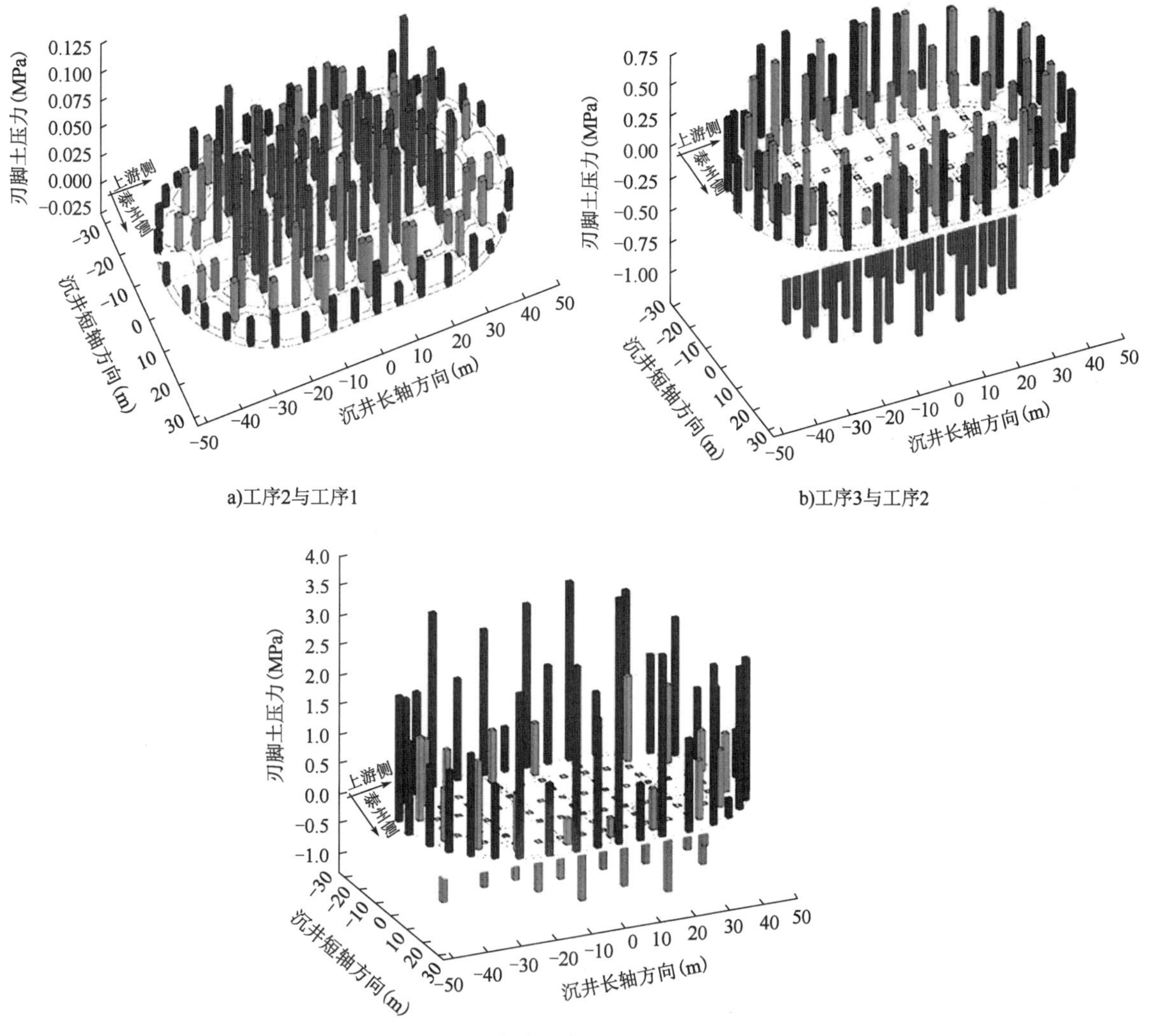

a)工序2与工序1

b)工序3与工序2

c)工序4与工序3

图12　相邻取土工序下刃脚土压力差值三维柱状图

从上述刃脚土压力随取土工序的变化特征可看出：随着取土从内井孔到刃脚下盲区，并逐渐扩展至外井孔，内井孔刃脚土压力逐渐减小，直至盲区取土导致土压力减小至0，而外隔墙和外井壁土压力逐渐增大，刃脚土压力由内隔墙和内井壁逐渐转移至外隔墙和外井壁。

3.2.3　沉井不同区域应力平均值变化特征

沉井不同区域(即外井壁、外隔墙、内井壁和内隔墙区域)土压力平均值可以直观地体现沉井取土下沉过程中刃脚土压力在不同区域的转移规律。图13为沉井各区域刃脚土压力平均值随取土工序的变化图。从图13中

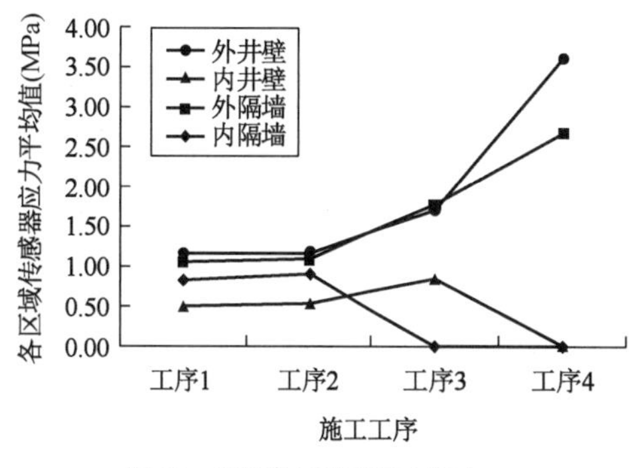

图13　沉井各区域刃脚土压力平均值随取土工序的变化

可知：外井壁区域平均值最大，为1.16MPa；其次是外隔墙区域，平均值为1.05MPa，内井壁区域平均值小于外井壁和外隔墙区域，为0.83MPa；内隔墙区域平均值最小，为0.50MPa。沉井基础底部压应力分布呈现外围区域大、内部区域小的特点。在内井孔取土至-31.35m时(工序2)，各区域刃脚土压力平均值变化很小。内井孔和内隔墙盲区取土后(工序3)，内隔墙区域刃脚土压力显著降低，平均值接近0，刃脚土压力向外转移，内井壁、外井壁和外隔墙刃脚土压力均小幅上升，内井壁区域土压力平均值增加0.31MPa，外隔墙和外井壁平均值增加0.50~0.70MPa。外井孔贴内井壁外侧2.00m范围内取土后(工序4)，内井壁区域刃脚土压力大幅降低，土体应力继续向外井壁区域转移，外隔墙和外井壁区域土压力平均值继续升高，外井壁区域平均值增加量明显大于外隔墙区域，外井壁区域土压力平均值最高，达3.61MPa，外隔墙区域平均值为2.67MPa，内井壁和内隔墙区域平均值接近0MPa。

从沉井各区域刃脚土压力平均值变化规律可以看到，随着沉井取土下沉，沉井中心部分刃脚土压力逐步向周围土体转移。内井孔取土首先影响取土区域邻近部分刃脚土压力，造成土压力降低，沉井在缓慢下沉过程中基本保持受力平衡。取土区域刃脚土压力降低，周围区域土体压力相应升高，这就造成了随取土区域由内而外逐步发展，刃脚土压力从沉井中心区域逐渐向外转移，在应力转移过程中，外井壁、外隔墙等区域的刃脚土压力越来越大，直到土体产生塑性破坏，导致沉井出现明显下沉。

由上述数值模拟分析可知，表2中的取土工序保证了刃脚土压力可以自内向外相对均匀转移，有利于沉井平稳、缓慢下沉，不会产生如倾斜、突沉等施工风险。因此，在实际取土时，采用表2中的取土工序。

3.2.4 沉井下沉阶段土体变形与应力特征

由数值分析结果确定沉井刃脚下土体的具体变形与应力特征，以内井孔和内隔墙盲区取土阶段为例(工序3)，此阶段沉井开始产生明显下沉(下沉量29.38cm)。沉井下土体竖向位移云图见图14，竖向应力分布云图见图15。从图14可知：由于沉井重力，沉井平面范围内土体的竖向位移大于其他区域；与沉井直接接触的外井壁和外隔墙刃脚附近土体竖向位移最大，最大位移为0.96cm，随逐渐远离该区域，土体竖向位移逐渐减小；靠近开挖区域中心位置附近，土体竖向变形最小，为-0.63cm，小于其他所有区域，因开挖造成土体回弹，开挖面中心区域土体上凸。观察图15可知：由于沉井自重和土体开挖影响，沉井下土体竖向应力不再呈水平分层分布，沉井开挖面以下50.00m范围内土体应力所受影响较为明显，沉井外刃脚下方土体应力大于周围区域；沉井刃脚附近土体的竖向应力远大于其他区域，刃脚踏面附近土体应力超过-1.50MPa；外井孔及开挖范围内的土体顶部区域竖向应力方向为竖直向上，最大约为-0.10MPa。

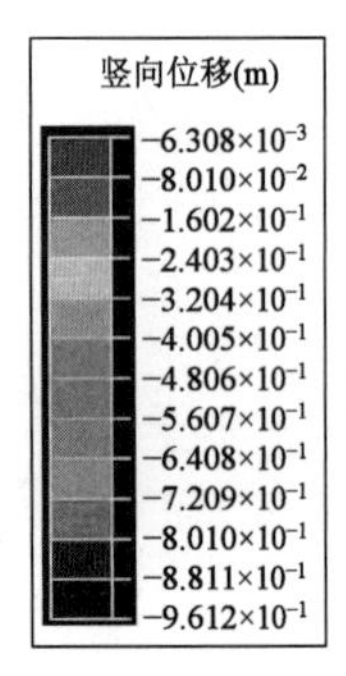

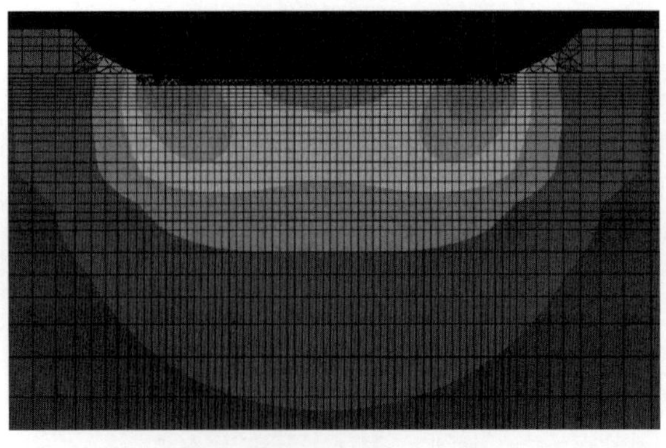

图14 沉井下土体竖向位移云图

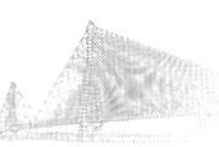

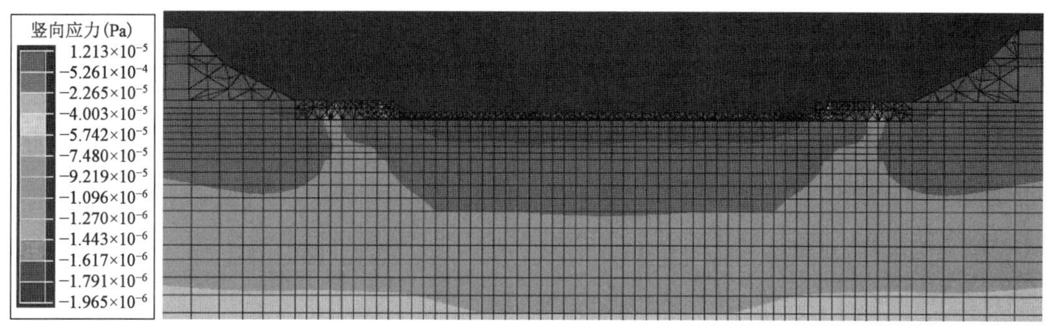

图 15 沉井下土体竖向应力分布云图

4 现场实测数据分析

4.1 沉井下沉实测数据分析

常泰长江大桥主塔沉井布置了系统的监测设备，首次取土过程中，实时记录了各取土工序完成时的沉井下沉量。图 16 给出了各工序阶段对应的数值模拟与实测沉井下沉量。为便于比较，数值分析结果一并给出。由图 16 可见：与各取土工序对应的数值模拟分析结果和沉井实际下沉量吻合较好。沉井内圈 18 井孔取土 1.35m 后(工序 2)，沉井下沉量较小，实测沉井下沉为 9.10cm；内圈井孔和内隔墙盲区取土 1.85m 后(工序 3)，沉井进一步下沉，下沉量达到 29.20cm；在外井孔贴内井壁外侧 2.00m 范围内取土，取土厚度为 2.85m(工序 4)后，数值计算得到的下沉量为 105.12cm，实际监测下沉量为110.40cm，沉井出现了明显的下沉。

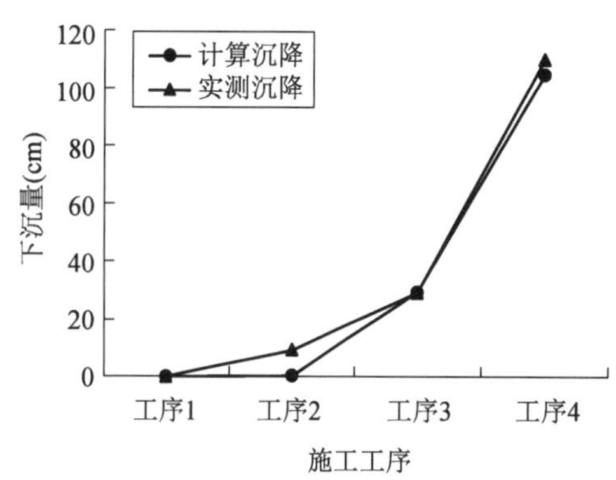

图 16 数值模拟与实测沉井下沉量比较

4.2 刃脚处土压力监测值分布特征

常泰长江大桥主塔沉井基础底部埋设了 119 个土压力传感器，沉井取土下沉过程中，超过 90% 的土压力传感器工作状态良好，剔除个别土压力值异常的传感器数据，根据实际监测到的土压力值，绘制了刃脚土压力三维柱状图(图 17)，不同区域的柱体同样采用不同颜色显示，不同颜色所代表的区域同 3.2 节。同样给出了相邻取土工序对应的刃脚土压力三维柱状图(图 18)。

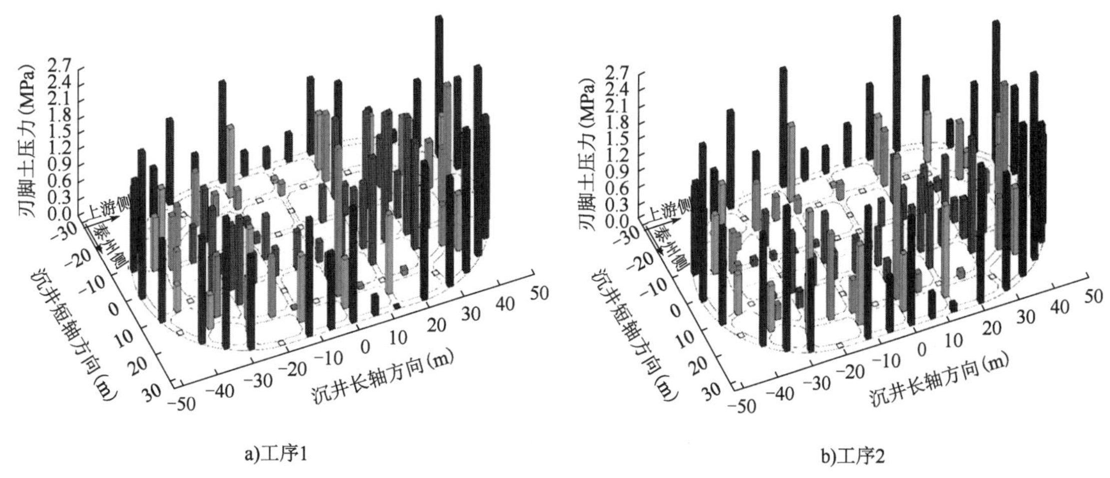

图 17

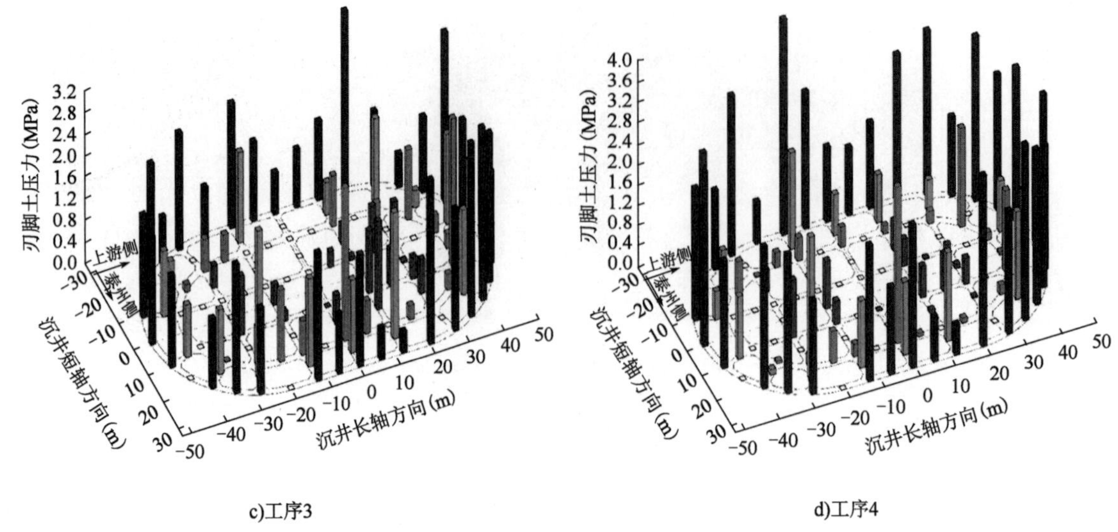

c)工序3

d)工序4

图 17　各工序实测刃脚土压力三维柱状图

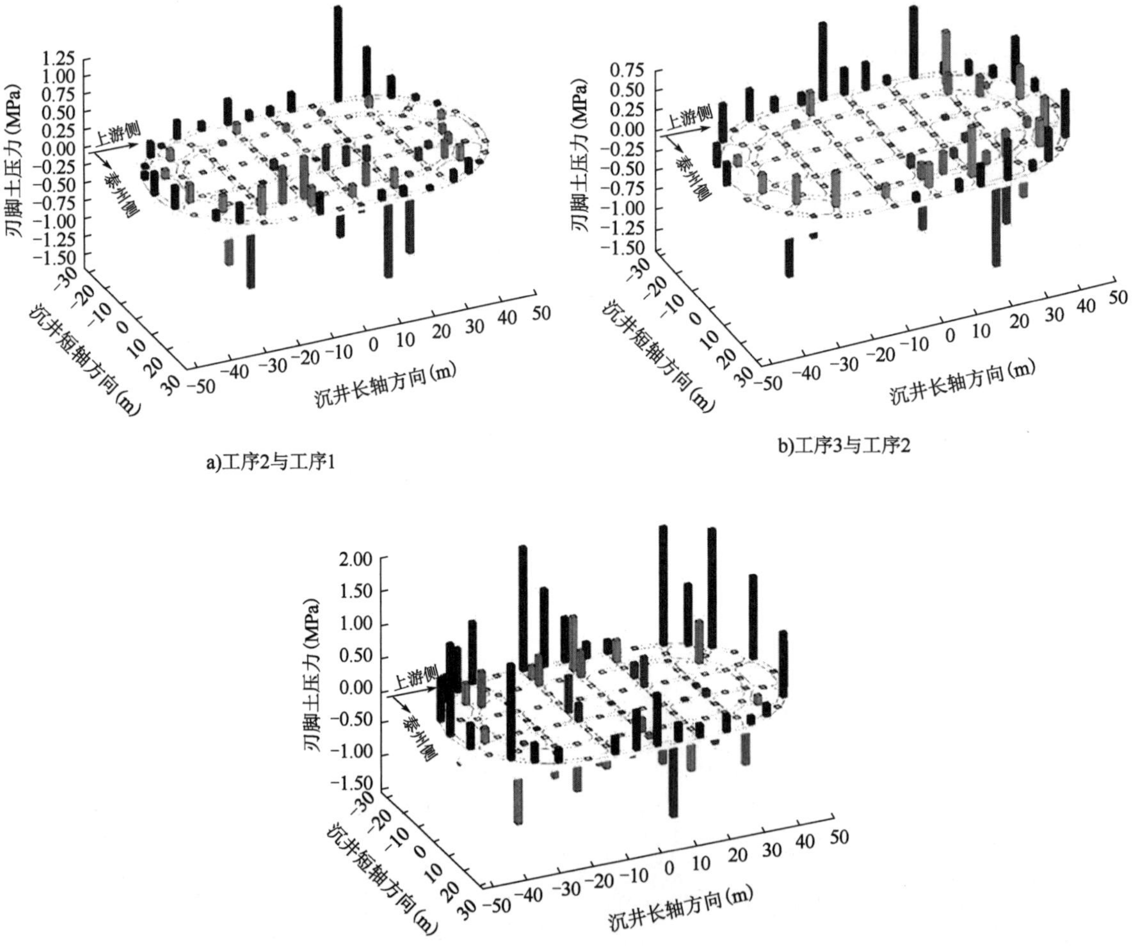

a)工序2与工序1

b)工序3与工序2

c)工序4与工序3

图 18　相邻工序实测刃脚土压力三维柱状图

因受施工、地层分布不均匀等因素影响，实测刃脚(有效)土压力值并非完全对称分布，但实测数据从整体上也反映了沉井刃脚处土压力分布特征。

沉井取土前(工序1),沉井外侧的外井壁区域实测刃脚土压力大于内部其他区域,最大达到2.74MPa。内井孔取土后,内隔墙部分区域实测刃脚土压力明显降低,个别传感器降低幅度超过1.00MPa,刃脚土压力从沉井中心部位向外转移,外隔墙和外井壁区域实测土压力明显上升,上升幅度在0.50MPa左右。内井孔盲区取土后(工序3),内隔墙和内井壁区域实测刃脚土压力显著降低,绝大多数低于0.50MPa,近一半传感器实测土压力归零,应力继续向外井孔转移,外隔墙和外井壁区域的实测土压力继续平稳上升,最大值超过3.20MPa。外井孔取土后(工序4),内隔墙和内井壁区域刃脚土压力继续下降,外隔墙和外井壁实测土压力大幅升高,外井壁土压力值升高幅度明显大于外隔墙,部分刃脚土压力值增大超过1.50MPa。

对比分析刃脚土压力实测值与计算值分布特征,可以看出:随着取土从内井孔到隔墙盲区,并逐渐扩展到外井孔,数值模拟得到的沉井刃脚土压力变化规律与实测土压力值基本一致,内井孔刃脚土压力整体上逐渐减小,直至盲区取土导致土压力减低至0,而外隔墙和外井壁土压力逐渐增大,刃脚土压力由内隔墙和内井壁逐渐转移至外隔墙和外井壁。

4.3 沉井各区域监测土压力平均值

通过沉井刃脚下实测土压力柱状图可以直观看到沉井取土过程中刃脚土压力分布和转移趋势。为更好地揭示沉井刃脚土压力随取土过程的转移规律,计算沉井各区域刃脚土压力监测平均值(表3),并给出了沉井各区域刃脚土压力监测平均值的变化图(图19)。

沉井各区域刃脚土压力监测平均值 表3

工序编号	沉井各区域刃脚土压力平均值(MPa)			
	外井壁	内井壁	外隔墙	内隔墙
1	1.463	0.805	1.071	0.948
2	1.621	0.770	1.186	0.594
3	1.791	0.661	1.337	0.306
4	2.372	0.486	1.318	0.201

取土施工前(工序1),外井壁区域实测刃脚土压力平均值最大,为1.46MPa;外隔墙次之,为1.07MPa;内隔墙区域平均值略小于外隔墙,为0.95MPa;内井壁区域平均值最小,为0.81MPa。外井壁区域实测刃脚土压力明显大于其他区域。内井孔取土结束后(工序2),内井壁区域实测刃脚土压力平均值基本不变,内隔墙区域平均值降低0.35MPa,小于内井壁区域,沉井内井孔刃脚土压力转移至外井孔,外井壁和外隔墙区域土压力小幅升高,增大0.10~0.15MPa。内井孔盲区取土完成后(工序3),内井壁和内隔墙区域实测土压力值继续降低,平均值分别降低约0.10MPa和0.30MPa,刃脚土压力继续向外井孔转移,外井壁和外隔墙区域刃脚土压力继续增大,增大约0.15MPa。外井孔取土完成后(工序4),内隔墙和内井壁区域土压力平均值降低0.10~0.20MPa(理论上讲,内隔墙和内井壁区域土压力应完全消除)。因为实际沉井取土过程中,盲区取土受到取土设备与条件限制,难以让沉井刃脚完全脱空,所以内隔墙和内井壁刃脚踏面区域仍然有部分土体,分担部分沉井重力。此阶段外隔墙平均值基本不变,外井壁实测土压力平均值大幅升高至2.37MPa。

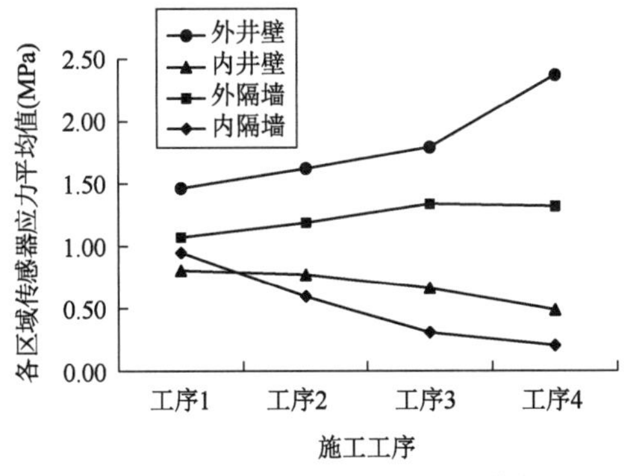

图19 沉井各区域实测刃脚土压力平均值变化

总体而言,实测刃脚土压力与数值计算得到的土压力变化规律一致,量值基本吻合。沉井各区域土压力平均值随着取土施工进行,刃脚土压力逐渐从沉井内井孔转移至外井壁区域。实际取土过程中,可依据刃脚土压力变化特征,合理判断沉井哪些部位刃脚脱空,哪些部位刃脚附近取土效果不理想,这样可有利于更好地掌握沉井整体姿态变化情况等,为制定沉井后期的施工指令提供指导。

5 结语

通过三维有限元方法,模拟了常泰长江大桥主塔沉井基础首次取土下沉过程,得到了取土下沉过程中不同取土阶段沉井刃脚土压力的分布,揭示了取土过程中刃脚土压力的变化规律。沉井基础刃脚土压力监测数据基本上佐证了数值模拟结果(包括刃脚土压力分布与变化规律)。主要结论如下:

(1)井孔内取土造成取土区域沉井刃脚处土压力下降,随着取土厚度增大,取土区域刃脚土压力下降幅度增加。与此同时,土体压应力向周边转移,尚未取土区域的刃脚土压力增加。

(2)在工序2~4的取土过程中,刃脚土压力向外井孔刃脚区域转移,导致外井壁和外隔墙区域刃脚土压力逐渐增大,直至达到其极限承载力(即外井壁和外隔墙刃脚区域土体进入塑形状态),沉井出现明显下沉。

(3)沉井下沉过程中,宜通过数值模拟分析结果初步确定分步与分区取土计划,然后根据刃脚土压力实测数据佐证或调整取土方案,控制沉井缓慢下沉,掌控沉井下沉姿态。

上述研究成果已在常泰长江大桥主塔沉井下沉过程中得到应用,在类似大型沉井取土施工中可以推广这种先内后外均匀对称取土的方法。

参 考 文 献

[1] 段良策,殷奇.沉井设计与施工[M].上海:同济大学出版社,2006.

[2] 陈晓平,茜平一,张志勇.沉井基础下沉阻力分布特征研究[J].岩土工程学报,2005,27(2):148-152.

[3] 罗朝洋.超深大沉井基础沉降监测及数值模拟分析[D].成都:西南交通大学,2019.

[4] 黄迪.大型沉井施工过程受力特性及周边沉降变化规律研究[D].天津:天津大学,2018.

[5] 李鹏.深水特大型沉井基础施工技术研究[D].成都:西南交通大学,2017.

[6] 闫富有,时刚.沉井下沉过程刃脚的极限土阻力分析[J].岩土力学,2013,34(S1):80-87.

[7] 徐伟,陈志强,徐赞云.环形沉井刃脚斜侧面基础地基极限承载力分析[J].华中科技大学学报(自然科学版),2013,41(7):27-31,41.

[8] 蒋炳楠,马建林,李孟豪,等.水中沉井下沉期间刃脚空间受力试验[J].岩土力学,2019,40(5):1693-1703.

[9] 周和祥,马建林,张凯,等.沉井下沉阻力离心模型试验研究[J].岩土力学,2019,40(10):3969-3976.

[10] 施洲,李思阳,杨仕力,等.超大型沉井基础下沉中后期摩阻力特性及突沉机制研究[J].岩石力学与工程学报,2019,38(S2):3894-3904.

[11] 朱建民,龚维明,穆保岗,等.超大型沉井首次接高受力及变形规律初探[J].岩土力学,2012,33(7):2055-2060,2066.

[12] 钟俊辉.超深大沉井下沉期间受力现场试验研究[D].成都:西南交通大学,2016.

[13] 穆保岗,王岩,朱建民,等.大型沉井实测下沉阻力分析[J].土木建筑与环境工程,2012,34(S1):107-115.

[14] 张治成,邓燕羚,郑锋利,等.深厚软土地区大型沉井突沉行为分析[J].地下空间与工程学报,2020,16(3):933-943.

[15] 马远刚,刘彦峰,黄锐.深厚淤泥层大型沉井突沉机制及预警指标研究[J].桥梁建设,2019,49(S1):33-38.

[16] 蒋炳楠.沪通大桥超深大沉井下沉阻力及突沉现场监测研究[D].成都:西南交通大学,2016.

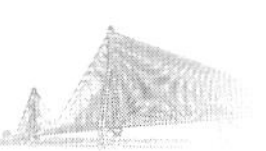

[17] 穆保岗,朱建民,牛亚洲. 南京长江四桥北锚碇沉井监控方案及成果分析[J]. 岩土工程学报,2011,33(2):269-274.

[18] 秦顺全,谭国宏,陆勤丰,等. 超大沉井基础设计及下沉方法研究[J]. 桥梁建设,2020,50(5):1-10.

[19] 秦顺全,徐伟,陆勤丰,等. 常泰长江大桥主航道桥总体设计与方案构思[J]. 桥梁建设,2020,50(3):1-10.

[20] 秦顺全,苑仁安,郑清刚,等. 超大跨度公铁两用斜拉桥结构体系研究[J]. 桥梁建设,2020,50(4):1-8.

[21] 中铁大桥勘测设计院集团有限公司. 常泰过江通道工程地质勘察报告[R]. 武汉:中铁大桥勘测设计院集团有限公司,2018.

[22] 中国科学院武汉岩土力学研究所. 超深超大基础地基承载力及破坏机理研究[R]. 武汉:中国科学院武汉岩土力学研究所,2019.

[23] 罗瑞华. 武汉鹦鹉洲长江大桥主桥基础工程施工技术[J]. 桥梁建设,2014,44(5):9-14.

[24] 冯广胜,盛华,罗瑞华. 城市桥梁超大沉井关键施工技术[J]. 桥梁建设,2015,45(4):107-112.

[25] 高文生,梅国雄,周同和,等. 基础工程技术创新与发展[J]. 土木工程学报,2020,53(6):97-121.

大型桥梁沉井下沉过程中的水流力数值模拟

魏　凯，杨雄欣，刘　强，姜沫臣，周　聪

(西南交通大学　土木工程学院，四川成都　610031)

摘　要　跨江桥梁大型沉井在下沉定位过程中会受到复杂的水流力作用。采用雷诺时均 Navier-Stokes 方程(RANS)和 RNG 湍流模型，考虑开挖基坑的影响，在计算流体力学(CFD)软件中建立某桥梁大型沉井在不同入水深度时的三维足尺数值模型，计算了不同流速、不同入水深度时沉井周围及内部流场特性和沉井动水压强，分析了沉井受到的水流力随入水深度的变化规律。研究表明：开挖基坑会增大边界层高度，同时降低断面平均流速；在沉井定位下沉过程中，水流最大流速位于沉井四个角点处；沉井会受到非均匀分布的动水压强，最大值出现在四个角点处，且动水压强随着沉井入水深度增加而增大；CFD 数值计算得到的水流力随入水深度增加先增大后减小。

关键词　沉井下沉；基坑；流场特性；动水压强；水流力；CFD

CFD of Current Force in Sinking Process of Large Bridge Open Caisson

WEI Kai, YANG Xiong-xin, LIU Qiang, JIANG Mo-chen, ZHOU Cong

(Department of Bridge Engineering, Southwest Jiaotong University, Chengdu 610031, China)

Abstract　Based on the Reynolds time averaged Navier Stokes equation (RANS) and RNG turbulence model, considering the influence of excavation of pit, a three-dimensional full-scale numerical model of a large-scale open caisson of a bridge at different water depth is established in CFD software. The characteristics of the flow field around and inside the caisson and the dynamic water pressure on the outer wall of the caisson are calculated with different velocity and different water depth, and the variation law of the current force on the caisson with the depth of water inflow is analyzed. The results show that excavation of foundation pit will increase the height of boundary layer and decrease the average velocity of cross section. In the sinking process of the caisson, the maximum velocity of water flow is located at four corners of caisson. The caisson will be subjected to non-uniform distribution of hydrodynamic pressure, and the maximum value is located at four corners. The hydrodynamic pressure increases with the increase of the depth of the caisson. The current force calculated by CFD increases first and then decreases with the increase of the water depth.

Keywords　Caissons descending; pit; flow field characteristics; hydrodynamic pressure; current force; CFD

基金项目：国家自然科学基金项目(51708455,51978578)。

作者简介：魏凯(1984—)，男，副教授，工学博士，研究方向：深水大跨径桥梁水动力学。

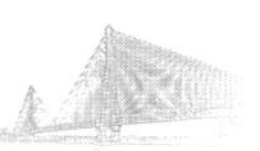

1 引言

随着我国交通基础设施的飞速发展,桥梁工程逐步向着深水、大跨径方向延伸。沉井作为深水大跨径桥梁常用的深水基础形式,因其整体性好、承载力强等优点,得到了广泛应用,如泰州大桥采用标准断面为58m×44m 的钢-混凝土混合沉井;沪苏通长江公铁大桥主航道桥则采用了标准断面为86.9m×58.7m 的钢-混凝土组合沉井。然而,深水沉井基础在下沉入土过程中会受到水流力作用,为保证沉井平稳,避免发生倾斜、翻转等事故,对沉井下沉过程中的水流力进行有效分析计算变得尤为重要。

陈策等通过模型试验研究了沉井在水中所受的纵向及横向水流力关系。魏凯等基于实测水压力计算了跨海桥梁围堰波浪力。胡勇、杨进先通过数学模型和物理模型试验相结合的方法研究了水流力最大值与时均值的关系。徐博等通过数值模拟研究了跨海桥梁高桩承台在波浪作用下的波浪力。Subrata K. Chakrabarti 等分析了沉井在波浪和水流作用下的受力及阻力系数。Giancarlo Alfonsi 等研究了大直径垂直圆柱引起的水波绕射问题,揭示了自由面和圆柱外壁结构的复杂形态。Mariano Buccino 等研究了大型斜顶沉箱在漫顶波浪中的受力。曾智泉讨论了钢围堰浮运阻力计算方法。但实际施工时,要先进行基坑开挖,再进行沉井下沉,上述研究均未考虑基坑开挖后的地形对沉井下沉过程时水流力的影响,无法有效指导施工。

为解决上述问题,本文通过求解流体运动的雷诺时均 Navier-Stokes 方程(RANS)和 RNG 湍流模型,考虑开挖基坑的影响,在计算流体力学(CFD)软件中建立了某桥梁大型沉井在不同入水深度时的水流力的三维足尺数值模型,计算了不同流速、不同入水深度时沉井周围及内部流场特性和沉井动水压强,分析了沉井受到的水流力随入水深度的变化规律。

2 工程概况

某跨越长江的主跨 1148m 双塔钢桁梁斜拉桥,主塔基础采用沉井基础方案。该沉井标准断面为圆端型截面,长 95m、宽 57.8m。沉井下沉位置从水面到开挖基坑底部约为 36m,全桥及沉井基本情况与尺寸如图 1 所示。

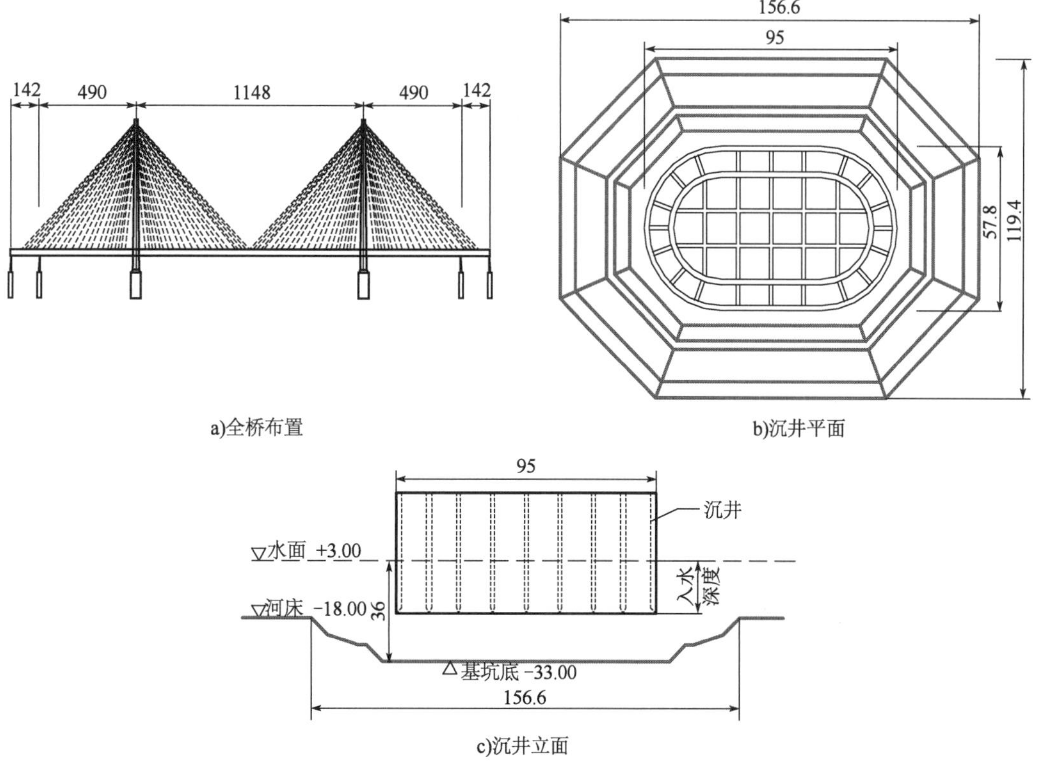

图 1 桥梁与沉井布置示意图(尺寸单位:m;高程单位:m)

3 数值模拟计算

3.1 控制方程与湍流模型

通过求解一些基本的流动控制方程(质量守恒方程、动量守恒方程),可以得到流动参数如速度、压力、温度等在流场中的分布以及随时间的变化。假设水体是不可压缩流体,对于密度ρ为常数的不可压缩流体,质量守恒方程,即连续性方程可写为:

$$\nabla \cdot \vec{u} = 0 \tag{1}$$

式中:∇——哈米尔顿算子;

$\vec{u}$——流场流速。

流动的动量守恒方程,即 Navier-Stokes(N-S)方程为:

$$\frac{\partial}{\partial x_i}(u_i A_i) = 0 \tag{2}$$

$$\frac{\partial u_i}{\partial t} + \frac{1}{V_F}\left(u_j A_j \frac{\partial u_i}{\partial x_j}\right) = -\frac{1}{\rho}\frac{\partial P}{\partial x_i} + f_i + g_i \tag{3}$$

式中:$i=1,2,3$ 时,分别表示该方程在 x,y,z 平面内的投影;

u_i——流场的时均流速;

A_i——可流动流体的面积分数;

t——时间;

V_F——流体的体积分数;

ρ——流体密度;

P——流体压强;

f_i——黏滞力引起的加速度;

g_i——流体的重力加速度。

f_i 按下式计算:

$$f_i = \frac{1}{V_F}\left[\frac{\tau_{b,i}}{\rho} - \frac{\partial}{\partial x_j}(A_j S_{ij})\right] \tag{4}$$

$$S_{ij} = -(v + v_T)\left(\frac{\partial u_i}{\partial x_j} + \frac{\partial u_j}{\partial x_i}\right) \tag{5}$$

式中:$\tau_{b,i}$——流体在 x,y,z 方向面上的剪切应力;

S_{ij}——应变率张量;

v——动力黏度;

v_T——湍流黏度。

为考虑湍动能影响,湍流模型选用 RNG$^{k\text{-}\varepsilon}$湍流模型,湍流动能 k 方程以及耗散率 ε 方程分别为:

$$\frac{\partial k_T}{\partial t} + \frac{1}{V_F}\left(\sum u_i A_i \frac{\partial k_T}{\partial x}\right) = P_T + G_T + \mathrm{Diff}_{k_T} - \varepsilon_T \tag{6}$$

$$\frac{\partial \varepsilon_T}{\partial t} + \frac{1}{V_F}\left(\sum u_i A_{x_i} \frac{\partial \varepsilon_T}{\partial x_i}\right) = \frac{C_{1\varepsilon} \cdot \varepsilon_T}{k_T}(P_T + C_{3\varepsilon} G_T) + \mathrm{Diff}_\varepsilon - C_{2\varepsilon}\frac{\varepsilon_T^2}{k_T} \tag{7}$$

式中: K_T——紊流动能;

P_T——紊流动能生成项;

G_T——浮力产生项;

$\mathrm{Diff}_{k_\mathrm{T}}$——湍流扩散项；

$C_{1\varepsilon}$、$C_{2\varepsilon}$、$C_{3\varepsilon}$——取1.44、1.92、0.2；

$\mathrm{Diff}_{\varepsilon}$——耗散扩散项。

$\mathrm{Diff}_{k_\mathrm{T}}$及$\mathrm{Diff}_{\varepsilon}$表达式分别为：

$$\mathrm{Diff}_{k_\mathrm{T}} = \frac{1}{V_\mathrm{F}}\left[\sum \frac{\partial}{\partial x_i}\left(v_k A_{x_i}\frac{\partial k_\mathrm{T}}{\partial x_i}\right)\right] \tag{8}$$

$$\mathrm{Diff}_{\varepsilon} = \frac{1}{V_\mathrm{F}}\left[\frac{\partial}{\partial x_i}\left(v_\varepsilon A_{x_i}\frac{\partial \varepsilon_\mathrm{T}}{\partial x_i}\right)\right] \tag{9}$$

式中：v_k、v_ε——扩散系数，根据局部紊流经验推算。

3.2 网格划分

为保证流场的发展与稳定，同时考虑阻塞比，本文数值模型选取计算域长度为1023m，宽度为580m，水面高度为36m，流场计算域如图2所示。为准确捕捉沉井周围流场信息，采用三层嵌套网格对流场计算域进行网格划分，均以沉井为中心进行布置，对于远场和流动较均匀的区域，网格相对稀疏；近场、流动比较复杂的区域以及需要特殊关心的区域则布置较密的网格。第一层嵌套网格包含整个计算域，网格尺寸为2m；第二层网格布置在沉井周围，前后边界距沉井中心120m，左右边界距沉井中心100m，网格尺寸加密为1m；第三层网格紧贴沉井与基坑边界布置，前后边界距沉井中心90m，左右边界距沉井中心70m，网格尺寸加密为0.5m。同时为了减小网格交界面处数据传递所产生的累积误差，将相邻网格在交界面严格对齐。网格划分示意图如图3所示。

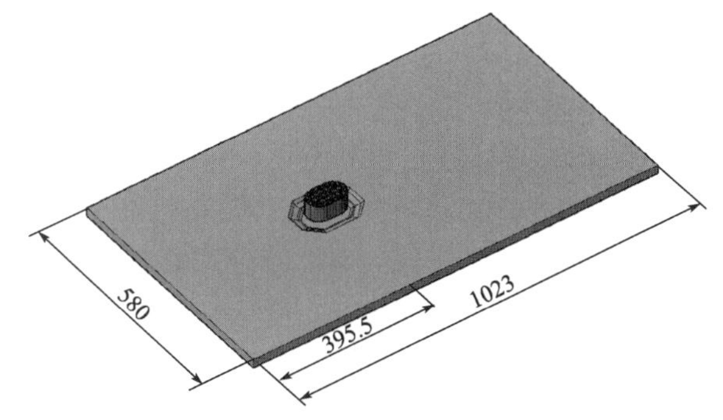

图2 流场计算域示意图(尺寸单位：m)

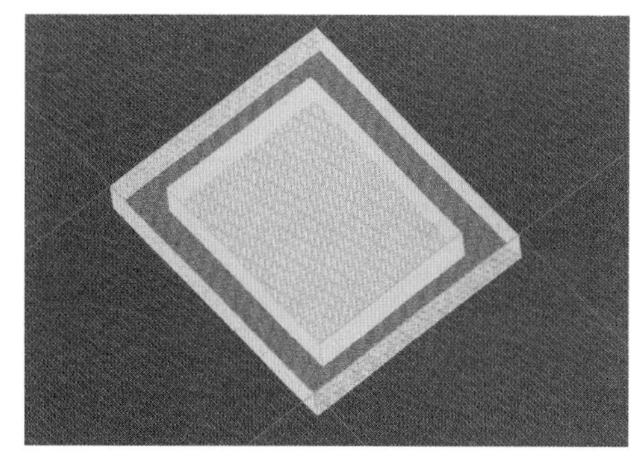
图3 网格划分示意图

3.3 边界条件与初始条件

数值模型前侧定义为给定速度边界，入流流速分别设置为0.9m/s、1.2m/s、1.5m/s。模型后侧设为自由出流边界。模型左、右侧采用对称边界，用于模拟无限远边界。底部采用壁面条件，壁面处默认为无滑移边界条件。顶部采用压强边界，压强设置为标准大气压，流体体积分数为0，即该边界为空气。由于本次数值模拟的网格划分采用了嵌套网格，因而还需对第二层网格和第三层网格的边界条件进行单独处理，该两层网格顶部采用压强边界，压强设置标准大气压101325Pa，底部采用壁面条件，前后左右4个边界面统一采用对称边界。

为了提高流场计算的收敛性以及降低计算时长，需设置合理的初始条件，本文流场数值模型的初始条件设置如下：水平x方向计算域水流流速分别为0.9m/s、1.2m/s、1.5m/s。

3.4 沉井结构模拟

为便于网格捕捉，忽略沉井部分细部构造，在计算机辅助设计(CAD)中建立三维沉井简化模型并导入CFD计算软件，其中每一个入水深度时均假设沉井位置静止，而水流分别以0.9m/s、1.2m/s、1.5m/s流向沉井。沉井和基坑数值模型如图4所示。

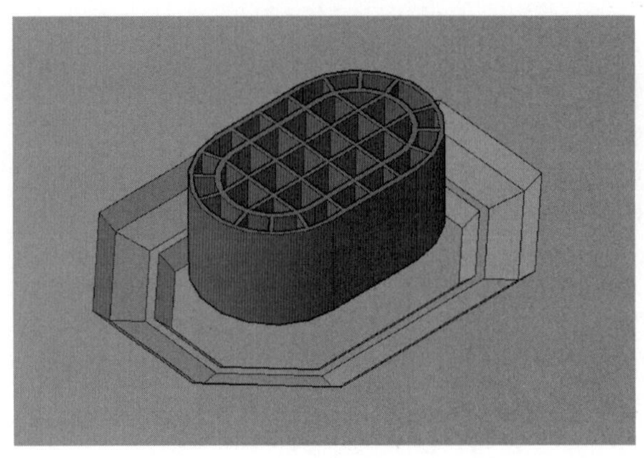

图4　沉井与基坑数值模型示意图

4　数值计算结果分析

4.1　开挖基坑对流场特性的影响

研究开挖基坑对流速剖面的影响。图5给出了考虑及不考虑开挖基坑的计算模型示意图。图6对比了三种入流流速图5所示虚线位置处的流速剖面图。由图6可知,流场沿水深存在流速梯度。随着入水深度增加,断面流速会逐渐减小。将边界层高度定义为河床到流速稳定段下缘的距离。有基坑时边界层高度为15m,底部流速约为稳定段流速的25%,无基坑时边界层高度为5m,底部流速约为稳定段流速的90%,说明基坑会明显放大边界效应及边界层高度。同时基坑开挖增大了过水断面面积,使断面平均流速减小约12%。

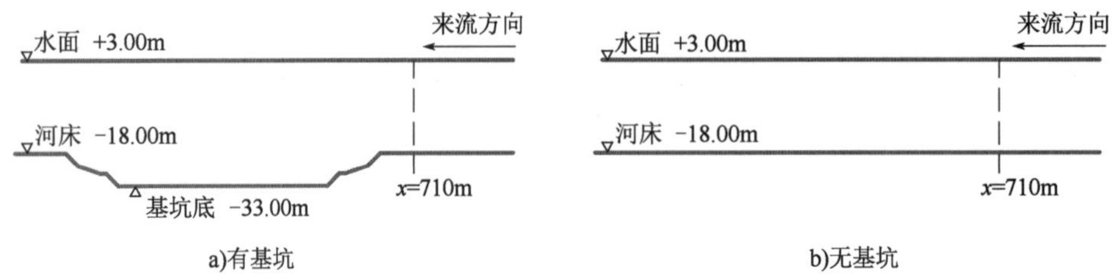

图5　考虑及不考虑开挖基坑的计算模型示意图

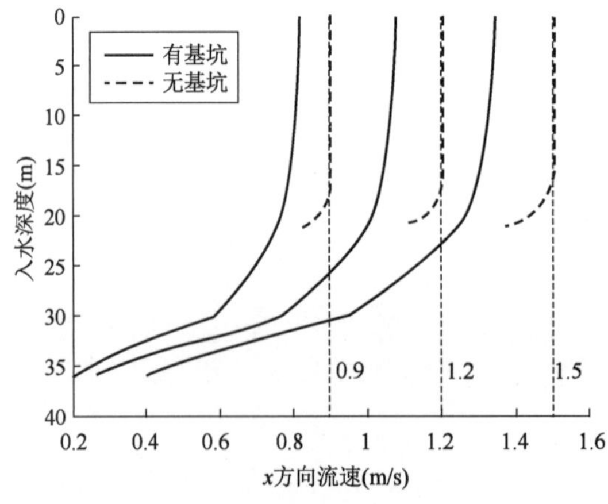

图6　不同流速下基坑前端流速分布

4.2 沉井周围及内部流场特性

考虑开挖基坑的影响，在 CFD 软件中建立沉井在不同入水深度时的三维数值模型，计算了 1.2m/s 流速下沉井入水深度为 35m 时沉井周围及内部流场特性，由计算结果可知最大流速出现在沉井 4 个角点处，沉井底部前端流速明显大于后端。来流在沉井前端壁面受阻，向两侧和沉井下部绕流，驱动沉井隔舱中的水流产生顺时针漩涡，但其流速较小。沉井前部水流在受到壁面阻挡后产生下切水流，这部分水流会顺着基坑壁流动。水流在沉井后部会产生两个明显漩涡，不过其流速远小于流场的平均流速。

4.3 沉井周围及内部流场特性

图 7 给出了水流流速为 1.2m/s，入水深度分别为 12m、24m、36m 时沉井外壁动水压强分布。

$$P_{\mathrm{d}} = |P - P_{\mathrm{h}} - P_{\mathrm{a}}| \tag{10}$$

式中：P_{d}——动水压强；

P——总压强；

P_{h}——静水压强；

P_{a}——大气压强。

由图 7 中可知，沉井外壁动水压强在纵向则呈对称分布，最大动水压强均位于沉井 4 个角点处并逐步向中间衰减。由于水流会在沉井前壁产生分流且在后壁产生漩涡，固沉井前壁动水压强明显小于后壁。当沉井未触底时，前端水流会顺着沉井前壁下切，所以前侧动水压强上部较小，向下逐渐增大；而当沉井触底时，前端水流只能沿着沉井两端绕开，所以前侧动水压强竖向呈均匀分布。对比不同入水深度发现，随着沉井逐渐下沉，沉井受到动水压强数值不断增大。

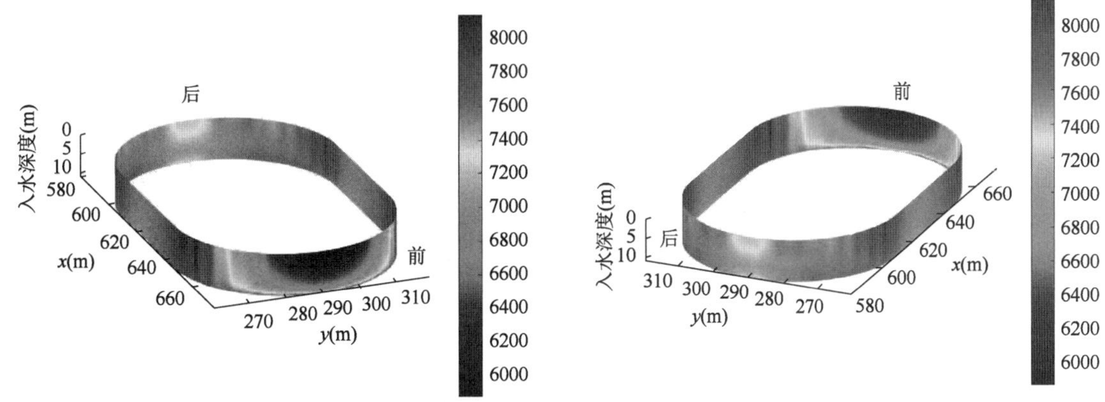

a)沉井入水深度12m时沉井外壁动水压强分布

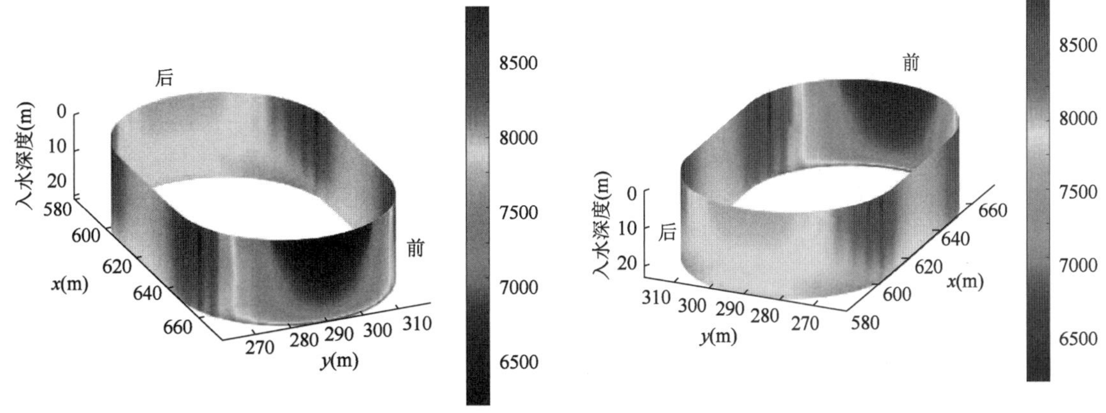

b)沉井入水深度24m时沉井外壁动水压强分布

图 7

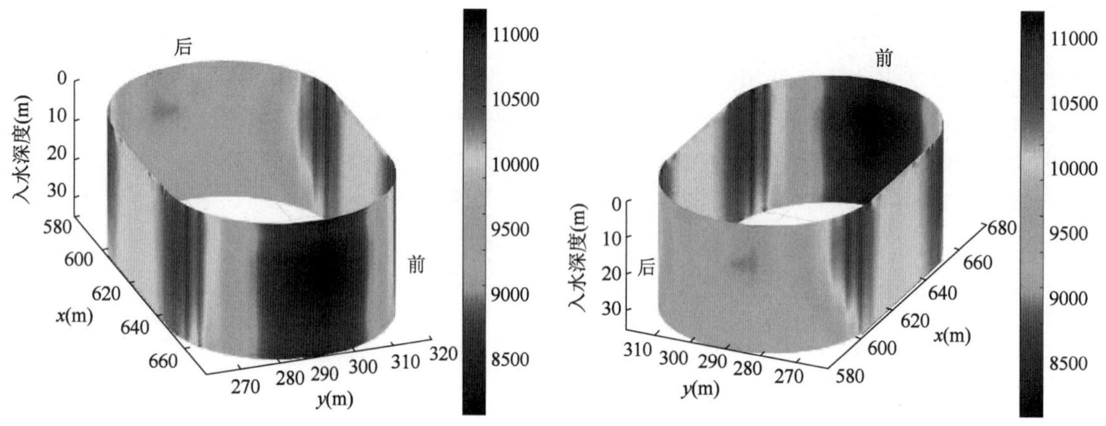

c)沉井入水深度36m时沉井外壁动水压强分布

图7 沉井局部动水压强分布图(单位:Pa)

5 沉井水流力随入水深度变化规律

在CFD中提取0.9m/s、1.2m/s、1.5m/s三种流速下入水深度为12m、16m、20m、24m、28m、32m、34m、35m、35.5m、36m时沉井受到水流力,结果如图8所示。由图8可知,在同一入水深度时,随着水流流速增大沉井所受水流力不断增大;在同一流速时,CFD计算水流力先是随沉井入水深度增加而增大,在35m时达到最大值,且在达到峰值之前随着入水深度增加增大速度越来越快,之后随着沉井继续下沉反而迅速减小。在CFD中提取了1.2m/s流速下入水深度为12m、16m、20m、24m、28m、32m、34m、35m、35.5m、36m时沉井下方平均流速,结果如图9所示。由图9可知,刚刚入水时,沉井下方平均流速随下沉深度增加而增大,所以沉井受到的水流力也随之增大;当沉井底部接近基坑时,由于沉井下方间隙较小,水流流速急剧降低,导致沉井内部隔板受到的水流作用明显减小,水流力随入水深度增加而减小。

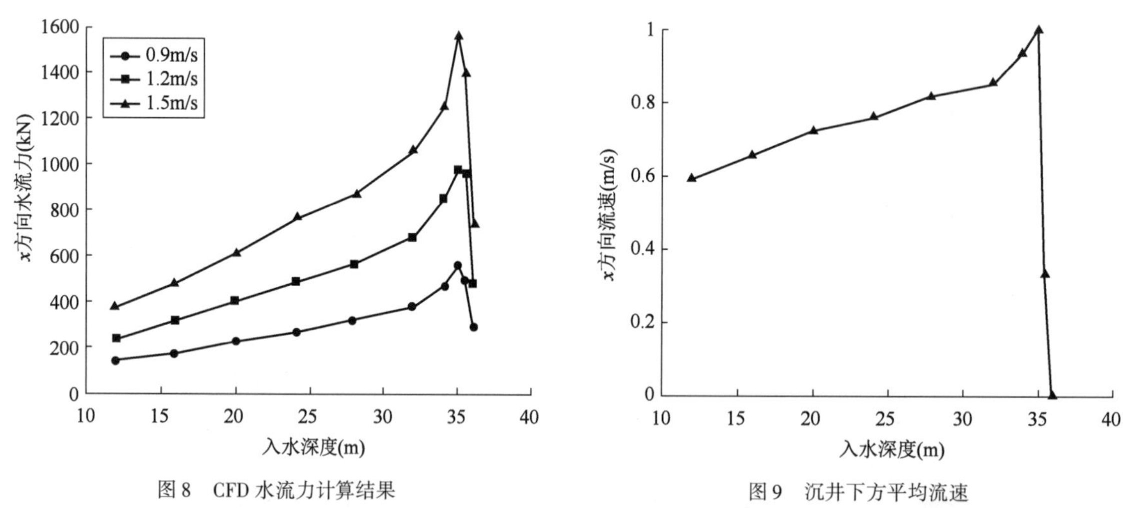

图8 CFD水流力计算结果

图9 沉井下方平均流速

6 结语

本文基于雷诺时均Navier-Stokes方程(RANS)和RNG湍流模式,在CFD软件中建立某桥梁大型沉井在不同入水深度时的三维足尺数值模型,计算了不同流速、不同入水深度时沉井周围及内部流场特性和沉井动水压强,分析了沉井受到的水流力随入水深度的变化规律。本文主要结论有:

(1)开挖基坑会增大边界效应及边界层高度,同时考虑基坑后,过水断面面积增大,断面平均流速减小约12%。

(2)在沉井定位下沉过程中,水流最大流速位于沉井4个角点处。

(3)在沉井定位下沉过程中,沉井受到的动水压强不是均匀分布的,沉井最大压强出现在4个角点处,且随着入水深度增加,沉井受到动水压强数值不断增大。

(4)沉井刚刚入水时,沉井下方流速随下沉深度增加而增大,沉井受到的水流力也随之增大;当沉井底部接近底面时,沉井下方的水流流速不增反降,水流力随入水深度增加而减小。

参考文献

[1] 刘建波,张永涛,杨炎华,等.泰州长江公路大桥深水沉井基础定位下沉与控制技术研究[J].桥梁建设,2011(6):76-81.

[2] 周望,邱琼海,张全军.泰州长江大桥南锚碇沉井空气吸泥下沉施工技术[J].铁道标准设计,2009(4):65-69.

[3] 陈开桥.沪通长江大桥主航道桥桥塔墩钢沉井定位施工技术[J].世界桥梁,2017,45(1):15-19.

[4] 蒋恺,高承恺,施桢睿.桥梁沉井基础施工常见安全风险及对策[J].交通与运输,2018,34(4):45-47.

[5] 俞立珊.浅谈沉井施工突发土体塌陷原因及处理方案[J].福建建筑,2016(6):117-122.

[6] 李俊.沉井施工及注意事项[J].福建建材,2019(2):92-93,15.

[7] 洪杰.翻砂涌水过程中沉井内壁受力模拟[J].工程力学,2017:208-211.

[8] 陈策,钟建驰.浮运沉井施工期在水流中的受力特性研究[J].铁道标准设计,2008(9):30-32.

[9] 魏凯,徐博,李义强.基于实测水压力的跨海桥梁围堰波浪力计算[J].桥梁建设,2018,48(3):50-54.

[10] 胡勇,杨进先.施工期桥梁围堰水流力研究[J].桥梁建设,2010(5):12-15.

[11] 徐博,魏凯.基于RANS的跨海桥梁高桩承台波浪作用数值模拟[J].铁道标准设计,2019,63(12):79-84.

[12] SUBRATA K. DAVID KRIEBEL, BEREK E P. Forces on a single pile caisson in breaking waves and current[J]. Applied Ocean Research, 1997, 19(2):113-140.

[13] GIANCARLO A, AGOSTINO L, LEONARDO PRIMAVERA. The Field of Flow Structures Generated by a Wave of Viscous Fluid Around Vertical Circular Cylinder Piercing the Free Surface[J]. Procedia Engineering, 2015(116):103-110.

[14] MARIANO B, MOHAMMAD D, FABIO D, et al. CFD experiments on a low crested sloping top caisson breakwater. Part 1. nature of loadings and global stability[J]. Ocean Engineering, 2019, 182:259-282.

[15] 曾智泉.钢围堰浮运阻力计算方法探讨[J].交通科技,2013(2):15-17.

[16] 尚月强,何银年.不可压缩流动的并行数值方法[J].中国科学:数学,2013,43(6):576-589.

[17] 钱战森,张劲柏,李椿萱.基于预处理的不可压缩*N-S*方程拟压缩数值算法研究[J].中国科学:物理学 力学 天文学,2010,40(12):1542-1554.

[18] 刘力英,魏立新,黄雪阳,等.沉管隧道变截面管段浮运水流力及系缆桩可靠性分析[J].隧道建设(中英文),2018,38(S1):45-50.

[19] 宋泽坤,施伟勇,张峰,等.三门湾近期水动力特性观测研究[J].应用海洋学学报,2017,36(2):279-285.

[20] 司先才,王树杰,袁鹏,等.实海况下流速梯度对潮流能水轮机水动力性能影响的数值研究[J].太阳能学报,2019,40(8):2220-2227.

水中沉井基础施工期河床冲淤变化规律及对策研究

吴启和[1,2]，陈建荣[2]，郑海涛[1]

（1. 中交第二航务工程局有限公司，湖北武汉 430040；
2. 长大桥梁建设施工技术交通行业重点实验室，湖北武汉 430040）

摘　要　常泰长江大桥主航道桥为主跨1176m的钢桁梁斜拉桥，为在建的世界上最大跨径斜拉桥，主桥主塔采用台阶型沉井基础，桥位处水文地质条件复杂，沉井施工期河床易冲刷，影响沉井着床及下沉姿态控制及度汛安全。采用河工物理模型试验对沉井施工期河床冲淤变化规律进行了研究，创新性地提出了河床预开挖结合抛石防护的防冲刷措施，并进行了试验验证和现场观测，实践表明研究提出的河床防冲刷措施效果良好，消除了沉井施工期因河床冲刷带来的姿态控制及施工安全风险。

关键词　桥梁；沉井基础；河床冲刷试验；冲刷防护；河床预开挖

Study on Riverbed Scouring Law and Countermeasures for Underwater Open Caisson Foundation during Construction

WU Qi-he[1,2], CHEN Jian-rong[2], ZHENG Hai-tao[1]

(1. CCCC Second Harbor Engineering Company LTD., Wuhan, Hubei 430040, China;
2. Key Laboratory of Large-span Bridge Construction Technology, Wuhan, Hubei 430040, China)

Abstract　The main channel bridge of Changtai Yangtze River Bridge is a steel truss cable-stayed bridge with a main span of 1176m. It is the largest cable-stayed bridge in the world. The main tower of the main bridge adopts a stepped open caisson foundation. The hydrogeological conditions at the bridge site are complex, and the riverbed is easy to scour during the open caisson construction, affecting the open caisson implantation, sinking attitude control and flood safety. The river physical model test is used to study the change law of riverbed erosion and deposition during open caisson construction. The anti-erosion measures of riverbed pre-excavation combined with riprap protection are innovatively proposed, and the test verification and field observation are carried out. The practice shows that the anti-erosion measures of riverbed proposed in the study are effective, The attitude control and construction safety risks caused by riverbed scouring during open caisson construction are eliminated.

基金项目：2019年度交通运输行业重点科技项目(2019-MS1-011)。

作者简介：吴启和(1979—)，男，正高级工程师，中交第二航务工程局有限公司，研究方向：大跨径桥梁施工技术。

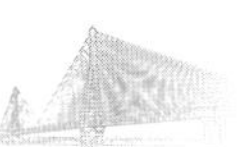

Keywords Bridge; open caisson foundation; riverbed scouring test; scour protection; riverbed pre-excavation

1 工程概况

1.1 结构概况

常泰长江大桥位于泰州大桥与江阴长江公路大桥之间，连接常州市与泰兴市，跨江段总长约5.3km。大桥主航道桥采用主跨1176m双层钢桁梁斜拉桥，桥梁上层为高速公路，下层为城际铁路和普通公路，桥跨布置如图1所示。

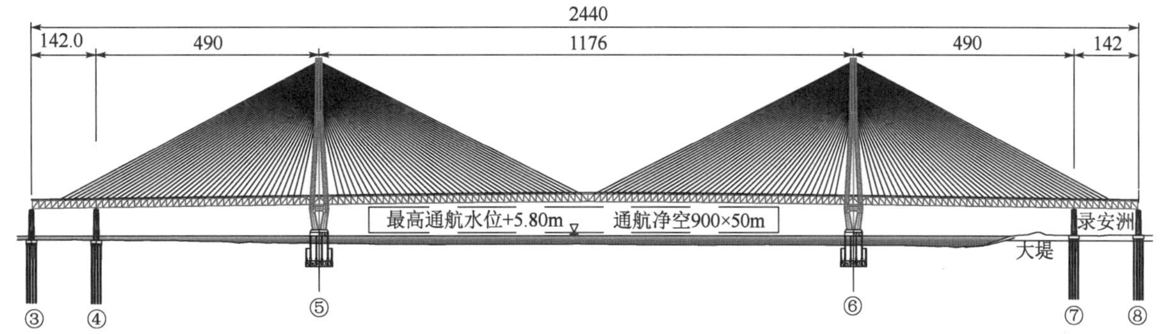

图1 常泰长江大桥桥跨布置图(尺寸单位：m)

主桥主塔采用沉井基础，沉井为填充混凝土的全钢结构，平面呈圆端型，立面为台阶型，沉井底面尺寸95.0m×57.8m(横桥向×纵桥向)，圆端半径28.9m，顶面尺寸77.0m×39.8m(横桥向×纵桥向)，圆端半径19.9m，台阶宽度9.0m，沉井总高64.0m，基础持力层为密实中粗砂。5号墩沉井基础结构如图2所示。

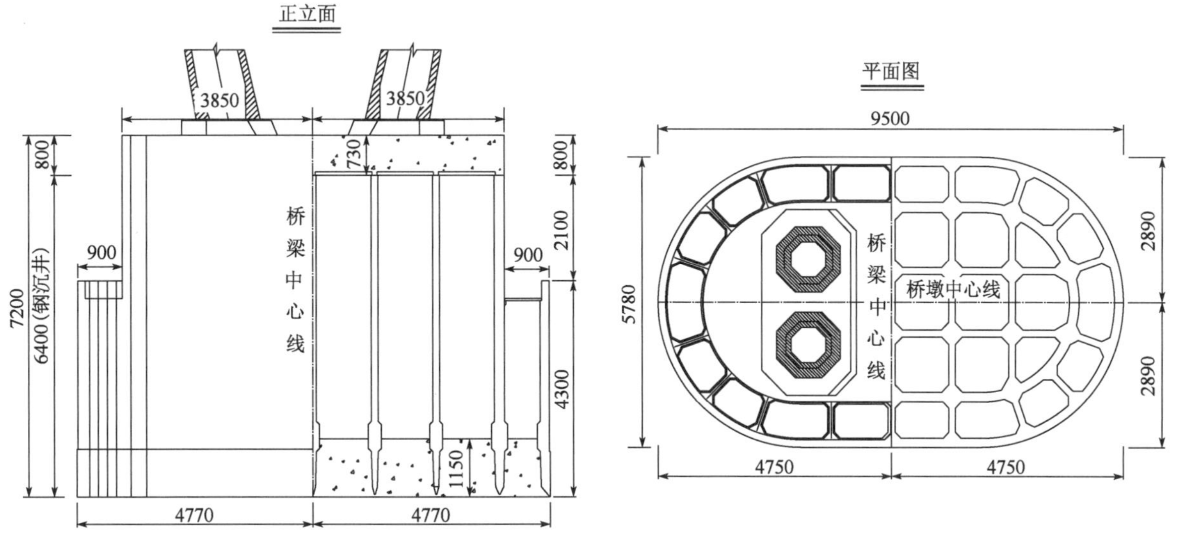

图2 5号墩沉井基础结构图(尺寸单位：cm)

1.2 建设条件

1.2.1 水文条件

常泰长江大桥位于长江下游扬中感潮河段，受长江径流与潮汐双重影响，为非正规半日潮。桥位处径流为主，5—10月为汛期，最高通航水位+5.8m，最低通航水位-0.7m。20年一遇桥位断面垂线平均最大流速为1.93~2.1m/s，枯水期垂线平均最大流速低于1.05m/s。

1.2.2 地质条件

5号墩沉井位于主航道区北侧，墩位处地形较平坦，原河床面平均高程为 -14.5m，自河床表面至沉井设计底高程共分布有11个土层，砂层和黏土层互层，土层不均匀，层底高差大，上覆硬塑粉质黏土层，砂类土地层揭示有砂质胶结层，层厚2~10cm，抗压强度平均值5.59MPa。5号墩沉井区域土层分布及物理力学指标如表1所示。

5号墩沉井区域土层分布及物理力学指标 表1

序号	层号	岩土名称	平均厚度（m）	最大高差（m）	黏聚力 C_c（kPa）（固快）	内摩擦角 φ_c（°）（固快）	地基承载力（kPa）	侧摩阻力（kPa）
1	①3	松散粉砂	2.71	1.6	16.7	14	100	20
2	②1	硬塑粉质黏土	5.52	4.80	32.9	19.4	260	45
3	②3	中密粉砂	2.17	3.80	5.6	31.4	120	22
4	②1-1	软塑粉质黏土	2.34	4.90	26.3	19.1	120	30
5	②3、②4	中密细砂	4.22	4.60	6	34	200	22
6	②1-1	软塑粉质黏土	2.18	3.20	26.3	19.1	120	30
7	②3	中密粉砂	6.25	14.60	5.6	31.4	120	22
8	②4	密实细砂	8.57	13.00	4	36	250	23
9	②1-1	软塑粉质黏土	1.87	4.90	26.3	19.1	120	30
10	②5	密实中砂	6.50	10.80	4.7	37.7	450	24
11	②6、②7	密实粗砂	8.17	13.68	4	38	550	25

1.3 沉井施工总体安排

沉井施工主要包括钢沉井的制作、浮运、定位着床、井壁混凝土浇筑、接高与下沉、清基封底施工等工序。5号墩钢沉井制作时分为底部43m首节段和上部(6+8+7)m三个节段，43m首节钢沉井在船坞内拼装成整体浮运至现场进行定位着床后浇筑井壁第一次水下混凝土，然后交替进行沉井接高、井壁混凝土浇筑和取土下沉，沉井下沉至设计高程后进行清基封底施工。

根据工期安排，5号墩沉井计划2019年底出坞，2020年1月中下旬完成定位着床，沉井自着床至终沉到位历时1年左右。根据以往工程经验，在沉井施工过程中，河床会产生冲刷现象，严重的局部冲刷会危及沉井姿态控制乃至结构安全。因此，本文通过物理模型试验的方法，明确沉井施工期河床冲淤变化规律，据此制定针对性的措施，确保沉井施工安全。

2 沉井施工期河床冲刷试验研究

2.1 模型设计

冲刷试验在宽水槽中进行，根据常泰长江大桥的水流动力条件，水槽设计成单向流水槽，水槽总长34m，净宽4.8m，水槽动床段长5m，宽4.8m，铺沙厚度为0.6m左右，桥墩基础布置在试验段的中央。在模型设计时，模型比尺的确定考虑了流速、雷诺数、水深、休止角、桥墩压缩比等必须满足的基本条件。

根据实测地质资料，拟建工程区上层为松散粉砂，平均层厚为2.7m，下层为硬塑粉质黏土，平均层厚为5.5m，再下层为中密粉砂、软塑状粉质黏土、细砂互层，为了充分模拟现场河床地层的冲刷特性，开展了原状土的冲刷起动试验，试验结果如表2所示。

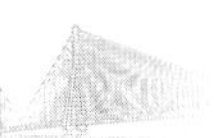

原状土冲刷起动试验结果 表2

序号	岩土名称	起动流速(m/s)
1	松散粉砂	0.6~0.8
2	软塑粉质黏土	1.5~2.2
3	硬塑粉质黏土	2.0~4.0
4	细、中粗砂	0.8~1.5

由原状土冲刷试验可知，墩位处不同土层的冲刷起动流速不尽相同，因此本项目采用了分层河床模型，根据实测地质分布和原状土冲刷试验资料，动床模型考虑两种情形：第一种基本反映实际地层的动床模型，上层为2.7cm厚的模型砂，中层为中值粒径为1.0mm的天然砂(模拟硬塑粉质黏土层)，下层为模型砂；第二种反映硬塑粉质黏土层被冲刷后的动床模型，全部采用模型砂，无论是模型砂还是天然砂，均需满足实际土层起动流速相似的条件。

2.2 试验工况

常泰长江大桥5号墩沉井施工横跨一个自然年，经历着床、取土下沉等工艺环节，试验工况的设定一是考虑工艺过程，二是考虑水流流速的变化，三是考虑冲刷历时，以明确沉井施工期河床的冲刷形态及局部冲刷深度，具体试验工况如表3所示。

5号墩沉井施工期河床冲刷试验工况 表3

工况	状态	水深(m)	流速(m/s)	距河床面高度(m)	备注
1	沉井悬浮	15.7	0.8	2.0	动床模型一，模拟着床过程，反映墩位处实际土层分布
2			1.0	2.0	
3	沉井着床	15.7	1.0	0	
4			1.5		
5			2.0		
6			2.5		
7	沉井着床后	15.7	1.0	—	动床模型二，模拟着床后续工序，未考虑硬塑粉质黏土层
8			1.5		
9			2.0		
10			2.5		

2.3 试验结果

2.3.1 冲刷深度

沉井施工过程中在不同流速、不同工况状态时的局部最大冲刷深度如表4所示。由表4可知，沉井浮运至墩位及着床施工在枯水期施工，流速不超过1.0m/s，河床最大冲刷深度约2.7m，即原始河床表面的松散粉砂层会被冲刷掉；而在流速增加且小于2.0m/s时，河床的冲刷深度几乎未发生变化，原因是硬塑粉质黏土层的冲刷起动流速较大，也与原状土的起动流速试验结果比较吻合；当流速达到2.0m/s时，硬塑粉质黏土层开始发生冲刷，当流速达到2.5m/s时，原始河床最大冲深达到8.1m，基本超过硬塑粉质黏土层层底；当没有硬塑粉质黏土层的保护后，河床的局部冲刷深度随着流速的增加快速变大，在2.0m/s的流速下，最大冲深深度达到了27.3m，2.5m/s的流速下达到了32.2m。

沉井施工期河床最大冲刷深度试验结果 表4

工况	状态	水深(m)	流速(m/s)	距河床面高度(m)	最大冲刷深度(m)
1	沉井悬浮	15.7	0.8	2.0	2.0
2			1.0	2.0	2.5

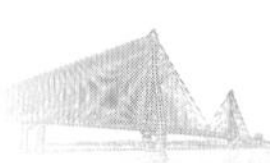

续上表

工况	状态	水深(m)	流速(m/s)	距河床面高度(m)	最大冲刷深度(m)
3	沉井着床	15.7	1.0	0	2.7
4			1.5		2.7
5			2.0		5.4
6			2.5		8.1
7	沉井着床后	15.7	1.0	—	14.3
8			1.5		21.5
9			2.0		27.3
10			2.5		32.2

2.3.2 冲刷形态

冲刷试验表明，沉井入水后，原来平顺的水流受到沉井的阻挡，周围的水流结构发生急剧变化，水流的绕流使流线急剧弯曲，在河床面附近形成漩涡，剧烈淘刷沉井迎水端河床面和周围的泥沙，形成局部冲刷坑，其最大冲刷区域位于沉井迎水面底部两侧拐角附近，且在沉井下游有少量淤积，随着流速的增加和硬塑粉质黏土层保护作用的消失，冲刷坑范围沿沉井两侧逐渐向下游扩大，直至沉井下游亦出现冲刷。沉井施工期冲刷形态如图3所示。

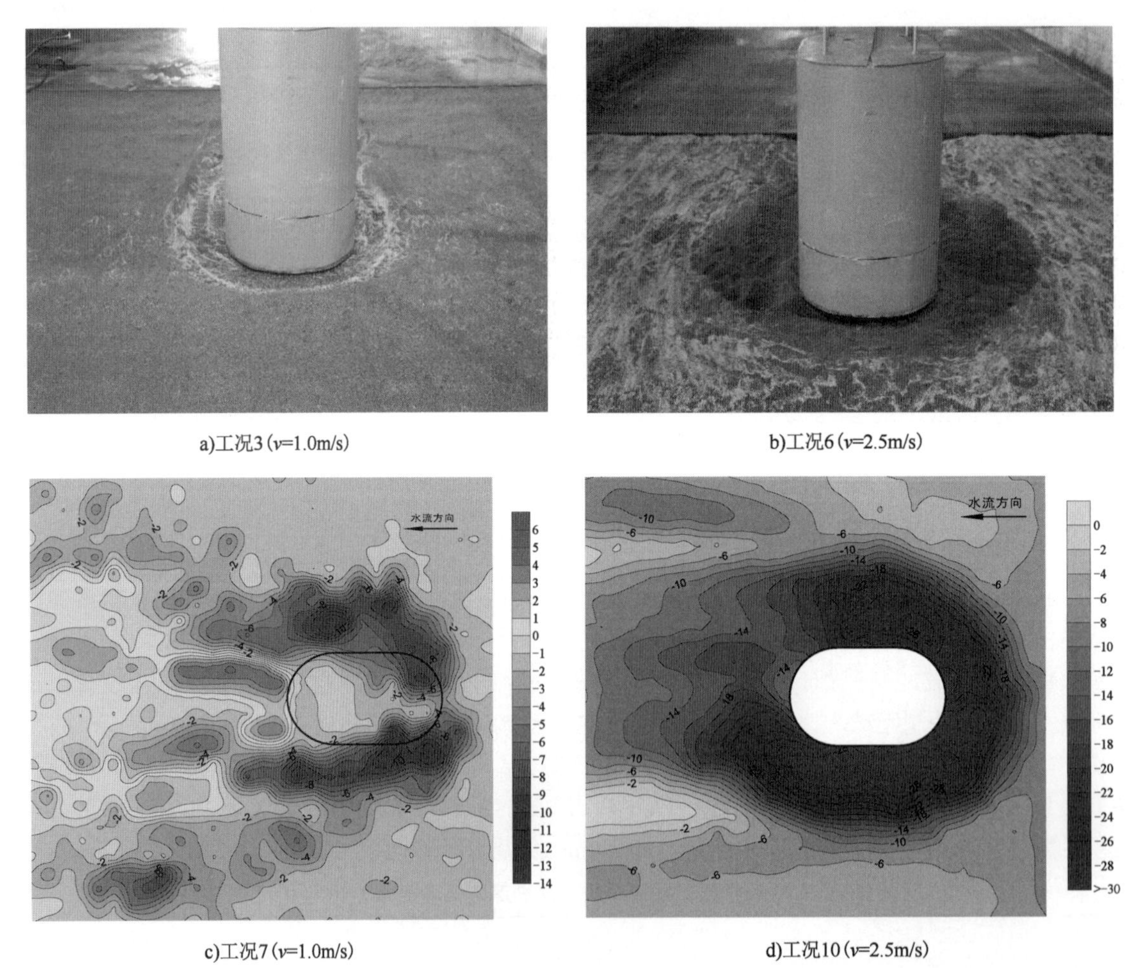

a)工况3(v=1.0m/s)　b)工况6(v=2.5m/s)

c)工况7(v=1.0m/s)　d)工况10(v=2.5m/s)

图3　沉井施工期河床冲刷形态

3 河床冲刷防护措施研究

3.1 冲刷防护措施

从沉井施工期河床冲刷变化模型试验结果可知,沉井着床期间,沉井范围内原河床表层松散粉细砂将全部被冲刷掉,沉井将直接坐落在硬塑粉质黏土层顶,而本项目一大特点是土层分布不均匀,沉井范围内硬塑粉质黏土层层顶高差达1.6m,层底高差达4.8m,故沉井着床后因支撑面不平整会发生较大倾斜,不利于沉井下沉姿态控制。

沉井着床后,紧接着进行第一次井壁混凝土浇筑和第一次沉井接高,然后进行取土下沉,根据以往工程经验,沉井在硬塑粉质黏土层中下沉速度非常缓慢,平均为6~10cm/d,故沉井穿过平均厚度为5.5m的硬塑粉质黏土层约需2个月时间,由此推算,沉井进入砂层取土时已进入长江汛期。根据物模试验结果可知,当硬塑粉质黏土层的抗冲防护效果消失后,河床的局部冲刷深度会急剧增大,而此时沉井刃脚入土深度不深,无法满足最小埋置深度的要求,极易造成沉井姿态倾斜甚至倾覆,危及沉井姿态控制及施工安全。

基于上述分析,提出了河床预开挖以及抛石防护两项针对性的措施。

(1)河床预开挖。即沉井浮运至现场进行着床施工前,对沉井范围内的河床进行预开挖处理,先行挖除表层松散粉细砂以及硬塑粉质黏土层,以使沉井着床在经过预处理的比较平整的河床上,同时解决沉井在硬塑粉质黏土层下沉缓慢的难题,确保在汛期来临前沉井下沉至稳定深度,度汛安全。此外,预先开挖掉硬塑粉质黏土层,亦可避免沉井穿过硬塑粉质黏土层后因土层承载力突然降低(表1)而造成沉井突沉、姿态倾斜的风险。

常泰长江大桥5号墩河床预开挖深度为10m,开挖基槽底部尺寸为101m×66m,开挖边坡坡率为1:1,满足边坡的稳定性要求,如图4所示,开挖施工采用抓斗船分层分条开挖。

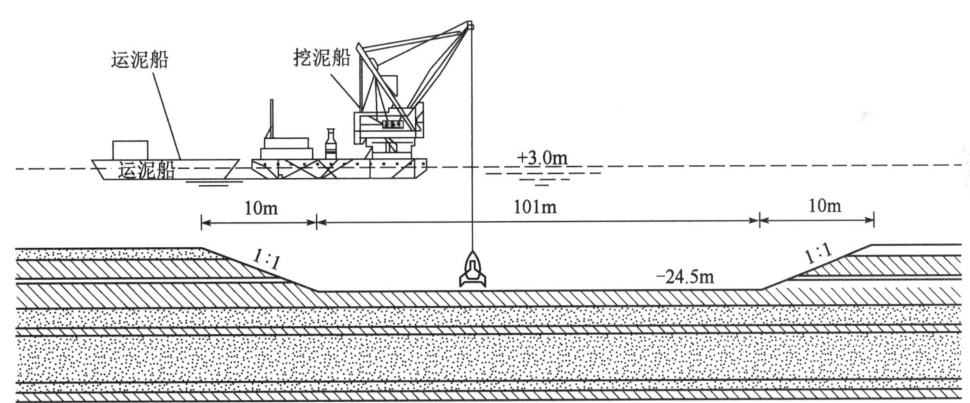

图4 河床预开挖

(2)抛石防护。为使沉井平稳下沉,沉井着床后在沉井四周进行抛石防护,抛石粒径为6~10cm的碎石,抛石厚度约2m,范围为预开挖基坑底沉井周边全覆盖。

3.2 冲刷防护措施试验验证

为了验证在长江主河道内河床预开挖的可行性以及河床预开挖和抛石防护对于河床冲刷防护效果,开展了物理模型试验研究,试验模型和方案基本同前,试验结果表明:

(1)河床基槽开挖成型后,在没有安放沉井条件下基槽不发生冲刷,而出现淤积,最大淤积部位主要位于基槽前部,挖槽后部淤积较小。试验表明,当流速为1.0m/s时,最大淤积厚度约3m,如图5所示,基槽基本能保持开挖形态,说明河床预开挖具有可行性。

(2)河床预开挖后,沉井着床时,在1.0m/s流速作用下最大冲刷深度约3.6m,在2.0m/s流速作用下最大冲刷深度为20.4m(相对预开挖后的河床面,下同),但最大局部冲刷位于基槽边坡及后侧位置,沉井范围内的河床冲刷较小,沉井在汛期到来之前可以下沉至冲刷线以下且满足最小埋置深度要求。

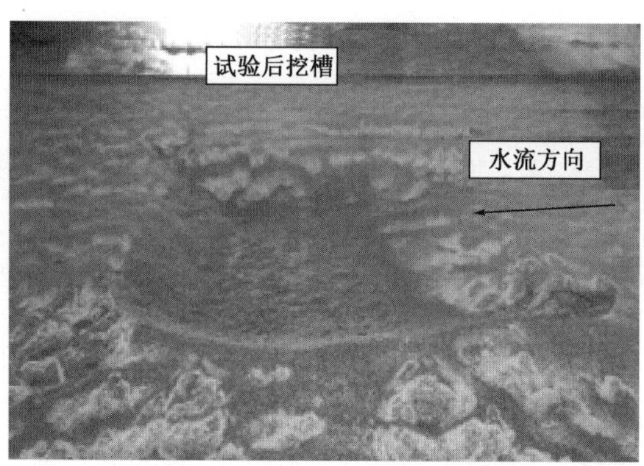

图5　基槽淤积情况(v=1.0m/s)

(3)实施抛石防护后,基槽在1.5m/s流速作用下,沉井周边防护区基本不发生冲刷,在防护区外侧出现冲刷,最大冲刷深度在5.0m左右;在2.5m/s流速作用下,沉井前方防护区基本不发生冲刷,两侧及后方防护区发生冲刷,最大冲刷深度为6.0m左右,在防护区外侧最大冲刷深度为16.0m,抛石防护效果较好。

3.3　现场实施效果

常泰长江大桥5号墩沉井于2019年12月28日出坞,浮运至墩位后进行了两次接高、三次井壁混凝土浇筑和四次取土下沉,沉井于2020年12月28日平稳、高精度终沉到位,实施过程中按照既定方案实施了河床预开挖和抛石防护两项河床冲刷防护措施。常泰长江大桥2020年经历了长江50年一遇的超大洪水,实测断面平均流速达到了2.8m/s。在汛期每半个月开展一次河床扫测,以掌握冲刷情况(图6)。从实测情况来看,河床冲刷发展规律与模型试验基本吻合,沉井刃脚埋置深度始终处于冲刷线以下,消除了河床冲刷对沉井的不利影响。

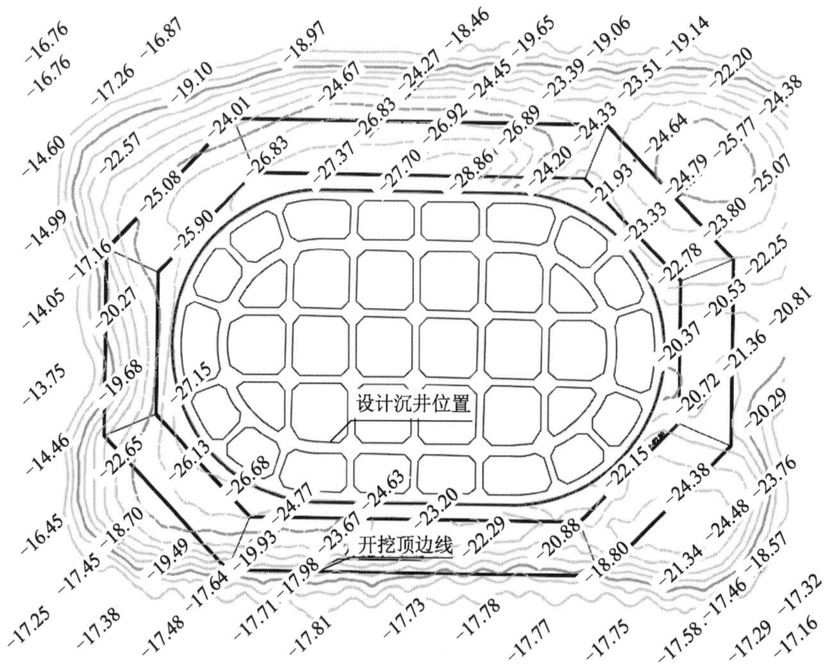

图6　河床高程扫测结果(单位:m;日期2020/08/27)

4　结语

常泰长江大桥主塔沉井基础结构规模大,位于长江中下游感潮河段,水文地质条件复杂,沉井施工期间河床易受冲刷,不利于沉井着床及下沉过程中的姿态控制,且在汛期危及沉井施工安全。本文通过

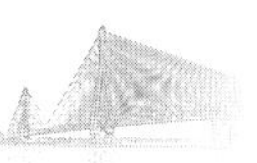

河工模型试验,对沉井施工期河床冲淤变化规律进行了研究,创新性地提出了沉井施工区域河床预开挖方案,解决了硬塑粉质黏土取土困难、不均匀土层沉井易倾斜的难题,实现了沉井平稳着床和快速下沉,同时结合沉井着床后的抛石防护措施,有效消除了沉井施工期冲刷风险。常泰长江大桥5号墩沉井在取土下沉过程中平面偏位始终控制在15cm以内,倾斜度始终在1/150以内,扭转角小于0.1°,实现了沉井高效、平稳下沉,说明所采取的河床冲刷防护措施效果良好,可为今后类似工程提供借鉴。

参考文献

[1] 秦顺全,徐伟,陆勤丰,等.常泰长江大桥主航道桥总体设计与方案构思[J].桥梁建设,2020,50(3):110.

[2] 中铁大桥勘测设计院集团有限公司.常泰过江通道工程地质勘察报告[R].武汉:中铁大桥勘测设计院集团有限公司,2018.

[3] 郑锋利,谷志敏.温州瓯江北口大桥中塔沉井冲刷防护技术[J].桥梁建设,2018,48(1):106-111.

[4] 刘建波,张永涛,杨炎华,等.泰州长江公路大桥深水沉井基础定位下沉与控制技术研究[J].桥梁建设,2011(6):76-81.

[5] 杨宁,肖文福,吉林.泰州长江公路大桥中塔沉井定位方案研究[J].桥梁建设,2009(4):64-68.

[6] 崔一兵.沪通长江大桥主航道桥29号主墩河床预防护技术[J].桥梁建设,2015,45(6):84-88.

[7] 张鸿,刘鹏.深水、大流速条件下大型沉井下沉河床防护技术研究[C]//第十二届全国桥梁学术会议论文集(上册).北京:人民交通出版社,2012:76-82.

[8] 梁发云,王琛,黄茂松,等.沉井基础局部冲刷形态的体型影响效应与动态演化[J].中国公路学报,2016,29(9):59-67.

[9] 陈策.特大型水中沉井基础局部冲刷模型试验研究[J].公路,2010(12):18-21.

[10] 谢鉴衡.河流泥沙工程学(上册)[M].北京:水利电力出版社,1981.

[11] 张红武.泥沙起动流速的统一公式[J].水利学报,2012(12):1387-396.

[12] 张根广,李林林,邢茹.均匀球体泥沙典型分布状态及其起动流速研究[J].应用基础与工程科学学报,2020,28(1):50-58.

天星洲河段水动力特性及近期演变研究

单婷婷[1]，杜德军[2]，徐　华[2]，李　伟[2]

(1. 江苏省水文水资源勘测局南通分局,江苏南通　226406;
2. 南京水利科学研究院,江苏南京　210024)

摘　要　2017年底基本完工的天星洲整治工程守护了高滩部分,归顺流路、洲头及洲右缘后退趋势得到遏制,但天星洲滩尾未进行守护。近年来,天星洲河段冲刷剧烈,洲尾及夹槽有向宽浅方向发展的趋势,影响天星洲夹槽出口的稳定。三维潮汐水动力的模型试验研究表明,天星洲尾存在着水流交换,横向流速最大达0.38m/s,约为涨落潮主流流速的28%;滩尾由上往下,滩地高程逐渐降低,横向越滩流逐渐增加;垂向上流速逐渐减小、水流紊动减弱。横向越滩流是近年来天星洲尾冲刷的重要原因。水利、航道部门以及常泰过江通道的建设都需要天星洲夹槽出口段一个稳定的河势,有必要尽快实施天星洲尾守护工程。

关键词　天星洲尾;演变;潮流模型;三维水动力;横向水流;守护

Recent Evolution and 3-Dimensional Hydrodynamic Characteristics Study in Tianxingzhou Tail

SHAN Ting-ting[1], DU De-jun[2], XU Hua[2], LI Wei[2]

(1. Nantong Branch Bureau of Jiangsu Province Hydrology and Water Resources Investigation Bureau, Nantong, 226406;
2. Nanjing Hydraulic Research Institute, Nanjing 210024, China)

Abstract　The regulation project for Tianxingzhou in 2017 has guarded high beach and suppressed its fall back trend of head and right edge. However, there has no protected project on Tianxingzhou tail. With the rapid scour in recent years, channel stability has been effected and tends to be shallower and narrower. 3-D hydrodynamic physic experiment results show that the water exchange existed in Tianxingzhou tail and lead to a cross current with the maximum 0.38m/s, about 28% of the main current velocity of the rising and falling tide. From the top to the bottom of the beach, the elevation gradually decreased and the cross current gradually increased, the vertical velocity decreases gradually and the flow turbulence weakens. The cross current is the main reason for the scour of Tianxingzhou tail. It's necessary to implement the Tianxingzhou tail guard project as soon as possible since both the water and waterway sector and construction of Changzhou – Taizhou river crossing channel wish a stable river regime in the outlet of The Tianxingzhou slot.

基金项目:国家重点研发计划资助(2022YFC3204500)。

单婷婷(1984—),江苏省水文水资源勘测局南通分局,高级工程师,研究方向:水文水资源。

Keywords Tianxingzhou tail; evaluation; tidal current model; three dimensional hydrodynamic; cross current; guard project

1 引言

天星洲位于扬中河段中下段。其下段呈现“两滩三槽”的格局,长江在此被天星洲洲尾和录安洲分为天星洲夹槽、长江主槽和录安洲夹江。录安洲左缘水流顶冲,为水利部门重点守护的岸段,录安洲右汊沿线码头林立,左汊毗邻12.5m深水航道,且上游左岸侧为天星洲治理工程以及天星洲夹槽的地方航道,通航环境复杂。2015年水利部门开始实施天星洲整治工程,2017年底基本完工,工程守护了天星洲高滩部分,归顺流路,洲头及洲右缘后退趋势得到遏制;但天星洲滩尾未进行守护,滩面上主槽与夹槽间存在水流交换,近年来冲刷剧烈,影响天星洲夹槽出口的稳定,洲尾及夹槽有向宽浅方向发展的趋势,对下游七圩港区专用航道和下游河势产生不利影响,亟须对洲尾进行守护。关于洲尾水动力,有不少学者进行了研究。姬昌辉、谢瑞等结合模型试验,研究了天星洲左侧夹槽疏浚维持夹槽分流比的可行性;季荣耀等研究认为,泰兴水道顺直放宽的河段特性,形成大片缓流区,泥沙易落淤形成水下浅滩;夏云峰等研究认为,工程河段水沙条件复杂,河床冲淤多变;刘猛等研究认为,水流和波浪是驱动长江口拦门沙河段滩槽泥沙交换运动的两种基本动力,底沙运动、悬沙运动及近底高含沙水体的异重流运动是滩槽泥沙交换中泥沙运动的形式;祝钰、姬昌辉进行了滩槽水沙交换的研究。上述研究主要针对工程河段的演变和天星洲整治研究。吴承伟等进行错置双柱式桥墩三维流场及水流力特征研究;唐洪武等对鄱阳湖交汇处三维水流结构的测量,对水质进行了研究,闫杰超等通过三维数学模型对桩群、坝体和明渠等进行了研究。上述研究以三维数学模型研究为主。

已有研究表明,天星洲洲尾附近水沙条件复杂,泥沙易落淤,通过分析滩槽水沙交换的主要动力,给出了泥沙运动的形式,证明通过疏浚能维持夹槽的分流比是可行的。三维水动力的研究主要利用数学模型进行。目前,常泰长江大桥正在建设中,跨天左主跨位于天星洲洲尾,桥梁主跨的布设对天星洲洲尾的河势稳定提出更高的要求。本文通过三维水动力试验来研究天星洲尾未守护区域的水流交换情况,从水动力方面来分析探讨天星洲尾的冲刷原因,对于实施洲尾守护工程、稳定工程河段河势和专用航道的维护有着重要的指导意义。

2 工程河段概况

2.1 河势特征

扬中河段上起五峰山下至鹅鼻嘴,长约87.7km,上承镇扬河段,下接澄通河段,其中太平洲右汊长42km,左汊长47m。太平洲洲体长为31.5km,最宽处9.8km。扬中河段的入流段与出口段为微弯型单一河道,由五峰山和鹅鼻嘴两组节点控制(图1)。

五峰山以下河道为太平洲分为左右两汊道,左汊是主汊,江宽水深,多年来分流比维持在90%左右。板沙圩子以下至小决港为顺直宽浅性河道,平均河宽约为2.5km,下半段江中为鳗鱼沙,将河槽分为左右两槽,左槽为主槽。小决港以下进入太平洲汊道汇流区,左岸为天星洲边滩,左侧主流偏右岸下泄。太平洲右汊夹江水流在出口处被炮子洲分为两股水流,左侧水流与太平洲左汊出流汇合后,为天星洲尾和录安洲分为三汊,从左至右分别为天星洲夹槽、主江和录安洲夹江(下面分别简称夹槽、主江和小江),其中夹槽和小江为支汊。几股水流汇合后进入江阴水道。

落成洲和鳗鱼沙心滩守护工程于2012年完成,工程河段12.5m深水航道整治工程于2017年3月完工。天星洲整治工程于2014—2017年实施。上述整治工程实施后,落成洲洲头、鳗鱼沙心滩、天星洲得到了守护,有利于工程河段总体滩槽格局的稳定。

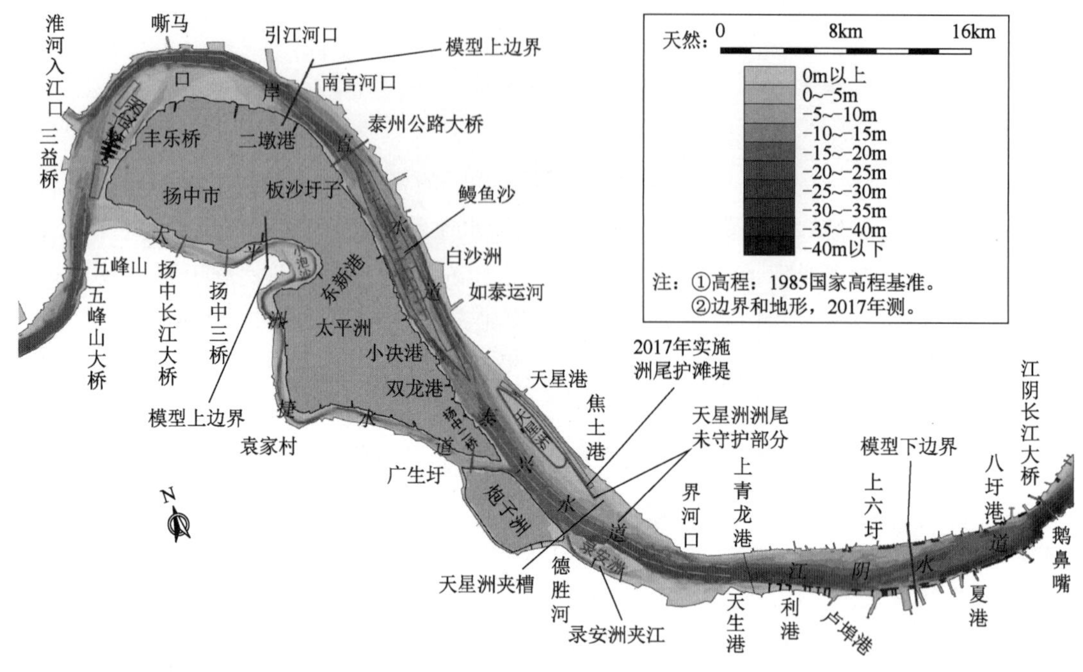

图1　扬中河段河势图

2.2　水动力特征

扬中河段邻近长江河口段，受潮汐的影响，落潮流大于涨潮流，是塑造河床的主要动力。洪季大潮断面上大流速区不出现涨潮流，枯季时涨潮平均流速可达0.60m/s。据2017年10月实测资料（上游径流30000m³/s），天星洲夹槽下段涨、落潮最大流速分别为0.44m/s、1.46m/s，主江涨、落潮最大流速分别约0.40m/s、2.15m/s，主江流速明显大于夹槽。夹槽、主江和小江分流比分别约为6%、84.6%和9.4%。

2.3　泥沙特性

本河段来沙以上游来沙为主，悬沙中值粒径范围为0.001～0.025mm，主槽内粒径较粗。据河床质取样分析，河床质主要为中细沙，其粒径在0.007～1.0mm之间，主槽河床质中值粒径为0.15～0.23mm，河心沙滩滩面中值粒径较细，天星洲洲尾中值粒径约为0.11mm。

3　天星洲尾水动力特性研究

3.1　模型概况

本研究在南京水利科学研究院扬中河段物理模型上进行。该模型平面比尺为600∶1，垂直比尺为100∶1。河段总长90m，模拟天然河道长54km，包含炮子洲、录安洲、鳗鱼沙、天星洲等洲滩，以及口岸直水道和太平洲捷水道大部、泰兴水道和部分江阴水道。上游采用径流控制，下游采用潮汐控制。该模型在常泰过江通道等工程研究中进行了率定和多次验证，相关成果已通过专家评审。模型试验水文条件为1998年洪水大潮和100年一遇流量大潮，上游径流分别为85000m³/s和96000m³/s。

3.2　水动力试验研究

三维水动力试验测点布置见图2。利用小威龙测量三维水流；利用表面流场系统及旋桨流速仪进行流速、流向测量。其中，V1～V3为三维流速测点，规定天星洲洲尾沙脊线往下游为X方向正向，平面上垂直X向左侧为Y方向正向，垂直平面向上为Z方向正向；V4～V7为工程河段表面及平均流速测点。

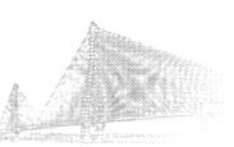

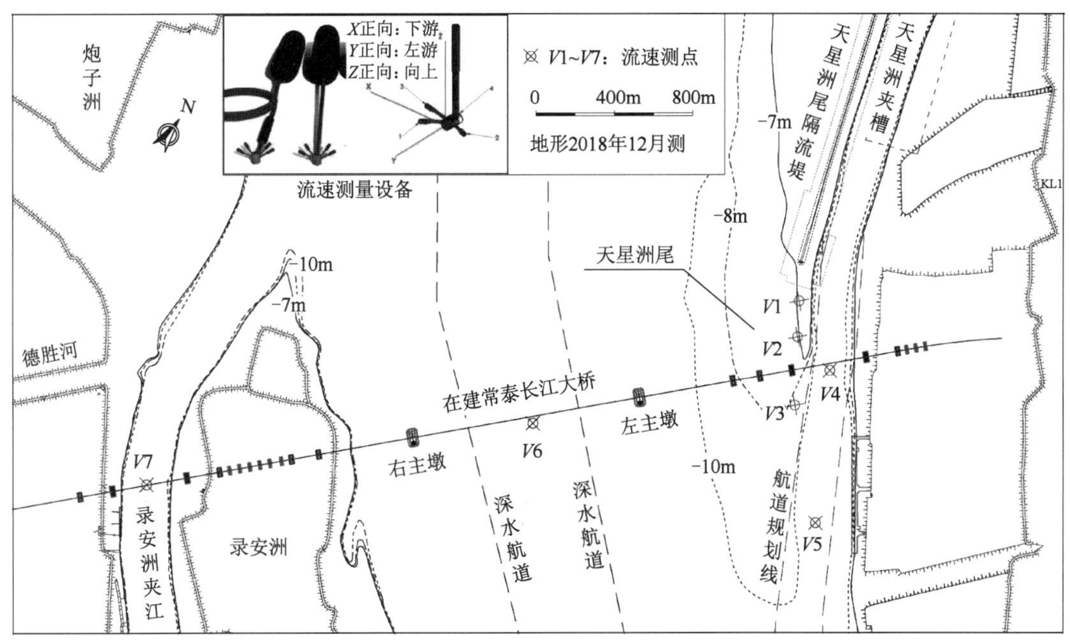

图2 三维水动力试验测点布置

3.2.1 工程河段涨落潮流速

1998年洪水大潮条件下，V4～V7测点流速过程线见图3。夹江、主江和小江的最大流速分别为1.86m/s、2.33m/s和1.97m/s，潮平均流速分别为1.50m/s、1.97m/s和1.63m/s。

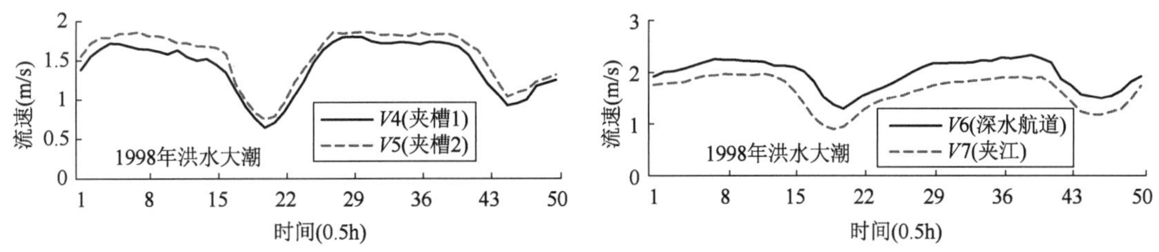

图3 工程河段V4～V7流速过程线(98洪水大潮)

3.2.2 工程河段流量及汊道分流比

分析断面为拟建常泰长江大桥断面。1998年洪水大潮条件下，夹槽、主江、小江流量分别为5390m^3/s、72070m^3/s和7660m^3/s，分流比分别为6.3%、84.7%和9.0%。

3.2.3 天星洲尾三维水动力分析

1998年洪水大潮、100年一遇水文条件下，天星洲洲尾滩体上三维水流过程线见图4；表1为天星洲洲尾1998年测点三维平均流速和最大流速统计。

由图表可见，滩地上各测点主流方向(X向)流速较大，1998年洪水大潮、100年一遇大潮平均流速分别为0.58～1.03m/s和0.62～1.18m/s。1998年洪水大潮、100年一遇大潮最大流速分别为0.74～1.23m/s和0.78～1.37m/s。

横向上(Y向)上，两水文条件下平均流速在0.08～0.18m/s和0.10～0.33m/s，最大流速为0.11～0.23m/s和0.14～0.38m/s，均为正值，表明水流主要由主江进入夹槽。分析可见：

(1)天星洲尾上存在着水流交换，而且水流主要是由主江侧进入天星洲夹槽下段，其大小受涨落潮的影响，落潮时越滩流大，涨潮时越滩流小。

(2)滩地上横向流速较落潮主流方向流速小，Y向上流速约为X向流速的15%～28%，表明越滩流明显较主流要小，天星洲尾滩体的水流以涨、落潮方向的往复流为主。

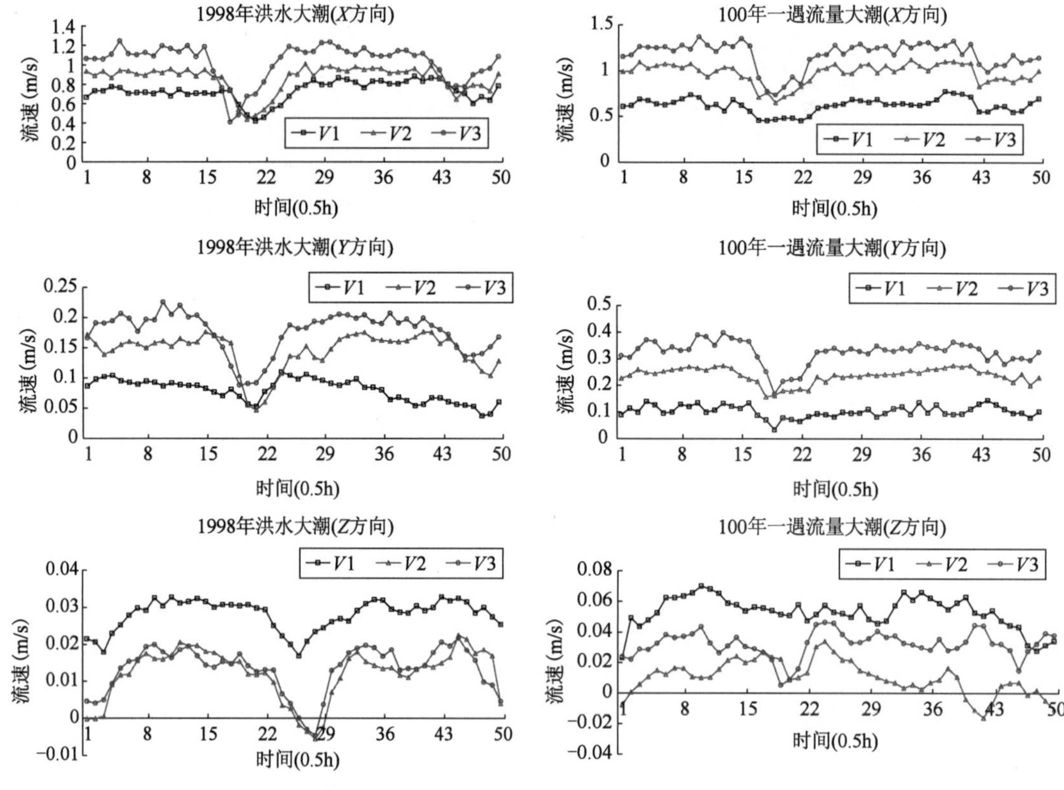

图4 天星洲洲尾滩体上三维水流过程线(左:1998 年洪水大潮;右:100 年一遇流量大潮)

天星洲洲尾测点三维流速(单位:m/s) 表1

类别	测点	1998 年洪水大潮			100 年一遇大潮		
		X 方向	Y 方向	Z 方向	X 方向	Y 方向	Z 方向
平均流速	V1	0.58	0.08	0.03	0.62	0.10	0.05
	V2	0.84	0.15	0.01	0.98	0.24	0.01
	V3	1.03	0.18	0.01	1.18	0.33	0.03
最大流速	V1	0.74	0.11	0.03	0.78	0.14	0.07
	V2	1.00	0.18	0.02	1.13	0.28	0.03
	V3	1.23	0.23	0.02	1.37	0.38	0.05

在垂向(Z 向)上,也存在一定的水流,但流速较 Y 向上的流速小,两水文条件下,垂向上最大流速分别为 0.03m/s 和 0.07m/s。分析发现,在顺水流和横向上,V1 测点的流速均比 V2 和 V3 测点小,但是 V1 测点垂向上流速却较 V2 和 V3 测点的流速要大,这表明,天星洲隔流堤附近水流紊动较大。

表 2 为天星洲洲尾滩地测点 Y 方向上单宽流量,该值表示天星洲尾沙脊线法向方向的单宽流量。3 个测点高程分别为 -4.0m、-5.6m 和 -6.9m。由表 2 可见:①1998 年洪水大潮、100 年一遇大潮条件下,单宽流量分别在 0.68 ~ 2.04m^3/(s·m)之间和 0.94 ~ 3.90m^3/(s·m)之间;②由上至下,滩地高程逐渐降低,越滩流逐渐增加,单宽流量也呈增加的趋势,往下游水流作用增强。

天星洲洲尾滩地测点 Y 方向上单宽流量 表2

测点	高程(m)	1998 年洪水大潮[m^3/(s·m)]	100 年一遇[m^3/(s·m)]
V1	-4.0	0.68	0.94
V2	-5.6	1.48	2.54
V3	-6.9	2.04	3.90

3.2.4　小结

由于天星洲尾部最大流速近 1.40m/s，横向流速近 0.40m/s，天星洲隔流堤附近水流紊动较大。而天星洲尾尚未进行守护，预计天星洲尾在涨、落潮水流的作用下，将会处于冲刷的态势，沙尾将会有坦化的趋势，不利于天星洲夹槽出口段的稳定。

4　工程河段近期演变

4.1　工程河段演变概况

历史上工程河段洲滩群生、汊道众多，且交替发育、河床宽浅、滩槽冲淤多变，岸线变幅较大，上、下游汊道变化相互影响，相邻河段演变关联性强。从扬中河段近百年来的演变历史看，主要演变特征表现为水流归槽集中，沙洲合并成岛或并岸，长江主流逐步呈现单一的反“S”形双弯道，河势逐步向稳定方向发展。

天星洲形成与河道放宽有关，主流出太平洲左汊后右偏，太平洲左缘小决港附近冲刷后退，导致主流进一步右偏，在长江左侧形成天星洲。

20 世纪 80 年代以来，在录安洲实施了一系列护岸工程，录安洲成为人工节点。扬中河段在进口五峰山、中段录安洲和天生港、出口鹅鼻嘴等天然及人工节点，以及 20 世纪 60 ~ 70 年代以来一系列沿岸护岸工程和码头工程控制作用下，河道平面形态已基本稳定，总体河势渐趋稳定。

4.2　天星洲尾演变分析

4.2.1　冲淤变化

天星洲尾所在河段，自 20 世纪 80 年代录安洲节点形成以来一直较为稳定，主流贴近炮子洲左缘、录安洲左缘边滩下行，河段内深槽位置变化较小，主流的走势基本稳定。

天星洲整治工程实施后，沙体得到了有效守护，但天星洲尾等区域还存在冲淤变化：圈围工程右侧冲刷，左侧夹槽由于疏浚，水深增加；隔流堤尾部右侧区域冲刷明显；水动力研究表明，滩地存在明显水流交换，1998 年洪水大潮、100 年一遇大潮横向流速分别可达 0.23m/s 和 0.38m/s，在这种横向水流的作用下，天星洲尾存在斜向冲刷区。

可见，天星洲尾的持续冲刷，河床向宽浅方向发展，可能会对附近专用航道和河势产生不利影响，有必要深入研究天星洲尾沙脊上水流交换情况，为守护工程的布设提供技术支撑。

4.2.2　等高线变化

目前，天星洲整治工程已实施完成，天星洲汊道的冲淤变化将减弱。天星洲尾至五圩港附近约 3km 实施了隔流堤工程，2017 年 3 月完工。从 -5m 等高线变化来看（图 5），洲尾五圩港—六圩港间 1.5km滩面未守护区域还处于不稳定状态。2015—2017 年天星洲附近河床冲淤变化显示，天星洲沙体得到了有效守护，但天星洲尾等区域还存在较大的冲淤变化。

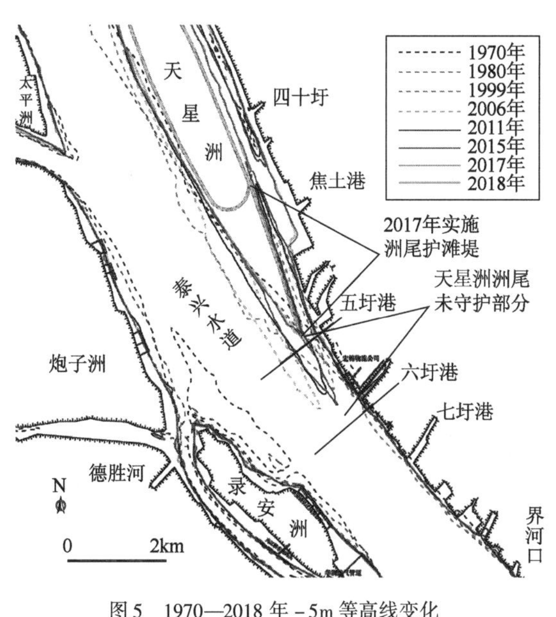

图 5　1970—2018 年 -5m 等高线变化

20 世纪 90 年代前，天星洲还是靠左岸的低边滩，1998 年、1999 年大洪水作用下，周边河床近岸出现 -5m 窜沟，不过至 2015 年天星洲整治实施前，左侧夹槽 -5m 线未贯通，只是在 2017 年左汊疏浚工程实施后，-5m 槽贯通。在天星洲尾，1999 年后，至 2017 年天星洲整治工程实施前，-5m 线的尾部基本稳定在六圩港上游附近。2017年左汊疏浚工程实施后,左侧夹槽分流比增加,夹槽下段六圩港附近冲刷,天星洲洲尾冲刷,-5m线上提1.2~1.5km至五圩港、隔流堤尾部附近。2018年与2017年相比,-5m线又有所上提约75m,表明天星洲尾还处于冲刷态势中。

可见,天星洲尾在2017年天星洲整治工程实施后,尾部明显冲刷,-5m线由六圩港附近上提1.2~1.5km至五圩港附近;至2018年,天星洲洲尾又有所冲刷,天星洲洲尾-5m线上提75m左右。

4.2.3 断面变化

天星洲洲尾五圩港和六圩港近年来断面变化比较见图6。由图5可见,在20世纪70~80年代,天星洲只是依附在主江左岸的低边滩。1999年,左侧窜沟发展,断面上出现夹槽,两断面夹槽底高分别为-5m和-8.5m,较右侧天星洲沙尾滩地高程低2~3m。至2006年,夹槽继续冲刷发展、沙尾淤长,六圩港断面夹槽冲刷至-10.5m,洲尾滩顶高程-5.8m。

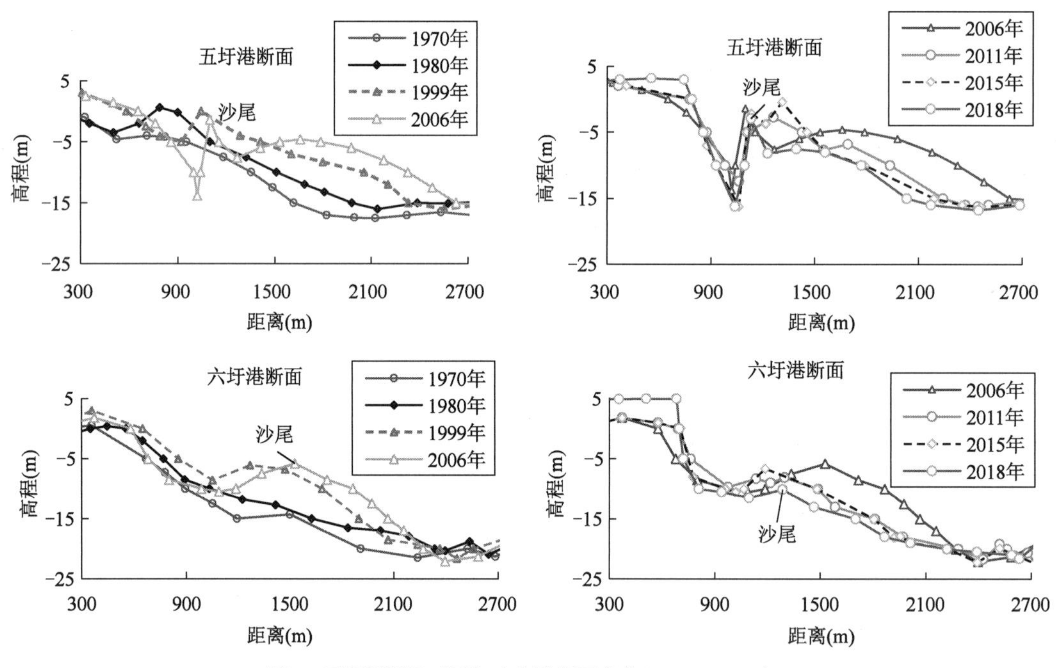

图6 天星洲洲尾五圩港、六圩港断面变化(1970—2018年)

此后,由于上游来沙减少等因素影响,天星洲洲尾靠近主槽侧冲刷,沙体宽度明显减小。天星洲守护工程实施,守护天星洲沙体,但洲尾未守护区域则继续冲刷。由图6可见,与2006年相比,天星洲尾右侧冲刷,至2018年,-10m线左移500m。同时,滩顶高度由-5.8m降至-10.1m,左侧夹槽最低高程由-10.5m微冲至-11.5m。这表明,天星洲洲尾的沙脊近年来受冲刷作用,滩顶高程降低,天星洲洲尾附近,夹槽与天星洲尾有向宽浅方向发展的趋势。

5 结语

(1)扬中河段中下段被天星洲洲尾和录安洲分为天星洲夹槽、长江主槽和录安洲夹江,呈现"两滩三槽"的格局。录安洲左缘水流顶冲,为水利部门重点守护的岸段,录安洲右汊沿线码头林立,左汊毗邻12.5m深水航道,且上游左岸侧为天星洲治理工程以及天星洲夹槽的地方航道,通航环境复杂。

(2)2017年底基本完工的天星洲整治工程守护了天星洲高滩部分,归顺流路,洲头及洲右缘后退趋势得到遏制;但天星洲洲尾未进行守护,近年来冲刷剧烈,影响天星洲夹槽出口的稳定,洲尾及夹槽有向宽浅方向发展的趋势,对下游七圩港区专用航道和河势产生不利影响。

(3)三维潮汐水动力模型试验研究表明,天星洲尾存在着水流交换,横向流速最大达0.38m/s,为落潮主流流速的28%;滩尾由上往下,滩地高程逐渐降低,横向越滩流及单宽逐渐增加,垂向上流速逐渐减小、水流紊动减弱。

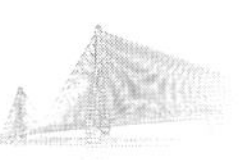

(4)天星洲尾滩面明显的水流交换是近年来天星洲尾冲刷、河道向宽浅方向发展的重要原因。水利、航道部门以及常泰长江大桥的建设都需要天星洲夹槽出口段有一个稳定的河势。因此,有必要尽快实施天星洲尾守护工程。

参考文献

[1] 姬昌辉,谢瑞,王永平,等.长江扬中河段天星洲整治工程补充方案试验研究[C]//第十八届中国海洋(岸)工程学术讨论会论文集(下),2017:520-523.

[2] 姬昌辉,谢瑞,申霞.长江扬中河段天星洲汊道整治动床物理模型试验研究[C]//第十七届中国海洋(岸)工程学术讨论会论文集(下),2015:324-327.

[3] 姬昌辉,谢瑞,洪大林.长江扬中河段天星洲汊道整治工程物理模型试验研究[C]//第十六届中国海洋(岸)工程学术讨论会(下册),2013:570-576.

[4] 季荣耀,陆永军,左利钦.长江下游天星洲的形成演变与主因分析[J].长江科学院院报,2011,28(8):5-10.

[5] 夏云峰,闻云呈.天星洲左汊航道整治数学模型计算研究分析[C]//第十五届中国海洋(岸)工程学术讨论会论文集(中),2011:670-674.

[6] 刘猛,沙海明.长江口拦门沙河段滩槽泥沙交换理论[C]//第十九届中国海洋(岸)工程学术讨论会论文集(下),2019:281-292.

[7] 祝钰.长江通州沙河段潮汐多汊河段滩槽水沙交换特性分析[J].中国水运(下半月),2016,16(9):267-268.

[8] 姬昌辉,洪大林,谢瑞,等.长江扬中河段天星洲水域河床演变分析[J].人民长江,2012,43(S2):94-96.

[9] 吴承伟,杨万理,王广俊.错置双柱式桥墩三维流场及水流力特征研究[J].水动力学研究与进展(A辑),2020,35(3):328-337.

[10] 唐洪武,黄淑君,袁赛瑜,等.长江-鄱阳湖交汇处三维水流结构研究[J].河海大学学报(自然科学版),2020,48(2):128-135.

[11] 闫杰超,徐华.三维复杂群桩水流力特性数值模拟研究[J].港工技术,2020,57(2):1-5.

[12] 吴俊杰,马洪玉,袁磊,等.阿尔塔什水利枢纽工程坝体三维渗流有限元计算分析[J].水利规划与设计,2020(8),128-133.

[13] 赵卫伟,景何仿,王维红,等.刚性植被作用下复合明渠水流特性实验研究[J].水动力学研究与进展(A辑),2020,35(4):469-478.

[14] 刘泽,陈丽,何砚,等.边坡筋锚三维网柔性防护结构的稳定性分析[J].水利水电科技进展,2020,40(4):65-70.

[15] 杨西庚.弯道水流特性三维数值模拟分析研究[J].内江科技,2020,41(6):35-36.

大型沉井基础不同施工工艺冲刷试验研究

杨程生[1]，高祥宇[1]，钱俊祥[2]，俞竹青[3]，高正荣[1]

（1. 南京水利科学研究院，江苏南京　210024；
2. 江苏省交通工程建设局，江苏南京　210004；
3. 南京瑞迪建设科技有限公司，江苏南京　210024）

摘　要　本文针对长江下游地区泰州大桥中塔沉井直接下沉施工、常泰长江大桥5号沉井基础河床预开挖下沉施工以及沪苏通长江公铁大桥29号沉井基础河床预防护下沉施工工艺，开展不同工况下局部冲刷模型试验研究。研究结果表明：粉砂质河床大型沉井基础直接下沉施工情况下，沉井迎水侧河床冲刷较大，沉井下沉时存在向冲刷侧倾斜风险；河床预开挖后沉井下沉施工期河床冲刷幅度明显减小，最大冲刷深度位置位于沉井两侧中间部位；采取预防护后，沉井下沉过程中冲刷主要发生在防护体周边。采用大型沉井基础河床预开挖和预防护施工方案可有效减少沉井周边冲刷，提高沉井施工进度和施工安全性。

关键词　跨江大桥；大型沉井；施工工艺；水槽试验；局部冲刷

Research on Erosion Test of Large Open Caisson Foundation with Different Construction Techniques

YANG Cheng-sheng[1], GAO Xiang-yu[1], QIAN Jun-xiang[2], YU Zhu-qing[3], GAO Zheng-rong[1]

(1. Nanjing Hydraulic Research Institute, Nanjing 210024, China;
2. Jiangsu provincial transportation engineering construction bureau, Nanjing 210004, China;
3. Nanjing R&D Tech Group Co., Ltd., Nanjing 210024, China)

Abstract　For the direct sinking construction of the Taizhou Bridge′s middle tower caisson in the lower reaches of the Yangtze River, the pre excavation and sinking construction of the No. 5 caisson foundation riverbed of the Changtai Yangtze River Bridge, and the prevention and protection construction technology of the No. 29 caisson foundation riverbed of the Shanghai Sutong Bridge, local erosion model tests were conducted under different working conditions. The research results indicate that under the direct sinking construction of large open caisson foundations in sandy riverbed, there is a significant erosion of the riverbed on the upstream side of the open caisson, and there is a risk of tilting towards the erosion side when the open caisson sinks; After pre excavation of the riverbed, the erosion amplitude of the riverbed during the sinking construction period of the caisson is significantly reduced, and the maximum erosion depth is located in the middle of both

---

基金项目：国家重点研发计划（2019YFB1600700）、交通运输行业重点科技项目（2019-MS1-011）。

作者简介：杨程生（1982—），男，高级工程师，研究方向：水动力及泥沙运动。

sides of the caisson; After taking preventive measures, erosion mainly occurs around the protective body during the sinking process of the caisson. The use of pre excavation and preventive construction plans for large open caisson foundation riverbed can effectively reduce the erosion around the open caisson, improve the construction progress and safety of the open caisson.

Keywords Cross River Bridge; large open caisson; construction technology; water tank test; local erosion

1 引言

长江下游运营、在建的大型跨江桥梁众多,跨江大桥工程桥墩基础普遍采用了大型沉井,如泰州大桥、沪苏通长江公铁大桥以及正在建设的常泰长江大桥。大型沉井施工下沉过程中周边河床局部冲刷是影响施工安全的关键因素之一。大型沉井基础局部冲刷是由于在水流作用下沉井周边河床泥沙起动被带走的过程,冲刷深度受水深、流速、流向、沉井结构、泥沙特性等诸多因素影响。如何有效解决大型沉井下沉过程中河床局部冲刷,确保下沉施工安全,一直是国内桥梁界十分关心的问题。近年来有先进行河床预防护后再将沉井着床施工的案例,有效减小了沉井下沉过程中周边冲刷深度。

国内许多学者对沉井的冲刷特征进行了大量的研究,高正荣等采用模型试验研究了沉井在下沉施工过程中的局部冲刷机理;卢中一等开展了大型沉井护底抗冲试验研究,得出大型沉井在安全度汛和着床两种阶段既能保持稳定又较为经济的护底工程的范围和碎石级配。陈策通过模型试验研究了泰州大桥中塔沉井施工期局部冲刷。梁发云等采用水槽模型试验研究圆形和方形沉井基础的冲刷形态和动态演化过程。这些学者们对沉井下沉过程中的局部冲刷、下沉到位后的冲刷问题进行了深入研究,但对于减少施工期下沉过程冲刷问题目前只提出了预防护技术。本文针对长江下游泰州大桥中塔沉井直接下沉、常泰长江大桥5号沉井河床预开挖下沉以及沪苏通长江公铁大桥29号沉井预防护下沉开展了模型试验研究,分析了不同施工工艺下的沉井周边局部冲刷特征,认为采用河床预开挖和预防护施工工艺,可有效减少沉井下沉周边河床冲刷,为今后长江下游大型跨江桥梁沉井下沉基础处理提供科学借鉴。

2 自然概况

2.1 泰州大桥

泰州大桥主桥位于长江下游扬中河段太平洲左汊泰兴顺直段,夹江桥位位于太平洲右汊小炮沙弯道,桥区位置及河势见图1,大桥于2012年11月建成通车。泰州大桥中塔墩基础为沉井结构,外形为一个四边角呈圆弧形的矩形柱。沉井迎水面总宽44.10m,顺水流方向总长58.20m。沉井上部承台高6.0m,承台顶高程为+6.0m,沉井总高88.0m,沉井基础结构见图2,沉井在枯水期直接着床下沉施工,下沉着床前河床高程-14.2m。

水动力特征:桥区水动力以径流作用为主,在洪水期无涨潮流,在枯水大潮时涨潮动力弱,时间短,径流是桥区主要造床动力因素。20000~50000m^3/s流量情况下流速在1.0~1.5m/s之间,50000~70000m^3/s流量情况下流速在1.5~2.0m/s之间,70000~90000m^3/s大洪水情况下流速在2.0~2.5m/s之间。

地质资料:中塔墩处河床土层以细、粉砂为主,厚度在50m以上,河床质d_{50}=0.19mm,中塔处泥沙抗冲能力差,加上沉井下沉和着床后作用影响,容易发生床面冲刷,遭遇大洪水时尤为明显。

2.2 常泰长江大桥

常泰长江大桥位于扬中河段录安洲附近。常泰主桥斜拉桥5号主墩为圆端台阶型沉井,下端平面尺寸95.4m×58.2m,台阶宽9m,布置36个井孔,外壁厚2.0m,隔墙厚1.4m。沉井高67m,其中59m钢沉井,沉井顶高程+7m,底高程-60m,基底持力层为密实粗砂,入土深度45.3m。台阶设在-25.0m处,位于河床面下约10m,5号墩处原河床高程约-14.7m,结构布置见图3。采用河床预开挖方案在枯水期开始下沉施工。河床预开挖采取放坡开挖的形式,预开挖坑底平面尺寸为101m×63.8m,坑顶平面尺寸为121m×83.8m,基坑开挖总深度10m,开挖坡率为1:1,即开挖至-25m高程。河床预开挖槽示意图如图4所示。5号沉井2020年1月初沉井浮运到位，同年1月底着床，沉井基础于2020年12月28日下沉到位。

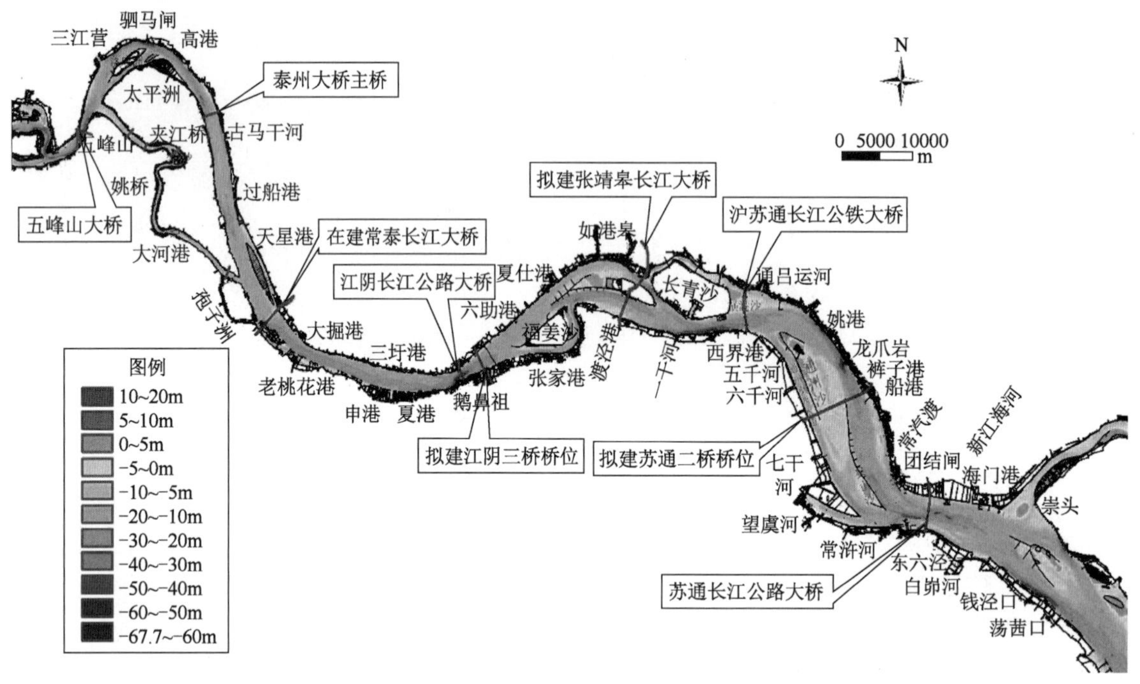

图1 工程河段河势图

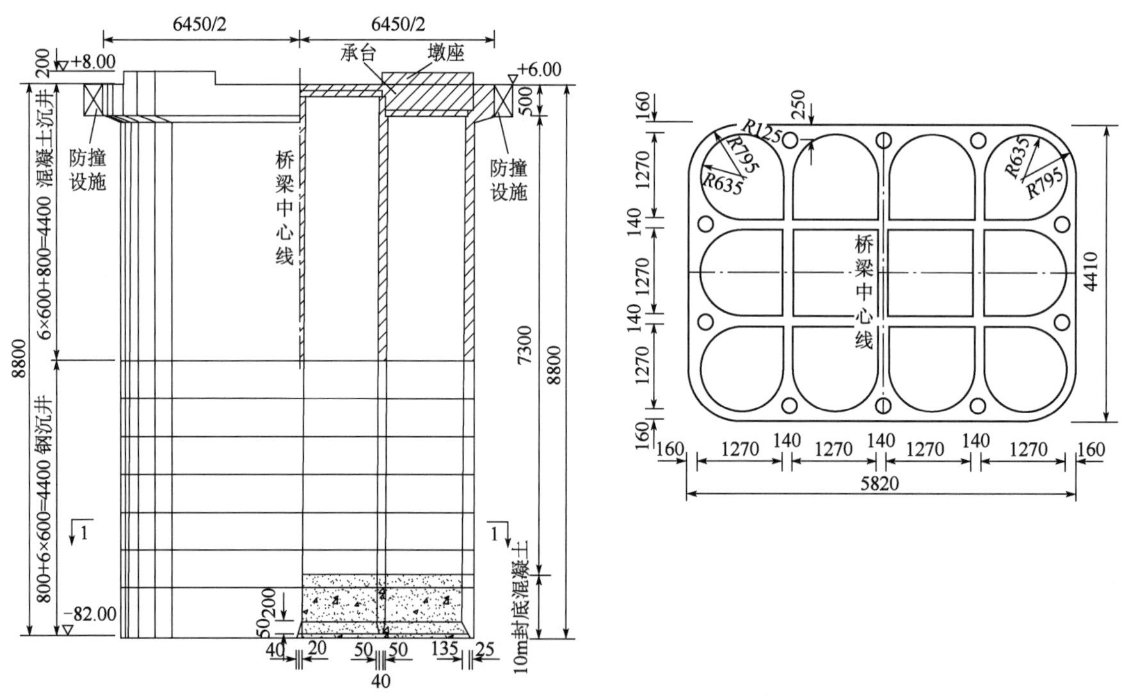

图2 泰州大桥沉井基础结构图（尺寸单位：cm；高程单位：m）

水动力特征：桥区水动力以径流作用为主，涨潮动力弱且时间短，径流是桥区主要造床动力因素。流速在1.0~2.5m/s之间。

地质条件：桥位处表层为粉砂层，紧下层为硬塑粉质黏土层，且土层厚度不均，层底高差大，加之又是易冲细砂层，土层间地基承载力存在突变、沉井着床及初始下沉阶段易产生偏位和倾斜的风险。河床质 $d_{50}=0.18\text{mm}$。

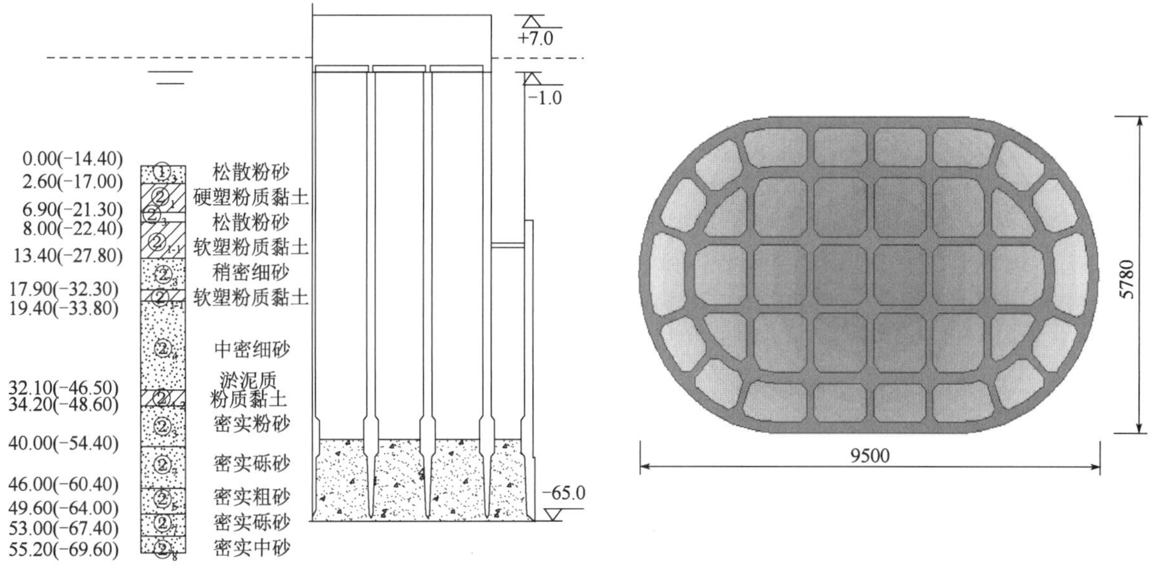

图3　常泰长江大桥5号沉井基础结构布置图(尺寸单位:cm;高程单位:m)

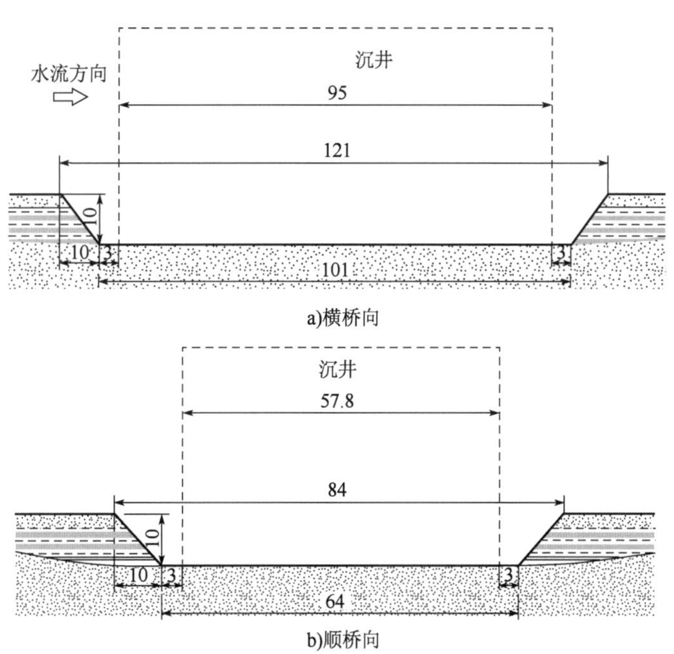

图4　河床预开挖槽示意图(尺寸单位:m)

2.3　沪苏通长江公铁大桥

沪苏通长江公铁大桥位于长江南通河段浏海沙水道,29号主墩基础墩位于浏海沙水道偏南侧,沉井结构平面尺寸为86.9m(长)×58.7m(宽),总高度为105m,底部钢壳混凝土结构为44m,混凝土高度61m,见图5。沉井设计顶高程+8.0m,底高程-97.0m。沉井着床河床面高程-28.4m。采用河床预防护方案后再开始下沉施工。29号主墩河床预防护体系包括反滤层、防护层和棱体结构,其分别由1~6mm、3~10cm和6~10cm级配的碎石组成,抛填高度分别为1m、1m、2m;其中防护层抛填范围由沉井壁向外延伸25m,见图6。方案实施时间为2014年8—9月,然后在此基础上进行29号沉井下沉施工。

水动力特征:桥区水动力受潮流作用影响,呈典型往复流特征,桥区落潮流速大于涨潮流速,桥区涨潮最大流速为1.75m/s(枯季大潮),落潮最大流速为3.33m/s(20年一遇大潮)。

地质条件:沉井区域河床质由层厚不等的粉砂、细砂、中砂和粗砂组成,层厚50m以上。河床质d_{50}=0.15mm。

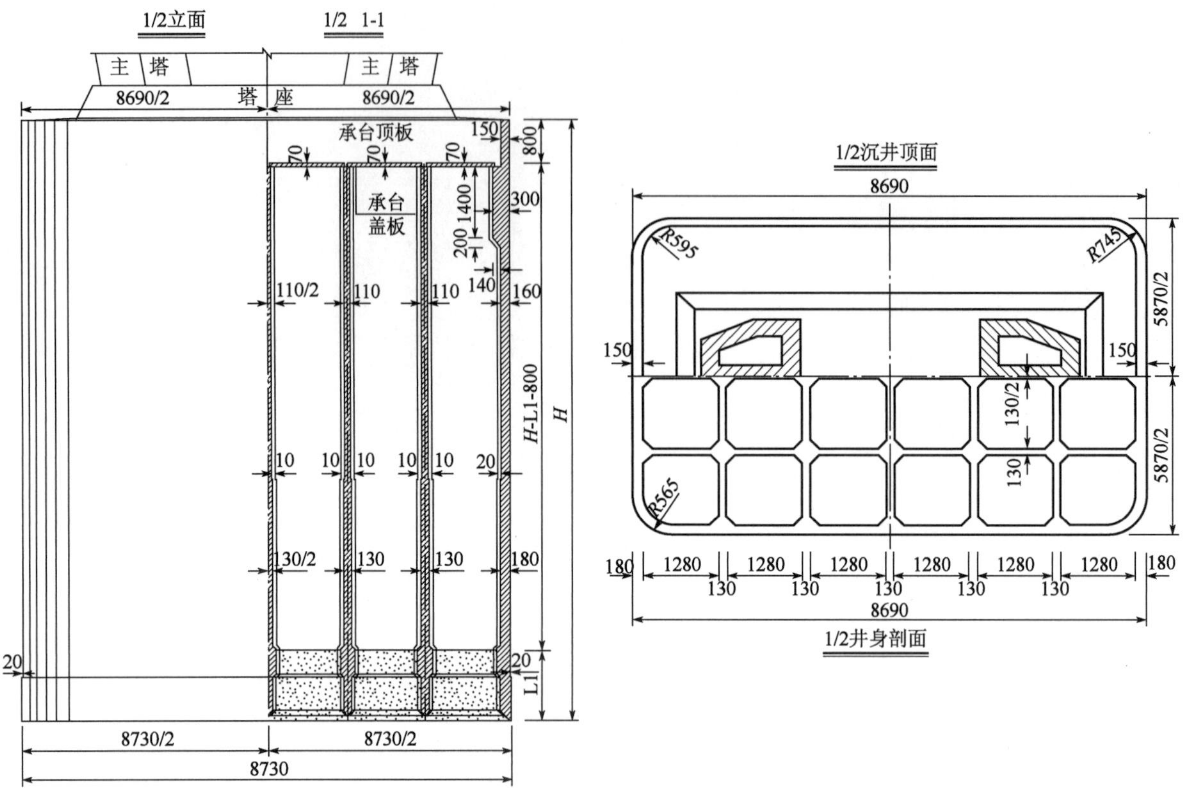

图5 沪苏通长江公铁大桥29号沉井结构图(尺寸单位:cm)

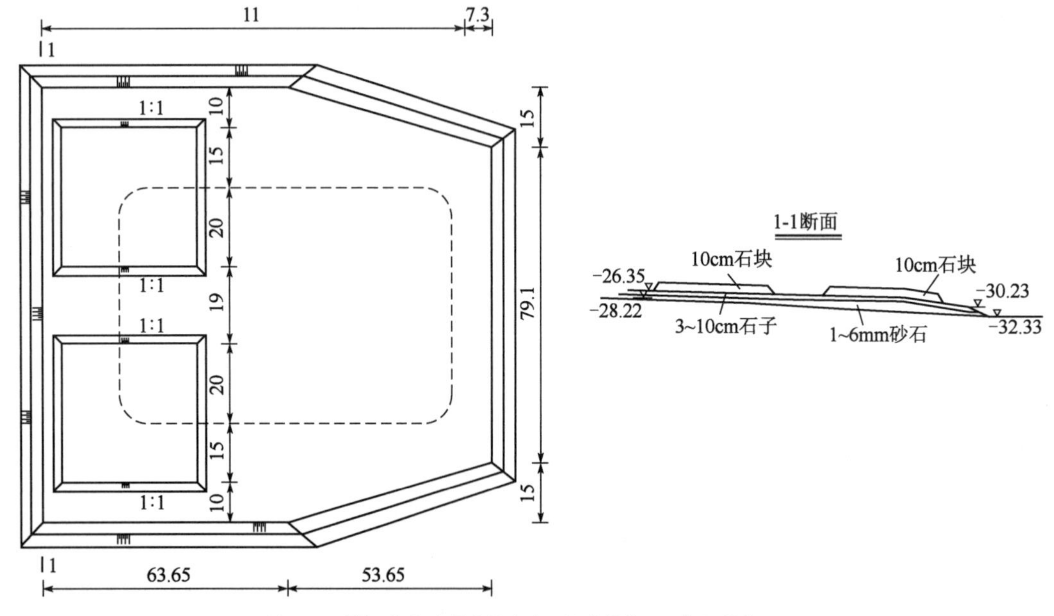

图6 29号沉井基础预防护方案(尺寸单位:m;高程单位:m)

3 试验概述

3.1 模型概况

沉井冲刷试验在宽水槽中进行,水槽总长34m,净宽5m,水槽动床段长5m,宽5m,铺沙厚度为0.6m左右,沉井基础布置在试验段的中央。水槽设计成单向流水槽,上游采用矩形薄壁量水堰调控流量,下游采用横向推拉式尾门微调水位,沉井迎水面一定距离布设直读式流速仪监控流速。试验水槽布置示意图见图7。试验模型以泰州大桥、常泰长江大桥以及沪苏通长江公铁大桥主墩沉井和河床为原型,按照比尺为1∶100进行模型设计，模型比尺的确定考虑了流速、雷诺数、水深、休止角、桥墩压缩比等必须满足的基本条件，试验过程一般经历2～3h后局部冲刷坑达到冲刷基本平衡状态。

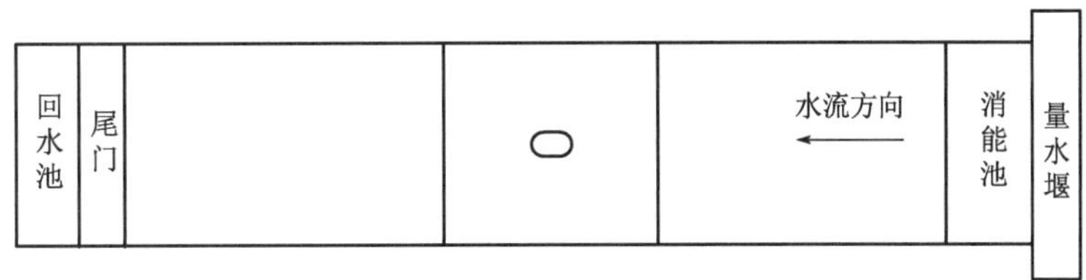

图7 试验水槽布置示意图

3.2 试验用砂

按水流相似条件 $\lambda_v = \lambda_H^{\frac{1}{2}}$ 和泥沙起动相似条件 $\lambda_{vc} = \lambda_v$ 计算符合相似条件的模型砂比尺 λ_{ho}。对于水深较大的细砂河流，在没有系统的推移质实测资料时，通常选用相对成熟的公式进行计算。本试验原型砂和模型沙起动流速采用窦国仁公式进行计算。

经比选，采用防腐处理的木屑作为模型砂，泰州大桥沉井冲刷模型试验选取模型砂中值粒径为 $d_{50}=0.80$mm；常泰长江大桥沉井冲刷模型试验模型砂中值粒径 $d_{50}=0.68$mm；沪苏通长江公铁大桥沉井冲刷模型试验模型砂中值粒径 $d_{50}=0.38$mm。模型砂密度均为 $r_{sm}=1.15$t/m^3，干密度为 $r_{om}=0.7$t/m^3。

3.3 试验工况

（1）泰州大桥中塔沉井直接下沉试验工况：中塔沉井基础2007年12月开始着床，2008年9月1日下沉到设计高程处，历时9个月，经历了整个枯水期及洪水期。沉井着床期平均流速为0.78m/s，最大流速为0.83m/s，2008年洪水期最大流速为1.61m/s。泰州大桥沉井试验水动力条件见表1。

泰州大桥沉井试验水动力条件　　表1

行近流速(m/s)	0.80	1.00	1.20	1.50	2.0
水深(m)	16.10	16.46	17.00	18.30	19.30

（2）常泰长江大桥5号沉井预开挖方案下沉试验工况：试验水位1.2m，河床高程为14.5m。分别开展5号沉井区域河床未开挖和河床预开挖情况下两组工况局部冲刷试验。常泰长江大桥沉井试验水动力条件见表2。

常泰长江大桥沉井试验水流动力条件　　表2

状态	水深(m)	流速(m/s)	备注
沉井着床	15.7	1.0	沉井底部接触河床面
		1.5	
沉井着床后	15.7	1.0	沉井底达到设计高程
		1.5	
		2.0	
		2.5	

（3）沪苏通长江公铁大桥29号沉井预防护下沉试验工况：取29号沉井在下沉可能面临的施工期最大流速作为本次29号沉井预防护情况下下沉过程中冲刷试验条件，见表3。

沪苏通长江公铁大桥沉井试验水动力条件　　表3

类型	水深(m)	控制流速(m/s)	备注
预防护实施后下沉施工中	30	2.0	单向流

4 不同下沉工况下沉井基础局部冲刷特征

4.1 直接下沉施工下局部冲刷特征

沉井逐级下沉,沉井局部冲刷深度相应逐渐增大,沉井前端先趋于平衡,墩后的冲刷则持续缓慢进行,最深点逐渐移至沉井墩前两侧。从冲刷形态来看,沉井直接下沉时,沉井迎水侧会发生较大冲刷,沉井下沉过程中存在向冲刷侧倾斜风险。表4为泰州大桥下沉过程中不同行近流速时的最大局部冲刷深度表,从表4中可以看出,流速越大,最大冲刷深度越大。图8为泰州大桥中塔沉井基础下沉过程中局部冲刷形态。

泰州大桥下沉过程中不同行近流速时的最大局部冲刷深度　　表4

状态	水深(m)	流速(m/s)	最大冲刷深度(m)	备注
沉井着床下沉过程	16.10	0.80	4.10	沉井下沉过程中底部均未被穿透
	16.46	1.00	6.60	
	17.00	1.20	9.20	
	18.30	1.50	13.80	
	19.30	2.00	23.10	

a)1.0m/s

b)1.2m/s

c)1.5m/s

d)2.0m/s

图8　泰州大桥中塔沉井基础下沉过程中局部冲刷形态

4.2 河床预开挖下局部冲刷特征

表5为常泰长江大桥下沉过程中不同流速条件下的局部冲刷深度统计表。可以看出，在河床未开挖的情况下，下沉过程中不同水动力条件下5号沉井基础局部冲刷深度为14.3～32.2m，而相应的河床预开挖情况下冲刷深度则为5.1～28.9m，减小幅度为10.2%～64.3%。从两组工况试验结果来看，河床预开挖后沉井基础引起周边河床局部冲刷深度明显减小，最大冲刷深度位置也发生改变。河床未开挖情况下沉井周边冲刷最深点位于沉井迎水侧，开挖后冲刷最深点位于沉井基础中间两侧区域，见图9。

常泰长江大桥下沉过程中不同流速条件下的局部冲刷深度统计表 表5

状态	水深(m)	流速(m/s)	未开挖河床下最大冲刷深度(m)	预开挖下最大冲刷深度(m)	备注
沉井着床后	15.7	1.0	14.3	5.1	沉井下沉过程中底部均未被穿透
		1.5	21.5	12.6	
		2.0	27.3	20.4	
		2.5	32.2	28.9	

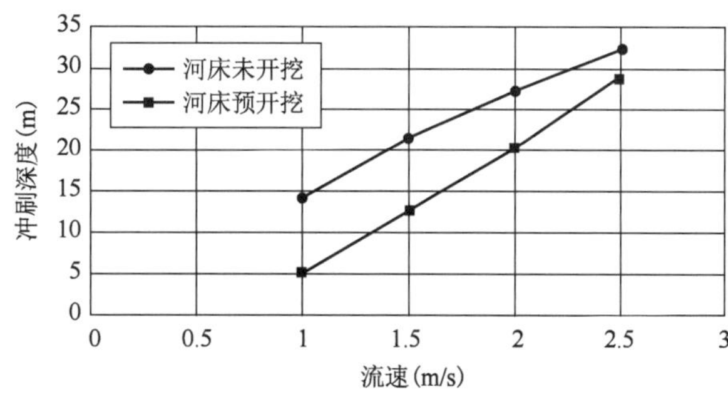

图9 沉井基础局部冲刷深度与流速关系

4.3 河床预防护下局部冲刷特征

沪苏通长江公铁大桥沉井采用河床预防护后下沉施工。试验结果表明，施工期间防护体总体基本稳定，河床预防护取得了较好的河床防护冲刷效果，见图10、图11。在施工期2m/s流速的情况下，沉井迎水面两侧角底部防护层虽然仍有局部冲坑，但是未冲透防护层。沉井周边最大冲刷发生在防护体周边，基本未影响沉井下沉施工安全。

a)试验前

b)试验后

图10 沪苏通长江公铁大桥沉井预防护后下沉过程中冲刷形态照片(2.0m/s流速)

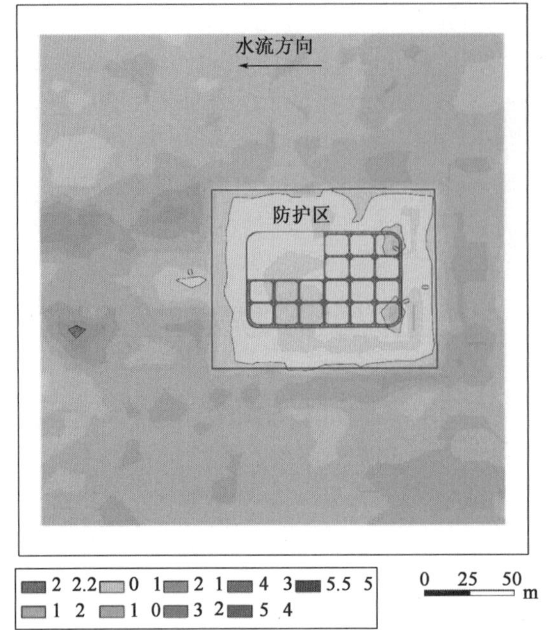

图11　沪苏通长江公铁大桥沉井预防护后下沉过程中冲刷形态(2.0m/s 流速)

5　结语

(1)长江下游粉砂质河床沉井着床施工过程中,沉井周边会发生明显的局部冲刷,迎水侧冲刷深度最大,沉井下沉施工初期存在向冲刷区倾斜风险。

(2)河床预开挖沉井下沉施工可有效减小施工期周边河床冲刷深度,最大冲刷部位有所改变,由沉井迎水侧调整为沉井两侧中间部位。

(3)采取预防护后,河床防冲刷效果明显,沉井下沉过程中冲刷主要发生在防护体周边。

(4)试验结果表明,采用河床预开挖技术和预防护技术措施后,可有效减少沉井下沉施工期河床冲刷,降低沉井倾斜风险。

参 考 文 献

[1] 吉林,韩大章.泰州长江大桥设计[J].现代交通技术,2008(3):20-23,28.

[2] 高宗余.沪通长江大桥主桥技术特点[J].桥梁建设,2014,44(2):1-5.

[3] 秦顺全,徐伟,陆勤丰,等.常泰长江大桥主航道桥总体设计与方案构思[J].桥梁建设,2020,50(3):1-10.

[4] 崔一兵.沪通长江大桥主航道桥29号主墩河床预防护技术[J].桥梁建设,2015,45(6):84-88.

[5] 俞竹青,杨程生,高正荣.瓯江北口大桥中塔沉井基础施工期河床预防护试验研究[C]//第十八届中国海洋(岸)工程学术讨论会论文集(下),中国海洋学会海洋工程分会,2017.

[6] 高正荣,黄建维,赵晓冬.大型桥梁钢沉井下沉过程局部冲刷研究[J].海洋工程,2006(3):31-35.

[7] 杨程生,高正荣.瓯江北口大桥中塔沉井基础施工期局部冲刷试验研究[C]//第十八届中国海洋(岸)工程学术讨论会论文集(下)中国海洋学会海洋工程分会,2017.

[8] 卢中一,高正荣.大型沉井基础的防冲护底试验研究[J].中国港湾建设,2012(3):29-33.

[9] 陈策.大型沉井施工期局部冲刷模型试验及工程验证[J].铁道标准设计,2010(6):25-27.

[10] 梁发云,王琛,黄茂松,等.沉井基础局部冲刷形态的体型影响效应与动态演化[J].中国公路学报,2016,29(9):59-67.

河床预开挖下超大型沉井基础局部冲刷研究

杨程生[1]，俞竹青[2]，夏鹏飞[3]，高正荣[1]，高祥宇[1]

（1. 南京水利科学研究院，江苏南京　210024；
2. 南京瑞迪建设科技有限公司，江苏南京　210024；
3. 江苏省交通工程建设局，江苏南京　210004）

摘　要　常泰长江大桥主航道桥为主跨1176m公铁合建双塔双索面斜拉桥，桥塔墩采用超大圆端型截面、台阶型沉井结构（下端平面尺寸95m×57.8m，高72m，台阶宽9m），沉井基础采用河床预开挖下沉施工方案。为确定河床预开挖宽度、深度及该方案实施后需采取的防护措施，采用水槽局部冲刷及防护模型试验，分析河床不同预开挖深度、宽度下的超大沉井基础局部冲刷特性以及抛石防护效果，并从减少沉井周边局部冲刷的角度提出了最优河床预开挖方案和抛石防护方案。结果表明：随着河床开挖深度的增大，沉井周边局部冲刷呈递减趋势；随河床开挖宽度的增加，沉井周边局部冲刷呈递增趋势，增幅随流速增大呈先增加后减小趋势，流速越大开挖宽度的影响越小；开挖深度为0.6h（h为开挖前水深）、开挖宽度为（1.1～1.2）D（D为沉井迎水侧阻水宽度）最为合理；在河床预开挖的基础上在沉井周边进行抛石防护，防护方案实施便利、效果明显。现场监测结果表明：在2020年度大洪水作用下，沉井基础周边河床冲刷幅度较小，且与模型试验结果相符。

关键词　常泰长江大桥；斜拉桥；台阶型沉井；河床预开挖；抛石防护；局部冲刷；模型试验

Study on Local Scour of Large Open Caisson Foundation under Pre Excavation of River Bed

YANG Cheng-sheng[1], YU Zhu-qing[2], XIA Peng-fei[3], GAO Zheng-rong[1], GAO Xiang-yu[1]

(1. Nanjing Hydraulic Research Institute, Nanjing 210024, China;
2. Nanjing R&D Tech Group Co., Ltd., Nanjing 210024, China;
3. Jiangsu provincial transportation engineering construction bureau, Nanjing 210004, China)

Abstract　The main channel bridge of Changtai Yangtze River Bridge is a double tower and double cable plane cable-stayed bridge with a main span of 1176 m. The Tower Pier adopts a super large round end stepped open caisson structure (the plane size of the lower end is 95 m) × 57.8 m, height 72 m, step width 9 m). The open caisson foundation adopts the construction scheme of riverbed pre excavation and sinking. Through the flume test, this paper explores the local scouring characteristics of the super large open caisson foundation under different pre excavation depths and widths of the riverbed and the riprap protection effect test, and puts

基金项目：国家重点研发计划（2019YFB1600700）、交通运输行业重点科技项目（2019-MS1-011）。

作者简介：杨程生（1982—），男，高级工程师，研究方向：水动力及泥沙运动。

forward the optimal riverbed pre excavation scheme and riprap protection scheme from the perspective of reducing the local scouring around the open caisson. The results show that the local scour around the open caisson decreases with the increase of riverbed excavation depth, and the excavation depth of 0.6 h is the most reasonable; With the increase of riverbed excavation width, the local scour around the open caisson increases gradually, and the increase increases first and then decreases with the increase of velocity. The greater the velocity, the smaller the impact of excavation width. It is most reasonable to consider the riverbed excavation width according to $1.1D \sim 1.2D$; Riprap protection is carried out on the basis of pre excavation of riverbed. The implementation of the protection scheme is convenient and the effect is obvious. The field monitoring results show that under the action of the 2020 flood, the scouring amplitude of the riverbed around the open caisson foundation is small, which is consistent with the model test results. The construction scheme of super large open caisson foundation of Changtai bridge can provide reference for the sinking construction of large open caisson foundation in the lower reaches of the Yangtze River.

Keywords Changtai Yangtze River Bridge; cable-stayed bridge; stepped open caisson; pre excavation of riverbed; riprap protection; local scour; model test

1 概述

常泰长江大桥位于长江下游扬中河段，横跨常州、泰州两市，主航道桥为公铁合建双塔双索面斜拉桥，跨径布置为(142+490+1176+490+142)m，见图1。5号、6号桥塔墩采用超大圆端型截面、台阶型沉井结构，沉井下端平面尺寸95m×57.8m，高72m，台阶宽9m，台阶设在-26.0m处，位于河床面下约10m。5号桥塔墩沉井基础结构布置见图2。

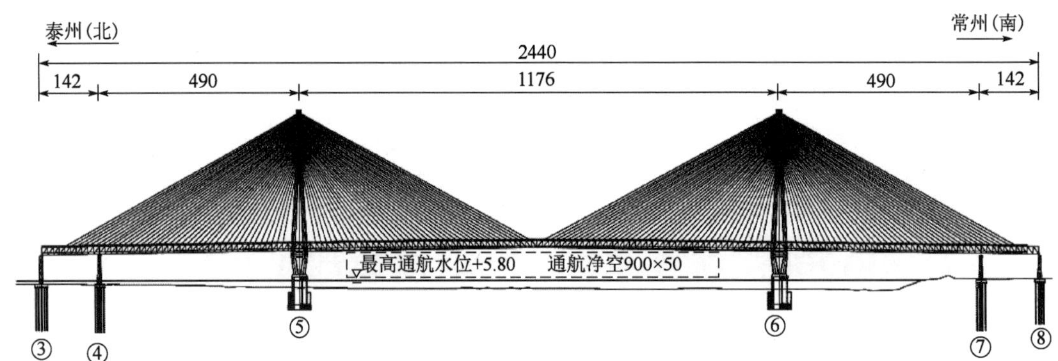

图1 常泰长江大桥主航道桥立面布置(尺寸单位:m;高程单位:m)

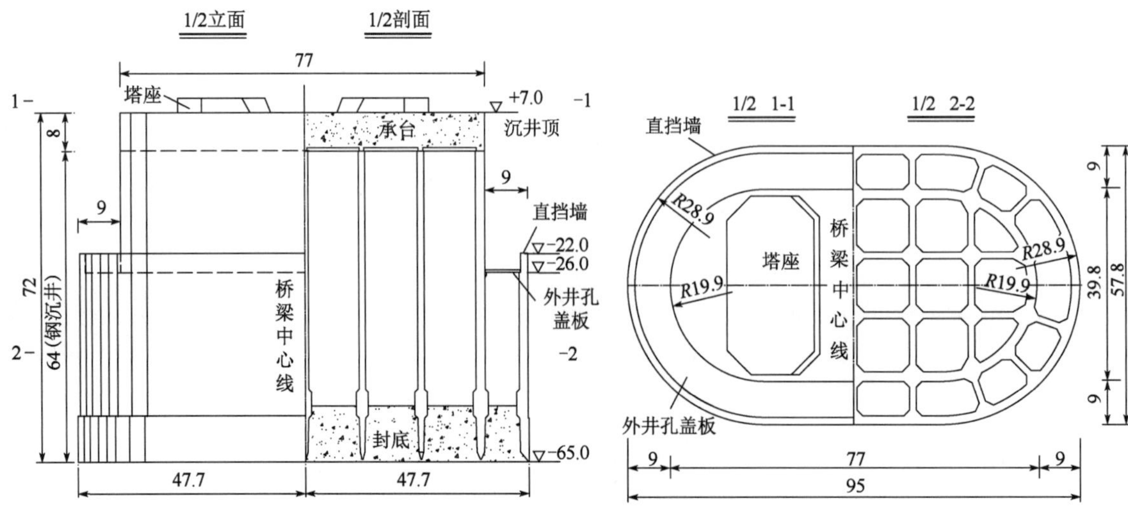

图2 5号桥塔墩沉井基础结构布置(尺寸单位:m;高程单位:m)

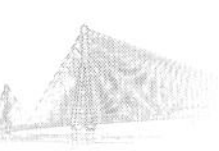

常泰长江大桥沉井处河床地质复杂，为黏土层与砂层的互层地层，沉井区域地质条件见表1。土层间地基承载力存在突变，沉井着床及初始下沉阶段易产生偏位和倾斜；沉井下沉的关键是沉井内取土，由于硬塑黏土黏性大、抗剪强度高等原因，常规的空气吸泥设备很难将硬塑黏土取出，沉井不排水下沉时取土难度非常大，会造成沉井下沉困难。此外，沉井基础处粉砂层易冲刷，施工期间沉井周边河床局部冲刷对其下沉施工不利。为避免因河床局部冲刷过大导致大型沉井施工倾斜风险，沉井下沉可采用河床预防护方案，如沪苏通长江公铁大桥29号墩沉井。河床预防护方案的河床防冲刷效果明显，可确保沉井平稳着床，但预防护施工技术要求高，后期在下沉施工过程中需清除沉井内部预防护级配碎石，给后续施工带来不便。为此，常泰长江大桥沉井施工时，考虑硬塑黏土层和局部冲刷影响，提出了河床预开挖方案。为确定河床预开挖宽度、深度及该方案实施后所采取的防护措施，本文采用水槽试验进行沉井局部冲刷特性及防护方案研究，并根据现场实测数据进行验证。

沉井区域地质条件　　表1

层号	岩土名称	平均层底高程(m)	平均层厚(m)	层底最大高差(m)
①3	松散粉砂	-16.99	2.51	1.06
②1	硬塑粉质黏土	-22.31	5.32	3.70
②3	中密粉砂	-24.02	1.72	4.85
②1	硬塑粉质黏土	-25.96	1.94	4.54
②4	中密细砂	-34.51	8.55	12.68
②3	中密粉砂	-42.51	7.99	11.97
②4	中密细砂	-54.21	11.71	12.6
②6	密实粗砂	-63.79	9.58	—

2　水槽模型试验

2.1　模型比尺及模型沙选取

以常泰长江大桥5号沉井基础为原型，按照1：100相似比例尺制作模型，采用局部正态水槽模型试验方法进行试验。试验原型水深为15.7m，控制流速为1.0m/s、1.5m/s、2.0m/s、2.5m/s。由于常泰长江大桥施工期下沉过程中为等截面沉井，下沉结束后拆除沉井台阶上结构，沉井呈台阶型，为此选取等截面沉井(95m×57.8m)和台阶型沉井2种结构形式进行河床预开挖下水槽冲刷试验。桥区水流动力受潮汐影响，但是涨潮动力弱，作用时间短，大洪水期间甚至没有涨潮流。因此，本次局部冲刷试验采用单向流。

常泰长江大桥河床地质存在分层情况，与粉砂层相比，黏土层厚度较薄。研究表明：桥墩局部冲刷发展过程中，黏土层冲刷发展缓慢，当黏土层被完全冲刷时、砂土层开始冲刷时，冲刷坑发展速率迅速增大。考虑到5号沉井黏土层较薄，对最终局部冲刷深度影响有限，因此，本次试验模型砂主要模拟粉砂层，采用张瑞瑾公式对沉井处原型砂进行起动流速计算。原型粉砂河床中值粒径0.18mm，水深15~30m时其起动流速为0.64~0.88m/s。模型的流速比尺为10：1，根据相似条件要求，模型砂起动流速为0.064~0.088m/s。经比选，采用中值粒径0.63mm的木屑(防腐处理)作为模型砂，水深15~30cm时模型砂起动流速为0.064~0.095m/s，可满足泥沙起动的相似要求。

2.2　模型布置

在试验室水槽中进行局部冲刷及防护模型试验。水槽为单向流水槽，上游采用矩形薄壁量水堰调控流量，下游采用横向推拉式尾门微调水位，通过上游流量、下游水位控制水流动力。水槽总长34m、净宽5.0m，水槽动床段长10m、宽5.0m，试验时桥墩基础布置在动床段中段，试验水槽布置示意图见图3。模型水位采用光栅式水位仪(精度达0.01mm)测量，水下流速采用小威龙三维流速仪测量，动床地形采用超声地形仪和人工联合测量。根据以往局部冲刷试验研究成果，确定试验冲刷终止时间为2.5h，以确保可观测到完整的冲刷过程。

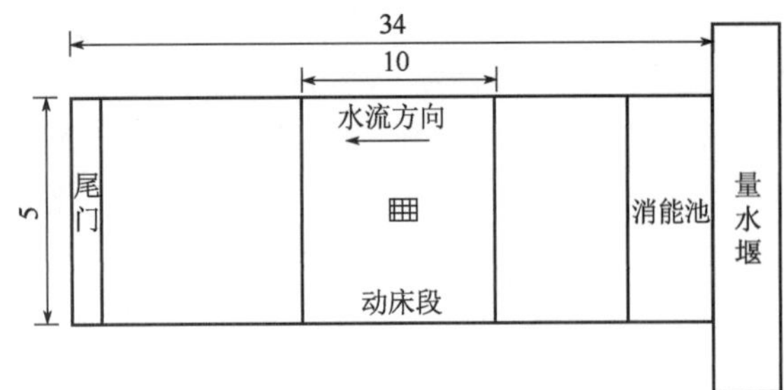

图3　试验水槽布置示意图(尺寸单位:m)

2.3　试验方案

为了研究河床开挖深度(s)、宽度(d)对沉井基础局部冲刷特性的影响,在流速(v)分别为10cm/s、15cm/s、20cm/s、25cm/s时,分别开展河床未开挖、不同开挖深度及宽度等28组工况(工况1~28)模型试验研究。各工况下,模型水深均为15.7cm,其他主要情况如下:

(1)工况1~16沉井状态为等截面沉井下沉至设计高程。其中,工况1~4为河床未开挖($s=0$),工况1~4分别对应流速10cm/s、15cm/s、20cm/s、25cm/s(下同);工况5~16均为河床开挖,基坑底尺寸均为115cm×77.8cm,边坡坡率均为1:3;工况5~8、工况9~12、工况13~16的开挖深度s分别为5cm、10cm、15cm。

(2)工况17~28沉井状态为台阶型沉井下沉至设计高程。各工况均为河床开挖,挖深均为10cm,边坡坡率均为1:3;工况17~20、工况21~24、工况25~28的基坑底尺寸(开挖长度×开挖宽度)分别为95cm×57.8cm、105cm×67.8cm、111cm×77.8cm。

部分工况下,试验前沉井模型布置见图4。

a)工况13~16

b)工况17~20

c)工况25~28

图4　试验前沉井模型布置

3　河床预开挖下超大型沉井局部冲刷特性

3.1　河床预开挖深度的影响

在河床开挖平面尺寸不变情况下,研究河床预开挖深度s对沉井局部冲刷特性的影响。不同流速时,不同河床预开挖深度下(工况1~16),沉井模型最大冲刷深度及减冲率(与河床未开挖相比)见表2。不同流速时,相对河床预开挖深度s/h(取值范围为0~0.96,取值为0时表示河床未开挖,h为开挖前水深)对沉井平衡冲刷深度h_e/h_{es}(h_e为预开挖下的冲刷深度,h_{es}为河床未开挖时冲刷深度)的影响见图5a);不同河床预开挖深度时,流速对沉井平衡冲刷深度h_e/h_{es}的影响见图5b)。

不同河床预开挖深度时沉井模型最大冲刷深度及减冲率　　表2

流速(cm/s)	模型最大冲刷深度(cm)				减冲率(%)		
	$s=0$m	$s=5$cm	$s=10$cm	$s=15$cm	$s=5$cm	$s=10$cm	$s=15$cm
10	6.6	6.4	5.1	2.0	3.0	22.7	69.7
15	16.6	16.1	12.6	12.2	3.0	24.1	26.5
20	28.1	27.2	20.4	19.5	3.2	27.4	30.6
25	34.1	33.2	28.9	25.0	2.6	15.2	31.9

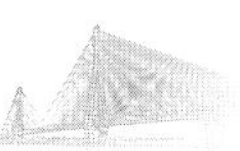

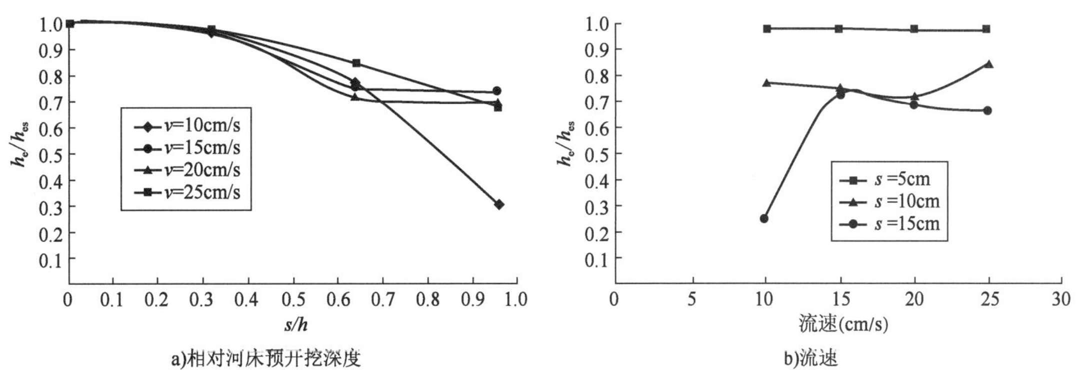

图5 河床相对预开挖深度、流速对沉井平衡冲刷深度的影响

由表2、图5可知：沉井周边冲刷深度随 s/h 的增大呈递减趋势；小流速下，河床开挖越深，减冲效果越明显；随着流速的增加，减冲效果随着开挖深度的增加趋于稳定；在 $s/h=0.6\sim0.9$ 时，开挖深度越大减冲效果增幅并不明显；大流速下，减冲效果随开挖深度的增加而增加，开挖深度越大，效果越好，但施工效益降低，施工难度增加。因此，现场施工考虑到施工效益，建议预开挖深度按照 $0.6h$ 左右考虑。

3.2 河床预开挖宽度的影响

在开挖深度不变的情况下，研究河床预开挖宽度对沉井局部冲刷特性的影响。不同流速时，不同河床预开挖宽度（工况17～28）下，沉井模型最大冲刷深度见表3。不同流速时，相对预开挖宽度 d/D（取值范围为1～1.35，D 为沉井迎水侧阻水宽度）对沉井平衡冲刷深度 h_d/h_{eD}（h_d 为不同开挖宽度下的冲刷深度，h_{eD} 为 $d=D$ 时的冲刷深度）的影响见图6a)；不同河床预开挖宽度时，流速对沉井平衡冲刷深度的影响见图6b)。

不同河床预开挖宽度下沉井模型最大冲刷深度 表3

流速(cm/s)	模型最大冲刷深度(cm)		
	$d=57.8$cm	$d=67.8$cm	$d=77.8$cm
10	3.2	3.5	4.1
15	4.7	5.5	6.9
20	13.7	14.1	14.8
25	23.4	24.8	25.4

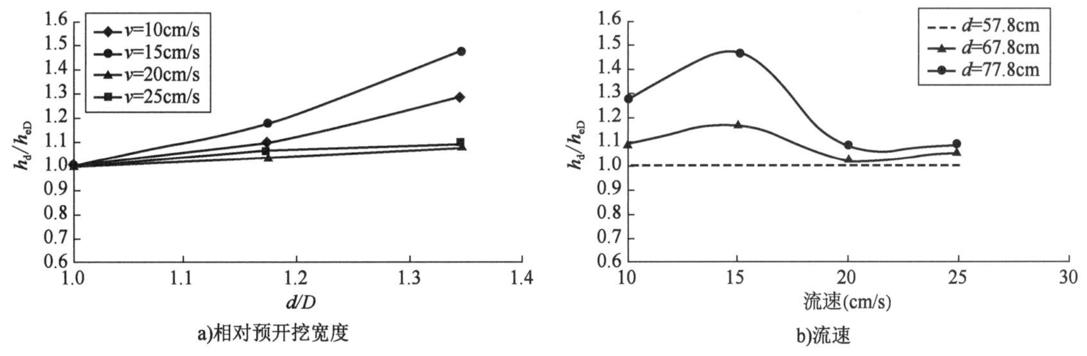

图6 河床相对预开挖宽度、流速对沉井平衡冲刷深度的影响

由表3、图6可知：台阶型沉井冲刷深度随 d/D 的增大呈递增趋势，增幅随流速增大呈先增加后减小趋势，流速越大开挖宽度的影响越小。小流速情况下，开挖宽度对局部冲刷影响不大；随着流速的增加，开挖宽度越大，局部冲刷也随之增加，当 $d/D>1.2$ 时，局部冲刷增幅明显加大；大流速情况下，开挖宽度对局部冲刷影响不明显。因此，现场施工考虑到施工效益，预开挖宽度在 $(1.1\sim1.2)D$ 左右时效果最优。

3.3 河床预开挖方案

根据模型试验研究结果，常泰长江大桥设计预开挖基坑底平面尺寸为101m×64m，坑顶平面尺寸为121m×84m，基坑开挖总深度10m，现场开挖方案设计中保留部分抗冲性能较好的粉质黏土层，开挖后控制高程-25.0m，总开挖方量约为82400m^3。沉井基坑开挖断面见图7。

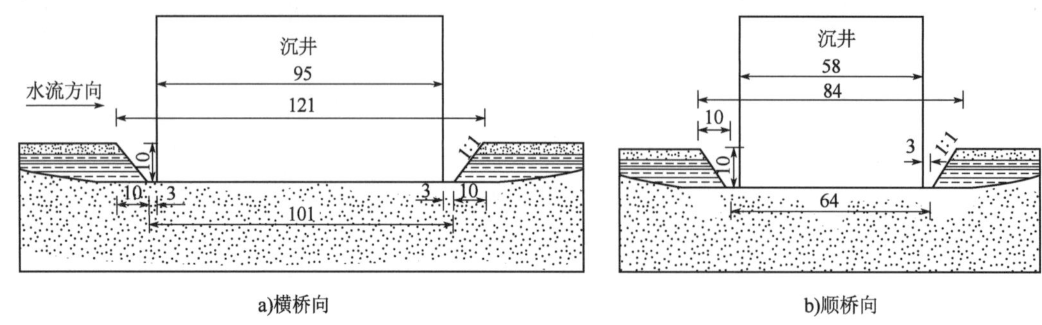

图7 沉井基坑开挖断面(尺寸单位:m)

4 河床预开挖防护方案研究

由河床预开挖对超大沉井基础局部冲刷特性的影响可知：河床预开挖后，大流速情况下沉井基础周边局部冲刷深度依然较大。为避免沉井基础施工期遭遇大洪水时产生较大的局部冲刷，在河床预开挖的基础上开展了防护试验：工况29、工况30沉井状态为等截面沉井下沉至设计高程，试验中控制流速分别为1.5m/s和2.5m/s，其中2.5m/s情况下可代表大洪水情况下的沉井墩前垂线平均流速。2个工况均为河床开挖，并采用抛石防护：采用粒径1mm的天然沙进行防护，防护高度2cm、宽度10cm，即相当于原型为粒径10cm的块石，防护高度2m、宽度10m。

预开挖+抛石防护下沉井周边冲刷形态见图8。模型试验结果表明：沉井周边抛石防护后，不同流速情况下，沉井周边冲刷主要发生在挖槽边坡位置，抛石防护区基本未发生明显冲刷，防护体较稳定；挖槽边坡冲刷对沉井下沉施工安全影响较小。说明在河床预开挖基础上进行抛石防护，可进一步减少沉井周边的局部冲刷现象，防止沉井刃脚冲透，可作为预防汛期大洪水的防护措施。与已有防护方案研究相比，在河床预开挖方案基础上进行抛石防护具有工程量小、抛石粒径小、施工较为便利的优势。

a)试验前

b)流速1.5m/s

c)流速2.5m/s

图8 预开挖+抛石防护下沉井周边冲刷形态

5 现场监测分析

为了进一步研究河床预开挖后泥沙回淤、局部冲刷以及抛石防护方案的防护效果,开展了施工期现场监测,主要采用多波束监测技术对沉井周边河床地形进行监测。

5.1 基坑开挖后边坡稳定及泥沙回淤

于2019年12月初开始对常泰长江大桥5号沉井河床进行了预开挖,现场预开挖坑底平面尺寸约103m×95m,开挖深度10m,开挖控制底高程-25.0m,开挖坡率1:1.5,垂直水流向开挖宽度较设计尺寸略有增加。2019年12月10日—2020年1月17日期间,对河床开挖后的地形进行了实地监测,结果见图9。由图9可知:2019年12月10日和2020年1月17日的实测地形基本变化不大,基坑开挖后边坡稳定性较好,挖槽内未发生明显的泥沙回淤现象。

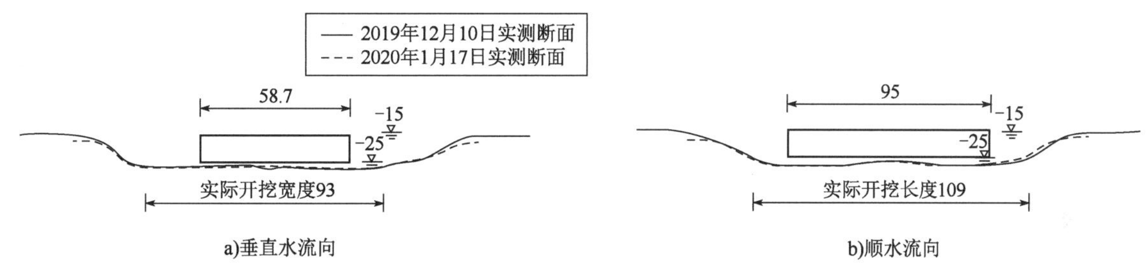

图9 河床预开挖后实测地形(尺寸单位:m;高程单位:m)

5.2 河床预开挖+四周抛石方案效果分析

5号沉井于2020年1月底着床后立即对沉井周边进行了抛石防护,防护范围为沉井周边宽7m、高2m,采用粒径5~15cm的碎石。5号沉井下沉施工期间遭遇2020年大洪水,主汛期间上游来水流量较大,持续时间较长,2020年7月12日水流量达到最大,为84700m^3/s,达到20年一遇洪水流量标准。主汛期间桥区最高水位高程达+4.9m左右,5号沉井上游侧附近最大表面流速达3~4m/s,实测垂线最大平均流速达2.5m/s左右。

现场2019年12月、2020年6月、2020年7月及2020年10月分别对5号沉井基础周边河床进行了多波束地形监测,5号沉井周边河床冲淤变化结果见图10。由图10可知:2020年度主汛期前(大洪水前,2019年12月10日—2020年6月17日),上游来水流量较小,沉井周边河床基本未发生明显局部冲刷,同时抛石区外围河床小幅冲刷2m左右;进入主汛期以后(大洪水期间,2020年6月17日—2020年7月19日)上游洪水流量持续增加,沉井墩前最大流速达2~3m/s,沉井基础周边河床局部冲刷主要发生在沉井北侧中间部位,最大局部冲深5.6m;主汛期后(大洪水后,2020年7月19日—2020年10月7日)5号沉井周边河床总体略有回淤,淤积幅度1~2m。

常泰长江大桥基础采用河床预开挖方案着床并随即在沉井周边进行抛石防护,施工中超大沉井基础周边河床冲刷幅度较小,下沉施工顺利,经受了2020年度大洪水考验。常泰长江大桥超大沉井施工方案具有施工便利、防冲效果更为明显的特点。

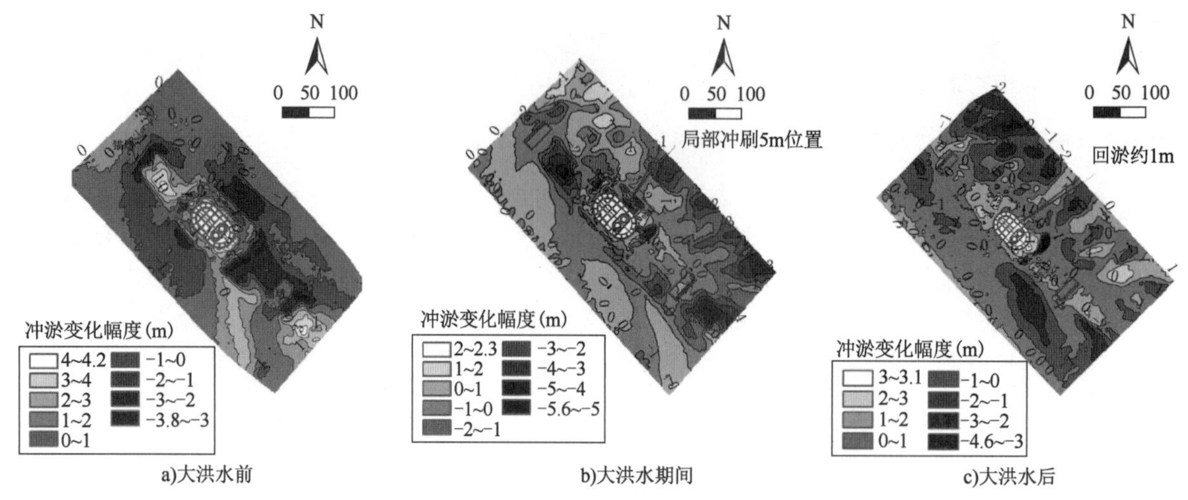

图10 5号沉井周边河床冲淤变化

6 结语

常泰长江大桥主墩超大沉井基础采用河床预开挖下沉施工方案，从河床预开挖深度、宽度两个方面进行模型试验，结果表明：随 s/h 的增加，沉井周边局部冲刷呈递减趋势；随 d/D 的增加，沉井周边局部冲刷呈递增趋势，增幅随流速增大呈先增加后减小趋势，流速越大开挖宽度的影响越小。考虑到施工效益，建议开挖深度为 $0.6h$、开挖宽度为 $(1.1 \sim 1.2)D$ 较合理。在预开挖的基础上，对沉井周边进行适当的抛石防护，可进一步减少沉井周边河床局部冲刷，确保施工期度汛安全。由于常泰长江大桥桥位处河床地质特点具备河床预开挖条件，基坑开挖后边坡稳定、泥沙回淤较小，而如果河床底地质为单一的易冲粉砂质河床，则预开挖方案的可行性有待进一步研究。

参考文献

[1] 秦顺全，徐伟，陆勤丰，等. 常泰长江大桥主航道桥总体设计与方案构思[J]. 桥梁建设，2020，50(3)：1-10.

[2] 秦顺全，谭国宏，陆勤丰，等. 超大沉井基础设计及下沉方法研究[J]. 桥梁建设，2020，50(5)：1-9.

[3] 胡勇. 常泰长江大桥主航道桥桥塔基础选型研究[J]. 桥梁建设，2021，51(2)：1-9.

[4] 中铁大桥勘测设计院集团有限公司. 常泰过江通道工程地质勘察报告[R]. 武汉：中铁大桥勘测设计院集团有限公司，2018.

[5] 潘利浩，钱昌兴，俞华峰. 沉井与沉箱基础的施工事故及相应措施探讨[C]//建筑科技与管理学术交流会论文集. 北京：北京恒盛博雅国际文化交流中心，2014.

[6] 龚维明，王正振，戴国亮，等. 长江大桥基础的应用与发展[J]. 桥梁建设，2019，49(6)：13-23.

[7] 高宗余. 沪通长江大桥主桥技术特点[J]. 桥梁建设，2014，44(2)：1-5.

[8] 高正荣，卢中一，杨程生. 沪通大桥29#主墩沉井基础施工河床预防护试验研究[C]//第十七届中国海洋(岸)工程学术讨论会论文集(下). 北京：海洋出版社，2015：367-373.

[9] 崔一兵. 沪通长江大桥主航道桥29号主墩河床预防护技术[J]. 桥梁建设，2015，45(6)：84-88.

[10] 梁发云，王琛，王玉，等. 黏性-砂性土层中群桩基础冲刷特性波流水槽试验研究[J]. 水利学报，2015，46(S1)：79-83.

[11] 张瑞瑾，谢鉴衡，陈文彪. 河流动力学[M]. 北京：中国工业出版社，1961.

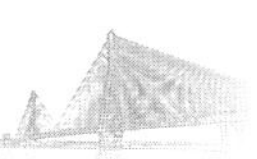

[12] 高正荣，黄建维，赵晓冬. 大型桥梁钢沉井下沉过程局部冲刷研究[J]. 海洋工程，2006(3):31-35.

[13] 陈策. 大型沉井施工期局部冲刷模型试验及工程验证[J]. 铁道标准设计，2010(6):25-27.

[14] 卢中一，高正荣. 大型涉水群桩桥基局部冲刷特性试验研究[J]. 海洋工程，2009，27(1):70-76.

[15] 梁发云，王琛，黄茂松，等. 沉井基础局部冲刷形态的体型影响效应与动态演化[J]. 中国公路学报，2016，29(9):59-67.

[16] 杨程生，周丰年，高正荣. 沉井施工中水流流速分布及河床局部冲刷[C]//第十七届中国海洋(岸)工程学术讨论会论文集(下). 北京：海洋出版社，2015:360-366.

[17] 张延河，李志成. 浅覆盖层钢围堰区域泥面冲刷模型试验及防护措施[J]. 世界桥梁，2019，47(6):41-45.

[18] 陶静，赵升伟，徐超. 上海长江大桥桥墩冲刷坑深度研究[J]. 世界桥梁，2009(S1):73-77.

[19] 陈述. 东海大桥桥墩基础冲刷防护方案研究[J]. 世界桥梁，2019，47(4):17-21.

[20] 卢中一，高正荣. 大型沉井基础的防冲护底试验研究[J]. 中国港湾建设，2012(3):29-33.

[21] 杨程生，高正荣，唐晓春. 感潮河段大型桥梁营运期水下地形监测研究[J]. 人民长江，2016，47(14):51-55，85.

长江下游大型沉井基础局部冲刷计算公式研究

杨程生[1]，蒋振雄[2]，俞竹青[3]，高祥宇[1]，高正荣[1]

(1. 南京水利科学研究院,江苏南京 210024;
2. 江苏省交通工程建设局,江苏南京 210004;
3. 南京瑞迪建设科技有限公司,江苏南京 210024)

摘 要 大型沉井基础在长江下游大跨径跨江大桥工程中应用越来越多,基础局部冲刷深度预测是设计时需要重点考虑的问题之一。国内外对桥梁基础局部冲刷做了大量的研究并建立了局部冲刷计算公式,由于长江下游大型沉井基础规模越来越大,原有局部冲刷深度的预测公式存在一定的局限性。在常泰长江大桥超大沉井基础局部冲刷试验成果的基础上,结合长江下游南京以下跨江大桥沉井基础局部冲刷试验成果,通过量纲分析及多元回归法建立了大型沉井基础局部冲刷计算公式,并应用试验资料及实测资料进行了较好的验证。该公式计算结构简单,可供长江下游大型沉井基础局部冲刷深度估算参考和应用。

关键词 桥梁工程;超大沉井;宽水槽;平衡冲刷深度;长宽比;局部冲刷公式

Study on Local Scour Calculation Formula of Large Open Caisson Foundation in the Lower Reaches of the Yangtze River

YANG Cheng-sheng[1], JIANG Zhen-xiong[2], YU Zhu-qing[3], GAO Xiang-yu[1], GAO Zheng-rong[1]

(1. Nanjing Hydraulic Research Institute, Nanjing 210024, China;
2. Jiangsu provincial transportation engineering construction bureau, Nanjing 210004, China;
3. Nanjing R&D Tech Group Co., Ltd., Nanjing 210024, China)

Abstract Large open caisson foundation is more and more used in the project of long-span river crossing bridge in the lower reaches of the Yangtze River. The prediction of local scouring depth of foundation is one of the key problems to be considered in the design. A lot of research has been done on the local scour of bridge foundation at home and abroad, and the calculation formula of local scour has been established. Due to the increasing scale of large open caisson foundation in the lower reaches of the Yangtze River, the original prediction formula of local scour depth has some limitations. Based on the local scouring test results of the

基金项目:国家重点研发计划(2019YFB1600700)、交通运输行业重点科技项目(2019-MS1-011)。

作者简介:杨程生(1982—),男,高级工程师,研究方向:水动力及泥沙运动。

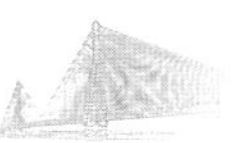

super large open caisson foundation of Changtai bridge and the local scouring test results of the open caisson foundation of the bridge over the Yangtze River below Nanjing, this paper establishes the calculation formula of the local scouring of the large open caisson foundation through dimensional analysis and multiple regression method, which is well verified by the test data and measured data. The formula has simple calculation structure and can be used as a reference and application for the estimation of local scouring depth of large open caisson foundation in the lower reaches of the Yangtze River.

Keywords Bridge engineering; super large open caisson; wide flume; equilibrium scour depth; aspect ratio; local scour formula

1 引言

长江下游南京河段以下河道宽阔,水文条件复杂,桥梁工程建设时为了减少对河势、航道以及行洪的影响,桥梁设计时会加大主跨跨径,相应的主塔墩基础规模也会增加。大型沉井基础在大跨径大荷载长江大桥中备受青睐。如长江下游泰州大桥、沪苏通长江公铁大桥以及正在建设的常泰长江大桥主塔基础均为大型沉井结构。桥梁基础冲刷破坏是造成桥梁病害的重要因素之一。大型沉井基础局部冲刷是在水流作用下沉井周边河床泥沙起动被带走的过程,冲刷深度是受水深、流速、流向、沉井结构、泥沙特性等诸多因素影响。国内众多学者通过模型试验研究了沉井基础局部冲刷特征,研究结果可为沉井基础设计施工提供重要的参考,但针对长江下游大型沉井局部冲刷深度的计算公仍缺乏深入研究。

我国现行规范中的桥墩局部冲刷采用65-2或65-1修正公式进行计算,通过墩形修正系数对桥墩形状影响进行调整,但其墩型是基于20世纪60年代小尺寸的桩、墩,对于目前长江下游大桥中直径较大的沉井基础的适用性尚缺乏充分的研究。美国规范提出的桥梁局部冲刷HEC-18公式对桥墩形状采用墩形修正系数K_1进行调整,针对大型沉井基础局部冲刷,美国规范公式计算结果总体偏大。

通过宽水槽对常泰长江大桥超大沉井基础(图1)开展局部冲刷试验研究,提出超大沉井基础冲刷深度随时间变化关系式,并结合积累的长江下游南京以下南京长江五桥中塔沉井、泰州大桥中塔沉井、沪苏通长江公铁大桥沉井基础局部冲刷试验成果,分析了局部冲刷深度与不同沉井长宽比(图2)的关系,最后推导出适合长江下游大型沉井的局部冲刷计算公式,并进行了验证。该计算公式结构简单、计算方便,可以供长江下游桥梁工程大型沉井基础局部冲刷深度估算时参考应用。

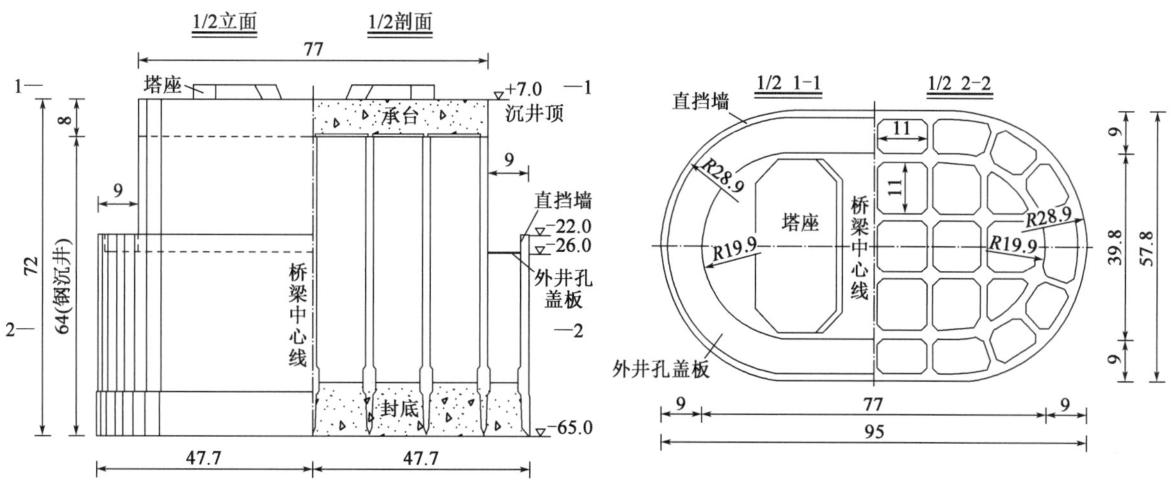

图1 常泰长江大桥沉井基础(尺寸单位:m;高程单位:m)

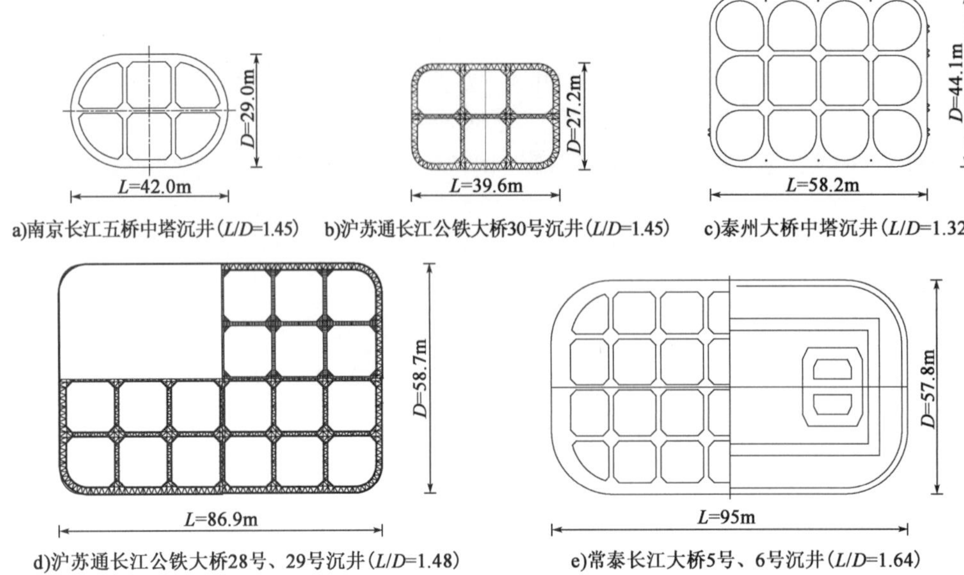

图2　长江下游典型桥梁沉井基础($L/D=1.32\sim1.64$)

2　试验概述

2.1　试验仪器与设备

2.1.1　宽水槽

试验在宽水槽中进行，水槽为设计为单向流，通过上游流量、下游水位进行控制。水槽总长34m，净宽5.0m，水槽动床段长6.0m，宽5.0m，如图3a)所示。

试验模型以常泰长江大桥主塔5号沉井基础为原型，其原型下部截面平面尺寸为95m×57.8m，上部截面平面尺寸为77m×39.8m，高度72m。按照1∶100相似比例尺制作模型，考虑到施工期围堰未拆除基础仍为等截面沉井，最终采用等截面平面尺寸95cm×57.8cm、高度72cm的沉井开展试验研究。

2.1.2　试验动床铺沙段

模型试验动床段布置在宽水槽中央，砂槽为内嵌式矩形铺砂坑，长6m、宽5.0m、高0.6m。试验时桥墩基础布置在动床段中上段，如图3b)所示。

2.1.3　测流仪

桥墩基础上游迎水侧一定距离布设直读式流速仪监控行近流速，如图3c)所示。

a)宽水槽

b)模型砂

c)测流设备

图3　试验水槽布置示意

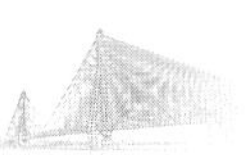

2.2 试验用砂

在局部冲刷模型设计时考虑了流速、雷诺数、水深、休止角、桥墩压缩比等必须满足的条件，最终确定了本试验模型比尺为1:100。按水流相似条件 $\lambda_v = \lambda_H^{1/2}$（$\lambda_v$ 为流速比尺，λ_H 为垂直比尺）和泥沙起动相似条件 $\lambda_{vc} = \lambda_v$（λ_{vc}为泥沙起动流速比尺），采用张瑞瑾公式对原型砂 d_{50} =0.18mm（常泰长江大桥处河床底质）进行了起动流速计算，在水深15～30m时的起动流速在0.64～0.88m/s之间，根据相似条件要求模型砂起动流速0.064～0.088m/s。经比选，试验采用中值粒径 d_{50} =0.63mm的防腐处理的木屑作为模型砂，水深0.08～0.33m时模型砂起动流速为0.064～0.095m/s，模型砂基本满足泥沙起动相似要求。模型砂密度为 $\gamma_{sm}=1.15t/m^3$，干密度为 $\gamma_{om}=0.7t/m^3$。

2.3 试验步骤

（1）试验前将沉井基础布置在模型沙试验中间段，刮平沉井周边模型砂，使其与水槽底平行。开始从水槽入口与出口两端同时向水槽内缓慢注水，在水槽内水位接近试验值后，调节下游尾门和上游流量，并通过流速仪控制行近流速至试验值，当行近流速和水深达到试验值时开始冲刷试验，定义该时刻为初始时刻。

（2）在局部冲刷试验过程中监测沉井周围最大冲刷深度随时间的变化，对于单向流下的稳定冲刷深度，不同学者的判断标准不同，在冲刷平衡冲刷时间结果上存在一定的差异。本试验中不同的水流条件下达到冲刷平衡的时间基本在2.5h左右。待冲刷达到平衡后，关闭尾门和上游流量，缓慢放掉水槽内的水，放水过程中要避免流速剧烈变化而破坏地形。放尽水槽内的水后，采用地形仪对冲刷坑地形进行测量，测点间距为10cm，局部区域进行加密测量。本次试验中8种不同水流条件试验结果如表1所示。

不同水流条件下大型沉井基础最大冲刷深度 h_e 表1

试验组次	水流条件			d_{50}（mm）	D（m）	L（D）	h_e（m）	备注
	水深（m）	流速（m/s）	弗劳德数 Fr					
1	15.7	1.0	0.081	0.18	57.8	95/57.8 = 1.64	6.6	本次试验及成果
2		1.5	0.121				16.6	
3		2.0	0.161				28.1	
4		2.5	0.202				34.1	
5	21.0	1.0	0.070				6.9	
6		1.5	0.105				17.2	
7		2.0	0.139				29.0	
8		2.5	0.174				35.4	
9	27.4	3.25	0.198	0.216	29	42/29 = 1.45	20.71	南京长江五桥中塔沉井文献[21]试验及成果
10	16.1	0.8	0.064	0.19	44.1	58.2/44.1 = 1.32	4.1	泰州大桥中塔沉井文献[22]试验及成果
11	16.46	1.0	0.079				6.6	
12	17.0	1.2	0.093				9.2	
13	18.3	1.5	0.112				13.8	
14	19.3	2.0	0.145				23.1	
15	20.10	2.38	0.170				31.7	
16	20.63	2.81	0.198				41.0	

续上表

试验组次	水流条件			d_{50} (mm)	D (m)	L (D)	h_e (m)	备注
	水深(m)	流速(m/s)	弗劳德数 Fr					
17	21.92	1.0	0.068	0.15	58.7	86.9/58.7 = 1.48	8.3	沪苏通长江公铁大桥 28 号沉井文献[23]试验及成果
18		1.5	0.102				17.3	
19		2.0	0.136				28.1	
20		2.5	0.171				40.8	
21		3.0	0.205				53.7	
22		3.3	0.225				62.7	
23	33.43	1.0	0.055	0.15	58.7	86.9/58.7 = 1.48	7.8	沪苏通长江公铁大桥 29 号沉井文献[24]试验及成果
24		1.5	0.083				16.1	
25		2.0	0.110				26.2	
26		2.5	0.138				38.0	
27		3.0	0.166				50.7	
28		3.3	0.182				59.9	
29	17.5	2.0	0.153	0.15	27.2	39.6/27.2 = 1.46	10.8	沪苏通长江公铁大桥 30 号沉井文献[24]试验及成果

注:试验条件及试验结果均换算成原型。

3 大型沉井基础局部冲刷试验研究成果

3.1 影响因素分析

根据沉井基础局部冲刷试验成果可知,在单向正交水流作用下的局部冲刷深度与水流的流速(U)、水深(h)、沉井结构(D,L)、泥沙粒径(d_{50},ρ_s)、水流运动特征(g,ρ_w,μ)等特性有关。对于沉井基础,采用多变量分析方法,可得如下关系式:

$$F(h_s,U,h,D,L,d_{50},g,\rho_s,\rho_w,\mu)=0 \tag{1}$$

式中:h_s——沉井的最大冲刷深度;

D——沉井阻水宽度;

L——沉井顺水流长度;

ρ_w、ρ_s——水和沙颗粒的浓度,μ 为水的动力黏度,$\mu=\rho v$,v 为水的运动黏度($v=1.0\times10^{-6}\mathrm{m^2/s}$)。依据 Vaschy-Buckingham 定理,可将 U、D 和 ρ_w 定为基本变量,得到无量纲参数关系式:

$$F\left(\frac{h_s}{D},\frac{d_{50}}{D},\frac{h}{D},\frac{L}{D},\frac{L}{D},\frac{\rho_s}{\rho_w},Fr,Re_D\right)=0 \tag{2}$$

Fr 表示水流弗劳德数,定义为:

$$Fr=\frac{u}{\sqrt{gh}} \tag{3}$$

式中:u——断面平均流速;

h——水深。

Re_D 表示沉井雷诺数,定义为:

$$Re_D=\frac{uD}{v} \tag{4}$$

有研究认为,相对水深 h/D 可看作边界层高度影响桩柱冲刷,但只有当 $h/D<3$ 时影响才显著,本试验中 $h/D<1$,不可以忽略其对沉井冲刷的影响。试验中采用了同一模型沙,d_{50}/D 和 ρ_s/ρ_w 的值为常

数。在湍流充分发展条件下 Re_D 对冲刷的影响很小，本试验中大多数情况下的来流雷诺数 $Re_h(=Uh/v)>10^4$，说明流动为湍流，因此忽略雷诺数 Re_D 的影响。式(2)可简化为：

$$\frac{h_s}{D}=f\left(\frac{h}{D},\frac{L}{D},Fr\right) \tag{5}$$

式中：h/D、L/D、Fr——水深与沉井阻水宽度参数、沉井体型(长宽比)参数和水流参数。

通过美国 HEC-18 公式可以看出，Fr 是影响桥墩周围冲刷的重要水流参数。本文选取 Fr 作为代表性参数，分析其对超大沉井基础局部冲刷深度的影响，结合已有试验成果分析不同沉井基础 L/D 对局部冲刷深度的影响。

3.2 冲刷深度随时间变化

目前桥墩基础局部冲深随时间演变的研究大多集中于单桩、群桩以及小型沉井情况，超大沉井基础局部冲刷机理与已有研究成果基本一致。本次试验中观察到超大沉井基础冲刷的过程，由于水流绕流在迎水侧拐角产生较大的床面切应力，沉井基础迎水侧两侧拐角部位首先发生冲刷，随着时间的推移，沉井两侧的床面剪切应力逐渐减小，冲刷过程主要是沉井周围的旋涡淘刷作用。沉井的冲刷坑随着冲刷的发展逐渐向尾部背水侧发展，在 Fr 数较大时，沉井周边会形成一个较大冲刷坑，见图4。

a)流速1.5m/s——试验组次2

b)流速2.5m/s——试验组次4

图4 超大沉井基础冲刷形态试验照片

本次常泰长江大桥超大沉井不同 Fr 下沉井周边最大冲刷深度见表1，图5给出了不同 Fr 下超大沉井周围最大冲刷深度点的冲刷深度随时间的变化。其中测点的冲刷深度值 h_s 均以该位置的稳定平衡冲刷深度 h_e 进行无量纲化(h_s/h_e)，冲刷时间 t 采用时间尺度 T_s 进行无量纲化(t/T_s)。T_s 通过对冲刷深度时程曲线进行积分得到，如下所示：

$$T_s=\int_0^{t_{max}}\frac{h_e-h_s}{h_e}dt \tag{6}$$

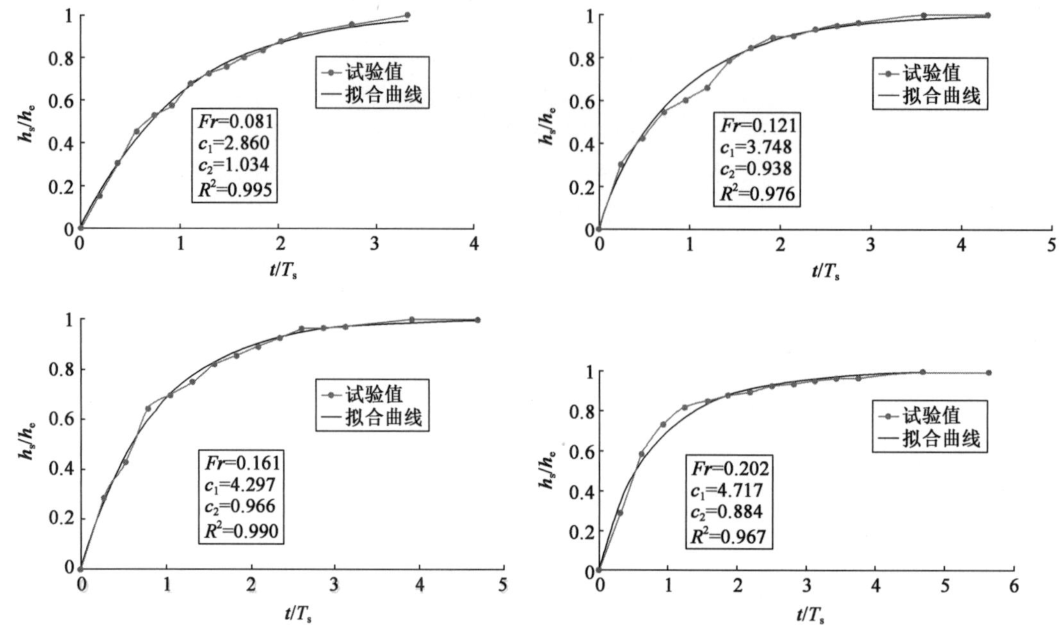

图5　不同 *Fr* 数下沉井基础最深点冲刷深度随时间的变化

试验结果显示，冲刷深度在开始阶段发展较为迅速，随后发展缓慢，最终趋向平衡。随着 *Fr* 数的增加，早期冲刷速率增大。T_s 随着 *Fr* 数的增加而减小，说明 *Fr* 数较大的情况下沉井周围的冲刷速度加快，因此达到平衡冲刷所需的时间更为短暂。另外，从不同 *Fr* 数情况下沉井基础冲刷形态可发现（图4），当 *Fr* 数较小时，不同位置的冲刷深度动态演变有明显差异，*Fr* 数小时沉井背水侧会发生淤积现象；*Fr* 数越大，沉井周边在不同位置的冲刷深度较接近。

已有冲刷深度随时间的变化可以用如下指数函数表示：

$$\frac{h_s}{h_e}=1-\exp\left[-c_1\left(\frac{t}{t_e}\right)c_2\right]\qquad c_1,c_2>0 \tag{7}$$

式中：c_1、c_2——拟合系数。

图5中给出了根据式(7)计算结果，其中拟合曲线表示超大沉井基础最大冲深的拟合结果。由各工况下拟合系数 c_1 和 c_2 以及相关系数 R^2 可见，公式结果与试验数据符合较好。此外，发现系数 c_1 的值与 *Fr* 数存在指数相关关系，如图6所示，并可用下式表示：

$$\begin{cases}c_1=2.164\mathrm{e}^{4.054Fr}\\R^2=0.940\end{cases} \tag{8}$$

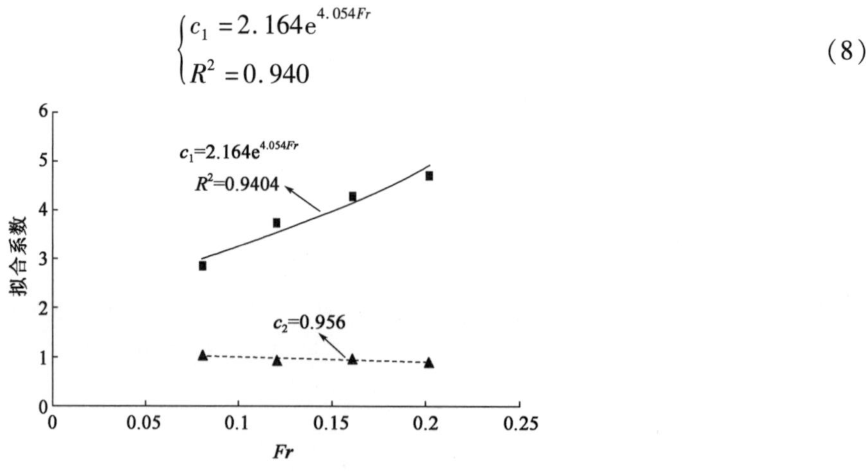

图6　系数 c_1 和 c_2 与 *Fr* 的相关关系

式(8)适用于本文的范围内($Fr=0.081\sim0.202$)。c_1和c_2的值主要决定了冲刷速率。通过增大c_1或c_2,冲刷深度随时间推移的曲线整体向左平移,表明冲刷速度加快。由试验结果可知,冲刷速度随着Fr数增加而加快,c_1值趋于增大。另外,为便于式(6)在实际应用,c_2可视为一个常数值,如Simarro等提到c_2通常取值约为0.33,杨熠琳研究群桩基础前桩和后桩的c_2值分别约为0.392和0.451。在本文中,超大型沉井基础的c_2值约为0.956。

3.3 不同沉井基础长宽比对局部冲刷深度的影响

利用本次试验结果和课题组积累的长江下游南京以下跨江大桥大型沉井基础试验成果,分析了大型沉井基础局部冲刷深度与沉井长宽比的关系。图7给出了不同长宽比沉井下最大平衡冲刷深度随Fr的变化,可见h_e/D随着Fr呈递增关系。此外,沉井基础长宽比$L/D=1.64$的情况下,冲刷深度比明显偏小,说明随着沉井长宽比的增加,对沉井基础的平衡冲刷深度有一定的减小效应。当Fr较小时,不同长宽比沉井冲刷深度差别不大;Fr较大时,不同长宽比沉井冲刷深度差别较大,说明Fr越大,沉井体型布置对于冲刷深度的影响越大。

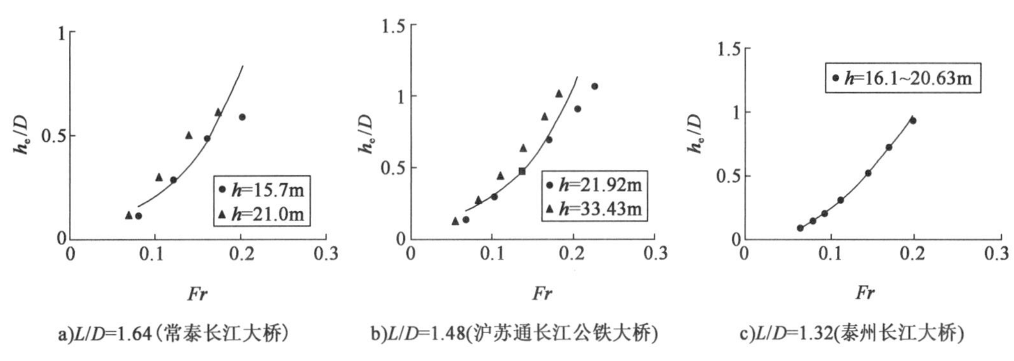

图7 不同长宽比沉井平衡冲刷深度与Fr的关系

4 局部冲刷计算公式推导及验证

为了进一步推导出适用于长江下游大型沉井基础局部冲刷公式,继续在式(1)中选取h、u、ρ_w、μ为基本变量,用它们去表示其他的变量,并根据量纲和谐可得:

$$F\left(\frac{h_s}{h},\frac{D}{h},\frac{L}{h},\frac{d_{50}}{h},Fr,Re_h\right)=0 \tag{9}$$

本试验中大多数情况下的来流雷诺数$Re_h(=uh/\nu)>1\times10^4$,说明流动为湍流,故可忽略来流雷诺数变化的影响。已有桥墩局部冲刷公式中更多考虑率桥墩迎水侧阻水宽度D的影响,体型效应以墩型系数形式表示。本文认为,大型、超大型沉井L/D无法反映大型沉井的体型效应,因此在本公式中将大型沉井顺水流向长度"L"单独考虑。因此,式(9)可以写为下述无量纲形式:

$$\frac{h_s}{h}=a_0\left(\frac{D}{h}\right)^{a_1}\left(\frac{L}{h}\right)^{a_2}\left(\frac{d_{50}}{h}\right)^{a_3}(Fr)^{a_4} \tag{10}$$

利用本文试验成果、南京长江五桥中塔沉井、泰州大桥沉井基础以及沪苏通长江公铁大桥28号、29号沉井基础局部冲刷试验成果对式(10)的参数进行率定,为便于相关分析,将式(10)两边取对数,得:

$$\ln\left(\frac{h_s}{h}\right)=\ln(a_0)+a_1\ln\left(\frac{D}{h}\right)+a_2\ln\left(\frac{L}{h}\right)+a_3\ln\left(\frac{d_{50}}{h}\right)+a_4\ln(\mathrm{Fr}) \tag{11}$$

计算$\ln\left(\frac{h_s}{h}\right)$、$\ln\left(\frac{D}{h}\right)$、$\ln\left(\frac{L}{h}\right)$、$\ln\left(\frac{d_{50}}{h}\right)$、$\ln Fr$,然后运用多元回归计算其系数:

$\ln a_0=-4.591$,$a_1=1.924$,$a_2=-0.833$,$a_3=-0.638$,$a_4=1.738$。

因此,可得大型沉井基础局部冲刷公式为:

$$\frac{h_s}{h}=0.01\left(\frac{D}{h}\right)^{1.924}\left(\frac{L}{h}\right)^{-0.833}\left(\frac{d_{50}}{h}\right)^{-0.638}(Fr)^{1.738} \tag{12}$$

式中：h_s——沉井最大冲刷深度(m)；

h——沉井上游水深(m)；

D——沉井阻水宽度(m)；

L——沉井顺水流向长度(m)；

d_{50}——河床泥沙的平均中值粒径(m)；

Fr——水流弗洛德数。

规范公式中，墩型系数概化为单一的矩形、圆形、椭圆形、尖角型和群桩型，系数取值范围为0.9～1.1，未考虑超大沉井L/D体型效应对K_1的具体影响。梁发运通过水槽试验研究了沉井基础局部冲刷体型影响效应影响，认为：规范公式在计算小直径的桩墩时与实测值吻合得较好，但在计算大直径沉井基础时发生较大偏差，有的规范甚至严重失真[13]。利用美国规范HEC-18公式计算了长江下游典型大型沉井基础局部冲刷深度，计算结果与试验结果及实测值的对比如图8所示，可见有较大误差。从本次超大沉井模型试验和泰州大桥中塔、沪苏通长江公铁大桥沉井冲刷试验来看，体型效应在Fr数较小的情况下，对冲刷深度影响不明显；Fr较大时，大沉井体型布置对于冲刷深度的影响越大。规范公式中L/D以墩型系数表示，不足以反映大型、超大型沉井体型效应的影响。因此，在本公式中将大型沉井顺水流向长度"L"单独考虑，来反映大型沉井的体型效应是合适的。孔燕等[34]研究了新水沙条件下输沙率变化对沉井基础局部冲刷深度的影响，认为泰州大桥中塔沉井基础局部冲刷已经发生，上游来沙的变化对其水下基础局部冲刷幅度影响不大，而受水流动力条件影响较大。因此，在长江下游地区含沙量和输沙能力对最大局部冲刷深度的影响较小，试验中考虑的清水冲刷期结果更偏于安全。

为了验证公式，利用南京长江五桥、泰州大桥以及沪苏通长江公铁大桥28号、29号以及30号沉井基础局部冲刷试验值和本项研究得到的公式计算结果进行对比，如图9所示，计算值与试验值非常接近。为了更进一步验证公式的可靠性，利用泰州大桥沉井基础实测值与公式计算值进行对比，可以发现，公式计算值总体略有小于实测值，但无论是试验值还是实测值，计算值的误差控制基本在±20%以内，公式较好地代表了试验和实测数据，具有较好的合理性和可靠性，可以反映大型沉井局部冲刷深度与水流、泥沙、水深等因子间的关系。

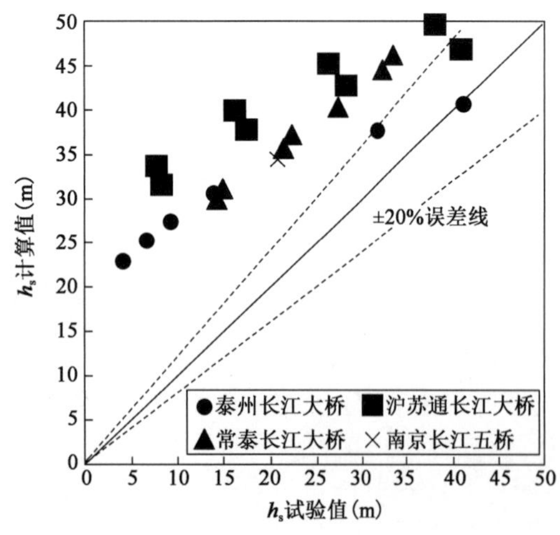

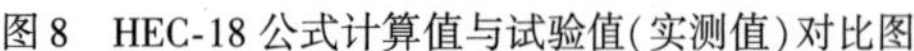
图8　HEC-18公式计算值与试验值(实测值)对比图

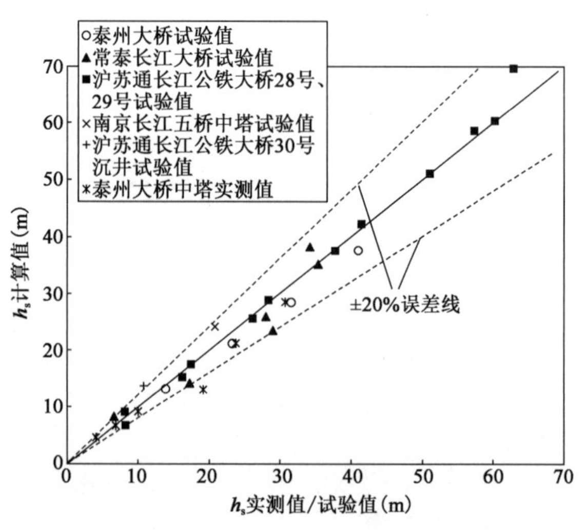

图9　沉井局部冲刷深度计算值与试验、实测值对比

采用的试验数据范围主要在长江下游江苏段，沉井宽度D取值范围为27.2～58.7m，沉井与水流呈正交，沉井顺水流长度L取值范围为39.6～95m；L/D取值范围为1.32～1.64；D/h取值范围为1.05～3.68，L/h取值范围为1.53～6.05；泥沙粒径d_{50}取值范围为0.15～0.21mm。南京长江五桥位于

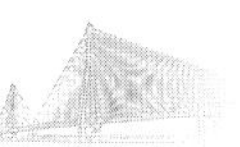

南京河段梅子洲汊道泥沙平均中值粒径0.21mm;泰州大桥位于扬中河段口岸直段,泥沙平均中值粒径0.19mm;常泰长江大桥位于扬中河段下段天星洲尾附近,泥沙平均中值粒径0.18mm;沪苏通长江公铁大桥位于澄通河段浏海沙水道,泥沙平均中值粒径0.15mm。从长江下游江苏段泥沙分布特征来看,泥沙粒径范围基本包括了长江下游江苏段大部分河段。

5 结语

本文利用常泰长江大桥超大沉井局部冲刷试验,结合课题组积累的长江下游南京河段以下跨江大桥大型沉井基础局部冲刷试验成果,提出了大型沉井局部冲刷计算公式中需要考虑沉井长宽比的影响,推导了适用于长江下游南京以下大型沉井局部冲刷计算公式供参考应用,主要结论如下:

(1)大型沉井冲刷随时间的演变规律与 Fr 有关,冲刷深度过程曲线可通过一指数函数形式定量描述。

(2)h_e/D 随着 Fr 呈递增关系,随着沉井长宽比的增加,对大型沉井基础的平衡冲刷深度有一定的减小效应。

(3)本文所用公式是在考虑影响大型沉井局部冲刷因素的基础上,通过量纲分析得到的,并利用长江下游南京以下已建跨江大桥沉井基础局部冲刷试验结果对公式参数进行了率定,还利用了泰州大桥现场实测资料对公式进行了较好的验证。公式结构简单、计算方便,可以供长江下游桥梁工程大型沉井基础局部冲刷深度估算参考应用。

(4)本文计算公式适用于长江下游泥沙粒径在0.15~0.21mm之间的粉砂质河床,还需要进一步通过室内试验开展更大范围试验研究,来提高公式的适用范围。

参考文献

[1] 龚维明,王正振,戴国亮,等.长江大桥基础的应用与发展[J].桥梁建设,2019,49(6):13-23.

[2] 吉林,韩大章.泰州长江大桥设计[J].现代交通技术,2008(3):20-23.

[3] 高宗余.沪通长江大桥主桥技术特点[J].桥梁建设,2014,44(2):1-5.

[4] 秦顺全,谭国宏,陆勤丰,等.超大沉井基础设计及下沉方法研究[J].桥梁建设,2020,50(5):1-9.

[5] DENG L, CAI C S. Applications of fiber optic sensors in civil engineering[J]. Structural Engineering and Mechanics, 2007, 25(5):577-596.

[6] HUNT E B. Monitoring scour critical bridge[R]. Washington D. C: Transportation Research Board, National Research Council, 2009.

[7] XIONG W, CAI C S, KONG X. Instrumentation design for bridge scour monitoring using fiber bragg grating sensors[J]. Applied Optics, 2012, 51(5):547-557.

[8] LIANG F Y, BENNETT C, PARSONS R, et al. A literature review on behavior of scoured piles under bridges[C]//Proceadings of the 2009 International foundation Congress and Equipment Expo. Orlando: the International Foundation Congress & Equipment Expo, 2009:482-489.

[9] 向琪芪,李亚东,魏凯,等.桥梁基础冲刷研究综述[J].西南交通大学学报,2019,54(2):235-248.

[10] 高正荣,黄建维,赵晓冬.大型桥梁钢沉井下沉过程局部冲刷研究[J].海洋工程,2006,24(3):31-35.

[11] 卢中一,高正荣,杨程生.大型沉井基础施工过程中局部冲刷试验研究[C]//第十四届中国海洋(岸)工程学术讨论会论文集(下册).北京:海洋出版社,2009:260-267.

[12] 陈策.大型沉井施工期局部冲刷模型试验及工程验证[J].铁道标准设计,2010(6):25-27.

[13] 梁发云,王琛,黄茂松,等.沉井基础局部冲刷形态的体型影响效应与动态演化[J].中国公路学报,2016,29(9):59-67.

[14] 中华人民共和国交通运输部.公路工程水文勘测设计规范:JTG C30—2015[S].北京:人民交通出版社股份有限公司,2015.

[15] ARNESON L A, ZEVENBERGEN L W, LAGASSE P F, et al. Evaluating scour at bridges (5th Ed.) [R]. Hydraulic Engineering Circular No. 18(HEC-18),Federal Highway Administration, Washington D. C,2012.

[16] 张瑞瑾,谢鉴衡,陈文彪.河流动力学[M].北京:中国工业出版社,1961.

[17] LANÇA R, FAEL C, MAIA R, et al. Clear-water scour at pile groups[J]. Journal of Hydraulic Engineering, 2013, 139(10): 1089-1098.

[18] MELVILLE B W, CHIEW Y M. Time scale for local scour at bridge piers[J]. Journal of Hydraulic Engineering, 1999(125): 59-65.

[19] SIMARRO-GRANDE G, MARTIN-VIDE J P. Exponential expression for time evolution in local scour [J]. Journal of Hydraulic Research, 2004, 42(6): 663-665.

[20] QI M, LI J, CHEN Q. Applicability analysis of pier-scour equations in the field: error analysis by rationalizing measurement data[J]. Journal of Hydraulic Engineering, 2018, 144(8): 04018050.

[21] 高正荣, 杨程生.南京长江五桥(梅子洲过江通道)中塔沉井基础局部冲刷试验研究[R].南京:南京水利科学研究院,2015.

[22] 高正荣,卢中一,杨程生.泰州大桥中塔沉井基础施工期局部冲刷试验研究[R].南京:南京水利科学研究院,2007.

[23] 高正荣,杨程生.沪通铁路长江大桥沉井基础施工期局部冲刷模型试验研究[R].南京:南京水利科学研究院,2015.

[24] 高正荣,杨程生.沪通铁路长江大桥桥墩基础冲刷防护试验研究(30#墩沉井部分)[R].南京:南京水利科学研究院,2014.

[25] LARSEN B E, FUHRMAN D R, BAYKAL C, et al. Tsunami-induced scour around monopile foundations[J]. Coastal Engineering, 2017(129): 36-49.

[26] ETTEMA R, MELVILLE B W, BARKDOLL B. Scale effect in pier-scour experiments[J]. Journal of Hydraulic Engineering, 1998, 124(6): 639-642.

[27] NAJAFZADEH M, BARANI G A. Experimental study of local scour around a vertical pier in cohesive soils[J]. Scientia Iranica, 2014, 21(2): 241-250.

[28] 卢中一,高正荣.大型涉水群桩桥基局部冲刷特性试验研究[J].海洋工程,2009,27(1):70-76.

[29] YANMAZ A M, ALTINBILEK H D. Study of time-dependent local scour around bridge piers[J]. Journal of Hydraulic Engineering, 1991, 117(10): 1247-1268.

[30] CHENG N S, CHIEW Y M. Incipient sediment motion with upward seepage[J]. Journal of Hydraulic Research, 1999, 37(5): 665-681.

[31] LARSEN B E, FUHRMAN D R, BAYKAL C, et al. Tsunami-induced scour around monopile foundations[J]. Coastal Engineering, 2017(129): 36-49.

[32] SHEPPARD D M, ODEH M, GLASSER T. Large scale clear-water local pier scour experiments[J]. Journal of Hydraulic Engineering, 2004, 130 (10): 957-963.

[33] 杨熠琳.桥梁群桩基础局部冲刷机理研究[D].北京:北京交通大学,2020.

[34] 孔燕,杨程生,高正荣,等.长江输沙率减小对下游桥墩冲刷影响试验研究——以泰州大桥为例[C]//第十九届中国海洋(岸)工程学术讨论会论文集(下).北京:海洋出版社,2019.

新型自浮式钢箱-软体多级耗能防船撞装置撞击试验研究

方　海[1]，姚鹏飞[1]，沈孔健[2]，贾恩实[3]，戴志伟[1]

（1.南京工业大学土木工程学院,江苏南京　211816;
2.江苏省交通工程建设局,江苏南京　210004;
3.中铁大桥勘测设计院集团有限公司,湖北武汉　430056）

摘　要　为避免船舶与桥梁相撞时两者出现较大损伤,提出了一种设置在桥塔下塔柱处的新型自浮式钢箱-软体多级耗能防船撞装置。为验证该新型防船撞装置的可靠性,参照实际工程,设计、制作缩尺比为1:10的新型防船撞装置模型、钢箱防船撞装置模型及无防护的刚性墙模型进行水平撞击试验,结合有限元计算,对比分析各模型破坏模式、动力时程响应及撞击过程中的能量耗散情况。结果表明:相比于钢箱防船撞模型及无防护的刚性墙模型,新型防船撞装置模型受到撞击后,软体能够有效保护船箱;新型防船撞装置对船撞力峰值削减幅度达31.88%。新型防船撞装置可较好削力、削能,可有效减轻撞击过程中船舶、桥墩、防撞设施的损伤程度。

关键词　桥梁工程;防船撞装置;钢箱-软体多级耗能装置;动力响应;破坏模式;能量耗散;水平撞击试验;有限元法

Impact Tests of Multistage Energy Dissipation and Collision Protection Device of New Type Combined Floating Steel Box and Soft Object

FANG Hai[1], YAO Peng-fei[1], SHEN Kong-jian[2], JIA En-shi[3], DAI Zhi-wei[1]

(1. School of Civil Engineering, Nanjing University of Technology, Nanjing Jiangsu 211816, China;
2. Jiangsu Provincial Transportation Engineering Construction Bureau, Nanjing Jiangsu 210004, China;
3. China Railway Major Bridge Reconnaissance & Design Institute Co., Ltd.,
Wuhan Hubei 430056, China)

Abstract　During a ship collision event, both the ship and the bridge would be damaged, In this paper, a kind of multistage energy dissipation and collision protection device that consists of the floating steel box and

---

基金项目:国家自然科学基金项目(52078248)、江苏省杰出青年基金项目(BK20190034)、湖南省交通运输厅科技进步与创新计划项目(201916)。

作者简介:方海,教授,研究方向:复合材料结构、桥梁抗撞与防护。

soft object is proposed, which is installed on the lower pylon column and is able to alleviate the collision damage. To verify the effectiveness of the device, three models of 1∶10 scale, including the model of the novel-type ship collision protection device, model of collision-protection steel box and model of an unprotected rigid wall, are prepared by referencing the actual engineering cases, Combined with the numerical simulation, the three models are analyzed and compared from aspects of failure mode, dynamic time history response and energy dissipation condition during a collision event, The findings of the study show that compared with the other two models, the novel-type collision protection device mode provides more effective protection to the ship bow due to the resilience of the soft object and leads to 31.88% reduction of the peak values of ship collision forces, indicating that the multistage energy dissipation and collision protection device that consists of the floating steel box and soft object has better energy dissipation capacity, which can effectively relieve the damage of ship, pier and collision protection facilities during the collision process.

Keywords Bridge engineering; ship collision protection device; multistage energy dissipation device of combined floating steel box and soft object; dynamic response; damage mode; energy dissipation; horizontal impact test; finite element method

1 引言

船桥碰撞事故往往会造成较大的经济损失,后期修缮也较为困难,尤其是大型船桥碰撞事故将严重影响船舶及桥梁正常服役能力,且修缮时通常需要封闭交通,对交通运输和环境安全造成巨大影响。因此,相关学者提出设置桥梁防船撞设施,以减少船桥碰撞灾害损失。

国内外桥梁多采用人工岛、群桩、橡胶护舷、钢套箱等防撞结构用于减少船桥碰撞的损失。人工岛虽能避免船舶直接撞击桥墩,但占用了较多航道,造价高昂;群桩方式能减少船舶对桥墩的损伤,但是造价高,且撞损后难以修复,船舶毁损严重;橡胶护舷防撞装置在港口和码头工程应用已比较普遍,安装方便,维护费用低,可重复使用,但是其吸收的碰撞能量少,难以抵御大尺寸船舶正向撞击;钢套箱防撞装置一般安装在承台或桥墩周围,主要靠钢材的塑性变形和破损来吸收撞击能量,是国内使用非常广泛的一种防撞设施,但是其对船撞力削减幅度有限,由于其自身刚度大,对船舶损伤大,且需要定期维护。鉴于目前常用防撞设施存在的诸多弊端,采用新材料、设计开发新型防撞系统迫在眉睫。

近年来,针对传统材料的局限性,纤维增强树脂基复合材料(FRP)受到了极大重视,其除了具有刚度大、强度高、可设计性好及耐腐蚀等优良性质外,还具有良好的吸能性。Fang、刘庆伟等发明了复合材料夹芯结构防撞系统,已应用于润扬长江大桥等30余座大型桥梁。Wang等通过缩尺复合材料圆筒静压试验,研究其截面中玻璃纤维(GFRP)、环氧树脂与聚氨酯泡沫的破坏机理,并将验证后的数值模型用于评估全尺防撞装置在驳船撞击下的性能,虽然该防撞装置能够显著减小撞击力,但在撞击过程中经常遭受严重损坏。上述新材料弹性行程短,在遭受船舶撞击后,易产生不可恢复的碰撞变形,导致防撞系统出现损坏,维修困难且成本高。针对该薄弱处,贾恩实等研发了一种应用于桥塔下塔柱处的纤维增强橡胶复合材料软体防撞结构,该防撞结构以大变形柔性软体空腔为主体,主要由软体腔、腔内散粒体及腔外保护罩三部分组成,碰撞发生后其变形可恢复,但是纯软体防撞系统各节段间在连接上存在困难。

本文基于钢结构套箱和纤维增强橡胶材料,提出了一种应用于桥塔下塔柱处的新型钢箱-软体多级耗能防船撞装置,该装置与钢箱连接为整体环形柔性耗能防撞系统,解决了纯软体结构连接难题,且可阻隔冲击应力波传播路径,实现桥墩和船舶在相撞时均不损坏,甚至连防撞设施都可经简易修复后反复使用。为了解及验证该装置的防撞机理和受力模式,本文开展了缩尺比例船水平撞击钢箱-软体多级耗能防撞装置的试验研究与有限元分析,并与钢箱防船撞模型及无防护的刚性墙模型相比较,分析新型防船撞装置在撞击作用下的破坏模式、动力时程响应及撞击过程中的能量耗散情况,为实际工程应用提供参考依据。

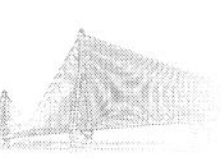

2 新型自浮式钢箱-软体多级耗能防船撞装置构造及原理

新型自浮式钢箱-软体多级耗能防船撞装置应用于桥塔每根塔柱上，由钢箱结构与软体结构组成（图 1、图 2）。其中，软体结构由摩擦板、扩散块、软体腔、散粒体和保护置复合而成。该新型防船撞装置可随水位变化上下浮动，防撞机理为：碰撞发生时船舶先接触摩擦板，产生轻微滑移；随着撞击力的增大，撞击力通过扩散块扩散至防撞设施的软体腔，经内部散粒体填充料传至钢箱继而传递至塔柱，在撞击力作用下防撞装置发生径向截面压缩，压缩过程中保护罩首先发生破坏并吸收部分能量，同时柔性防撞设施发生大变形，约束并挤压内部散粒体填充料，使其发生摩擦、挤压和破碎，吸收船舶碰撞能量；一次碰撞发生后，软体腔可被压缩其直径的 60% 以上而不发生破坏且可恢复，主体结构可耗散绝大部分撞击能量，且基本不需修复，仅需对压碎的散粒体填充料进行补填，必要时对损坏的部分保护置进行更换即可投入使用。整个防撞装置具有维修简易经济、维修率低的特点。

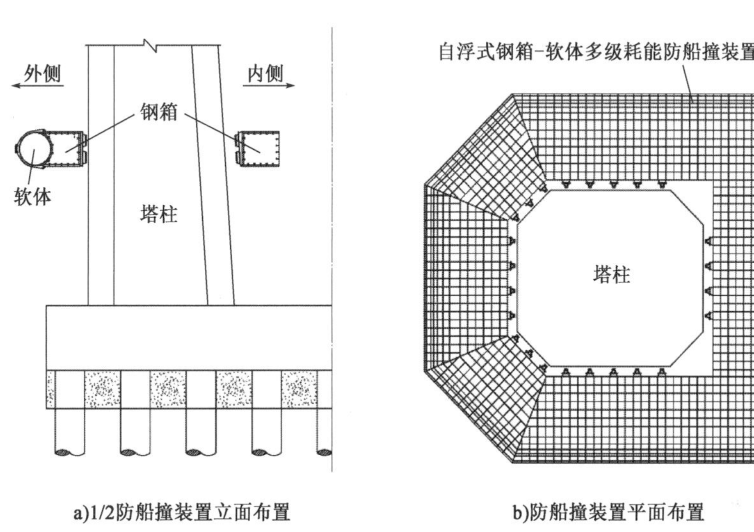

a)1/2防船撞装置立面布置　　b)防船撞装置平面布置

图 1　防船撞装置布置

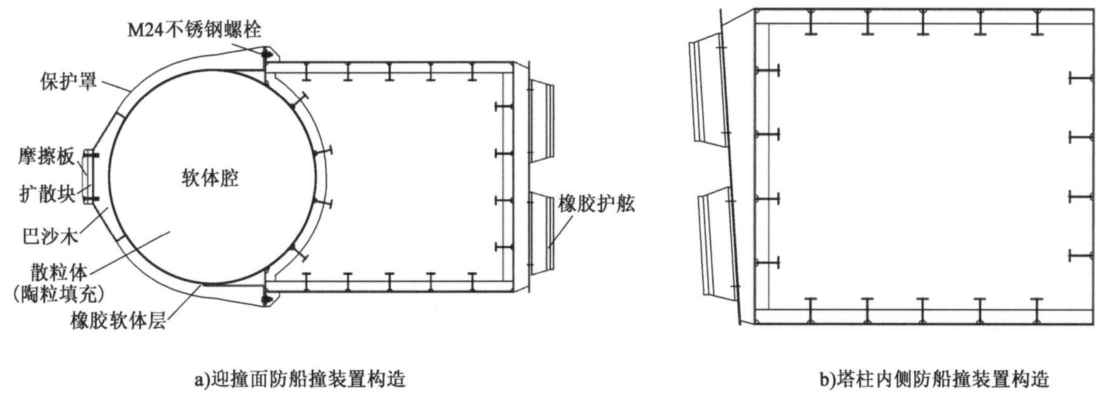

a)迎撞面防船撞装置构造　　b)塔柱内侧防船撞装置构造

图 2　防船撞装置构造

3 缩尺模型水平撞击试验研究

3.1 部件设计

为对比验证该新型防撞装置的可靠性，基于某桥梁工程实际项目，以 1∶10 的缩尺比，分别制作软体 + 钢箱的防船撞装置模型（GR-A，即本文新型防撞结构）、钢箱防船撞装置模型（G-A）和无防护的

800mm×800mm 刚性墙模型(G-B)各 1 个进行水平撞击试验。

钢箱-软体多级耗能防船撞装置模型见图 3,其中钢箱高度为 320mm,钢箱腹板间距为 200mm。钢箱采用的钢板厚度均为 5mm,软体直径为 300mm,迎撞侧宽度为 800mm。纤维增强橡胶复合材料厚度为 5mm,内部组成为 4 层纤维布及 5 层橡胶,纤维布和橡胶之间采用热黏合;为了避免因为散粒体粒径大而导致颗粒间间距大、填充不满、影响吸能性能等问题,选用粒径 10mm 以下的陶粒。

图 3　钢箱-软体多级耗能防船撞装置模型

参照足尺船尺寸,按照 1∶10 的缩尺比制造用于水平撞击的船简化模型。该船模型采用与船舶同样材性的钢板制作,与撞击刚性小车之间通过焊接连接。由于船模型内部难以保证与原型船舶完全几何相似,因此模型通过抗弯刚度等效简化实际船体中的加劲肋,确定船舶钢板厚度为 2mm;为防止后背板由于接触面积过小而产生弯矩影响试验结果,后背板加厚为 15mm。

3.2　水平撞击方案及测点布置

试验撞击船舶原型为 10000 吨级货轮。基于动能能量等效原则,根据实际船舶计算质量(13550t,缩比后为 13550kg)、速度(2.26m/s)以及试验小车和船质量(2668kg),确定试验设计撞击速度为 5.09m/s。

采用型号为 DTM2234-11 的落锤试验机进行水平撞击试验。落锤试验机可提升最大高度达到 20m,最大冲击能量 230000J。水平撞击试验系统主要包括撞击小车、反力架和反力墙等。通过落锤的自由落体,将重力势能转化为撞击小车的动能。钢索一端连在落锤上,另一端与小车挂钩。提升落锤到预定的牵引距离后,钢索脱钩,与小车分离,小车以一定的速度撞击试件。小车质量为 1582kg,前端刚性撞击头的尺寸为 580mm×200mm×100mm,撞击处距离基础顶面 600mm。经计算,不考虑摩擦因素,小车撞击速度应为 5.09m/s,与前述试验设计撞击速度一致。水平撞击试验布置见图 4。

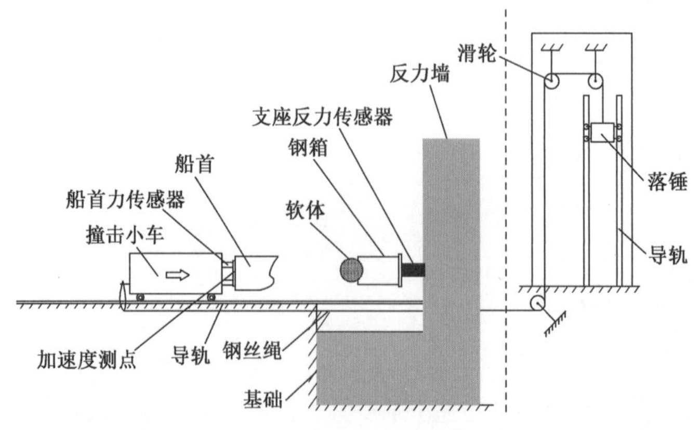

图 4　水平撞击试验布置

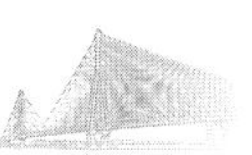

试验测量的数据包括水平撞击力和撞击速度。动态数据采集系统包括力传感器、速度采集器、电荷放大器、数据采集箱等。撞击力基于力传感器上应变变化转换采集得到,速度采用双束激光测量。撞击过程通过高速摄像仪拍摄。

4 水平撞击试验有限元模型

采用ANSYS软件建立水平撞击试验有限元模型(图5)。船、钢箱采用Shell163壳单元模拟(4节点单元,6个自由度,包括X、Y、Z方向的位移自由度和绕X、Y、Z轴的转动自由度)。陶粒、保护罩采用Solid164三维实体单元模拟(8个节点3维显示单元,各节点有X、Y、Z方向的平移、速度和加速度3个自由度)。

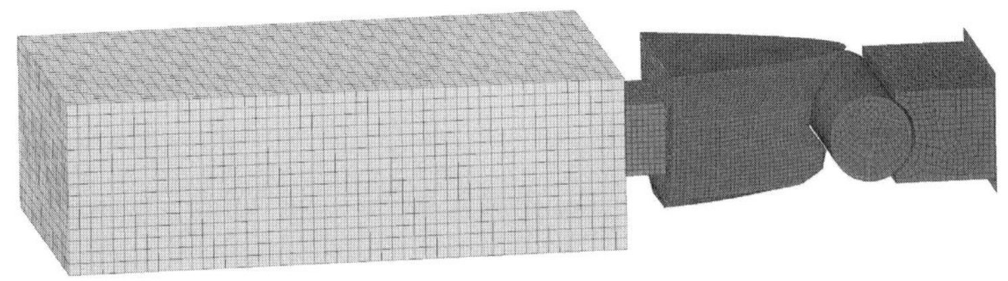

图5 水平撞击试验有限元模型图

在动力显式分析软件LS-DYNA中模拟分析,并基于后处理软件LS-PREPOST对计算结果进行处理。陶粒采用*MAT_CRUSHABLE_FOAM,其密度为5350kg/m^3,弹性模量为12GPa,泊松比为0.25,输入陶粒的压缩应力-应变曲线,曲线由筒压试验测得(图6);软体层5mm厚纤维增强橡胶采用*MAT_ELASTIC,其密度为1350kg/m^3,泊松比为0.32,弹性模量由拉伸试验测得,为493.73GPa;钢船首、钢箱、钢块车身采用*MAT_PLASTIC_KINEMATIC,其中设置钢筋的材料最大失效应变为0.35。

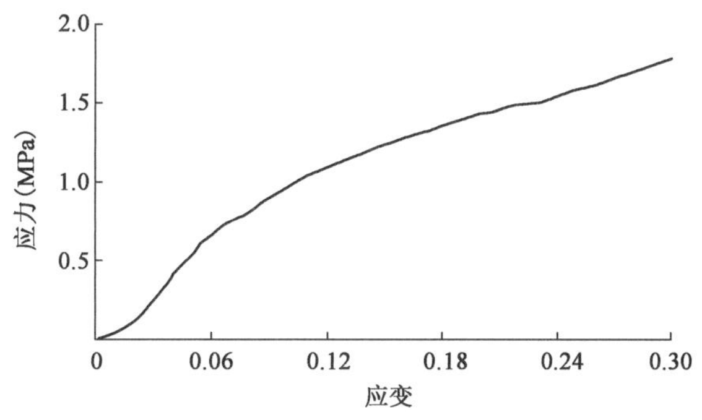

图6 陶粒应力-应变曲线

水平撞击作用下,软体和船首部分会产生应力集中现象,因此需要对模型这些部位的网格进行精细化分析。船和陶粒采用Solid164实体单元模拟,分别由7927个和7760个单元组成;钢箱和橡胶软体层采用壳单元Shell163模拟,分别由4076个和2148个单元组成。试验模型包含2个接触对,即软体与钢箱间的相互接触、撞击体与防撞装置间的相互接触,接触参数:静摩擦因数、动摩擦因数均取0.15,主面刚度罚因子、从面刚度罚因子均取1。

5 结果分析

由于落锤与导轨之间存在摩擦,小车实测速度与预设速度5.09m/s难以完全相同,GR-A、G-A、G-B模型对应的水平力撞击试验小车实测速度分别为4.96m/s、5.04m/s、5.11m/s,与预设速度相差不大,故选取实测速度开展数值模拟。为方便描述,将GR-A、G-A、G-B模型对应的水平力撞击试验分别称为GR-A、G-A、G-B工况。

5.1 破坏模式

GR-A 工况撞击过程中船接触软体后软体产生明显变形并迅速回弹，船前端变形较大，前端下部凹陷 3.00cm，后端略有变形但未压溃，最终撞深 10.10cm。撞击后钢箱未产生明显破坏，软体两端封口破裂，中部凹陷较大，最终陷距离为 13.50cm，钢箱变形 0.12cm。撞击后切开软体发现，撞击位置陶粒部分呈破碎状态，后续可通过补填陶粒，即可完成对该防船撞装置的修复。

5.2 动力时程响应

各工况撞击力时程曲线见图 7。由图 7 可知：

(1) GR-A 工况模型试验中撞击力峰值达到 306.07kN，数值模拟中撞击力峰值为 344.78kN，两者相对误差为 11.03%；试验撞击持续时间约为 0.13s，有限元撞击持续时间约为 0.16s，撞击持续时间存在约 0.03s 的差异，原因为：软体各项参数均为静压试验所得，而撞击过程存在较大的偶然性，加之有限元软件在计算过程中会删除软体被撞击破坏的单元，导致两者计算结果略有差异。

(2) G-A 工况模型试验中撞击力峰值达到 394.10kN，数值模拟中撞击力峰值为 441.19kN，两者相对误差为 11.95%；G-B 工况模型试验中撞击力峰值达到 449.36kN，数值模拟中撞击力峰值为 473.23kN，两者相对误差为 5.31%。撞击持续时间均基本吻合。

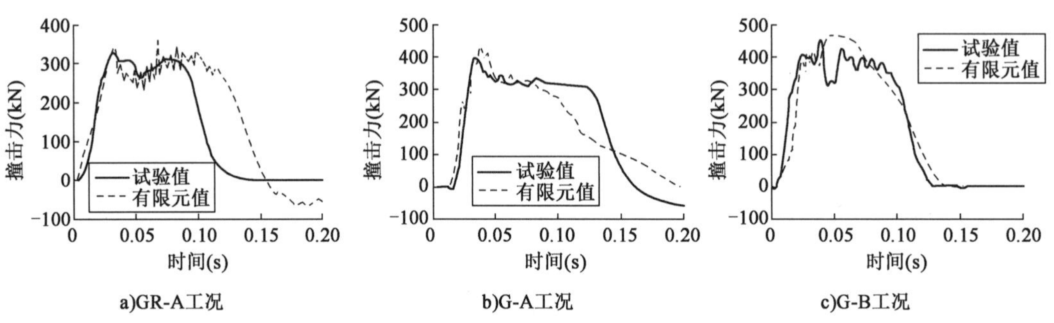

图 7 各工况撞击力时程曲线

5.3 撞击过程中的能量耗散

由上述分析可知，新型自浮式钢箱-软体多级耗能防船撞装置的撞击力峰值为 306.07kN，钢箱防船撞装置为 394.10kN，刚性墙为 449.36N，计算得新型钢箱-软体多级耗能防船撞装置对船撞力的削减幅度达 31.88%，钢箱防船撞装置对撞击力的削减幅度达 12.30%。经对比可得，新型自浮式钢箱-软件多级耗能防船撞装置可显著提升防撞装置整体性能。新型自浮式钢箱-软件多级耗能防船撞装置与钢箱防船撞装置的削减幅度相差达 19.58%。此外，3 种工况下船的压溃程度差别较大，可以得出钢箱-软体多级耗能防撞设施可以在有效削减撞击力的同时，减少船舶的损伤。

6 结语

本文针对提出的新型自浮式钢箱-软体多级耗能防船撞装置进行缩尺模型水平撞击试验，得到以下结论：

(1) 根据撞击试验结果，钢箱-软体多级耗能防撞装置受到撞击后，软体凹陷变形明显，撞击处耗能填充料陶粒呈破碎状态，钢箱无明显变形，验证了防撞机理；该装置能够有效保护船首，船首接触软体后软体产生明显变形并迅速回弹，船前端变形较大前端下部凹陷 3.00cm，后端略有变形但未压溃；而直接撞击刚性墙、钢箱防船撞装置时船首均被压溃。

(2) GR-A、GA、GB 工况模型试验中撞击力峰值分别为 306.07kN、394.10kN、449.36kN，对应的有限元值误差在 5.31% ~ 11.95% 之间，新型自浮式钢箱-软体多级耗能防船撞装置对船撞力削减幅度达 31.88%，效果显著。该防撞装置受到 10000 吨级船撞击时，软体能够耗散大部分能量。

为深入研究新型自浮式钢箱-软体多级耗能防撞装置受水平撞击荷载作用下的防护效果，还需进一

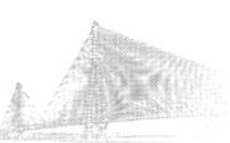

步考虑船舶吨位、船形状、软体面层、软体填充料、钢箱结构形式等因素的影响。

参考文献

[1] 朱俊羽,祝露,韩娟,等.某航道桥下部结构受船舶撞击后安全性能评估及修复[J].世界桥梁,2020.48(1):87-92.

[2] 刘伟庆,方海,祝露,等.润扬长江公路大桥船撞数值模拟与复合材料防撞系统设计[J].玻璃钢/复合材料,2014(12):5-12.

[3] 高荣雄,李敬,唐奇文.船撞冲击下高桩桥墩高危损伤区域分布[J].土木工程与管理学报,2016,33(1):24-31.

[4] WAN Y, ZHU L, FANG H,et al. Experimental Testing and Numerical Simulations of ship Impact on Axially Loaded Reinforced Concrete Piers [J]. International Journal of Impact Engineering, 2018(25): 246-262.

[5] 罗赟.船舶撞击桥墩动力响应影响因素研究[J].世界桥梁,2020,48(4):55-59.

[6] 黄向平.基于修正半正弦波荷载模型的防撞拦截系统动力分析[J].世界桥梁,2020,48(4):60-64.

[7] 张景峰,李小珍.钢套箱-群桩组合防撞结构防撞性能仿真分析[J].桥梁建设,2018,48(6):47-52.

[8] FAN W, YUAN W, CHEN B S. Steel Fender Limitations and Improvements for Bridge Protection in Ship Collisions[J]. Journal of Bridge Engineering, 2015,20(12): 1-9.

[9] 贾恩实.平潭海峡公铁两用大桥元洪航道桥V形防撞梁设计[J].桥梁建设,2018,48(3):90-94.

[10] 鲍莉霞,刘赛博,肖晨,等.桥梁防船撞波纹钢夹层吸能结构耐撞性研究[J].桥梁建设,2019,49(5):57-62.

[11] FANG H, MAO Y, LIU W, et al. Manufacturing and Evaluation of Large-Scale Composite Bumper System for Bridge Pier Protection Against Ship Collision [J]. Composite Structures, 2016 (158): 187-198.

[12] 刘伟庆,方海,祝露,等.船-桥碰撞力理论分析及复合材料防撞系统[J].东南大学学报(自然科学版),2013,43(5):1080-1086.

[13] ZHU L, LIU W Q, FANG H,et al. Design and Simulation of Innovative Roam-Filled Lattice Composite Bumper System for Bridge Protection in Ship Collisions[J]. Composites Part B: Engineering,2019(157): 24-35.

[14] 方海,王健,祝露,等.武汉鹦鹉洲长江大桥中塔墩防船撞装置研究[J].桥梁建设,2020,50(1): 20-25.

[15] WANG J, SONG Y,WANG W, et al. Evaluation of Composite Crashworthy Device for Pier Protection against Barge Impact[J]. Ocean Engineering,2018(169): 144-158.

[16] 贾恩实,庄勇,刘伟庆,等.散粒填充型薄壁软体防船撞装置:CN201820556450.2[P].2019-01-08.

Stability Analysis of a Super Long-Span Cable-Stayed Bridge in China

ZHENG Xing[1], HUANG Qiao[1], HUANG Jian[2], ZHANG Jin-tao[3], SONG Xiao-dong[1]

(1. Southeast University, Nanjing 211189, China;
2. Jiangsu Provincial Transportation Engineering Construction Bureau, Nanjing 210004, China;
3. China Railway Major Bridge Reconnaissance & Design Institute Co., Ltd., Wuhan 430050, China)

Abstract With a main span of 1176 meters, the Changtai Yangtze River Bridge is a super long-span rail-cum-road cable-stayed bridge under construction in China. The steel truss girder is a transverse asymmetry structure. And the spacial diamond shaped pylon is applied in the bridge to ensure the stiffness of pylon. In this paper, the stability of the Changtai Yangtze River Bridge is investigated using finite element method. Dead load, live load and wind load are considered in the analysis. Linear elastic buckling analysis and nonlinear stability analysis, in which both material nonlinearity and geometrical nonlinearity are considered, is performed. The failure mode of the nonlinear stability is presented and discussed. The results show that the minimum stability coefficients are 10,50 and 2,4, respectively for the linear elastic buckling analysis and nonlinear stability analysis. The crushing of concrete at the bottom of the pylon indicates the failure of the structure.

Keywords Rail-cum-road cable-stayed bridge; spatial diamond-shaped pylon; stability analysis; ultimate bearing capacity; failure mode

1 Introduction

Cable-stayed bridge is one of the most common types of modern long-span bridges due to its advantages of reasonable force and strong spanning capacity. With the continuous improvement of material performance and design standard, the development of cable-stayed bridge presents a trend toward long-span.

For the pylon and girder of cable-stayed bridge are both compression bending members, it is necessary to study the stability of cable-stayed bridges. Many scholars conducted elastic buckling analysis of cable-stayed bridges based on the finite element method, the beam-column method or the energy method. However, the non-linearity will have a critical effect on the structure when the cable-stayed bridges reach their ultimate limit state. The stability coefficient obtained from elastic buckling analysis will be much larger than those take the nonlinear effect into consideration, which leads to the insecurity of bridge design. Therefore, it is necessary to investigate the nonlinear stability of bridges and explore their failure modes. Many scholars have carried out

About the author: Zheng Xing (1996—), male, PhD student, Southeast University. Research field: Stability analysis of long-span cable-stayed bridge.

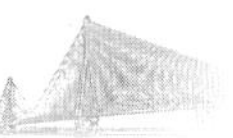

non-linear calculation and analysis on the bearing capacity of cable-stayed bridge. The results showed that the material non-linearity had significant impact on the bearing capacity of cable-stayed bridge. The ultimate bearing capacity of structures will be defined by the local failure due to the plastification of critical members.

It is noticed that the previous studies of the completion stage mainly focus on two kinds of simplified live load cases, that is, the live load distributed on the whole bridge and only on the main span. However, the Changtai Yangtze River Bridge, which is taken as the example in this paper, has a much more complex live load distribution because of its inclusion of both highway and railway traffic. In particular, it is rare in the previous research that live load of the upstream side and downstream side of the deck are highway and railway respectively, which leads to the distinct transverse asymmetry of live load and the secondary dead load. Therefore, the unfavorable live load cases are taken into account according to the influence line of the pylon to investigate the effect of complex live load arrangement in the Changtai Yangtze River Bridge. It will make the force of the bridge pylon more unfavorable and the design more comprehensive.

In this paper, the finite element method is used to investigate the stability of the pylon of the Changtai Yangtze River Bridge, which will be the longest main span cable-stayed bridge in the world. In the analysis, the dead load, live load and static wind load of the cable-stayed bridge are combined under the completion stage. Various unfavorable live load cases are considered according to the bending moment and axial force influence line of the pylon columns. For the transverse asymmetry of the live load and the secondary dead load, the load cases corresponding to the greatest transverse bending moment in pylon are also taken into consideration particularly. The linear elastic buckling analysis and nonlinear stability analysis are conducted to evaluate the stability of structure. And the failure mode of the Changtai Yangtze River Bridge is presented in the nonlinear stability analysis.

2 Engineering background

The Changtai Yangtze River Bridge is a rail-cum-road cable-stayed bridge with a main span of 1176 m. The bridge adopts double deck truss girder. Its upper deck has six lanes of highway while the lower deck has two railway lines upstream and four highway lanes downstream, which is a transverse asymmetrical design. After completed, the bridge will be the cable-stayed bridge with the longest main span in the world. The general layout of the whole bridge structure is shown in Figure 1a). The girder is a steel box truss double-layer composite steel girder whose standard cross section is shown in Figure 1b).

The pylons of the Changtai Yangtze River Bridge are spatial diamond-shaped pylons. The unique design ensures that the bridge pylons with 352 m height will have excellent static and dynamic performance, as well as good spatial stiffness[17]. Each pylon consists of four lower pylon columns, four middle pylon columns, an upper pylon column and four cross beams. The layout of the bridge pylon is shown in Figure 1c).

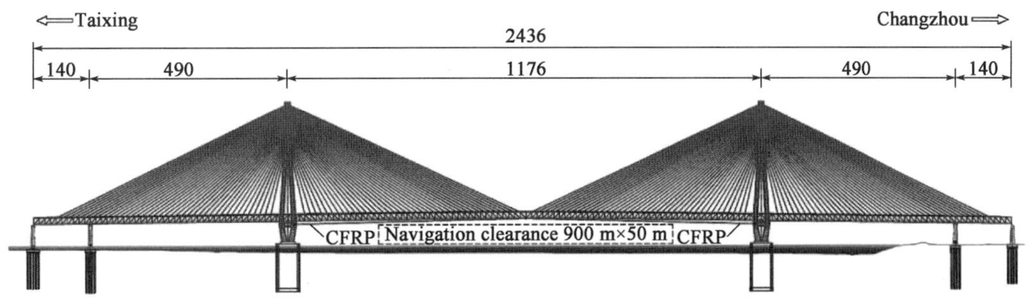

a)Elevation of main bridge

Figure 1

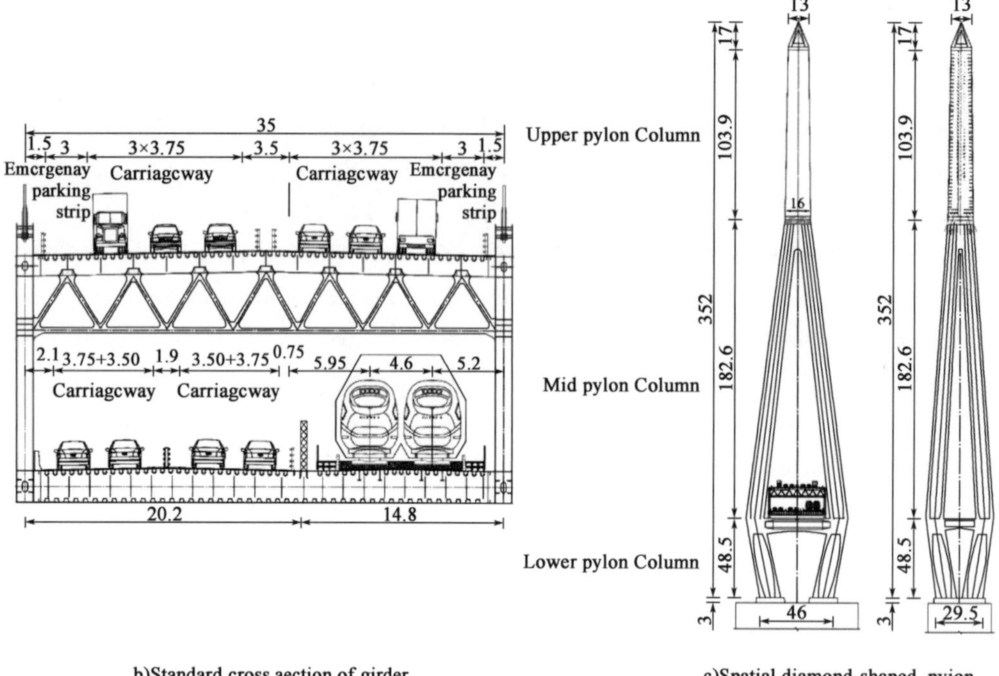

b)Standard cross aection of girder

c)Spatial diamond-shaped pyion

Figure 1 General layout of the Changtai Yangtze River Bridge(Unit:m)

The pylons of the Changtai Yangtze River Bridge have a more complicated static response than other traditional bridge pylons due to the diamond-shaped design in both longitudinal and transverse directions. And the height of 352 m will make it become the highest cable-stayed bridge pylon in the world after completion, which attach great research value to its stability analysis.

3 Methodology

3.1 Theoretical background

The stability problem of bridge structure mainly includes bifurcation point stability problem and limit point stability problem. In the bifurcation point stability problem, the material is considered elastic in the structure, and the geometric nonlinear and initial imperfection are neglected. The equilibrium equation of the structure is

$$([K_e]+[K_\sigma])\{u\}=\{p\} \tag{1}$$

Where, $[K_e]$ is the elastic stiffness matrix, $[K_\sigma]$ is the geometric stiffness matrix, $\{u\}$ is the node displacement vector, $\{p\}$ is the node load vector.

When the structure reaches the critical state of bifurcation point stability, the elastic stiffness matrix $[K_e]$, geometric stiffness matrix $[K_\sigma]$ and the stability coefficient λ are consistent with the following equation.

$$[K_e]+\lambda[K_\sigma]=0 \tag{2}$$

It can be found that the essence of the bifurcation point problem is the eigenvalue problem of matrix. And the minimum eigenvalue of the matrix is the linear elastic stability coefficient of the structure.

However, for long-span bridge, material failure usually occurs before the structural instability, which becomes the crucial factor to determine the ultimate bearing capacity of the structure. At the same time, the influence of geometric nonlinearity on the structure can not be ignored. Therefore, it is necessary to analyse the limit point stability of the structure, in which material nonlinearity and geometric nonlinearity are considered to reflect the actual bearing capacity of the bridge. The equilibrium equation can be expressed as follows.

$$([K_0]+[K_\sigma]+[K_L])(u)=\{P\} \tag{3}$$

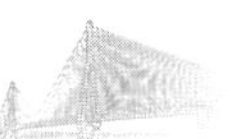

Where, $[K_0]$ is the elastic-plastic stiffness matrix and $[K_L]$ is the large displacement stiffness matrix.

In the finite element analysis, the load is applied to the bridge in multiple load steps, and the stiffness matrix is recalculated in iteration to consider geometric nonlinearity and material nonlinearity in each incremental load step. The stability coefficient λ of the structure can be obtained by the following formula.

$$\lambda = \frac{P_{cr}}{P} \tag{4}$$

Where, P_{cr} is the critical load before instability, and P is the load applied on the finite element model according to the load combination.

3.2 Analysis Procedure

The finite element model established by ANSYS software is used for calculation. For the pylon, solid modeling method is used to simulate the structural response as accurately as possible. For the girder, the substructure model based on the shell model is applied to simulate the complex double deck girder as well as reduce the number of freedom degree of the entire model.

In this paper, the linear elastic buckling analysis is carried out firstly, and the stability coefficient and buckling mode shape are obtained. Then, to introduce the initial imperfection, the geometry of the model is updated according to the first-order buckling mode shape. According to the construction accuracy requirement of Chinese construction code, the size of the initial imperfection is determined by the horizontal displacement of the pylon top being 1/3000 of the pylon height. On the model with initial imperfection, the stability analysis considering geometric nonlinearity and material nonlinearity is carried out. In the analysis, dead load, live load and wind load are increased synchronously. When the model is incrementally loaded up to its failure, the magnification of the load is considered as the nonlinear stability coefficient of the structure. In the end, the failure mode of the Changtai Yangtze River Bridge is investigated and discussed in the nonlinear stability analysis.

3.3 Load cases

In the analysis, dead load, live load and wind load are considered. Dead load consists of the dead weight of the structure and the secondary dead load, and is included in all load cases.

The bridge pylon is an eccentric compression member. The live load distributions are determined according to the influence line of bending moment or axial force of the crucial section of the bridge pylon, considering the complexity of spatial diamond shaped pylon. Compared with loading in the whole span or in the mid span, the live load distributed according to the influence line will make the force of the bridge pylon more unfavorable and the design more comprehensive.

For the static wind load, the longitudinal wind and the transverse wind are simulated respectively, each one of which considers two wind speed levels. The W1 level wind load should be combined with live load in the calculation, while the W2 level wind load should not.

11 load combinations are considered in total. The live load and wind load are shown in Table 1, and the dead load is included in all load cases. The stability coefficient during construction, including the state of bare pylon, is not considered as a control condition in design after the trial calculation and hence not presented in this paper.

Load cases Table 1

Load case	Live load		Wind load
	Internal force influence line	Crucial section	
LC1	—	—	—
LC2	Longitudinal bending moment	Bottom of upper column	W1 level longitudinal wind

Continued

Load case	Live load		Wind load
	Internal force influence line	Crucial section	
LC3	Longitudinal bending moment	Bottom of lower column	W1 level longitudinal wind
LC4	Axial force	Bottom of upper column	W1 level longitudinal wind
LC5	Axial force	Bottom of lower column	W1 level longitudinal wind
LC6	Transverse bending moment	Bottom of upper column	W1 level longitudinal wind
LC7	Transverse bending moment	Bottom of lower column	W1 level longitudinal wind
LC8	Transverse bending moment	Bottom of upper column	W1 level transverse wind
LC9	Transverse bending moment	Bottom of lower column	W1 level transverse wind
LC10	—	—	W2 level longitudinal wind
LC11	—	—	W2 level transverse wind

Note: The upstream, river side column is taken as the typical one among the four lower column.

3.4 Finite element modeling

General finite element software ANSYS is used to establish the finite element model of the entire bridge. In the model, Solid-65 and Solid-185 elements are used to simulate the concrete of the bridge pylon. Link-180 element is used to simulate the reinforcement. Each node of the reinforced element is coupled with the nearest node on the concrete element. The steel shell in the upper pylon column is simulated using Shell-181 element. The pylon model is shown in Figure 2.

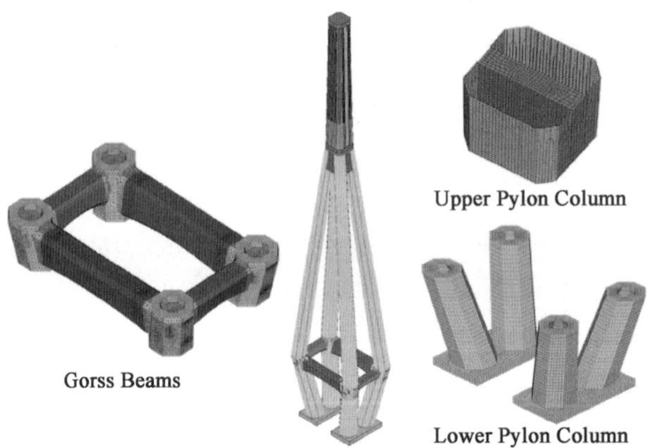

Figure 2 Solid bridge pylon model

The main girder is a double deck steel truss structure. In the modeling of main girder, Beam-188 element is used to simulate the truss and Shell-181 element is used to simulate other components such as orthotropic plates. Then, the substructure method is used to reduce the degrees of freedom in the model. The cable, whose equivalent elastic modulus calculate method is derived by Ernst, is simulated by Link-180 element. The whole bridge model is shown in Figure 3.

In the subsequent nonlinear stability analysis, nonlinear material constitutive models are set for the concrete and steel bars in the bridge pylon, and their stress-strain curves are shown in Figure 4 and Figure 5. In the stress-strain curve of concrete, the descending phase is replaced by a horizontal line. This simplification improves the convergence of the analysis and has little effect on the calculation accuracy. In addition, the stayed-cables are set to break when they reach the ultimate tensile strength.

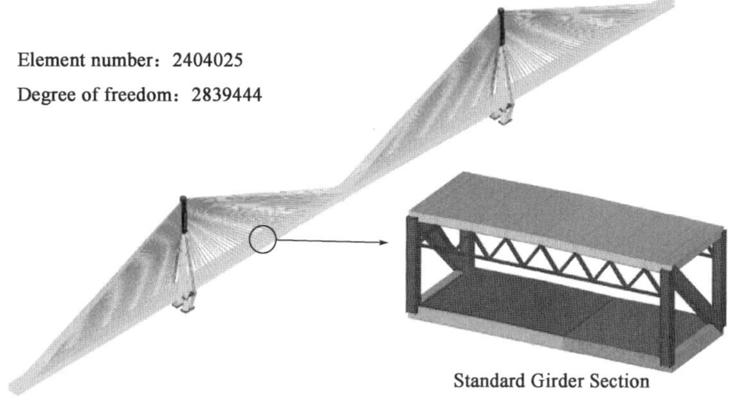

Figure 3 Entire bridge model

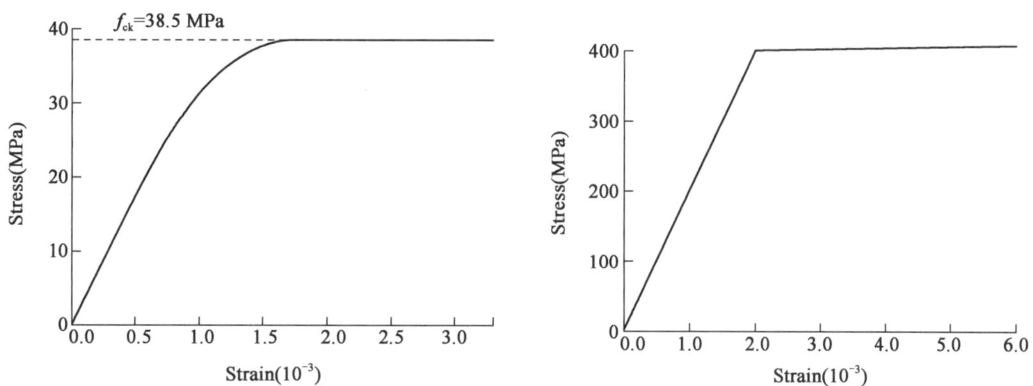

Figure 4 Nonlinear concrete material

Figure 5 Nonlinear reinforcement material

4 Stability analysis results

4.1 General results

The stability analysis of 11 load cases is conducted with the finite element model. The first-order linear buckling coefficients, corresponding buckling modes, and the nonlinear stability coefficients are shown in Table 2. The failure mode of the nonlinear stability is discussed separately in the next section.

Load cases Table 2

Load case	First-order linear buckling coefficient	Linear buckling mode	Nonlinear stability coefficient
LC1	12,64	Transverse buckling	2,79
LC2	11,48	Longitudinal buckling	2,09
LC3	11,47	Transverse buckling	2,12
LC4	11,44	Transverse buckling	2,08
LC5	11,45	Transverse buckling	2,12
LC6	10,85	Transverse buckling	2,09
LC7	10,73	Transverse buckling	2,04
LC8	10,84	Transverse buckling	2,35
LC9	10,72	Transverse buckling	2,30
LC10	12,58	Transverse buckling	2,18
LC11	10,50	Transverse buckling	2,69

4.1.1 Linear buckling analysis

The linear elastic buckling coefficients of load cases are all around 10-13. That is because the dead load account for a large proportion of all loads in long-span bridges and has a crucial influence on the structure. For the Changtai Yangtze River Bridge with the main span of 1176m, the live load only accounts for less than 5% of the vertical load and has limited effect on the linear elastic stability coefficient. The load case LC11 has the minimum linear elastic buckling coefficient 10,50, indicating that the W2 level transverse wind load has the most remarkable effect on the coefficient. Load cases LC6 to LC9, in which the live load lead to unfavorable transverse bending moment, have relatively small coefficients. It is indicated that the unbalance transverse loading will reduce the transverse buckling coefficient of the structure.

The regulation that transverse wind has great effect on the coefficient is consistent with the result that transverse buckling of bridge pylon is the first-order buckling mode in most load cases. It is indicated that the longitudinal stiffness of the structure is relatively greater than the transverse stiffness, which is due to the strong longitudinal stiffness provided by the cables upon the entire bridge.

4.1.2 Nonlinear buckling analysis

It is shown in Table 2 that the nonlinear stability coefficients are evidently reduced to 2,0-2,8 because of the crucial influence of material nonlinearity. Among all the load cases, the load cases considering dead load, live load and wind load have relatively smaller nonlinear stability coefficient. Different live load distribution has certain influence on the results. The longitudinal wind is more unfavorable to the stability of the structure than the transverse wind.

The minimum stability coefficient is 2,04 in load case LC7. Its live load distribution leads to the greatest transverse moment at the bottom of lower pylon column and the wind load is the W1 level longitudinal wind. It should be noted that the highway load pattern is obtained from Chinese specification. While the railway load pattern is considered to be uneconomic to strictly adopt the pattern in specification. After sufficient research, the longest loading length of railway is taken as 550 m based on the actual situation of the traffic. The adopted live load patern is shown in Figure 6a).

Figure 6b) presents the live load distribution of LC7. The colored areas are the location of highway and railway distributed force, and the arrows show the location of concentrated force. Among them, the arrow in the last line stands for all the four concentrated force in railway load pattern in Figure 6a). The complexity of live load distribution reflects the necessity of distributing load according to the influence lines.

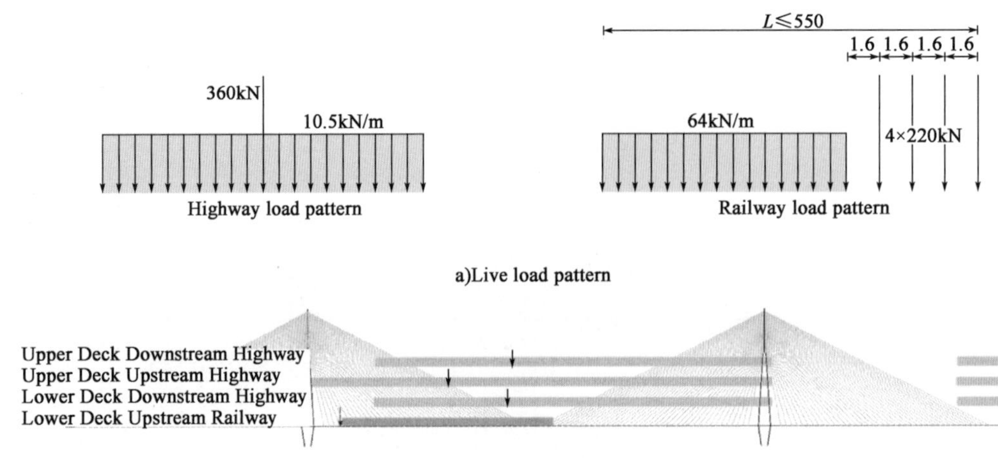

Figure 6 Live load distribution(Unit:m)

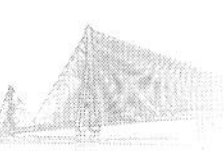

4.2 Failure mode

In the stability analysis considering material nonlinearity and geometric nonlinearity, all load cases have the same failure mode regardless of live load distribution and wind load direction. The failure mode of LC7 is shown in the Figure 7 as an example.

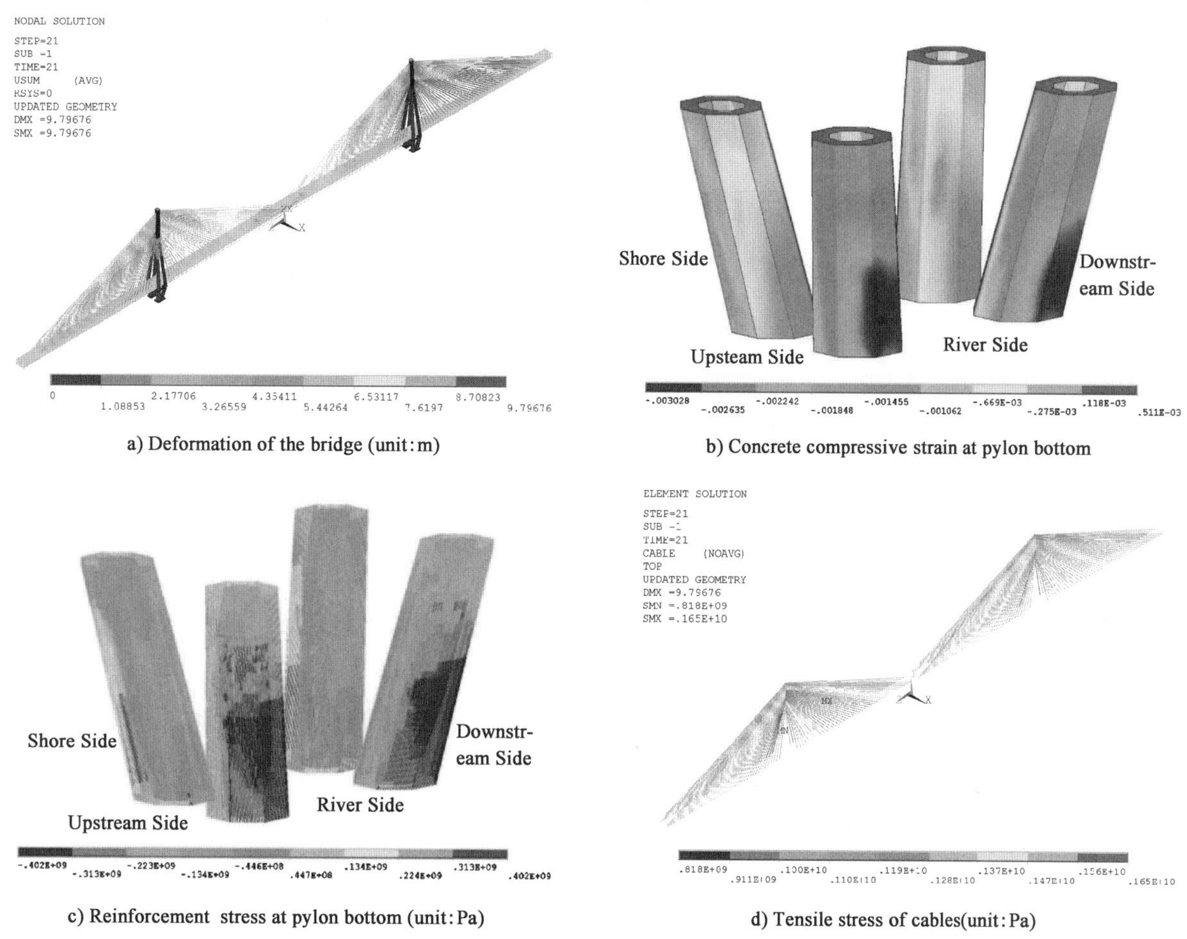

a) Deformation of the bridge (unit:m)

b) Concrete compressive strain at pylon bottom

c) Reinforcement stress at pylon bottom (unit:Pa)

d) Tensile stress of cables(unit:Pa)

Figure 7 Nonlinear reinforcement material

Different from the buckling modes of the linear elastic analysis, the failure mode of nonlinear stability analysis is controlled by the material failure at the pylon bottom. That is, the concrete crush at the river side of pylon bottom, the reinforcements at the pylon bottom are yield under compression in the river side while tensile yield occurs in the shore side. The truss steel girder and stay cables have greater safety margin and remain not yield yet when the structure reaches ultimate bearing capacity.

5 Conclusions

In thispaper, the Changtai Yangtze River Bridge is analyzed with the finite element method. Both linear buckling analysis and nonlinear stability calculation considering material nonlinear and geometric nonlinear are conducted. The main conclusions can be summarized as follows:

(1)The minimum linear elastic stability coefficient of the Changtai Yangtze River Bridge is 10.50 in LC11. After considering material nonlinearity and geometric nonlinearity, the minimum stability coefficient significantly decreases to 2.04, and the corresponding load case is LC7.

(2)Nonlinearity has remarkable effect on the stability coefficient of long span cable-stayed bridge. The stability analysis considering material nonlinearity and geometric nonlinearity can consistently reflect the ultimate bearing capacity of the bridge structure.

(3) In general, dead load plays a decisive role in both linear and nonlinear stability analysis of long-span cable-stayed bridges. Live load and wind load only have minor effect on the linear elastic buckling coefficient. However, as they increase the eccentric load of pylon, they will affect the nonlinear stability coefficient to a greater extent.

(4) In the ultimate behavior investigation of the Changtai Yangtze River Bridge, the material failure at the bottom of the pylon is the controlling factor of the nonlinearity stability, and decides the ultimate bearing capacity of structure. Relatively speaking, the main girder and stay cables of the Changtai Yangtze River Bridge have greater safety margin.

References

[1] SHU H, WANG Y. Stability analysis of box-girder cable-stayed bridges [J]. Journal of Bridge Engineering, 2001, 6(1): 63-68.

[2] OLVEIRA PEDRO J J, REIS A J. Simplified assessment of cable-stayed bridges buckling stability[J]. Engineering Structures, 2016, 114: 93-103.

[3] XI Y, KUANG J. An energy approach for geometrically non-linear analysis of cable-stayed bridges[J]. Proceedings of the Institution of Civil Engineers-Structures and Buildings, 2000, 140(3): 227-237.

[4] CHOI D H, YOO H, SHIN J I, et al. Ultimate behavior and ultimate load capacity of steel cable-stayed bridges[J]. Structural Engineering and Mechanics, 2007, 27(4): 477-499.

[5] XI Y, KUANG J S. Ultimate load capacity of cable-stayed bridges[J]. Journal of Bridge Engineering, 1999, 4(1): 14-22.

[6] XI Z, XI Y, XIONG H. Ultimate load capacity of cable-stayed bridges with different deck and pylon connections[J]. Journal of Bridge Engineering, 2014, 19(1): 15-33 .

[7] YOO H, NA H, CHOI D. Approximate method for estimation of collapse loads of steel cable-stayed bridges[J]. Journal of Constructional Steel Research, 2012, 72: 143-154.

[8] THAI H, KIM S. Second-order inelastic analysis of cable-stayed bridges[J]. Finite Elements in Analysis and Design, 2012, 53: 48-55.

[9] YU X, CHEN D, BAI Z. A stability study of the longest steel truss deck cable-stayed bridge during construction[J]. KSCE Journal of Civil Engineering, 2019, 23(4): 1717-1724.

[10] REN W. Ultimate behavior of long-span cable-stayed bridge[J]. Journal of Bridge Engineering, 1999, 4(1): 30-37.

[11] DENG X, LIU M. Nonlinear stability analysis of a composite girder cable-stayed bridge with three pylons during construction[J]. Mathematical Problems in Engineering, 2015, 2015: 1-9.

[12] SONG W, KIM S. Analysis of the overall collapse mechanism of cable-stayed bridges with different cable layouts[J]. Engineering Structures, 2007, 29(9): 2133-2142.

[13] 黄侨,单彧诗,宋晓东,等.特大跨径地锚式悬索桥静力稳定性分析[J].哈尔滨工业大学学报,2020,52(6):140-148.

[14] ZHENG X, LI W X, HUANG Q, et al. Finite element modeling of steel-concrete composite beams with different shear connection degrees[J]. International Journal of Steel Structures, 2021, 21(1): 381-391.

[15] KIM S, WON D H, KANG Y J. Ultimate behavior of steel cable-stayed bridges - I. Rational ultimate

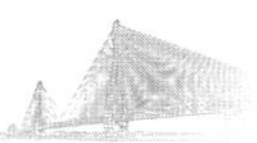

analysis method[J]. International Journal of Steel Structures,2016,16(2):601-624.

[16] OLIVEIRA PEDRO J J,REIS A J. Nonlinear analysis of composite steel-concrete cable-stayed bridges [J]. Engineering Structures,2010,32(9):2702-2716.

[17] 黄侨,宋晓东,任远,等. 常泰长江大桥主塔结构型式及设计施工方法研究[M]. 南京:东南大学出版社,2020.

[18] 中华人民共和国交通运输部. 公路桥涵施工技术规范:JTG/T 3650—2020[S]. 北京:人民交通出版社股份有限公司,2020.

[19] 中华人民共和国交通运输部. 公路桥梁抗风设计规范:JTG/T 3360-01—2018[S]. 北京:人民交通出版社股份有限公司,2018.

[20] ERNST H J. Der e-modul von seilen unter berucksichtigung des durchanges[J]. Der Bauingenieur, 1965,42(5):52-55.

[21] 中华人民共和国交通运输部. 公路桥涵设计通用规范:JTG D60—2015[S]. 北京:人民交通出版社股份有限公司,2015.

[22] 国家铁路局. 铁路桥涵设计规范:TB 10002—2017[S]. 北京:中国铁道出版社,2017.

常泰长江大桥桥塔横向偏位及其控制

张明金[1]，周远洲[1]，沈孔健[2]，苑仁安[3]，郑清刚[3]

（1.西南交通大学桥梁工程系，四川成都　610031；
2.江苏省交通工程建设局，江苏南京　210004；
3.中铁大桥勘测设计院集团有限公司，湖北武汉　430056）

摘　要　常泰长江大桥为(142 +490 +1176 +490 +142)m 公铁两用双层桥面斜拉桥，下层桥面采用上游侧布置两线城际铁路、下游侧布置四车道一级公路的非对称布置，造成大桥横桥向恒载非对称。为研究该桥桥塔在横桥向非对称恒载下的横向偏位以及控制方法，采用 midas Civil 软件建立全桥桁架有限元分析模型，分析了不对称恒载对桥塔的作用模式、桥塔横向偏位成因，研究增设体外预应力索和塔上锚点偏移 2 种桥塔横偏控制方法的可行性。结果表明：上塔柱可简化成悬臂梁受力模式，桥塔横向偏位主要受空间斜拉索的横桥向分力和竖向分力控制，横桥向分力起主要控制作用；增设体外预应力索可有效控制桥塔的横向偏位，可操作性强；通过偏移锚点能够改善桥塔的横向偏位情况，但需要综合考虑主梁和桥塔的线形和内力，且可移动的距离受限，综合考虑该桥最终采用设置体外预应力索方案。

关键词　公铁两用斜拉桥；桥塔；非对称恒载；桥塔横向偏位；成因分析；控制方法；有限元法

Lateral Deflection of the Bridge Tower of Changtai Yangtze River Bridge and Its Control

ZHANG Ming-jin[1], ZHOU Yuan-zhou[1], SHEN Kong-jian[2], YUAN Ren-an[3], ZHENG Qing-gang[3]

(1. Department of Bridge Engineering, Southwest Jiaotong University, Chengdu 610031, China;
2. Jiangsu Communications Engineering Construction Bureau, Nanjing 210004, China;
3. China Railway Major Bridge Reconnaissance & Design Institute Co., Ltd., Wuhan 430056, China)

Abstract　Changtai Yangtze River Bridge is a (142 +490 +1176 +490 +142) m double-deck cable-stayed bridge with road and railway. The lower deck is asymmetrically arranged with two intercity railways on the upstream side and a 4-lane first-class highway on the downstream side, resulting in an unsymmetrical dead load in the transverse direction of the bridge. To study the lateral deflection and control method of the bridge tower under the transverse asymmetric dead load, the MIDAS Civil software is used to establish the finite

基金项目：交通运输行业重点科技项目(2019-MS1-011)。

作者简介：张明金，研究员，研究方向：桥梁风工程，大跨径桥梁设计理论。

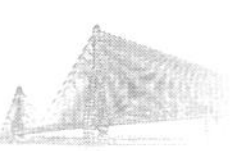

element analysis model of the full bridge truss, analyze the action mode of the asymmetric dead load on the bridge tower and the causes of the lateral deflection of the bridge tower, and study the feasibility of adding two kinds of control methods for the lateral deflection of the bridge tower, namely, external prestressing cables and tower anchor point offset. The results show that the upper tower column can be simplified as a cantilever beam, and the lateral deflection of the bridge tower is mainly controlled by the transverse and vertical components of the space cable, and the transverse component plays a major role in controlling the lateral deflection of the bridge tower; The addition of external prestressed cables can effectively control the lateral deflection of the bridge tower, with strong operability; The lateral deflection of the bridge tower can be improved by offsetting the anchor points, but the alignment and internal force of the main beam and the bridge tower need to be comprehensively considered, and the movable distance is limited. Therefore, the scheme of setting external prestressed cables is finally adopted for the bridge.

Keywords Highway railway cable-stayed bridge; bridge tower; asymmetric dead load; lateral deflection of bridge tower; cause analysis; control method; finite element method

1 概述

常泰长江大桥是高速公路、城际铁路、一级公路 3 种交通方式并用的过江通道，采用双塔钢桁梁斜拉桥、半飘浮体系，跨径布置为(142 + 490 + 1176 + 490 + 142) m = 2440m，采用上、下两层桥面的布置形式。大桥立面布置如图 1 所示。该桥采用钢-混混合空间钻石型桥塔，上塔柱采用钢箱-核芯混凝土组合结构，中、下塔柱采用钢筋混凝土箱梁结构(图 2)，混凝土强度等级为 C60。主梁采用 N 形桁式两主桁钢桁梁结构(图 3)，主桁桁高 15.5m、宽 35m。受到两岸接线场地的限制，同时为节约土地资源，桥面布置不同于常规的公铁两用斜拉桥，而在横桥向采用了非对称布置，上层桥面布置双向六车道高速公路，下层桥面上游侧布置两线城际铁路，该侧二期恒载为 134kN/m，下层桥面下游侧布置四车道一级公路，该侧二期恒载为 48kN/m。斜拉索采用 ϕ7mm 平行高强度镀锌钢丝成品索，上、下游采用相同规格、不同强度级别，上游铁路侧斜拉索标准抗拉强度为 2100MPa，下游公路侧标准抗拉强度为 2000MPa，斜拉索的最大规格为 PESC7-499，单根最大长度 633m。

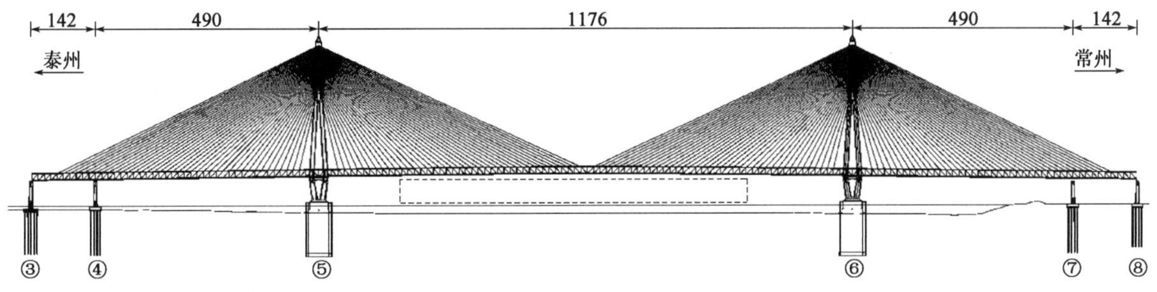

图 1 常泰长江大桥立面布置(尺寸单位：m)

由于公路线路和铁路线路的二期恒载有差异，造成了常泰长江大桥横桥向恒载非对称。目前主要通过横向分配系数和偏载增大系数来考虑非对称活载引起的偏载效应，许云等研究了变截面预应力波形钢腹板部分斜拉桥偏载系数沿跨径的分布规律；吴锋研究了四线铁路荷载作用下，不同桥型荷载横向分布的共同规律。而少有文献对大跨径桥梁横桥向非对称恒载进行研究。按照常规设计理念，在横桥向非对称恒载作用下，常泰长江大桥难以达到“梁平塔直”的理想成桥状态，故本文首先对横桥向非对称恒载作用下的大桥桥塔横向偏位成因展开分析，从而明确这种特殊的受力模式；随后，基于受力模式，开展桥塔横向偏位控制措施的相关研究，研究结论可为类似工程提供借鉴。

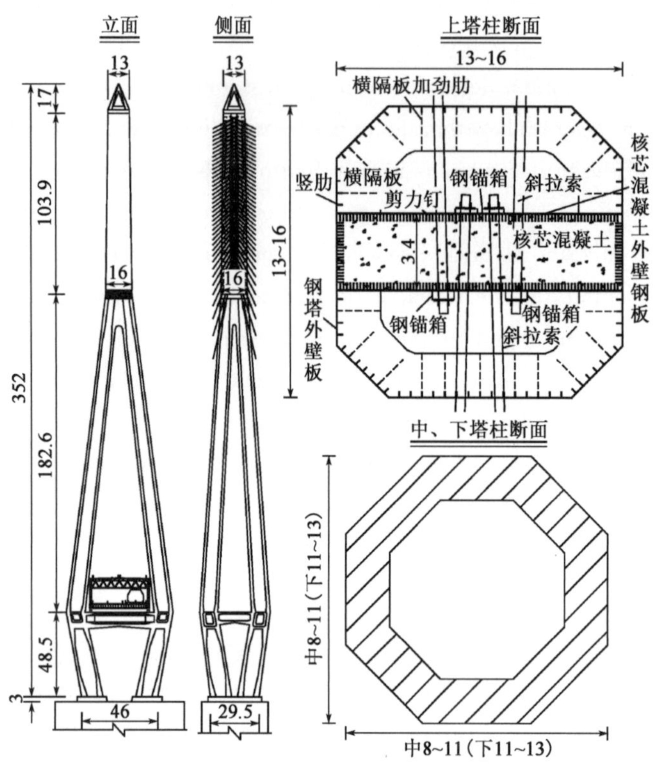

图2　桥塔结构(尺寸单位:cm)

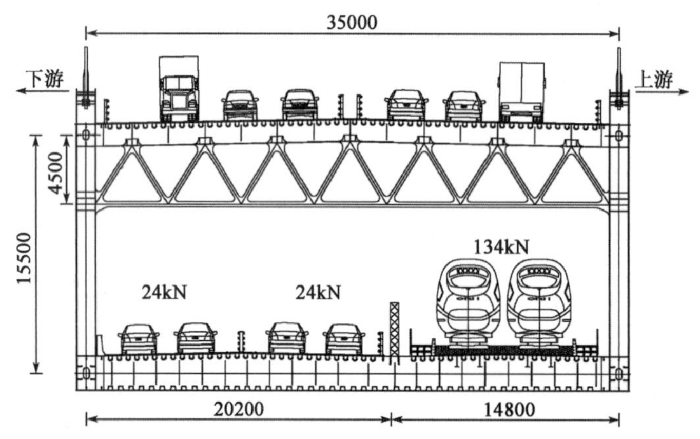

图3　主梁横断面(尺寸单位:mm)

2　有限元模型

采用有限元软件 midas Civil,根据等效刚度简化原则建立常泰长江大桥全桥桁架有限元分析模型,进行桥塔横向偏位的整体分析计算。主桁各构件均采用空间梁单元进行模拟,其材料为钢材,弹性模量取 2.06×10^5MPa,泊松比取 0.3,截面特性根据精细化板-桁模型刚度进行修正。斜拉索采用索单元进行模拟,其材料为高强度镀锌钢丝,弹性模量取 1.95×10^5MPa,泊松比取 0.3。桥塔各构件均采用空间梁单元进行模拟,对于变截面塔柱,采用关键截面的截面特性通过线性变化形成变截面组;桥塔材料为 C60 混凝土,弹性模量取 3.6×10^4MPa,泊松比取 0.2。全桥及桥塔有限元模型如图 4 所示。

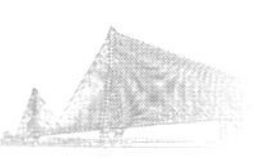

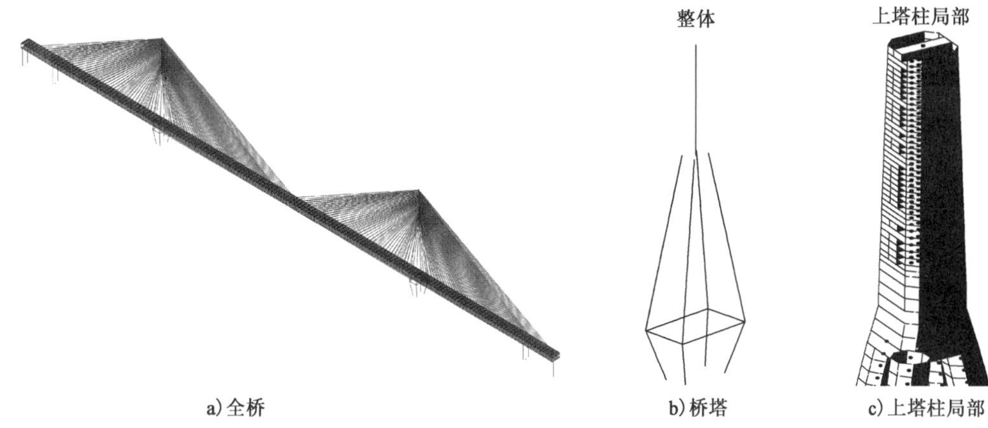

图4　全桥及桥塔有限元模型

3　桥塔横向偏位分析

3.1　不对称恒载对桥塔的作用模式

横桥向不对称的二期恒载会引起两侧索力的不对称,而不对称索力会直接作用在桥塔上。斜拉索为空间索,桥塔在同一高度分布1排4个斜拉索锚点,即锚固边跨和中跨各2根斜拉索,将这4根斜拉索视为一组,则桥塔上共有39组斜拉索。选取1排锚点,将斜拉索的空间索力在锚点处分解,如图5所示,图中长方体表示桥塔上部用于锚固斜拉索的核芯混凝土,将上塔柱底部视为固结。则斜拉索空间索力可以在锚点处分解为顺桥向分力 F_x、横桥向分力 F_y、竖向分力 F_z。根据整体计算,上游铁路侧的斜拉索索力明显大于下游公路侧斜拉索索力,上游铁路侧与下游公路侧的斜拉索索力比为1.16∶1.00。将桥塔同一高度锚点处斜拉索分解索力进行等效变换,可将桥塔上塔柱的受力模式简化为悬臂梁受力模式,如图6所示。

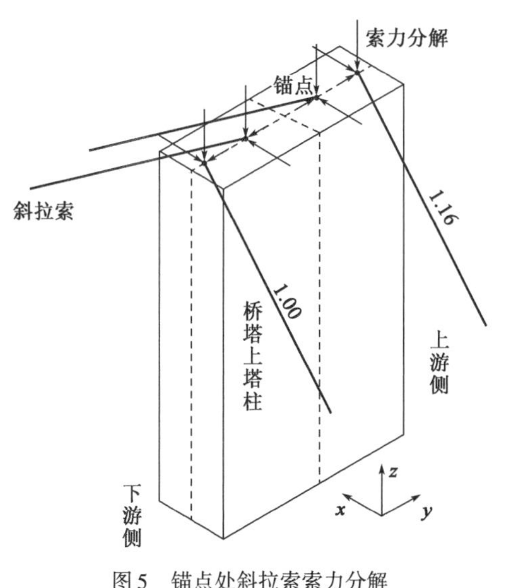

图5　锚点处斜拉索索力分解

注:x、y、z 方向分别为顺桥向、横桥向、竖向。

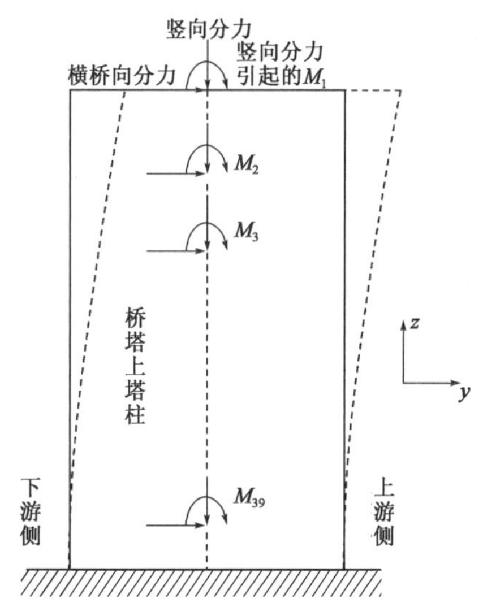

图6　悬臂梁受力模式

3.2　桥塔横向偏位成因分析

通过简化后的悬臂梁受力模式可以计算出桥塔上塔柱各个锚点高度处的横向偏位,然后使用梁的挠曲线近似微分方程,按照叠加原理计算,可以得到斜拉索不平衡分力产生的桥塔整体横向偏位。其中,竖向分力引起的桥塔横向偏位计算如下。

$$\omega_{ki}=\frac{M_i h_i^2}{2EI}+\frac{M_i h_i(h_k-h_i)}{EI} \qquad (i,k=1,2,\cdots,39) \tag{1}$$

$$\omega_{kz}=\sum_{i=1}^{39}\omega_{ki} \tag{2}$$

式中：ω_{ki}——锚点 i 处的弯矩引起的锚点 k 处的横向偏位；

ω_{kz}——锚点 k 处由竖向分力引起的总横向偏位；

M_i——锚点 i 处不平衡竖向分力的等效弯矩；

h_k、h_i——锚点 k 处和锚点 i 处距上塔柱底的高度。

EI 为计算高度处的截面刚度（由于挠曲线近似微分方程所求得的位移是在等截面的假定条件下得到的，即 EI 保持不变。考虑到上塔柱截面由混凝土芯和钢护筒组成，截面形式复杂，计算时假设上塔柱为等截面，刚度沿高度线性变化，EI 取计算高度处截面刚度的中点值）。

根据上述计算公式，将竖向分力引起的桥塔横向偏位的公式计算结果与有限元软件 midas Civil 计算结果进行比较，结果如图 7 所示。其中，在有限元模型中，仅选取上塔柱部分进行局部分析，将上塔柱底部进行固结（位置与理论计算的边界固结点一致），并在各锚点处施加竖向不平衡分力产生的弯矩。由图 7 可知，理论公式与有限元模型计算的竖向不平衡分力引起的桥塔整体横向偏位保持一致，表明采用的受力分析模型有较好的分析精度。

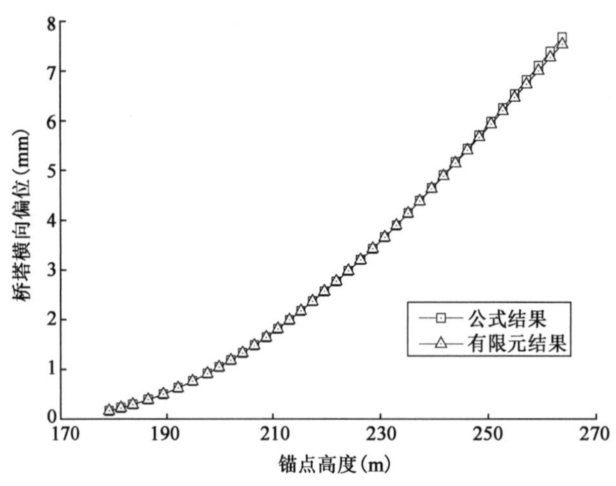

图 7　竖向分力引起的桥塔横向偏位

进一步探究其他分力对桥塔横向偏位的影响，分别在有限元全桥桁架模型的桥塔施加斜拉索的顺桥向、横桥向和竖向的分力（其中竖向分力与上述理论公式的示例中一致），各分力引起的桥塔横向偏位计算结果如图 8 所示。由图 8 可知，顺桥向分力引起的桥塔横向偏位很小，几乎为零，这是由于同一位置处边跨和中跨斜拉索的索力顺桥向分力和横桥向垂直，不会引起桥塔的横向偏位；竖向分力引起的桥塔横向偏位较横桥向分力引起的桥塔横向偏位小，在最高锚点处由竖向分力和横桥向分力引起的桥塔横向偏位分别为 16.54mm、40.93mm。因此，桥塔横向偏位主要受到斜拉索空间索力的横桥向分力和竖向分力的控制，并且横桥向分力起主要控制作用。

3.3　桥塔横向偏位

不考虑收缩徐变，在非对称恒载作用下桥塔横桥偏位如图 9 所示。由图 9 可知，上塔柱整体向上游铁路侧偏位，最大横向偏位为 52.65mm，上塔柱与下塔柱相连处的节点横向偏位为 7.65mm。由此可知，在不考虑收缩徐变的情况下，桥塔上塔柱已存在较大的横向偏位。因此，为了进一步达到“塔直”的理想线形状态，需要对桥塔的横向偏位进行控制。

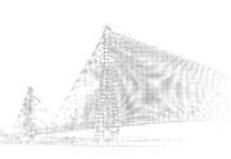

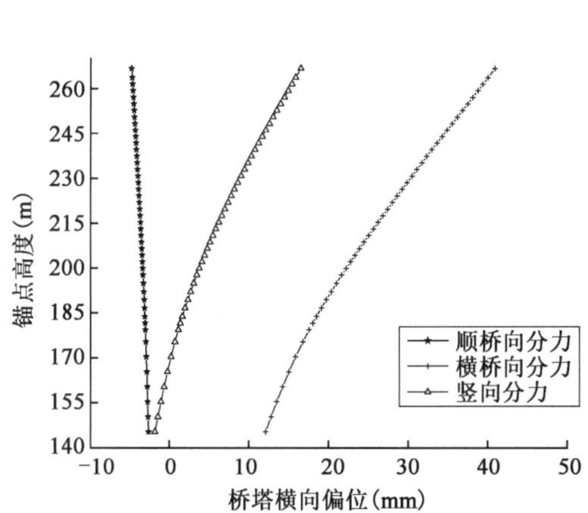

图8 各分力引起的桥塔横向偏位

注:桥塔横向偏位的正值和负值分别表示向桥塔上游侧和向下游侧偏位。

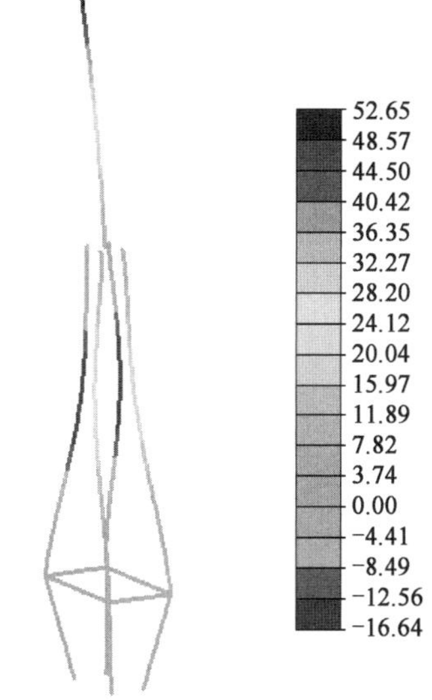

图9 非对称恒载作用下桥塔横向偏位(单位:mm)

注:桥塔横向偏位的正值和负值分别表示桥塔向上游侧和向下游侧偏位。

4 桥塔横向偏位控制

考虑桥塔的横向偏位主要是由斜拉索在桥塔上产生的不平衡竖向分力和不平衡横桥向分力引起的,且桥塔的横向偏位较大,因此,为了对这种受力模型下桥塔的横向偏位进行控制,本文提出增设体外预应力索和塔上锚点偏移2种方案,并对2种方案进行了探究。

4.1 增设体外预应力索方案

考虑在桥塔的上塔柱安装体外预应力索以改善桥塔的横向偏位,共3种体外预应力索布置方案,如图10所示,体外索单元两端用刚性连接与上塔柱单元相连。体外预应力索布置方案1[图10a)]具体的布置方式为:在上塔柱共布置4道预应力索,规格选用LPES-7-337(其中,LPES为斜拉索代号;7为钢丝强度等级;337代表钢丝直径,mm),截面面积0.012969m^2;每道设置2根,预应力索张拉力为16500kN。体外预应力索布置方案2[图10b)]具体的布置方式为:在上塔柱均匀布置4道预应力索,体外索规格与方案1相同,每道设置8根,其中上面2道预应力索张拉力为3000kN,下面2道预应力索张拉力为18000kN。体外预应力索布置方案3[图10c)]具体的布置方式为:在上塔柱布置2道预应力索,体外索规格与方案1相同,每道设置2根,预应力索张拉力为16500kN。

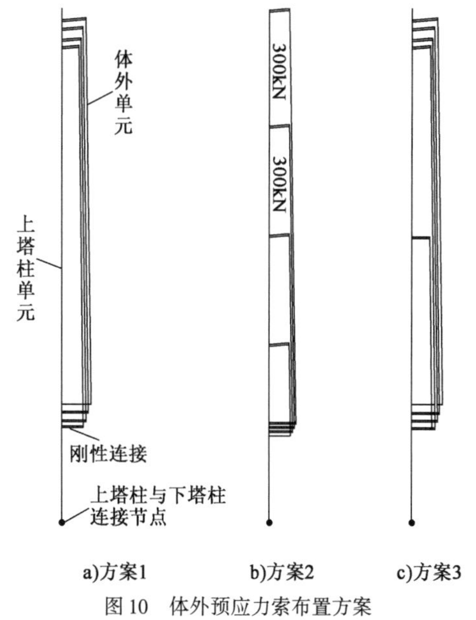

图10 体外预应力索布置方案

分别考虑无收缩徐变、收缩徐变3年及收缩徐变10年,对上述3种体外预应力索布置方案的桥塔横向偏位进行分析,并与不考虑体外预应力索结果进行对比,结果如图11所示。

由图11可知:①在无体外预应力索的情况下,收缩徐变10年后上塔柱顶部横向偏位为83.45mm;体外预应力索布置方案1~3考虑10年收缩徐变的最大横向偏位分别为33.26mm、30.53mm、25.18mm。因此,设置体外预应力索有效改善了上塔柱的横向偏位,通过调整张拉力,可灵活调整上塔柱塔顶的位移。②无论安装体外预应力索与否,上塔柱底部的横向偏位值在相同收缩徐变时间下趋于一致,可见设置体外预应力索不会对上塔柱底部的横向偏位造成影响。③设置体外预应力索后上塔柱横向偏位呈弓形,在上塔柱中部或下部存在一个横向偏位最大值。设置体外预应力索不能在整个上塔柱上完全抵消斜拉索的不平衡荷载,但是可以有效减小其横偏值。此外,从图中可以看出,考虑10年收缩徐变桥塔横向偏位增大30cm,采用体外预应力索措施后,10年收缩徐变桥塔横向偏位增大量减小到10cm左右,说明该措施可作为工程上的应对措施。

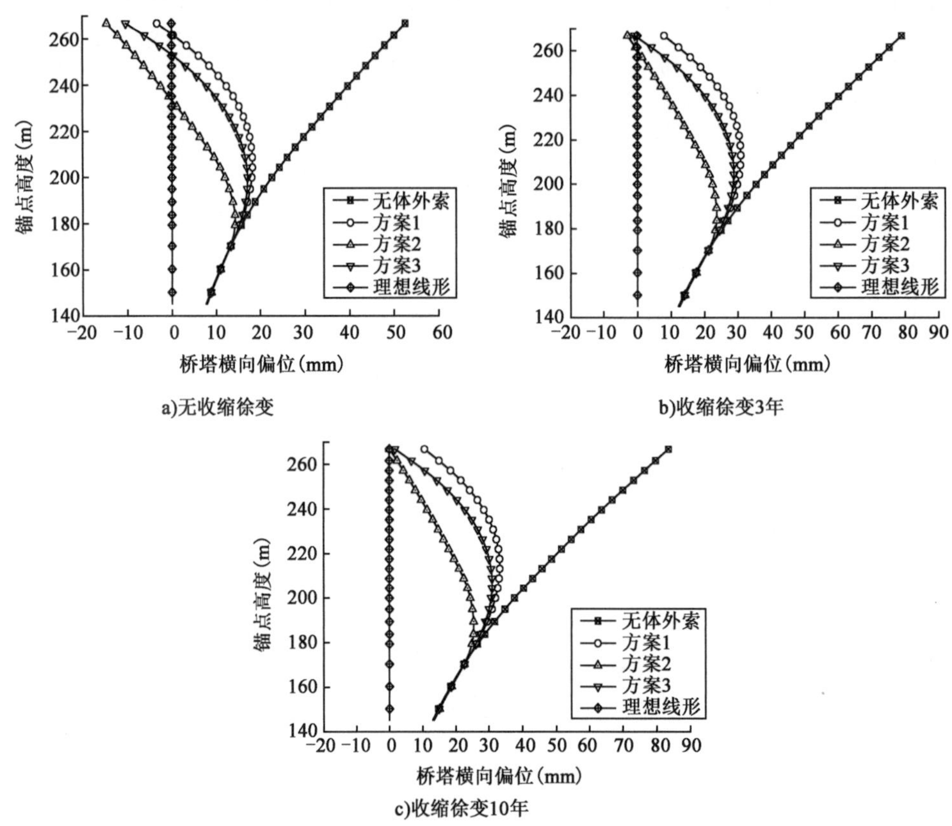

图11　桥塔横向偏位对比(增设体外预应力索方案)

4.2　塔上锚点偏移方案

由3.1节不对称恒载对桥塔的作用模式可知,桥塔锚点处竖向分力可以简化为悬臂梁的竖向分力等效弯矩的受力模式。若改变锚点离桥塔中线的横桥向距离,即可改变竖向分力等效弯矩的大小,从而减小或消除竖向分力引起的桥塔横向偏位。将下游公路侧的锚点整体向远端平移,桥塔锚点偏移示意图如图12所示,图中d为塔上公路侧锚点的移动距离。考虑10mm年收缩徐变,移动距离d分别为100mm、300mm、500mm、700mm、900mm时,桥塔横向偏位结果如图13所示。

由图13可知:桥塔上塔柱横向偏位与锚点偏移距离大致呈线性变化,且随着下游公路侧锚点偏移距离的增大,桥塔上塔柱横向偏位情况得到了明显改善,当塔上锚点偏移距离为900mm时,上塔柱横向偏位基本消除。但是移动塔上锚点将会对斜拉索在主梁上的分力产生影响,当移动距离为900mm时,主梁桁架的线形和内力已发生明显的变化,且移动距离越大对主梁的影响越大。因此,塔上偏移锚点的方法能够改善桥塔的横向偏位情况,但不可避免地会对主梁的线形和内力产生影响,采用该方案时需要综合考虑主梁和桥塔的线形和内力,以及塔上可移动的距离。

综合对比增设体外预应力索方案和塔上锚点偏移方案,发现设置体外预应力拉索方案可操作性强,虽然设置体外预应力拉索方案不能完全抵消整个上塔柱上斜拉索的不平衡荷载,但已经能够大大减小桥塔横偏,可将桥塔的横向偏位值控制在工程可接受范围内。因此,最终选取增设体外预应力索方案为常泰长江大桥的推荐方案。

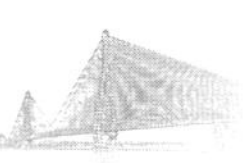

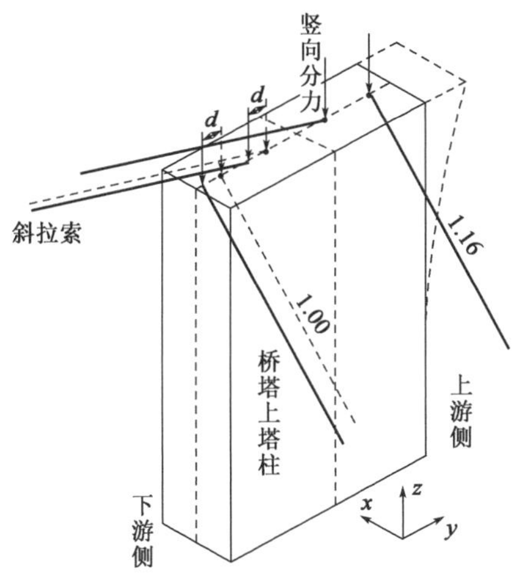

图 12 锚点偏移示意图(尺寸单位:mm)

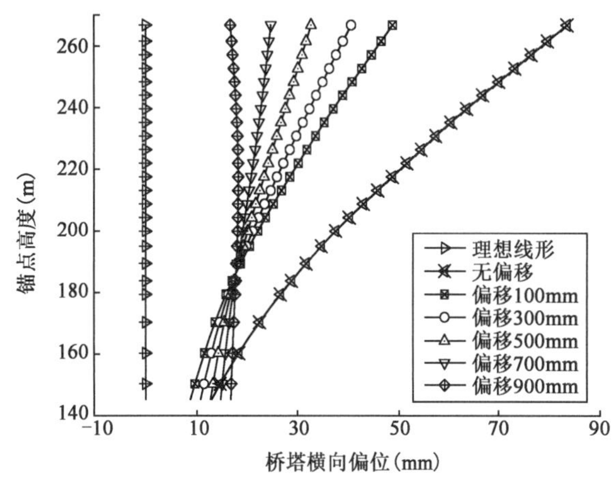

图 13 桥塔横向偏位对比(塔上锚点偏移方案)

5 结语

本文以常泰长江大桥为背景,建立了全桥桁架有限元分析模型,分析了桥塔在横桥向非对称恒载下桥塔的横向偏位,着重对增设体外预应力索和塔上锚点偏移 2 种控制方法的可行性进行了探究。得到结论如下:

(1)桥塔横向偏位主要受斜拉索空间索力的横桥向分力和竖向分力联合控制,且横桥向分力起主要的控制作用。

(2)通过增设体外预应力索可有效控制桥塔的横桥向偏位,设置体外预应力索不会对上塔柱底部造成明显影响;通过偏移锚点的方法能够改善桥塔的横向偏位情况,但需要综合考虑主梁和桥塔的线形和内力,且可移动的距离受限。综合考虑 2 种控制方案,设置体外预应力拉索方案的可操作性强,为常泰长江大桥的推荐方案。

参考文献

[1] 秦顺全,徐伟,陆勤丰,等.常泰长江大桥主航道桥总体设计与方案构思[J].桥梁建设,2020,50(3):1-10.

[2] 秦顺全,苑仁安,郑清刚,等.超大跨度公铁两用斜拉桥结构体系研究[J].桥梁建设,2020,50(4):1-8.

[3] 沈锐利,杨忠明,郭日强,等.超大跨径斜拉桥纵向极限风荷载作用下约束体系研究[J].世界桥梁,2022,50(1):59-65.

[4] 胡勇,赵维阳.常泰长江大桥桥跨布置方案研究[J].桥梁建设,2021,51(1):1-7.

[5] 王照伟,陈占力,刘得运,等.大跨度三塔斜拉桥纵向约束体系设计研究[J].世界桥梁,2021,49(4):42-48.

[6] 曹洪武,王应良,秦煜.渝湘高铁太子坪乌江大桥设计关键技术[J].世界桥梁,2022,50(6):1-6.

[7] 秦顺全,张金涛,陆勤丰,等.常泰长江大桥主航道桥桥塔方案研究[J].桥梁建设,2021,51(4):1-9.

[8] 李冲,杨雷,刘得运,等.地震作用下多塔斜拉桥横向约束体系研究[J].世界桥梁,2022,50(5):61-66.

[9] 谢明志,杨永清,卜一之,等.千米级混合梁斜拉桥双目标控制施工监控体系[J].西南交通大学学

报,2018,53(2):244-252,321.

[10] 张文锋,史建朋,涂莹莹,等.钢箱梁斜拉桥斜拉索应力幅的偏载系数研究[J].重庆建筑,2019,18(7):59-61.

[11] 许云,谷典.大跨度斜拉桥结构偏载效应研究[J].低温建筑技术,2017,39(8):62-64.

[12] 吴锋.四线铁路荷载作用下三座典型大跨度桥梁偏载性能研究[D].长沙:中南大学,2008.

[13] 尹子安.钢桁梁斜拉桥施工控制[D].成都:西南交通大学,2017.

[14] 苑仁安,秦顺全,喻济昇.基于平面梁单元的几何非线性线形控制方程建立与应用[J].桥梁建设,2022,52(4):46-52.

[15] 张家元,吴学伟,张铭.基于主梁受力特点的部分斜拉桥合理成桥状态确定方法研究[J].世界桥梁,2021,49(4):35-41.

[16] 秦竟熙,张明金,李永乐.大跨度公铁两用斜拉桥板桁主梁受力特性研究[J].桥梁建设,2014,44(6):46-51.

[17] 苑仁安,傅战工,郑清刚,等.超高桥塔结构偏心距增大系数计算方法[J].桥梁建设,2021,51(5):37-43.

[18] 涂勇,陈水生,赵辉.斜拉索车致荷载效应极值计算方法研究[J].世界桥梁,2022,50(6):73-79.

[19] ZHANG J,NI M,HU H M, et al. Uncoupled multivariate power models for estimating performance-based seismic damage states of column curvature ductility[J]. Structures,2022(36):752-764.

[20] 梅大鹏,周鑫,王高新.考虑非线性时变相关特性的支座纵向位移精细模拟方法[J].桥梁建设,2021,51(5):74-80.

超高桥塔结构偏心距增大系数计算方法

苑仁安,傅战工,许磊平,马润平

(中铁大桥勘测设计院集团有限公司,湖北武汉　430056)

摘　要　针对采用既有规范经验公式法计算超高桥塔的偏心距增大系数过于保守的问题,对超高桥塔偏心距增大系数的合理计算方法进行研究,基于稳定屈曲理论,推导基于铰接杆、悬臂杆偏心距增大系数的解析表达式;结合桥塔力学行为和偏心距影响系数 α,提出更适用于超高桥塔结构的公式算法。依据桥塔的弹性屈曲模态和施工控制精度,构建了桥塔各节点初始缺陷坐标函数,提出了考虑初始缺陷的偏心距增大系数有限元计算方法。以常泰长江大桥为例,对比了有限元算法、所提出的公式算法和规范算法下的偏心距增大系数,结果表明:几何非线性效应是偏心距增大系数的主要因素;规范算法数值偏大,过于保守;所提出的公式算法与有限元算法吻合度较高,可用于超高桥塔的设计。

关键词　桥梁工程;常泰长江大桥;偏心距增大系数;超高桥塔结构;稳定屈曲;初始缺陷;施工精度;有限元法

Methods to Compute Eccenticity Modifying Factor of High-Rise Bridge Tower

YUAN Ren-an, FU Zhan-gong, XU Lei-ping, MA Run-ping

(China Railway Major Bridge Reconnaissance & Design Institute Co., Ltd., Wuhan 430050, China)

Abstract　Aiming at the problem that the modifying factor of eccentricity of ultra -high bridge towers analyzed by the existing method which is too conservative. The reasonable analysis method for the modifying factor of eccentricity of the ultra-high bridge tower was studied. Based on the stable buckling theory, the analytical expressions for the modifying factor of eccentricity of the articulated rod and cantilever rod were derived; Combined with the mechanical behavior of the bridge tower and the eccentricity influence coefficient, a formula algorithm that is more suitable for ultra-high bridge tower structure was proposed. According to the elastic buckling mode of the bridge tower and the construction control accuracy, the initial defect coordinate function of each node of the bridge tower was constructed, and the finite element analysis method of the modifying factor of eccentricity considering the initial defect was proposed. Taking the Changtai Yangtze River Bridge as an example, the modifying factor of eccentricity under the finite element method, the proposed

---

作者简介:苑仁安,男,高级工程师,研究方向:大跨径桥梁施工控制理论。

formula method and the standard method were compared. the results show that the geometric nonlinear effect is the main factor of the modifying factor of eccentricity; the value under the standard method is conservative; It has a high degree of agreement with the finite element method and the proposed method. The proposed method can be used for the design of untral-high bridge towers.

Keywords Bridge Engineering; Changtai Yangtze River Bridge; the modifying factor of eccentricity; ultra-high bridge tower; stable buckling; initial defect; construction control accuracy; element analysis method

1 引言

随着国民经济的高速发展，通航航道要求提高，超大跨径桥梁发展迅速。超大跨径桥梁由于跨径大，其对应的桥塔通常为超高桥塔结构，如常泰长江大桥主航道桥桥塔高度352m。在进行超高桥塔设计时，桥塔内力是指导桥塔设计的关键，工程师通常采用有限元软件建模计算得到桥塔截面初始内力，根据规范公式确定桥塔的偏心距增大系数，桥塔的设计内力为初始内力与偏心距增大系数的乘积；再结合桥塔材料的强度和设计内力确定出合理的桥塔截面。桥塔为压弯构件，高度越大、刚度越柔，二阶效应和初始缺陷对偏心距增大系数影响越大。二阶效应即考虑结构的几何非线性效应，计算方法已较为成熟，但桥塔节段偏位受初始缺陷影响，由于施工的离散性和测量精度原因，很难精确地确定桥塔各节段偏位值，因此较难确定考虑初始缺陷的偏心距增大系数。

目前，工程人员常采用规范算法确定偏心距增大系数 η，规范算法计算步骤为：指定桥塔有效计算长度，参考既有短柱压杆试验建立的经验公式指定初始缺陷的数值，并考虑一定的安全系数，代入偏心距增大系数表达式中。上述算法存在2个问题：①由于桥塔结构为高耸结构，且为变截面设计，无法得到真实的有效计算长度；②由短柱压杆试验得到的初始缺陷，适用于桥墩等短柱结构中，并不适用于高耸桥塔结构。

超大跨径桥梁中桥塔的合理设计是整座桥梁设计的重要环节，而规范算法所得到的偏心距增大系数过于保守，造成桥塔截面尺度过大，带来结构施工困难、经济性差的难题。因此，研究合理的偏心距增大系数算法十分必要。基于此，本文首先分析规范中偏心距增大系数的算法，依据稳定屈曲理论，推导铰接杆和悬臂杆承受轴力、端弯矩的偏心距增大系数表达式，对表达式进行力学论述。其次，基于桥塔结构的力学行为，提出一种桥塔结构偏心距增大系数修正表达式（本文公式算法）。接着介绍了考虑初始缺陷偏心距增大系数的有限元计算方法，并结合屈曲模态和实际施工精度模拟结构初始缺陷对几何构形的影响，计入结构几何非线性效应获取桥塔精确的偏心距增大系数。最后，以常泰长江大桥桥塔为工程算例，对比了有限元算法、本文公式算法和规范算法下的偏心距增大系数，验证了本文公式算法的可靠性。

2 偏心距增大系数规范算法

《公路钢筋混凝土及预应力混凝土桥涵设计规范》（JTG 3362—2018）（简称《公规》）和《铁路桥涵混凝土结构设计规范》（TB 10092—2017）（简称《铁规》）均对偏心距增大系数的计算作了规定。《公规》采用极限状态设计方法确定偏心距增大系数，《铁规》采用容许应力设计方法确定偏心距增大系数。由于桥梁结构在使用期间为弹性体受力，《铁规》方法较为合适，因此采用《铁规》对偏心距增大系数计算方法进行研究。《铁规》中6.2.5条规定，偏心受压构件的偏心距增大系数表达式为：

$$\eta = \frac{1}{1 - \dfrac{KN}{\alpha N_{cr}}}$$

$$N_{cr} = \frac{\pi^2 E_c I_c}{l_0^2}$$

$$\alpha = \frac{0.1}{0.2 + \frac{e_0}{h}} + 0.16 \tag{1}$$

式中：N——构件加载轴向荷载；

N_{cr}——构件欧拉屈曲临界轴向荷载；

K——构件检算安全系数；

α——偏心距影响系数，即考虑偏心距对 η 值的影响系数；

E_c——材料的弹性模量；

I_c——构件截面的惯性矩；

l_0——构件的有效计算长度；

e_0——轴向荷载作用点至截面重心的距离；

h——弯曲平面内的截面高度。

《铁规》条文说明中给出了式(1)的推导过程：将铰接杆承受轴力和端弯矩作为力学模型(表1中c类)，构件为弹性体，当外荷载 N 达到临界屈曲荷载 N_{cr} 时，构件横向位移最大，便可确定出偏心距增大系数 η 未简化的表达式。按照规范推导思路，分别推导了铰接杆承受轴力和横向力作用(表1中a类)、悬臂杆承受轴力和横向力作用(表1中b类)、悬臂杆承受轴力及端弯矩作用(表1中d类)3种力学模型的偏心距增大系数 η 未简化的表达式。

不同力学模型的偏心距增大系数 表1

项目	a类	b类	c类	d类
计算图示	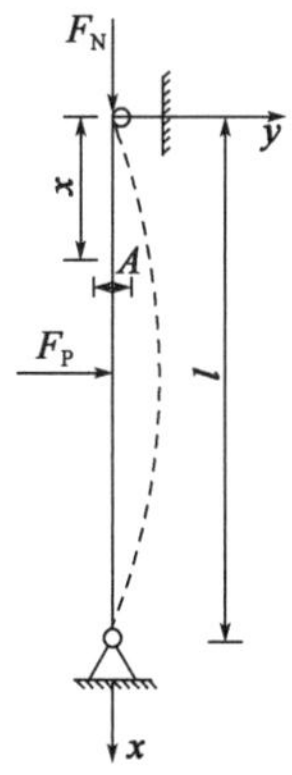 表1①图	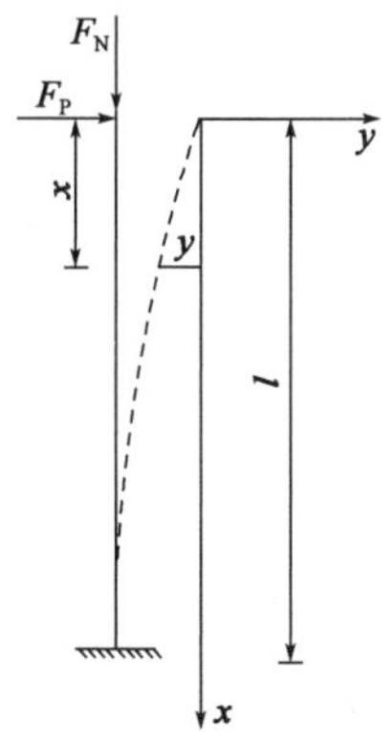 表1②图	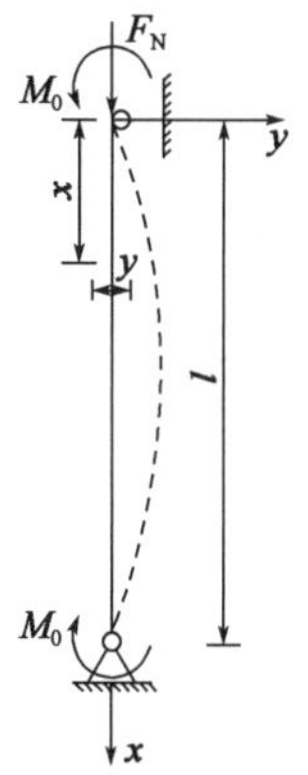 表1③图	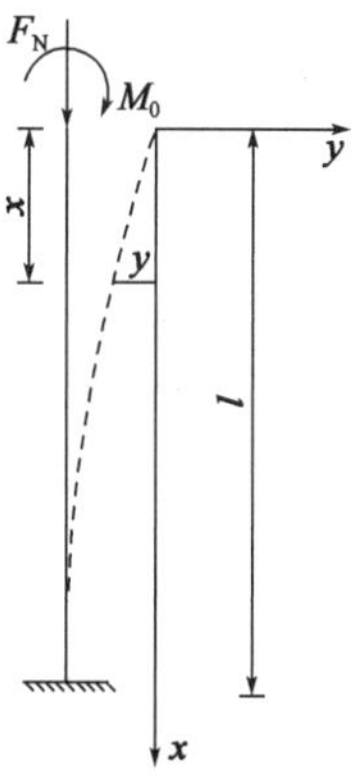 表1④图
《铁规》有无力学模型	无	无	有	无
η 表达式	$\eta = \frac{\tan u}{u}, u = \frac{\pi}{2\sqrt{w}}$		$\eta = \frac{1}{\cos u}, u = \frac{\pi}{2\sqrt{w}}$	

注：F_N 为轴向荷载；F_P 为横向荷载；M_0 为端部弯矩；l 为计算长度。

由表1可知：偏心距增大系数 η 与稳定系数 w、外荷载的形式有关，与外荷载(非轴力)的大小无关。通过对 η 的推导可以认为，规范对 η 有几处简化与假定。①简化方面：对余弦函数 $\cos x$ 泰勒展开，取一阶结果。当稳定系数 w 取3~21时，简化与不简化的偏心距增大系数对比如图1a)所示，差值由12.3%降低到1.2%，实际桥塔稳定系数一般在10左右，偏心距增大系数差值为3%。②假定方面：规范中力学模型承受的是端弯矩荷载形式(表1中c类)，实际斜拉桥桥塔主要承受横向力荷载形式(表1中b类)。当稳定系数 w 取3~21时，基于端弯矩与横向力荷载的偏心距增大系数对比如图1b)所示，差值

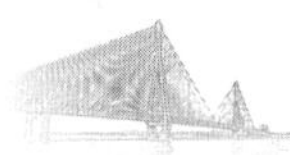

由21.3%降低到2.1%，当稳定系数取值10，偏心距增大系数差值为4.6%。③安全系数方面：《铁规》中增加了安全系数K，此值相当于降低稳定系数w，稳定系数与偏心距增大系数并非线性关系，可见K值对η影响较大。由于实际桥梁结构在荷载作用下为弹性体，且《铁规》中安全系数已经反映在容许应力中。因此，在计算η时增加安全系数K显得较为保守。④初始缺陷方面：偏心距影响系数α综合考虑了混凝土结构非均质材料性能和初始缺陷，依据短柱压杆试验统计拟合得出。对于初始缺陷，实际桥塔呈现出的特点是变截面、桥塔高度高，与短柱试验所得差别较大。

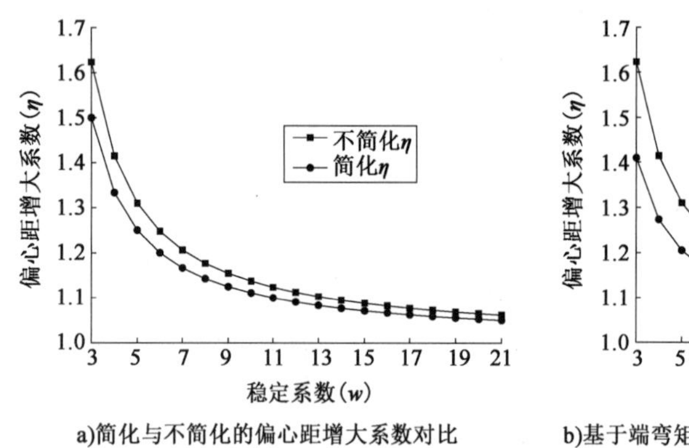

a)简化与不简化的偏心距增大系数对比　　b)基于端弯矩与横向力荷载的偏心距增大系数对比

图1　偏心距增大系数对比

超高桥塔由于塔高，通常为变截面结构，且由于斜拉索纵向约束作用，不能准确地计算出桥塔结构的有效长度l_0，若采用《铁规》给出的计算表达式确定偏心距增大系数，计算偏差影响很大，将制约桥塔精细化设计。而稳定系数w通过有限元整体模型直接计算，准确度较好，无须按照规范采用有效长度l_0替换稳定系数w。同时，桥塔结构主要承受横向力而非端弯矩，偏心距增大系数应采用表1中a类或b类的偏心距增大系数η表达式。桥塔结构采用混凝土非匀质材料时，考虑结构的初始缺陷，偏心距增大系数η应考虑α的影响值。因此，建议在计算桥塔结构偏心距增大系数时，可采用横向力力学模型η表达式形式，即(以下称“本文公式算法”)：

$$\begin{cases} \eta = \dfrac{\tan u}{u} \\ u = \dfrac{\pi}{2\sqrt{\alpha w}} \end{cases} \tag{2}$$

偏心距影响系数α包含了非均质材料性能和结构的初始缺陷，混凝土的非均质材料性能需要通过试验确定，而结构的初始缺陷对偏心距增大系数的影响可结合有限元进行分析。

3　考虑初始缺陷偏心距增大系数计算方法

本节算法称为有限元算法。超高桥塔结构复杂，主要体现在以下三方面：①塔肢截面通常采用变截面设计；②桥塔上塔柱布设斜拉索，斜拉索为桥塔提供纵向约束；③桥塔横梁结构为塔肢提供横向支承约束。因此，桥塔上塔肢、中塔肢和下塔肢并不能采用同一个偏心距增大系数进行描述。另外，桥塔结构大多采用分阶段成形的建造方法，每个施工阶段均有施工误差，施工误差会影响到桥塔的成形线形，即桥塔成形后，结构线形偏离了理论线形，其偏离值称为桥塔的初始缺陷。若采用规范初始缺陷的建议值，并不能真实反映出结构实际的初始缺陷对偏心距增大系数的影响值。这主要是因为随着施工设备发展及施工控制技术的提高，桥塔的施工精度可达到$H/8000$以上(H为桥塔的高度)，再用传统试验精度进行偏心增大系数计算将过于保守。

3.1　初始缺陷模拟

影响桥塔初始缺陷分析的难点在于这一初始缺陷模式的合理选取。初始缺陷一般按照施工误差选取，然而，桥塔节段的施工误差是随机函数，要确定精准的施工误差存在一定的困难。结合弹性屈曲理论可知，屈曲模态是结构易失稳的一种形态，可以推断当初始缺陷越趋向屈曲模态时，对结构内力的影响越大。因此，只要将桥塔节段施工误差引起的线形调整到对应的屈曲模态线形，线形的数值取为施工误差，桥塔结构的偏心距增大系数即为最不利值。

综上，初始缺陷确定思路为：对桥塔进行屈曲模态分析，得到桥塔控制截面的屈曲模态线形；根据施工精度确定施工误差修正屈曲模态线形，得到初始缺陷函数；以初始缺陷修正桥塔模型节点坐标，并执行几何非线性分析，得到的桥塔控制截面内力与线性分析的内力比值即为桥塔偏心距增大系数。

3.2 偏心距增大系数计算方法

在桥塔截面的强度设计中，各控制截面设计内力为恒载、活载及附加力等运营工况最不利组合值。由于多数软件在计算活载效应时采用影响线加载理论，无法考虑几何非线性的影响，因此需要追踪桥塔各控制截面设计内力的活载加载工况，作为静力荷载工况进行几何非线性分析。偏心距增大系数计算具体步骤为：

(1)建立桥梁结构有限元模型，在主要控制点及施工节段分段处建立节点，记录节点初始坐标$[d]_0^{\mathrm{T}}=[x \quad y \quad z]^{\mathrm{T}}$；执行几何线性分析，获得各控制截面在运营工况下的设计内力，对应弯矩记为M_0。

(2)获取桥塔各控制截面运营工况下最不利轴力，追踪出对应的活载加载工况，叠加恒载及附加荷载，对桥塔进行屈曲分析[12]。获得桥塔屈曲模态$[Q]^{\mathrm{T}}$，确定屈曲时桥塔各节点之间的相对比例关系。

(3)根据桥塔施工工艺精度R和控制点i的高度H_i，利用表达式$Q'_{i\max}=H_i/R$，求出桥塔各控制点的初始缺陷最大值$Q'_{i\max}$；并结合屈曲模态$[Q]^{\mathrm{T}}$，利用插值算法确定各个节点的最不利初始缺陷数值$[Q']^{\mathrm{T}}$。

(4)将各个节点的初始缺陷数值叠加到桥塔节点初始坐标$[d]_0^{\mathrm{T}}$，便可以获得桥塔考虑施工精度的最不利初始缺陷节点坐标$[d]_1^{\mathrm{T}}$，$[d]_1^{\mathrm{T}}=[d]_0^{\mathrm{T}}+[Q']^{\mathrm{T}}$。

(5)更新桥塔节点坐标，执行几何非线性效应分析，得到各控制截面在相同运营工况下的弯矩，记为M，该值考虑了结构初始缺陷。不更新桥塔节点坐标，执行几何非线性效应分析，得到各控制截面在相同运营工况下的弯矩，记为M'。

不考虑结构初始缺陷，偏心距增大系数η按下式计算：

$$\eta=\frac{M'}{M_0} \tag{3}$$

考虑结构初始缺陷，偏心距增大系数η按下式计算：

$$\eta=\frac{M}{M_0} \tag{4}$$

4 工程算例

常泰长江大桥桥塔采用钢-混混合结构空间钻石型结构，桥塔结构如图2所示。桥塔高352m，分为上塔柱、中塔柱、下塔柱3个区段。上塔柱采用钢-混组合结构，中、下塔柱采用钢筋混凝土结构，下塔柱与中塔柱交界处设置纵梁和横梁。

根据运营工况确定的桥塔最不利轴力，在整体有限元模型中进行屈曲分析，桥塔的前4阶屈曲模态如图3所示。第1阶屈曲模态为上塔柱纵向失稳屈曲，稳定系数为8.6；第2阶屈曲模态为中、上塔柱横向失稳屈曲，稳定系数为10.1；第3阶屈曲模态为中、下塔柱纵向失稳屈曲，稳定系数为14.1；第4阶屈曲模态为下塔柱横向失稳屈曲，稳定系数为25.9。

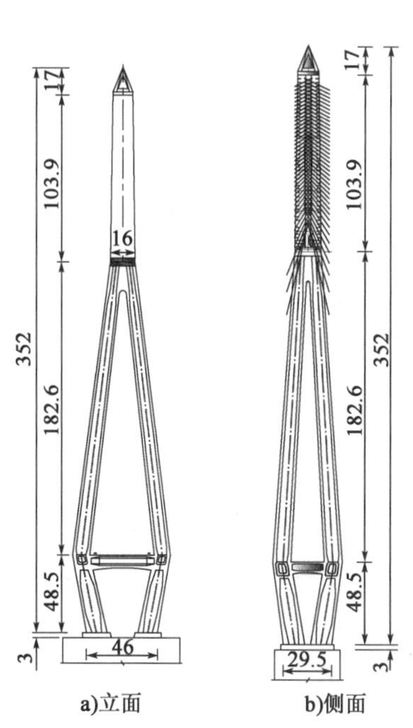

图2 桥塔结构(尺寸单位:m)

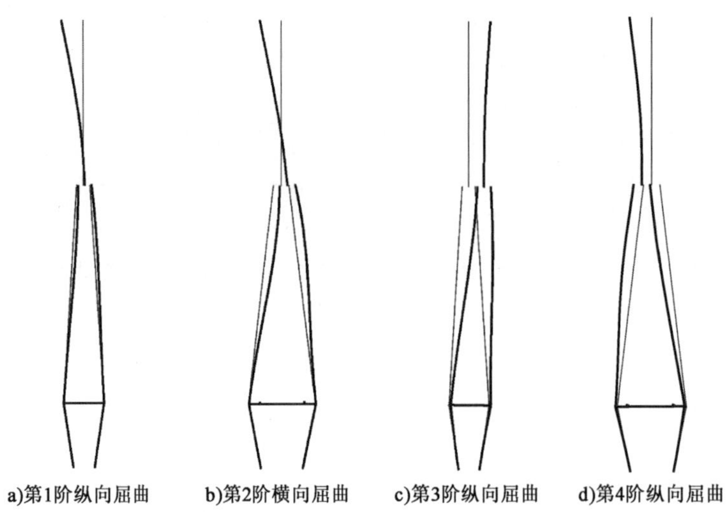

图3　桥塔屈曲模态

以该桥桥塔为背景，分别采用有限元算法、本文公式算法和规范算法计算桥塔各控制截面偏心距增大系数。其中，有限元算法的桥塔初始缺陷采用以下方式考虑：桥塔分阶段施工时的施工精度 R 按1/8000 计算，根据各控制截面的屈曲模态确定出各节点的初始缺陷，塔顶偏差为4.4cm，更新桥塔节点坐标。规范算法、本文公式算法中考虑初始缺陷的影响系数 α 取值为0.75。比较有限元算法、本文公式算法和规范算法计算的偏心距增大系数，结果见表2。由表2可知：①当不考虑结构初始缺陷时，本文公式算法和有限元算法得到的偏心放大系数基本一致。②当施工控制精度 R 取为1/8000时，由有限元算法结果可以看出，结构初始缺陷对偏心距增大系数的影响可以忽略不计，结构的几何非线性效应是偏心距增大系数的主要因素。③考虑结构初始缺陷时，由于本文公式算法中考虑初始缺陷的影响系数 α 包含了材料的不均匀性，本文公式算法较有限元算法所得偏心距增大系数偏大。④规范算法比本文公式算法、有限元算法所得偏心距增大系数随着稳定系数 ω 的减小而增大，对于上塔柱底，偏心距增大系数增大了26%，用于指导桥塔设计将过于保守。

桥塔各控制截面偏心距增大系数　　表2

控制截面		稳定系数	偏心距增大系数					
			有限元算法		本文公式算法		规范算法	
上塔柱底	纵向	8.6	1.12	1.13	1.11	1.15	1.30	1.45
	横向	10.1	1.10	1.11	1.09	1.12	1.25	1.36
中塔柱顶	纵向	8.6	1.11	1.13	1.11	1.15	1.30	1.45
	横向	10.4	1.09	1.10	1.09	1.12	1.25	1.36
中塔柱底	纵向	14.1	1.07	1.08	1.06	1.09	1.15	1.26
	横向	25.9	1.04	1.04	1.03	1.04	1.12	1.22
下塔柱	纵向	14.1	1.06	1.06	1.06	1.09	1.15	1.26
	横向	25.9	1.03	1.03	1.03	1.04	1.12	1.22

通过该算例可知：本文公式算法与有限元算法吻合度较高，在桥塔结构设计中很容易得到结构失稳的稳定系数 w，代入式(2)中便可直接确定桥塔控制截面的偏心距增大系数，可用于指导桥塔结构设计。在实际工程设计中，式(2)影响系数 α 可参考《铁规》取值。

5　结语

(1)依据稳定屈曲理论，推导了考虑几何非线性效应的铰接杆、悬臂杆偏心距增大系数的解析表达

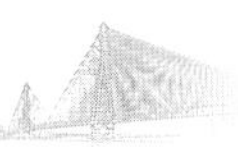

式,指出了规范算法用于超高桥塔分析存在偏保守的问题。结合桥塔力学行为和规算算法的偏心距影响系数 α,提出了更适用于桥塔结构的偏心距增大系数的公式算法。

(2)依据桥塔的弹性屈曲模态和施工控制精度,构建了桥塔各节点初始缺陷坐标函数,提出了考虑初始缺陷的偏心距增大系数有限元计算方法,该算法可以同步考虑几何非线性效应对偏心距增大系数的影响。

(3)比较分析有限元算法、本文公式算法和规范算法计算得到的常泰长江大桥桥塔偏心距增大系数,可知结构的几何非线性效应是偏心距增大系数的主要因素,初始缺陷对偏心距增大系数的影响有限;规范算法求解数值偏大,用于指导桥塔设计将过于保守;本文公式算法和有限元算法吻合度较高,且考虑了材料的不均匀性,可用于指导桥塔结构设计。

参 考 文 献

[1] QIN S Q,GAO Z Y. Developments and prospects of Long-Span High-Speed railway bridge technologies [J]. Engineering,2017,3(6):23-38.

[2] 胡勇,赵维阳.常泰长江大桥桥跨布置方案研究[J].桥梁建设,2021,51(1):1-7.

[3] 秦顺全,苑仁安,郑清刚,等.超大跨度公铁两用斜拉桥结构体系研究[J].桥梁建设,2020,50(4):1-8.

[4] 秦顺全,谭国宏,陆勤丰,等.超大沉井基础设计及下沉方法研究[J].桥梁建设,2020,50(5):1-9.

[5] 国家铁路局.铁路桥涵混凝土结构设计规范:TB 10092—2017[S].北京:中国铁道出版社,2017.

[6] 项海帆.高等桥梁结构理论[M].2 版.北京:人民交通出版社,2013.

[7] 肖海珠,高宗余,刘俊锋.西堠门公铁两用大桥主桥结构设计[J].桥梁建设,2020,50(S2):1-8.

[8] 龙驭球,包世华.结构力学教程[M].北京:高等教育出版社,1988.

[9] 苑仁安,秦顺全,王帆,等.基于平面梁单元的几何非线性分阶段成形平衡方程[J].桥梁建设,2014,44(4):45-49.

[10] 苑仁安,秦顺全,王帆.分阶段成形杆系结构几何非线性平衡方程[J].桥梁建设,2014,44(2):50-55.

[11] 中华人民共和国交通运输部.公路钢筋混凝土及预应力混凝土桥涵设计规范:JTG 3362—2018[S].北京:人民交通出版社股份有限公司,2018.

[12] 胡骏,郑清刚,张文明.常泰长江大桥风与温度荷载组合效应研究[J].桥梁建设,2020,50(4):42-47.

[13] 秦顺全,徐伟,陆勤丰,等.常泰长江大桥主航道桥总体设计与方案构思[J].桥梁建设,2020,50(3):1-10.

[14] 余璐.常泰长江大桥景观设计[J].桥梁建设,2020,50(5):96-100.

[15] 傅战工,郭衡,张锐,等.BIM 技术在常泰长江大桥主航道桥设计阶段的应用[J].桥梁建设,2020,50(5):90-95.

核芯混凝土索塔锚固结构试验研究

曾显志[1],吴　鑫[1],邓开来[1,2,3],赵灿晖[1,2],郑清刚[4],沈孔健[5]

(1. 西南交通大学土木工程学院,四川成都　610031;
2. 西南交通大学抗震工程技术四川省重点实验室,四川成都　610031;
3. 天津大学中国地震局地震工程综合模拟与城乡抗震韧性重点实验室,天津　300350;
4. 中铁大桥勘测设计院集团有限公司华东分公司,江苏南京　210031;
5. 江苏省交通工程建设局,江苏南京　210004)

摘　要　超大跨径斜拉桥因承担功能、跨越能力强,斜拉索索力大,对索塔锚固结构承载能力和抗裂性能的需求要求高。常泰长江大桥采用新型的核芯混凝土索塔锚固结构,斜拉索交错锚固于外包钢壁板的核芯混凝土,充分利用混凝土抗压能力和钢板抗拉能力,提升结构承载能力,钢壁板外包于核芯混凝土,降低结构开裂风险。本文设计了10个核芯混凝土锚固结构缩尺试件,通过试验研究其在交错索力下的开裂模式、承载能力及破坏机理等结构行为,探究了横向抗弯钢筋、水平分布钢筋和剪跨比对结构性能的影响规律。结论如下:①核芯混凝土索塔锚固结构具有良好的承载力,同时不产生表观裂缝,可满足超大索力的锚固需求;②在交错荷载作用下,锚固结构呈现出经典拉压杆受剪破坏,外包钢壁板屈服,斜压杆区核芯混凝土受压破坏,由于钢板和水平分布钢筋对斜压杆的约束作用,破坏过程呈现一定延性;③水平分布钢筋对斜压杆的约束作用,可以提升结构的承载力,且在小剪跨比试件中提升更为明显;④由于钢板的存在,横向抗弯钢筋对于承载力的贡献率不高,在设计时可以适量减小;⑤根据拉压杆模型,本文提出了核芯混凝土索塔锚固结构的抗剪承载力计算公式,计算结果与试验吻合良好,并通过设计参数敏感性分析,总结了设计建议,可为该锚固结构的实际工程应用提供依据和参考。

关键词　桥梁工程;索塔锚固结构;试验研究;核芯混凝土;拉压杆模型

Experimental Study of Core-Concrete Cable-Pylon Anchorage Structure

ZENG Xian-zhi[1],WU Xin[1],DENG Kai-lai[1,2,3],ZHAO Can-hui[1,2],
ZHENG Qing-gang[4],SHEN Kong-jian[5]

(1. School of Civil Engineering,Southwest Jiaotong University,Chengdu 610031 ,China;
2. Key Laboratory of Seismic Engineering Technology of Sichuan Province,Southwest Jiaotong University,Chengdu 610031,China;

基金项目:国家重点研发计划(2021YFB1600301)、国家自然科学基金(52078436)、四川省科技计划项目(2022JDRC0012,2021JDTD0012)基金。

作者简介:曾显志(1993—),男,博士研究生,西南交通大学,研究方向:桥梁抗震。

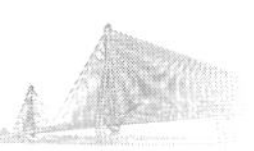

3. Key Laboratory of Earthquake Engineering Simulation and Seismic Resilience of China Earthquake Administration, Tianjin University, Tianjin 300350, China;
4. East China Branch of China Railway Major Bridge Reconnaissance & Design Institute Co., Ltd., Nanjing 210031, China;
5. Jiangsu Provincial Transportation Engineering Construction Bureau, Nanjing 210004, China)

Abstract With the increase of functions and span capacity of super long-span cable-stayed bridge, the cable force increases, which improves the demand for the bearing capacity and crack resistance of the cable-pylon anchorage structure. Core-concrete cable-pylon anchorage structure is adopted in the Changtai Yangtze River Bridge. The stay cables are anchored across the core concrete covered by steel panel, with the fully utilization of the tensile properties of steel and the compressive properties of concrete, which improves the bearing capacity of the anchorage structure. Steel panel wrapped in core concrete can reduce the risk of cracking. In order to investigate the mechanical behavior of the novel anchorage structure, the static load test was carried out on 10 scaled specimens with different designed parameters. The interesting parameters were longitudinal reinforcement ratio, lateral web reinforcement ratio and shear span ratio. The specific conclusions are as follows: 1) The anchorage structure has good bearing capacity and crack resistance, which can meet the anchorage requirements of super large cable force. 2) The anchorage structure shows the classical failure mode of the strut-and-tie model under the crossed cable force. The tie steel panel yields, then the crushing of the strut concrete occurs. The failure process shows a certain ductility, due to the strong restraining effect of steel panel and lateral web reinforcement on the strut concrete. 3) The lateral web reinforcements show a strong restraining effect on the strut concrete. The shear capacity and ductility can be improved, meanwhile the improvement is more obvious in the specimen with a smaller shear span ratio. 4) The contribution of longitudinal reinforcement to shear capacity is not high owing to the existence of steel panel, therefor the amount can be appropriately reduced in the design. 5) Based on the strut-and-tie model, the calculation formula is proposed for the shear capacity of the anchorage structure, and the validity and accuracy of the formula are verified. Then the sensitivity analysis of design parameters is carried out. Some design suggestions are proposed, which can provide basis and reference for the practical engineering application of the novel anchorage structure.

Keywords Bridge engineering; cable-pylon anchorage structure; experimental study; core concrete; strut-and-tie model

1 引言

随着交通基础设施建设的不断完善,桥位资源越来越紧缺,建设集高速公路、城际铁路等多种交通运输方式于一体的超大跨径桥梁势在必行。斜拉桥因其跨越能力强、施工便宜性好、经济效益佳等优点成为超大跨径桥梁的主要桥型之一,同时也得到广泛应用。斜拉桥承担功能、跨越能力的增加,必将导致斜拉索索力增大,进而对索塔锚固结构提出更高设计要求。

索塔锚固结构作为斜拉桥中重要的传力单元,需承受巨大的拉索索力并将其传递给桥塔,是保障斜拉桥安全和服役性能的重要结构。传统的索塔锚固结构包括预应力钢束锚固结构、钢锚梁锚固结构和钢锚箱锚固结构。预应力钢束锚固结构在塔壁内设置环形预应力束,对混凝土塔壁形成预压力,用于平衡索力的水平分量,以降低塔壁的开裂风险。在长期荷载作用下,预应力损失较大,塔壁易出现开裂等病害,因而该锚固结构常用于中小跨径的斜拉桥,不用于超大跨径斜拉桥。钢锚梁锚固结构和钢锚箱锚固结构通常用于超大跨径斜拉桥的拉索锚固。钢锚梁构件可独立承担恒载作用下索力的水平分量,但成桥后钢锚梁会锁定,活载作用下的不平衡水平分量将由混凝土塔壁承担,这对于活载占比较大的斜拉桥开裂风险较高。同时钢锚梁面外刚度较小,一般不用于具有空间索面的斜拉桥,使得桥梁跨越能力提升受到抗风性能等的限制。钢锚箱锚固结构是目前超大跨径斜拉桥中应用最为广泛的索塔锚固结构,适用于大索力空间索面的斜拉桥,目前国内多座超大跨径斜拉桥采用这种锚固形式。在该锚固结构中,由于钢锚箱在拉索张拉之前即与索塔完全固定,索力水平分量会根据钢锚箱和混凝土塔壁的刚度比例来分担。现有研究表明,水平刚度较大的钢锚箱可承担85%以上的索力水平分量,混凝土塔壁会承受一定的水平拉力,约占索力水平分量的15%。当索力非常大时,混凝土塔壁依然面临突出的开裂风险,从而影响桥梁结构的耐久性和正常使用。综上所述,在多位一体超大跨径斜拉桥建设的大背景下,提升索塔锚固结构的承载能力、抗裂能力具有重要意义和现实需求。

常泰长江大桥是主跨1176m的公铁两用斜拉桥,同时承担了市政道路、高速公路、双线列车的通行功能,超大跨径、超大恒载、超大活载的设计导致了最大索力达到16000kN,若采用传统的锚固结构难以满足斜拉索的锚固需求,同时会大幅增加塔柱截面、锚固区高度。文献[16]提出了新型核芯混凝土索塔锚固结构,上塔柱为"日"字形截面,截面的中间隔板为外包钢壁板的核芯混凝土,索导管预埋在核芯混凝土中,斜拉索穿过索导管交错锚固在核芯混凝土两侧。在斜拉索的交错索力作用下,核芯混凝土处于小剪跨比的弯剪状态,可充分发挥钢壁板良好的抗拉强度及混凝土良好的抗压强度,从而极大提升锚固结构的承载能力。混凝土外侧由钢壁板包裹,降低了索塔的开裂风险,且不会形成表观裂缝,解决了使用性能易受混凝土开裂影响的问题。该锚固结构还具有减少塔柱截面、缩短锚固区高度、降低不平衡荷载造成的影响等特点。但目前,核芯混凝土锚固结构的承载机理和极限破坏模式尚未得到充分的研究,进行相应的模型试验研究,对该新型锚固结构在超大跨径斜拉桥中的应用和发展,具有十分重要的科学研究意义和实际工程价值。

本文设计了10个核芯混凝土锚固结构缩尺试件,通过试验研究其在交错索力下的开裂模式、承载能力及破坏机理等结构行为,探究了横向抗弯钢筋、水平分布钢筋和剪跨比对其结构性能的影响规律。根据结构的破坏模式,本文提出了核芯混凝土锚固结构的抗剪承载力计算公式,公式计算结果与试验结果吻合良好。基于试验结果和计算公式,对锚固结构的设计参数进行了优化分析,明确了不同设计参数对结构承载力的影响规律,提出了核芯混凝土锚固结构的设计建议。

2 试验设计

2.1 锚固结构原型

试件的设计依托常泰长江大桥实际工程开展。常泰长江大桥的上塔柱高120.9m,"日"字形截面,外轮廓尺寸13.0m×13.0m~16.0m×16.0m,如图1所示。上塔柱顶部的核芯混凝土锚固结构外轮廓尺寸为13.0m×3.46m,核芯混凝土厚3.4m,外包钢壁板,钢壁板内布置多排水平抗弯钢筋和竖向纵筋。斜拉索穿过索导管,交错锚固在核芯混凝土上,使得核芯混凝土处于小剪跨比的弯剪受力状态,可充分发挥混凝土的抗压强度和钢板的抗拉强度。试验模型选取最大索力所在截面,即上塔柱顶部截面,关注的范围为截面中部9.0m,厚度为3.46m,高度为索竖直间距2.2m,即试验模型原型尺寸为9.0m×3.46m×2.2m,如图2所示。

2.2 试件设计

根据加载条件,试件按照1:4进行缩尺设计,缩比时保持3个方向的配筋率不变。本试验包括了10个试件,试件参数见表1,主要对比的参数为横向抗弯钢筋配筋率ρ_s、水平分布钢筋配箍率ρ_h及剪跨比λ。试件的命名规则如下:标准试件S1-065-000-051,由原型缩尺得到,整体尺寸为2.25m×0.866m×0.55m,代表1号试件,横向抗弯钢筋配筋率$\rho_s=0.65\%$,水平分布钢筋配箍率$\rho_h=0.00\%$、剪跨比$\lambda=0.51$。顶部、底部覆盖8mm厚的Q345钢板,单侧钢板对应的配筋率为0.92%,钢板内侧均布置了直径16mm、高120mm的剪力钉,剪力钉均布式布置,布置间距100mm。预埋的4个索导管采用Q345钢制成,外径125mm、厚2mm,与顶底钢板焊接,索导管尾部从试件的侧面伸出,索导管上不设剪力钉。

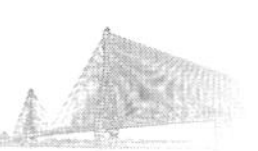

顶底钢板内侧共设置了10根C28的HRB400纵筋,及36根C10的HRB400竖向分布钢筋。其余试件是在S1的基础上进行了参数变化,例如试件S2-065-140-025中,横向抗弯钢筋配筋率$\rho_s=0.65\%$,水平分布钢筋配筋率$\rho_h=1.4\%$、剪跨比$\lambda=0.25$,其截面及配筋如图3所示。试验前,对混凝土、钢筋、钢板进行了材性测试,混凝土立方体平均抗压强度$f_{cu}=49.6\text{MPa}$,钢筋及钢材的材料力学性能统计见表2。

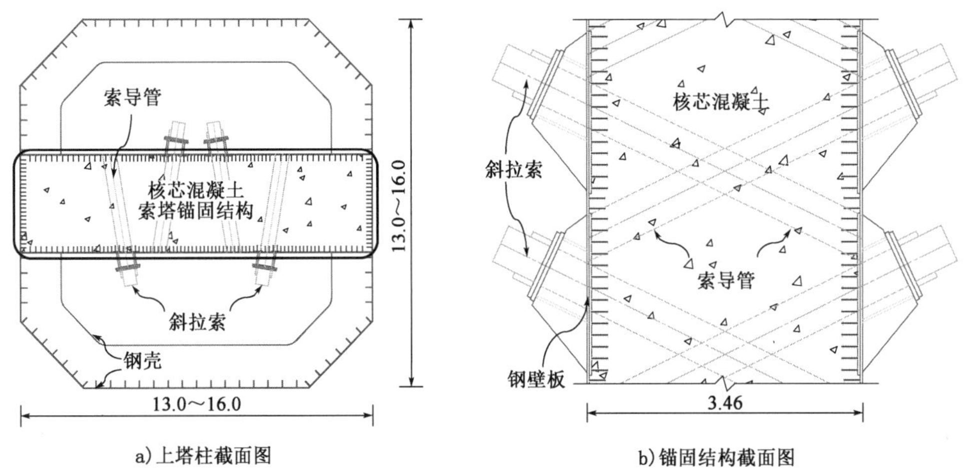

图1　常泰长江大桥上塔柱构造(尺寸单位:m)

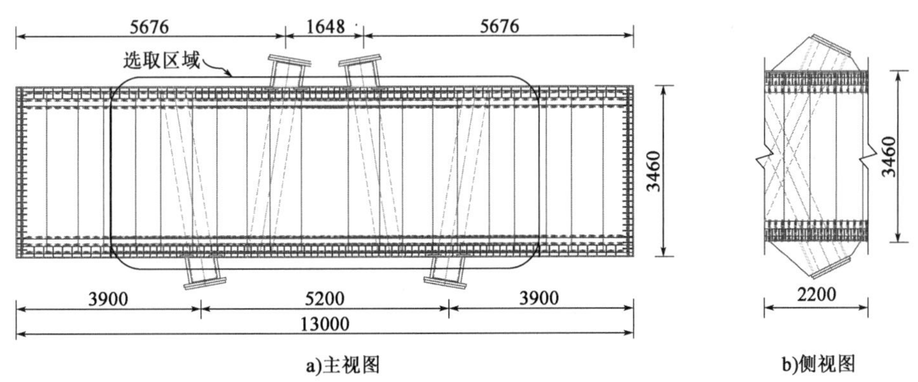

图2　试验模型原型(尺寸单位:mm)

$$\rho_s=A_s/A \tag{1}$$

$$\rho_h=\frac{A_h}{n_h s_h b} \tag{2}$$

$$\lambda=a/h \tag{3}$$

式中:A_s——横向抗弯钢筋面积;

A——试件横截面面积;

A_h——水平分布钢筋面积;

n_h——水平分布钢筋层数;

s_h——水平分布钢筋层间距;

b——试件宽度;

a——试件上下加载点的水平中心距;

h——试件高度。

试件参数表

表1

试件编号	横向抗弯钢筋	ρ_s(%)	ρ_h(%)	λ
S1-065-000-051	5C28	0.65	0.00	0.51
S2-065-140-025	5C28	0.65	1.40	0.25
S3-065-000-025	5C28	0.65	0.00	0.25
S4-065-000-076	5C28	0.65	0.00	0.76
S5-065-140-051	5C28	0.65	1.40	0.51
S6-065-183-025	5C28	0.65	1.83	0.25
S7-040-140-051	5C22	0.40	1.40	0.51
S8-040-140-025	5C22	0.40	1.40	0.25
S9-040-000-051	5C22	0.40	0.00	0.51
S10-021-000-076	5C16	0.21	0.00	0.76

注:ρ_s为横向抗弯钢筋配筋率;ρ_h为水平分布钢筋配箍率;λ为剪跨比。

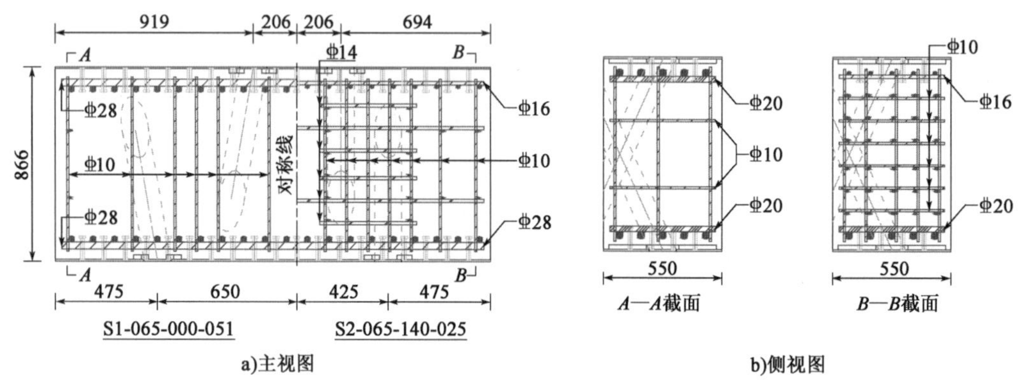

图3 试件截面及配筋图(尺寸单位:mm)

材料力学性能统计

表2

钢材类型	直径(厚度)d(mm)	弹性模量 E_s(MPa)	屈服强度f_y(MPa)	抗拉强度f_{ts}(MPa)
HRB400	10	2.05 × 105	445	650
	14		420	620
	16		455	585
	20		460	620
	28		445	625
Q345	8		352	456

2.3 试件设计

试件整体置放在2500t的液压伺服作动器加载台上,索导管口处放置钢垫板,加载平台向上顶升,模拟核芯混凝土受到的交错索力,如图4所示。本次试验加载采用力-位移混合控制,在荷载达到6000kN前采用力控制,荷载增量为400kN,加载速率40kN/min;荷载超过6000kN后采用位移控制,位移增量为5600~6000kN下试件的变形增量,加载速率为0.5mm/min。试件正背面跨中设置1个位移传感器,测量试件在加载过程中的挠度变化。在顶底钢板表面及钢筋上布置应变片,应变片的位置如图5所示。

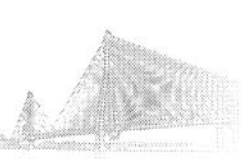

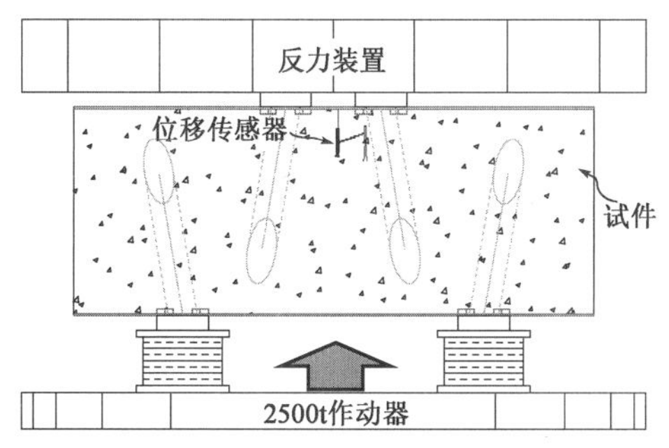

a)加载装置示意图

b)加载装置照片

图4　加载装置图

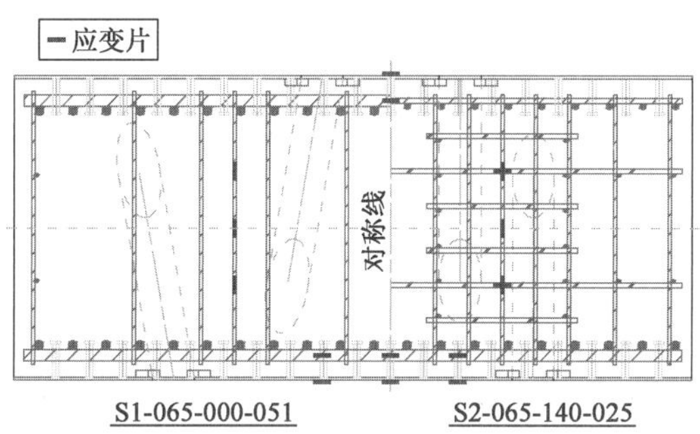

图5　应变测点布置图

3　试验结果与分析

3.1　开裂与破坏模式

在加载过程中,混凝土正背表面均出现了裂缝,初始裂缝出现在索导管口所在的一侧。试件的裂缝可以分为竖向弯曲裂缝、斜压裂缝和端部水平裂缝三大类,如图6所示。需要指出的是,实际结构中钢壁板外包于核芯混凝土,上述裂缝不会成为表观裂缝,对结构在正常使用阶段的使用性能影响不大。试件S4和试件S10因剪跨比较大,跨中弯矩增加较快,从而竖向弯曲裂缝最先出现,随之出现斜压裂缝,其余试件的竖向弯曲裂缝和斜压裂缝几乎同时出现。端部水平裂缝在荷载较大时才会出现。

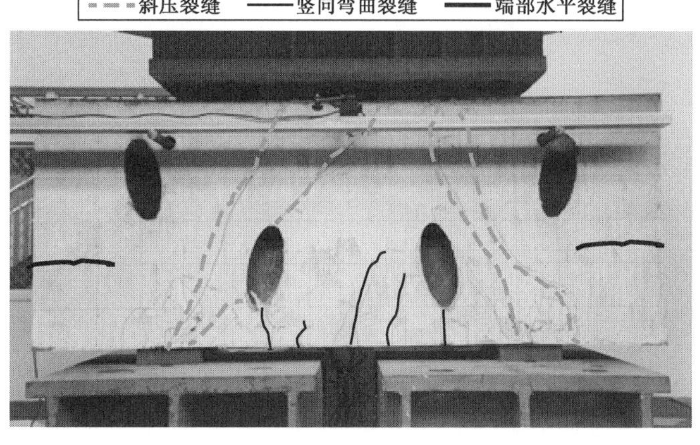

图6　典型试件裂缝分布图

竖向弯曲裂缝出现在跨中区域底钢板内侧的混凝土内,垂直于底钢板,并随着荷载的增加缓慢向顶钢板延伸。由于底钢板具有良好的抗弯能力,竖向弯曲裂缝发展均十分缓慢,而斜压裂缝发展较快。斜压裂缝首先出现在下加载点处,随着荷载增加迅速延伸至上加载点并沿厚度方向贯穿。当荷载达到峰值荷载的60%~85%,试件表面形成多条平行的斜压裂缝。当荷载达峰值荷载的70%~80%时,试件两端出现水平裂缝。在较大的荷载下,加载点处钢板发生向内的剪切变形,钢板端部向外翘曲。剪力钉的连接作用使得钢板变形传递至混凝土上,导致端部混凝土受拉产生水平裂缝。

图7统计了10个试件的斜压裂缝宽度发展情况。横向抗弯钢筋配筋率和剪跨比对斜压裂缝的宽度影响较小,水平分布钢筋配筋率越高,斜压裂缝宽度越小,表明增加水平分布钢筋可有效控制斜压裂缝的发展。水平分布钢筋穿过了斜压裂缝的大部分区域,对裂缝的发展,尤其是对上下加载点中部处的裂缝发展具有良好的约束作用。

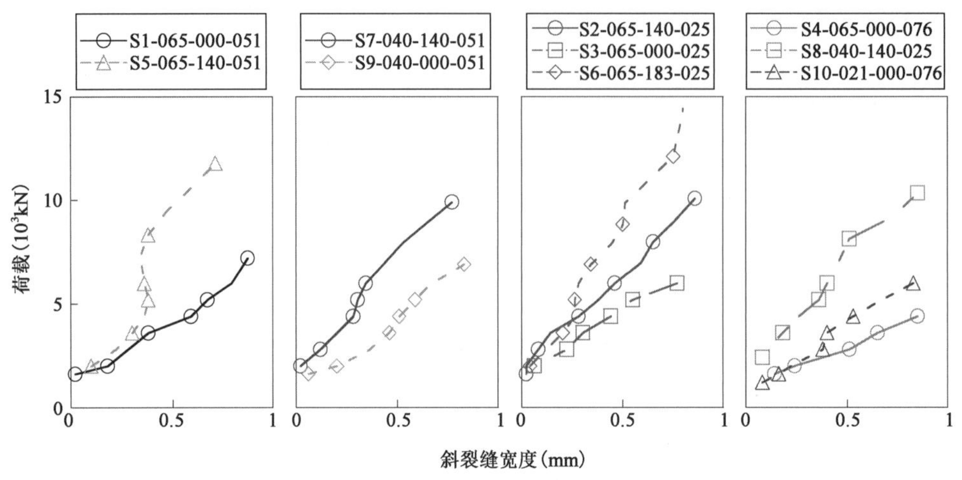

图7 斜压裂缝宽度对比

所有试件的极限破坏模式均为混凝土发生斜压破坏,如图8所示。具体表现为随着荷载的增加,沿上下加载点出现多条贯穿的斜压裂缝并形成斜压杆,在底钢板屈服后,斜压杆区域内的混凝土失去侧向约束,该部分混凝土逐渐压溃,导致核芯混凝土锚固结构的失效。

a)索道管侧

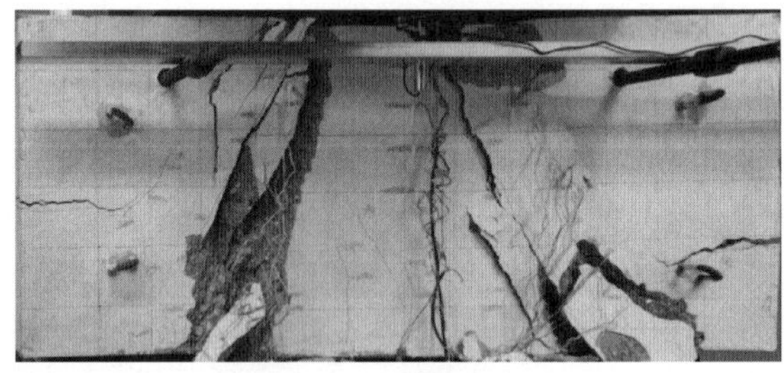

b)索道管背侧

图8 试件破坏模式图

3.2 荷载-挠度曲线

图9统计了10个试件的荷载-挠度曲线。需要提及的是,因为钢垫板的安装误差,试件S4和S7出现了一定程度偏载。试件的荷载-挠度曲线呈现出典型的4阶段特征:第1阶段为线弹性阶段,荷载-挠度曲线的刚度很大;第2阶段为开裂阶段,斜压杆区混凝土出现斜压裂缝,底部混凝土出现竖向弯曲裂缝,试件刚度明显下降;第3阶段的特征是底钢板屈服,此时试件达到屈服荷载 F_y,荷载-挠度曲线的切线刚度进一步降低,挠度快速增加;第4阶段为极限破坏阶段,此时斜压杆区混凝土压溃,试件达到峰值荷载 F_{max},随着挠度的增加,承载力开始下降,直至试件完全破坏。

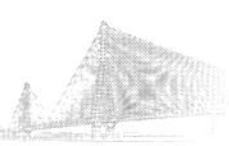

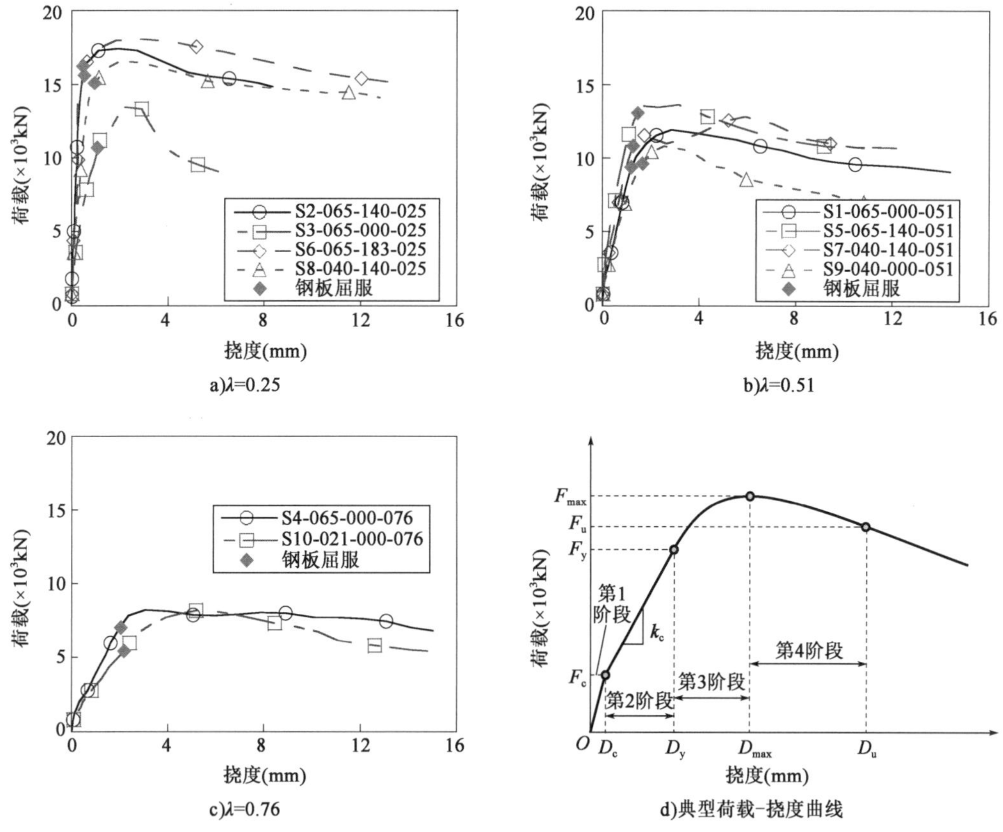

图9　荷载-挠度曲线

表3统计了试件荷载-挠度曲线中的关键特征参数。所有试件的开裂荷载在1200～2000kN之间时，剪跨比更小的试件的开裂荷载更大。试件具有较早的开裂荷载，因此裂后刚度对结构的性能来说十分重要。裂后刚度随剪跨比 λ 减小而增加，减小 λ 使得斜压杆区混凝土接近轴向受压状态，斜压杆的刚度也就更大。裂后刚度随横向抗弯钢筋配筋率 ρ_s 减少而降低，减小 ρ_s 会降低拉杆的刚度，进而降低结构的裂后刚度。裂后刚度随水平分布钢筋配筋率 ρ_h 增加而增加，同时在小剪跨比下增加更为明显。如当 $\lambda=0.51$ 时，S5 较 S1 裂后刚度提升 40.6%；而当 $\lambda=0.25$ 时，S2 较 S3 裂后刚度提升 195.9%。增加水平分布钢筋使其对斜裂缝的抑制作用增强，从而改善混凝土的传力、提升结构的裂后刚度；同时在小剪跨比下，水平分布钢筋与斜压裂缝更接近于垂直，对斜压裂缝的抑制作用更强，裂后刚度提升更为明显。

关键特征参数表　　表3

试件编号	F_c(10^3kN)	k_c(10^3kN/mm)	F_y(10^3kN)	D_y(mm)	F_{max}(10^3kN)	D_u(mm)	μ
S1-065-000-051	1.6	7.59	10.1	1.39	11.9	8.36	6.01
S2-065-140-025	1.6	32.43	16.2	0.47	17.4	8.41	17.89
S3-065-000-025	2.0	10.96	11.2	1.17	13.5	3.63	3.10
S4-065-000-076	1.6	3.13	7.8	2.36	8.3	14.05	5.95
S5-065-140-051	2.0	10.67	12.6	1.31	13.6	6.61	5.05
S6-065-183-025	2.0	34.33	16.5	0.63	18.1	12.1	19.21
S7-040-140-051	2.0	8.30	10.8	1.27	12.8	9.86	7.76
S8-040-140-025	2.0	26.67	14.7	0.83	16.6	12.72	15.33
S9-040-000-051	1.6	6.25	9.6	1.65	10.8	5.36	3.25
S10-021-000-076	1.2	1.97	5.5	2.21	8.2	9.82	4.44

注：F_c为开裂荷载；k_c为裂后刚度；F_y为屈服荷载；D_y为屈服位移；F_{max}为峰值荷载；D_u为极限位移，为荷载下降至$0.85F_{max}$时的位移；μ为延性系数，其值为D_u/D_y。

根据缩尺比例，标准试件S1在使用阶段受到的荷载约为2000kN，试验中峰值荷载达11900kN，为设计荷载的5.95倍，表明该锚固结构具有良好的承载力。对比试件的峰值荷载可以发现，峰值荷载随剪跨比λ减小而增大，λ越小，斜压杆区混凝土越接近轴压状态，混凝土的强度可以得到更加充分的发挥。峰值荷载随着横向抗弯钢筋配筋率ρ_s减小而降低，但降低幅度变化不大，均在10%以内。由于8mm厚的底钢板能够提供足够的拉力，且试件以斜压破坏为主，减小ρ_s不会显著降低峰值承载力，因此在设计时可适量减小横向抗弯钢筋用量。峰值荷载随着水平分布钢筋配筋率ρ_h的增加而增加，且在小剪跨比时，峰值荷载提升更为明显，如当$\lambda=0.51$时，S5较S1提升14.3%，而当$\lambda=0.25$时，S2较S3提升28.9%。水平分布钢筋对斜压裂缝有明显的约束作用，使得斜压杆区混凝土处于约束受力状态，而约束混凝土的强度和延性较普通混凝土都有明显的提升。需要强调的是，水平分布钢筋的约束作用在剪跨比小的试件中更加明显，在小剪跨比试件中，斜压杆区混凝土更加接近轴压破坏模式，水平分布钢筋的环向约束效果更加突出。

所有试件的延性系数均大于3，其中当$\rho_h \geq 1.40\%$时，试件的延性系数大于5，而S6的延性系数达到了19.21。根据经典的钢筋混凝土结构原理，斜压破坏为脆性破坏，但该核芯混凝土顶底面有钢板的约束，钢板率先屈服，塑性变形得到了充分的发挥，且水平分布钢筋为斜压杆区混凝土提供了约束作用，混凝土压溃时的变形已经较大，试件整体表现出了明显的延性特征。

3.3 应变发展

图10统计了试件跨中底钢板和横向抗弯钢筋的荷载-应变关系曲线，所有试件均有相同的规律。试件开裂后，底钢板和横向抗弯钢筋逐渐发挥拉杆作用，应变随着荷载增加基本呈线性增长，同时处于截面外侧的底钢板的应变增速大于横向抗弯钢筋，底钢板首先达到屈服应变，试件达到屈服荷载。随着荷载继续增加至峰值荷载，底钢板和横向抗弯钢筋的应变增长加快。继续加载荷载逐渐降低，横向抗弯钢筋的应变增长变缓，部分试件钢筋应变甚至出现降低。在荷载降低至峰值荷载的85%时，底钢板应变在5000με以内，且横向抗弯钢筋的应变远小于底钢板应变，多数未达到屈服。横向抗弯钢筋最终应变不大的原因是，试件达到峰值荷载后，由于底钢板已经屈服，斜压杆区混凝土失去侧向约束并逐渐压溃，斜压杆的承载力降低，进而对拉杆拉力的需求也降低。

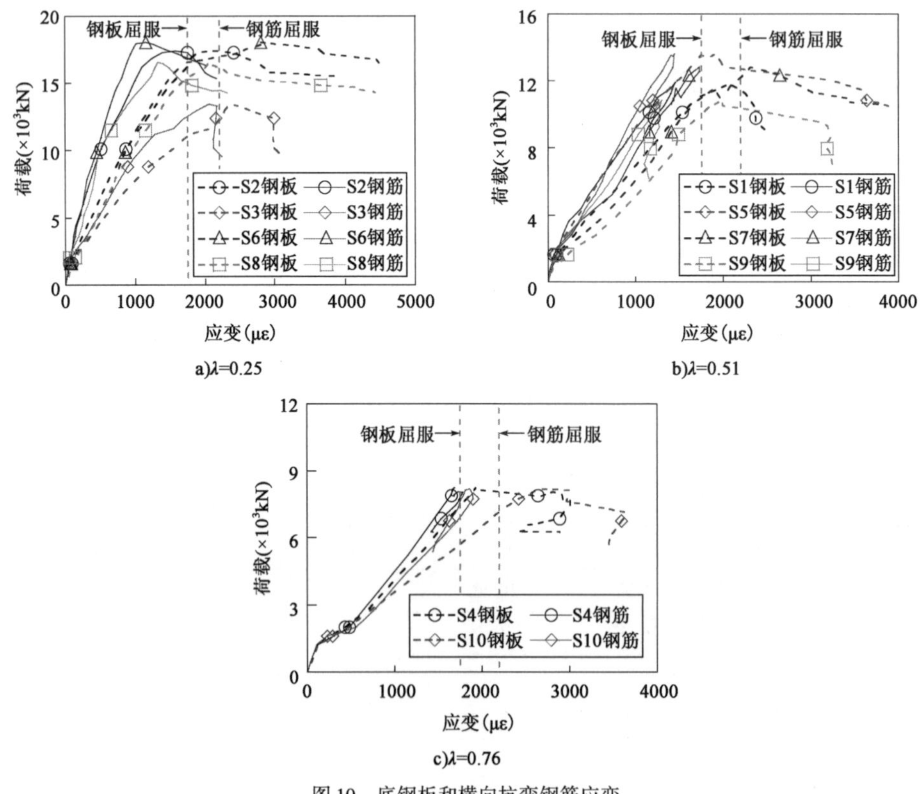

图10 底钢板和横向抗弯钢筋应变

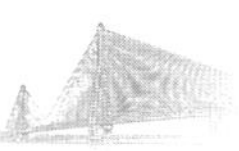

图 11 对比了 S2-065-140-025 及 S5-065-140-051 中的水平分布钢筋和竖向分布钢筋的拉应变。试件 S2 和 S5 的竖向分布钢筋在加载过程中基本处于受压或低受拉状态，而水平分布钢筋一直处于受拉状态，且在试件开裂后拉应变随着荷载增加而快速增长。应变的发展再次证明水平分布钢筋对斜压裂缝发展具有明显的约束作用，而竖向分布钢筋的作用不明显。

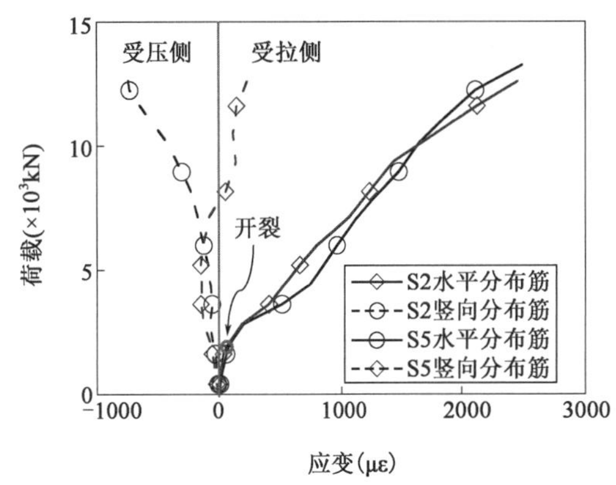

图 11　分布钢筋最大拉应变对比

3.4　锚固结构受力机理

通过前述分析，核芯混凝土索塔锚固结构在交错索力作用下表现出以核芯混凝土为压杆、底钢板和横向抗弯钢筋为拉杆的拉压杆受力模式。随着荷载的增加，底钢板首先受拉屈服，使其对斜压杆的侧向约束能力降低，最终结构因斜压杆混凝土压溃而失效。

增加横向抗弯钢筋配筋率，可略微增加拉杆对斜压杆的侧向约束，但由于底钢板所占的配筋率更大且屈服早，而横向抗弯钢筋应变一直处于较低水平，因此所带来的约束提升对斜压杆混凝土的受力影响不大。增加水平分布钢筋配筋率，可直接约束斜压杆区域，同时在较小剪跨比下，斜压杆更接近于轴压状态，其约束效应更加明显，从而显著提升斜压杆混凝土的受压能力及结构的承载能力。

4　抗剪承载力计算

4.1　抗剪承载力计算公式

核芯混凝土锚固结构在破坏时表现为斜压破坏模式，顶底钢板也都发生了剪切屈服，如图 12 所示。依据上述失效模式，本文提出了核芯混凝土锚固结构的抗剪承载力 V_u 计算公式，见式(4)。

$$V_u = 2(V_s + F_{str} \times \sin\theta) \tag{4}$$

式中：V_s——钢板剪力；

F_{str}——斜压杆的极限承载力；

θ——斜压杆的水平倾角。

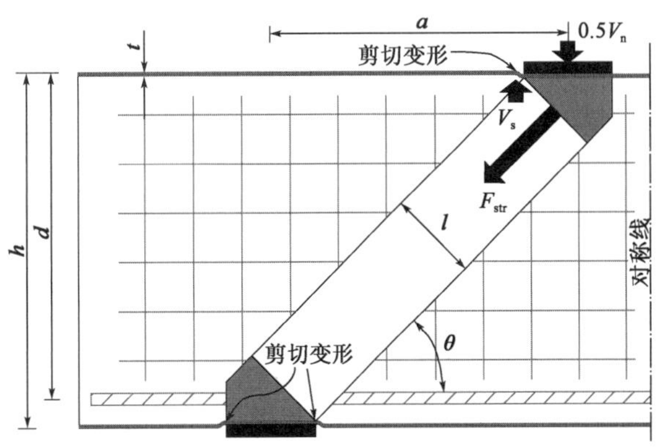

图 12　核芯混凝土拉压杆模型

钢板剪力 V_s 按式(5)计算：

$$V_s = tbf_{sv} \tag{5}$$

式中：t——钢板厚度；

b——试件宽度；

f_{sv}——钢板的抗剪强度。

斜压杆极限承载力 F_{str} 的计算公式如式(6)所示：

$$F_{str}=A_{str}f_{str}=lbf_{str} \tag{6}$$

式中：A_{str}——斜压杆的截面积；

l——斜压杆的有效宽度，文献[18]建议 $l=kd$；

f_{str}——斜压杆的抗压强度。

根据 Arabzadeh 等[19]的研究，斜压杆水平倾角 θ 可按照式(7)计算：

$$\theta=\arctan\left(\frac{jd}{a}\right) \tag{7}$$

$$j=1-\frac{1}{3}k \tag{8}$$

$$k=\sqrt{(n\rho)^2+2n\rho}-n\rho \tag{9}$$

式中：a——上下加载点的水平中心距；

d——纵筋形心至试件顶面的竖直高度；

j——斜压杆的竖直高度；

n——钢与混凝土的弹模比；

ρ——横向抗弯钢筋及底钢板的总配筋率。

根据试验研究，斜压杆的抗压强度应考虑水平分布钢筋对于斜压杆区混凝土强度的提升，采用约束混凝土强度。根据 Cusson 等[20]的研究，斜压杆抗压强度 f_{str} 的计算如式(10)所示：

$$f_{str}=[1+2.1\beta_1(K_e\rho_h f_{yh}/f_c)^{0.7}]f_c \tag{10}$$

式中：f_c——混凝土的轴心抗压强度，值为 $0.76f_{cu}$；

K_e——有效约束系数，在本试验中为 0.685；

f_{yh}——水平分布钢筋抗拉强度；

β_1——跨高比影响系数，值为 $(5-l_0/h)/6$，其中 l_0 为计算跨径。

表 4 对比了公式预测和试验实测的抗剪承载力，除了 S4，其他试件的估算误差不超过 10%。S4 的误差达到 19%，分析其主要原因是 S4 试件出现了明显的偏载，试验承载力较低。从 10 个试件的统计结果来看，公式计算结果与试验结果之比的平均值为 0.99，变异系数为 0.09，表明了公式良好的计算精度。

抗剪承载力计算值与试验值对比 表 4

试件编号	V_u(10^3kN)	V_{exp}(10^3kN)	V_u/V_{exp}
S1-065-000-051	11.2	11.9	0.94
S2-065-140-025	16.0	17.4	0.92
S3-065-000-025	12.4	13.5	0.92
S4-065-000-076	9.9	8.3	1.19
S5-065-140-051	14.0	13.6	1.03
S6-065-183-025	16.7	18.1	0.92
S7-040-140-051	13.1	12.8	1.03
S8-040-140-025	15.0	16.6	0.90
S9-040-000-051	10.6	10.8	0.98
S10-021-000-076	8.9	8.2	1.08
平均值			0.99
变异系数			0.09

注：V_u 为抗剪承载力公式计算值；V_{exp} 为试验值。

4.2 敏感性分析

为了进一步明确横向抗弯钢筋配筋率 ρ_s、水平分布钢筋配筋率 ρ_h、剪跨比 λ 对核芯混凝土锚固结构抗剪承载力的影响规律，以 S5-065-140-051 为基准模型，基于公式进行了参数敏感性分析。通过改变设计参数 ρ_s（0% ~0.9%）、ρ_h（0 ~2.0%）和 λ（0.25 ~0.76），可以得到锚固结构抗剪承载力的变化规律，结果如图 13 所示。抗剪承载力随横向抗弯钢筋配筋率的增加线性增加、随剪跨比的增加线性减小。当水平分布钢筋配筋率 $\rho_h \leq 0.5\%$ 时，抗剪承载力随 ρ_h 增加而增加较快；当 $\rho_h > 0.5\%$ 时，抗剪承载力增长速率放缓。为了充分发挥水平分布钢筋的约束作用，并保证结构具有足够的承载力和延性，本文建议核芯混凝土索塔锚固结构中水平分布钢筋的最小配筋率为 0.5%。

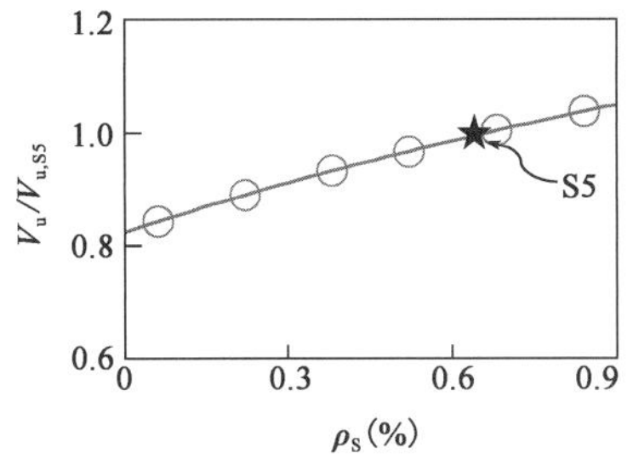

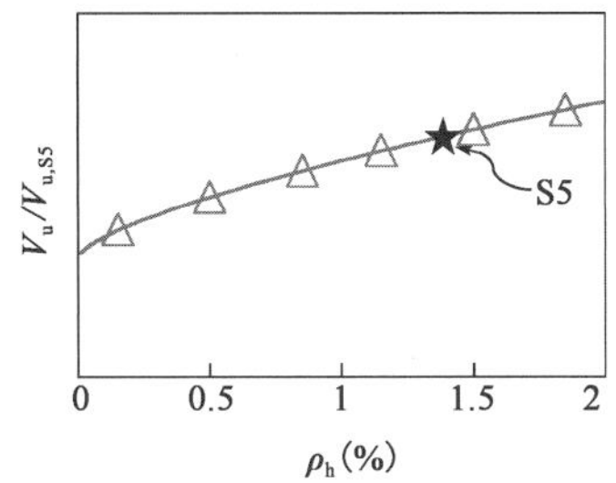

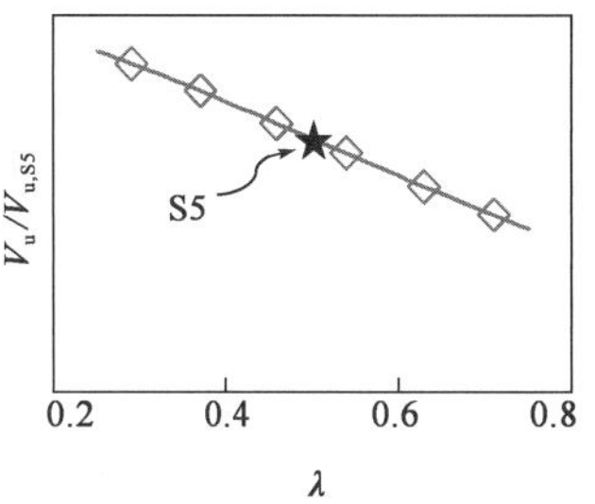

图 13　参数分析结果

5　结语

本文对核芯混凝土索塔锚固结构在交错索力下的抗剪性能进行了试验研究，探讨了横向抗弯钢筋配筋率、水平分布钢筋配筋率和剪跨比对结构裂缝发展、裂后刚度、承载力及破坏模式的影响规律。根据经典的拉压杆模型，本文提出了核芯混凝土锚固结构的抗剪承载力计算公式，验证了公式的有效性和准确性，并对设计参数进行了敏感性分析。具体结论如下：

（1）核芯混凝土索塔锚固结构的峰值荷载为设计荷载的 5.95 倍，具有良好的承载力，钢壁板外包于核芯混凝土，降低结构的开裂风险，可满足超大索力的锚固需求。

（2）核芯混凝土索塔锚固结构表现出拉压杆受力模式，结构失效过程为钢壁板首先屈服，斜压杆区混凝土压溃，为典型的斜压破坏模式。但由于钢壁板屈服较早，且钢壁板和水平分布钢筋对于斜压杆区混凝土有良好的约束作用，试件整体呈现出一定的延性。

（3）由于钢壁板的存在，横向抗弯钢筋对于承载力的贡献率不高，设计时可适量减小横向抗弯钢筋用量。

（4）水平分布钢筋对于控制斜压裂缝发展，提升试件裂后刚度、承载力和延性具有良好的作用，且在小剪跨比试件中作用更为明显，建议核芯混凝土索塔锚固结构中的水平分布钢筋配筋率不低于 0.5%，以保障锚固结构的承载力和延性。

本文对核芯混凝土索塔锚固结构开展了试验研究，但并未考虑相邻斜拉索索力的影响，未来将进一步开展多组斜拉索索力下的结构行为研究。

参 考 文 献

[1] 秦顺全，徐伟，陆勤丰，等. 常泰长江大桥主航道桥总体设计与方案构思[J]. 桥梁建设，2020，50(3)：1-10.

[2] 胡明义，黄冰释，余俊林，等. 鄂东长江公路大桥设计关键技术[J]. 桥梁建设，2011(5)：64-68.

[3] 游庆仲，何平，董学武，等. 苏通大桥——主跨 1088 米的斜拉桥[J]. 中国工程科学，2009，11(3)：14-19，80.

[4] 林元培. 斜拉桥[M]. 北京：人民交通出版社，2004.

[5] 周绪红，张茜，狄谨，等. 对称荷载作用钢锚板式钢-混组合索塔锚固体系传力机理[J]. 中国公路学

报,2012,25(6):60-67.

[6] 郑双杰,刘玉擎.钢牛腿支承锚梁型索塔锚固结构传力机理分析[J].中国铁道科学,2014,35(5):19-23.

[7] 朱经纬,王江波,冯云成.索塔锚固区拓扑优化拉压杆模型及预应力构造分析[J].桥梁建设,2017,47(5):59-64.

[8] 崔楠楠,贾布裕,余晓琳,等.斜拉桥索塔锚固区直向短束预应力损失研究[J].华南理工大学学报(自然科学版),2015,43(12):77-84.

[9] 施洲,钟美玲,张晓江,等.大跨度铁路钢箱梁斜拉桥对接式锚拉板受力及传力特性研究[J].中国铁道科学,2020,41(6):61-70.

[10] 哈鸿,朱乐东.桥塔型式对斜拉桥动力性能的影响[J].同济大学学报(自然科学版),1999(2):91-94.

[11] 肖林,刘丽芳,卫星,等.钢-混组合索塔锚固结构的力学行为及结构优化[J].西南交通大学学报,2019,54(5):923-930,944.

[12] 高宗余,梅新咏,徐伟,等.沪通长江大桥总体设计[J].桥梁建设,2015,45(6):1-6.

[13] 刘明虎,孟凡超,李国亮.港珠澳大桥青州航道桥工程特点及关键技术[J].桥梁建设,2013,43(4):87-93.

[14] 徐海军,刘玉擎,李炀,等.外露型钢锚箱索塔锚固结构受力机理试验[J].同济大学学报(自然科学版),2014,42(5):672-676.

[15] 刘玉擎,陈聪,郑双杰.钢锚箱嵌固型索塔锚固结构受力机理分析[J].桥梁建设,2015(1):33-38.

[16] 秦顺全,张金涛,陆勤丰,等.常泰长江大桥主航道桥桥塔方案研究[J].桥梁建设,2021,51(4):1-9.

[17] MANDER J B,PRIESTLEY M J N,PARK R. Theoretical stress-strain model for confined concrete [J]. Journal of Structural Engineering,1988,114(8):1804-1826.

[18] RUSSO G,VENIR R,PAULETTA M. Reinforced concrete deep beams-shear strength model and design formula [J]. ACI Structural Journal,2005,102(3):429.

[19] ARABZADEH A,RAHAEI A R,AGHAYARI R. A simple strut-and-tie model for prediction of ultimate shear strength of RC deep beams [J]. International Journal of Civil Engineering,2009,7(3):141-153.

[20] CUSSON D, PAULTRE P Stress-strain model for confined high-strength concrete [J]. Journal of Structural Engineering,1995,121(3),468-477.

[21] 中国建设科学研究院.混凝土结构设计规范:GB 50010—2010[S].北京:中国建筑工业出版社,2015.

大体积混凝土低热水泥与普通水泥温控防裂对比研究

康学云

（中交第二航务工程局有限公司，湖北武汉 430000）

摘 要 以常泰长江大桥中塔承台大体积混凝土结构为典型构件，通过比较低热水泥胶凝体系和掺加大掺量矿物掺合料的普通水泥基胶凝材料两种典型C40混凝土配合比在大体积混凝土实际运用，对比分析两类配合比混凝土温升情况及实体构件中混凝土温度发展规律，为大体积混凝土温度裂缝控制提供参考。

关键词 大体积混凝土；低热水泥；仿真计算；温控监测；桥梁工程

Comparative Study on Temperature Control and Crack Prevention of Low-Heat Cement and Ordinary Cement for Mass Concrete

KANG Xue-yun

（CCCC Second Aviation Engineering Bureau Limited，Wuhan Hubei 430000，China）

Abstract Taking the large-volume concrete structure of the tower bearing platform in Changtai Yangtze River Bridge as a typical component，by comparing the two typical C40 concrete mixing ratios of low-heat cementitious cementitious system and ordinary cementitious materials mixed with increased mineral admixture，the temperature rise of the two types of concrete and the development law of concrete temperature in solid components were comparatively analyzed，which provided a reference for the temperature crack control of large-volume concrete.

Keywords Large-volume concrete；low-heat cement；simulation calculations；temperature control monitoring；bridge engineering

1 引言

大体积混凝土的温控防裂问题备受关注。低水化热胶凝体系配合比、施工温度控制、养护工艺控制是避免混凝土温度裂缝的主要措施，目前工程已经形成了比较成熟的技术标准和施工控制方案。低水

作者简介：康学云（1983—），男，本科，重庆交通大学，研究方向：大跨径桥梁施工管理。

化热胶凝体系(PLH)配合比设计是大体积混凝土温控防裂技术的关键,因其水化放热速率慢、放热量低、早期强度较低、收缩值小等特点,能很好地适用于水利坝体结构低强度等级长龄期强度的设计要求,在水利工程中有较多应用。目前,桥梁工程中大体积混凝土配制以掺加大掺量矿物掺合料的普通水泥基胶凝(PO)材料方案为主。

2 项目概况

常泰长江大桥主航道桥采用(142 +490 +1176 +490 +142)m =2440m 双层斜拉桥,主塔采用沉井基础,主塔设计总高352m,其中承台平面尺寸为77.0m ×39.8m,结构高8m,混凝土强度等级为C40,方量为20614m^3,自下而上分为三次浇筑,第一次浇筑完成隔舱预留1.8m 高的井壁混凝土及0.7m 高的承台,混凝土顶面高程与盖板齐平,方量为2321m^3;第二次浇筑高度2.5m,混凝土方量为6812m^3;第三次承台浇筑高度4.8m,混凝土方量为13333m^3。

3 混凝土配比

现场拟采用低热水泥体系PLH 混凝土及桥梁工程中常用PO 混凝土配合比,水泥技术指标见表1,两种配合比见表2。

水泥技术指标 表1

品种	比表面积(m^2/kg)	标准稠度用水量(%)	凝结时间(min)		抗折强度(MPa)			抗压强度(MPa)		
			初凝	终凝	3d	28d	90d	3d	28d	90d
PLH42.5	288	25.6	249	319	3.6	7.9	10.2	14.6	47	66.3
PO42.5	337	26.8	190	302	4.6	8.7	—	22.3	51.3	—

低热水泥体系PLH 及普通水泥体系PO 混凝土配合比(单位:kg/m^3) 表2

编号	水泥	粉煤灰	矿粉	抗裂剂	砂	碎石	水	减水剂
PLH	248	120	0	32	776	1116	152	4.8
PO	189	105	126	0	730	1100	147	4.2

图1 为PLH 混凝土及PO 混凝土力学性能试验结果,可以看出:PLH 混凝土3d、7d 的抗压强度明显低于同期PO 混凝土的抗压强度,28d PLH 混凝土与PO 混凝土抗压强度分别为44.5MPa、43.2MPa,60d 两者抗压强度相当;3d、7d 的PLH 混凝土劈拉强度略低于PO 混凝土劈拉强度,28d 两者劈拉强度相当。PLH 混凝土中虽然水泥比例较高,但低热水泥以C2S 为主,早期强度远低于同期C3S 的强度,且PLH 胶凝材料颗粒细度相对较大,因此混凝土早期强度增长较慢,后期强度增长较快,后期强度与PO 混凝土相当。

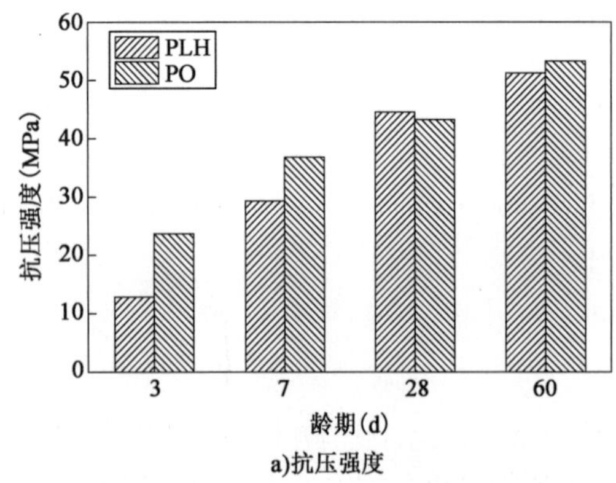

a)抗压强度

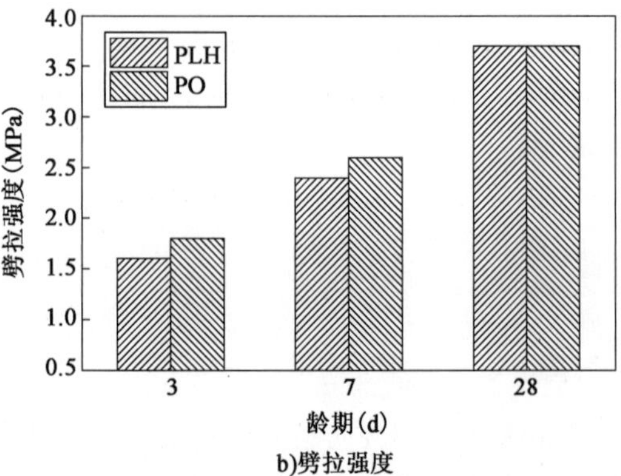

b)劈拉强度

图1 PLH 混凝土及PO 混凝土力学性能

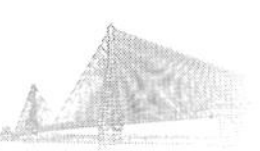

图2为两种混凝土绝热温升试验结果,可以看出:PLH混凝土与PO混凝土绝热温升在60h之前均温升较快,而后趋于平缓;两者7d时的绝热温升值分别为35.78℃和42.50℃,前者较后者低6.72℃;两种混凝土温升速率存在显著差异,PLH混凝土最大温升速率约为0.69℃/h,大约发生在24h,PO混凝土最大温升速率约为1.80℃/h,大约发生在12h,前者温升速率相比后者更加平缓。

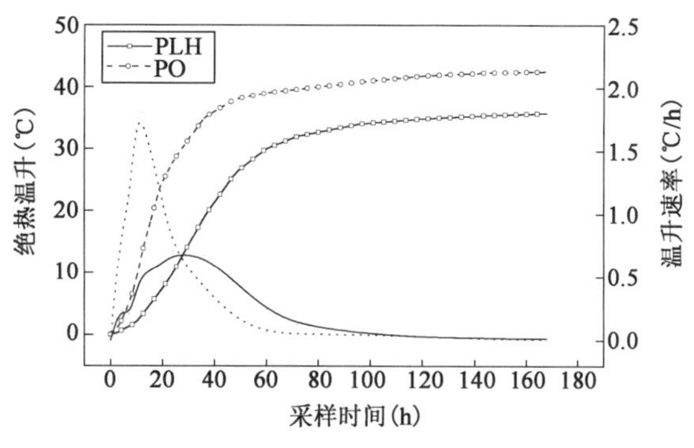

图2 PLH及PO混凝土绝热温升曲线

4 温控措施

现场温控主要采用入模温度控制、表面保温、混凝土内部铺设冷却水管等措施,PLH混凝土及PO混凝土主要温控措施及工况见表3。其中,PO混凝土沿层高方向布置4层冷却水管,层间距为0.8m,PLH混凝土沿层高方向布置5层冷却水管。为降低PLH混凝土由于浇筑过长带来的影响,其底部水管层高进行优化加密布置,底部层高1.5m范围内水管层布置间距为0.5m,层高1.5~4.8m范围内水管层布置间距为1.0m,各层冷却水管在被覆盖后即开启冷却水管通水。PLH混凝土浇筑完成后,表面覆盖一层塑料薄膜保湿,终凝后采用冷却水管出水蓄水养护,蓄水深度大于10cm,凿毛期覆盖塑料薄膜并加盖10mm采用橡塑海绵覆盖保温养护,侧面采用钢模板带模并粘贴橡塑海绵保温;PO混凝土浇筑完成后,顶面覆盖一层塑料薄膜保湿,终凝后采用冷却水管出水蓄水养护,蓄水深度大于20cm,侧面为钢围堰。

温控构件主要温控措施　　表3

项目	PLH混凝土	PO混凝土
入模温度(℃)	29.5~31.5	31.1~34.5
构件层高(m)	4.8	4.0
浇筑方量(m^3)	约13333	约5175
水管直径(mm)	ϕ40	ϕ40
水管水平间距×竖直间距	0.8m×(0.5m×2+1.0m×3)	0.8m×(0.8m×4)
混凝土初凝时间(h)	约25	约20
浇筑速度	约0.4m/5h	约0.4m/4h

5 温度监测

温度监测采用智能无线数据收集、数据处理平台、在线平台报警及推送等方式,每1h采集一次数据,PLH混凝土测点层布置于距混凝土底面2.5m高度处,PO混凝土测点层布置于距混凝土底面2.0m高度处。图3为PLH混凝土和PO混凝土监测的内部最高温度、表面温度、内表温差及断面加权平均温度等混凝土特征温度随时间变化的规律,图4为混凝土温度变化规律。

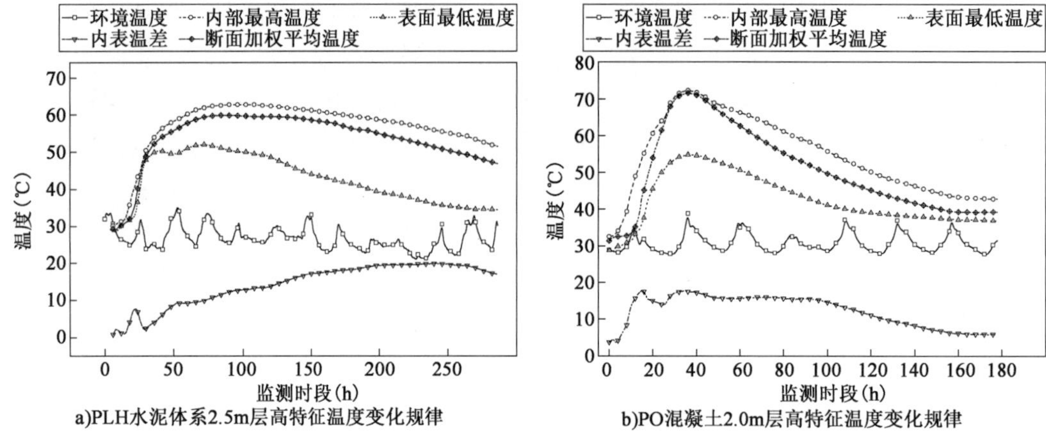

图3　混凝土特征温度变化规律

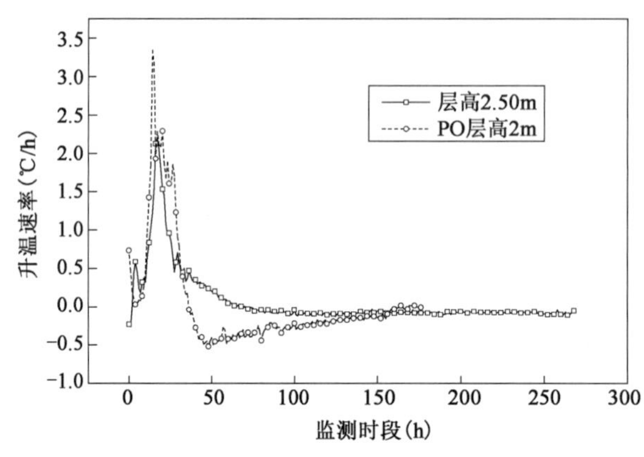

图4　混凝土温度变化规律

由图3、图4可以看出：

(1)PLH混凝土与PO混凝土内部最高温度曲线在早期快速上升，主要由于此阶段混凝土水化放热量远大于冷水管所带走的热量，热量在混凝土内部快速累积，两者分别在覆盖测点后84h、41h达到最大值62.5℃、72.6℃，混凝土温升值分别约为31℃和39℃。温峰过后，PLH混凝土及PO混凝土内部最高温度均曲线表现为缓慢下降，前者相比后者温度下降明显更加缓慢。

(2)PLH混凝土与PO混凝土表面最低温度曲线发展趋势表现为先升高后降低，两者分别在覆盖测点后71h、37h达到最大值52.0℃、54.8℃，随后缓慢降低，而后分别在250h、120h左右稳定在35.5℃、39.0℃左右，表面点温度曲线较为平缓，没有受环境温度波动的影响，表明混凝土表面保温层效果良好。

(3)PLH混凝土内表温差在覆盖测点呈缓慢扩大趋势，248h达到最大值19.8℃，而后开始缓慢减小，至286h监测结束时内表温差为17.0℃，PO混凝土内表温差在覆盖测点后33h达到最大值17.6℃，而后维持一段时间后开始快速缩小，至178h监测结束时内表温差为5.9℃。

(4)PLH混凝土与PO混凝土断面加权平均温度升温速率曲线在覆盖测点后开始迅速上升，分别在19h、15h时达到最大值2.36℃/h和3.34℃/h，而后开始快速下降，分别至74h、35h时为0℃/h和0℃/h，PO混凝土断面加权平均温度升温速率在48h时达到最小值-0.52℃/h，然后缓慢上升，PLH混凝土在温降期升温速率稳定在-0.08℃/h左右。

6　结语

本文比较分析了低热水泥胶凝体系(PLH)与大掺量矿物掺合料的普通水泥基胶凝体系(PO)两种典型配合比在大体积混凝土构件中的实际应用，主要得到结论如下：

(1)PLH 混凝土在 3d、7d 时的抗压强度明显低于 PO 混凝土抗压强度,28d 之后两者抗压强度相当;PLH 混凝土相比 PO 混凝土具有放热慢、放热速率低、温升值低的特点。

(2)通过对混凝土凝结时间的调控及浇筑速度控制,水管层高布置的优化,进一步降低浇筑时间过长对混凝土温控产生不利的影响。

(3)温升期 PLH 混凝土到达温峰时间相较 PO 混凝土有明显推迟,PLH 混凝土温升值更低。PO 混凝土断面加权平均温度表现为"急升急降"的特点,PLH 混凝土断面加权平均温度表现为"缓升缓降"的特点,PLH 混凝土水化放热特性有利于利用冷却水管更好地把热量带出,有利于混凝土最高温度、内表温差、断面降温速率等关键指标控制。

参考文献

[1] 李金奎,张强. 大体积海工混凝土温升及裂缝控制[J]. 混凝土,2019(10):155-160.

[2] 徐波,王德亮,刘帅,等. 深中通道西人工岛现浇隧道大体积混凝土控裂技术[J]. 中国港湾建设,2021,41(5):24-27.

[3] 徐红. 地铁大体积混凝土结构裂缝防控[J]. 混凝土,2020(8):147-150.

[4] 刘慧娴. 低热硅酸盐水泥在海工混凝土中的应用研究[D]. 广州:广州大学,2019.

[5] 牛运华,潘洪月,刁兰云,等. 乌东德大坝低热水泥混凝土温控防裂效果研究[J]. 水电能源科学,2020,38(5):98-100.

[6] 殷海波,王述银,蒋科,等. 白鹤滩导流洞工程中低热硅酸盐水泥的应用研究[J]. 混凝土,2017(12):71-74.

[7] 王鹏飞,刘有志,樊亦林,等. 低热水泥混凝土在特高拱坝中应用的可行性分析[J]. 水利水电技术,2018,49(9):191-198.

[8] 杨辉,李北星,倪嵩,等. 主塔墩承台 C35 大体积混凝土配合比设计与性能研究[J]. 混凝土,2020(5):94-97.

[9] 刘力,湛文涛,王欢,等. C40 低温升抗裂大体积混凝土设计制备及其性能研究[J]. 混凝土,2019(3):106-110,114.

[10] 吕鹏飞,吴勇. 高贝利特水泥(HBC)性能试验研究与应用[J]. 人民长江,2010,41(18):67-70.

超大跨径公铁两用斜拉桥纵向限位约束体系及其影响研究

郭日强[1,3]，李　宁[2]，唐　绪[3]，沈锐利[3]

(1. 中铁大桥勘测设计院集团有限公司,湖北武汉　430056;
2. 江苏省交通工程建设局,江苏南京　210004;
3. 西南交通大学土木工程学院,四川成都　610031)

摘　要　由于超大跨径公铁两用斜拉桥的控制荷载为极限纵风与温度荷载,而两者所需的适宜约束体系是相矛盾的,为寻找纵向静风及温度作用下较为适用的纵向约束体系,研究不同约束形式对结构位移及反力影响;以常泰过江通道工程主航道桥为背景,采用非线性有限元理论,结合各体系及荷载的特点,提出在主梁上增设限位装置的纵向限位约束体系,分析不同结构体系在纵向风、温度、活载作用下纵向位移及反力结果差异。研究结果表明:从极限纵风及温度荷载出发,纵向限位体系是较为合理的纵向约束体系,与半飘浮体系相比,减小了纵风荷载作用下结构纵向位移、塔底面内弯矩;与固结体系相比,削弱了温度作用的影响,减小了塔底纵向剪力及面内弯矩。较为合理的纵向限位间隙为刚好释放温度荷载所产生的主梁纵向变形。限位间隙可采用黏滞阻尼器的设计方法,对脉动风、刹车和地震引起的动荷载相当于固结体系,对温度、纵向静风则相当于限位约束。

关键词　公铁两用桥梁;超大跨径;斜拉桥;纵向约束体系;限位约束;限位间隙

Research on Longitudinal Limit and Constraint System of Super-Long Span Road-Rail Cable-stayed Bridge and Its Influence

Guo Ri-qiang[1,3], Li Ning[2], Tang Xu[3], Shen Rui-li[3]

(1. China Railway Major Bridge Reconnaissance & Design Institute Co., Ltd., Wuhan 430056, China;
2. Jiangsu provincial transportation engineering construction bureau, Nanjing 210004, China;
3. School of Civil Engineering, Southwest Jiaotong University, Chengdu 610031, China)

Abstract　The control load of the super long-span road-rail dual-use cable-stayed bridge are longitudinal wind and temperature load, the appropriate restraint systems required by the two are contradictory. In order to

基金项目:2019 年度交通运输行业重点科技项目清单(2019-MS1-011)基金。

作者简介:郭日强(1992—),男,助理工程师,硕士,研究方向:超大跨径桥梁结构分析。

find the more suitable longitudinal restraints under the action of longitudinal static wind and temperature System, to study the influence of different restraint forms on structural displacement and reaction; Taking the main channel bridge of the Changtai River Crossing Project as the background, using nonlinear finite element theory, combining the characteristics of each system and load, Proposed a longitudinal limit constraint system with additional limit devices on the main beam, and analyzed the difference in the results of longitudinal displacement and reaction force of different structural systems under longitudinal wind, temperature and live load. The results show that in terms of extreme longitudinal wind and temperature load, the longitudinal limit system is a more reasonable longitudinal restraint system, compared with the semi-floating system, it reduces the longitudinal displacement of the structure under the longitudinal wind load and the in-plane bending moment of the tower bottom. compared with the consolidated system, it weakens the effect of temperature and reduces the longitudinal shear force of the tower bottom and the in-plane bending moment. The more reasonable longitudinal limit gap is the longitudinal deformation of the main beam caused by just releasing the temperature load. A design method of using viscous dampers for the limit gap is proposed, which is equivalent to a consolidated system under the action of dynamic loads caused by pulsating wind, braking and earthquakes, and equivalent to limit constraints under the action of temperature and longitudinal static wind.

Keywords Road-rail bridge; super long span; cable-stayed bridge; longitudinal restraint system; limit restraint; limit gap

1 引言

世界上已建成的超大跨斜拉桥结构体系,既有飘浮体系,又有塔梁固结体系,还有的在常规结构体系上增加特殊约束装置。超大跨径斜拉桥具有极限纵风荷载巨大、温度作用下主梁变形较大的特点,从顺桥向抗风性能角度出发,添加主梁纵向约束是较理想的结构体系,但若直接采用固结体系,温度变化将对结构内力产生较大影响;仅从温度作用效应出发,半飘浮体系是较为合理的纵向约束体系,但极限纵风作用下将产生较大的梁端位移、塔底弯矩。塔梁固结体系通过约束主梁纵向位移,可以提高结构整体刚度,降低主梁上纵风荷载在桥塔上的传力高度,从而减小纵风荷载下塔顶及梁端纵向位移,降低塔底面内弯矩。但固结体系在温度变化作用下主梁变形受到约束,将在桥塔上产生较大的纵向推力,从而产生较大的塔底面内弯矩;半飘浮体系中的极限纵风荷载大部分直接通过斜拉索传递到上塔柱,因此会产生较大的梁端、塔顶纵向位移及塔底面内弯矩。也就是说,纵风与温度作用所需的约束体系是相矛盾的。

大跨径斜拉桥应选择能够有效改善结构受力的合适的结构体系。合理的纵向约束体系应与总体布置、结构特性相匹配,不仅应降低极限风荷载产生的塔底弯矩以及结构纵向位移,而且受温度荷载影响不应过大。因此,可以从约束极限纵风荷载下主梁纵向位移并释放温度作用后主梁变形影响的约束方式出发,探究较为合理的约束体系。

本文以常泰长江大桥主航道桥为背景工程,从半飘浮体系与固结体系中纵向风荷载及温度荷载的作用效应出发,提出了纵向限位约束体系,通过对比不同限位间隙取值对结构纵向位移及受力的影响,寻找较为适宜的限位间隙范围。分别对半飘浮体系、固结体系及纵向限位约束体系在温度、纵风、组合荷载及活载作用下的内力、纵向位移进行对比,分析纵向限位体系的适用性。

2 结构设计参数及约束体系

2.1 结构模型

常泰长江大桥主航道桥为跨径组合(142 +490 +1176 +490 +142)m 的双塔双索面双层公铁两用斜拉桥,结构整体布置如图 1 所示。初设方案主梁采用双层桥面板桁组合钢梁结构,采用“N”形桁式,桁宽 35m，高 15.5m，斜拉索锚点位于主梁两侧。公路桥面采用 6cm 厚的铺装层，铁路桥面采用道砟桥面。主塔采用平面钻石塔，泰兴侧和常州侧桥塔塔底高程为 +7.0m，两侧塔高均为 336m，主梁横断面及桥塔剖面如图 2 所示。斜拉索布置采用扇形双索面，梁上标准索距为 14m，塔上标准索距为 2.8m，采用 2000MPa 级高强度耐久型平行钢丝索。上、下游各布置 156 根斜拉索，两桥塔塔柱上各有 39 个锚固点，每个锚固点连接 4 根斜拉索。边墩和辅助墩采用空心双柱门式框架墩。主梁顺桥向共 6 个位置设支承，分别在主梁左端、左辅助墩、左塔下横梁、右塔下横梁、右辅助墩、主梁右端。

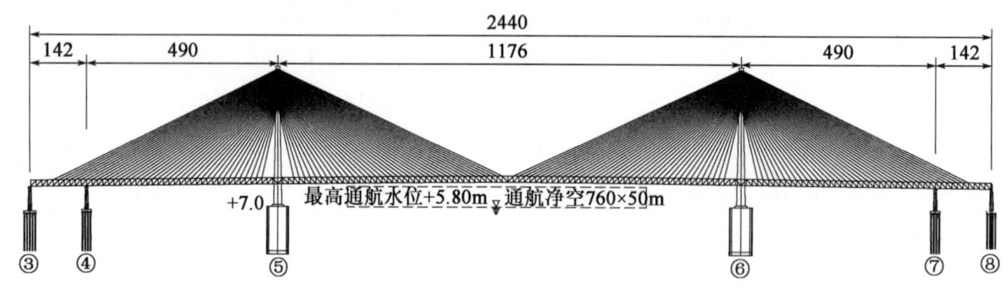

图 1　整体布置图（尺寸单位：m）

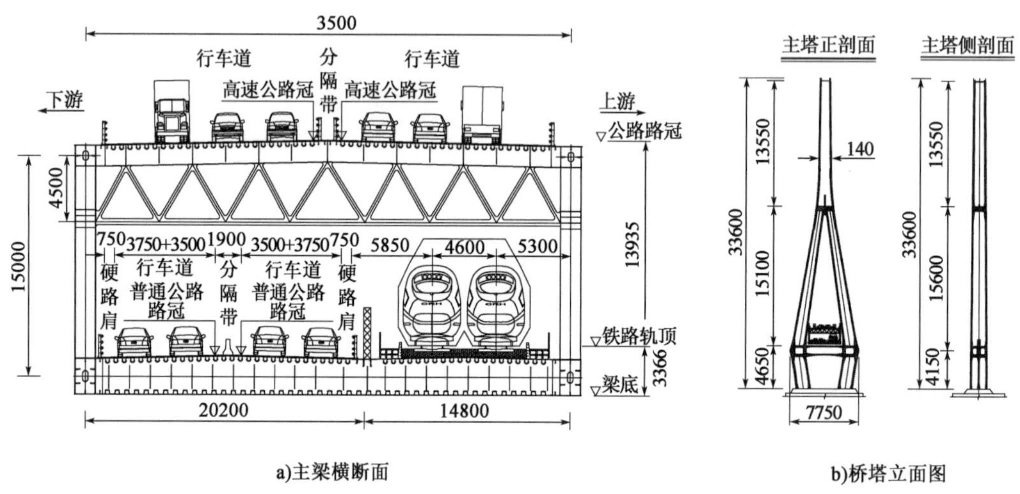

a)主梁横断面　　b)桥塔立面图

图 2　结构断面图（尺寸单位：mm）

2.2　荷载

由于在大跨径斜拉桥中纵风荷载值较大、主梁较长，故纵向风与温度变化对结构内力、纵向位移会产生较大的影响，因此在对结构体系的静态分析中，应分别采用纵向风、温度及二者荷载组合作用作为控制荷载。而且超大跨径公铁两用斜拉桥的合理结构体系尚应考虑活载作用的影响，各荷载取值方法如下。

纵向风：纵向风荷载取值按照《公路桥梁抗风设计规范》（JTG/T 3360-01—2018）计算，有车风按照铁路桥面 $V_Z = 25\text{m/s}$ 统一考虑；桥址处设计基本风速取为 $V_{S10} = 31.83\text{m/s}$。经计算，纵向运营风与纵向极限风作用下，结构内力、位移变化比例一致，力的传递及分配方式不变。将作用在斜拉索、桥塔及主梁上的纵向风荷载总量求和，结果见表 1，可以看出主梁上的风荷载占比最大。由于纵向极限风荷载较大，应为控制荷载，故下面的计算分析从纵向极限风作用效应出发，所讨论的纵风荷载即为纵向极限风。

作用在各构件上的纵风荷载（单位：kN）　　表 1

荷载种类	斜拉索	左塔	右塔	主梁
运营风	5095	5362	5362	14273
极限风	13038	13722	13722	36526

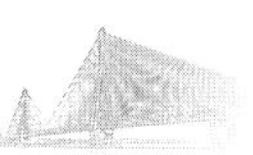

温度:温度荷载按桥塔升降温22℃、主梁及斜拉索升降温30℃计算。

活载:包括上层桥面公路荷载、下层桥面公路荷载、下层桥面列车荷载。

(1)公路汽车荷载:主梁上层设计为六车道高速公路,满载按八车道公路—Ⅰ级计算;主梁下层设计为四车道城市快速路,按照公路—Ⅰ级车道荷载计算。

(2)下层列车荷载:下层列车荷载按2线等效ZK荷载加载,加载长度按到发线有效长度650m减前后各50m安全距离得到为550m。

2.3 纵向约束体系

为探究对于超大跨径公铁两用斜拉桥较为适用的纵向约束体系,分别考虑桥塔处主梁纵向不约束的半飘浮体系、桥塔处塔梁固结的固结体系及纵向限位体系。各体系的约束方式仅在桥塔处存在差异,而其余四处支承均仅约束主梁竖向与横向位移,如图3所示。其中纵向限位体系在桥塔处添加主梁限位装置,当主梁纵向位移不超过限位间隙值时,主梁纵向变位不受约束,当主梁纵向位移超过限位间隙值时,由于限位装置的阻挡作用,主梁纵向位移受到限制。

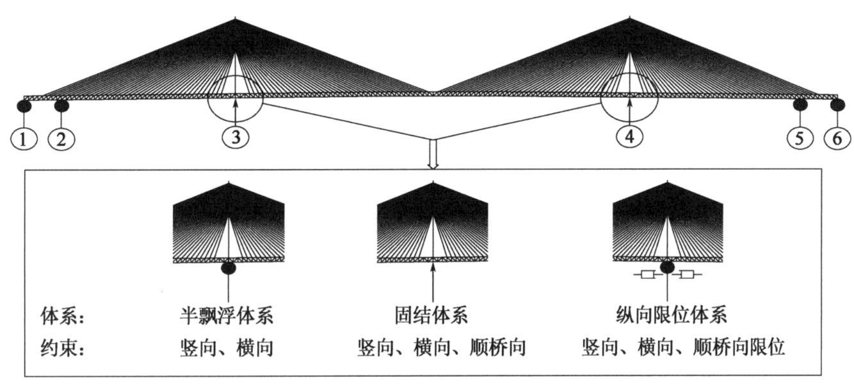

图3 结构纵向约束

2.4 计算模型

计算软件采用有限元计算软件midas Civil,主梁及桥塔采用梁单元模拟,斜拉索用索单元模拟,塔底固结,主梁边墩与辅助墩处支座按照结构体系实际支承方式模拟,约束主梁横向及竖向位移,主梁在塔横梁处的支座按照实际支承方式采用主从约束的方式模拟竖向与横向约束,采用自定义的折线弹性连接(达到限位间隙前,主梁纵向不受约束,达到限位间隙时,主梁纵向位移被塔横梁限制)模拟主梁纵向限位约束。主梁纵向限位设置在左、右塔下横梁处,考虑到温度分为升、降温荷载,每个桥塔左右两侧对称布置同等大小的纵向限位间隙。考虑成桥状态斜拉索、主梁、桥塔的结构初始内力影响,以及结构几何非线性影响。

3 各纵向约束体系及计算

3.1 合理限位间隙

合理的限位间隙应不仅能降低结构在单一荷载工况下的位移、反力,在荷载组合作用下应同样具有位移不过大、塔底反力等较小的效果。现通过对比不同主梁限位间隙结构在纵向极限风、温度变化与二者荷载组合作用下的最大梁端位移、塔底反力,探究较为合理的主梁纵向限位间隙范围。

半飘浮体系在升温作用下桥塔处主梁纵向位移为0.206m,将此限位间隙定为$\Delta1$;纵向极限风作用下桥塔处主梁纵向位移1.288m,将此限位间隙定为$\Delta2$;在纵向极限风与升温组合作用下桥塔处主梁纵向位移1.493m,将此限位间隙定为$\Delta3$。不同限位间隙的纵向限位体系在荷载组合作用下梁端位移、塔底反力变化趋势如图4所示。

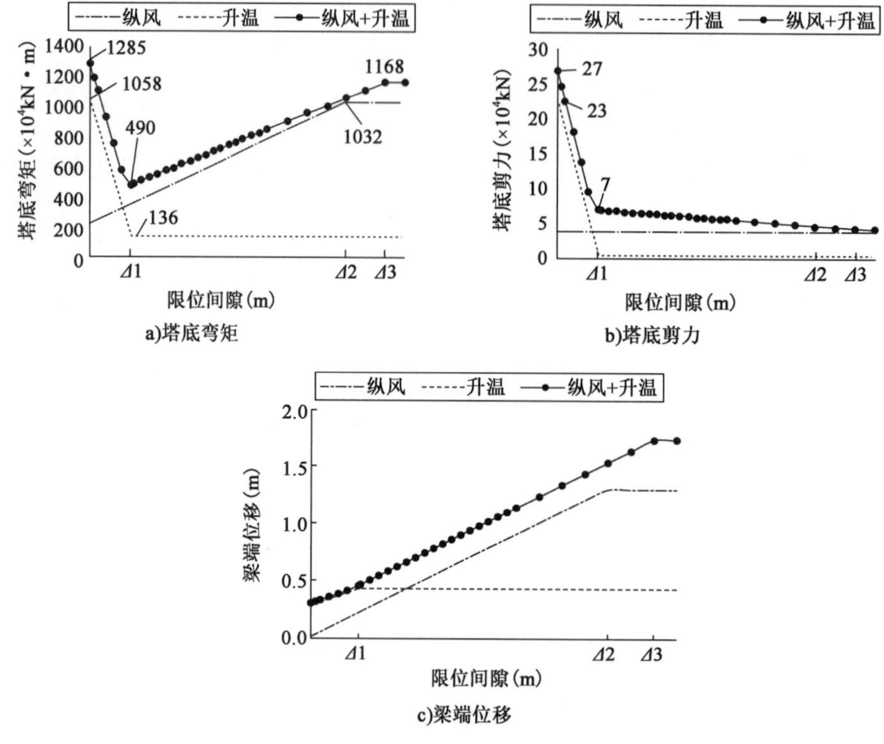

图4　位移反力计算结果

弯矩:在纵向限位间隙小于Δ1时,塔底弯矩主要由升温作用产生,随限位间隙的增加荷载组合作用下塔底面内弯矩逐渐减小;当限位间隙大于Δ1后,塔底面内弯矩主要受纵风荷载影响,随限位间隙增大塔底弯矩线性增加。

塔底剪力:在纵向限位间隙小于Δ1时,升温作用将在塔底产生较大纵向剪力,随限位间隙增加纵向剪力急剧减小,之后塔底纵向剪力变化趋于平缓。

梁端位移:当纵向限位间隙处于Δ1之前,主梁纵向位移随限位间隙变化趋势不明显,当纵向限位间隙大于Δ1后,主梁纵向位移随限位间隙增加呈线性增长。

综上,将限位支座的限位间隙设为Δ1最为合理,此时恰好对应于完全释放温度荷载作用下的主梁纵向变形,即仅限制超出温度荷载所对应的主梁最大变形量。此时,塔底剪力及梁端纵向位移较小,塔底弯矩取极小值。

3.2　各约束体系对比

在温度、极限纵风及二者荷载组合作用下,固结体系、纵向限位体系与半飘浮体系的结构纵向位移、塔底反力计算结果如图5、图6所示。

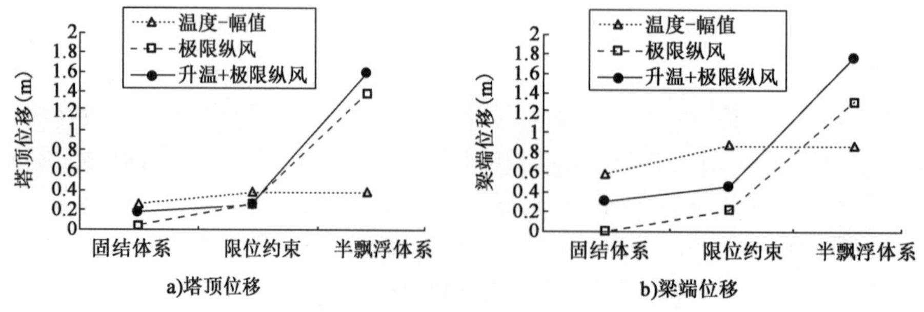

图5　位移结果对比

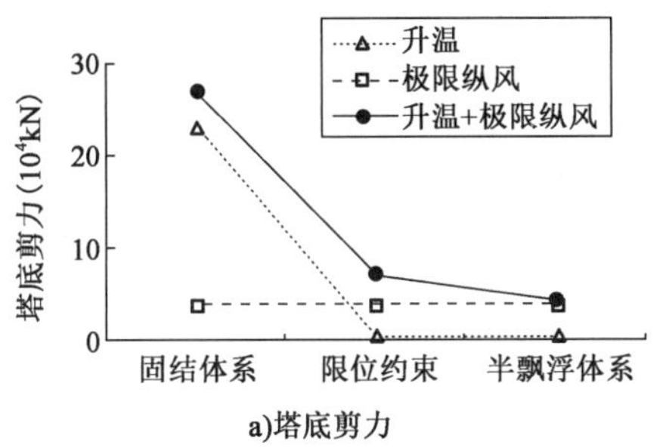

a)塔底剪力

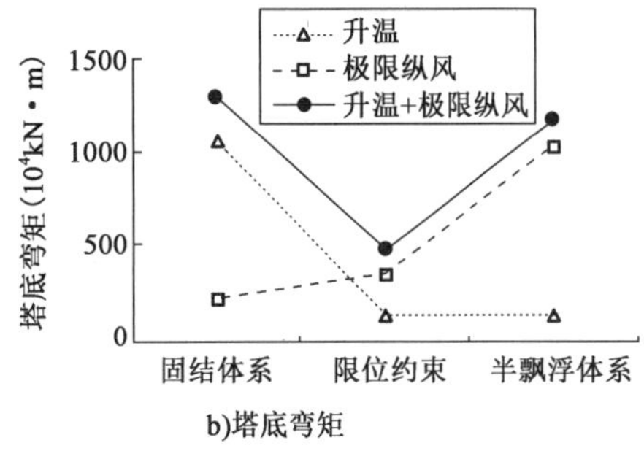

b)塔底弯矩

图6 塔底反力结果对比

图5中温度-幅值表示升温与降温两种工况下所产生位移结果的差值。由图5可知,三种结构体系由温度荷载产生的纵向位移差异较小,位移差异主要由纵风荷载产生,增加主梁纵向限位约束可以有效减小结构纵向位移。在纵向极限风与升温组合作用下纵向限位体系的塔顶纵向位移为半飘浮体系计算结果的16%,梁端纵向位移为半飘浮体系计算结果的26%。

由图6可知,三种体系的塔底纵向剪力差异主要由温度荷载产生,在纵向极限风与温度组合作用下纵向限位体系塔底纵向剪力为固结体系的26%;固结体系的塔底面内弯矩主要由温度荷载产生,即温度为控制荷载,半飘浮体系的塔底面内弯矩主要由纵风荷载产生,故风荷载为控制荷载,而在主梁上增加纵向限位约束均可削弱两种体系中控制荷载的影响效果。在纵向极限风与温度组合作用下纵向限位体系塔底面内弯矩为半飘浮体系计算结果的42%,为固结体系计算结果的38%。

荷载分项及组合作用下,三种体系桥塔面内弯矩如图7所示。荷载组合作用下,固结体系及半飘浮体系的桥塔塔身弯矩均较大,固结体系的塔身弯矩主要由温度荷载产生,由于下横梁处的主梁固定约束,在温度荷载作用下将产生较大的纵向反力,导致下塔柱面内弯矩的突增;而半飘浮体系的塔身弯矩主要由纵风荷载产生,纵向风荷载将直接通过斜拉索传递到上塔柱,导致塔身弯矩较大;采用限位约束可以将部分纵风荷载向下传递降低桥塔受力高度,并且可以释放温度作用下的主梁纵向变形,从而有效减小塔身面内弯矩。

由于纵向限位的间隙由升温作用下桥塔处主梁最大纵向位移值确定,即主梁在温度作用下的纵向位移不受约束。因此,在图7a)中升温作用下,限位体系与半飘浮体系桥塔弯矩分布相同。

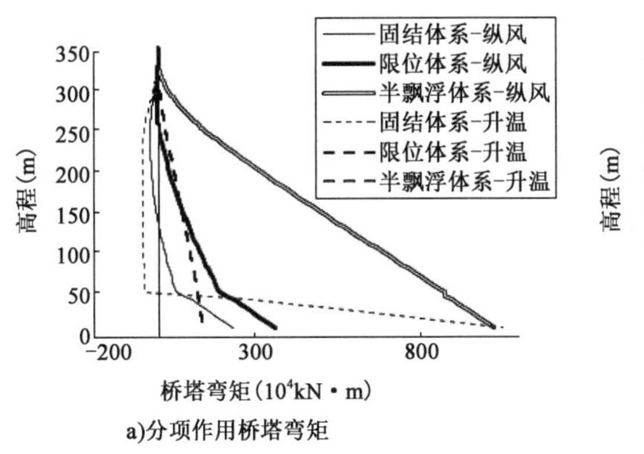

a)分项作用桥塔弯矩

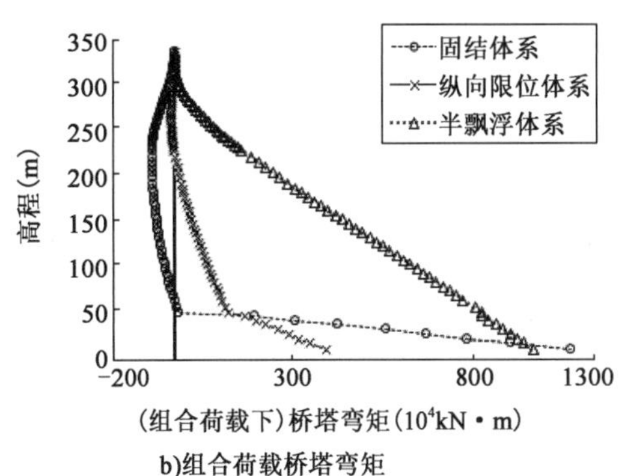

b)组合荷载桥塔弯矩

图7 桥塔弯矩

综上可以看出,设置限位间隙为Δ1的纵向限位支座可以释放温度荷载引起的主梁纵向变形,并约束纵风荷载下结构部分纵向位移。与半飘浮体系相比,限位约束降低了部分纵风荷载的传力高度,从而减小了结构纵向位移、塔底面内弯矩;与固结体系相比,限位约束释放了温度作用下的主梁变形,从而减小塔身所受到的纵向推力及塔底剪力及面内弯矩。

3.3 活载影响效果分析

由于纵向限位体系存在约束非线性,故活载计算需要以手动加载的方式进行计算。考虑到列车荷载为长 556.4m 的连续荷载,因此以列车荷载为例,通过不断改变加载的起始点位置寻找列车荷载作用下结构最大塔底弯矩、梁端纵向位移。经对比纵向限位体系可以有效减小梁端纵向位移,但由于列车荷载下半飘浮体系与固结体系的最大塔底弯矩相差较小,而限位约束对活载的影响效果介于二者之间,因此添加主梁限位约束对活载作用下塔底弯矩反力影响较小,如图 8 所示。

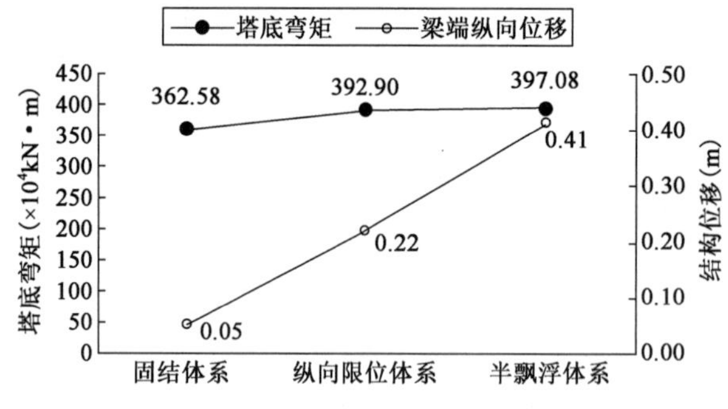

图 8　活载结果对比

4　结语

(1)较为合理的纵向限位间隙值为 Δ1,恰好完全释放温度荷载作用下主梁纵向变形。此时,在荷载组合作用下,塔底剪力及梁端纵向位移较小,塔底弯矩取到极小值。

(2)纵向极限风与温度作用下,纵向限位体系是较为合理的纵向约束体系。与半飘浮体系相比,纵向限位体系降低了部分纵风荷载的传力高度,减小了结构纵向位移、塔底面内弯矩;与固结体系相比,纵向限位体系释放了温度作用下的主梁变形,减小塔底剪力及面内弯矩。

(3)由于所加温度荷载、纵风荷载均为静载且为控制荷载,而活载也是按照静载试算确定的加载位置。因此,可以认为对于超大跨径公铁两用斜拉桥,静载作用下设置主梁纵向限位约束较为合理。

参 考 文 献

[1] 张常勇,王文斌,姚宗健. 大跨度斜拉桥顺桥向阻尼约束体系研究[J]. 桥梁建设,2014,44(6):75-80.

[2] 徐利平. 超大跨径斜拉桥的结构体系分析[J]. 同济大学学报(自然科学版),2003,31(4):400-403.

[3] 龚志刚. 香港昂船洲大桥主桥工程简况[J]. 世界桥梁,2004(4):21.

[4] 裴岷山,张喜刚,洪袁,等. 苏通大桥主桥结构体系研究[J]. 公路,2009(5):24-27.

[5] 陈倩茹,马如进,陈艾荣. 千米级斜拉桥纵向风作用适宜体系研究[J]. 结构工程师,2009,25(5):45-49.

[6] 严国敏. 现代斜拉桥[M]. 成都:西南交通大学出版社,1996.

[7] VIRLOGEUX M. Recent Evolution of Cable-Stayed Bridges[J]. Engineering Structures,1999(21):737-755.

[8] MANABU I. Supporting devices of long span cable-stayed bridge girder[A]. Innovative Large Span Structures[C]. Toronto:IASS-CSCE,1992:25-30.

[9] 刘明虎,李贞新,李国亮. 港珠澳大桥青州航道桥结构约束体系研究与设计[J]. 桥梁建设,2013,43(6):76-81.

超大跨径斜拉桥横桥向恒载非对称力学行为研究

苑仁安[1],张明金[2],郑清刚[1],傅战工[1],喻济昇[1]

(1. 中铁大桥勘测设计院集团有限公司,湖北武汉　430050;
2. 西南交通大学土木工程学院,四川成都　610031)

摘　要　为了研究横桥向非对称恒载对大跨径斜拉桥受力行为的影响,以常泰长江大桥为工程背景,对横桥向非对称恒载桥梁结构的力学行为进行分析,并提出了合理的控制措施以实现理想的成桥状态。针对横桥向非对称恒载的斜拉桥结构,提出了一种索力快速优化的方法;提出采用上下游索力不对称和降低铁路二期恒载的措施解决横桥向不对称恒载引起的主梁扭转、主塔偏位问题,实现了合理的成桥状态。结果表明:通过上下游索力不对称可以有效地控制主梁扭转,斜拉索顺桥向不平衡分力和横桥向不平衡分力产生的横桥向弯曲变形大小基本一致,方向相反,有利于降低主梁横桥向弯曲变形;通过减小横桥向不对称恒载的差值可以有效地控制主塔横桥向偏位。

关键词　大跨径斜拉桥;横桥向非对称恒载;力学行为;横桥向变形;合理成桥状态

Research on Mechanical Characteristics of Super-Long-Span Cable-Stayed Bridge with Transverse Asymmetrical Load

YUAN Ren-an[1],ZHANG Ming-jin[2],ZHENG Qing-gang[1],FU Zhan-gong[1],YU Ji-sheng[1]

(1. China Railway Major Bridge Reconnaissance & Design Institute Co.,Ltd.,
Wuhan 430050,China;
2. School of Civil Engineering,Southwest Jiaotong University,Chengdu 610031,China)

Abstract　In order to study the influence of transverse asymmetrical load on the mechanical characteristics of long-span cable-stayed bridges,with the Changtai Yangtze River Bridge as the engineering background,the mechanical characteristics are analyzed, and the reasonable control measures are proposed to realize the reasonable finished state. Firstly,a fast and accurate method to determine the cable force is proposed for the cable-stayed bridge with transverse asymmetrical load. Secondly,the measures of asymmetrical cable forces and reducing the secondary dead load of the railway side are used to control the girder torsional deformations and the tower lateral displacements caused by the transverse asymmetrical load. The results show that the girder torsional deformations can be effectively controlled by the asymmetrical cable forces. The transverse bending

---

基金项目:国家自然科学基金项目(51708464),国家重点研发计划项目(2018YFC1507800)。

作者简介:苑仁安(1987—),男,高级工程师,博士,研究方向:大跨径桥梁施工控制理论。

deformations generated by the longitudinal and lateral components are nearly equal and opposite in direction, which is beneficial to control the transverse bending deformations of the main girder. The lateral displacements of the tower can be effectively controlled by reducing the difference of the transverse asymmetrical loads.

Keywords Long-span cable-stayed bridge; transverse asymmetry load; mechanical characteristics; transverse deformation; reasonable finished state

1 引言

交通便利性对地区经济发展起到至关重要的作用。随着桥位资源越来越紧张,背负多种交通功能的超大跨径桥梁逐渐成为设计首选的方案之一。公铁合建大跨径斜拉桥在近十年间发展迅速,2009 年天兴洲长江大桥建成,形成了完整的成套公铁合建斜拉桥的建造技术,成为铁路桥梁的一个里程碑工程。2020 年沪苏通长江公铁大桥建成,实现了公铁两用斜拉桥的跨越能力突破千米级,更彰显其里程碑工程风采。目前已建成的公铁合建桥梁均采用横桥向对称布置方案,即公路对称布置于铁路两侧的对称布置方案。但有时受到两岸接线场地的限制,也会采用公路与铁路分别独立布置于主梁上、下游的非对称布置方案。这种非对称的布置方案会导致结构横桥向的恒载不对称,使得大跨径斜拉桥在恒载作用下横桥向的变形和受力均不一致,具体表现为:主梁、主塔发生扭转和横桥向变形,上下游主桁、塔肢受力不一致。

在结构力学行为方面,秦顺全等通过引入单元无应力状态量,用能量法建立了分阶段成形的结构力学平衡方程和线形控制方程,从理论上严密地阐述了成桥内力和位移与成形过程之间的关系,解决了分阶段施工桥梁的安装计算问题,实现了施工中多工序并行作业。许磊平等建立了基于 Timoshenko 梁及平面薄壳单元的分阶段成形的结构力学平衡方程,为二维分阶段施工桥梁的计算分析提供了理论基础。苑仁安等以平面杆单元和平面梁单元为研究对象,建立了考虑几何非线性效应的分阶段成形的结构力学平衡方程,为几何非线性效应的分阶段成形结构计算提供了理论依据。苑仁安等还基于斜拉桥成桥力学特征,为了精准高效地确定斜拉桥目标状态,提出一种新型快速精准调索方法。张清华等为了研究大跨径钢斜拉桥关键构件制造误差在桥梁施工过程中的形成机理和传播特性,建立了误差效应传播方程,并以苏通长江公路大桥为研究对象,阐明了主梁节段无应力角度误差、主梁节段长度制造误差和斜拉索长度制造误差对施工过程中主梁线形、斜拉索索力的影响。谢明志等基于双目标几何控制法建立了施工监控体系,研究了大跨径斜拉桥初始无应力状态量的确定方法、关键构件制造控制、关键构件安装控制等一系列施工控制的关键问题。上述研究均是在横桥向恒载对称的前提条件下开展的,横桥向非对称恒载作用下桥梁受力分析和施工控制技术方面的研究较为少见。

本文以常泰长江大桥为工程背景,对常泰长江大桥在横桥向非对称恒载作用下的结构力学行为进行分析,并依据分析结果提出相应的控制措施,保证结构成桥状态的内力、线形满足设计规范的要求。

2 工程背景

如图 1 所示,常泰长江大桥采用双塔斜拉桥方案,主跨跨径 1176m,孔跨布置为:(142 + 490 + 1176 + 490 + 142) m = 2440m,结构体系采用“温度自适应塔梁纵向约束体系”。主梁采用两片主桁的钢桁梁结构,桁高 15.5m,桁宽 35.0m,桁式采用“N”形桁。主塔采用“钢-混”混合结构空间钻石型桥塔,主塔设计总高 354m。

主梁上层布置六车道高速公路,下层布置双线城际铁路和四车道普通公路。针对下层交通功能的布置形式,提出了如图 2 所示的两种主梁横桥向布置方案。图 2a) 为对称布置方案:该方案上下游主桁力学行为一致,受力简单,设计和施工控制难度小。但接线复杂,两岸土地占用多,且公路行车条件差。图 2b) 为非对称布置方案:该方案下层为公路、铁路分幅布置,接线简单,节约了两岸土地资源,提高了公路行车条件。基于此,该桥采用非对称布置的主梁方案。

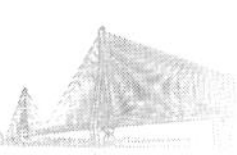

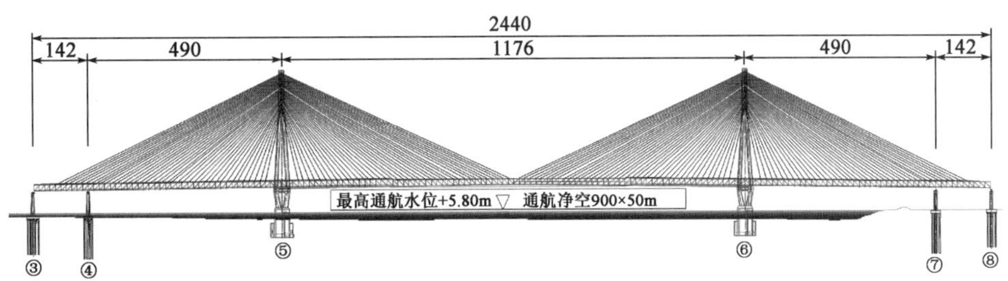

图1 主航道桥桥式布置图(尺寸单位:m)

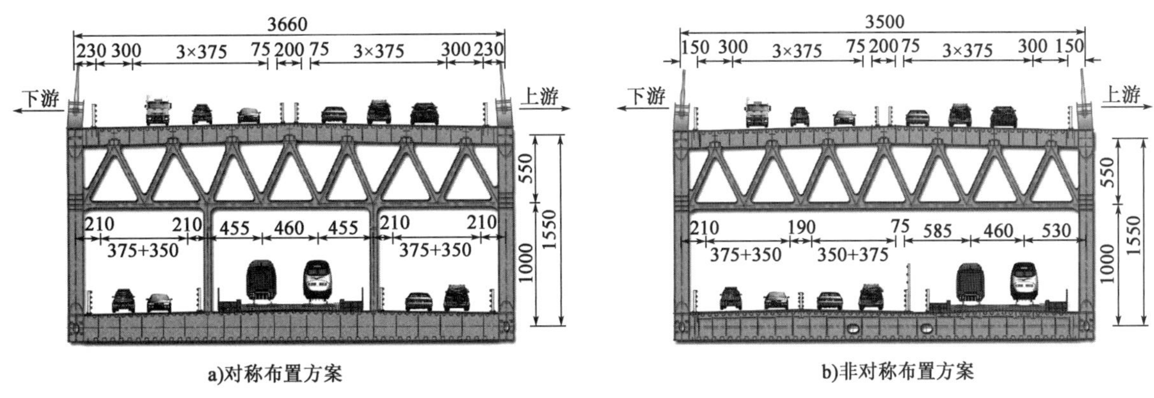

图2 主梁横桥向布置方案(尺寸单位:cm)

主梁横桥向非对称布置方案会使得主梁的恒载在横桥向不对称,具体体现在两个方面。在一期恒载方面:主梁结构上、下游主桁规格相同,下层桥面铁路下方布设4道倒T形纵梁结构,造成上游侧一期恒载比下游侧一期恒载大5kN/m;初步方案中,上下游斜拉索采用不同规格、相同强度级别的平行钢丝,上游侧斜拉索较下游侧斜拉索恒载差值为10kN/m。在二期恒载方面:双线城际铁路速度标准为250km/h,线间距4.6m。初步方案中,铁路道床采用宽度9m、道砟为35cm的常规道床结构,防水结构采用6cm厚的超高性能混凝土(UHPC)结构,计入轨枕、钢轨、员工走道、风水管线等,上游侧铁路二期恒载为150kN/m。下游侧普通公路铺装、护栏等二期恒载为40kN/m,二期恒载上、下游差值110kN/m。综上,上游侧比下游侧恒载大125kN/m。

3 成桥状态力学行为分析

斜拉桥设计的核心是确定出结构的合理成桥状态,即结构在确定的荷载下,通过调整斜拉索索力,实现结构线形和结构内力满足设计要求,且结构状态达到最优的成桥状态。对于横桥向恒载非对称布置的斜拉桥,若是采用上下游索力一致的设计方案,主梁势必会发生扭转变形,经计算:主梁扭转角为0.02rad,上下游主桁竖向线形差值达750mm,主塔塔偏4mm。该设计方案利于主塔结构,但对主梁线形影响很大,经计算不能满足铁路运营要求。

为了使得上、下游恒载相同,提出配重方案。在下层桥面下游侧钢箱内进行配重,经分析,配重方案增加了主塔、主梁、斜拉索及基础用量,工程造价增加约2亿元,该方案不可取。需要从结构力学行为进行研究,解决横桥向恒载非对称布置对结构线形的影响。

3.1 合理成桥状态确定

对于恒载非对称布置的斜拉桥结构,如何确定其满足运营要求的合理成桥状态至关重要,包括成桥应力和成桥线形。由横桥向恒载差引起的结构内力差异可通过采用不同断面的结构构件或不同强度等级的材料较容易地解决,最大的挑战是如何使成桥状态的桥梁线形在横桥向没有高差,符合铁路运营要求。为实现合理的成桥线形,提出以下两种方案。

方案1:通过构件单元无应力长度控制主梁线形。上、下游成桥状态索力相同,依据主梁成桥线形和成桥内力确定出上、下游主桁杆件的不同无应力构形,实现主梁平直状态。该方案上、下游主桁无应力构形存在竖向高差,桥面板需要做成梯形结构,且主梁各板件单元在拼装时很难控制单元之间的连接,基于此,不考虑该方案。

方案2:通过调整上、下游侧斜拉索索力控制主梁线形,解决主梁扭转。该方案需要确定上、下游斜拉索合理的索力比值,其值与主梁的扭心和荷载有关。对于钢桁梁扭心的确定,可将其等效为箱梁结构。

3.1.1 上、下游斜拉索索力比确定

空间桁架结构扭转时,假设其截面几何形状不变,设想将其等效成闭合箱梁截面,在相同的扭矩作用下,它所产生的扭转变形与空间桁架相同。因此,等效模式如下所述:

(1)上下层桥面板考虑U形加劲肋作用。根据闭口薄壁截面扭转式(1),U肋厚度可直接加至桥面板厚度。

$$I_t = \frac{4\Omega^2}{\oint \frac{ds}{dt}} \tag{1}$$

式中:I_t——闭口薄壁截面的抗扭惯性矩;

Ω——闭口截面所围面积的2倍;

s——闭口截面的弧长;

t——闭口截面的厚度。

(2)主桁桁片依据扭转变形等效为薄壁厚度δ。对于桁架扭转,竖杆上方作用竖向剪力V时产生变形Δ,斜杆为轴向变形,上下弦杆为弯曲变形,如图3所示。轴向变形线刚度为EA/l,弯曲变形线刚度为$3EI/l^3$,可知剪力V主要由斜杆承担。腹杆承受扭转等效剪力V,根据剪切变形相同,换算出实腹式薄壁壁厚δ,见式(2)。

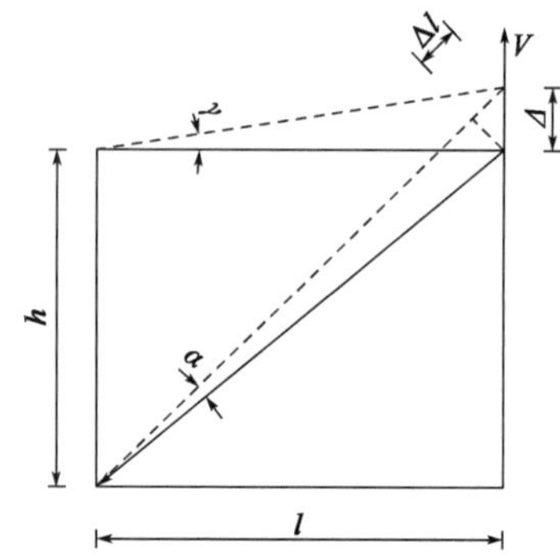

图3 空腹式主桁扭转变形图

$$\delta = \frac{EA\sin^2\alpha \cdot \cos\alpha}{Gh} \tag{2}$$

式中:A——杆件截面积;

E——弹性模量;

G——剪切模量;

α——斜杆与下弦杆的夹角;

h——竖杆的长度;

l——弦杆的长度。

对于中跨侧钢梁斜杆截面积为0.137m^2,等效板厚为9mm。上、下层桥面根据实际的板肋、U肋进行等效,计算出扭心位置距横桥向中心线0.05m,偏上游侧。

将主梁断面横桥向等效为图4所示的简支梁结构,上游侧索力为T_s,下游侧索力为T_x,考虑主梁一期恒载G、上层二期恒载Q_{1g}、下层公路侧二期恒载Q_{2g}、下层铁路侧二期恒载Q_{2t}作用位置,依据索力之和与恒载相等、各个荷载至扭心的力矩之和为0,求出上游侧索力T_s与下游侧索力T_x的比值为1.19。

3.1.2 合理成桥状态索力确定

结合文献[12]"快速精准调索方法",提出针对横桥向恒载非对称布置的斜拉桥结构索力确定方法。上、下游斜拉索索力之和控制主梁竖向位移,上、下游斜拉索索力之比控制主梁扭转。为了精准分析斜拉索的非线性效应对结构力学行为的影响,斜拉索采用悬链线单元模拟。常泰长江大桥合理成桥状态索力确定流程如图5所示。

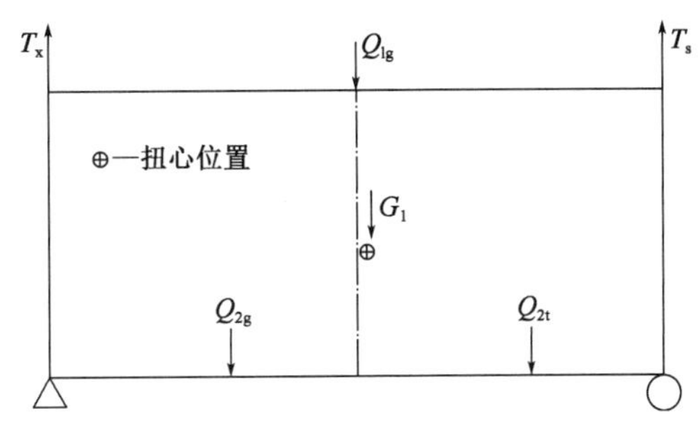

图4　桁架结构横桥向力学模型

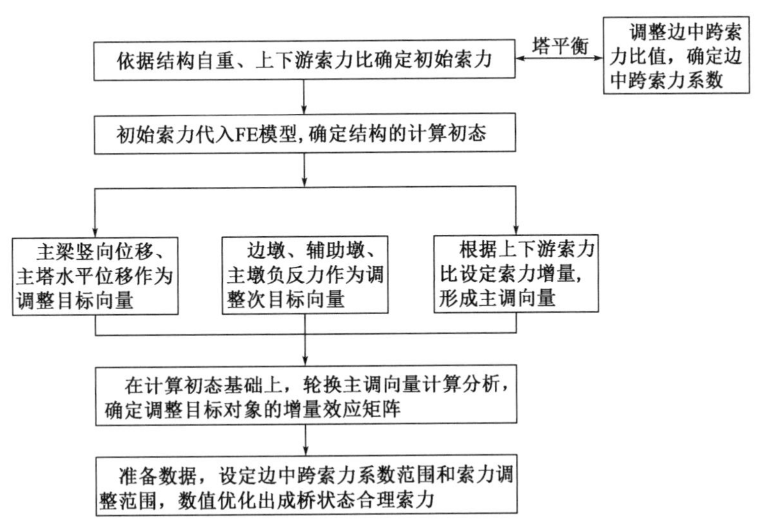

图5　合理成桥状态索力确定流程

在确定斜拉桥合理成桥索力时，合理的目标值与合理的目标对象调整值关系到斜拉索索力值和分布规律，常泰长江大桥合理成桥索力求解时，主要原则如下：

(1)活载对主塔最不利加载工况为中跨加载，由于主塔为空间索塔，边跨侧塔肢为拉力，不利于结构受力。经运营期荷载检算，成桥状态时主塔在顺桥向方向向边跨侧偏移10cm以上，边跨侧塔肢预存一定压力，保证运营期受力合理。

(2)边中跨索力比值依据主塔受力确定，无法保证边中跨主梁同时达到梁平状态。中跨侧主梁通过索力确定梁平状态，边跨侧主梁通过边中跨索力系数设定范围值0.99～1.01和主梁预制拱度，确定边跨侧主梁处于梁平状态。中跨侧主梁、主塔调整对象的权重系数设定为3，边跨侧主梁调整对象的权重系数为1。

(3)成桥状态下，各墩支座均为压力。

(4)初始状态依据结构自重确定斜拉索初始索力，斜拉索索力由主塔向两侧逐渐增大，索力增量调整范围设置为－300～400kN，以此保证斜拉索索力的合理性。

(5)为保证主梁不发生扭转，斜拉索初始索力和索力增量中，上、下游斜拉索索力比值均定为1.19。且主梁竖向位移调整值取上、下游侧主桁节点平均值。

依据上述原则和索力确定方法，可以确定合理成桥状态的斜拉索索力值，代入有限元模型得到结构的成桥状态。

3.2　结果分析

结构成桥状态下，主梁弦杆上、下游侧竖向变形如图6a)所示，主梁弦杆上、下游侧顺桥向变形如

图6b)所示，主梁弦杆上、下游侧横桥向变形如图6c)所示，主梁上、下游侧弦杆竖向变形差和顺桥向变形差如图6d)所示，主塔塔顶变形见表1。

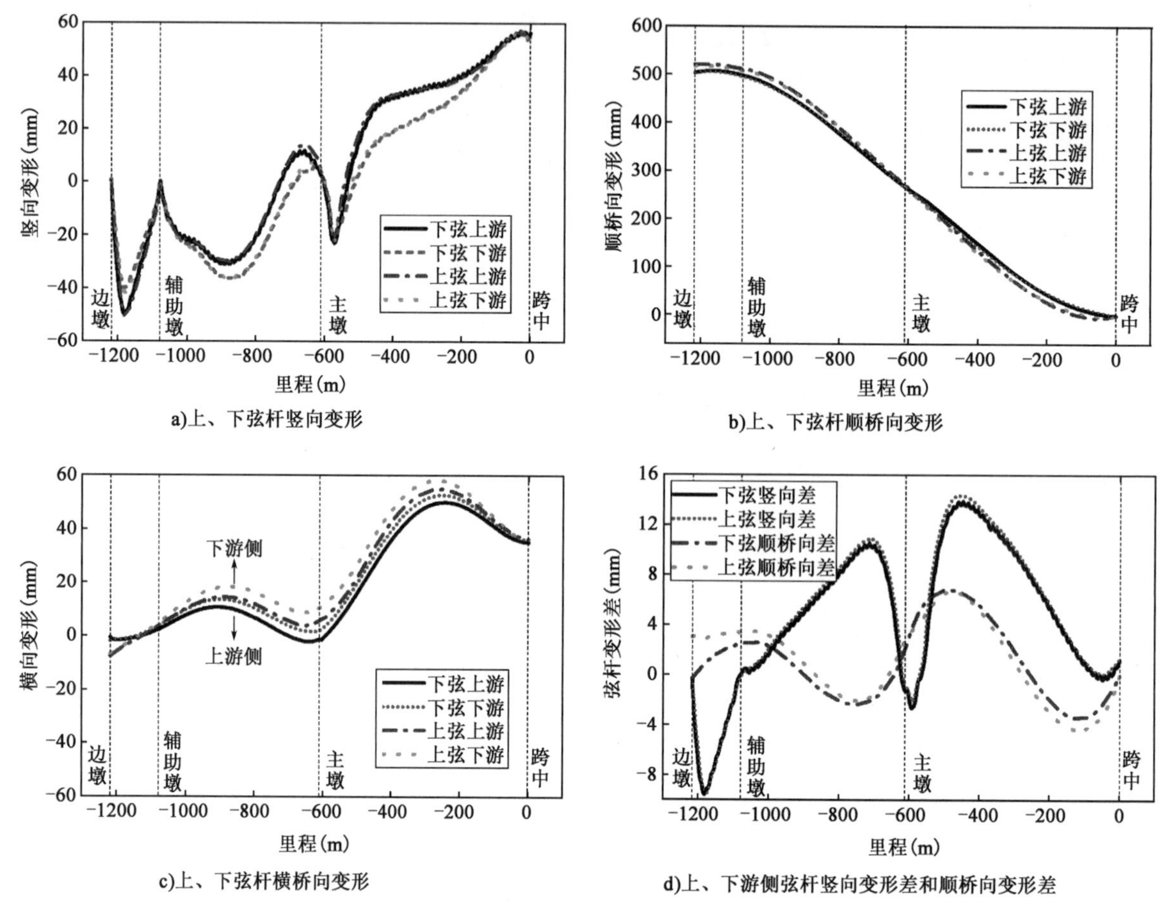

图6　成桥状态主梁弦杆变形

主塔塔顶变形(单位:mm)　　表1

不计入收缩徐变效应		计入收缩徐变效应	
顺桥向变形	横桥向变形	顺桥向变形	横桥向变形
-104.6	-88.1	-100.9	-125.2

从图6a)、图6d)中可以看出，成桥状态上、下游主桁的竖向变形基本一致，最大竖向变形差发生在1/3边跨处和主墩两侧位置，最大值为14mm。1/3边跨处为最外侧索位置，横桥向非对称载使得上游侧弦杆竖向变形大。主墩两侧位置大约在6号拉索位置，主墩处主梁杆件截面相应增大，上下游索力比随之降低，而索力确定时采用统一索力比，使得下游侧弦杆竖向变形大。结果表明：根据上、下游斜拉索索力的不同，可以消除主梁的扭转效应，主梁处于梁平状态，竖向变形符合列车运营要求。表1中主塔塔顶向边跨侧偏移10.09cm，边跨侧塔肢预存了一定预压力。主梁竖向位移和主塔顺桥向位移结果达到索力优化预期，表明本文提出的合理成桥状态索力的确定方法合适。

从图6b)中可以看出，在边跨侧主梁上层桥面较下层桥面顺桥向变形大，在中跨侧上层桥面较下层桥面顺桥向变形小，主要是由于斜拉索作用在上弦杆，上下层桥面轴向应变不一致产生的。从图6d)中可以看出，上、下弦杆的上下游顺桥向变形差值规律一致，主墩中跨侧7号索位置上下游顺桥向变形差值最大达到6mm左右，主要是由于主梁发生横弯引起的。

从图6c)中可以看出，主梁发生向下游侧横弯，最大横桥向变形为58mm，位于1/4中跨。主梁上层桥面横桥向变形较下层桥面大，最大差值为6mm；且下游侧横桥向变形比上游侧大，最大差值为3mm。

另外由表1知,桥塔向上游侧横弯,塔顶横桥向变形为125mm,向上游侧偏。主梁、主塔均发生了由恒载非对称产生的横弯现象。如图7所示,空间斜拉索的索力可以分解为顺桥向分力 F_x、横桥向分力 F_y 和竖向分力 F_z。斜拉索上游侧索力比下游侧索力大19%,上、下游斜拉索空间角度基本一致,因此斜拉索三分力的比值与索力比值一致。主梁横弯变形主要有斜拉索顺桥向分力和横桥向分力引起:在顺桥向不平衡分力作用下,每对拉索位置处会形成一个力偶,在该力偶的作用下,主梁会发生往上游侧的横桥向弯曲变形;在横桥向不平衡分力作用下,上游侧的横桥向分力比下游侧大,主梁会发生往下游侧的横桥向弯曲变形。顺桥向不平衡分力和横桥向不平衡分力对主梁的横桥向弯曲变形相反,将两种分力单独作用在主梁上,上游侧下弦杆横桥向弯曲变形如图8所示。不平衡顺桥向分力会使主梁往上游侧横桥向弯曲,跨中最大偏移值为-368.5mm;不平衡横桥向分力会使主梁往下游侧横桥向弯曲,跨中最大偏移值为387.2mm。可以看出,两个不平衡分力引起主梁的横桥向变形在数值上是基本一致的,但方向相反,主梁的横桥向偏位受纵向不平衡分力的影响略大。

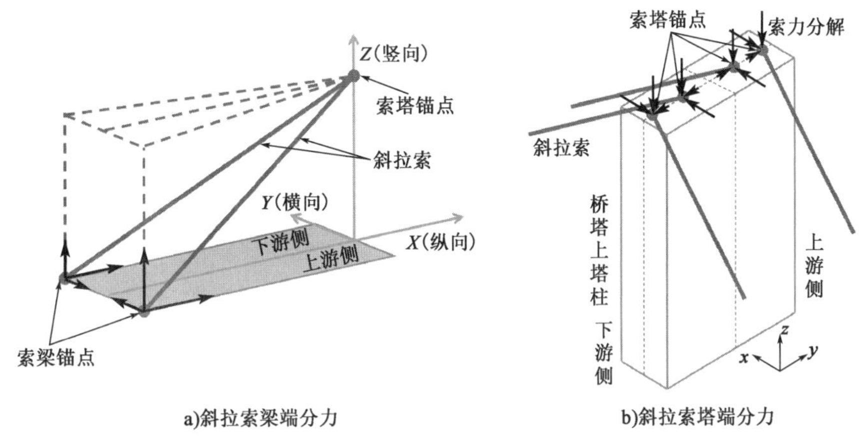

图7　斜拉索在梁端、塔端分力示意图

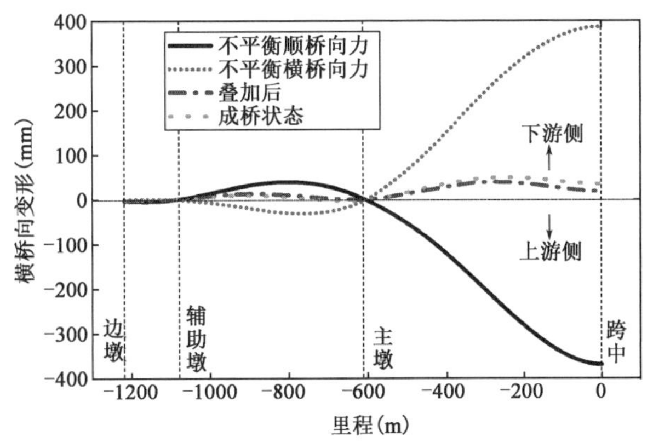

图8　主梁横桥向变形图

对于主塔,主塔横弯主要由竖向不平衡分力和横桥向不平衡分力引起。竖向不平衡分力使得主塔向上游侧弯曲;横桥向不平衡分力使得主塔向上游侧弯曲。两个不平衡分力产生主塔横桥向变形方向一致,经计算:不平衡竖向分力引起塔顶的横桥向变形为34.5mm,不平衡水平分力引起塔顶横桥向变形为90.5mm。桥塔横桥向弯曲主要由斜拉索不平衡横桥向分力控制。

从桥梁后期运营角度上来看,主梁58mm的横桥向变形,满足列车运营要求。而对于主塔塔顶横桥向变形达到了125mm,若不计混凝土塔的收缩徐变效应,横桥向变形仅为88mm,可见混凝土的收缩徐变效应对主塔的横桥向变形影响较大。另外,主塔横桥向变形也反映了主塔、主墩基础横桥向不均匀受

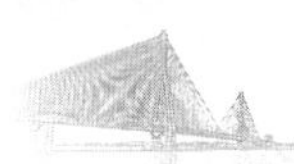

力,基础在长期的横桥向弯矩作用会发生相应的不均匀沉降。基于上述两点,必须要控制主塔因恒载非对称引起的横桥向位移值。为解决这一问题,提出了斜拉索在塔端锚固向下游侧偏移的设计方案:塔端锚点向下游侧偏,增大了竖向分力的力矩,但同时也增大了横桥向分力,两者对主塔横桥向弯曲的方向相反。计算分析表明,需要将锚点向下游侧偏移 4m 左右。该方案不利于塔端锚固设计,且影响结构整体景观效果,不能使得主塔达到设计预定要求。因此,必须降低上、下游侧恒载的差值。

3.3 控制措施

前文已述及,配重增加工程造价,那么,要减小上、下游恒载的差值,只能减小铁路侧恒载,其中最主要的是减小铁路二期恒载。经过调研和科研论证,提出了降低铁路侧恒载的措施,见表 2。

降低铁路侧恒载措施 表 2

措施	优化前	优化后
降低铺砟厚度	35cm 厚普通道床	25cm 厚聚氨酯固化道床
压缩道床宽度(m)	9	8.2
调整铁路防水面板结构	6cm 厚高性能混凝土铺装	3mm 不锈钢与基材形成复合钢板
斜拉索	不同规格、相同强度	同种规格、不同强度

采用上述调整措施,上游侧较下游侧恒载差值由 125kN/m 降低为 65kN/m。上、下游侧斜拉索索力比为 1.1。

优化后的成桥状态为主梁竖向、横桥向变形如图 9 所示,主梁上下游杆件竖向变形一致,未发生扭转。主梁最大横桥向变形仍在 1/4 中跨处,数值为 40mm。主塔塔顶横桥向弯曲变形为向上游侧偏移 42mm,主塔横桥向变形改善明显。结果表明,通过上述控制措施,可以有效控制主梁、主塔的横桥向变形。

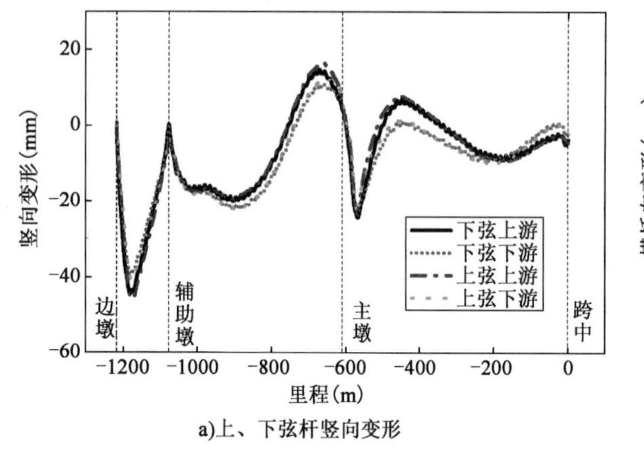

a)上、下弦杆竖向变形

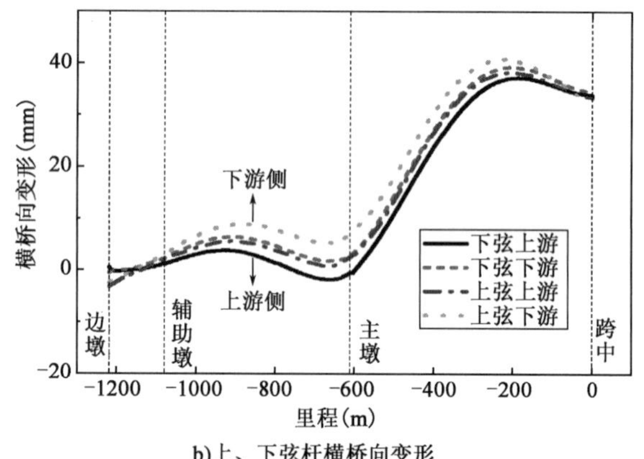

b)上、下弦杆横桥向变形

图 9 优化后成桥状态主梁弦杆变形

4 结语

本文依据提出的恒载非对称索力确定方法,对常泰长江大桥恒载非对称引起的成桥状态力学行为进行了分析,提出了相应的控制措施优化结构变形,得到如下结论:

(1)横桥向恒载非对称布置对主梁产生扭转变形,可以通过上下游索力不同控制主梁扭转。但同时由于空间拉索的三向不平衡分力,继而引起主梁、主塔发生横桥向弯曲变形。

(2)对于主梁,斜拉索顺桥向不平衡分力和横桥向不平衡分力产生的横桥向弯曲变形大小基本一致,方向相反,总体效果是抵消的,有利于降低主梁横桥向弯曲变形。

(3)对于主塔,斜拉索竖向不平衡分力和横桥向不平衡分力产生的横桥向弯曲变形方向相同,总体效果是叠加的,不利于控制主塔横桥向弯曲变形。因此,为进一步控制主梁横偏和主塔横弯,提出

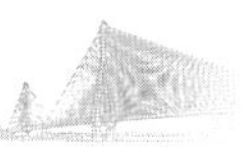

了降低道床宽度、厚度和调整防水面板结构等设计方案,将横桥向非对称恒载降低至65kN/m,效果明显。

参考文献

[1] 秦顺全.武汉天兴洲公铁两用长江大桥关键技术研究[J].工程力学.2008,25(S2):99-105.

[2] 高宗余.沪通长江大桥主桥技术特点[J].桥梁建设,2014,44(2):1-5.

[3] 秦顺全,徐伟,陆勤丰,等.常泰长江大桥主航道桥总体设计与方案构思[J].桥梁建设,2020,50(3):1-10.

[4] 秦顺全.分阶段成形结构过程控制的无应力状态法[J].中国工程科学,2009,11(10):72-78.

[5] QIN S Q, WEI K, QIN J X, et al. Stress-free-state based structural analysis and construction control theory for staged construction bridges[J]. Advances in Bridge Engineering, 2020, 1(1):55-60

[6] QIN S Q, QIN J X, ZHANG D. Equilibrium equation for spatial frame structure constructed in stages and its applications [C]//IABSE Symposium Report. International Association for Bridge and Structural Engineering, 2013, 101(8):1-8.

[7] 但启联,秦顺全,魏凯,等.基于平面梁单元的分阶段成形结构线形控制方程[J].桥梁建设,2017(4):42-47.

[8] 许磊平,秦顺全,马润平.基于平面壳单元的分阶段成形结构平衡方程[J].西南交通大学学报,2013,48(5):857-862.

[9] 许磊平,秦顺全,苑仁安.基于Timoshenko梁的分阶段成形结构平衡方程[J].桥梁建设,2015,45(5):24-29.

[10] 苑仁安,秦顺全,王帆.分阶段成形杆系结构几何非线性平衡方程[J].桥梁建设,2014,44(2):50-55.

[11] 苑仁安,秦顺全,王帆,等.基于平面梁单元的几何非线性分阶段成形平衡方程[J].桥梁建设,2014,44(4):45-49.

[12] 苑仁安,秦顺全,肖海珠.一种斜拉桥目标状态索力快速精准确定的方法[J].桥梁建设,2020,50(2):25-30.

[13] 张清华,黄灿,卜一之,等.大跨度钢斜拉桥制造误差的传播及其效应特性[J].西南交通大学学报.2015,50(5):830-837.

[14] 谢明志,杨永清,卜一之,等.千米级混合梁斜拉桥双目标控制施工监控体系[J].西南交通大学学报,2018,53(2):244-252.

温度和纵向风荷载组合作用下斜拉桥结构体系研究

邓　鹏,梅大鹏,许磊平,苑仁安

(西南交通大学土木工程学院,四川成都　610031)

摘　要　超大跨径斜拉桥的结构响应对体系升/降温作用和纵向风荷载作用是十分敏感的,对不同结构体系力学性能的研究是十分必要的。本文以某主跨1176m的超大跨径斜拉桥为工程背景,建立有限元模型,先后分析和考察了半飘浮体系、纵向固定体系、纵向弹性约束体系和温度自适应塔梁纵向约束体系等结构体系的结构力学响应及其结构性能规律。研究结构表明:温度和纵向风荷载组合作用下,塔梁纵向约束方案对超大跨径斜拉桥结构性能优化具有关键性作用;传统的纵向弹性约束体系不能使斜拉桥结构纵向抗风性能优化和温度次内力控制同时均达到最优状态;而温度自适应塔梁纵向约束体系可以实现以上两者同时达到各自的最优状态。本文研究内容和结论可以为超大跨径斜拉桥工程设计的结构体系优化选择提供新的思路和研究支撑。

关键词　斜拉桥;温度作用;纵向风作用;结构体系优化;温度自适应塔梁纵向约束体系

Research on the Structural System of Cable-Stayed Bridges under the Combination of Temperature and Longitudinal Wind Load

DENG Peng, MEI Da-peng, XU Lei-ping, YUAN Ren-an

(School of Civil Engineering, Southwest Jiaotong University, Chengdu 610031, China)

Abstract　The structural response of super-long-span cable-stayed bridges is very sensitive to the system's temperature rise/drop and longitudinal wind load effects, and it is necessary to study the mechanical properties of different structural systems. This paper takes a super-long-span cable-stayed bridge with a main span of 1176m as the engineering background, establishes a finite element model, and successively analyzes and examines the structural mechanical response and structural performance rules of structural systems such as semi floating system, longitudinal fixed system, longitudinal elastic constraint system, and temperature adaptive tower beam longitudinal constraint system. The research structure shows that under the combined effect of temperature and longitudinal wind load, the longitudinal constraint scheme of tower beams plays a crucial role in optimizing the structural performance of super-long-span cable-stayed bridges; The traditional longitudinal

作者简介:邓鹏(1994—),男,博士研究生,加利福尼亚大学洛杉矶分校,研究方向:工程复合材料微观损伤力学。

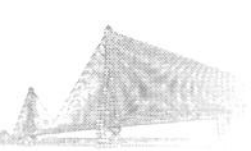

elastic constraint system cannot achieve optimal longitudinal wind resistance performance optimization and temperature secondary internal force control of cable-stayed bridge structures simultaneously; The temperature adaptive tower beam longitudinal constraint system can achieve optimization of longitudinal wind resistance performance and temperature secondary internal force control while achieving optimal states. The research content and conclusions of this paper can provide new ideas and research support for the optimization selection of structural systems in the design of super-long-span cable-stayed bridges.

Keywords Cable-stayed bridge; temperature effect; longitudinal wind effect; structural system optimization; temperature adaptive tower beam longitudinal constraint system

1 引言

"交通强国"是我国现阶段交通领域的重要发展战略,交通强国战略的总目标是建成"安全、便捷、高效、绿色、经济"的现代化综合交通运输体系,其中桥梁工程是绝大多数交通运输线路的控制性工程,尤其是大跨径桥梁。改革开放40年来,经过几代人的不懈努力,我国桥梁建设从建成学会到奋发追赶,再到超越引领。近些年,我国已设计建造和在建一批大跨径桥梁工程,如天兴洲长江大桥、大胜关长江大桥、鹦鹉洲长江大桥、五峰山长江大桥、沪苏通长江公铁大桥等,这些重大工程是设计理论、结构、材料和施工技术等自主创新的成果。

在桥梁设计中,斜拉桥是具有强竞争力的大跨径桥梁结构形式。现有的大跨径斜拉桥结构体系主要包括飘浮体系、竖向支承体系(半飘浮体系)、弹性约束体系、固结体系、刚构体系等,在不同的工程背景下,斜拉桥结构方案的跨径、塔高、设计荷载等重要参数各不相同,需要根据工程需求采用不同的塔梁约束体系来优化斜拉桥的结构力学响应。针对大跨径斜拉桥结构体系,众多土木工程领域学者进行了深入研究。徐利平以苏通长江公路大桥为研究对象,分别研究对比了各塔梁约束体系在整体温差、纵向风力、汽车制动力、活载等工况下的力学行为,结果表明,对于超大跨径斜拉桥结构,飘浮体系与纵向约束组合为理想结构体系,纵向约束可采用弹性约束或冲击荷载缓冲(阻尼)约束装置;朱斌等针对主跨为730m的斜拉桥,对飘浮体系、弹性约束体系和阻尼约束体系的动静力进行了比较分析,发现具有刚性限位的阻尼约束结构体系力学行为最优;裴岷山等研究了斜拉桥拉索纵向风荷载计算方法,与国外研究成果进行了对比,并提出了纵向风荷载阻力系数;陈倩茹等以苏通长江公路大桥为背景,研究了主跨分别为1088m、1300m、1500m、1800m、2100m的五座斜拉桥在纵向静风力作用下,飘浮体系、固结体系、弹性约束体系和限位体系四种不同结构体系的结构性能,得出结论:弹性约束与限位组合体系是较为理想的超大跨径斜拉桥结构体系,尤其是主跨超过2000m后,限位体系为最优方案;杨子先等研究了混合-组合梁斜拉桥的飘浮、半飘浮和刚构三种结构体系的静动力特性,结果显示,不同结构体系对斜拉桥静力影响差异很大,而相比之下对动力特性影响相差很小,认为半飘浮结构体系较为合理。

2 研究背景

本文研究内容以某在建斜拉桥为工程背景,其孔跨布置为(142+490+1176+490+142)m,主梁上层桥面为双向六车道高速公路;下层为双向四车道一级公路和双线城际铁路。

该工程以超大跨径、超长斜拉索和超高主塔为主要特征,也对应着工程设计中的重难点。在体系升温或降温的荷载作用下,超长主梁会产生较大的纵桥向伸缩变形,该温度变形若不能得到有效的释放,必然在斜拉桥这样的高次超静定结构中产生较大的温度次内力,且过大的主梁纵向伸缩变形不利于主梁伸缩缝的设置;在纵向风荷载作用下,主塔会发生较大的纵桥向弯曲变形,若不能得到有效的变形限制,则会在主塔底处产生较大的弯矩。因此,对合理的结构体系的研究是十分必要的,从根本上达到优化结构力学性能的目的。

3 有限元模型

根据该大桥的结构参数建立基本的有限元模型，如图1所示，对梁端、主塔、塔柱进行了命名，便于后文讨论。

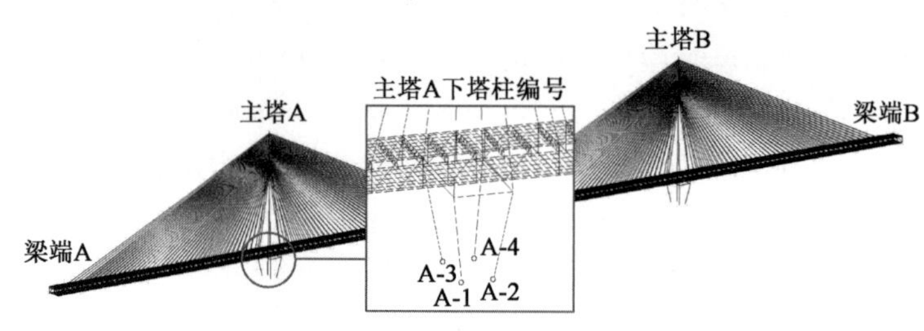

图1 斜拉桥有限元模型立面图

对于结构位移响应方面，由于结构和荷载的对称性，仅选定梁端A和塔顶A的纵向位移作为考察量，其中梁端A纵向位移为顺桥两方向上位移的绝对值之和（对应着伸缩缝的设置），塔顶A纵向位移为顺桥方向上位移的绝对值；结构内力响应方面，选定塔柱A-1底弯矩绝对值为考察量。

体系升降温作用为：主塔取±22℃，主梁和斜拉索取±30℃。纵向风荷载计算按照《公路桥梁抗风设计规范》（JTG/T 3360-01—2018）计算。

4 结构体系研究

为了模拟塔梁纵向约束，在上、下游塔梁交汇处各设置一个弹性约束，其中纵桥向约束刚度分量作为自变量，记为k_r，单位为MN/m。

4.1 半飘浮体系与纵向固定体系

根据结构体系塔梁纵向约束的特征，以$k_r=0$来模拟半飘浮体系，以$k_r=2\times10^4$MN/m来模拟纵向固定体系。表1所示为根据有限元计算得到的两个结构体系响应数值。

半飘浮体系与纵向固定体系结构响应

表1

结构体系	荷载	纵向位移(m)		弯矩(kN·m)
		梁端A	塔顶A	塔柱A-1
半飘浮体系	①	0.8626	0.1837	42.0
	②	1.3132	0.6847	153.3
	③	2.1758	0.8684	195.3
固定体系	①	0.6306	0.1093	237.0
	②	0.0570	0.0425	70.5
	③	0.6876	0.1518	307.5

注：①为“体系升/降温作用”；②为“纵向极限风荷载作用”；③为“①+②”。

根据表1，相对于半飘浮体系，纵向固定体系的梁端和塔顶纵向位移均明显减小：①纵向风作用下的梁端位移减小了95.7%，塔顶位移减小了93.8%，相应地，塔柱A-1底弯矩也减小了53.0%，说明纵向固定约束对梁端、塔顶纵向位移的控制是有效的，也有效地控制了塔柱底弯矩，对于结构的受力性能提升是有利的；②温度作用下的梁端位移减小了26.9%，不利于结构的温度变形释放，导致底弯矩增大了464.3%，对于结构受力性能非常不利；③在温度+纵向风组合作用下，梁端和塔顶位移各减小了68.4%和71.7%，塔柱底弯矩增大了57.5%。

以上说明塔梁间的互相约束作用对于结构纵向抗风性能是有利的。此外，温度变形的有效释放也是提升结构受力性能的核心因素之一。

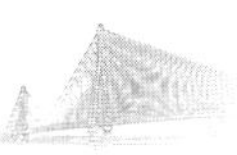

4.2 纵向弹性约束体系

半飘浮体系和纵向固定体系可以看作是纵向弹性约束体系的两种极端情况，本节以 $k_r=2\times10$MN/m、2×25MN/m、2×55MN/m、2×100MN/m、2×200MN/m 五个弹性约束体系作为研究对象，进行该体系的力学性能探索。

经有限元计算，纵向弹性约束体系梁端、塔顶纵向位移和塔柱 A-1 底弯矩关于 k_r 的分布分别如图 2 中曲线所示。

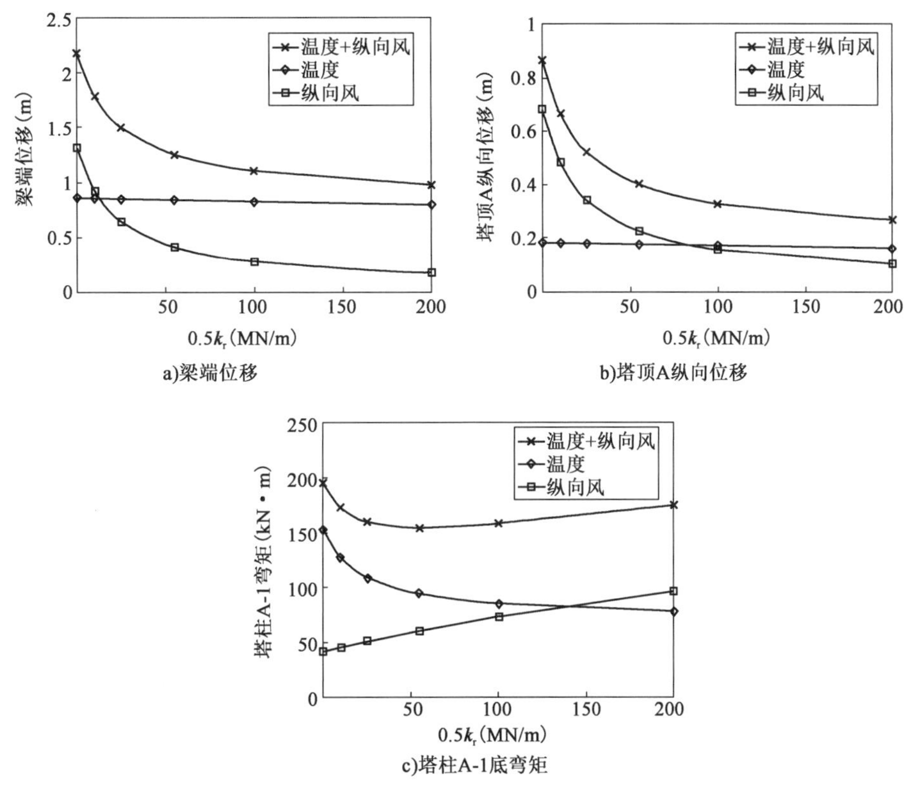

图 2 纵向弹性约束体系结构响应规律分布

根据图 2 各曲线分布可以看出，随着 k_r 的增大：

(1)在纵向风作用下，梁端位移和塔顶位移均逐渐减小，塔柱 A-1 底弯矩也呈整体减小趋势，且三条曲线的斜率均逐渐趋于平缓，说明纵向弹性约束提升斜拉桥结构纵向抗风性能的作用效率随 k_r 增大而降低。

(2)在温度作用下，梁端位移和塔顶位移均减小，与纵向风作用下相比，减小幅度较小，但是从图 2c)可以看出，塔柱 A-1 底弯矩在不断增加，且曲线斜率变化不大，说明随着 k_r 增大，具有超高次超静定的大跨径斜拉桥结构对温度变形的敏感性仍保持较高的水平。

(3)在温度 + 纵向风组合作用下，梁端位移和塔顶位移均逐渐减小且曲线斜率均逐渐趋于平缓，而塔柱 A-1 底弯矩关于 k_r 的分布呈现先下降后上升的走势，且约在 $k_r=2\times55$MN/m 处取得最小值，即此时纵向弹性约束体系纵向抗风和温度次内力控制的综合性能达到最优状态。

以上说明纵向弹性约束越强，结构纵向刚度越大；但是弹性约束对纵向抗风性能提升和温度次内力控制的作用效果是对立的，不能同时达到各自独立的最优状态，这是纵向弹性约束体系结构性能优化的“矛盾点”。因此，只能在两者之间作一定的取舍，取中间最优解。

4.3 温度自适应塔梁纵向约束体系

针对温度 + 纵向风作用下，上述纵向弹性约束体系结构性能优化的矛盾点，秦顺全院士首次提出温度自适应塔梁纵向约束体系(简称“温度自适应体系”),如图3所示,该新结构体系利用了体系升/降温作用下斜拉桥主梁跨中的“不动点”特性和碳纤维增强复合材料(CFRP)相对于钢材的温度不敏感特性,在半飘浮体系基础上,用一定截面的CFRP拉杆连接主梁跨中和塔梁交汇处,旨在使得纵向抗风性能优化和主梁温度次内力控制同时达到各自最优状态。

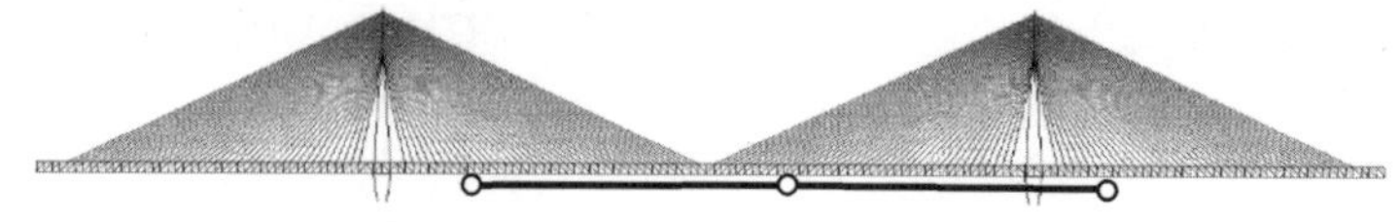

图3 温度自适应塔梁纵向约束体系示意图

每一侧2根CFRP拉杆(共4根),弹性模量取$1.5 \times 10^{8}kN/m^{2}$,热膨胀系数取$6.0 \times 10^{-7}℃^{-1}$。为了方便与4.2小节中研究的5个弹性约束体系进行对比分析,CFRP拉杆的截面积以达到$k_r = 2 \times 10MN/m$、$2 \times 25MN/m$、$2 \times 55MN/m$、$2 \times 100MN/m$、$2 \times 200MN/m$为标准。因此,分别按表2中所列出的单根CFRP拉杆面积建立5个有限元模型作为该结构体系的研究分析对象。经有限元计算,相应考察量关于k_r的分布如图4所示,图中S1系列和S2系列分别为弹性约束体系和温度自适应体系。

单根CFRP拉杆截面积 *A* 表2

k_r(MN/m)	2×10	2×25	2×55	2×100	2×200
A(m^2)	0.0382	0.0954	0.2098	0.3815	0.7631

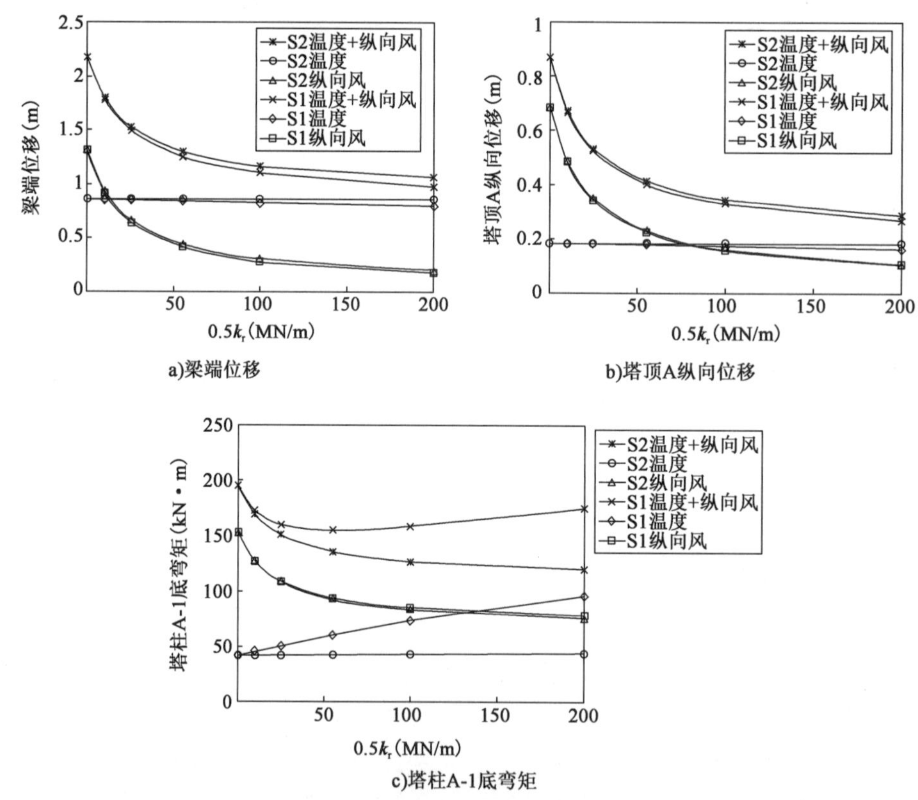

图4 温度自适应塔梁纵向约束体系结构响应规律分布

根据图4各曲线分布可以看出,随着k_r的增大:

(1)在纵向风作用下,由于设定截面积的CFRP拉杆提供的纵向线刚度与上述弹性约束体系的k_r等价,温度自适应体系的梁端、塔顶位移和塔柱A-1底弯矩关于k_r的分布情况与弹性约束体系基本吻合,说明设定的CFRP拉杆实现了与塔梁间纵向弹性约束相同的结构纵向抗风性能优化目标。

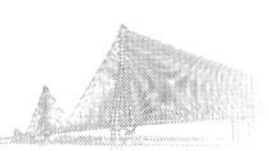

(2)在温度作用下,梁端、塔顶纵向位移基本保持与半飘浮体系(即 $k_r=0$)一致,说明温度自适应体系利用主梁温度变形不动点特性和CFRP拉杆基本实现了体系升/降温作用下主梁纵向温度变形的有效释放;塔柱A-1底弯矩也基本保持稳定,k_r从0增至200MN/m时,弯矩由42.0kN·m增至44.3kN·m,增长率仅为5.5%,而在弹性约束体系中,则由42.0kN·m增至96.3kN·m,增长率高达129.3%,这充分说明了温度自适应体系在斜拉桥结构温度次内力在有效控制上占据了绝对优势,从数值模拟上验证了该结构体系优化逻辑的合理性和可行性。

(3)在温度+纵向风组合作用下,温度自适应体系的梁端、塔顶位移和塔柱A-1底弯矩关于 k_r的分布情况与弹性约束体系基本吻合;塔柱A-1底弯矩方面,与弹性约束体系"U"形走势不同,由于结构温度次内力得到了有效控制,温度自适应体系的弯矩关于 k_r的分布是逐渐减小的,进一步说明了温度自适应体系能够实现纵向抗风性能优化和主梁温度次内力控制同时达到各自最优状态的目标。此外,曲线的斜率也是逐渐趋于平缓的,说明CFRP拉杆的作用效率在逐渐降低,因此,需要综合考虑结构性能、经济效益、实施可行性等因素来最终选定CFRP拉杆的最优截面积。

5 结语

(1)温度和纵向风荷载组合作用下,塔梁纵向约束方案对超大跨径斜拉桥结构力学性能优化具有关键性作用。

(2)纵向弹性约束对纵向抗风性能提升和温度次内力控制的作用效果是相反的,该体系有中间最优组合状态,不能使得斜拉桥结构纵向抗风性能优化和温度次内力控制同时达到各自的最优状态。

(3)温度自适应塔梁纵向约束体系中纵向抗风性能提升和温度次内力控制的作用效果在一定程度上是相互独立的,可以基本实现纵向抗风性能优化和温度次内力控制同时达到各自的最优状态,该体系为温度和纵向风荷载组合作用下的最优结构体系。

参考文献

[1] 傅志寰.对中国交通运输发展的若干认识[J].中国公路,2019(13):38-41.

[2] 秦顺全.改革开放四十年中国桥梁建设成就[J].湖北政协,2018(12):7-8.

[3] QIN S Q,GAO Z Y. Developments and Prospects of Long-Span High-Speed Railway Bridge Technologies in China[J]. Engineering,2017(3):787-794.

[4] 严国敏.现代斜拉桥[M].成都:西南交通大学出版社,1996.

[5] 肖汝诚.桥梁结构体系[M].北京:人民教育出版社,2013.

[6] 徐利平.超大跨径斜拉桥的结构体系分析[J].同济大学学报(自然科学版),2003(4):400-403.

[7] 朱斌,林道锦.大跨径斜拉桥结构体系研究[J].公路,2006(6):97-100.

[8] 裴岷山,张喜刚,朱斌,等.斜拉桥的拉索纵桥向风荷载计算方法研究[J].中国工程科学,2009,11(3):26-30.

[9] 陈倩茹,马如进,陈艾荣.千米级斜拉桥纵向风作用适宜体系研究[J].结构工程师,2009,25(5):45-49.

[10] 杨子先,余永亮,张建东,等.混合-组合梁斜拉桥支撑体系适用性研究[J].交通科技,2019(5):37-41.

常泰长江大桥专用航道桥恒载非对称力学行为分析研究

王　恒[1],李少骏[1],梁志雯[2]

(1. 中铁大桥勘测设计院集团有限公司　湖北武汉　430056;
2. 江苏省交通工程建设局　江苏南京　210004)

摘　要　常泰长江大桥专用航道桥为世界上最大跨径公铁两用钢桁拱桥,因其下层桥面双线铁路的偏侧布置,其横向荷载的不对称性给结构设计带来了很大挑战。本文分别以对称结构对称索力、对称结构不对称索力和不对称结构三种方案,对大桥进行了横向非对称荷载下的结构行为分析和设计对策研究。结果表明,通过道床构造优化、采用非对称吊杆力和调整部分关键杆件截面等措施,可以实现对恒载下的竖向位移差、横向位移及扭转变形的控制,从而达到合理成桥状态。同时,采用非对称索力和杆件截面不会对结构安装造成额外的困难,抗风、抗震等动力特性也满足设计要求。

关键词　公路铁路两用桥;钢桁拱桥;横向非对称荷载;桥梁设计

Structural Characteristics of Special Ship Channel Bridge of Changtai Yangtze River Bridge under Transversely Asymmetrical Dead Loads

WANG Heng[1], LI Shao-jun[1], LIANG Zhi-wen[2]

(1. China Railway Major Bridge Reconnaissance & Design Institute Co., Ltd.,
Wuhan 430056, China;
2. Jiangsu Provincial Transportation Engineering Construction Bureau,
Nanjing 210004, China)

Abstract　The special ship channel bridge of Changtai Yangtze River bridge has the world's longest span in rail-cum-road steel arch bridges. The transverse asymmetrical load due to eccentricity arrangement of two-line railway on lower deck brings great challenge to structure design. This paper analyzes the structural behaviors and researches the design strategies on three structural solutions: symmetrical structure with symmetrical cable force, symmetrical structure with asymmetrical cable force and asymmetrical structure. Our results show that strategies such as optimization on track-bed, asymmetrical cable force and redesign some

基金项目:中国中铁股份有限公司科技研究开发计划项目(2020-重点-10)。

作者简介:王恒(1982—),男,硕士,高级工程师,研究方向:钢结构桥梁,大跨径桥梁。

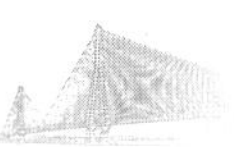

sections of key truss members can greatly mitigate issues of differences of vertical deformation, transversal displacement, and torsional deformation on dead load. In the meantime, implementation of the asymmetrical cable force and sections of key truss members does not cause additional difficulty in erection and has a neutral impact on wind-resistant and seismic performance.

Keywords Rail-cum-road bridge; steel truss arch bridge; transverse asymmertrical load; bridge design

1 前言

近年来,我国交通路网建设的快速发展使得在大江大河上适宜桥梁建设的线位资源十分有限,因此建造公铁两用桥梁,对于提高桥位利用率具有显著的经济技术优势。公铁合建桁梁拱桥作为一种常见的多功能桥型,自1995年建成的九江长江大桥开始,陆续已有数十座工程案例。

然而,在公铁合建桥梁的功能布置上,目前多采用横桥向对称布置,即铁路位于桥轴线中央,公路对称布置于铁路两侧。这样的布置方式虽然受力简单,设计难度小,但往往也存在公路在两岸展线对地块切割较多、上下游公路之间相互救援与交通疏解困难等缺点。鉴于非对称布置方案具有更好的接线条件和经济效益,有必要对其结构上的可行性和合理性开展研究。

由于公路和铁路荷载集度存在显著差异,当采用恒载非对称布置时,会导致结构横桥向的变形和内力均不一致,具体表现在主梁和拱肋上下游变形不一致,桁架发生扭转和横桥向变形。

本文以常泰长江大桥专用航道桥为工程背景,对其在横桥向非对称荷载作用下的结构力学行为进行分析,并依据分析结果提出相应的设计优化措施,保证结构成桥状态的内力、线形满足设计规范的要求。

2 工程背景

常泰长江大桥专用航道桥跨径布置为(168+388+168)m(图1),为目前世界上最大跨径公铁两用双层桥面系钢桁拱桥。拱梁均为桁架,主桁采用两片N形桁,桁高15.104m,桁间距为35m。拱肋线形为抛物线,跨中下弦矢高55m、拱高11m。中墩附近6个节间设置加劲弦,弦高30m。上、下层桥面均采用纵横梁体系,上层桥面节点处设置带桁架结构的组合横梁,下层桥面节点采用变高度箱形横梁,节点横梁之间设置多道纵梁。桥面荷载经由桥面板-纵梁-节点横梁-主桁进行传递。根据受力大小的不同,主桁及桥面系构件采用Q500qE、Q420qE、Q370qE三种材质。

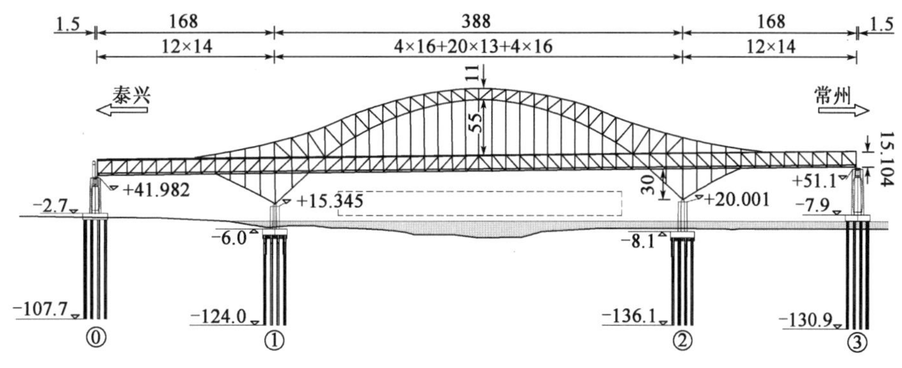

图1 专用航道桥总体立面布置(尺寸单位:m;高程单位:m)

主梁上层桥面布置六车道高速公路,下层桥面下游侧布置四车道普通公路,上游侧布置两线城际铁路,如图2所示。

横向荷载非对称主要是下层桥面二期恒载差异较大。城际铁路线间距4.6m。常规道床方案宽度为9m,道砟厚度为35cm,防水层采用6cm厚超高性能混凝土(UHPC)板,计入轨枕、钢轨、员工走道、挡砟墙等,上游侧二期恒载为150kN/m。下游侧普通公路铺装、护栏等二期恒载为39kN/m,二期恒载上、下游差值 111kN/m。

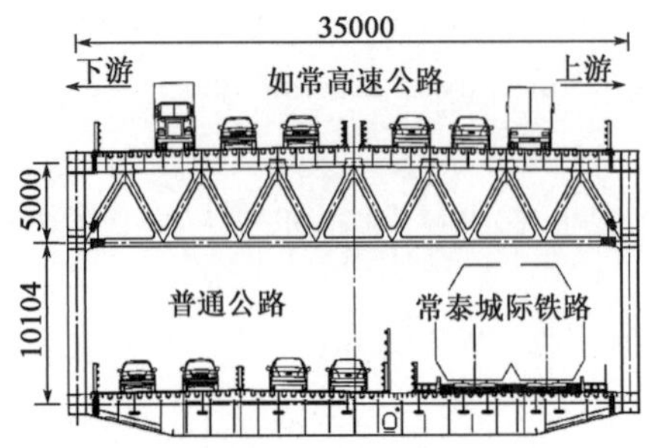

图2 专用航道桥主梁标准横断面(尺寸单位:mm)

3 合理成桥状态及设计对策

在桥型、荷载和结构体系确定的前提下,结构设计的核心是确定合理的成桥状态,即选取合适的构件材料、截面尺寸和索力,使结构的线形和内力满足承载能力和使用功能要求,且各构件均处于合理的受力状态。具体到常泰长江大桥专用航道桥,结构总体而言有如下几个特点:①主梁和拱肋自身具有较好的竖向刚度;②边跨主梁力学行为与传统多跨连续梁相近,而中跨主梁有吊索支持,杆件作为拱肋系杆整体受拉,且拉力较小;③拱肋整体受压,位于拱脚处拱肋下弦包括加劲弦和位于拱顶处的上弦压力较大,拱脚处加劲弦是全桥受力最控制杆件。桁架杆件主要传力路径如图3所示。

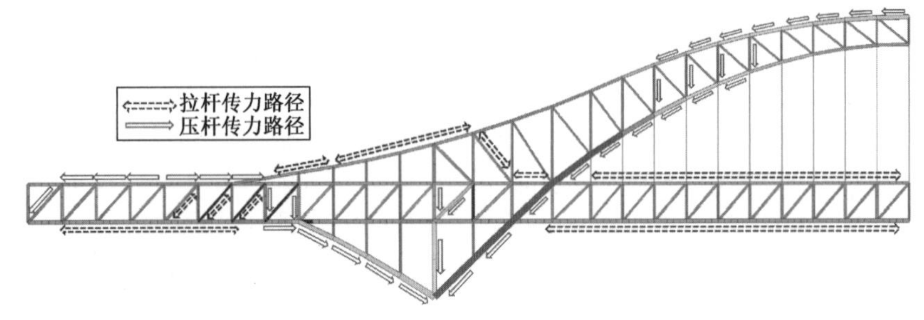

图3 桁架杆件主要传力路径

因此,考虑恒载不对称情况,该桥力图达到如下的合理成桥状态:①主梁能够通过设置合适的吊索索力及制造预拱度等手段在恒载下接近理论设计线形,上下游高程一致,且横向变形满足规范要求;②主梁在活载作用下竖向、横向、扭转变形满足铁路行车要求;③主梁弦杆能够基本控制在最小构造尺寸,通过合理的索力设置,尽可能减小拱肋和加劲弦杆件的弯矩,使其轮廓尺寸能够控制在合理的规模内。

进一步以这一合理成桥状态为目标,对非对称荷载下的结构力学行为进行分析,寻求解决恒载非对称问题的方法。

3.1 对称结构在非对称荷载下的力学行为

常规设计采用从上下游杆件和索力均对称的结构方案。由于上游侧桁片受力较大,全桥杆件的截面及吊索索力均按照上游侧内力进行设计。经计算,主梁上下游变形差在恒载作用下超过80mm,在主力作用下超过了200mm,主梁线形受到了较大影响,需采取措施尽量降低上下游恒载位移差。

首先,应降低上下游荷载差值。为此,提出对铁路道床结构采取多种优化措施(表1),减少铁路侧二期恒载。

降低铁路二期恒载的措施 表1

调整措施	常规方案	优化方案
降低道砟厚度	35cm 碎石道床	25cm 聚氨酯固化道床
压缩道床宽度	9m 宽度	利用铁路限界,道砟宽度压缩至8.2m
调整防水层	6cm UHPC 铺装	3mm 不锈钢与桥面板基材形成复合钢板

通过上述调整措施,铁路二期恒载降低到101kN/m,上、下游二期恒载差值降低到62kN/m。上、下游恒载竖向位移差边跨和加劲弦范围量值均不大,最大差值为20mm,基本满足行车需求,而中跨吊索范围梁段最大差值为65mm,仍然对轨道形位有较大影响,因此,仅通过降低荷载差值不能达到合理成桥状态,需要进一步结合结构力学行为对方案进行优化。

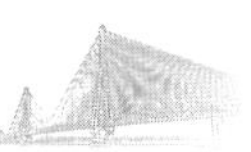

优化方案由以下三个优化思路形成：一是通过将上游侧杆件设置不同的制造拱度来消除恒载下的上下游高差；二是对上、下游杆件和吊索采用相同截面，不同的索力和吊索钢丝强度；三是上、下游杆件和吊索采用不同截面、不同的吊索力和规格。

方案一要求主梁上下游桁片采用不同的无应力构型，桥面板各板件制造尺寸也不能够标准化，这给制造和现场安装带来巨大困难，因此不考虑该方案。

3.2 对称结构非对称索力在非对称荷载下的力学行为

方案二通过调整上、下游侧吊索索力控制主梁线形，解决上、下游竖向高差问题。该方案需要确定上、下游吊索合理的索力比值。由于中跨主梁大部分梁段在布置和构件尺寸上均对称，因此可以取出主梁一个断面进行分析，将空间问题转为一个节间内的平面问题来处理。如图4所示，将主梁等效为简支梁结构，上游侧索力为 T_s，下游侧索力为 T_x，考虑主梁自重 G、上层公路二期恒载 Q_{g1}、下层公路二期恒载 Q_{g2}、铁路二期恒载 Q_t。近似认为主梁扭转中心与桥轴线重合，并忽略其余小荷载，利用各个荷载至扭心力矩和为0可以得出，上下游吊索力之比 T_s∶T_x≈1.15。

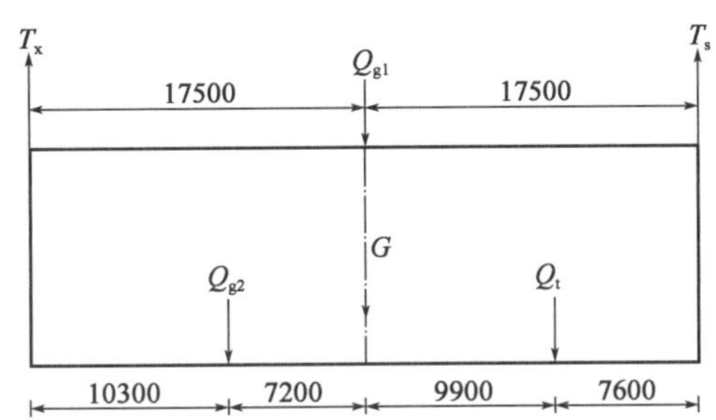

图4　桁架断面横向力矩平衡示意(尺寸单位：mm)

以该索力比作为基础值细化调索，除第一对短吊索外，其余吊索索力比在1.13～1.18之间，与理论值十分接近。主梁上下游最大位移竖向差控制在16mm左右。最大横向位移为8mm，满足规范不大于$L/4000$的要求。

从运营需求看，此时的上下游位移差是可接受的，但仍有优化空间：一是拱肋恒载下竖向位移差有40mm左右，横向位移也达40mm；二是下游侧拱肋应力相对材料强度尚存富余。因此，进一步考虑方案三。

3.3 非对称结构在非对称荷载下的力学行为

方案三在方案二的基础上，对上、下游杆件和吊索选用不同截面，但问题在于哪些杆件采用不同截面较为合理。拱肋发生较大横向变形的原因是传力路径上的杆件上、下游应变不一致，适当减少这部分杆件下游侧板厚，使其恒载作用下上、下游应变水平保持一致，则会改善拱肋的横向变形。主梁是吊索支持下的第二体系结构，大部分杆件采用构造控制的最小截面，可优化余地不多。因此，对部分拱肋杆件采用非对称截面设计，主梁杆件采用对称设计较为合理，如图5所示。上下游杆件轴力比为1.2∶1，按轴应变相等原则，上下游杆件面积比也应保持在1.2∶1左右，即保持杆件轮廓尺寸不变，上游侧杆件板厚平均比下游侧大8mm。

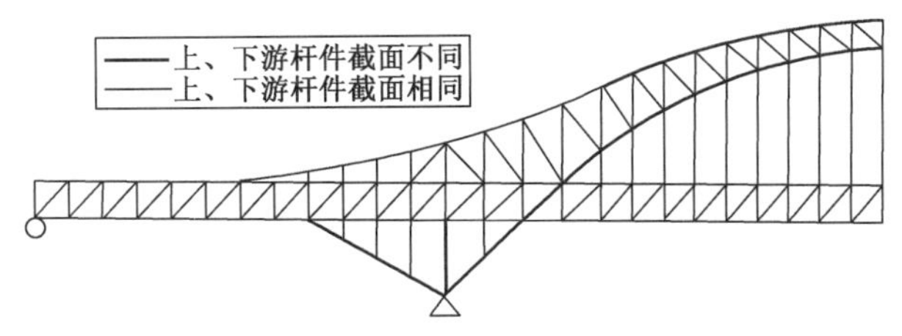

图5　非对称截面设计范围

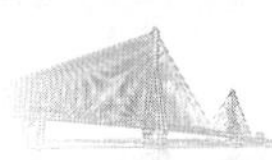

采用上述非对称截面设计方案后，主梁恒载竖向位移差控制在10mm以内，主梁和拱肋横向位移控制在±5mm以内，上、下游杆件应力水平大致相当。同时，活载产生的上、下游变形差约50mm，扭转角为0.0014，横向最大变形为4mm，满足铁路行车要求，基本达到了合理成桥状态目标，且相比对称截面设计节省了10%钢材用量。

4 架设状态的力学行为

由于拱肋采用非对称截面设计，架设过程可能产生不对称的横向位移和扭转，需要考察该位移是否影响钢梁架设。钢梁整体采用从边墩向中跨悬臂拼装、主跨拱梁并进、跨中合龙的总体安装步骤。利用架梁起重机逐步自边墩向中墩拼装钢梁；钢梁上主墩后，在中墩顶拱肋上弦安装扣索塔架；继续向中跨跨中同步拼装主拱和主梁，初张吊索同时择机安装并初张6对扣背索。通过边支点顶、落梁，钢梁整体纵移，辅助张拉吊杆、对拉对顶等措施，调整合龙口状态，先进行拱肋合龙，后进行主梁合龙。钢梁架设方案如图6所示。

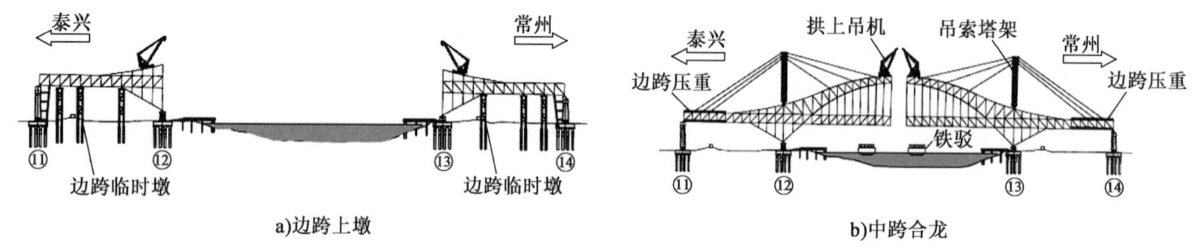

图6 钢梁架设方案

由于边跨上下游杆件基本对称，边跨架设与常规对称结构无异。中跨合龙时，上下游采用不同的扣背索索力。经计算，施工期最大悬臂状态上、下游挠度差3mm，拱肋横弯20mm，主梁横弯5mm，不会增加为满足合龙精度要求的现场调整工作量。

5 动力特性

结构动力计算表明，非对称截面设计未对结构动力特性造成明显影响，成桥状态下结构动力特性见表2。

成桥状态动力特性 表2

序号	振型特性	自振频率(Hz)
1	主桁一阶对称横弯	0.3479
2	主桁纵向振动+竖弯	0.4152
3	桁、拱反向侧弯	0.6760
4	桁、拱扭转	0.7053
扭弯频率比 $\varepsilon=1.70$		

按扭弯频率比为1.70估算，结构颤振临界风速为85.3m/s，大于主梁颤振检验风速，说明结构具有足够的抗风性能。

同时，结构静力稳定安全系数$K=13$，具有足够的静力稳定性。在E1、E2地震作用下结构的安全系数均大于1，满足抗震性能目标要求。

6 结语

本文以常泰长江大桥专用航道桥为背景，分别从对称结构和对称索力、对称结构非对称索力及非对称结构三个方向分别对大跨径钢桁梁拱桥横向荷载非对称引起的力学行为进行分析，得到如下结论：

(1)主梁横向荷载非对称布置引起的竖向位移差和横向变形可以通过不对称索力进行调整，通过断面上的扭转力矩平衡可以快速确定上、下游索力比。

(2)对位于结构主要传力路径上的拱肋杆件采用非对称截面设计可以进一步改善横肋的横向弯曲变形，充分利用材料的强度。

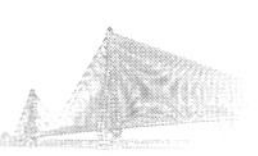

(3)通过采用上下游不同的扣背索力,可以实现非对称结构的正常安装和合龙。

(4)截面非对称设计对结构稳定和动力特性的影响不大。

(5)可以通过压缩道床宽度、厚度和调整防水面板结构等设计方案,显著减小非对称荷载差值。

参考文献

[1] 秦顺全,徐伟,陆勤丰,等.常泰长江大桥主航道桥总体设计与方案构思[J].桥梁建设,2020,50(3):1-10.

[2] 苑仁安,张明金,郑清刚,等.超大跨斜拉桥横桥向恒载非对称力学行为[J].西南交通大学学报,2023,58(3):527-534.

[3] 徐伟,王恒,李少骏.常泰长江大桥专用航道桥设计[J].桥梁建设,2020,50(6):85-90.

[4] 国家铁路局科技与法制司.高速铁路设计规范:TB 10621—2014[S].北京:中国铁道出版社,2014.

[5] 李少骏,徐伟,李镇,等.常泰长江大桥专用航道桥钢梁安装方案设计[J].桥梁建设,2022,52(1):139-144.

[6] 周仁忠,田唯,荀东亮,等.横琴二桥主桥钢桁拱架设施工关键技术[J].桥梁建设,2016,46(6):100-105.

[7] 朱强,卿仁杰,李先进.广州明珠湾大桥边跨钢梁施工技术[J].世界桥梁,2020,48(5):32-36.

[8] 赵健,尹光顺,安路明,等.广州明珠湾大桥主桥中跨合龙技术[J].桥梁建设,2021,51(4):127-133.